Steuerliches Verrechnungspreis-Risikomanagement im internationalen Konzern

Internationale Steuerlehre, Steuerrecht und Wirtschaftsprüfung

Herausgegeben von Rainer Heurung/Gerd Morgenthaler/Andreas Dutzi

Band 7

Zur Qualitätssicherung und Peer Review der vorliegenden Publikation

Die Qualität der in dieser Reihe erscheinenden Arbeiten wird vor der Publikation durch einen Herausgeber der Reihe geprüft.

Notes on the quality assurance and peer review of this publication

Prior to publication, the quality of the work published in this series is reviewed by one of the editors of the series.

Markus Schneider

Steuerliches Verrechnungspreis-Risikomanagement im internationalen Konzern

Analyse und Bewertung von Instrumenten zur Begegnung steuerlicher Verrechnungspreisrisiken

PL ACADEMIC RESEARCH

Bibliografische Information der Deutschen Nationalbibliothek
Die Deutsche Nationalbibliothek verzeichnet diese Publikation in der Deutschen Nationalbibliografie; detaillierte bibliografische Daten sind im Internet über http://dnb.d-nb.de abrufbar.

Zugl.: Siegen, Univ., Diss., 2015

D 467
ISSN 2191-1223
ISBN 978-3-631-67027-9 (Print)
E-ISBN 978-3-653-06198-7 (E-Book)
DOI 10.3726/978-3-653-06198-7

PL Academic Research ist ein Imprint der Peter Lang GmbH.

Peter Lang – Frankfurt am Main · Bern · Bruxelles · New York · Oxford · Warszawa · Wien

Diese Publikation wurde begutachtet.

www.peterlang.com

Inhaltsverzeichnis

Geleitwort XIX

Vorwort XXI

Abbildungsverzeichnis XXIII

Tabellenverzeichnis XXV

Abkürzungsverzeichnis XXVII

A. Einführung 1

I. Problemstellung 1

II. Zielsetzung und Gang der Untersuchung 4

III. Abgrenzung des Untersuchungsgegenstands 6

B. Internationale Gewinnabgrenzung auf der Grundlage des Fremdvergleichs 9

I. Funktion und Bedeutung des Fremdvergleichsgrundsatzes 9

1. Spannungsverhältnis zwischen rechtlicher Vielheit und wirtschaftlicher Einheit 9

2. Gewinnabgrenzung auf der Grundlage der Verhältnisse fremder Dritter 10

II. Rechtsgrundlagen des Fremdvergleichsgrundsatzes 12

1. Fremdvergleichsgrundsatz im OECD-Musterabkommen 12

1.1 Art. 9 OECD-MA 12

1.2 Sperrwirkung 14

1.3 Bedeutung der OECD-Verrechnungspreisrichtlinien 15

2. Fremdvergleichsgrundsatz im deutschen Steuerrecht 18
2.1 Rechtsgrundlagen 18
2.2 Verdeckte Gewinnausschüttung 18
2.2.1 Definition und Zwecksetzung 18
2.2.2 Verdopplung des ordentlichen und gewissenhaften Geschäftsleiters 20
2.3 Verdeckte Einlage 22
2.4 § 1 AStG 24
2.4.1 Zwecksetzung 24
2.4.2 Konkurrenzverhältnis zu anderen Vorschriften 26
2.4.3 Änderungen durch das Unternehmensteuerreformgesetz 2008 27
2.4.4 Änderungen durch das Amtshilferichtlinie-Umsetzungsgesetz 28
2.5 Fehlen eines einheitlichen Fremdvergleichsmaßstabes 30
III. Vergleichbarkeit und Unabhängigkeit als zentrale Wesensmerkmale des Fremdvergleichs 31
1. Vergleichbarkeit 31
1.1 Vergleichbarkeitsfaktoren 31
1.2 Bandbreitenbetrachtung 33
1.3 Funktions- und Risikoanalyse 36
2. Unabhängigkeit 38
IV. Verrechnungspreismethoden 40
1. Grundsätzliche Anmerkungen 40
2. Standardmethoden 41
2.1 Preisvergleichsmethode 41
2.2 Wiederverkaufspreismethode 43
2.3 Kostenaufschlagsmethode 45
3. Gewinnorientierte Methoden 46
3.1 Geschäftsvorfallbezogene Nettomargenmethode 46
3.1.1 Funktionsweise 46
3.1.2 Erstellung von Datenbankanalysen 48

3.2 Geschäftsvorfallbezogene Gewinnaufteilungsmethode 49
3.2.1 Funktionsweise 49
3.2.2 Ausprägungen der Methode 50
3.2.3 Besonderheiten bei der Ermittlung des im Rahmen der geschäftsvorfallbezogenen Gewinnaufteilungsmethode aufzuteilenden Gewinns 52

V. Kritik am Fremdvergleichsgrundsatz und mögliche Alternativen 53
1. Konzeptionelle und praktische Mängel des Fremdvergleichsgrundsatzes 53
2. Einfluss des Europarechts 56
3. Alternativmodelle der internationalen Gewinnabgrenzung 57

C. Funktion und Bedeutung des betrieblichen Risikomanagements 61

I. Begriffliche Grundlagen 61
1. Begriff und Arten von Risiken 61
2. Begriff des betrieblichen Risikomanagements und Abgrenzung zur Corporate Compliance 63

II. Rechtliche Rahmenbedingungen des betrieblichen Risikomanagements 66
1. Betriebliches Risikomanagement als Element der Corporate Governance der Unternehmen 66
2. Verpflichtung zur Einrichtung eines Früherkennungssystems 68
2.1 Element des betrieblichen Risikomanagementsystems 68
2.2 Prüfung des Früherkennungssystems durch den Abschlussprüfer 70
3. Vorgaben des Deutschen Corporate Governance Kodex 71
4. Rolle des Aufsichtsrats im Rahmen des betrieblichen Risikomanagements 72
4.1 Überwachung der Geschäftsführung 72

4.2 Einrichtung eines Prüfungsausschusses innerhalb des Aufsichtsrats ... 73
5. Chancen- und Risikobericht gem. § 289 Abs. 1 Satz 4 HGB ... 75
6. Zwischenergebnis ... 76
III. Organisatorische Ausgestaltung des Risikomanagements ... 77
IV. Betriebswirtschaftliche Ansätze zur Ausgestaltung des betrieblichen Risikomanagements ... 79
1. COSO Enterprise Risk Management Framework ... 79
2. Regelkreislauf des Risikomanagements ... 81
2.1 Überblick ... 81
2.2 Prozessschritte des betrieblichen Risikomanagements ... 82
2.2.1 Formulierung einer Risikostrategie ... 82
2.2.2 Risikoidentifikation ... 83
2.2.3 Risikoanalyse und Risikobewertung ... 84
2.2.4 Risikosteuerung ... 85
2.2.5 Darstellung und Vergleich der Risikosituation ... 87
3. Zwischenergebnis ... 88

D. Steuerliches Risikomanagement als Teilbereich des betrieblichen Risikomanagements ... 89

I. Begriff und Arten steuerlicher Risiken ... 89
1. Unterscheidung in externe und interne steuerliche Risiken ... 89
2. Externe steuerliche Risiken ... 89
2.1 Vorbemerkung ... 89
2.2 Arten externer steuerlicher Risiken ... 90
3. Interne steuerliche Risiken ... 92
3.1 Vorbemerkung ... 92
3.2 Arten interner steuerlicher Risiken ... 92
4. Sachlicher und zeitlicher Umfang des steuerlichen Risikobegriffs ... 95
5. Zwischenergebnis ... 95

II. Begriff des steuerlichen Risikomanagements 96
III. Prozessschritte des steuerlichen Risikomanagements 99
1. Formulierung einer Steuerstrategie 99
2. Identifikation steuerlicher Risiken 100
2.1 Quellen steuerlicher Risiken 100
2.2 Identifikation externer und interner Steuerrisiken 101
3. Bewertung steuerlicher Risiken 103
3.1 Potentielle Auswirkungen steuerlicher Risiken 103
3.2 Schnittstellen der Risikobewertung zum Tax Accounting 105
3.2.1 Grundlegendes 105
3.2.2 Außerbilanzielle Abbildung von Risiken 106
3.2.3 Bilanzielle Abbildung von Risiken 107
3.2.3.1 Vorbemerkung 107
3.2.3.2 IAS 12 108
3.2.3.3 FIN 48 110
4. Steuerung der steuerlichen Risiken 111
4.1 Handlungsmöglichkeiten 111
4.2 Vermeidung von Steuerrisiken 111
4.3 Verminderung von steuerlichen Risiken 112
4.4 Übertragung von steuerlichen Risiken 114
4.5 Akzeptanz von steuerlichen Risiken 115
5. Darstellung und Vergleich der steuerlichen Risikosituation des Unternehmens 115
6. Zwischenergebnis 116

E. Konzeption eines verrechnungspreisbezogenen steuerlichen Risikomanagementsystems 117

I. Einleitung 117
1. Einflussfaktoren des steuerlichen Verrechnungspreis-Risikomanagements 117

1.1 Rechts- und Planungssicherheit im Verrechnungspreisbereich 117
1.2 Globalisierung der Weltwirtschaft 119
1.3 Engeres internationales Regelungswerk und verbesserte Informationsquellen der Finanzverwaltung 120
1.4 Verstärkte Prüfungsintensität im Verrechnungspreisbereich 123
1.5 Mängel der Gewinnabgrenzung auf der Grundlage des Fremdvergleichsgrundsatzes 124
2. Ursachen und Bedeutung steuerlicher Verrechnungspreisrisiken 125
2.1 Vorbemerkung 125
2.2 Ursachen externer steuerlicher Verrechnungspreisrisiken 125
2.2.1 Materielle Unbestimmtheit des Fremdvergleichsgrundsatzes 125
2.2.2 Probleme bei der praktischen Anwendung des Fremdvergleichsgrundsatzes 127
2.3 Ursachen interner steuerlicher Verrechnungspreisrisiken 130
II. Prozessschritte des Verrechnungspreis-Risikomanagements 132
III. Identifikation steuerlicher Verrechnungspreisrisiken 133
1. Vorgehensweise 133
2. Darstellung ausgewählter steuerlicher Verrechnungspreisrisiken 136
2.1 Risiken im Zusammenhang mit der Dokumentation des innerkonzernlichen Liefer- und Leistungsverkehrs 136
2.1.1 Vorbemerkung 136
2.1.2 Risiken aufgrund von Formalmängeln der Verrechnungspreisdokumentation 137
2.1.2.1 Vornahme von Schätzungen und Festsetzung von Strafzuschlägen 137

2.1.2.2 Beispielhafte Risikobereiche im Rahmen der Sachverhaltsanalyse 139
2.1.2.3 Beispielhafte Risikobereiche im Rahmen der Angemessenheitsanalyse 140
2.1.2.4 Erfordernis der Betrachtung einzelner Geschäftsbeziehungen 142
2.1.3 Risiken aufgrund der fehlenden Koordinierung der landesspezifischen Verrechnungspreisdokumentationen 143
2.2 Risiken im Zusammenhang mit Verlustsituationen auf der Ebene einzelner Konzerngesellschaften 147
2.2.1 Ursachen betrieblicher Verluste 147
2.2.2 Verluste aufgrund einer fehlenden Übereinstimmung des Verrechnungspreissystems mit dem Funktions- und Risikoprofil 148
2.2.2.1 Vorbemerkung 148
2.2.2.2 Fehlende Abstimmung der Verrechnungspreise mit dem Funktions- und Risikoprofil 149
2.2.3 Anlaufverluste von Vertriebsgesellschaften 151
2.2.3.1 Begriff und Ursachen von Anlaufverlusten 151
2.2.3.2 BFH-Urteil vom 17.2.1993 152
2.2.3.3 BFH-Urteil vom 17.10.2001 154
2.2.3.4 Abgrenzung zu Entrepreneur-Vertriebsgesellschaften 154
2.2.3.5 Abgrenzung zu der Neugründung von Konzernvertriebsgesellschaften 155
2.2.3.6 Vorgaben der deutschen Finanzverwaltung 157
2.2.3.6.1 Kostenaufteilung zwischen Hersteller und Vertriebsgesellschaft 157
2.2.3.6.2 Kosten der Werbung 157
2.2.3.6.3 Kosten der Markterschließung 158
2.2.3.6.4 Anlaufkosten 159

2.2.3.7 Typische Risikobereiche im Zusammenhang mit Anlaufverlusten ... 160
2.2.3.8 Praxisfall zu Verlusten einer Vertriebsgesellschaft ... 162
2.2.4 Risiken bei der Anwendung gewinnorientierter Verrechnungspreismethoden ... 166
2.2.4.1 Vorbemerkung ... 166
2.2.4.2 Verbreitung der gewinnorientierten Methoden in der Praxis ... 168
2.2.4.3 Risiken bei Anwendung der geschäftsvorfallbezogenen Nettomargenmethode ... 171
2.2.4.3.1 Beanstandung der Methodenwahl ... 171
2.2.4.3.2 Beanstandung der Umsetzung der Methode ... 175
2.2.4.3.3 Praxisbeispiel zur geschäftsvorfallbezogenen Nettomargenmethode ... 178
2.2.4.4 Risiken bei Anwendung der geschäftsvorfallbezogenen Gewinnaufteilungsmethode ... 180
2.2.4.4.1 Beanstandung der Methodenwahl ... 180
2.2.4.4.2 Beanstandung der Umsetzung der Methode ... 182
2.2.4.4.3 Erhöhte Anforderungen an die Angemessenheitsdokumentation bei Anwendung der geschäftsvorfallbezogenen Gewinnaufteilungsmethode ... 187
2.3 Risiken im Zusammenhang mit der Forderung von Markenlizenzen durch die Betriebsprüfung ... 188
2.3.1 Vorbemerkung ... 188
2.3.2 Verrechnung von Markenlizenzen bei der Verwendung firmennamensgleicher Marken ... 189
2.3.2.1 Unterscheidung von Firma und Marke ... 189
2.3.2.2 Risiken aufgrund der verstärkten Prüfung von Markenüberlassungen ... 192
2.3.2.3 Einordnung der Risiken ... 193
3. Zwischenergebnis ... 196
IV. Prozessschritt der Bewertung steuerlicher Verrechnungspreisrisiken ... 197

1. Einordnung des Prozessschritts ... 197
2. Auswirkungen steuerlicher Verrechnungspreisrisiken ... 197
2.1 Erfordernis der Berücksichtigung sämtlicher Auswirkungen ... 197
2.2 Steuernachzahlungen aufgrund von Verrechnungspreiskorrekturen ... 198
2.3 Belastung mit Nachzahlungszinsen ... 201
2.4 Festsetzung von Zuschlägen bzw. Penalties ... 204
2.5 Festsetzung von Verzögerungsgeldern ... 205
2.6 Temporäre oder permanente Doppel- bzw. Mehrfachbesteuerungen ... 206
2.7 Ressourceneinsatz bei der Führung von Rechtsbehelfs- und Finanzgerichtsverfahren ... 207
2.8 Reflexwirkungen auf Umsatzsteuer und Zölle ... 208
2.9 Mittelbare Auswirkungen strafrechtlicher Ermittlungen ... 209
2.10 Reputationsschäden ... 211
3. Erstellung einer verrechnungspreisbezogenen Risikomatrix ... 212
4. Zwischenergebnis ... 213
V. Steuerung von Verrechnungspreisrisiken ... 214
1. Einsatz von Instrumenten des Risikomanagements ... 214
2. Ursachenbezogene Instrumente ... 215
2.1 Wahl bzw. Gestaltung einer risikoaversen Konzernstruktur ... 215
2.1.1 Beschreibung des Instruments ... 215
2.1.2 Strukturalternativen ... 217
2.1.2.1 Funktionale Konzernstruktur ... 217
2.1.2.2 Divisionale Konzernstruktur ... 218
2.1.2.3 Regionale Konzernstruktur ... 221
2.1.3 Bewertung des Instruments ... 223
2.2 Risikoaverse Ausgestaltung des konzerninternen Vertragswerks ... 225
2.2.1 Beschreibung des Instruments ... 225

2.2.2 Beachtung der Schriftform bei dem Abschluss konzerninterner Verträge ... 226
2.2.3 Abstimmung des Vertragswerks mit dem Funktions- und Risikoprofil ... 229
2.2.4 Bewertung des Instruments ... 231
2.3 Wahl sachgerechter Verrechnungspreismethoden ... 231
2.3.1 Beschreibung des Instruments ... 231
2.3.2 Verrechnungspreismethoden für ausgewählte Leistungsbeziehungen ... 232
2.3.2.1 Produktionsfunktion ... 232
2.3.2.2 Vertriebsfunktion ... 235
2.3.3 Bewertung des Instruments ... 240
2.4 Vermeidung der aggressiven Ausnutzung von Bandbreiten ... 241
2.4.1 Beschreibung des Instruments ... 241
2.4.2 Bewertung des Instruments ... 247
2.5 Inanspruchnahme von Safe Harbour-Regelungen ... 248
2.5.1 Beschreibung des Instruments ... 248
2.5.2 Bewertung des Instruments ... 253
2.6 Erstellung einer international abgestimmten Verrechnungspreisdokumentation ... 256
2.6.1 Vorbemerkung ... 256
2.6.2 EU-Masterfile-Konzept ... 258
2.6.3 Vorschlag eines Dokumentationskonzepts für international tätige Konzerne ... 263
2.6.4 OECD White Paper on Transfer Pricing Documentation ... 267
2.6.5 Bewertung des Instruments ... 269
2.7 Erstellung einer international abgestimmten Verrechnungspreisrichtlinie ... 270
2.7.1 Inhalt und Zweck einer Verrechnungspreisrichtlinie ... 270

2.7.2 Einsatz einer Verrechnungspreisrichtlinie als Instrument des Verrechnungspreisrisikomanagements 272
2.7.2.1 Verbindliche Vorgaben zur Verrechnungspreisermittlung 272
2.7.2.2 Vorgaben zu Meldepflichten 275
2.7.2.3 Vorgaben zu der Dokumentationserstellung 276
2.7.3 Bewertung des Instruments 277
2.8 Verständigungen mit der Finanzverwaltung über Verrechnungspreise 278
2.8.1 Vorbemerkung 278
2.8.2 Unilaterale Verständigungen 279
2.8.2.1 Verbindliche Auskunft nach § 89 Abs. 2 AO 279
2.8.2.1.1 Voraussetzungen und Rechtsfolgen 279
2.8.2.1.2 Eignung für Verrechnungspreissachverhalte 283
2.8.2.2 Verbindliche Zusage nach § 204 AO 286
2.8.2.2.1 Voraussetzungen und Rechtsfolgen 286
2.8.2.2.2 Eignung für Verrechnungspreissachverhalte 288
2.8.2.3 Tatsächliche Verständigung 290
2.8.2.3.1 Voraussetzungen und Rechtsfolgen 290
2.8.2.3.2 Eignung für Verrechnungspreissachverhalte 291
2.8.2.4 Bewertung der unilateralen Verständigungsmöglichkeiten 293
2.8.3 Bilaterale Verständigung in Form eines Advance Pricing Agreements 297
2.8.3.1 Begriff und Gegenstand von Advance Pricing Agreements 297
2.8.3.2 Verfahrensrechtliche Umsetzung eines APA 299
2.8.3.3 Ablauf des APA-Verfahrens 301
2.8.3.4 Verwertung der im Rahmen des APA bekannt gewordenen Informationen 304
2.8.3.5 Vereinbarung von Gültigkeitsbedingungen 304
2.8.3.6 Zeitliche Geltung eines APA 306
2.8.3.7 Gebühren nach § 178a AO 307

2.8.4 Bewertung des Instruments 308
2.9 Schaffung von internen Verantwortlichkeiten und Strukturen 314
2.10 Zwischenergebnis zu den ursachenbezogenen Instrumenten: Anwendungsbereiche und Eignung 317
3. Wirkungsbezogene Instrumente 322
3.1 Instrumente des innerstaatlichen Rechts 322
3.1.1 Herbeiführung einer Einigung mit der Betriebsprüfung 322
3.1.2 Führen eines Einspruchs- und eines finanzgerichtlichen Verfahrens 324
3.1.2.1 Beschreibung des Instruments 324
3.1.2.2 Bewertung des Instruments 329
3.2 Instrumente des Abkommensrechts 333
3.2.1 Vorbemerkung 333
3.2.2 Abkommensrechtliches Verständigungsverfahren 334
3.2.2.1 Überblick 334
3.2.2.2 Ablauf eines Verständigungsverfahrens 338
3.2.2.3 Verhältnis zum innerstaatlichen Recht und Umsetzung der Verständigungsregelung 343
3.2.2.3.1 Verhältnis zum innerstaatlichen Recht 343
3.2.2.3.2 Umsetzung der Verständigungsvereinbarung 344
3.2.2.4 Bewertung des Instruments 348
3.2.3 Abkommensrechtliches Schiedsverfahren 350
3.2.3.1 Überblick 350
3.2.3.2 Beschreibung des Instruments 351
3.2.3.3 Bewertung des Instruments 355
3.3 EU-Schiedsverfahren 357
3.3.1 Überblick 357
3.3.2 Ablauf eines EU-Schiedsverfahrens 360
3.3.3 Bewertung des Instruments 367
3.4 Zwischenergebnis zu den wirkungsbezogenen Instrumenten 370

3.4.1 Anwendungsbereiche und Eignung der untersuchten Instrumente ... 370
3.4.2 Handlungsempfehlungen ... 371
4. Ausblick auf mögliche zukünftige Instrumente ... 373
4.1 Mediation bei Verrechnungspreiskonflikten ... 373
4.2 Simultanbetriebsprüfungen ... 374

F. Ergebnis und Ausblick ... 377

Literaturverzeichnis ... 381

Verzeichnis der Rechtsprechung ... 407

Verzeichnis der Doppelbesteuerungsabkommen ... 409

Verzeichnis der Europäischen Quellen, Verwaltungsanweisungen und sonstigen Quellen ... 411

Geleitwort

Die vorliegende Arbeit widmet sich Fragestellungen im Zusammenhang mit der Gewinnabgrenzung zwischen rechtlich selbstständigen Konzerngesellschaften. Diese bilden einen der bedeutendsten Themenkomplexe des internationalen Steuerrechts. Den vorherrschenden Maßstab der internationalen Gewinnabgrenzung stellt der sogenannte Grundsatz des Fremdvergleichs dar. Dieser zieht die Verhältnisse fremder Dritter heran, um die Angemessenheit konzerninterner Leistungsbeziehungen dem Grunde und der Höhe nach zu beurteilen.

Wenngleich der Fremdvergleichsgrundsatz in einer Vielzahl von Doppelbesteuerungsabkommen in den Art. 9 OECD-MA nachgebildeten Abkommensartikeln in nahezu unveränderter Weise verankert ist, ist zu konstatieren, dass die Umsetzung dieses Grundsatzes in den nationalen Rechtsordnungen sowie seine Interpretation und Anwendung durch nationale Steuerverwaltungen und Finanzgerichte von wesentlichen Unterschieden geprägt ist. Dies hat zur Folge, dass steuerliche Sachverhalte – etwa im Rahmen von Betriebsprüfungen – durch die beteiligten Finanzbehörden einer unterschiedlichen Bewertung zugeführt werden können.

Auf der Ebene international tätiger Konzerne mit globalen Wertschöpfungsketten, die sich mit entsprechenden Beanstandungen konfrontiert sehen, kommt es infolge des Aufgriffs durch die Finanzverwaltungen zu vielfältigen Folgewirkungen. Aufgrund ihrer bedeutenden finanziellen und nicht-finanziellen Auswirkungen werden diese Folgewirkungen von international tätigen Konzernen zunehmend als steuerliche Risiken wahrgenommen, welche es im Rahmen des allgemeinen betrieblichen Risikomanagements zu steuern gilt.

Ausgehend von diesem Befund hat sich Herr Schneider der Aufgabe angenommen, das steuerliche Verrechnungspreisrisikomanagement im Rahmen des vorliegenden Forschungsbeitrags einer umfassenden Analyse zuzuführen und einen Beitrag zur Systematisierung des Risikomanagements im Bereich der steuerlichen Verrechnungspreise zu leisten. Im Schrifttum wurde der Gegenstand eines „steuerlichen Verrechnungspreisrisikomanagements" bislang noch nicht in einer geschlossenen und umfassenden Untersuchung behandelt.

Mit der vorliegenden Arbeit leistet Herr Schneider einen wertvollen Beitrag zur Weiterentwicklung des Forschungsgebiets der Internationalen Betriebswirtschaftlichen Steuerlehre. Er legt erstmals eine geschlossene und differenzierte Abhandlung zur Systematisierung und Strukturierung des Risikomanagements im Bereich der steuerlichen Verrechnungspreise vor. Die vom Verfasser gewählte Vorgehensweise für die Untersuchung ist dabei ebenso zweckmäßig wie gelungen. Der fundierte und überzeugende Grundlagenteil einerseits und die Entwicklung eines verrechnungspreisbezogenen Risikomanagementkonzepts im Hauptkapitel der Arbeit können sowohl Steuerwissenschaftlern als auch Unternehmenspraktikern uneingeschränkt empfohlen werden.

Siegen, im September 2015 — Univ.-Prof. Dr. Rainer Heurung

Vorwort

Die vorliegende Arbeit wurde im Juni 2015 von der Fakultät III Wirtschaftswissenschaften, Wirtschaftsinformatik und Wirtschaftsrecht der Universität Siegen unter dem Titel „Steuerliches Verrechnungspreis-Risikomanagement im internationalen Konzern – Analyse und Bewertung von Instrumenten zur Begegnung steuerlicher Verrechnungspreisrisiken“ als Dissertation angenommen. Das Promotionsverfahren wurde mit der Disputation am 16. Juli 2015 abgeschlossen.

An dieser Stelle möchte ich meinen Dank an eine Reihe von Menschen aussprechen, ohne deren Mitwirkung und Unterstützung die Erstellung der vorliegenden Arbeit nicht möglich gewesen wäre.

Mein ganz besonderer und herzlicher Dank gilt an erster Stelle meinem hochverehrten Doktorvater Herrn WP/StB Univ.-Prof. Dr. Rainer Heurung für seine hervorragende fachliche und persönliche Betreuung und Unterstützung meines Promotionsvorhabens sowie die stets kritische und wertvolle Diskussion während meiner Forschungstätigkeit.

Mein weiterer Dank gilt Herrn Univ.-Prof. Dr. Andreas Dutzi für die Erstellung des Zweitgutachtens sowie Herrn Univ.-Prof. Dr. Gerd Morgenthaler für die Übernahme des Vorsitzes der Promotionskommission.

Das praktische Fundament der vorliegenden Arbeit wurde durch meine Tätigkeit bei der Partnerschaft Flick Gocke Schaumburg in Bonn gelegt. Hier wurde das fachliche Interesse an der bearbeiteten Thematik geweckt und es bestand die Möglichkeit, entsprechende Erkenntnisse aus der Beratungstätigkeit in die Dissertation einzubringen. Hierfür gilt mein ganz besonderer Dank Herrn WP/StB Prof. Dr. Baumhoff, der wesentliche Impulse für die Arbeit geliefert und sie in jeder Phase unterstützt hat, sowie Herrn StB Dr. Xaver Ditz, der die Entstehung der Arbeit stets wohlwollend begleitet hat.

Desweiteren möchte ich mich auch bei meinen weiteren Kolleginnen und Kollegen bei der Partnerschaft Flick Gocke Schaumburg für die stets angenehme und freundschaftliche Atmosphäre bedanken. Hervorheben möchte ich Herrn RA/StB Dr. Michael Puls, der die kritische Durchsicht des Manuskripts übernommen hat.

Besondere Unterstützung meines Promotionsvorhabens habe ich durch meine Ehefrau Dr. Almut Schneider erfahren, die mir immer den Rücken freigehalten und mich in sämtlichen Phasen uneingeschränkt unterstützt hat. Ihr und unserem Sohn Simon, der in der Endphase der Arbeit zur Welt kam, möchte ich herzlich danken.

Schließlich gebührt ein ganz herzlicher Dank meinen Eltern und meinem Bruder, ohne deren uneingeschränkten persönlichen Rückhalt weder meine Ausbildung noch diese Arbeit möglich gewesen wären. Meinen Eltern ist die vorliegende Arbeit in Liebe und Dankbarkeit gewidmet.

Bonn, im September 2015 — Markus Schneider

Abbildungsverzeichnis

Abbildung 1: Aufbau der Arbeit ... 6
Abbildung 2: Funktionsprofile ... 38
Abbildung 3: COSO-Würfel ... 80
Abbildung 4: Regelkreislauf des Risikomanagementsystems ... 82
Abbildung 5: Risikomatrix ... 85
Abbildung 6: Risikomanagementprozess Steuern ... 97
Abbildung 7: Prozessschritte des Verrechnungspreis-Risikomanagements ... 133
Abbildung 8: Ergebnisse Datenbankstudie Indien Grundfall ... 178
Abbildung 9: Datenbankanalyse Indien Variante a) ... 179
Abbildung 10: Datenbankanalyse Indien Variante b) ... 180
Abbildung 11: Prozessschritt der Bewertung von Verrechnungspreisrisiken ... 197
Abbildung 12: Zinsbelastung und Korrekturbetrag ... 202
Abbildung 13: Risikomatrix für Verrechnungspreissachverhalte ... 212
Abbildung 14: Prozessschritt der Steuerung der Verrechnungspreisrisiken ... 214
Abbildung 15: Wertschöpfungskette nach Porter ... 216
Abbildung 16: Funktionale Konzerstruktur ... 218
Abbildung 17: Divisionale Konzernstruktur ... 220
Abbildung 18: Regionale Konzernstruktur ... 222
Abbildung 19: Datenbankstudie Irland 3. Quartil ... 245
Abbildung 20: Datenbankstudie Irland Median ... 246
Abbildung 21: Beispielhafte Konzernstruktur ... 274
Abbildung 22: Schematische Darstellung APA-Verfahren ... 303
Abbildung 23: APA in zeitlicher Hinsicht ... 307
Abbildung 24: Bearbeitungsphasen von APA nach JTPF ... 307
Abbildung 25: Ableitung von Handlungsempfehlungen für ursachenbezogene Instrumente ... 321
Abbildung 26: Bestand an Verständigungsverfahren ... 337
Abbildung 27: Entwicklung der Neuzugänge in der Bundesrepublik Deutschland ... 338
Abbildung 28: Handlungsempfehlungen für wirkungsbezogene Instrumente ... 372

Tabellenverzeichnis

Tabelle 1: Risikoarten. 63
Tabelle 2: Einteilung in externe und interne Steuerrisiken 96
Tabelle 3: Beispiele externer und interner Steuerrisiken. 102
Tabelle 4: Verrechnungspreismethoden für die Übertragung von Wirtschaftgütern 169
Tabelle 5: Verrechnungspreismethoden für Dienstleistungen 170
Tabelle 6: Angewandte Verrechnungspreismethoden 170
Tabelle 7: Nachzahlungszinsen 201
Tabelle 8: Beispielhafte Verrechnungspreisrichtlinie 274

Abkürzungsverzeichnis

a.A.	andere Auffassung
ABl. EG	Amtsblatt der Europäischen Gemeinschaften
ABl. EU	Amtsblatt der Europäischen Union
Abs.	Absatz
AEAO	Anwendungserlass zur Abgabenordnung
AG	Aktiengesellschaft (Rechtsform) / Die Aktiengesellschaft (Zeitschrift)
AktG	Aktiengesetz
Anm.	Anmerkung
AO	Abgabenordnung
AOA	Authorized Approach der OECD
APA	Advance Pricing Agreements
Art.	Artikel
AStG	Außensteuergesetz
Az.	Aktenzeichen
BaFin	Bundesanstalt für Finanzdienstleistungsaufsicht
BB	Betriebs-Berater
Bd.	Band
BeckRS	Beck-Rechtsprechung
Begr.	Begründer
BEPS	Base Erosion and Profit Shifting
BFH	Bundesfinanzhof
BFH/NV	Sammlung der nicht amtlich veröffentlichen Entscheidungen des Bundesfinanzhofs
BFuP	Betriebswirtschaftliche Forschung und Praxis
BGBl.	Bundesgesetzblatt
BilMoG	Bilanzrechtsmodernisierungsgesetz
BMF	Bundesministerium der Finanzen
BPO	Betriebsprüfungsordnung
BR-Drs.	Bundesrat Drucksache
BRIC	Brasilien, Russische Förderation, Indien und China
BStBl.	Bundessteuerblatt
BT-Drs.	Bundestag Drucksache
Buchst.	Buchstabe
bzgl.	bezüglich
BZSt	Bundeszentralamt für Steuern
bzw.	beziehungsweise
CAPM	Capital Asset Pricing Model
CCCTB	Common corporate consolidated tax base (einheitliche konsolidierte Körperschaftsteuerbemessungsgrundlage)

CCO	Chief Compliance Officer
COSO	Committee of the Sponsoring Organizations of the Treadway Commission
CPM	Comparable Profits Method (Gewinnvergleichsmethode)
DB	Der Betrieb
DBA	Doppelbesteuerungsabkommen
DBW	Die Betriebswirtschaft
DCGK	Deutscher Corporate Governance Kodex
ders.	derselbe
d. h.	das heißt
D-MA	Deutsche Verhandlungsgrundlage für Doppelbesteuerungsabkommen im Bereich der Steuern vom Einkommen und Vermögen
Drs.	Drucksache
DRS	Deutscher Rechnungslegungs Standard
DStR	Deutsches Steuerrecht
DStZ	Deutsche Steuer-Zeitung
EBIT	Earnings before Income and Taxes
EFG	Entscheidungen der Finanzgerichte
EStG	Einkommensteuergesetz
EU	Europäische Union
EuGH	Gerichtshof der Europäischen Gemeinschaften
EuGHE	Entscheidungssammlung des EuGH
EUR	Euro
f.	folgende
ff.	fortfolgende
FASB	Financial Accounting Standards Board
FG	Finanzgericht
FGO	Finanzgerichtsordnung
FR	Finanz-Rundschau
FS	Festschrift
FVerlV	Funktionsverlagerungsverordnung
GAufzV	Gewinnabgrenzungsaufzeichnungsverordnung
GDPdU	Grundsätze zum Datenzugriff und zur Prüfbarkeit digitaler Unterlagen
gem.	gemäß
GewSt	Gewerbesteuer
GewStG	Gewerbesteuergesetz
GG	Grundgesetz
GKG	Gerichtskostengesetz
GmbH	Gesellschaft mit beschränkter Haftung
GmbHG	Gesetz betreffend die Gesellschaften mit beschränkter Haftung
GmbHR	GmbH-Rundschau
GmbH-StB	Der GmbH-Steuer-Berater

GrS	Großer Senat
GuV	Gewinn- und Verlustrechnung
HGB	Handelsgesetzbuch
h.M.	herrschende Meinung
Hrsg.	Herausgeber
Hs.	Halbsatz
IAS	International Accounting Standards
IASB	International Accounting Standards Board
i.d.F.	in der Fassung
i.d.R.	in der Regel
IDW	Institut der Wirtschaftsprüfer
i.e.S.	im engeren Sinne
IFRS	International Financial Reporting Standards
IFSt	Institut für Finanzen und Steuern
i.H.v.	in Höhe von
IIR	Deutsches Institut für Interne Revision e.V.
InsO	Insolvenzordnung
IRS	US Internal Revenue Service
IRZ	Zeitschrift für Interne Revision
i.S.d.	im Sinne des
ISR	Zeitschrift Internationales Steuerrecht
IStR	Internationales Steuerrecht
ITPJ	International Transfer Pricing Journal
i.V.m.	in Verbindung mit
IWB	Internationale Wirtschafts-Briefe
JbFSt	Jahrbuch der Fachanwälte für Steuerrecht
JStG	Jahressteuergesetz
EU JTPF	EU Joint Transfer Pricing Forum
KonTraG	Gesetz zur Kontrolle und Transparenz im Unternehmensbereich
KoR	Zeitschrift für internationale und kapitalmarktorientierte Rechnungslegung
KSt	Körperschaftsteuer
KStG	Körperschaftsteuergesetz
KWG	Gesetz über das Kreditwesen
m.E.	meines Erachtens
MK	Musterkommentar
MOTC	Markup on Total Costs
m.w.N.	mit weiteren Nachweisen
n.F.	neue Fassung
NWB	Neue Wirtschaftsbriefe
Nr.	Nummer
NZG	Neue Zeitschrift für Gesellschaftsrecht
o.A.	ohne Angabe

OECD	Organisation for Economic Co-Operation and Development
OECD-MA	OECD Musterabkommen zur Vermeidung der Doppelbesteuerung auf dem Gebiet der Steuern vom Einkommen und vom Vermögen
OECD-MK	Kommentar (des OECD-Fiskalausschusses) zum OECD-Musterabkommen in der Fassung vom 22.7.2010
OECD-RL	OECD Verrechnungspreisrichtlinien 2010 – Transfer Pricing Guidelines for Multinational Enterprises and Tax Administrations
Rev.	Revision
RIW	Recht der internationalen Wirtschaft
rkr.	rechtskräftig
Rz.	Randziffer
S.	Satz/Seite
SEC	US Securities and Exchange Commission
Slg.	Sammlung der Rechtsprechung des Europäischen Gerichtshofs
s.o.	siehe oben
sog.	sogenannt
SolZ	Solidariatätszuschlag
StAuskV	Steuerauskunftsverordnung
StB	Der Steuerberater
Stbg	Die Steuerberatung
StBJb	Steuerberater-Jahrbuch
StBp	Die steuerliche Betriebsprüfung
StuB	Unternehmensteuern und Bilanzen
StuW	Steuer und Wirtschaft
StVergAbG	Steuervergünstigungsabbaugesetz
s.u.	siehe unten
SWI	Steuer und Wirtschaft International
TNI	Tax Notes International
TNMM	Transactional Net Margin Method
Tz.	Textziffer
u. a.	unter anderem/und andere
Ubg	Die Unternehmensbesteuerung
UmwStG	Umwandlungssteuergesetz
UR	Umsatzsteuerrundschau
US	United States
US-GAAP	US Generally Accepted Accounting Standards
USA	United States of America
US Treas. Reg.	United States Treasury Regulation
UStG	Umsatzsteuergesetz
v.	vom/von
VAG	Versicherungsaufsichtsgesetz
vE	verdeckte Einlage

vGA	verdeckte Gewinnausschüttung
vgl.	vergleiche
VP	Verrechnungspreis/e
VZ	Veranlagungszeitraum
WPg	Die Wirtschaftsprüfung
WM	Wertpapiermitteilungen
z. B.	zum Beispiel
ZCG	Zeitschrift für Corporate Governance
ZGR	Zeitschrift für Unternehmens- und Gesellschaftsrecht
ZRFC	Zeitschrift für Risk Fraud & Compliance
zzgl.	zuzüglich

A. Einführung

I. Problemstellung

Die Finanz- und Wirtschaftskrise, welche im Jahr 2007 ihren Ausgang auf dem Markt für Hypothekenkredite in den USA nahm und sich schließlich zu einer weltweiten Rezession und anschließenden Schuldenkrise fortentwickelte, hat einmal mehr verdeutlicht, wie stark die Volkswirtschaften im 21. Jahrhundert miteinander verflochten sind.[1] In diesem durch die Globalisierung der Märkte geprägten Umfeld gehen Unternehmen immer häufiger dazu über, bestimmte Funktionen der betrieblichen Wertschöpfung im Ausland auszuüben bzw. dort ausüben zu lassen. Hierfür sind das Steuerklima, die Infrastruktur, das Arbeitskräftepotential sowie die Nähe zum Absatzmarkt und zu Rohstoffen im Ausland ausschlaggebend.[2] Die Ansiedlung von Wertschöpfungsprozessen im Ausland wird durch den Abbau von Handelsbeschränkungen, die modernen Kommunikationsmittel sowie die stetigen Verbesserungen auf dem Gebiet der Transportlogisitik zusätzlich begünstigt.

Was die rechtliche und wirtschaftliche Ausgestaltung des Engagements im Ausland anbelangt, stehen den Unternehmen eine Vielzahl an Alternativen zur Verfügung, welche von dem reinen Export von Waren bis hin zur Gründung einer eigenen Gesellschaft im Ausland reichen. Während der Export die bevorzugte Form des Auslandsengagements vorwiegend kleinerer Unternehmen darstellt, sind international tätige Konzerne[3] mit eigenen Gesellschaften im Ausland vertreten. Die Konzernstruktur ist dabei häufig dergestalt organisiert, dass einzelne Gesellschaften – etwa als Vertriebs, Produktions- oder Dienstleistungsgesellschaft – klar abgegrenzte Aufgaben im Konzern wahrnehmen. Die Gesamtwertschöpfung eines internationalen Konzerns ergibt sich damit als Summe der Leistungsbeiträge der einzelnen Konzerngesellschaften.[4]

Die Zusammenarbeit im Rahmen der arbeitsteiligen innerkonzernlichen Leistungserbringung erfordert es, dass die Konzerngesellschaften untereinander Güter

1 Einen Überblick über die Auslöser und Konsequenzen der Finanz- und Wirtschaftskrise geben *Grundmann/Hofmann/Möslein*, in: Grundmann/Hofmann/Möslein, Finanzkrise und Wirtschaftsordnung, 2009, S. 1 ff.

2 Vgl. *Niess*, in: FS Krawitz, 2010, S. 304 m.w.N.; *Jonas*, FS Schaumburg, 2010, S. 800.

3 Zum Begriff des international tätigen Konzerns vgl. Abschnitt A.III.

4 Eine solche Struktur wird in der Organisationslehre als funktionale Organisationsstruktur bezeichnet. Sie ist dadurch gekennzeichnet, dass die Gliederung auf der zweiten Organisationsebene nach dem Verrichtungsprinzip erfolgt, d. h. die einzelnen Hauptabteilungen (bzw. Konzerngesellschaften) spezialisieren sich auf Funktionen wie Beschaffung, Fertigung oder Absatz. Da folglich keine autonomen Teilbereiche existieren, bestehen vielfältige Interdependenzen zwischen den einzelnen Hauptabteilungen, vgl. *Laux/Liermann*, Grundlagen der Organisation, 6. A. 2005, S. 289 ff.

und Dienstleistungen austauschen. Das Zivilrecht erkennt diese innerkonzernlichen Leistungsbeziehungen dem Grunde und der Höhe nach an, da die Konzerngesellschaften als selbständige Rechtssubjekte Träger von Rechten und Pflichten im (konzerninternen und -externen) Rechtsverkehr sind.[5] Das Steuerrecht knüpft an die zivilrechtliche Sichtweise an und schreibt die getrennte Ermittlung der Einkünfte jeder einzelnen Konzerngesellschaft nach den Gewinnermittlungsvorschriften ihres jeweiligen Ansässigkeitsstaats vor (Prinzip der Einzelbesteuerung oder *separate entity approach*)[6]. Die steuerliche Bemessungsgrundlage der einzelnen Konzerngesellschaften wird daher – neben den mit konzernexternen Wirtschaftseinheiten realisierten Umsätzen – maßgeblich durch die Höhe der Wertansätze, welche für die zwischen den Konzerngesellschaften ausgetauschten Lieferungen und Leistungen angesetzt werden, determiniert.[7] Diese konzerninternen Wertansätze werden als Verrechnungspreise bezeichnet.[8]

International anerkannter Maßstab zur Ermittlung von Verrechnungspreisen ist der sog. Fremdvergleichsgrundsatz (*dealing at arm's length principle*), welcher in den dreißiger Jahren des 20. Jahrhunderts Eingang in das internationale Steuerrecht gefunden hat und seither breiten Konsens genießt.[9] Nach dem Fremdvergleichsgrundsatz sind die Preise für Lieferungen und Leistungen zwischen verbundenen Unternehmen so anzusetzen, wie sie zwischen voneinander unabhängigen Dritten unter gleichen oder vergleichbaren Verhältnissen vereinbart worden sind oder wären. Seine Konkretisierung findet der Fremdvergleichsgrundsatz in den sog.

---

5 Vgl. *Scheffler*, DBW 1991, S. 701 ff.; *Rödder*, in: FS Lang 2010, S. 1153.

6 Vgl. Tz. 1.6. OECD-Verrechnungspreisrichtlinien; *Kessler*, in: Kessler/Kröner/Köhler, Konzernsteuerrecht, § 1 Tz. 1; *Eigelshoven/Ebering*, in: Kroppen, Handbuch Internationale Verrechnungspreise, Erläuterungen der OECD-Leitlinien, Kapitel I, Erläuterung von Tz. 1.6 OECD-LL, Rz. 26.

7 So *Baumhoff*, in: Mössner, Steuerrecht international tätiger Unternehmen, 2012, Rz. 3.1; *Rödder*, in: FS Lang 2010, S. 1153.

8 Zu den – im Rahmen der vorliegenden Arbeit nicht weiter untersuchten – außersteuerlichen Funktionen von Verrechnungspreisen vgl. *Kußmaul*, RIW 1987, S. 680; *Baumhoff*, in: Mössner, Steuerrecht international tätiger Unternehmen, 2012, Rz. 3.2; *Hummel*, Gestaltungsparameter und Einflussfaktoren von Verrechnungspreissystemen, Baden-Baden 2010, S. 38 ff.

9 Vgl. OECD Leitsätze für multinationale Unternehmen, Teil I, Abschnitt XI., Tz. 102. Abrufbar unter http://www.oecd.org/dataoecd/38/35/48808708.pdf, zuletzt abgerufen am 19.1.2012; *Baumhoff*, in: Flick/Wassermeyer/Baumhoff/Schönfeld, Außensteuerrecht, § 1 Rz. 256; *Owens*, TNI 2010, S. 519; *Herzig/Teschke/Joisten*, Intertax 2010, S. 335; Einen Überblick über die Entstehung des Fremdvergleichsgrundsatzes gibt *Hamaekers*, ITPJ 2001, S. 32 ff.

Standardmethoden der Verrechnungspreisermittlung[10] sowie den geschäftsvorfallbezogenen Gewinnmethoden[11].

Der mit der zunehmenden Verflechtung der Weltwirtschaft einhergehende Trend zur Auslagerung betrieblicher Wertschöpfungsprozesse in das Ausland hat zur Folge, dass der zwischen Konzerngesellschaften abgewickelte und mit Verrechnungspreisen bewertete grenzüberschreitende Liefer- und Leistungsverkehr stetig zunimmt. Schätzungen der OECD zufolge wurden bereits in den neunziger Jahren des 20. Jahrhunderts ca. 60 % des Welthandels zwischen international verbundenen Unternehmen abgewickelt.[12] Dieser Anteil dürfte derweil weiter angestiegen sein.[13]

Die zur Abrechnung des innerkonzernlichen grenzüberschreitenden Liefer- und Leistungsverkehrs angesetzten Verrechnungspreise haben einen erheblichen Einfluss auf die Verteilung des Steueraufkommens auf die Domizilstaaten der einzelnen Konzerngesellschaften. Vor diesem Hintergrund überrascht es nicht, dass die Verrechnungspreisgestaltung zwischen international verbundenen Unternehmen in den letzten Jahren zunehmend in den Fokus der nationalen Gesetzgeber und Finanzverwaltungen gerückt ist. So hat die gestiegene Aufmerksamkeit auf die Steuerquelle Verrechnungspreise weltweit zu der Verabschiedung bzw. Verschärfung verrechnungspreisbezogener Gesetze, Vorschriften, Verordnungen und

10 Zu den Standardmethoden zählen die Preisvergleichsmethode, die Wiederverkaufspreismethode sowie die Kostenaufschlagsmethode, vgl. § 1 Abs. 1 AStG; BMF v. 23.2.1983, BStBl. I 1983, S. 218, Tz. 2.2; BMF v. 12.4.2005, BStBl. I 2005, S. 570, Tz. 3.4.10.3 Buchst. a); Tz. 2.12 ff. OECD-Verrechnungspreisrichtlinien.

11 Zu den geschäftsvorfallbezogenen Gewinnmethoden zählen die geschäftsvorfallbezogene Nettomargenmethode sowie die Gewinnaufteilungsmethode, vgl. BMF v. 12.4.2005, BStBl. I 2005, S. 570, Tz. 3.4.10.3 Buchst. b) und c); Tz. 2.56 ff. OECD-Verrechnungspreisrichtlinien.

12 Diese Zahl wird in einem Arbeitsdokument der Europäischen Kommission aus dem Jahre 2001 genannt und bezieht sich auf eine Schätzung der OECD aus den frühen 90er Jahren, vgl. Commission Staff Working Paper, Company Taxation in the Internal Market, SEC(2001)1681, S. 23.

13 So lag der Anteil nach *Wehnert* (IStR 2007, S. 558) im Jahr 2007 bereits bei ca. 70 %. Eine Untersuchung aus dem Jahr 2011 zeigt indessen, dass der Anteil des innerkonzernlichen Handels in Abhängigkeit der betrachteten Länder, Branchen und Leistungsgegenstände (Halb- oder Fertigprodukte, Dienstleistungen) sowie der Definition der „verbundenen Unternehmen" stark variiert (vgl. *Lanz/Miroudot*, Intra-Firm Trade – Patterns, Determinants and Policy Implications, OECD Trade Policy Working Papers No. 114, 2011). Im Rahmen der Untersuchung wurden die Handelsstatistiken verschiedener Länder ausgewertet. Dabei wurde u. a. ermittelt, dass im Jahr 2009 58 % der Güterimporte der USA, die aus OECD-Staaten stammen, zwischen verbundenen Unternehmen erfolgten. Der Anteil der Güterimporte aus den „BRIIC"-Staaten (BRIC und Indonesien) betrug im selben Jahr demgegenüber lediglich 29 %. Die Untersuchung zeigt weiterhin, dass der konzerninterne Handel in der Automobilbranche, der Pharmziebranche sowie der Transportausrüstungsbranche besonders hoch ist.

Verwaltungsanweisungen geführt. Die Betriebsprüfungspraxis zeigt, dass die nationalen Finanzverwaltungen ihre Steueransprüche auf der Grundlage dieser Vorgaben konsequent durchsetzen.

Das dichtere internationale Regelungsumfeld sowie die verstärkte Prüfung von Verrechnungspreissachverhalten haben dazu geführt, dass international tätige Konzerne die Planung, Durchführung und Überwachung ihrer steuerlichen Verrechnungspreissysteme zunehmend unter Risikogesichtspunkten beurteilen. Die Gründe hierfür liegen in den erheblichen finanziellen Auswirkungen sowie dem enormen Streitpotential in Gestalt eines Doppelbesteuerungsrisikos, welches von einer Beanstandung der Verrechnungspreise durch die Finanzverwaltung ausgehen kann. Während vor einigen Jahren noch die Senkung der Konzernsteuerquote mittels einer gezielten Verrechnungspreisgestaltung im Vordergrund stand, rückt nunmehr das Ziel einer höheren Rechts- und Planungssicherheit im Verrechnungspreisbereich in den Vordergrund.[14] Dies wird auch das aktuelle BEPS-Projekt der OECD belegt, welches in wesentlichen Teilbereichen verrechnungspreisbezogene Sachverhalte betrifft. Aufbauend auf diesen Überlegungen soll im Folgenden ein Konzept eines steuerlichen Verrechnungspreisrisikomanagementsystems entworfen werden.

II. Zielsetzung und Gang der Untersuchung

Die erhöhte Sensibilität international tätiger Konzerne in Bezug auf ihre steuerlichen Verrechnungspreissysteme bildet den Anlass dafür, im Rahmen der vorliegenden Arbeit ein Konzept eines steuerlichen Verrechnungspreisrisikomanagements zu entwickeln, das es ermöglichen soll, steuerlichen Verrechnungspreisrisiken in planvoller und systematischer Weise zu begegnen. Den Mittelpunkt der Arbeit bildet eine Analyse von ursachen- und wirkungsbezogenen Instrumenten des steuerlichen Verrechnungspreisrisikomanagements.

Die Arbeit gliedert sich im Anschluss an die Einführung in vier Kapitel: In Kapitel B. werden ausgehend von einer Darstellung des Fremdvergleichsgrundsatzes und seiner Rechtsgrundlagen die einzelnen Methoden zur Ermittlung fremdvergleichskonformer Verrechnungspreise dargestellt. Im Anschluss wird auf die Kritik an dem

---

14 *Niess* führt in diesem Zusammenhang aus, *„Die aufgezeigten Risiken bei konzerninternen Verrechnungspreisen sollten klarmachen, dass es sich aus Sicht eines international agierenden Konzerns schon im Grundsatz verbietet, das Ziel einer aktiven Gewinnverlagerung zu betreiben.“*, vgl. *Niess* in: FS Krawitz, 2010, S. 315. Vgl. ferner *Kurzewitz*, die unter Bezugnahme auf empirische Untersuchungen darlegt, dass die Minimierung steuerlicher Verrechnungspreisrisiken eine noch bedeutendere Rolle im Zielsystem international tätiger Großunternehmen spielt als das quantitative Ziel der Steuerbelastungsminimierung (vgl. *Kurzewitz*, Wahl der geeigneten Verrechnungspreismethode zur Vermeidung von Doppelbesteuerungsproblemen, 2009, S. 131).

Fremdvergleichsgrundsatz und mögliche Alternativmodelle der internationalen Gewinnabgrenzung[15] eingegangen.

In Kapitel C. werden die Grundlagen des betrieblichen Risikomanagements dargestellt. Dazu wird zunächst der im Rahmen der Arbeit verwendete Begriff des Risikos und des Risikomanagements definiert. Im Anschluss erfolgt eine Darstellung der rechtlichen Rahmenbedingungen, innerhalb derer sich das betriebliche und das steuerliche Risikomanagement zu bewegen hat. Abschließend werden die einzelnen Prozessschritte des betrieblichen Risikomanagements unter Bezugnahme auf die in der betriebswirtschaftlichen Literatur etablierte Systematik dargestellt und erläutert.

In Kapitel D. wird der Begriff des steuerlichen Risikos analysiert und definiert und aufgezeigt, wie sich die einzelnen Prozessschritte des betrieblichen Risikomanagements auf das steuerliche Risikomanagement übertragen lassen. Dabei wird auf die bestehenden Schnittstellen des steuerlichen Risikomanagements zum Tax Accounting eingegangen. Die Ausführungen bilden die Grundlage für die Entwicklung eines Verrechnungspreisrisikomanagementkonzepts in Kapitel E.

In Kapitel E, das den Hauptteil der Arbeit bildet, werden die einzelnen Prozessschritte des betrieblichen und steuerlichen Risikomanagements schließlich auf den Bereich der Verrechnungspreisrisiken übertragen. Dazu werden zunächst ausgewählte Verrechnungspreisrisiken dargestellt und eingehend erläutert (Prozessschritt der Identifikation von Verrechnungspreisrisiken). Im Anschluss werden Möglichkeiten der qualitativen und quantitativen Bewertung dieser Verrechnungspreisrisiken aufgezeigt (Prozessschritt Bewertung von Verrechnungspreisrisiken). Schließlich werden die ursachen- und wirkungsbezogenen Instrumente zur Steuerung von Verrechnungspreisrisiken dargestellt und analysiert (Prozessschritt der Steuerung von Verrechnungspreisrisiken). Die Arbeit schließt mit einer Zusammenfassung der gefundenen Ergebnisse in Kapitel F.

Der Aufbau der Arbeit lässt sich damit zusammenfassend wie folgt veranschaulichen:

15 In der vorliegenden Arbeit wird der Begriff der internationalen „Gewinnabgrenzung“ verwendet. Zu den weiteren terminologischen Varianten („Einkunftsabgrenzung“, „Ergebnisabgrenzung“, „Gewinnaufteilung“) vgl. *Baßler*, Steuerliche Gewinnabgrenzung im Europäischen Binnenmarkt, S. 72 f.

Abbildung 1: Aufbau der Arbeit.

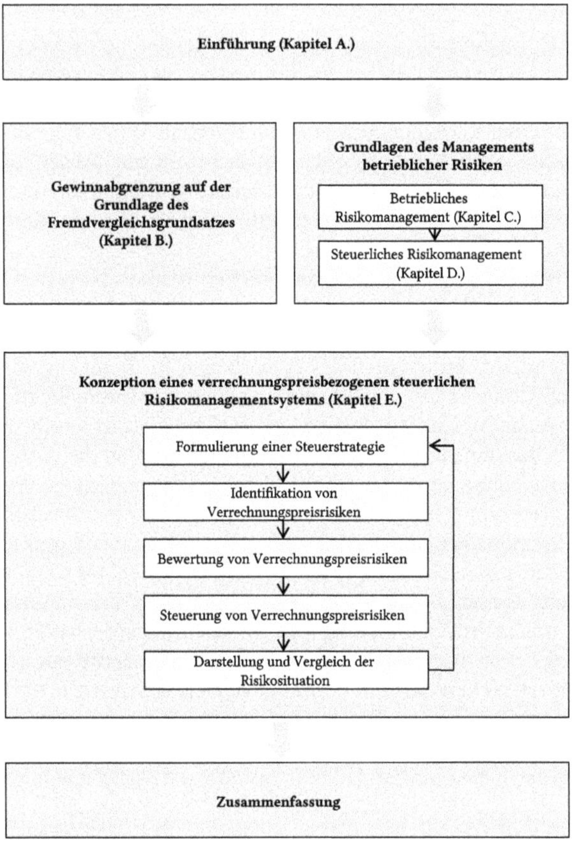

III. Abgrenzung des Untersuchungsgegenstands

Im Rahmen der vorliegenden Arbeit werden die Verrechnungspreissysteme international tätiger Konzerne betrachtet. Als internationaler tätiger Konzern wird im Folgenden der Zusammenschluss von in unterschiedlichen Staaten ansässigen, rechtlich selbständigen Kapitalgesellschaften unter einheitlicher Leitung zu einer wirtschaftlichen Einheit verstanden.[16] Die Konzernstruktur soll dabei dergestalt organisiert sein, dass die Gesamtwertschöpfung des Konzerns sich im Wege der Zusammenarbeit

16 Vgl. insoweit auch *Baumhoff*, in: Mössner, Steuerrecht international tätiger Unternehmen, 2012, Rz. 3.1.

der in unterschiedlichen Staaten ansässigen Konzerngesellschaften ergibt.[17] Die Ausführungen betreffen sowohl größere kapitalmarktorientierte Konzerne als auch international agierende, mittelständisch geprägte Unternehmensgruppen. Personengesellschaftskonzerne und international agierende Einheitsunternehmen werden im Folgenden nicht näher betrachtet.[18] Ebenso wenig werden umsatzsteuerliche und zollrechtliche Aspekte von Verrechnungspreisen behandelt.[19]

Den Ausführungen zu den Grundlagen des Fremdvergleichs in Kapitel B. sowie den rechtlichen Grundlagen des Risikomanagements in Kapitel C. liegt die deutsche Rechtslage zugrunde. Da Verrechnungspreissachverhalte im internationalen Steuerrecht jedoch notwendigerweise mindestens zwei Rechtsordnungen betreffen, wird – soweit möglich – Bezug auf die rechtliche Behandlung in anderen Staaten genommen. Darüber hinaus wird auch die Entwicklung auf supranationaler Ebene (OECD und Europäische Union) berücksichtigt.

Die Ausführungen zum steuerlichen Risikomanagement in den Kapiteln D. und E. betreffen ausschließlich das Risikomanagement aus Sicht der Unternehmen. Dieses ist abzugrenzen von dem finanzbehördlichen Risikomanagement, welches Gegenstand aktueller Diskussionen und Vorschläge im Schrifttum ist und gelegentlich ebenfalls als steuerliches Risikomanagement bezeichnet wird. Die entsprechenden Konzepte sehen u. a. vor, Steuerpflichtige in Risikoklassen einzuteilen, an denen die Prüfungsintensität seitens der Finanzverwaltung ausgerichtet wird.[20]

---

17 Die Verrechnungspreisermittlung zwischen verschiedenen rechtlich unselbständigen Teilen eines Konzerns (z. B. Profit Center) wird im Folgenden nicht betrachtet.

18 Die Rechtsfragen der Gewinnabgrenzung unter Beteiligung von Personengesellschaften und Betriebsstätten sind aufgrund ihres Umfangs eigenständigen Bearbeitungen vorbehalten. Vgl. insoweit die umfangreichen Ausarbeitungen zu einzelnen Teilgebieten, etwa *Ditz*, Internationale Betriebsstättengewinnermittlung, 2004; *Plansky*, Die Gewinnzurechnung zu Betriebsstätten im Recht der Doppelbesteuerungsabkommen 2010; *Wassermeyer//Richter/Schittker*, Personengesellschaften im Internationalen Steuerrecht 2010. Nach den jüngsten Änderungen in § 1 AStG, die mit einer weitgehenden Eigenständigkeitsfiktion der Betriebsstätte einhergehen, lassen sich die Ausführungen zu dem Risikomanagement in Kapitalgesellschaftskonzernen jedoch – in gewissen Grenzen – auf Betriebstätten übertragen.

19 Die entsprechenden Fragen sind eigenständigen Bearbeitungen vorbehalten. Vgl. insoweit z. B. *Puls*, in: Wassermeyer/Baumhoff, Verrechnungspreise international verbundener Unternehmen, 2014, Kapitel 11. Vgl. jedoch den kurzen Abriss in Abschnitt E.IV.2.8 (Reflexwirkungen von Verrechnungspreissachverhalten auf Umsatzsteuer und Zölle).

20 Zu Einzelheiten vgl. *Münch*, DStR 2013, S. 212 ff; *Spengel/Ortmann-Babel/Matenaer*, Ubg 2012, S. 466 ff.; *Haunhorst*, DStR 2010, S. 2105 ff.; *Seer*, DStR 2008, S. 1553 ff.; *Nagel/Waza*, DStZ 2008, S. 321 ff.; OECD Draft Handbook on Transfer Pricing Risk Assessment v. 30.4.2013, abrufbar unter http://www.oecd.org/ctp/transfer-pricing/Draft-Handbook-TP-Risk-Assessment-ENG.pdf (zuletzt abgerufen am 8.8.2013).

B. Internationale Gewinnabgrenzung auf der Grundlage des Fremdvergleichs

I. Funktion und Bedeutung des Fremdvergleichsgrundsatzes

1. Spannungsverhältnis zwischen rechtlicher Vielheit und wirtschaftlicher Einheit

Konzerne sind durch ein Spannungsverhältnis zwischen „rechtlicher Vielheit" und „wirtschaftlicher Einheit" gekennzeichnet.[21] Die Besteuerung knüpft wie vorstehend dargestellt an die einzelnen Konzerngesellschaften und mithin an die „rechtliche Vielheit" des Konzerns an.[22] Aufgrund der Tatsache, dass die Obergesellschaft des Konzerns gesellschaftsrechtliche Einflussmöglichkeiten auf die einzelnen nachgeordneten in- und ausländischen Konzerngesellschaften besitzt, besteht vor dem Hintergrund der wirtschaftlichen Einheit des Konzerns grundsätzlich ein Anreiz, Gewinne mittels einer zweckgerichteten Verrechnungspreisfestlegung im niedrig besteuernden Ausland anfallen zu lassen, um auf diese Weise die Steuerquote des Gesamtkonzerns zu optimieren.[23] So ist es beispielsweise denkbar, dass eine in einem Niedrigsteuerland ansässige Produktionsgesellschaft ihre Produkte zu überhöhten Preisen an die in Hochsteuerländern ansässigen Vertriebsgesellschaften des Konzerns liefert. Dies hätte zur Folge, dass ein unangemessen hoher Anteil des aus dem Geschäft resultierenden Gewinns in dem Domizilstaat der Produktionsgesellschaft anfällt, wo er einer niedrigen Besteuerung unterliegt.[24]

---

21 Zur *„Einheit und Vielheit in Konzern"* vgl. *Bälz*, in: FS Raiser 1974, S. 287 ff.

22 Vgl. Abschnitt A.I.

23 Es jedoch zu beachten, dass es in der Praxis durchaus üblich ist, dass Konzerngesellschaften die Verrechnungspreise untereinander wie fremde Dritte aushandeln. Dies ist insbesondere dann der Fall, wenn entsprechende Anreize, etwa in Form einer Profit Center-Struktur oder einer erfolgsabhängigen Vergütung der Geschäftsführung vorliegen. Vgl. insoweit auch Tz. 1.2 und 1.5 der OECD-Verrechnungspreisrichtlinien sowie *Hamaekers*, ITPJ 1997, S. 2 ff. und Zitzelsberger, in: *Herzig*, APA, 1996, S. 53. Gem. Tz. 3.4.12.1 des BMF-Schreibens v. 12.4.2005 (BStBl. II 2005, S. 570) entbindet das Vorhandensein eines Profit Center-Modells den Steuerpflichtigen indessen nicht von der Pflicht zur Erstellung einer Angemessenheitsdokumentation.

24 Vgl. auch die Begründung des Full Federal Court of Australia v. 1.6.2011 in der Rs. Commissioner of Taxation v. SNF (Australia) Pty Ltd., [2011] FCAFC 74, Tz. 2.

2. Gewinnabgrenzung auf der Grundlage der Verhältnisse fremder Dritter

Um derartigen Gestaltungen entgegenzuwirken, enthält das nationale Steuerrecht zahlreicher Staaten sowie der Großteil der dem OECD-MA nachgebildeten Doppelbesteuerungsabkommen Regelungen, welche es den betreffenden Vertragsstaaten ermöglichen, die Gewinne verbundener Unternehmen zu korrigieren.[25] Den Maßstab der Korrektur bildet dabei der Grundsatz des Fremdvergleichs (*dealing at arm's length principle*). Nach dem Fremdvergleichsgrundsatz sind die Preise für Lieferungen und Leistungen zwischen verbundenen Unternehmen so anzusetzen, wie sie zwischen voneinander unabhängigen Dritten unter gleichen oder vergleichbaren Verhältnissen vereinbart worden sind oder wären[26]. Vorschriften, welche die Besteuerung eines angemessenen Gewinns der in ihrem Hoheitsgebiet domizilierenden Konzerngesellschaften sicherstellen sollen, sind darüber hinaus auch in den nationalen Rechtsordnungen des überwiegenden Teils der Industriestaaten verankert. Diese nationalen Korrekturvorschriften orientieren sich bei der Bestimmung dessen, was als angemessen gilt, ebenfalls – weitgehend[27] – an dem Fremdvergleichsgrundsatz.[28]

Im Rahmen der Bewertung des konzerninternen Liefer- und Leistungsverkehrs auf der Grundlage des Fremdvergleichsgrundsatzes werden die Verhältnisse des freien Wettbewerbs zugrunde gelegt.[29] Diese sind dadurch gekennzeichnet, dass

---

25 Vgl. den nachfolgenden Abschnitt.

26 Der Fremdvergleichsgrundsatz ist grundsätzlich auf der Ebene einzelner Transaktionen, d.h. geschäftsvorfallbezogen anzuwenden, vgl. Tz. 3.9 OECD-Verrechnungspreisgrundsätze; BMF v. 23.2.1983, BStBl. I 1983, S. 218, Tz. 2.1.2. Lediglich in Ausnahmefällen ist eine Zusammenfassung von Transaktionen zulässig (z.B. im Rahmen der sog. Palettenbetrachtung).

27 Die Verrechnungspreisvorschriften einiger Länder wie beispielsweise Brasilien stehen nicht im Einklang mit dem Fremdvergleichsgrundsatz (vgl. insoweit *Mank/Dagnese*, IStR 2006, S. 714). Auch in Bezug auf die durch das Unternehmensteuerreformgesetz 2008 in Deutschland eingeführten Vorschriften zur steuerlichen Behandlung von Funktionsverlagerungen wird im Schrifttum die Auffassung vertreten, dass diese nicht mit dem Fremdvergleichsgrundsatz in Einklang stehen, vgl. *Baumhoff/Ditz/Greinert*, DStR 2007, S. 1655.

28 Vgl. *Eigelshoven*, in: Vogel/Lehner, DBA, § 9 OECD-MA, Rz. 11. Zu dem Verhältnis der innerstaatlichen Korrekturvorschriften zu den Art. 9 OECD-MA nachgebildeten Abkommensartikeln vgl. Abschnitt B.II.1.2.

29 Vgl. OECD-Musterkommentar zu Art. 9 OECD-MA, Tz. 2 („*normal open market commercial terms*"); Tz. 1.14 OECD-Verrechnungspreisgrundsätze („*closest approximation of the workings of the open market*"); BMF v. 23.3.1983, BStBl. I 1983, S. 218, Tz. 2.1.1. und FG Münster v. 16.3.2006, EFG 2006, S. 1562. („*Verhältnisse des freien Marktes*"). Dies gilt sowohl für den tatsächlichen, als auch für den hypothetischen Fremdvergleich. Im Rahmen des tatsächlichen Fremdvergleichs ist freilich zu beachten, dass das volkswirtschaftliche Ideal des „vollkommenen Marktes" in der Realität nicht vorzufinden ist. Daher kann im Rahmen eines Fremdvergleichs regelmäßig kein

ein natürlicher Interessengegensatz zwischen Anbietern und Nachfragern vorliegt. So werden die Anbieter bestrebt sein, einen möglichst hohen Preis durchzusetzen, während die Nachfrager das Ziel verfolgen, einen möglichst niedrigen Preis für die nachgefragte Leistung zu zahlen.[30] Die Leistung des Anbieters steht mithin in einem Verhältnis der Äquivalenz zu der Gegenleistung des Nachfragers.[31] Sollte ein Markt demgegenüber durch Preisabsprachen (etwa bei Vorliegen eines Kartells) oder ein kooperatives Verhalten der Marktteilnehmer gekennzeichnet sein, fehlt es an dem den Fremdvergleich prägenden natürlichen Interessengegensatz. Insoweit kann es zu Preisverzerrungen kommen, wie sie auch im Konzern aufgrund der gesellschaftsrechtlichen Einflussmöglichkeiten der Obergesellschaft möglich sind. Derartige Marktstrukturen eignen sich daher grundsätzlich nicht für einen Fremdvergleich.[32]

Die Bewertung des konzerninternen Liefer- und Leistungsverkehrs auf der Grundlage des Fremdvergleichsgrundsatzes soll sicherstellen, dass der von einer Konzerngesellschaft in ihrem Ansässigkeitsstaat versteuerte Gewinn in einem angemessenen – nicht von der gesellschaftsrechtlichen Verbundenheit beeinflussten – Verhältnis zu dem wirtschaftlichen Gehalt der von der Konzerngesellschaft in diesem Ansässigkeitsstaat ausgeübten Aktivitäten steht.[33] Der wirtschaftliche Gehalt der von einer Konzerngesellschaft ausgeübten Aktivitäten erfährt seine Konkretisierung in den im jeweiligen Staat ausgeübten Funktionen, übernommenen Risiken und eingesetzten Wirtschaftsgütern.[34]

---

exaktes Ergebnis im Sinne einer mathematisch genau fixierbaren Größe, sondern lediglich eine Bandbreite ermittelt werden, vgl. Abschnitt B.III.1.2.

30 Vgl. auch *Baumhoff*, in: FS Flick, S. 643, wonach ein ordentlicher und gewissenhafter Geschäftsleiter die Gewinnmaximierung als oberste Maxime seines Handelns zu respektieren hat.

31 Vgl. *Baumhoff*, Verrechnungspreise für Dienstleistungen, S. 51.

32 Vgl. insoweit auch BMF v. 23.2.1983, BStBl. I 1983, S. 218, Tz. 3.1.2.4. Sollte eine Konzerngesellschaft selbst über eine marktbeherrschende Stellung verfügen, ist zu beachten, dass eine Einkünftekorrektur nach § 1 AStG und Art. 9 OECD-MA ausscheidet, soweit ihre Einkünfte lediglich aufgrund ihrer Marktstellung unüblich hoch sind, vgl. insoweit auch *Eigelshoven/Ebering*, Kroppen, Handbuch Internationale Verrechnungspreise, Erläuterungen der OECD-Leitlinien, Erläuterung von Tz. 1.4, Rz. 16; vgl. auch *Wassermeyer*, in: Flick/Wassermeyer/Baumhoff/Schönfeld, Außensteuerrecht, § 1 AStG Rz. 854, wonach eine auf einer besonderen Marktstellung resultierende Einflussnahmemöglichkeit nicht zu einer Gewinnkorrektur rechtfertigt. Der US Court of Appeals hat in diesem Zusammenhang entschieden: *„the more imperfect the market, the more likely it is that ‚arm's length' transactions will take place at prices which are not perfect market prices"*, vgl. US Court of Appeals, U.S. Steel Corp. vs. Commissioner, 617 F.2d 942.

33 Vgl. *Andresen*, Konzernverrechnungspreise für multinationale Unternehmen, 1999, S. 24, der insoweit von dem „Angemessenheitsgedanken" spricht. Zu einer Rechtfertigung nach dem „Nutzenprinzip" vgl. *Lang*, in: FS Schaumburg 2009, S. 47.

34 Zur Funktions- und Risikoanalyse vgl. Abschnitt B.III.1.3.

Die Zuweisung des Besteuerungsrechts nach Maßgabe des Funktions- und Risikoprofils der einzelnen Konzerngesellschaften soll gewährleisten, dass eine gerechte Aufteilung des Gesamtgewinns eines internationalen Konzerns auf die einzelnen beteiligten Staaten erfolgt.[35] Darüber hinaus soll eine Gleichbehandlung konzernmäßig verbundener Unternehmen mit unverbundenen Unternehmen erreicht werden (sog. *parity of tax treatment*).[36] Schließlich dient die Bewertung des konzerninternen Liefer- und Leistungsverkehrs auf der Grundlage des Fremdvergleichsgrundsatzes auch dem Zweck, Minderheitsgesellschafter sowie Gläubiger einer in einen Unternehmensverbund eingegliederten Gesellschaft zu schützen.[37]

II. Rechtsgrundlagen des Fremdvergleichsgrundsatzes

1. Fremdvergleichsgrundsatz im OECD-Musterabkommen

1.1 Art. 9 OECD-MA

Im OECD-Musterabkommen ist der Fremdvergleichsgrundsatz in Art. 9 (Verbundene Unternehmen) geregelt.[38] Die deutsche Abkommenspraxis orientiert sich im Rahmen der Neuverhandlung und Revision von Doppelbesteuerungsabkommen weitgehend an den Vorgaben der OECD.[39] So folgt der überwiegende Teil[40] der von der Bundesrepublik Deutschland abgeschlossenen Doppelbesteuerungsabkommen Art. 9 Abs. 1 OECD-MA. Die Vorschrift hat folgenden Wortlaut:

---

35 Vgl. *Ditz*, Internationale Betriebsstättengewinnermittlung, 2004, S. 300; *Baßler*, Steuerliche Gewinnabgrenzung im Europäischen Binnenmarkt, S. 109 ff.

36 Tz. 1.8 OECD-Verrechnungspreisrichtlinien („*parity of tax treatment*"); *Schön*, IStR 2011, S. 780; *Andresen*, Konzernverrechnungspreise für multinationale Unternehmen, 1999, S. 24 spricht insoweit von dem „Paritätsgedanken". Vgl. auch US Treasury Regulation §1.482–1 (a)(1) („*Section 482 places a controlled taxpayer on a tax parity with an uncontrolled taxpayer [...]*").

37 So zutreffend *Schön*, IStR 2011, S. 780, S. 2 f.; *ders.* in: Schön/Konrad, Fundamentals of International Transfer Pricing in Law and Economics, 2012, S. 49; *ders.*, Reprints of the Max Planck Institute for Tax Law and Intellectual Property 2011 – 5 (abrufbar unter http://ssrn.com/abstract=1746063).

38 Hinsichtlich der Gewinnabgrenzung im Einheitsunternehmen ist Art. 7 Abs. 2 OECD-MA zu beachten. Vgl. dazu *Ditz*, in: Schönfeld/Ditz, DBA, Art. 7 OECD-MA Rz. 20 ff. Darüber hinaus enthalten die Art. 11 Abs. 6 und Art. 12 Abs. 4 OECD-MA Regelungen betreffend überhöhte Zinsen und Lizenzgebühren.

39 Vgl. *Strunk/Kaminski*, in: Strunk/Kaminski/Köhler, Außensteuergesetz, Doppelbesteuerungsabkommen, Einf. OECD-MA, Rz. 44; *Haase*, in: Haase, Außensteuergesetz/Doppelbesteuerungsabkommen, Einleitung Kapitel II, Rz. 9.

40 Vgl. die Übersichten von *Eigelshoven*, in: Vogel/Lehner, DBA, § 9 Rz. 145 und *Kaminski*, in: Strunk/Kaminski/Köhler, Außensteuergesetz, Doppelbesteuerungsabkommen, Art. 9 OECD-MA, Rz. 100.

„Wenn [international verbundene] Unternehmen in ihren kaufmännischen oder finanziellen Beziehungen an vereinbarte oder auferlegte Bedingungen gebunden sind, die von denen abweichen, die unabhängige Unternehmen miteinander vereinbaren würden, so dürfen die Gewinne, die eines der Unternehmen ohne diese Bedingungen erzielt hätte, wegen dieser Bedingungen aber nicht erzielt hat, den Gewinnen dieses Unternehmens zugerechnet und entsprechend besteuert werden"[41]

Der in den Art. 9 Abs. 1 OECD-MA entsprechenden Abkommensartikeln geregelte Fremdvergleichsgrundsatz bildet zum einen eine Tatbestandsvoraussetzung, da er den Maßstab zur Beurteilung der Angemessenheit konzerninterner Liefer- und Leistungsbeziehung definiert („*Wenn...*"). Zum anderen ist der Fremdvergleichsgrundsatz auch auf der Rechtsfolgenseite anzuwenden, da er zur Ermittlung der Höhe der Gewinnkorrektur herangezogen wird („*so dürfen...*").[42] Objekt des anzustellenden Fremdvergleichs sind die „Bedingungen", welche die verbundenen Unternehmen in ihren kaufmännischen und finanziellen Beziehungen vereinbart haben bzw. welche diesen auferlegt wurden. Diese Bedingungen sind im Rahmen eines Soll-Ist-Vergleichs den Bedingungen gegenüberzustellen, die unabhängige Unternehmen gegenseitig zugrunde legen würden. Der Begriff der Bedingungen ist weit auszulegen und umfasst nicht nur den vereinbarten Preis, sondern jeden denkbaren Vertragsbestandteil.[43]

Die Anwendung von Art. 9 Abs. 1 OECD-MA setzt weiterhin voraus, dass die Bedingungen von *verbundenen Unternehmen* vereinbart bzw. diesen auferlegt wurden. Eine Verbundenheit im Sinne von Art. 9 Abs. 1 OECD-MA liegt vor, wenn die Unternehmen der beiden Vertragsstaaten gesellschaftsrechtlich unmittelbar oder mittelbar miteinander verflochten sind. Dies setzt voraus, dass ein Unternehmen unmittelbar an der Geschäftsleitung, der Kontrolle oder dem Kapital eines Unternehmens des anderen Vertragsstaates (d.h. einer Tochter- oder Enkelgesellschaft) beteiligt ist. Ferner werden von Art. 9 OECD-MA Konstellationen erfasst, in denen

---

41 Der Wortlaut der englischsprachigen Fassung von Art. 9 Abs. 1 OECD-MA ist seit dem ersten Entwurf des OECD-MA im Jahre 1963 unverändert, vgl. *Owens*, TNI 2010, S. 519. Die deutsche Fassung wurde demgegenüber geringfügigen Änderungen unterzogen. Art. 4 Abs. 1 der EU-Schiedsverfahrenskonvention (90/436/EWG) enthält eine nahezu wortgleiche Definition des Fremdvergleichsgrundsatzes. Der Wortlaut differiert nur insoweit, als es sich bei den DBA um bilaterale Abkommen und bei der EU-Schiedsverfahrenskonvention um einen multilateralen Vertrag handelt. Daher wird in Art. 9 Abs. 1 OECD-MA die Formulierung „eines Unternehmens des anderen Vertragsstaats" und in Art. 4 Nr. 1 EU-Schiedsverfahrenskonvention die Formulierung „eines Unternehmens eines anderen Vertragsstaats" verwendet.

42 Vgl. *Wassermeyer*, in: Wassermeyer, DBA, Rz. 102 zu Art. 9 OECD-MA; *Kaminski*, in: Strunk/Kaminski/Köhler, Außensteuergesetz, Doppelbesteuerungsabkommen, Art. 9 OECD-MA, Rz. 19.

43 Vgl. *Schaumburg*, Internationales Steuerrecht, Rz. 16.299 ff.; *Ditz*, in: Schönfeld/Ditz, Art. 9 OECD-MA Rz. 47. Vgl. zu dem Begriff der kaufmännischen und finanziellen Beziehungen auch BFH v. 11.10.2012, BStBl. II 2013, S. 1046.

dieselben Personen unmittelbar oder mittelbar an der Geschäftsleitung, der Kontrolle oder dem Kapital eines Unternehmens eines Vertragsstaates und eines Unternehmens eines anderen Vertragsstaates beteiligt sind (z. B. Schwestergesellschaften).

Art. 9 Abs. 2 OECD-MA enthält eine sog. Gegenberichtigungsklausel. Danach verpflichtet sich einer der beteiligten Vertragsstaaten zu einer Gegenberichtigung bei einem in seinem Vertragsstaat ansässigen Unternehmen (sog. *corresponding adjustment*), sofern der andere Vertragsstaat bei einem in seinem Vertragsstaat ansässigen verbundenen Unternehmen eine Erstkorrektur (sog. *primary adjustment*) vorgenommen hat, die zu einer Doppelbesteuerung geführt hat. Die Gegenberichtigung setzt voraus, dass die Korrektur des einen Vertragsstaats im Einklang mit dem Fremdvergleichsgrundsatz erfolgt ist und das hierüber Einverständnis zwischen den Vertragsstaaten besteht.[44] Ziel der Regelung des Art. 9 Abs. 2 OECD-MA ist die Vermeidung einer wirtschaftlichen Doppelbesteuerung.[45] Es ist zu beachten, dass die von der Bundesrepublik Deutschland abgeschlossenen Doppelbesteuerungsabkommen bislang überwiegend keine Art. 9 Abs. 2 OECD-MA nachgebildete Gegenberichtigungsklausel enthalten.[46] Im Rahmen des Neuabschlusses von DBA vereinbart die Bundesrepublik Deutschland jedoch nunmehr dem Art. 9 Abs. 2 OECD-MA nachgebildete Abkommensartikel[47], da sie ihren Vorbehalt gegenüber der Vorschrift zurückgenommen hat.[48]

1.2 Sperrwirkung

Die Art. 9 Abs. 1 OECD-MA nachgebildeten Abkommensklauseln stellen in den jeweiligen Vertragsstaaten kein unmittelbar anwendbares Recht dar, d. h. sie entfalten – im Gegensatz zu anderen Abkommensartikeln[49] – keine self-executive-Wirkung.[50]

---

44 Vgl. *Ditz*, in: Schönfeld/Ditz, DBA, Art. 9 OECD-MA Rz. 124 f.; *Stiewe*, Die verfahrensrechtliche Umsetzung internationaler Verständigungsvereinbarungen, 2010, S. 179.

45 Vgl. *Ditz*, in: Schönfeld/Ditz, DBA, Art. 9 Rz. 124.

46 Vgl. *Wassermeyer*, in: Wassermeyer, Doppelbesteuerung, Art. 9 OECD-MA.

47 Vgl. etwa das DBA-Spanien v. 3.2.2011, das DBA Türkei v. 19.9.2011 oder das DBA Luxemburg v. 23.4.2012.

48 Vgl. *Eigelshoven*, in: Vogel/Lehner, DBA, 2008, Art. 9 Rz. 181.

49 Beispielsweise entfalten die an Art. 7 Abs. 2 OECD-MA angelehnten Abkommensartikel „self executive"-Wirkung für die Gewinnabgrenzung, vgl. *Ditz*, IStR 2005, 41; *Schaumburg*, Internationales Steuerrecht, Rz. 16.266. Ebenfalls entfaltet Art. 9 Abs. 2 OECD-MA eine „self executive"-Wirkung, vgl. *Ditz*, in: Schönfeld/Ditz, DBA, Art. 9 Rz. 130; *Stiewe*, Die verfahrensrechtliche Umsetzung internationaler Verständigungsvereinbarungen, 2010, S. 181 f.

50 Vgl. BMF v. 23.3.1983, BStBl. I 1983, S. 218, Tz. 1.2.1.; *Schaumburg*, Internationales Steuerrecht, Rz. 16.291; *Becker*, in: Haase, Außensteuergesetz/Doppelbesteuerungsabkommen, Art. 9 MA, Rz. 8; *Kaminski*, in: Strunk/Kaminski/Köhler, Außensteuergesetz, Doppelbesteuerungsabkommen, Art. 9 OECD-MA, Rz. 10; *Eigelshoven*, in: Vogel/Lehner, DBA, § 9 OECD-MA, Rz. 18; *Ditz*, in: Schönfeld/Ditz, DBA, Art. 9 OECD-MA Rz. 18; *Ditz*, IStR 2005, S. 39.

Eine Einkünftekorrektur bedingt daher stets eine Rechtsgrundlage im innerstaatlichen Recht.[51] Die an Art. 9 Abs. 1 OECD-MA angelehnten Abkommensklauseln bilden jedoch den Rahmen, innerhalb dessen eine Einkünftekorrektur durch die Vertragsstaaten des Doppelbesteuerungsabkommens vorgenommen werden darf (sog. Sperrwirkung).[52] Die Art. 9 Abs. 1 OECD-MA nachgebildeten Abkommensartikel entfalten ihre Sperrwirkung, wenn die nationalen Korrekturvorschriften in ihrer Reichweite über die abkommensrechtlichen Regelungen hinausgehen.[53] Dies ist etwa dann der Fall, wenn eine Einkünftekorrektur, welche auf der Grundlage einer nationalen Korrekturvorschrift erfolgt, auf formale Kriterien (z. B. ein Schriftformerfordernis) gestützt wird.[54]

1.3 Bedeutung der OECD-Verrechnungspreisrichtlinien

Empfehlungen zur Anwendung des in Art. 9 OECD-MA abstrakt geregelten Fremdvergleichsgrundsatzes enthalten die im Jahr 1995 herausgegebenen und im Anschluss fortlaufend aktualisierten[55] OECD-Verrechnungspreisrichtlinien.[56] Der OECD-Musterkommentar zu Art. 9 OECD-MA enthält demgegenüber keine Aussagen zur Anwendung des Fremdvergleichsgrundsatzes und verweist insoweit auf die OECD-Verrechnungspreisrichtlinien.[57] Vor diesem Hintergrund können die OECD-Verrechnungspreisrichtlinien als *gesonderte Teilkommentierung* von Art. 9

---

51 Vgl. *Schaumburg*, Internationales Steuerrecht, Rz. 16.291; *Wassermeyer*, in: Flick/Wassermeyer/Baumhoff/Schönfeld, Außensteuerrecht, § 1 AStG, Rz. 99.

52 Vgl. BMF v. 13.10.2010, BStBl. I 2010, S. 774, Tz. 1.2.3; BFH v. 12.3.1980, BStBl. II 1980, S. 531; *Becker*, in: Haase, Außensteuergesetz/Doppelbesteuerungsabkommen, Art. 9 MA, Rz. 9; *Schaumburg*, Internationales Steuerrecht, Rz. 16.292 f.; *Rasch*, Konzernverrechnungspreise im nationalen, bilateralen und europäischen Steuerrecht, 2001, S. 192; *Eigelshoven*, in: Vogel/Lehner, DBA, § 9 Rz. 18 ff.; a.A. BMF v. 23.3.1983, BStBl. I 1983, S. 218; *Jacobs*, Internationale Unternehmensbesteuerung 2011, S. 758.

53 Vgl. *Wassermeyer*, in: Flick/Wassermeyer/Baumhoff/Schönfeld, Außensteuerrecht, § 1 AStG, Rz. 99.

54 Vgl. BFH v. 11.10.2012, BStBl. II 2013, S. 1046, in Bezug auf das Konkurrenzverhältnis der verdeckten Gewinnausschüttung zu Art. 9 OECD-MA (vorangehend FG Hamburg v. 31.10.2011, IStR 2012, S. 190). Vgl. auch FG Köln v. 22.8.2007, EFG 2008, S. 161 (rkr.). Zu dem Urteil des FG Köln v. 22.8.2007 vgl. *Baumhoff/Greinert*, IStR 2008, S. 353 ff.

55 Die OECD-Verrechnungspreisrichtlinien wurden 1996 in Bezug auf immaterielle Wirtschaftgüter (Kapitel VI und VII), 1997 in Bezug auf Kostenumlageverträge (Kapitel VIII), 1999 in Bezug auf APA (Anhang), 2008 in Bezug auf Verfahren zur Streitbeilegung (Kapitel IV), sowie 2009 im Vorwort und in der Einleitung geändert. Am 22.7.2010 erfolgte schließlich eine umfassende Revision der Kapitel I bis III, vgl. *Verlinden* et al.; ITPJ 2010, S. 336; *Oosterhoff/Wingerter*, ITPJ 2011, S. 103 ff.

56 Vgl. OECD, Transfer Pricing Guidelines for Multinational Enterprises and Tax Administrations, Paris.

57 Vgl. OECD-Musterkommentar zu Art. 9 OECD-MA, Tz. 1.

OECD-MA angesehen werden.[58] Die Verantwortung für die Erstellung und Weiterentwicklung der OECD-Verrechnungspreisrichtlinien liegt bei dem Fiskalausschuss der OECD, welcher sich aus Vertretern der Regierungen der OECD-Mitgliedstaaten zusammensetzt und sog. *Working Parties* zur Erarbeitung von Vorschlägen in Bezug auf einzelne Themenfelder einsetzt.[59] Die Verabschiedung der OECD-Verrechnungspreisrichtlinien erfolgt durch den Rat der OECD.

Ziel der OECD-Verrechnungspreisrichtlinien ist eine vereinheitlichte Auslegung des Fremdvergleichsgrundsatzes.[60] Neben Vorgaben zur Anwendung des Fremdvergleichsgrundsatzes enthalten die OECD-Verrechnungspreisrichtlinien auch Ausführungen zur Anwendung der einzelnen Verrechnungspreismethoden, zu Verständigungsverfahren auf der Grundlage von Art. 25 OECD-MA, zur Dokumentation von Verrechnungspreisen, zu Kostenumlageverträgen, zu den steuerlichen Folgen betrieblicher Umstrukturierungen (sog. *Business Restructurings*) und zu sog. Safe-Harbour-Regelungen. Den OECD-Verrechnungspreisrichtlinien gingen zwei OECD-Verrechnungspreisberichte aus den Jahren 1979 und 1984 voraus, welche teilweise in den OECD-Verrechnungspreisrichtlinien aufgegangen sind.[61]

Formell stellen die OECD-Verrechnungspreisrichtlinien – ebenso wie der OECD-Musterkommentar – lediglich eine Empfehlung (*„recommendation“*) des Rats der OECD im Sinne von Art. 5 Buchst. b) des OECD-Statuts i.V.m. Art. 18 Buchst. b) der OECD-Verfahrensordnung v. 30.9.1961 dar.[62] Eine Empfehlung ist gem. Art. 18 Buchst. b) der OECD-Verfahrensordnung *„den Mitgliedsstaaten zur Prüfung [...vorzulegen], damit sie deren Durchführung veranlassen können, falls sie es für angebracht halten“*[63]. Die OECD-Verrechnungspreisrichtlinien begründen folglich keine unmittelbare rechtliche Verpflichtung der OECD-Mitgliedstaaten.[64]

Daraus folgt indessen nicht, dass den OECD-Verrechnungspreisrichtlinien keine Bedeutung zukommt. Denn die OECD-Verrechnungspreisrichtlinien sind bei der

---

58 Vgl. *Vetter*, SWI 1997, S. 548; *Höppner*, StBp 1981, S. 57; *Borstell*, in: Vögele/Borstell/Engler, Verrechnungspreise, 2011, Kapitel B, Rz. 52. Vgl. auch *Wittendorff*, Transfer Pricing and the arm's length principle in international tax law, 2010, S. 246 (*“integral part of the Commentary on Article 9”*).

59 Die Zuständigkeit für die OECD-Verrechnungspreisrichtlinien liegt bei der *Working Party 6*.

60 Vgl. *Wittendorff*, Transfer Pricing and the arm's length principle in international tax law, 2010, S. 247.

61 Zu Einzelheiten vgl. *Rasch*, Konzernverrechnungspreise im nationalen, bilateralen und europäischen Steuerrecht, 2001, S. 193 ff.

62 Vgl. insoweit die „Recommendation of the Council on the Determination of Transfer Pricing between Associated Enterprises“, C(95)126/FINAL.

63 Art. 18 Buchst. b) OECD-Verfahrensordnung (eigene Übersetzung).

64 Vgl. *Li*, in: Schön/Konrad, Fundamentals of International Transfer Pricing in Law and Economics, 2012, S. 78; *Rasch*, Konzernverrechnungspreise im nationalen, bilateralen und europäischen Steuerrecht, 2001, S. 200; *Vetter*, SWI 1997, S. 548; *Runge*, IStR 1995, S. 511; *Höppner*, StBp 1981, S. 57.

Auslegung der Art. 9 OECD-MA entsprechenden Abkommensartikel nach den in Art. 31 ff. WÜRV normierten Regeln als Mittel zur Auslegung des Willens der Vertragsstaaten des jeweiligen DBA heranzuziehen.[65] Aufgrund der Tatsache, dass die OECD-Verrechnungspreisrichtlinien auf einem Konsens der OECD-Mitgliedstaaten beruhen und mithin ein hohes Maß internationaler Übereinstimmung[66] besteht, kommt den Richtlinien außerdem eine erhebliche Ausstrahlungswirkung zu. So nehmen zahlreiche OECD-Mitgliedsstaaten in ihren innerstaatlichen Vorschriften und Verwaltungsanweisungen ausdrücklich auf die OECD-Verrechnungspreisrichtlinien Bezug.[67] Vereinzelt orientieren sich auch Nicht-OECD-Mitglieder an den OECD-Verrechnungspreisrichtlinien.[68]

Weiterhin ist zu konstatieren, dass die OECD-Verrechnungspreisrichtlinien zu einer Erleichterung der Durchführung von Verständigungs- und Schiedsverfahren beitragen. Denn die umfassenden Ausführungen zur Anwendung des Fremdvergleichsgrundsatzes bilden einen Maßstab, auf den die OECD-Mitgliedstaaten in ihren Verständigungs- und Schiedsverhandlungen zurückgreifen können.[69]

---

65 Vgl. *Vetter*, SWI 1997, 548; *Li*, in: Schön/Konrad, Fundamentals of International Transfer Pricing in Law and Economics, 2012, S. 78. A.A. wohl Full Federal Court of Australia v. 1.6.2011, [2011] FCAFC 74, Tz. 116 ff. Bei der Auslegung des Doppelbesteuerungsabkommens ist zu berücksichtigen, dass nur solche Fassungen des OECD-MA und der OECD-Verrechnungspreisrichtlinien herangezogen werden dürfen, die zum Zeitpunkt des Abschlusses des Doppelbesteuerungsabkommens Geltung hatten. Vgl. auch *Wittendorff*, Transfer Pricing and the arm's length principle in international tax law, 2010, S. 125 ff. und S. 246 ff. Der österreichische unabhängige Finanzsenat (UFS) hat indessen hinsichtlich der OECD-Verrechnungspreisrichtlinien entschieden, dass die jeweils aktuelle Fassung heranzuziehen ist, vgl. UFS v. 30.7.2012, RV/2515-W/09. Zustimmend *Loukota*, SWI 2012, S. 521 f.

66 So *Wassermeyer*, in: Wassermeyer, Doppelbesteuerung, vor Art. 1 OECD-MA, Tz. 34 in Bezug auf OECD-MA und OECD-MK.

67 Beispielsweise verweist das BMF-Schreiben v. 12.4.2005 (BStBl. II 2005, S. 570) an mehreren Stellen auf die OECD-Verrechnungspreisrichtlinien. Vgl. insoweit auch *Eigelshoven/Ebering*, in: Kroppen, Handbuch Internationale Verrechnungspreise, Erläuterungen der OECD-Leitlinien, Vorbemerkung, Rz. 7. In Großbritannien nehmen die verrechnungspreisbezogenen Vorschriften explizit auf die OECD-Richtlinien Bezug, vgl. *Li*, in: Schön/Konrad, Fundamentals of International Transfer Pricing in Law and Economics, 2012, S. 79.

68 So wendet beispielsweise die südafrikanische Finanzverwaltung SARS die OECD-Verrechnungspreisrichtlinien in Betriebsprüfungen an, vgl. *Lermer*, ITPJ 2011, S. 155.

69 So auch Tz. 10 und 17 des Vorworts der OECD-Verrechnungspreisrichtlinien; vgl. auch *Werra*, IStR 1995, S. 457 ff.; *Flüchter*, in: Schönfeld/Ditz, DBA, Art. 25 Rz. 136.

2. Fremdvergleichsgrundsatz im deutschen Steuerrecht

2.1 Rechtsgrundlagen

Der in den Art. 9 OECD-MA verankerte Fremdvergleichsgrundsatz bedarf mangels *self executive*-Wirkung der abkommensrechtlichen Regelungen einer Rechtsgrundlage im innerstaatlichen Recht.[70] Im deutschen Steuerrecht erfolgt keine einheitliche Umsetzung des Fremdvergleichsgrundsatzes. Die Gewinnabgrenzung erfolgt vielmehr auf Grundlage der Vorschriften über die verdeckte Gewinnausschüttung, die verdeckte Einlage sowie die Berichtigung von Einkünften bei grenzüberschreitenden Geschäftsbeziehungen gem. § 1 AStG.[71] Der Anwendungsbereich dieser Vorschriften unterscheidet sich in Abhängigkeit von Leistungsrichtung (Vorteilsgewährung von der Gesellschaft oder an die Gesellschaft) und Leistungsart (Übertragung von Wirtschaftsgütern, Erbringung von Dienstleistungen etc.). Nachfolgend werden die Vorschriften dargestellt.

2.2 Verdeckte Gewinnausschüttung

2.2.1 Definition und Zwecksetzung

Die Rechtsgrundlage der verdeckten Gewinnausschüttung bildet § 8 Abs. 3 Satz 2 KStG. Danach mindern *„verdeckte Gewinnausschüttungen [...] das Einkommen nicht"*. Mangels einer näheren gesetzlichen Regelung hat die Rechtsprechung eine Definition der verdeckten Gewinnausschüttung herausgearbeitet. Danach stellt eine verdeckte Gewinnausschüttung eine Vermögensminderung oder verhinderte Vermögensmehrung dar, die durch das Gesellschaftsverhältnis veranlasst oder mit veranlasst ist, sich auf die Höhe des Unterschiedsbetrags i.S.v. § 4 Abs. 1 Satz 1 EStG auswirkt und nicht auf einem den gesellschaftsrechtlichen Vorschriften entsprechenden Gewinnverteilungsbeschluss beruht.[72]

Der Regelungszweck des Rechtsinstituts der verdeckten Gewinnausschüttung besteht in einer zutreffenden Abgrenzung zwischen Einkommenserzielung und Einkommensverwendung einer Körperschaft.[73] Eine Trennung zwischen diesen Vorgängen ist erforderlich, da Gesellschafter aufgrund des Trennungsprinzips in schuldrechtliche Beziehungen zu ihrer Gesellschaft treten und im Rahmen dieser Beziehungen unangemessene Bedingungen vereinbaren können, welche die

70 Siehe dazu bereits Abschnitt B.II.1.1.

71 Vgl. *Baumhoff*, in: FS Flick, S. 634; *Jacobs*, Internationale Unternehmensbesteuerung 2011, S. 758.

72 Vgl. BFH v. 22.2.1989, BStBl. II 1989, S. 475; R 36 Abs. 1 KStR.

73 Vgl. *Heurung*, in: Erle/Sauter, Körperschaftsteuergesetz, Einführung KStG, Rz. 189 ff.; *Lang/Klingebiel*, in: Dötsch/Pung/Möhlenbrock, Die Körperschaftsteuer, § 8 Abs. 3 Teil C, Rz. 4; *Frotscher*, GmbHR 1998, S. 24. Im grenzüberschreitenden Kontext dient die verdeckte Gewinnausschüttung darüber hinaus auch in einer zutreffenden Gewinnabgrenzung, s. dazu den folgenden Abschnitt.

bestehenden gesellschaftsrechtlichen Beziehungen verdecken können. Es soll mithin erreicht werden, dass Körperschaften nach ihrer wirtschaftlichen Leistungsfähigkeit besteuert werden.[74] Die Korrektur einer verdeckten Gewinnausschüttung erfolgt auf Ebene einer leistenden inländischen Gesellschaft durch eine außerbilanzielle Hinzurechnung.[75] Auf Ebene des Gesellschafters wird die verdeckte Gewinnausschüttung als Beteiligungsertrag behandelt.[76] Sofern es sich um einen ausländischen Gesellschafter handelt, führt die verdeckte Gewinnausschüttung zu einer beschränkten Steuerpflicht des Gesellschafters nach § 2 Nr. 1 KStG i.V.m. § 49 Abs. 1 Nr. 5 EStG.

Das Tatbestandsmerkmal der verdeckten Gewinnausschüttung, anhand dessen der BFH eine Abgrenzung zwischen Einkommenserzielung und Einkommensverwendung vornimmt, stellt die *„Veranlassung durch das Gesellschaftsverhältnis“*[77] dar. Da die gesellschaftsrechtliche Veranlassung oftmals nur auf inneren Tatsachen beruht, bedarf es eines objektiven Maßstabs, um eine derartige Veranlassung zu ermitteln.[78] Der BFH konkretisiert die Veranlassung durch das Gesellschaftsverhältnis in ständiger Rechtsprechung unter Bezugnahme auf das Handeln eines ordentlichen und gewissenhaften Geschäftsleiters.[79] Eine Veranlassung durch das Gesellschaftsverhältnis liegt demnach vor, wenn eine Gesellschaft einem Gesellschafter einen Vermögensvorteil zuwendet, den sie bei Anwendung der Sorgfalt eines ordentlichen und gewissenhaften Geschäftsleiters einem Nichtgesellschafter nicht gewährt hätte.[80] Die Denkfigur des ordentlichen und gewissenhaften Geschäftsleiters ist dem Handelsrecht[81] entlehnt und wird durch den BFH von seiner handelsrechtlichen Bedeutung losgelöst ausgelegt.[82]

---

74 Vgl. *Frotscher*, GmbHR 1998, S. 24 f.

75 Vgl. BFH v. 29.6.1994, BStBl. II 2002, S. 366; BMF v. 28.5.2002, BStBl. I 2002, S. 603, Tz. 3; BMF v. 12.4.2005, BStBl. I 2005, S. 570, Tz. 5.3.1.; *Wassermeyer*, IStR 2001, S. 634.

76 Durch das Jahressteuergesetz 2007 (BGBl. I 2006, S. 2878) wurde ein Korrespondenzprinzip eingeführt, das eine Korrespondenz zwischen der Behandlung einer verdeckten Gewinnausschüttung bei der Gesellschaft und dem Gesellschafter sicherstellen soll (vgl. § 8b Abs. 1 Satz 2 KStG und § 32a Abs. 1 KStG).

77 *Lang/Klingebiel*, in: Dötsch/Pung/Möhlenbrock, Die Körperschaftsteuer, § 8 Abs. 3 Teil C, Rz. 100.

78 Vgl. BFH v. 23.5.1984, BStBl. II 1984, S. 673; BFH v. 14.8.1985, BStBl. II 1986, S. 86; BFH v. 2.3.1988, BStBl. II 1988, S. 786; BFH v. 7.12.1988, BStBl. II 1989, S. 248; *Rasch*, Konzernverrechnungspreise im nationalen, bilateralen und europäischen Steuerrecht, 2001, S. 25.

79 Weitere Kriterien stellen die mangelnde Ernsthaftigkeit sowie formale Aspekte dar. Diese werden nachfolgend nicht weiter betrachtet.

80 Vgl. nur BFH v. 11.2.1987, BStBl. II 1987, S. 461; H 36 III KStH „Allgemeines“.

81 Vgl. § 93 Abs. 1 Satz 1 AktG und § 43 Abs. 1 GmbHG.

82 Vgl. *Lang/Klingebiel*, in: Dötsch/Pung/Möhlenbrock, Die Körperschaftsteuer, § 8 Abs. 3 Teil C, Rz. 104; *Wassermeyer*, in: Flick/Wassermeyer/Baumhoff/Schönfeld, Außensteuerrecht, § 1 AStG Rz. 104; a.A. *Kaminski*, in: Strunk/Kaminski/Köhler, Außensteuergesetz/Doppelbesteuerungsabkommen, § 1 AStG Rz. 287.

Indem der BFH im Rahmen der Beurteilung der Angemessenheit einer Leistungsbeziehung eines Gesellschafters mit seiner Gesellschaft auf das Verhalten eines ordentlichen und gewissenhaften Geschäftsleiters gegenüber einem Nichtgesellschafter abstellt, legt er der Beurteilung einen Fremdvergleich zugrunde.[83] Da im Rahmen dieses Fremdvergleichs nicht auf die tatsächlich mit fremden Dritten getroffenen Vereinbarungen, sondern auf gedachte Vereinbarungen abgestellt wird, handelt es sich hierbei um einen hypothetischen Fremdvergleich. Die dargestellte Bezugnahme auf den ordentlichen und gewissenhaften Geschäftsleiter dient in diesem Zusammenhang der Konkretisierung und der *„inhaltlichen Ausgestaltung“*[84] des Fremdvergleichs.

2.2.2 Verdopplung des ordentlichen und gewissenhaften Geschäftsleiters

Die Vorteilsgewährung im Rahmen von verdeckten Gewinnausschüttungen kann sich sowohl zwischen einer inländischen Körperschaft und ihrem inländischen Gesellschafter bzw. einer diesem nahe stehenden Person, als auch zwischen einer inländischen Körperschaft und ihrem ausländischen Gesellschafter bzw. einer diesem nahe stehenden Person und umgekehrt vollziehen.[85] Das Rechtsinstitut erfasst folglich auch grenzüberschreitende Liefer- und Leistungsbeziehungen. In Bezug auf diese Leistungsbeziehungen dient die verdeckte Gewinnausschüttung nicht nur der Besteuerung nach der wirtschaftlichen Leistungsfähigkeit, sondern zugleich der zutreffenden Gewinnabgrenzung zwischen den beteiligten Staaten. Die Schätzungen von *Wassermeyer*, wonach rund 90 % der Verrechnungspreiskorrekturen auf der Grundlage des Rechtsinstituts der verdeckten Gewinnausschüttung erfolgen, verdeutlichen die Bedeutung des Rechtsinstituts für die internationale Gewinnabgrenzung.[86] Die Vorschrift des § 1 AStG[87], welche eigens für Zwecke der

---

83 Vgl. *Lang/Klingebiel*, in: Dötsch/Pung/Möhlenbrock, Die Körperschaftsteuer, § 8 Abs. 3 Teil C, Rz. 102; *Vögele/Fischer*, in: Vögele/Borstell/Engler, Verrechnungspreise, 2011, Kapitel A, Rz. 70.

84 *Baumhoff*, in: FS Flick, S. 641.

85 Ebenso können auch Vorteilsgewährungen in einem Dreiecksverhältnis, d.h. zwischen Schwestergesellschaften zu einer verdeckten Gewinnausschüttung an die Muttergesellschaft führen, vgl. BFH v. 26.10.1987, BStBl. II 1989, S. 348; BFH v. 12.12.2000, BStBl. II 2001, S. 234. Vgl dazu auch *Baumhoff*, in: Mössner, Steuerrecht international tätiger Unternehmen, 2012, Rz. 3.38 ff.

86 Vgl. *Wassermeyer*, GmbHR 1998, S. 162; IStR 2001, 633. Da der ursprüngliche Regelungszweck der verdeckten Gewinnausschüttung – wie dargestellt – nicht in der internationalen Gewinnabgrenzung, sondern in der Besteuerung von Körperschaften nach ihrer wirtschaftlichen Leistungsfähigkeit besteht, ist zu konstatieren, dass insoweit *„im großen Stile eine Normenleihe“* stattfindet. So zutreffend *Baßler*, Steuerliche Gewinnabgrenzung im Europäischen Binnenmarkt, S. 220.

87 Vgl. insoweit Abschnitt B.II.2.4.

internationalen Gewinnabgrenzung konzipiert wurde, ist nach Schätzungen *Wassermeyers* demgegenüber lediglich in rund 3 % der Fälle anwendbar.[88]

Vor dem Hintergrund der Bedeutung der verdeckten Gewinnausschüttung für die internationale Gewinnabgrenzung ergibt sich die Notwendigkeit, die einseitige Perspektive des ordentlichen und gewissenhaften Geschäftsleiters im Rahmen der Beurteilung der Angemessenheit grenzüberschreitender Leistungsbeziehungen zu erweitern. Der BFH hat diese Erweiterung erstmals in seinem Urteil v. 17.5.1995[89] vorgenommen. In dem genannten Urteil – dem ein rein inländischer Sachverhalt zugrunde lag – wurde bei der Beurteilung der Angemessenheit einer sog. Nur-Pension eines Gesellschafter-Geschäftsführers nicht nur auf das Verhalten eines ordentlichen und gewissenhaften Geschäftsleiters der betreffenden Gesellschaft, sondern auch auf das Verhalten eines gedachten Vertragspartners in Form eines fremden Angestellten der Gesellschaft abgestellt.[90] Die Einbeziehung des Vertragspartners im Rahmen der Prüfung der gesellschaftsrechtlichen Veranlassung wurde durch den BFH seit der Entscheidung v. 17.5.1995 mehrfach bestätigt.[91]

Die Verdopplung des ordentlichen und gewissenhaften Geschäftsleiters trägt der Tatsache Rechnung, dass bei dem Liefer- und Leistungsverkehr zwischen international verbundenen Unternehmen auch auf Seiten der ausländischen Gesellschaft ein Geschäftsleiter beteiligt ist, der die Interessen seines Unternehmens zu vertreten hat und den Erwartungen seines Fiskus gerecht werden muss.[92] Mit der Einbeziehung

88 Vgl. *Wassermeyer*, IStR 2001, S. 633.

89 Vgl. BFH v. 17.5.1995, BStBl. II 1996, 204.

90 Die Erweiterung des Fremdvergleichs durch den BFH ist in nicht unwesentlichen Teilen des Schrifttums auf deutliche Kritik gestoßen, vgl. etwa *Pezzer*, FR 1996, 379; *Frotscher*, GmbHR 1998, S. 27 f.; *Forschungsgruppe Viadrina*, BB 1996, S. 2439 f.; *Senger/Schulz*, DStR 1997, S. 1832; *Hoffmann*, DStR 1995, S. 1750 f.; *ders.* DStR 1996, S. 729 ff.; *ders.*, GmbH-StB 2001, S. 333 ff.; *ders.*, DStZ 1996, S. 237; *Rischar*, BB 1997, S. 2303; *Lang/Klingebiel*, in: Dötsch/Pung/Möhlenbrock, Die Körperschaftsteuer, § 8 Abs. 3 Teil C, Rz. 117; *Frotscher*, in: Frotscher/Maas, KStG, Anhang zu § 8, Rz. 191; *Gosch*, KStG, § 8 Rz. 361 ff.

91 Vgl. BFH v. 6.12.1995, BStBl. II 1996, S. 383; BFH v. 19.3.1997, BStBl. II 1997, S. 577; BFH v. 27.3.2001, BStBl. II 2001, 111; BFH v. 24.4.2002, DStR 2002, S. 1614; BFH v. 28.1.2004, DB 2004, S. 850; BFH v. 20.10.2004, BFH/NV 2005, S. 723; BFH v. 28.4.2010, BFH/NV 2010, 1709; *Rasch* betont in diesem Zusammenhang, dass die Rechtsprechungsänderung durch das BFH-Urteil vom 17.5.1995 *„nicht als mittlerweile gesicherte Rechtsprechung verstanden werden kann"*; vgl. *Rasch*, Konzernverrechnungspreise im nationalen, bilateralen und europäischen Steuerrecht, 2001, S. 101. In seinem Urteil v. 19.5.1998 (BStBl. II 1998, S. 689) hat der BFH eine Abschwächung seiner Rechtsprechung zum „erweiterten" Fremdvergleich dahingehend vorgenommen, dass der Einbeziehung des Vertragspartners lediglich eine *„indizielle Bedeutung"* zukomme, die im Kontext der Gesamtumstände des Einzelfalls zu würdigen sei. Vgl. in der Folge auch BFH v. 18.3.2002, BFH/NV 2002, S. 1178; BFH v. 28.1.2004, BFH/NV 2004, 736; BFH v. 1.2.2010, BFH/NV, S. 1127.

92 So *Baumhoff*, in: FS Flick, S. 640 m.w.N.

des Vertragspartners kam der BFH einer bereits ein Jahrzehnt zuvor im Schrifttum erhobenen Forderung nach.[93] Die Verdopplung des ordentlichen und gewissenhaften Geschäftsleiters trägt schließlich auch dazu bei, den Fremdvergleichsmaßstab der verdeckten Gewinnausschüttung inhaltlich dem des § 1 AStG sowie des Art. 9 Abs. 1 OECD-MA[94] anzunähern.[95] Unterschiede in diesen Maßstäben bestehen nach der neuen Rechtsprechung des BFH nur noch insoweit, als § 1 Abs. 1 AStG und Art. 9 Abs. 1 OECD-MA nicht auf das Verhalten zweier ordentlicher und gewissenhafter Geschäftsleiter, sondern auf die Bedingungen abstellen, welche *unabhängige Dritte* bzw. *unabhängige Unternehmen* vereinbart hätten.[96]

2.3 Verdeckte Einlage

Die Rechtsgrundlage der verdeckten Einlage bildet § 8 Abs. 3 Satz 3 KStG.[97] Danach erhöhen verdeckte Einlagen das Einkommen nicht. Eine verdeckte Einlage liegt nach ständiger Rechtsprechung des BFH vor, wenn ein Gesellschafter seiner Gesellschaft einen Vermögensvorteil zuwendet und diese Zuwendung ihre Ursache im Gesellschaftsverhältnis hat.[98] Gegenstand einer verdeckten Einlage können nur Vermögensvorteile sein, die zum Ansatz bzw. zur Erhöhung eines Aktivpostens oder zum Wegfall bzw. der Verminderung eines Passivpostens der betreffenden Körperschaft führen.[99] Eine verdeckte Einlage kann daher beispielsweise in der unentgeltlichen oder verbilligten Übertragung eines Wirtschaftsguts von einem Gesellschafter an seine Gesellschaft bestehen. Die Überlassung von Wirtschaftsgütern

93 Vgl. *Flick*, JbFSt 1981/82, S. 135. Vgl. auch *Baumhoff*, Verrechnungspreise für Dienstleistungen, S. 139.

94 In diesem Zusammenhang ist besonders bedeutsam, dass die „Umsetzung" von Art. 9 Abs. 1 OECD-MA im innerstaatlichen Recht im ganz überwiegenden Teil der Fälle durch das Rechtsinstitut der verdeckten Gewinnausschüttung erfolgt. *Wassermeyer* schätzt, dass die Korrektur von Verrechnungspreisen zu etwa 90 % auf der Grundlage der verdeckten Gewinnausschüttung erfolgt (GmbHR 1998, S. 162; IStR 2001, 633).

95 Vgl. *Baumhoff*, in: FS Flick, S. 639.

96 Bei der inhaltlichen Ausgestaltung dieser Begriffe kann jedoch ohne weiteres auf die Sorgfalt zweier ordentlicher und gewissenhafter Geschäftsleiter zurückgegriffen werden, so *Baumhoff*, in: FS Flick, S. 641; vgl. auch *Wassermeyer*, GmbHR 1998, S. 162; *Becker*, FR 1980, S. 480, wonach die Rechtsfigur des ordentlichen und gewissenhaften Geschäftsleiters eine dem „arm's length-Preis wesenseigene Einrichtung [darstellt], die lediglich in der deutschen Rechtsprechung besonders deutlich herausgearbeitet wurde".

97 § 8 Abs. 3 Satz 3 KStG wurde durch das Jahressteuergesetz v. 12.12.2006 (BGBl. I 2006, S. 2878) eingeführt. Zuvor fand die verdeckte Einlage keine gesetzliche Erwähnung.

98 Vgl. BFH v. 19.2.1970, BStBl. II 1970, S. 442.

99 Vgl. *Heurung*, in: Erle/Sauter, Körperschaftsteuergesetz, Einführung KStG, Rz. 197.

oder Kapital zur unentgeltlichen oder verbilligten Nutzung führt demgegenüber nicht zu einer verdeckten Einlage.[100]

Die Korrektur einer verdeckten Einlage auf Ebene der empfangenden Gesellschaft erfolgt durch eine außerbilanzielle Kürzung in Höhe des Teilwerts des verdeckt eingelegten Wirtschaftsguts.[101] Im Vergleich zur verdeckten Gewinnausschüttung, welche die Gewährung eines Vermögensvorteils von einer Gesellschaft an ihren Gesellschafter betrifft, ist die Leistungsrichtung bei der verdeckten Einlage genau umgekehrt. Die Anwendungsbereiche der Vorschriften überschneiden sich mithin nicht.[102]

Das Rechtsinstitut der verdeckten Einlage dient – ebenso wie die verdeckte Gewinnausschüttung – einer zutreffenden Abgrenzung zwischen Einkommenserzielung und Einkommensverwendung einer Körperschaft. Das Tatbestandsmerkmal, anhand dessen eine Abgrenzung zwischen Einkommenserzielung und Einkommensverwendung vorgenommen wird, stellt die gesellschaftsrechtliche Verursachung des zu beurteilenden Vorgangs dar.[103] Eine gesellschaftsrechtliche Verursachung liegt nach der Rechtsprechung des BFH vor, wenn ein Nichtgesellschafter bei Anwendung der Sorgfalt eines ordentlichen Kaufmanns den Vermögensvorteil nicht gewährt hätte.[104] Der Beurteilung wird folglich ebenso wie bei der verdeckten Gewinnausschüttung ein Fremdvergleich zugrunde gelegt.[105]

Der in diesem Zusammenhang anzulegende Maßstab unterscheidet sich lediglich insoweit, als nicht auf die Sorgfalt eines ordentlichen und gewissenhaften Geschäftsleiters (§ 93 Abs. 1 Satz 1 AktG, § 43 Abs. 1 GmbHG), sondern auf die Sorgfalt eines ordentlichen Kaufmanns (§ 347 HGB) abgestellt wird. Da diese beiden Begriffe durch den BFH jedoch von ihrer gesellschafts- bzw. handelsrechtlichen Bedeutung

100 Vgl. den Beschluss des GrS v. 26.10.1987, BStBl. II 1989, S. 348.

101 Vgl. § 8 Abs. 1 Satz 1 KStG i.V.m. § 6 Abs. 1 Nr. 5 EStG. Es sind die Besonderheiten des § 6 Abs. 1 Nr. 5 Satz 1 2. HS und Satz 3 EStG sowie des § 6 Abs. 6 Satz 2 und 3 EStG zu beachten; zu Einzelheiten vgl. *Wochinger/Lang*, in: Dötsch/Pung/Möhlenbrock, Die Körperschaftsteuer, § 8 Abs. 3 Teil B, Rz. 20 ff.

102 Vgl. *Schaumburg*, Internationales Steuerrecht, Rz. 18.81; *Jacobs*, Internationale Unternehmensbesteuerung 2011, S. 750. Demgegenüber können sich die Anwendungsbereiche der verdeckten Gewinnausschüttung bzw. der verdeckten Einlage und § 1 AStG überscheiden, vgl. Abschnitt B.II.2.4.

103 Die Definition der verdeckten Gewinnausschüttung stellt demgegenüber nicht auf die „Ursache" im Gesellschaftsverhältnis, sondern auf eine gesellschaftsrechtliche „Veranlassung" ab. Nach *Wassermeyer* (GmbHR 1998, S. 161 f.) soll auf diese Weise unterstrichen werden, dass auch im Recht der verdeckten Gewinnausschüttung das allgemeine ertragsteuerliche Veranlassungsprinzip gelte. Konsequenterweise müsste dann jedoch auch in der Definition der verdeckten Einlage auf die gesellschaftsrechtliche Veranlassung abgestellt werden.

104 Vgl. BFH v. 19.2.1970, BStBl. II 1970, S. 442.

105 Vgl. BFH v. 15.10.1997, BFH/NV 1998, S. 624; *Baumhoff*, in: FS Flick, S. 636; *Jacobs*, Internationale Unternehmensbesteuerung 2011, S. 744.

losgelöst ausgelegt werden, bestehen insoweit keine materiellen Unterschiede.[106] Bei dem im Rahmen der Prüfung einer verdeckten Einlage anzustellenden Fremdvergleich handelt es sich ebenfalls um einen hypothetischen Fremdvergleich, da nicht auf die tatsächlich mit fremden Dritten getroffenen Vereinbarungen, sondern auf gedachte Vereinbarungen eines ordentlichen Kaufmanns abgestellt wird.

Die Vorteilsgewährung im Rahmen einer verdeckten Einlage kann sich sowohl zwischen einer inländischen Körperschaft und ihrem inländischen Gesellschafter bzw. einer diesem nahe stehenden Person, als auch zwischen einer inländischen Körperschaft und ihrem ausländischen Gesellschafter bzw. einer diesem nahe stehenden Person (und umgekehrt) vollziehen.[107] Das Rechtsinstitut der verdeckten Einlage erfasst folglich auch Liefer- und Leistungsbeziehungen zwischen international verbundenen Unternehmen und dient in diesem Kontext ebenso wie die verdeckte Gewinnausschüttung einer zutreffenden Gewinnabgrenzung zwischen den beteiligten Staaten.[108]

2.4 § 1 AStG

2.4.1 Zwecksetzung

§ 1 AStG ist eine Einkünftekorrekturvorschrift[109], die 1972 Eingang in das deutsche Außensteuerrecht gefunden hat.[110] Nach der Regierungsbegründung zum AStG sollte die Vorschrift den in Art. 9 Abs. 1 OECD-MA verankerten Fremdvergleichsgrundsatz im deutschen Steuerrecht umsetzen.[111] Eine Einkünftekorrektur nach § 1 Abs. 1 Satz 1 AStG setzt voraus, dass die Einkünfte eines Steuerpflichtigen dadurch *„gemindert"* werden, dass dieser seiner Einkünfteermittlung *„andere Bedingungen, insbesondere Preise (Verrechnungspreise), zugrunde legt, als sie voneinander unabhängige Dritte unter gleichen oder vergleichbaren Verhältnissen vereinbart hätten (Fremdvergleichsgrundsatz)"*.[112] Im Fall einer Abweichung vom

---

106 Vgl. auch *Rasch*, Konzernverrechnungspreise im nationalen, bilateralen und europäischen Steuerrecht, S. 107.

107 Ebenso können auch Vorteilsgewährungen in einem Dreiecksverhältnis, d. h. zwischen Schwestergesellschaften zu einer verdeckten Gewinnausschüttung an die Muttergesellschaft und ggf. zu einer anschließenden verdeckten Einlage führen, vgl. BFH v. 26.10.1987, BStBl. II 1989, S. 348; BFH v. 12.12.2000, BStBl. II 2001, S. 234. Vgl dazu auch *Baumhoff*, in: Mössner, Steuerrecht international tätiger Unternehmen, 2012, Rz. 3.38 ff..

108 Vgl. dazu bereits Abschnitt B.II.2.2.2.

109 Die Überschrift der Vorschrift lautet „Berichtigung von Einkünften".

110 Zur Entstehungsgeschichte von § 1 AStG vgl. *Wassermeyer*, in: Flick/Wassermeyer/Baumhoff/Schönfeld, Außensteuerrecht, § 1 Rz. 16 ff.

111 Vgl. BT-Drs. 6/2883, Tz. 15 ff.

112 Die Legaldefinition des Fremdvergleichsgrundsatzes mittels eines Klammerzusatzes in § 1 Abs. 1 Satz 1 AStG erfolgte durch das Unternehmensteuerreformgesetz 2008. Ausweislich der Regierungsbegründung zum Unternehmensteuerreformgesetz

Fremdvergleichsgrundsatz bestimmt § 1 Abs. 1 Satz 1 AStG, dass die Einkünfte des inländischen Steuerpflichtigen so anzusetzen sind, *„wie sie unter den zwischen voneinander unabhängigen Dritten vereinbarten Bedingungen angefallen wären“*.[113] Die Rechtsfolge des § 1 AStG ergibt sich folglich unmittelbar aus dem Fremdvergleich.[114] Die Berichtigung der Einkünfte nach § 1 AStG erfolgt außerhalb der Bilanz.[115]

Da § 1 Abs. 1 Satz 1 AStG tatbestandsseitig voraussetzt, dass die Einkünfte eines Steuerpflichtigen *„gemindert“*[116] werden, können lediglich Einkünfte erhöhende Berichtigungen auf der Grundlage von § 1 AStG erfolgen. Einkünfte mindernde Berichtigungen sieht § 1 Abs. 1 AStG demgegenüber nicht vor.[117] Weiterhin ist der Anwendungsbereich des § 1 AStG insofern eingeschränkt, als nur Geschäftsbeziehungen *„zum Ausland“* erfasst werden. Auf Geschäftsbeziehungen eines inländischen Steuerpflichtigen mit nahe stehenden Personen im Inland findet § 1 AStG folglich keine Anwendung.[118]

Der Begriff der nahe stehenden Person ist in § 1 Abs. 2 AStG definiert.[119] Nach § 1 Abs. 2 Nr. 1 AStG ist eine Person dem Steuerpflichtigen nahe stehend, wenn diese an dem Steuerpflichtigen zu mindestens 25 % unmittelbar oder mittelbar beteiligt ist

---

2008 sollte mit der Änderung des § 1 AStG der international anerkannte Fremdvergleichsgrundsatz „gesetzlich präzisiert“ werden, vgl. BT-Drs. 16/4841, S. 34.

113 Im Hinblick auf den Wortlaut von § 1 AStG ist festzustellen, dass eine deutliche Nähe zu Art. 9 Abs. 1 OECD-MA besteht. Vgl. *Wassermeyer*, IStR 2001, S. 635.

114 Bei der verdeckten Gewinnausschüttung und der verdeckten Einlage stellt der Fremdvergleich lediglich ein Indiz für eine gesellschaftsrechtliche Veranlassung bzw. Verursachung dar, vgl. *Wassermeyer*, IStR 2001, S. 633.

115 Vgl. *Hofacker*, in: Haase, Außensteuergesetz/Doppelbesteuerungsabkommen, § 1 AStG Rz. 352; *Wassermeyer*, IStR 2001, S. 635.

116 Eine *„Einkünfteminderung“* i.S.d. § 1 Abs. 1 AStG kann auch in einer verhinderten Einkünftemehrung bestehen, vgl. *Kaminski*, in: Strunk/Kaminski/Köhler, Außensteuergesetz/Doppelbesteuerungsabkommen, § 1 AStG Rz. 85.

117 Eine Einkünfteminderung auf der Grundlage von § 1 AStG wäre in Fällen einer Vorteilsgewährung einer ausländischen Muttergesellschaft an ihre inländische Tochtergesellschaft in Form eines nicht einlagefähigen Vermögensvorteils (z. B. zinslose Darlehen oder unentgeltliche Dienstleistungen) denkbar. In diesen Fällen kann bei der inländischen Tochtergesellschaft keine Korrektur auf der Grundlage der verdeckten Einlage (§ 8 Abs. 3 Satz 3 KStG) erfolgen.

118 U. a. aus dieser Tatsache wurde im Schrifttum abgeleitet, dass § 1 AStG nicht mit den Grundfreiheiten des EG-Vertrages vereinbar ist. Zur Frage der möglichen Europarechtswidrigkeit des § 1 AStG vgl. im Einzelnen *Scheipers/Linn*, IStR 2010, S. 469 ff.; *Becker/Sydow*, S. 195 ff.; *Englisch*, IStR 2010, S. 139; ausführlich *Baßler*, Steuerliche Gewinnabgrenzung im Europäischen Binnenmarkt, S. 189 ff.

119 Der in § 1 Abs. 2 AStG niedergelegte Begriff der nahe stehenden Person gilt nicht für die verdeckte Gewinnausschüttung und die verdeckte Einlage, vgl. BFH v. 19.1.1994, BStBl. II 1994, S. 725. Zu dem Begriff der nahe stehenden Person im Recht der verdeckten Gewinnausschüttung und der verdeckten Einlage vgl. H 36 III KStH „Nahestehende Person“, H 40 „Nahestehende Person“.

oder auf den Steuerpflichtigen einen beherrschenden Einfluss ausüben kann. Der entgegengesetzte Sachverhalt, d. h. eine Beteiligung i.H.v. 25 % des Steuerpflichtigen an einer Person oder die Möglichkeit der Ausübung eines beherrschenden Einflusses auf eine Person, führt ebenfalls zu einem Nahestehen i.S.v. § 1 Abs. 2 Nr. 1 AStG. Tz. 1.3.2.5. des BMF-Schreibens v. 23.2.1983 enthält eine Aufzählung an Beziehungen, die nach Auffassung der Finanzverwaltung zu einem beherrschenden Einfluss führen. Dazu zählen beiteiligungsähnliche Rechte, Unternehmensverträge i.S.v. §§ 291 und 292 AktG, die Zusammenfassung mehrerer Unternehmen unter einheitlicher Leitung i.S.v. § 18 AktG. Ein faktischer Einfluss (z. B. einer Bank gegenüber ihrem Kreditnehmer) führt nach der Auffassung im Schrifttum nicht zu einem Nahestehen.[120]

Nach § 1 Abs. 2 Nr. 2 AStG ist eine Person dem Steuerpflichtigen nahe stehend, wenn eine dritte Person sowohl an der Person als auch an dem Steuerpflichtigen zu mindestens 25 % unmittelbar oder mittelbar beteiligt ist oder einen beherrschenden Einfluss auf beide ausüben kann.[121] Die Vorschrift erfasst vor allem Schwestergesellschaften. Ein Verhältnis des nahe Stehens kann nach § 1 Abs. 2 Nr. 3 AStG schließlich auch dann vorliegen, wenn eine Person oder der Steuerpflichtige imstande ist, einen außerhalb der Geschäftsbeziehung begründeten Einfluss auszuüben (Alternative 1) oder wenn einer von ihnen ein eigenes Interesse an der Erzielung der Einkünfte des anderen hat (Alternative 2).[122]

2.4.2 Konkurrenzverhältnis zu anderen Vorschriften

§ 1 AStG kann in einem Konkurrenzverhältnis zu den Regelungen über die verdeckte Gewinnausschüttung bzw. die verdeckte Einlage stehen. Eine Überschneidung zu dem Anwendungsbereich der verdeckten Gewinnausschüttung ist bei einer Vorteilsgewährung von einer inländischen Gesellschaft an ihren ausländischen Gesellschafter möglich (z. B. unentgeltliche Erbringung einer Dienstleistung an den ausländischen Gesellschafter). Eine Überschneidung zu dem Anwendungsbereich der verdeckten Einlage ist bei einer Vorteilsgewährung von einem inländischen Gesellschafter an seine ausländische Gesellschaft möglich (z. B. Veräußerung eines Wirtschaftsguts an eine ausländische Tochtergesellschaft zu einem zu niedrigen Preis[123]). Für die vorgenannten Fälle ordnet § 1 Abs. 1 Satz 1 AStG an, dass § 1 AStG

---

120 Vgl. *Kaminski*, in: Strunk/Kaminski/Köhler, Außensteuergesetz, Doppelbesteuerungsabkommen, § 1 AStG Rz. 348; *Wassermeyer*, in: Flick/Wassermeyer/Baumhoff/Schönfeld, Außensteuerrecht, § 1 AStG Rz. 840.

121 Vgl. BFH v. 10.4.2013, BStBl. II 2013. S. 771.

122 Zur Frage der Einflussnahmemöglichkeit i.S.v. § 1 Abs. 2 Nr. 3 1. Alt. AStG vgl. BFH v. 10.4.2013, BStBl. II 2013, S. 771 (Vorinstanz FG Hessen v. 23.3.2011 – 4 K 419/10, StBW 2011, S. 686). Zu dem Urteil vgl. *Puls*, IStR 2013, S. 709 ff.

123 Bei einer derartigen teilentgeltlichen Übertragung liegt eine Geschäftsbeziehung i.S.v. § 1 Abs. 5 AStG vor, so dass sowohl § 1 AStG als auch die verdeckte Einlage anwendbar sind. Würde die Übertragung des Wirtschaftsguts demgegenüber voll unentgeltlich erfolgen, könnte keine Korrektur nach § 1 AStG erfolgen, da

„unbeschadet anderer Vorschriften" anzuwenden ist. Daraus folgt, dass die anderen Korrekturvorschriften, deren Rechtsfolgen genauso weit reichen wie diejenigen des § 1 AStG, vorrangig anwendbar sind.[124]

Soweit die Rechtsfolgen des § 1 Abs. 1 AStG indessen über die der anderen Korrekturvorschriften hinausreichen, ist § 1 Abs. 1 Satz 3 AStG zu beachten. Demnach ist die Berichtigung nach § 1 AStG *„neben den Rechtfolgen der anderen Vorschriften durchzuführen"*. Die in § 1 Abs. 1 Satz 3 AStG enthaltene Regelung wurde durch das Unternehmensteuerreformgesetz 2008 eingeführt.[125] Sie führt zu einer *„Meistbegünstigung der Finanzverwaltung"*[126], da § 1 AStG bei weiter reichenden Rechtsfolgen stets als Wertauffüllnorm herangezogen werden kann.[127]

2.4.3 Änderungen durch das Unternehmensteuerreformgesetz 2008

Durch das Unternehmensteuerreformgesetz 2008 wurde § 1 AStG – neben der vorstehend dargestellten Regelung zum Konkurrenzverhältnis zu anderen Korrekturvorschriften – weiteren Änderungen unterzogen.[128] So wurde § 1 Abs. 1 AStG dahingehend ergänzt, dass im Rahmen der Anwendung des Fremdvergleichsgrundsatzes davon auszugehen ist, *„dass die voneinander unabhängigen Dritten alle wesentlichen Umstände der Geschäftsbeziehung kennen und nach den Grundsätzen ordentlicher und gewissenhafter Geschäftsleiter handeln."*[129] Durch die Bezugnahme auf das Handeln zweier ordentlicher und gewissenhafter Geschäftsleiter in § 1 Abs. 1 Satz 2 AStG ist eine Annäherung zu der Auslegung der verdeckten Gewinnausschüttung durch den BFH erfolgt.[130] Die in § 1 Abs. 1 Satz 2 AStG eingefügte gesetzliche Unterstellung, dass die voneinander unabhängigen Dritten *„alle wesentlichen Umstände der Geschäftsbeziehung kennen"* soll ausweislich der Begründung des Finanzausschusses sicherstellen, dass nicht jeder beliebige Fremdvergleich, der unter irregulären

---

es insoweit an einer „Geschäftsbeziehung" fehlen würde, vgl. *Bernhardt/van der Ham/Kluge*, IStR 2007, 719.

124 Vgl. *Schreiber*, in: Kroppen, Handbuch Internationale Verrechnungspreise, FVerlV Rz. 32.

125 Die Finanzverwaltung hat § 1 Abs. 1 AStG auch zuvor in dieser Weise ausgelegt, vgl. BMF v. 14.5.2004, BStBl. I 2004, Sondernummer 1/2004, S. 3; BMF v. 12.4.2005, BStBl. I 2005, S. 570, Tz. 5.3.2.

126 *Greinert*, in: Schaumburg/Rödder, Unternehmensteuerreform 2008, S. 547.

127 Dies betrifft insbesondere Fälle, in denen sowohl die Tatbestandsvoraussetzungen der verdeckten Einlage, als auch diejenigen von § 1 AStG erfüllt sind. Denn bei der verdeckten Einlage erfolgt die Korrektur i.d.R. mit dem Teilwert (vgl. Fn. 99). Der Teilwert enthält im Vergleich zum Fremdvergleichspreis keine Gewinnkomponente (vgl. *Thiel*, DB 2004, S. 2607).

128 Vgl. insoweit *Heurung*, in: Erle/Sauter, Körperschaftsteuergesetz, Einführung KStG, Rz. 46.

129 § 1 Abs. 1 Satz 2 AStG.

130 Vgl. dazu Abschnitt B.II.2.2.2.

Umständen zustande gekommen sein kann, zu berücksichtigen ist.[131] Im Schrifttum wurde in diesem Zusammenhang zutreffend kritisiert, dass diese sog. Transparenzklausel auf dem lediglich für Theoriezwecke entwickelten Ideal des vollkommenen Marktes basiere, welches im realen Wirtschaftsleben nicht anzutreffen sei.[132]

Weitere Änderungen durch das Unternehmensteuerreformgesetz 2008 sind in § 1 AStG Abs. 3 AStG erfolgt. Der Absatz wurde durch das Unternehmensteuerreformgesetz 2008 vollumfänglich neu gefasst und ergänzt den in § 1 Abs. 1 AStG lediglich abstrakt geregelten Fremdvergleichsgrundsatz. § 1 Abs. 3 AStG enthält konkrete Vorgaben zur Verrechnungspreisermittlung. In diesem Zusammenhang wurde erstmals ein „Stufenverhältnis"[133] der Verrechnungspreismethoden kodifiziert. Demnach sind bei Vorliegen uneingeschränkt vergleichbarer Fremdvergleichswerte vorrangig die Standardmethoden der Verrechnungspreisermittlung (Preisvergleichsmethode, Wiederverkaufspreismethode oder Kostenaufschlagsmethode) anzuwenden.

In § 1 Abs. 3 Satz 9 ff. AStG wurden schließlich umfangreiche Vorschriften zur Behandlung von Funktionsverlagerungen aufgenommen. Diese sehen die ertragswertorientierte Besteuerung eines Transferpakets im Falle einer Verlagerung einer Funktion auf eine nahe stehende Person im Ausland vor.[134] Am 12.8.2008 hat das BMF auf der Grundlage der Ermächtigung in § 1 Abs. 3 Satz 13 AStG eine Verordnung[135] erlassen, welche die Vorschriften des § 1 Abs. 3 Sätze 9 ff. AStG weiter konkretisiert. Am 13.10.2010 hat das BMF ein umfangreiches Schreiben veröffentlicht, das weitere Auslegungen und Konkretisierungen aus Sicht der Finanzverwaltung enthält.[136]

2.4.4 Änderungen durch das Amtshilferichtlinie-Umsetzungsgesetz

Durch das Amtshilferichtlinie-Umsetzungsgesetz v. 26.6.2013[137] wurde § 1 AStG weiteren Änderungen unterzogen. Im Kern der Änderungen steht die Umsetzung des sog. Authorized OECD Approachs (AOA) in nationales Recht. Der AOA geht auf den OECD Report on the Attribution of Profit v. 17.7.2008 zurück und sieht eine weitgehende Selbständigkeit der Betriebsstätte für Zwecke der Gewinnabgrenzung vor.[138] Nachdem zunächst lediglich der OECD-Musterkommentar zu Art. 7 OECD-MA an den AOA angepasst wurde, hat der AOA im Jahr 2010 schließlich seinen

---

131 Vgl. BR-Drs. 220/07, S. 143.

132 Vgl. *Greinert*, in: Schaumburg/Rödder, Unternehmensteuerreform 2008, S. 546; *Frischmuth*, IStR 2007, S. 486.

133 *Greinert*, in: Schaumburg/Rödder, Unternehmensteuerreformgesetz 2008, S. 543.

134 Zu Einzelheiten vgl. *Baumhoff/Ditz/Greinert*, DStR 2007, S. 1649 ff.; *Blumers*, BB 2007, S. 1757 ff.; *Kroppen/Rasch/Eigelshoven*, IWB 2007, S. 301 ff.; *Schneider*, ITPJ 2011, S. 114 ff.

135 Funktionsverlagerungsverordnung v. 12.8.2008, BGBl. I 2008, S. 1680.

136 BMF v. 13.10.2010, BStBl. I 2010, S. 774.

137 Amtshilferichtlinie-Umsetzungsgesetz v. 26.6.2013, BGBl. I 2013, S. 1809.

138 Zu dem AOA vgl. *Ditz*, in: Schönfeld/Ditz, DBA, Art. 7 Rz. 22 ff.

Niederschlag in Art. 7 OECD-MA gefunden und dient damit bei künftigen Abkommensverhandlungen als Vorlage.

Der deutsche Gesetzgeber hat sich entschieden, die Umsetzung des AOA in § 1 AStG vorzunehmen.[139] In diesem Zusammenhang regelt der neu gefasste § 1 Abs. 5 AStG, dass der Fremdvergleichsgrundsatz auch im Verhältnis zwischen Stammhaus und Betriebsstätte Anwendung finden soll. Die Ausdehnung des § 1 AStG auf Betriebsstättenfälle hat die praktisch bedeutsame Folge, dass wirtschaftliche Vorgänge, die zwischen Stammhaus und Betriebsstätte abgewickelt werden und die Voraussetzung einer Geschäftsbeziehung erfüllen (s. dazu unten), nunmehr mithilfe der Verrechnungspreismethoden bewertet und abgerechnet werden müssen. Überdies führen die Änderungen in § 1 AStG dazu, dass die Grundsätze zur Besteuerung von Funktionsverlagerungen künftig auch auf Vorgänge anwendbar sind, die zwischen Stammhaus und Betriebsstätte abgewickelt werden.[140] Am 5.8.2013 hat das Bundesfinanzministerium den Entwurf einer Rechtsverordnung (BsGaV) veröffentlicht, welche Einzelheiten hinsichtlich der Anwendung von § 1 AStG auf Betriebsstättenfälle regelt.

Die Ausdehnung von § 1 AStG auf Betriebsstättensachverhalte erforderte es, dass zugleich der Begriff der Geschäftsbeziehung neugefasst wurde. Entsprechend wurden Geschäftsbeziehungen in § 1 Abs. 4 Satz 1 Nr. 1 AStG als *„einzelne oder mehrere zusammenhängende wirtschaftliche Vorgänge (Geschäftsvorfälle) zwischen einem Steuerpflichtigen und einer nahe stehenden Person [...]"* definiert. Handelt es sich um Vorgänge zwischen Stammhaus und Betriebsstätte, so ist – mangels zivilrechtlicher Selbständigkeit der Betriebsstätte – gem. § 1 Abs. 4 Satz 1 Nr. 2 AStG von *„anzunehmenden schuldrechtlichen Beziehungen"* auszugehen.[141]

Eine weitere Änderung, die im Zuge des Amtshilferichtlinie-Umsetzungsgesetzes erfolgt ist, betrifft die Anwendung von § 1 AStG auf Personengesellschaften. So wurde in § 1 Abs. 1 Satz 2 AStG nunmehr geregelt, dass Steuerpflichtiger im Sinne der Vorschrift auch eine Personengesellschaft oder Mitunternehmerschaft sein kann. Dies betrifft Fälle, in denen eine inländische Personengesellschaft Geschäftsbeziehungen zu einer nahe stehenden Person (z.B. Kapitalgesellschaft) im Ausland unterhält.[142] Zudem wurde in § 1 Abs. 1 Satz 2 AStG geregelt, dass eine Personengesellschaft oder eine Mitunternehmerschaft selbst nahe stehende Person ist, wenn sie die Voraussetzungen des § 1 Abs. 2 AStG erfüllt. Bei dieser Regelung handelt es sich lediglich um eine Klarstellung.

---

139 Kritisch zu der Verankerung des AOA in dem AStG *Ditz/Quilitzsch*, DStR 2013, S. 1919.

140 Vgl. dazu *Kaminski*, in: FS Frotscher, 2013, S. 301 ff.

141 Vgl. *Ditz/Quilitzsch*, DStR 2013, S. 1918.

142 Vgl. *Ditz/Quilitzsch*, DStR 2013, S. 1917.

2.5 Fehlen eines einheitlichen Fremdvergleichsmaßstabes

Die gegenwärtige Rechtslage in Deutschland ist dadurch gekennzeichnet, dass keine einheitliche Umsetzung des in Art. 9 OECD-MA verankerten Fremdvergleichsgrundsatzes erfolgt. Die Rechtsgrundlage einer Einkünftekorrektur bilden vielmehr entweder eine verdeckte Gewinnausschüttung, eine verdeckte Einlage oder § 1 AStG. Je nachdem, welche Einkünftekorrekturvorschrift anwendbar ist, ist der steuerlichen Korrektur entweder der Fremdvergleichspreis (§ 1 AStG), der gemeine Wert (verdeckte Gewinnausschüttung), oder der Teilwert (verdeckte Einlage) zugrunde zu legen. Ein weiterer Unterschied besteht insoweit, als eine verdeckte Gewinnausschüttung dazu geeignet ist, eine Kapitalertragsteuerpflicht auszulösen. Diese Eignung kommt der verdeckten Einlage und § 1 AStG nicht zu.[143]

Eine erste inhaltliche Annäherung der verschiedenen innerstaatlichen Maßstäbe zur Beurteilung der Fremdüblichkeit grenzüberschreitender Leistungsbeziehungen erfolgte mit der „Verdoppelung" des ordentlichen und gewissenhaften Geschäftsleiters in dem Urteil des BFH v. 17.5.1995, welches zu einer verdeckte Gewinnausschüttung ergangen ist. Die Annäherung wurde im Schrifttum begrüßt, da sie dazu beigetragen hat, zu einem *„einheitlichen (nationalen) Fremdvergleichsmaßstab"*[144] zu gelangen, indem der Fremdvergleichsmaßstab der verdeckten Gewinnausschüttung inhaltlich dem des § 1 AStG sowie des Art. 9 Abs. 1 OECD-MA angenähert wurde.[145] Eine weitere Annäherung der Fremdvergleichsmaßstäbe der Einkünftekorrekturvorschriften erfolgte schließlich durch das Unternehmensteuerreformgesetz 2008, im Zuge dessen der Maßstab des doppelten ordentlichen und gewissenhaften Geschäftsleiters in den Gesetzesrang erhoben wurde. So ist gem. § 1 Abs. 1 Satz 2 AStG für *„die Anwendung des Fremdvergleichs [...] davon auszugehen, dass die voneinander unabhängigen Dritten [...] nach den Grundsätzen ordentlicher und gewissenhafter Geschäftsleiter handeln"*.

Ungeachtet der dargestellten inhaltlichen Annäherungen der innerstaatlichen Korrekturmaßstäbe ist die Rechtslage in Deutschland auch nach der Unternehmensteuerreform 2008 dadurch gekennzeichnet, dass die anzuwendenden Korrekturmaßstäbe in Abhängigkeit der verschiedenen Korrekturvorschriften differieren. Die durch das Unternehmensteuerreformgesetz 2008 in § 1 Abs. 1 Satz 3 AStG normierte *„Meistbegünstigung der Finanzverwaltung"*[146], hat in diesem Zusammenhang sogar zur Folge, dass § 1 AStG bei weiter reichenden Rechtsfolgen als Wertauffüllnorm herangezogen werden kann.

---

143 Vgl. *Wassermeyer*, in: Wassermeyer/Baumhoff, Verrechnungspreise international verbundener Unternehmen, Rz. 2.12.

144 Vgl. *Baumhoff*, in: FS Flick, S. 639.

145 Vgl. auch *Baumhoff*, in: Flick/Wassermeyer/Baumhoff/Schönfeld, Außensteuerrecht, § 1 AStG, Rz. 145; *Ditz*, Internationale Gewinnabgrenzung bei Betriebsstätten, S. 210.

146 *Greinert*, in: Schaumburg/Rödder, Unternehmensteuerreform 2008, S. 547.

Ferner ist zu beachten, dass durch das Unternehmensteuerreformgesetz 2008 Änderungen eingeführt wurden, welche nach der h.M. im Schrifttum nicht im Einklang mit dem Fremdvergleichsgrundsatz, wie er in Art. 9 Abs. 1 OECD-MA niedergelegt ist.[147] Bei den Änderungen handelt es sich im Einzelnen um die sog. Transparenzklausel in § 1 Abs. 1 Satz 2 AStG, die Vorschriften zu Funktionsverlagerungen in § 1 Abs. 3 Satz 9 ff. AStG sowie die sog. Preisanpassungsklausel in § 1 Abs. 3 Satz 11 f. AStG.[148] Die vorgenannten Änderungen wurden lediglich in § 1 AStG eingefügt und entfalten daher keine Wirkung für die verdeckte Gewinnausschüttung und die verdeckte Einlage.

Zusammenfassend ist festzuhalten, dass das deutsche Steuerrecht keinen einheitlichen Maßstab zur Beurteilung der Fremdüblichkeit konzerninterner Leistungsbeziehungen kennt. Die in der Regierungsbegründung zum Unternehmensteuerreformgesetz 2008 zum Ausdruck kommende Auffassung, den international anerkannten Fremdvergleichsgrundsatz mit der Neufassung des § 1 AStG *„präzisiert“*[149] zu haben, kann vor diesem Hintergrund nicht nachvollzogen werden. Vielmehr bleibt es bei einer *„Zersplitterung“*[150] der einschlägigen deutschen Einkünftekorrekturvorschriften.

III. Vergleichbarkeit und Unabhängigkeit als zentrale Wesensmerkmale des Fremdvergleichs

1. Vergleichbarkeit

1.1 Vergleichbarkeitsfaktoren

Die Anwendung des Fremdvergleichsgrundsatzes erfordert die Durchführung eines Vergleichs. Dieser Vergleich stellt – neben der Unabhängigkeit der als Referenzmaßstab herangezogenen Unternehmen[151] – ein zentrales Wesensmerkmal des Fremdvergleichs dar. Die Vergleichbarkeitsanalyse wird vor diesem Hintergrund auch als *„Herzstück des Fremdvergleichs“*[152] bezeichnet. Die OECD widmet der Vergleichbarkeitsanalyse in den überarbeiteten OECD-Verrechnungspreisrichtlinien

---

147 Vgl. *Greinert/Weigert*, DB 2013, S. 2526; *Kaminski*, StuW 2008, S. 340 ff.; *ders.*, in: Strunk/Kaminski/Köhler, Außensteuergesetz, Doppelbesteuerungsabkommen, § 1 AStG Rz. 269 (im Hinblick auf die Transparenzklausel); *ders.* in: FS Frotscher, 2013, S. 307; *Greinert*, in: Schaumburg/Rödder, Unternehmensteuerreform 2008, S. 548.

148 Vgl. insoweit auch *Greinert*, in: Schaumburg/Rödder, Unternehmensteuerreform 2008, S. 548.

149 BT-Drs. 16/4841, S. 34.

150 *Schaumburg*, Der Konzern 2006, S. 498, spricht insofern von *„zerklüfteten Bemessungsgrundlagen“*.

151 Vgl. insoweit Abschnitt B.III.2.

152 Vgl. Tz. 1.6 OECD-Verrechnungspreisrichtlinien; *Sieker*, in: Wassermeyer, Doppelbesteuerung, Art. 9 OECD-MA, Tz. 185.

v. 22.7.2010 unter Beibehaltung der bisherigen Ausführungen zur Vergleichbarkeit in Kapitel I ein zusätzliches Kapitel (*Comparability Analysis*).[153] Diese Tatsache unterstreicht die Bedeutung der Vergleichbarkeit bei der Anwendung des Fremdvergleichsgrundsatzes.[154]

Das Objekt des im Rahmen des Fremdvergleichs anzustellenden Vergleichs bildet die innerhalb eines Konzerns ausgeführte Transaktion. Diese ist einer Referenztransaktion zwischen unabhängigen Unternehmen (sog. externer Fremdvergleich) oder zwischen einer Konzerngesellschaft und einem unabhängigen Unternehmen (sog. interner Fremdvergleich) gegenüberzustellen. Die Gegenüberstellung betrifft dabei nicht nur die im Rahmen der jeweiligen Transaktion vereinbarten Preise oder Handelsspannen, sondern sämtliche bedeutsamen Merkmale der jeweiligen Transaktion. Nach Auffassung der OECD[155] sowie der deutschen Finanzverwaltung[156] sind in diesem Zusammenhang die folgenden fünf Vergleichbarkeitsfaktoren bzw. Geschäftsbedingungen zu analysieren[157]:

- Merkmale und Besonderheiten der betreffenden Wirtschaftsgüter,
- von den beteiligten Gesellschaften ausgeübte Funktionen, übernommene Risiken sowie eingesetzte Wirtschaftsgüter[158],
- vertragliche Bedingungen,
- wirtschaftliche Umstände im maßgeblichen Markt,
- Geschäftsstrategie.[159]

Die vorstehend genannten Vergleichbarkeitsfaktoren sind sowohl in Bezug auf die innerkonzernlich ausgeführte Transaktion als auch in Bezug auf die Referenztransaktion unter Beteiligung nicht konzernmäßig verbundener Unternehmen zu analysieren. Dabei ist zu berücksichtigen, dass das Gewicht, das den einzelnen Vergleichbarkeitsfaktoren zukommt, von der Art der Transaktion sowie der im

153 Vgl. Kapitel III der OECD-Verrechnungspreisrichtlinien (Comaparability Analysis). Die (weitestgehend beibehaltenen) Ausführungen in Kapitel I waren zuvor in den Tz. 1.15 ff. enthalten. Die Überschrift des neu eingefügten Kapitels III ist jedoch insoweit irreführend, als die OECD unter einer Vergleichbarkeitsanalyse den gesamten Prozess der Verrechnungspreisermittlung versteht, der von der Auswahl der betrachteten Jahre über die Auswahl einer geeigneten Verrechnungspreisanalyse bis zur Auswahl geeigneter Fremdvergleichsdaten reicht.

154 Vgl. *Eigelshoven/Ebering*, in: Kroppen, Handbuch Internationale Verrechnungspreise, Erläuterungen der OECD-Leitlinien, Kapitel I, Erläuterung von Tz. 1.15 OECD-LL, Rz. 66.

155 Tz. 1.36 ff. OECD-Verrechnungspreisrichtlinien.

156 BMF v. 12.4.2005, BStBl. I 2005, S. 570, Tz. 3.4.12.7.

157 Ähnlich US Treasury Regulation § 1.482–1(d)(1) zu der US-amerikanischen Fremdvergleichsvorschrift Section 482 IRC.

158 Vgl. Abschnitt B.III.1.3.

159 Vgl. insoweit auch *Schreiber*, in: Kroppen, Handbuch Internationale Verrechnungspreise, Erläuterungen der Verwaltungsgrundsätze-Verfahren, Rz. 233 ff.

Einzelfall gewählten Verrechnungspreismethode abhängt. So werden bei Anwendung der Preisvergleichsmethode regelmäßig strengere Anforderungen an die Vergleichbarkeit der betreffenden Wirtschaftsgüter gestellt, als dies bei der Anwendung einer gewinnorientierten Methode der Fall ist.[160] Weiterhin ist zu berücksichtigen, dass eine genaue Übereinstimmung bzw. Deckungsgleichheit der Vergleichsfaktoren zwischen den betrachteten Transaktionen nicht erforderlich ist, da es lediglich auf eine „Vergleichbarkeit“ ankommt.[161]

Sowohl die OECD als auch die deutsche Finanzverwaltung lassen Anpassungsrechnungen zu, um die erforderliche Vergleichbarkeit der Geschäftsbedingungen herzustellen.[162] Die Zulässigkeit von Anpassungsrechnungen wurde in Deutschland durch das Unternehmensteuerreformgesetz 2008 gesetzlich verankert. So sollen nach § 1 Abs. 3 AStG, *„sachgerechte Anpassungen“* vorgenommen werden, um Fremdvergleichswerte der Anwendung einer Verrechnungspreismethode zugrunde zu legen.[163]

1.2 Bandbreitenbetrachtung

Aufgrund der Unvollkommenheit der Märkte ist es bei Durchführung eines Fremdvergleichs regelmäßig nicht möglich, eine einzige Referenztransaktion zu identifizieren, welche sämtliche Vergleichbarkeitsanforderungen vollständig erfüllt.[164] Vielmehr wird ein Fremdvergleich regelmäßig eine Reihe möglicher Fremdvergleichswerte[165] ergeben, die gemeinsam eine Bandbreite bilden.[166] In diesem Zusammenhang stellt

160 Vgl. Tz. 1.38 OECD-Verrechnungspreisrichtlinien.

161 Vgl. *Baumhoff*, in: Mössner, Steuerrecht international tätiger Unternehmen, 2012, Rz. 3.80, 3.83.

162 Vgl. Tz. 1.33, 3.47 ff. OECD-Verrechnungspreisrichtlinien; BMF v. 12.4.2005, BStBl. I 2005, S. 570, Tz. 3.4.12.4; Tz. 3.4.12.7 Buchst. a) und c) Tz. 3.4.20 Buchst. b).

163 Der Gesetzgeber lässt indes völlig offen, was er als „sachgerecht“ erachtet, vgl. *Wassermeyer/Baumhoff/Greinert*, in: Flick/Wassermeyer/Baumhoff/Schönfeld, Außensteuerrecht, § 1 AStG, Rz. V 30; *Eigelshoven/Ebering*, in: Kroppen, Handbuch Internationale Verrechnungspreise, Erläuterungen der OECD-Leitlinien, Kapitel I, Erläuterung von Tz. 1.15 OECD-LL, Rz. 72.

164 Vgl. BFH v. 17.10.2001, BStBl. II 2004, S. 171; BFH v. 6.4.2005, BStBl. II 2007, S. 658; Full Federal Court of Australia v. 1.6.2011, [2011] FCAFC 74, Tz. 125; *Baumhoff*, in: FS Wassermeyer, S. 348 ff.; *ders.* in: Flick/Wassermeyer/Baumhoff/Schönfeld, Außensteuerrecht, § 1 AStG Rz. 297; *Jacobs*, Internationale Unternehmensbesteuerung, 2011, S. 578.

165 Fremdvergleichswerte können sowohl Preise als auch Elemente der Preisbildung wie Handelsspannen, Kostenaufschläge oder Provisionssätze sein, vgl. BMF v. 12.4.2005, BStBl. I 2005, S. 570, Tz. 3.4.12.2; BT-Drs. 16/4841, S. 85.

166 Vgl. BFH v. 17.10.2001, BStBl. II 2004, S. 171; BFH v. 6.4.2005, BStBl. II 2007, S. 658; FG Hamburg v. 31.10.2011, IStR 2012, S. 190; Full Federal Court of Australia v. 1.6.2011, [2011] FCAFC 74, Tz. 125; BMF v. 12.4.2005, BStBl. I 2005, S. 570, § 1 Abs. 1 Satz 1 2. HS AStG; Tz. 3.4.12.5 Buchst. a); Tz. 3.55 OECD-Verrechnungspreisrichtlinien. Im

sich die Frage, welcher Wert für Zwecke der Verrechnungspreisfestlegung aus der Bandbreite zu wählen ist. Der BFH hat hierzu in seinem Urteil v. 17.10.2001 folgende Grundregel aufgestellt:

> *„Vorbehaltlich einer anderen Beweisrisikoverteilung muss sich eine Schätzung an dem für den Steuerpflichtigen günstigeren Ober- oder Unterwert der Bandbreite von Fremdvergleichspreisen orientieren. Dies entspricht der Überlegung, dass innerhalb der letztlich maßgebenden Bandbreite jeder Preis dem Fremdvergleich entspricht und eine Rechtsgrundlage für eine Gewinnkorrektur nur insoweit besteht, als eine Abweichung vom Fremdvergleichspreis festgestellt werden kann"*[167]

Nach dieser Grundregel, wonach jeder Preis der Bandbreite dem Fremdvergleich entspricht, kann die ermittelte Bandbreite voll ausgeschöpft werden. Indessen bezieht sich der BFH in seinem Urteil auf die letztlich maßgebliche Bandbreite. Insoweit geht der BFH inzident von einer Einengung aus, wobei offen bleibt, wie diese vorzunehmen ist (d. h. mittels Anpassungsrechnungen, mathematisch-statistischer Verfahren, Verprobungen mit anderen Verrechnungspreismethoden etc.).

Die deutsche Finanzverwaltung geht hinsichtlich der Frage, welcher Wert aus einer Bandbreite auszuwählen ist, von verschiedenen Stufen der Vergleichbarkeit aus und unterscheidet zwischen einer *„uneingeschränkten Vergleichbarkeit"*, einer *„eingeschränkten Vergleichbarkeit"* sowie einer *„Unvergleichbarkeit"*[168] der Vergleichbarkeitsfaktoren. Der Grad der Vergleichbarkeit hat nach Auffassung der Finanzverwaltung Auswirkungen auf die Verwertbarkeit der ermittelten Fremdvergleichswerte.[169] So kann eine durch einen Fremdvergleich ermittelte Bandbreite von Fremdvergleichswerten nach den Vorgaben des BMF-Schreibens v. 12.4.2005 nur dann voll ausgeschöpft werden, wenn die zugrunde liegenden Vergleichbarkeitsfaktoren *„uneingeschränkt vergleichbar"*[170] sind. Sind die Vergleichbarkeitsfaktoren bzw. Geschäftsbedingungen lediglich *„eingeschränkt vergleichbar"*, ist die Bandbreite nach Auffassung der Finanzverwaltung einzuengen. Die Einengung kann mittels Kontrollrechnungen auf Basis anderer Verrechnungspreismethoden bzw. Plausibilitätsüberlegungen[171] oder anhand eines mathematischen Verfahrens erfolgen[172]. Bei der – in der Praxis üblichen – Einengung mittels der mathematischen Methoden kann das – auch in den US-amerikanischen Regulations zu Sec. 482 IRC

---

englischsprachigen Schrifttum wird die Bandbreitenproblematik unter dem Stichwort „continuum price problem" thematisiert, vgl. *Sommer*, Separate Accounting or Unitary Taxation?, 2010, S. 89 f. m.w.N.

167 Vgl. BFH v. 17.10.2001, BStBl. II 2004, S. 171.

168 Vgl. BMF v. 12.4.2005, BStBl. I 2005, S. 570, Tz. 3.4.12.7.

169 Der Auswahl des Wertes, für den nach den konkreten Umständen des Falles *„die größte Wahrscheinlichkeit der Richtigkeit"* spricht (Tz. 3.4.12.5. Buchst. a), kommt in der Praxis eine untergeordnete Bedeutung zu. Sie wird daher nicht näher betrachtet.

170 BMF v. 12.4.2005, BStBl. I 2005, S. 570, Tz. 3.4.12.5 Buchst. a), Tz. 3.4.21.7 Buchst. a).

171 Vgl. BMF v. 12.4.2005, BStBl. I 2005, S. 570, Tz. 3.4.12.5 Buchst. c).

172 Vgl. BMF v. 12.4.2005, BStBl. I 2005, S. 570, Tz. 3.4.12.5 Buchst. d).

vorgesehene[173] – Interquartilsverfahren zur Anwendung kommen. Dieses schreibt den Ausschluss von 25 % der kleinsten und 25 % der größten Werte vor.[174] Ziel dieser Vorgehensweise ist es unter anderem, Ausreißerwerte, die aufgrund besonderer wirtschaftlicher Umstände zustande gekommen sind (z. B. Monopolstellung), zu eliminieren[175], wobei festzuhalten ist, dass es sich hierbei um eine äußerst pauschale Vorgehensweise handelt.

Durch das Unternehmensteuerreformgesetz 2008 wurden die Begriffe der *„uneingeschränkten"* und *„eingeschränkten"*[176] Vergleichbarkeit auch in § 1 Abs. 3 AStG aufgenommen. § 1 Abs. 3 Satz 1 AStG regelt im Rahmen des sog. Stufenverhältnisses der Verrechnungspreismethoden[177], dass der Verrechnungspreis vorrangig nach den Standardmethoden zu ermitteln ist, wenn Fremdvergleichswerte ermittelt werden können, die nach sachgerechten Anpassungen *„uneingeschränkt vergleichbar"* sind (Stufe 1). Sofern mehrere uneingeschränkt vergleichbare Werte ermittelt werden können, bilden diese eine Bandbreite. Der Steuerpflichtige kann jeden Wert aus dieser Bandbreite auswählen.[178] Bei Vorliegen lediglich *„eingeschränkt vergleichbarer"* Werte (Stufe 2), sind diese – ebenfalls nach sachgerechten Anpassungen – einer geeigneten Verrechnungspreismethode[179] zugrunde zu legen. Werden dabei mehrere *„eingeschränkt vergleichbare"* Werte ermittelt, ist nach § 1 Abs. 3 Satz 3 AStG eine Einengung der

---

173 Vgl. US Treas. Reg. § 1.482–1(e)(2)(iii) zu Sec. 1.482 IRC. Das Interquartilverfahren ist dort jedoch nur als ein mögliches Verfahren aufgeführt (*„however a different statistical method may be applied if it provides a more reliable measure"*).

174 Zur Kritik an diesem Verfahren vgl. Baumhoff/Ditz/Greinert, DStR 2005, S. 1555 f. m.w.N.

175 Vgl. insoweit *Baumhoff*, in: FS Wassermeyer, S. 363.

176 In Bezug auf Verwendung der Begriffe der *„uneingeschränkten"* und *„eingeschränkten"* Vergleichbarkeit in dem BMF-Schreiben v. 12.4.2005 einerseits und § 1 Abs. 3 AStG andererseits ist zu beachten, dass sich die Begriffe auf unterschiedliche Bezugsgrößen beziehen. So beziehen sich die Begriffe in dem BMF-Schreiben auf die einzelnen „Vergleichbarkeitsfaktoren" bzw. „Geschäftsbedingungen", während sie sich in § 1 Abs. 3 Satz 1 AStG auf die Fremdvergleichswerte als solche beziehen. In der Praxis dürfte dieser Unterschied jedoch zu keinen Abweichungen führen, da die Vergleichbarkeit der Fremdvergleichswerte stets auf Basis der einzelnen Vergleichbarkeitsfaktoren bestimmt werden muss. M.a.W. kann eine (uneingeschränkte) Vergleichbarkeit der Fremdvergleichswerte für Zwecke der Anwendung von § 1 Abs. 3 AStG nur dann vorliegen, wenn auch sämtliche Vergleichbarkeitsfaktoren als (uneingeschränkt) vergleichbar eingestuft werden.

177 So *Greinert*, in: Schaumburg/Rödder, Unternehmensteuerreformgesetz 2008, S. 543.

178 Vgl. insoweit auch *Wassermeyer/Baumhoff/Greinert*, in: Flick/Wassermeyer/Baumhoff/Schönfeld, Außensteuerrecht, § 1 AStG, Rz. V 37, die zutreffend darauf hinweisen, dass nicht nur die tatsächlich ermittelten Werte (bzw. „Beobachtungen"), sondern jeder Wert, der innerhalb der Bandbreite liegt, ausgewählt werden kann.

179 Es ist davon auszugehen, dass Standard- und gewinnorientierte Methoden hierbei gleichermaßen Anwendung finden können, vgl. *Kluge*, Verrechnungspreise in Ertragsteuern und Controlling, 2013, S. 72.

sich ergebenden Bandbreite vorzunehmen. Was die nachträgliche Korrektur der vom Steuerpflichtigen angesetzten Verrechnungspreise anbelangt, regelt § 1 Abs. 3 Satz 4 AStG, dass der Median[180] maßgeblich ist, wenn der vom Steuerpflichtigen für seine Einkünfteermittlung verwendete Wert in den Fällen des Satzes 1 (uneingeschränkte Vergleichbarkeit) außerhalb der Bandbreite oder in den Fällen des Satzes 2 (eingeschränkte Vergleichbarkeit) außerhalb der eingeengten Bandbreite liegt.

Ein hypothetischer Fremdvergleich ist schließlich anzuwenden, wenn weder uneingeschränkt noch eingeschränkt vergleichbare Fremdvergleichswerte festgestellt werden können (Stufe 3). Bei der Anwendung des hypothetischen Fremdvergleichs ergibt sich eine Einigungsbereich, der von den jeweiligen Gewinnerwartungen bestimmt wird. In diesem Zusammenhang regelt § 1 Abs. 3 Satz 7 AStG, dass der Preis im Einigungsbereich der Einkünfteermittlung zugrunde zu legen ist, der dem Fremdvergleichsgrundsatz mit der höchsten Wahrscheinlichkeit entspricht. Sofern kein anderer Wert glaubhaft gemacht wird, ist der Mittelwert[181] des Einigungsbereichs zugrunde zu legen.

1.3 Funktions- und Risikoanalyse

Die Funktions- und Risikoanalyse bildet den Kern der Vergleichbarkeitsanalyse. Denn nur wenn die von den an der konzerninternen Transaktion beteiligten Gesellschaften ausgeübten Funktionen und getragenen Risiken mit denjenigen Funktionen und Risiken vergleichbar sind, die von den an der Referenztransaktion beteiligten (unabhängigen) Gesellschaften ausgeübt bzw. getragen werden, kann die Referenztransaktion einem Fremdvergleich zugrunde gelegt werden. Fehlt es demgegenüber an einer Vergleichbarkeit der Funktionen und Risiken, so kann die fehlende Vergleichbarkeit nicht etwa dadurch kompensiert werden, dass eine höhere Anzahl an Referenzunternehmen herangezogen wird.[182]

Den Hintergrund der Funktions- und Risikoanalyse bildet die Erkenntnis, dass der von einem unabhängigen Unternehmen geforderte Preis umso höher ist, je mehr Funktionen und Risiken von diesem übernommen werden bzw. je höher seine eingesetzten Mittel im Rahmen der zu beurteilenden Geschäftsbeziehung sind.[183] Die

---

180 Unter dem Median (auch als Zentralwert bezeichnet) wird der Wert einer Wertereihe verstanden, der die einzelnen Beobachtungen genau in zwei Hälften teilt. D.h. die Anzahl der Beobachtungen vor dem Median ist gleich der Anzahl der Beobachtungen hinter dem Median, vgl. *Bourier*, Beschreibende Statistik, 2011, S. 72.

181 Der Mittelwert (arithmetisches Mittel), ist der Wert, „der sich bei gleichmäßiger Verteilung der Summe aller beobachteten Merkmalswerte aus alle Merkmalsträger ergibt", *Bourier*, Beschreibende Statistik, 2011, S. 78.

182 Vgl. Tz. 1.51 OECD-Verrechnungspreisrichtlinien.

183 Vgl. Tz. 1.42 OECD-Verrechnungspreisrichtlinien; *Baumhoff*, in: Flick/Wassermeyer/Baumhoff/Schönfeld, Außensteuerrecht, § 1 Rz. 310; *Sieker*, in: Wassermeyer, Doppelbesteuerung, Art. 9 OECD-MA, Tz. 193.

Funktions- und Risikoanalyse ist nicht auf die isolierte Betrachtung der Funktionen und Risiken einzelner Konzerngesellschaften zu begrenzen. Vielmehr ist im Rahmen der Funktions- und Risikoanalyse zu berücksichtigen, wie die einzelnen Konzerngesellschaften in den gesamten Wertschöpfungsprozess des Konzerns eingebunden sind. Auf diese Weise kann ermittelt werden, welcher Gewinnanteil der einzelnen Konzerngesellschaft in Relation zu den übrigen Konzerngesellschaften zusteht.[184] Auf der Grundlage der Erkenntnisse der Funktions- und Risikoanalyse sind Verrechnungspreismethoden für die einzelnen Geschäftsbeziehungen auszuwählen, welche den Konzerngesellschaften einen Ergebnisbeitrag zuweisen, der ihrem relativen Anteil an der Gesamtwertschöpfung entspricht.[185]

Die Funktions- und Risikoanalyse mündet in der Verrechnungspreispraxis – insbesondere im Rahmen der Darstellung des Verrechnungspreissystems in der Verrechnungspreisdokumentation – regelmäßig in einer Charakterisierung der beteiligten Gesellschaften. International haben sich dabei die Kategorien Entrepreneur (bzw. Strategieträger) sowie Routineunternehmen durchgesetzt, wobei ein Routineunternehmen z. B. als *low risk distributor* oder *contract manufacturer* tätig werden kann. Als Ausdruck eines funktionsstarken Unternehmens fungiert demgegenüber der sog. *fully fledged distributor*, der eine Vertriebsgesellschaft bezeichnet, welche als Eigenhändler agiert und über weitreichende Dispositionsbefugnisse verfügt. In den Verwaltungsgrundsätzen-Verfahren aus dem Jahr 2005 hat die deutsche Finanzverwaltung die international übliche Unternehmenscharakterisierung übernommen und die Kategorien des Strategieträgers und Routineunternehmens geschaffen.[186] Ein Strategieträger wird in den Verwaltungsgrundsätzen-Verfahren als ein Unternehmen charakterisiert,

> *„das über die zur Durchführung von Geschäften wesentlichen materiellen und immateriellen Wirtschaftsgüter verfügt, die wesentlichen, für den Unternehmenserfolg entscheidenden Funktionen ausübt und die wesentlichen Risiken übernimmt“*[187].

Ein Routineunternehmen wird als ein Unternehmen charakterisiert,

> *„das lediglich Routinefunktionen ausübt (beispielsweise konzerninterne Dienstleistungen erbringt, die ohne weiteres am Markt auch bei Dritten in Auftrag gegeben werden könnten, oder einfache Vertriebsfunktionen) und nur in geringem Umfang Wirtschaftsgüter einsetzt und nur geringe Risiken trägt, erzielt bei üblichem Geschäftsablauf keine Verluste, sondern regelmäßig geringe aber relativ stabile Gewinne“*[188].

---

184 Vgl. *Ditz*, Internationale Betriebsstättengewinnermittlung, 2004, S. 300; *Baumhoff*, in: Baumhoff/Schönfeld, Grenzüberschreitende Verlustverrechnung 2011, S. 135.

185 So *Baumhoff*, in: Baumhoff/Schönfeld, Grenzüberschreitende Verlustverrechnung 2011, S. 135.

186 In dem BMF-Schreiben v. 23.2.1983, BStBl. I 1983, S. 218 wird lediglich eine Unterscheidung in „funktionslose“, „funktionsschwache“ und sonstige Unternehmen vorgenommen.

187 Vgl. BMF v. 12.4.2005, BStBl. I 2005, S. 570, Tz. 3.4.10.2 Buchst. b).

188 Vgl. BMF v. 12.4.2005, BStBl. I 2005, S. 570, Tz. 3.4.10.2. Buchst. a).

Zusätzlich wurde die Kategorie eines Mittelunternehmens als Residualgröße geschaffen, welche in der internationalen Verrechnungspraxis indessen keine Entsprechung findet.[189] Die schematische Einteilung von Gesellschaften in die o.g. Kategorien ist nicht unproblematisch, da sie Unterschiede in den Funktionen und Risiken nicht angemessen berücksichtigt und da eine eindeutige Zuordnung einer Gesellschaft zu einer der o.g. Kategorien nicht immer möglich ist.

Die Kategorisierung von Unternehmen nach dem BMF-Schreiben v. 12.4.2005 lässt sich zusammenfassend wie folgt darstellen:

Abbildung 2: Funktionsprofile.

Routineunternehmen	**Mittelunternehmen**	**Strategieträger**
- Einfache Funktionen - Übernahme keiner oder nur geringer Risiken - Keine wesentlichen immateriellen Wirtschaftgüter → Regelmäßig geringe aber stabile Gewinne	- Weder Routineunter nehmen noch Strategieträger	- Erfolgskritische Funktionen - Übernahme wesentlicher Risiken - Eigentümer der wesentlichen immateriellen WG → Residualgewinn
- Kostenaufschlagsmethode - TNMM	- Keine TNMM - Planrechnungen - Standardmethoden	- Bestimmung des Residualgewinns - Planrechnungen - Profitsplit

Die Erkenntnisse aus der Funktions- und Risikoanalyse finden nicht nur im Rahmen der Vergleichbarkeitsanalyse, sondern auch bei der Auswahl einer geeigneten Verrechnungspreismethode Anwendung.[190]

2. Unabhängigkeit

Die Unabhängigkeit kann sich auf verschiedene Aspekte des Verhältnisses der Referenzunternehmen beziehen. Den bedeutendsten Aspekt stellt dabei die gesellschaftsrechtliche Verflechtung dar.[191] Sofern eine derartige Verflechtung besteht, wird

189 Vgl. *Eigelsvoven/Ebering*, in: Kroppen, Handbuch Internationale Verrechnungspreise, Erläuterungen der OECD-Leitlinien, Kapitel I, Erläuterung von Tz. 1.21 OECD-LL, Rz. 98; *Rasch/Rettinger*, BB 2007, S. 354.

190 Vgl. *Jacobs*, Internationale Unternehmensbesteuerung, 2007, S. 1030; *Hülshorst/Mank*, in: Kroppen, Handbuch Internationale Verrechnungspreise, Erläuterungen der OECD-Leitlinien, Kapitel II, Erläuterung von Tz. 2.32 OECD-LL, Rz. 4.

191 Vgl. in diesem Zusammenhang auch *Schnorberger/Billau*, Der Konzern 2011, S. 511 ff., die bei der Bestimmung der Unabhängigkeit auf aktienrechtliche Kriterien Bezug nehmen wollen.

davon ausgegangen, dass die zwischen den Unternehmen geschlossenen Vereinbarungen nicht für einen Fremdvergleich geeignet sind. Denn insoweit besteht die Möglichkeit, dass eines der beteiligten Unternehmen seinen Einfluss dahingehend geltend macht, die Leistungsbeziehung aus betrieblichen (z.B. Steueroptimierung) oder außerbetrieblichen Gründen zu beeinflussen. Vor diesem Hintergrund sollte keine gesellschaftsrechtliche Verflechtung zwischen den im Rahmen des Fremdvergleichs herangezogenen Referenzunternehmen bestehen.

Einen weiteren Aspekt der Unabhängigkeit stellen die Marktverhältnisse dar. So sind Transaktionen auf einem Markt, der durch monopolistischen Strukturen gekennzeichnet ist, grundsätzlich nicht für einen Fremdvergleich geeignet, da nicht von einer Unabhängigkeit der Marktteilnehmer ausgegangen werden kann.[192] Nach *Baumhoff* kann von einer Unabhängigkeit zusammenfasssend immer dann ausgegangen werden, *„wenn eine Einflußnahme auf das Entscheidungsverhalten der einzelnen Geschäftspartner, die über den aus der Geschäftsbeziehung selbst entstehenden Einfluß selbst hinausgeht, ausgeschlossen ist“*[193].

Der Grad der Verflechtung zwischen den beteiligten Unternehmen ist nicht nur bei der Verrechnungspreisermittlung, sondern auch bei der Verrechnungspreisüberprüfung auf Basis der Einkünftekorrekturvorschriften von Bedeutung. So greifen die Korrekturvorschriften nur dann, wenn ein bestimmtes Maß an Abhängigkeit zwischen den jeweiligen verbundenen Unternehmen besteht. Während der Anwendungsbereich der verdeckten Gewinnausschüttung und der verdeckten Einlage bereits dann eröffnet ist, wenn überhaupt ein (direktes oder indirektes) Beteiligungsverhältnis besteht (z.B. 1%-Beteiligung), setzt § 1 AStG ein nahe Stehen i.S.v. § 1 Abs. 2 AStG voraus (vgl. dazu Abschnitt B.II.2.4.1). Dieses liegt insbesondere dann vor, wenn ein Beteiligungsverhältnis von mindestens 25 % besteht (vgl. § 1 Abs. 2 Nr. 1 AStG).[194] Die Vorschrift des § 90 Abs. 3 AO, welche die Pflicht zur Erstellung von Aufzeichnungen bei Geschäftsbeziehungen zu nahe stehenden Personen im Ausland (Verrechnungspreisdokumentation) begründet, stellt ebenfalls auf den Begriff des nahe Stehens i.S.v. § 1 Abs. 2 AStG ab.

Was die Einkünftekorrekturvorschriften anderer Staaten betrifft, so ist festzustellen, dass die maßgeblichen Beteiligungshöhen teilweise erheblich differieren. Die Mehrheit der Einkünftekorrekturvorschriften ist erst ab einer Beteiligung von mindestens 50 % anwendbar.[195] Die Unterschiede in den maßgeblichen Beteiligungshöhen können dazu führen, dass eine Transaktion aus der Sicht eines Staates bereits unter

---

192 Vgl. auch BMF v. 23.2.1983, BStBl. I 1983, S. 218, Tz. 3.1.2.4.

193 *Baumhoff*, in: Flick/Wassermeyer/Baumhoff/Schönfeld, Außensteuerrecht, § 1 AStG Rz. 280 m.w.N.

194 *Niess* führt in diesem Zusammenhang zutreffend aus, dass die 25 %-Grenze *„fragwürdig“* ist, *„da sie unterstellt, dass der Anteilseigner schon mit einer Minderheitsbeteiligung seinen Willen (= nicht fremdvergleichskonforme Verrechnungspreise) bei der Beteiligungsgesellschaft durchsetzen kann, was dem Grunde nach schon ausgeschlossen ist“*, vgl. *Niess*, in: FS Krawitz, 2010, S. 313.

195 Vgl. die Übersicht bei *Niess*, in: FS Krawitz, 2010, S. 313.

die Einkünftekorrekturvorschriften fällt, während sie aus Sicht des anderen Staates keiner Prüfung unterliegt.[196] Entsprechendes gilt für das Erfordernis der Dokumentation der jeweiligen Transaktion.[197]

Die Begriffe unabhängige Unternehmen und nahe stehende Unternehmen stehen nicht in einem Verhältnis der Komplementarität zueinander, d.h. von dem einen Begriff kann nicht im Umkehrschluss auf den anderen rückgeschlossen werden.[198] Eine Komplementarität würde dazu führen, dass Transaktionen zwischen Unternehmen, zwischen denen ein Beteiligungsverhältnis in Höhe von bis zu 25 % (bzw. in anderen Ländern: bis zu 50 %) besteht, bereits als Transaktionen zwischen unabhängigen Unternehmen anzusehen wären. Diese Auslegung würde dem Leitbild des Fremdvergleichs als einem Vergleich mit den zwischen fremden Dritten am Markt vereinbarten Preisen nicht entsprechen. Von einer Unabhängigkeit kann daher immer nur dann ausgegangen werden, wenn keinerlei Einflussnahmemöglichkeit auf das Entscheidungsverhalten der beteiligten Geschäftspartner besteht.[199] Dies ist insbesondere dann der Fall, wenn keinerlei gesellschaftsrechtlichen Verflechtungen zwischen den Geschäftspartnern bestehen.

IV. Verrechnungspreismethoden

1. Grundsätzliche Anmerkungen

Die praktische Durchführung des Fremdvergleichs zur Ermittlung bzw. Festlegung[200] von Verrechnungspreisen erfolgt unter Anwendung bestimmter Methoden und

196 Vgl. auch OECD, Comparability: Public Invitation to Comment On A Series Of Draft Issues Notes, 10.5.2006, S. 33.

197 Die Verrechnungspreisdokumentationsvorschriften des spanischen Rechts greifen beispielsweise – abweichend von den deutschen Vorschriften – bereits dann, wenn eine direkte Beteiligung von mehr als 5 % (bei börsennotierten Unternehmen: mehr als 1 %) an einem Unternehmen besteht, vgl. *Gudmundsson*, ITPJ 2009, S. 18 unter Bezugnahme auf Art. 16 Abs. 3 des spanischen Körperschaftsteuergesetzes.

198 Vgl. *Baumhoff*, in: Flick/Wassermeyer/Baumhoff/Schönfeld, Außensteuerrecht, § 1 AStG Rz. 280; a.A. *Wassermeyer*, in: Flick/Wassermeyer/Baumhoff/Schönfeld, Außensteuerrecht, § 1 AStG Rz. 826.

199 Vgl. *Baumhoff*, in: Mössner, Steuerrecht international tätiger Unternehmen, 2012, Tz. 3.73.

200 Die nachfolgend dargestellten Verrechnungspreismethoden können freilich nicht nur zur „Verrechnungspreisermittlung bzw- festlegung", sondern auch zur „Verrechnungspreisüberprüfung" durch die Finanzverwaltung herangezogen werden. So bezieht sich die Darstellung der Verrechnungspreismethoden in dem BMF-Schreiben v. 23.2.1983 und den OECD-Verrechnungspreisrichtlinien auch auf die „Verrechnungspreisüberprüfung" und nicht auf die „Verrechnungspreisermittlung bzw. -festlegung" (vgl. BMF v. 23.2.1983, BStBl. I 1983, S. 218, Tz. 2.2.1. und Tz. 2.1 OECD-Verrechnungspreisrichtlinien). Die OECD unterscheidet in diesem

Verfahren, welche unter dem Begriff der Verrechnungspreismethoden zusammengefasst werden.[201] Der deutsche Gesetzgeber[202], die deutsche Finanzverwaltung[203] sowie die OECD[204] unterscheiden zwischen den Standardmethoden der Verrechnungspreisermittlung und den gewinnorientierten Methoden. Bei den Standardmethoden handelt es sich um:

- die Preisvergleichsmethode,
- die Wiederverkaufspreismethode und
- die Kostenaufschlagsmethode.

Bei den gewinnorientierten Verrechnungspreismethoden handelt es sich um

- die geschäftsvorfallbezogene Nettomargenmethode (TNMM) und
- die geschäftsvorfallbezogene Gewinnaufteilungsmethode.

Die in den USA verbreitete Gewinnvergleichsmethode (Comparable Profit Method) wird von der deutschen Finanzverwaltung nicht anerkannt[205] und findet auch in den OECD-Verrechnungspreisrichtlinien keine Erwähnung[206]. Nachfolgend werden die Standardmethoden sowie die geschäftsvorfallbezogenen Gewinnmethoden im Einzelnen dargestellt.

2. Standardmethoden

2.1 Preisvergleichsmethode

Bei Anwendung der Preisvergleichsmethode (Comparable Uncontrolled Price Method) werden die Verrechnungspreise für Lieferungen oder Leistungen zwischen verbundenen Unternehmen unter Bezugnahme auf die Preise festgelegt, die zwischen fremden Dritten für vergleichbare Lieferungen oder Leistungen unter vergleichbaren Verhältnissen angesetzt werden.[207] Die Preisvergleichsmethode basiert mithin auf einem tatsächlichen Fremdvergleich.

Zusammenhang zwischen dem sog. „*price setting approach*“ und dem „*outcome testing approach*“, vgl. Tz. 3.71 OECD-Verrechnungspreisrichtlinien.

201 Vgl. *Sieker*, in: Wassermeyer, Doppelbesteuerung, Art. 9 OECD-MA, Tz. 221.

202 Vgl. § 1 Abs. 3 Satz 1 AStG.

203 Vgl. BMF v. 12.4.2005, BStBl. I 2005, S. 570, Tz. 3.4.10.3 Buchst. a).

204 Vgl. Tz. 2.1 ff. OECD-Verrechnungspreisrichtlinien.

205 Vgl. BMF v. 12.4.2005, BStBl. I 2005, S. 570, Tz. 3.4.10.3 Buchst. d).

206 Es werden lediglich die geschäftsvorfallbezogene Nettomargenmethode und die geschäftsvorfallbezogene Gewinnaufteilungsmethode dargestellt. Der Hinweis in Tz. 2.56, dass Gewinnvergleichsmethoden nur insoweit zulässig sind, als diese im Einklang mit den OECD-Verrechnungspreisrichtlinien stehen, wird nicht weiter ausgeführt und erscheint insoweit ohne Relevanz.

207 Vgl. Tz. 2.13 OECD-Verrechnungspreisrichtlinien 2010; BMF v. 23.2.1983, BStBl. I 1983, Tz. 2.2.2.

Die Verrechnungspreisermittlung auf Basis der Preisvergleichsmethode kann im Wege eines internen oder eines externen Fremdvergleichs erfolgen. Der interne Preisvergleich basiert auf einem Vergleich mit Preisen, die ein in einen Konzern eingebundenes Unternehmen mit unabhängigen Unternehmen vereinbart hat. Die im Rahmen dieser Transaktionen angesetzten Preise werden zur Abrechnung des innerkonzernlichen Liefer- und Leistungsverkehrs herangezogen. Der interne Preisvergleich ist damit stets dann anwendbar, wenn ein Konzernunternehmen eine Lieferung oder Leistung sowohl gegenüber einem verbundenen Unternehmen als auch gegenüber einem unabhängigen Unternehmen erbringt. Aufgrund seiner Betriebsindividualität weist der interne Preisvergleich im Vergleich zum externen Preisvergleich den Vorteil auf, dass die einzelnen Vergleichbarkeitsfaktoren in einem höheren Maße erfüllt werden können. Daher können die ermittelten Fremdvergleichswerte eher als uneingeschränkt vergleichbar qualifiziert werden. Sofern sich im Rahmen des internen Fremdvergleichs eine Bandbreite möglicher Werte ergibt, da das verbundene Unternehmen Lieferungen oder Leistungen an mehrere unabhängige Unternehmen erbracht hat, wird diese Bandbreite daher regelmäßig voll ausgeschöpft werden können.

Bei Anwendung des externen Preisvergleichs erfolgt ein Vergleich mit Preisen, die zwischen unabhängigen Unternehmen am Markt vereinbart werden. Der externe Fremdvergleich eignet sich daher insbesondere für standardisierte Güter, für die z. B. Börsenpreise oder veröffentlichte Branchenpreise vorliegen.[208] Die möglichen Referenztransaktionen sind jedoch nur dann für einen externen Preisvergleich geeignet, wenn eine (zumindest eingeschränkte) Vergleichbarkeit zu der innerkonzernlichen Transaktion besteht. Dazu sind die in Abschnitt B.III.1.1. dargestellten Vergleichbarkeitsfaktoren (Merkmale und Besonderheiten der betreffenden Wirtschaftsgüter, Funktionen und Risiken der beteiligten Unternehmen, vertragliche Bedingungen, Marktumstände, Geschäftsstrategie) zu überprüfen, um festzustellen, ob eine uneingeschränkte oder eingeschränkte Vergleichbarkeit vorliegt. Sofern im Rahmen eines externen Fremdvergleichs eine Reihe möglicher Werte identifiziert wurde, die gemeinsam eine Bandbreite bilden, ist nach der in Abschnitt B.III.1.2. dargestellten Vorgehensweise ggf. eine Einengung der Bandbreite vorzunehmen.

Die Preisvergleichsmethode wird als die zuverlässigste Methode zur Ermittlung fremdvergleichskonformer Verrechnungspreise angesehen.[209] Sie basiert unmittelbar auf dem Leitgedanken des Fremdvergleichs als einem Vergleich mit den zwischen fremden Dritten am Markt vereinbarten Preisen. Gleichwohl bereitet die praktische Anwendung des Fremdvergleichs nicht selten Schwierigkeiten. So lassen sich häufig keine Vergleichspreise ermitteln, welche zumindest eingeschränkt vergleichbar sind.

---

208 Vgl. *Jacobs*, Internationale Unternehmensbesteuerung, 2011, S. 577; *Baumhoff*, in: Flick/Wassermeyer/Baumhoff/Schönfeld, Außensteuerrecht, § 1 AStG Rz. 406.

209 Vgl. auch BFH v. 6.4.2005, BStBl. II 2007, S. 658, wonach *„der steuerlich maßgebliche Verrechnungspreis nach Möglichkeit aus konkret festgestellten Fremdvergleichswerten abgeleitet werden muss"*.

Dies gilt umso mehr, je individueller die zwischen den verbundenen Unternehmen ausgetauschten Lieferungen oder Leistungen sind. Vor diesem Hintergrund kommt der Preisvergleichsmethode in der Verrechnungspreispraxis eine untergeordnete Bedeutung zu.[210]

2.2 *Wiederverkaufspreismethode*

Die Wiederverkaufspreismethode (Resale Price Method) ist anwendbar, wenn ein verbundenes Unternehmen Waren an ein verbundenes Unternehmen liefert und dieses die Waren an unabhängige Abnehmer weiterveräußert.[211] Der Verrechnungspreis für die Lieferung zwischen den verbundenen Unternehmen wird bei Anwendung der Wiederverkaufspreismethode in der Weise ermittelt, dass der bei der Weiterveräußerung an den unabhängigen Abnehmer erzielte Preis um eine angemessene Handelsspanne vermindert wird. Die Anwendung der Wiederverkaufspreismethode ist auch über eine Kette verbundener Unternehmen möglich.[212] In diesem Fall ist eine Rückrechnung ausgehend von dem an der Konzernaußengrenze erzielten Verkaufspreis vorzunehmen.

Während der Wiederverkaufspreis eine gegebene Größe darstellt, besteht die Schwierigkeit bei Anwendung der Wiederverkaufspreismethode in der Ermittlung einer angemessenen Handelsspanne.[213] Diese hat vorrangig auf Basis des tatsächlichen Fremdvergleichs zu erfolgen. Der tatsächliche Fremdvergleich kann – vergleichbar zur Vorgehensweise bei Anwendung der Preisvergleichsmethode – im Wege eines externen oder eines internen Betriebsvergleichs durchgeführt werden. Bei Anwendung des externen Betriebsvergleichs erfolgt ein Vergleich mit den Handelsspannen, die in Transaktionen zwischen unabhängigen Unternehmen angesetzt werden. Die Ermittlung dieser Handelsspannen bereitet häufig Schwierigkeiten, da diese im Gegensatz zu Preisen öffentlich nicht ohne Weiteres verfügbar sind. Vor diesem Hintergrund kommt dem internen Betriebsvergleich im Rahmen der Wiederverkaufspreismethode eine größere Bedeutung zu. Bei dem internen Betriebsvergleich erfolgt ein Vergleich mit Handelsspannen, die ein konzerninterner Wiederverkäufer mit Lieferungen erzielt, welcher dieser von fremden Lieferanten bezieht. Dem internen Betriebsvergleich ist gegenüber dem externen Betriebsvergleich der Vorzug zu geben, da bei dessen Anwendung betriebsindividuelle Umstände Berücksichtigung finden.[214]

---

210 Zu der Verbreitung der Verrechnungspreismethoden in der Praxis vgl. auch Abschnitt E.III.2.2.4.2.

211 Tz. 2.21 OECD-Verrechnungspreisrichtlinien 2010; BMF v. 23.2.1983, BStBl. I 1983, S. 218, Tz. 2.2.3.

212 Vgl. BMF v. 23.2.1983, BStBl. I 1983, S. 218, Tz. 2.2.3.

213 Vgl. *Baumhoff*, in: Flick/Wassermeyer/Baumhoff/Schönfeld, Außensteuerrecht, § 1 AStG Rz. 421.

214 Vgl. *Baumhoff*, in: Flick/Wassermeyer/Baumhoff/Schönfeld, Außensteuerrecht, § 1AStG Rz. 423.

Was die Ermittlung angemessener Handelsspannen im Rahmen des internen oder externen Betriebsvergleichs betrifft, besteht gegenüber dem internen oder externen Preisvergleich im Rahmen der Preisvergleichsmethode der Vorteil, dass Unterschiede in den Eigenschaften der ausgetauschten Lieferungen oder Leistungen sich nicht wesentlich auf die Handelsspanne auswirken, sofern die ausgeübten Funktionen und getragenen Risiken der betrachteten Unternehmen vergleichbar sind. Dies bedeutet, dass eine Vergleichbarkeit der Handelsspannen auch dann gegeben sein kann, wenn die zugrunde liegenden Vergleichslieferungen bzw. -leistungen selbst nicht vergleichbar sind.[215]

Sofern die Handelsspanne nicht im Wege eines internen oder externen (d.h. tatsächlichen) Fremdvergleichs ermittelt werden kann, kann subsidiär ein hypothetischer Fremdvergleich zur Anwendung kommen.[216] Dabei wird die Handelsspanne rechnerisch ermittelt, indem die Vertriebs- und Verwaltungskosten des Wiederverkäufers um einen angemessenen Gewinnaufschlag erhöht werden. Die Kostenermittlung hat dabei ex-ante, d.h. auf Budgetbasis zu erfolgen. Die Ermittlung der Handelsspanne auf Basis des hypothetischen Fremdvergleichs hat den Vorteil, dass der Wiederverkäufer stabile Gewinne erzielt. Übergewinne sind demgegenüber aufgrund der starren Handelsspanne nicht möglich.[217] Aufgrund der Verwendung eines Nettogewinnelements besteht bei der Ermittlung der Handelsspanne im Wege eines hypothetischen Fremdvergleichs eine deutliche Nähe zu der geschäftsvorfallbezogenen Nettomargenmethode.[218]

Die Wiederverkaufspreismethode stellt eine in der Praxis weit verbreitete Methode dar, da zahlreiche Konzerne ihren Vertrieb über ausländische Vertriebsgesellschaften abwickeln, die als Eigenhändler tätig sind.[219] Es ist jedoch zugleich zu beobachten, dass die Verrechnungspreisermittlung gegenüber solchen Vertriebsgesellschaften immer häufiger auf Basis der geschäftsvorfallbezogenen Nettomargenmethode erfolgt.[220]

215 Vgl. Tz. 2.24 OECD-Verrechnungspreisrichtlinien 2010.

216 Vgl. *Baumhoff*, in: Flick/Wassermeyer/Baumhoff/Schönfeld, Außensteuerrecht, § 1 AStG Rz. 429.

217 Vgl. *Vögele/Raab/Diessner*, in: Vögele/Borstell/Engler, Verrechnungspreise, 2011, Kapitel D Rz. 141.

218 Vgl. *Nientimp*, in: Mössner/Fuhrmann, Außensteuergesetz, § 1 Rz. 228; *Vögele/Raab/Diessner*, in: Vögele/Borstell/Engler, Verrechnungspreise, 2011, Kapitel D Rz. 148 ff. *Baumhoff* spricht insoweit von einem hypothetischen Fremdvergleich, vgl. *Baumhoff*, in: Flick/Wassermeyer/Baumhoff/Schönfeld, Außensteuerrecht, § 1 AStG Rz. 429.

219 Vgl. *Vögele/Raab/Diessner*, in: Vögele/Borstell/Engler, Verrechnungspreise, 2011, Kapitel D Rz. 153.

220 So auch ein Vertreter der deutschen Finanzverwaltung auf einer Verrechnungspreistagung, vgl. den Tagungsbericht von *Schneider*, FR 2008, S. 687.

2.3 *Kostenaufschlagsmethode*

Bei Anwendung der Kostenaufschlagsmethode (Cost Plus Method) wird der Verrechnungspreis dadurch ermittelt, dass die Kosten des liefernden oder leistenden Unternehmens um einen angemessenen – den ausgeübten Funktionen und getragenen Risiken entsprechenden – Gewinnaufschlag erhöht werden.[221] Typische Anwendungsbereiche der Kostenaufschlagsmethode stellen die Erbringung von Dienstleistungen, die Lieferung von Halbfertigprodukten oder die Lohnherstellung von Produkten dar.[222]

Den Ausgangspunkt der Verrechnungspreisermittlung nach der Kostenaufschlagsmethode bildet die Kostenbasis des liefernden oder leistenden Unternehmens. Diese kann nach Auffassung der deutschen Finanzverwaltung *„nach den Kalkulationsmethoden ermittelt [werden], die der Liefernde oder Leistende auch bei seiner Preispolitik gegenüber Fremden zugrunde legt, oder – wenn keine Lieferungen gegenüber Fremden erbracht werden – die betriebswirtschaftlichen Grundsätzen entsprechen“*.[223] Durch die Bezugnahme auf den betriebswirtschaftlichen Kostenbegriff wird dem Steuerpflichtigen ein weiter Spielraum hinsichtlich der Kostenermittlung eingeräumt.[224] Bei Anwendung des betriebswirtschaftlichen Kostenbegriffs ist unter Kosten der in Geld bewertete leistungsbedingte Güterverzehr eines Betriebs zu verstehen. Damit kommt ein wertmäßiger Kostenbegriff zur Anwendung. Daher können auch kalkulatorische Kostenelemente in die Kostenermittlung einbezogen werden.[225] Was den Zeitbezug der Kostenermittlung anbelangt, so können Ist-, Normal-, oder Plankosten angesetzt werden.[226]

Zur Ermittlung des Gewinnaufschlags ist ein tatsächlicher Fremdvergleich durchzuführen. Vergleichbar zur Vorgehensweise bei der Preisvergleichsmethode und der Wiederverkaufspreismethode kann der tatsächliche Fremdvergleich im Wege eines internen oder externen Fremdvergleichs durchgeführt werden.[227] Bei dem internen Fremdvergleich werden Lieferungen oder Leistungen an verbundene Unternehmen unter Ansatz solcher Gewinnaufschläge verrechnet, die auch bei Lieferungen oder Leistungen an unabhängige Unternehmen angesetzt werden. Bei dem externen Fremdvergleich werden Gewinnaufschläge angesetzt, die

221 Vgl. Tz. 2.39 OECD-Verrechnungspreisrichtlinien 2010; BMF v. 23.2.1983, BStBl. I 1983, S. 218, Tz. 2.2.4.

222 Vgl. Tz. 2.39 OECD-Verrechnungspreisrichtlinien 2010; *Nientimp*, in: Mössner/Fuhrmann, Außensteuergesetz, § 1 AStG Rz. 234.

223 BMF v. 23.2.1983, BStBl. II 1983, S. 218, Tz. 2.2.4.

224 Vgl. *Vögele/Raab*, in: Vögele/Borstell/Engler, Verrechnungspreise, 2011, Kapitel D Rz. 179 ff.

225 Vgl. *Baumhoff*, in: Flick/Wassemeyer/Baumhoff, Außensteuerrecht, § 1 AStG Rz. 467.

226 Vgl. *Vögele/Raab*, in: Vögele/Borstell/Engler, Verrechnungspreise, 2011, Kapitel D Rz. 182 ff.; *Baumhoff*, in: Flick/Wassemeyer/Baumhoff, Außensteuerrecht, § 1 AStG Rz. 486 ff.

227 Vgl. Tz. 2.40 OECD-Verrechnungspreisrichtlinien.

in Transaktionen zwischen unabhängigen Unternehmen angesetzt werden. Diese lassen sich am Markt regelmäßig nicht beobachten. Indessen besteht die Möglichkeit, Gewinnaufschläge aus Unternehmensdatenbanken zu ermitteln. In diesem Zusammenhang ist die Kennziffer Mark-up on Total Costs (oder Full Cost Markup) weit verbreitet. Diese ist definiert als das Verhältnis von EBIT zu den Gesamtkosten.[228] Die entsprechenden Werte können aus den in Unternehmensdatenbanken hinterlegten Bilanz- und GuV-Zahlen abgeleitet werden. Letztlich handelt es sich bei der Anwendung der Kostenaufschlagsmethode unter Ansatz eines Mark-up on Total Costs um eine Variante der geschäftsvorfallbezogenen Nettomargenmethode.[229]

Sowohl bei Anwendung des internen als auch des externen Fremdvergleichs zur Ermittlung fremdüblicher Gewinnaufschläge ist zu beachten, dass die ermittelten Gewinnaufschläge im Einklang mit der gewählten Kostenbasis stehen müssen.[230] So hängt die Höhe des Gewinnaufschlags maßgeblich davon ab, ob die gewählte Kostenbasis aus Vollkosten oder lediglich Teilkosten besteht.[231] Die OECD scheint das Schwergewicht auf einen Bruttogewinnaufschlag zu legen[232], während die deutsche Verrechnungspreispraxis die Verrechnung eines Nettogewinnelements in Gestalt eines Nettogewinnaufschlags präferiert.

Die Kostenaufschlagsmethode stellt eine weit verbreitete Verrechnungspreismethode zur Vergütung von Routineunternehmen dar. Sie stellt sicher, dass das liefernde oder leistende Unternehmen einen stabilen Gewinn erzielt. Zur Vergütung eines Unternehmens, welches als Strategieträger anzusehen ist, und mithin ein unternehmerisches Risiko trägt, ist die Kostenaufschlagsmethode nicht geeignet.

3. Gewinnorientierte Methoden

3.1 Geschäftsvorfallbezogene Nettomargenmethode

3.1.1 Funktionsweise

Bei Anwendung der geschäftsvorfallbezogenen Nettomargenmethode (TNMM) erfolgt die Verrechnungspreisermittlung unter Berücksichtigung von Nettorenditen, die von

---

228 Der „Markup on Total Costs" ist nicht mit der Umsatzrendite (verstanden als EBIT/Umsatz) zu verwechseln. Das Verhältnis der Umsatzrendite zu der Kennziffer „Markup on Total Costs" (MOTC) lässt sich wie folgt ausdrücken: $\text{MOTC} = \frac{\text{Umsatzrendite}}{1 - \text{Umsatzrendite}}$ bzw. $\text{Umsatzrendite} = \frac{\text{MOTC}}{1 + \text{MOTC}}$.

229 Vgl. *Schreiber*, in: Kroppen, Handbuch Internationale Verrechnungspreise, Erläuterungen der Verwaltungsgrundsätze-Verfahren, Rz. 203 Buchst. f); *Fiehler*, IStR 2007, S. 470; *Haugen*, ITPJ 2005, S. 224 ff.; *Engler*, in: Vögele/Borstell/Engler, Verrechnungspreise, 2011, Kapitel M Rz. 234.

230 Vgl. Tz. 2.44 OECD-Verrechnungspreisrichtlinien; *Vögele/Raab*, in: Vögele/Borstell/Engler, Verrechnungspreise, 2011, Kapitel D Rz. 234.

231 Vgl. auch *Haugen*, ITPJ 2005, S. 224 ff.

232 Vgl. Tz. 2.46 OECD-Verrechnungspreisrichtlinien 2010.

unabhängigen Unternehmen im Rahmen von vergleichbaren Liefer- und Leistungsbeziehungen erzielt werden.[233] Die zur Berechnung der Nettorenditen gewählten Renditekennziffern (sog. Profit Level Indicators) hängen von der Art der zugrunde liegenden Liefer- und Leistungsbeziehung ab. Sie werden gebildet, indem das Betriebsergebnis (in der Regel EBIT) in das Verhältnis zu einer jeweils geeigneten Bezugsbasis (z. B. Umsatz, Kosten oder Kapital) gesetzt wird. Bei Anwendung der geschäftsvorfallbezogenen Nettomargenmethode werden vorwiegend die folgenden Renditekennziffern verwendet:[234]

- Umsatzrendite (EBIT-Margin)[235],
- (Netto-)Kostenaufschlag (Markup on Total Costs)[236],
- Verzinsung des eingesetzten Kapitals (Return on Capital Employed)[237],
- Berry Ratio[238].

Die konkrete Festsetzung von Verrechnungspreisen erfolgt bei Anwendung der geschäftsvorfallbezogenen Nettomargenmethode in Anlehnung an die Wiederverkaufspreis- oder die Kostenaufschlagsmethode.[239] Dazu werden auf der Grundlage des Budgets zunächst vorläufige Verrechnungspreise ermittelt, nach denen der Liefer- bzw. Leistungsverkehr abgerechnet wird. Bei einer Verrechnungspreisermittlung in Anlehnung an die Wiederverkaufspreismethode wird die Handelspanne rechnerisch ermittelt, indem die Vertriebs- und Verwaltungskosten des Wiederverkäufers um einen angemessenen Gewinnaufschlag erhöht werden. Der Gewinnaufschlag kann aus der zuvor in der Datenbankanalyse ermittelten Renditekennziffer abgeleitet werden.[240] Sofern dieser Gewinnaufschlag bei der Preiskalkulation zugrunde gelegt wird, erzielt das Unternehmen die zuvor bestimmte Rendite, falls es zu keiner signifikanten Abweichung von dem Budget kommt.[241] Bei einer vorläufigen Verrechnungspreisermittlung in Anlehnung an die Kostenaufschlagsmethode wird vergleichbar vorgegangen, d. h. der Gewinnaufschlag wird aus der in der Datenbankanalyse ermittelten Renditekennziffer abgeleitet.

---

233 Vgl. Tz. 2.58 OECD-Verrechnungspreisrichtlinien; BMF v. 12.4.2005, BStBl. I 2005, S. 570, Tz. 3.4.10.3 Buchst. b).

234 Vgl. *Nientimp*, in: Mössner/Fuhrmann, Außensteuergesetz, § 1 Rz. 245.

235 Die Umsatzrendite eignet sich für Vertriebsgesellschaften und Dienstleistungsgesellschaften und ist definiert als EBIT/Umsatzerlöse.

236 Der Markup on Total Costs eignet sich für Dienstleistungsgesellschaften und ist definiert als EBIT/(Umsatzerlöse-EBIT).

237 Der Return on Capital Employed eignet sich für kapitalintensiv produzierende Auftragsfertiger und ist definiert als EBIT/(Eigenkapital+verzinsliche Schulden).

238 Die Berry Ratio eignet sich für Vertriebsgesellschaften (insbesondere Zwischenhändler, vgl. Tz. 2.102 OECD-Verrechnungspreisrichtlinien) und Dienstleistungsgesellschaften und ist definiert als Rohergebnis/betriebliche Aufwendungen.

239 Vgl. *Vögele/Raab*, in: Vögele/Borstell/Engler, Verrechnungspreise, 2011, Kapitel D Rz. 291.

240 Zu der Kennziffer Markup on Total Costs (MOTC)) s. bereits Fn. 228.

241 Vgl. *Cordes*, Steuerliche Aufzeichnungspflichten bei internationalen Verrechnungspreisen, 2009, S. 151.

Sollte die tatsächlich erzielte Rendite des verbundenen Unternehmens nach Abschluss des Wirtschaftsjahres außerhalb der nach dem Interquartilsverfahren eingeengten Bandbreite der im Rahmen des Datenbankscreenings ermittelten Renditekennziffern liegen, kann eine Anpassungszahlung (sog. true up oder year end adjustment) erfolgen, so dass im Ergebnis eine Rendite erzielt wird, die innerhalb der eingeengten Bandbreite liegt.[242]

Die deutsche Finanzverwaltung stand der geschäftsvorfallbezogenen Nettomargenmethode in der Vergangenheit kritisch gegenüber.[243] In dem BMF-Schreiben v. 12.4.2005 hat die Finanzverwaltung erstmals Stellung zur Anwendung der geschäftsvorfallbezogenen Nettomargenmethode genommen und die Anwendung der Methode unter bestimmten Voraussetzungen zugelassen. Im Einzelnen setzt die Anwendung der geschäftsvorfallbezogenen Nettomargenmethode nach Auffassung der deutschen Finanzverwaltung voraus, dass[244]

- die **Standardmethoden** wegen des Fehlens von Fremdvergleichsdaten nicht angewandt werden können,
- das verbundene Unternehmen, welches die Lieferungen oder Leistungen erbringt, als **Routineunternehmen** zu qualifizieren ist (bzw. eine Spartenrechnung möglich ist), und
- der Nachweis der (zumindest eingeschränkten) **Vergleichbarkeit** der Vergleichsunternehmen geführt werden kann und wenn besondere, tatsächlich entstandene Gewinne oder Verluste des geprüften Unternehmens, die bei den Renditekennziffern der Vergleichsunternehmen trotz der Vergleichbarkeit keine Entsprechung finden, berücksichtigt werden.

3.1.2 Erstellung von Datenbankanalysen

Die Ermittlung der Renditekennziffern erfolgt in der Regel unter Einsatz von Unternehmensdatenbanken.[245] In Europa wird dazu häufig die Datenbank AMADEUS eingesetzt. Diese enthält Finanzinformationen von über 12 Millionen Unternehmen aus über 40 Ländern. Für die enthaltenen Unternehmen sind neben allgemeinen Kontaktdaten und einer Tätigkeitsbeschreibung eine standardisierte Bilanz sowie eine Gewinn- und Verlustrechnung hinterlegt.[246]

---

242 Vgl. *Nientimp*, in: Mössner/Fuhrmann, Außensteuergesetz, § 1 Rz. 248.

243 Vgl. *Baumhoff/Ditz/Greinert*, DStR 2005, S. 1551 mit Verweis auf eine Presseerklärung des BMF v. 13.7.1995.

244 Vgl. BMF v. 12.4.2005, BStBl. I 2005, S. 570, Tz. 3.4.10.3 Buchst. b).

245 Zum Einsatz von Datenbanken vgl. *Vögele/Crüger*, in: Vögele/Borstell/Engler, Verrechnungspreise, 2011, Kapitel H Rz. 28 ff; *Wahl/Preisser*, IStR 2008, S. 51 ff.; *Oestreicher*, StuW 2006, S. 243 ff.; *Oestreicher/Duensing*, IStR 2005, S. 134 ff.; *Rehkugler/Vögele*, BB 2002, S. 1937 ff.; *Scholz/Crüger*, RIW 2005, S. 34 ff.; kritisch *Kolb*, IWB 2009, S. 587 ff.

246 Zu den Anforderungen der deutschen Finanzverwaltung an Datenbankstudien vgl. *Cordes*, Steuerliche Aufzeichnungspflichten bei internationalen Verrechnungspreisen, 2009, S. 152.

Die Identifikation von Vergleichsunternehmen im Rahmen einer Datenbankanalyse basiert auf einem standardisierten Auswahlprozess (*screening*).[247] Den ersten Schritt dieses Auswahlprozesses bildet die Anwendung diverser Suchkriterien (Vergleichsjahre, Branchenschlüssel, geographische Einschränkung, Unabhängigkeitsindikator etc.). Durch die Anwendung dieser Suchkriterien wird eine Vorauswahl an Unternehmen getroffen (*initial set*). Diese Vorauswahl an Unternehmen wird in einem weiteren Schritt durch eine manuelle Suche „verfeinert". Im Rahmen der manuellen Suche werden die einzelnen Internetpräsenzen der identifizierten Unternehmen auf eine konkrete Vergleichbarkeit mit dem Referenzunternehmen hin untersucht. Auf diese Weise können i.d.R. weitere Unternehmen ausgeschlossen werden. Die nach dem zweiten Schritt verbliebenen Unternehmen bilden das sog. *final set* an Vergleichsunternehmen. Die Renditekennziffern dieser bilden eine Bandbreite, welche – ggf. nach der Durchführung von Anpassungsrechnungen und einer Einengung nach dem Interquartilsverfahren[248] – der Verrechnungspreisermittlung zugrunde gelegt wird, indem ein Wert aus der Bandbreite ausgewählt wird.[249]

Die deutsche Finanzverwaltung verfügt über Lizenzen der AMADEUS-Datenbank hat damit die Möglichkeit, die geschäftsvorfallbezogene Nettomargenmethode in Betriebsprüfungen zur Überprüfung von Verrechnungspreisen ansetzen, welche von Steuerpflichtigen nach anderen Methoden ermittelt wurden.

3.2 Geschäftsvorfallbezogene Gewinnaufteilungsmethode

3.2.1 Funktionsweise

Den Ausgangspunkt der geschäftsvorfallbezogenen Gewinnaufteilungsmethode (Transactional Profit Split Method) bildet der Gewinn, der bei Geschäftsbeziehungen zwischen verbundenen Unternehmen von den beteiligten Unternehmen gemeinsam erwirtschaftet wird.[250] Dieser Gewinn wird unter Berücksichtigung der von den beteiligten Unternehmen ausgeübten Funktionen und getragenen Risiken nach

247 Vgl. insoweit *Kolb*, IWB 2009, S. 590 ff.

248 Vgl. BMF v. 12.4.2005, BStBl. I 2005, S. 570, Tz. 3.4.12.5 Buchst. b) und c).

249 In der Praxis wird häufig der Median aus der Interquartilsbandbreite ausgewählt. Unter dem Median (auch als Zentralwert bezeichnet) wird der Wert einer Wertereihe verstanden, der die einzelnen Beobachtungen genau in zwei Hälften teilt. D.h. die Anzahl der Beobachtungen vor dem Median ist gleich der Anzahl der Beobachtungen hinter dem Median, vgl. *Bourier*, Beschreibende Statistik, 2011, S. 72. Zur Kritik an der Medianregelung des § 1 AStG s. *Greinert*, in: Wassermeyer/Baumhoff, Verrechnungspreise international verbundener Unternehmen, 2014, Rz. 5.119. Zu der Vermeidung der aggressiven Ausnutzung von Bandbreiten als Instrument des Verrechnungspreisrisikomanagements vgl. Abschnitt E.V.2.4.

250 Die geschäftsvorfallbezogene Gewinnaufteilungsmethode erfasst – ungeachtet ihrer Bezeichnung – auch Verluste („*Loss Split*").

fremdüblichen Maßstäben aufgeteilt.[251] Im Gegensatz zu den in den vorstehenden Abschnitten dargestellten Verrechnungspreismethoden, die jeweils eine der an der jeweiligen Geschäftsbeziehung beteiligten Konzerngesellschaften in den Blick nehmen (sog. *one-sided methods*) handelt es sich bei der geschäftsvorfallbezogenen Gewinnaufteilungsmethode um eine Methode, welche die Verhältnisse aller beteiligten Konzerngesellschaften im Rahmen einer Gesamtbetrachtung berücksichtigt (sog. *two-sided method*).[252] Vor diesem Hintergrund ist die geschäftsvorfallbezogene Gewinnaufteilungsmethode in besonderer Weise dazu geeignet, den einzelnen Konzerngesellschaften einen Ergebnisbeitrag zuzuweisen, der Ihrem relativen Anteil an der Gesamtwertschöpfung entspricht.[253]

Nach Auffassung der deutschen Finanzverwaltung kann die geschäftsvorfallbezogene Gewinnaufteilungsmethode beispielsweise bei der Gewinnabgrenzung von grenzüberschreitenden Geschäftsbeziehungen zwischen mehreren Konzerngesellschaften mit *Entrepreneur*-Funktion angewandt werden, die „gemeinsam an der Anbahnung, Abwicklung und an dem Abschluss beteiligt sind, ohne dass Einzelbeiträge abgegrenzt werden können (z. B. im Rahmen des *global trading*)"[254]. Nach Auffassung der OECD kann die Methode bei *„highly integrated operations"* angewandt werden (genannt wird in diesem Fall ebenfalls das „Global Trading") sowie in Fällen, in denen die beteiligten Unternehmen *„unique and valuable contributions"* (z. B. wesentliche immaterielle Wirtschaftsgüter) leisten.[255] Ein wesentlicher praktischer Anwendungsbereich der geschäftsvorfallbezogenen Gewinnaufteilungsmethode besteht daher in der Ermittlung fremdüblicher Lizenzgebühren für die Überlassung immaterieller Wirtschaftsgüter zwischen verbundenen Unternehmen.[256]

3.2.2 Ausprägungen der Methode

In den OECD-Verrechnungspreisrichtlinien wird zwischen den folgenden Ausprägungen der geschäftsvorfallbezogenen Gewinnaufteilungsmethode unterschieden[257]:

---

251 Vgl. Tz. 2.108 OECD-Verrechnungspreisrichtlinien; BMF v. 12.4.2005, BStBl. I 2005, S. 570, Tz. 3.4.10.3 Buchst. b).

252 Vgl. Tz. 2.109 OECD-Verrechnungspreisrichtlinien.

253 Vgl. *Vögele/Witt*, in: Vögele/Borstell/Engler, Verrechnungspreise, 2011, Kapitel H, Rz. 123 f.

254 BMF v. 12.4.2005, BStBl. I 2005, S. 570, Tz. 3.4.10.3 Buchst. c).

255 Vgl. Tz. 2.109 f. und Tz. 6.26 OECD-Verrechnungspreisrichtlinien.

256 Vgl. Greinert, in: *Wassermeyer/Baumhoff*, Verrechnungspreise international verbundener Unternehmen, 2014, Tz. 5.124.

257 Die OECD weist in Tz. 2.118 der OECD-Verrechnungspreisrichtlichen darauf hin, dass es sich hierbi lediglich um eine nicht erschöpfende Aufzählung handelt.

- Beitragsanalyse (Contribution Analysis[258]) und
- Restgewinnanalyse (Residual Analysis[259]).[260]

Bei Anwendung der Beitragsanalyse (Contribution Analysis) wird der von den an einer Transaktion beteiligten verbundenen Unternehmen gemeinsam erwirtschaftete Gesamtgewinn nach einem fremdüblichen Schlüssel auf die beteiligten Unternehmen aufgeteilt. Zur Ermittlung des Aufteilungsschlüssels können externe Vergleichsdaten herangezogen werden. Als Beispiele hierfür nennen die OECD-Verrechnungspreisrichtlinien die Gewinnteilung im Rahmen von Joint-Ventures (z. B. im Pharmabereich, im Marketingbereich oder im Finanzbereich).[261] Sofern keine externen Vergleichsdaten vorliegen, ist der relative Wert, den die beteiligten Unternehmen zu der gemeinsamen Wertschöpfung beitragen, zu ermitteln.[262] Dazu kann ein kostenbezogener (*cost-based*) oder wirtschaftsgutbezogener (*asset-based*) Schlüssel herangezogen werden.[263]

Bei Anwendung der Restgewinnanalyse (Residual Analysis) erfolgt die Aufteilung des gemeinsam erwirtschafteten Gewinns in zwei Schritten. Im ersten Schritt wird der Basisgewinn ermittelt, welcher bestimmten Routinefunktionen zugeordnet werden kann, die von den beteiligten Unternehmen ausgeübt werden. Hierbei kann es sich beispielsweise um eine Routine-Produktions- oder Vertriebsfunktion handeln. Zur Ermittlung des Basisgewinns wird in der Regel eine Vergütung nach den Standardmethoden bzw. der geschäftsvorfallbezogenen Nettomargenmethode ermittelt.[264] In einem zweiten Schritt wird der Residualgewinn ermittelt und auf die beteiligten Unternehmen aufgeteilt. Der Residualgewinn ergibt sich als Differenz zwischen dem durch die beteiligten Unternehmen erwirtschafteten Gesamtgewinn und dem Basisgewinn. Die Aufteilung des Residualgewinns hat – ebenso wie bei der Beitraganalyse – nach einem fremdüblichen Schlüssel zu erfolgen.

---

258 Vgl. Tz. 2.119 f. OECD-Verrechnungspreisrichtlinien.

259 Vgl. Tz. 2.121 ff. OECD-Verrechnungspreisrichtlinien.

260 Darüber hinaus wird vertreten, dass auch die in Tz. 2.145 OECD-Verrechnungspreisrichtlinien erwähnte Aufteilung anhand der Verzinsung des eingesetzten Kapitals eine eigenständige Methode darstelle (so *Baumhoff*, in: Mössner, Steuerrecht international tätiger Unternehmen, 2012, Rz. 3.226). Die US Treasury Regulations nennen den „Comparable Profit Split“ und den “Residual Profit Split”, vgl. US Treasury Regulation § 1.482–6. Zu der Interpretation der einzelnen Methoden im Schrifttum vgl. *Engler*, in: Vögele/Borstell/Engler, Verrechnungspreise, 2011, Kapitel N Rz. 540; *Jacobs*, Internationale Unternehmensbesteuerung 2011, S. 595 ff; *Kaminski*, in: Strunk/Kaminski/Köhler, Außensteuergesetz, Doppelbesteuerungsabkommen, § 1 AStG, Rz. 595; *Baumhoff*, in: Mössner, Steuerrecht international tätiger Unternehmen, 2012, Rz. 3.226.

261 Vgl. Tz. 2.133 OECD-Verrechnungspreisrichtlinien.

262 Vgl. Tz. 2.119 OECD-Verrechnungspreisrichtlinien.

263 Vgl. Tz. 2.136 ff. OECD-Verrechnungspreisrichtlinien.

264 Vgl. Tz. 2.121 OECD-Verrechnungspreisrichtlinien. So kann beispielsweise der Routinegewinn bei einem Unternehmen, welches eine Produktionsfunktion ausübt, nach der Kostenaufschlagsmethode ermittelt werden.

3.2.3 *Besonderheiten bei der Ermittlung des im Rahmen der geschäftsvorfallbezogenen Gewinnaufteilungsmethode aufzuteilenden Gewinns*

Bei Anwendung der geschäftsvorfallbezogenen Gewinnaufteilungsmethode ist zunächst zu beachten, dass nicht auf den tatsächlich realisierten Gewinn, sondern auf den erwarteten Gewinn der beteiligten Konzerngesellschaften abzustellen ist.[265] Diese Vorgehensweise steht insofern im Einklag mit dem Fremdvergleichsgrundsatz, als der Preisfindung nur die Informationen zugrunde zu legen sind, die im Zeitpunkt des Eingehens der Geschäftsbeziehung verfügbar waren (sog. *ex ante*-Betrachtung).[266]

Im Hinblick auf die Ermittlung des aufzuteilenden Gesamtgewinns ist weiterhin zu beachten, dass die Rechnungslegungsvorschriften[267] der einzelnen Staaten zum Teil erheblich voneinander abweichen können. Dies erweist sich insbesondere dann als problematisch, wenn nicht nur Konzerngesellschaften aus einem Wirtschaftsraum mit weitgehend vergleichbaren Rechnunglegungsvorschriften (z. B. Europa), sondern Konzerngesellschaften verschiedener Wirtschaftsräume, deren Rechnungslegungsvorschriften erheblich differieren, in die Verrechnungspreisermittlung auf Basis der geschäftsvorfallbezogenen Gewinnaufteilungsmethode einbezogen werden sollen (z. B. Konzerngesellschaften in Indien, den USA und China). Um eine faire Aufteilung des Gesamtgewinns zu gewährleisten, ist es in diesem Zusammenhang erforderlich, einheitliche Kriterien zur Ermittlung des Gesamtgewinns festzulegen.[268] Die Kriterien sollten auch Vorgaben hinsichtlich der Währungsumrechnung (maßgebliche Stichtage und Kurse) sowie hinsichtlich der Behandlung von Sondereffekten enthalten (z. B. Behandlung außerordentlicher Erträge). Hinsichtlich der Ermittlung des Gesamtgewinns ist schließlich zu beachten, dass lediglich der Gewinn aus den Geschäftsbeziehungen heranzuziehen ist, auf die die geschäftsvorfallbezogene Gewinnaufteilungsmethode angewandt werden soll.[269] Mithin ist eine Isolierung des erwarteten Gewinns aus den jeweiligen Geschäftsbeziehungen vorzunehmen. Diese kann insofern Probleme bereiten, als Aufwendungen und Erträge in der Praxis häufig nicht ohne Weiteres zugerechnet werden können.

---

265 Vgl. Tz. 2.128 OECD-Verrechnungspreisrichtlichtlinien; *Baumhoff*, in: Mössner, Steuerrecht international tätiger Unternehmen, 2012, Tz. 3.225.

266 Vgl. *Baumhoff*, in: Flick/Wassermeyer/Baumhoff/Schönfeld, Außensteuerrecht, § 1 AStG Rz. 171.

267 Mangels harmonisierter steuerlicher Gewinnermittlungsvorschriften kann die Verrechnungspreisermittlung nach Auffassung der OECD auf der Basis handelsrechtlicher Ergebnisse erfolgen („*starting point*"), vgl. Tz. 2.126 OECD-Verrechnungspreisrichtlinien.

268 Vgl. Tz. 2.125 OECD-Verrechnungspreisrichtlinien.

269 Vgl. Tz. 2.124 OECD-Verrechnungspreisrichtlinien.

V. Kritik am Fremdvergleichsgrundsatz und mögliche Alternativen

1. Konzeptionelle und praktische Mängel des Fremdvergleichsgrundsatzes

Der Fremdvergleichsgrundsatz als Maßstab der internationalen Gewinnabgrenzung ist in den letzten Jahren einer zunehmenden Kritik ausgesetzt. Die Kritik bezieht sich sowohl auf die konzeptionellen Grundlagen als auch auf die praktische Anwendung des Fremdvergleichsgrundsatzes.[270] Im Hinblick auf die konzeptionellen Grundlagen wird kritisiert, dass der Fremdvergleichsgrundsatz – aufgrund seiner Anknüpfung an die einzelnen rechtlich selbständigen Konzerngesellschaften – die wirtschaftliche Einheit des Konzerns ignoriere.[271] Damit bliebe im Rahmen der Besteuerung unberücksichtigt, dass die Organisationsform des Konzerns in der Praxis gerade deshalb gewählt werde, da sie erhebliche Vorteile gegenüber einer nur auf einer Wertschöpfungsstufe agierenden selbständigen Unternehmung aufweise. Genannt werden in diesem Zusammenhang insbesondere die aus der arbeitsteiligen Zusammenarbeit der Konzerngesellschaften resultierenden Skalen- und Verbundvorteile (*economies of scale* bzw. *economies of scope*), welche sich nicht einzelnen Transaktionen zuordnen lassen.[272] *Coase* hat in diesem Zusammenhang bereits 1937 herausgearbeitet, dass Transaktionskosten gerade den Grund dafür darstellen, Transaktionen zu internalisieren und nicht über den Markt, d.h. zwischen fremden Dritten, abzuwickeln.[273]

Die Kritiker des Fremdvergleichsgrundsatzes betonen ferner, dass dieser aus den dreißiger Jahren des 20. Jahrhunderts stammende Maßstab der internationalen Gewinnabgrenzung der wirtschaftlichen Realität des 21. Jahrhunderts nicht mehr angemessen Rechnung trage und an seine Grenzen stoße.[274] Dabei wird hervorgehoben, dass bei der Konzeption des Fremdvergleichsgrundsatzes vor rund 80 Jahren der Austausch physischer Wirtschaftsgüter im Vordergrund stand, für die sich in

---

270 Vgl. Vgl. *Herzig/Teschke/Joisten*, Intertax 2010, S. 335.

271 So *Schneider*, DB 2003, S. 53 ff.; vgl. auch *Andresen*, Konzernverrechnungspreise für multinationale Unternehmen, 1999, S. 7; *Schön*, IStR 2011, S. 777 f.; *Herzig*, DB 2012, S. 5; *Sheppard*, TNI 2012, S. 389.

272 Vgl. *Hellerstein*, ITPJ 2005, S. 108; *Hamaekers*, ITPJ 2001, S. 34 m.w.N.; *Sullivan*, TNI 2010, S. 314; *Spengel/Oestreicher*, DStR 2009, S. 780; Tz. 1.10 OECD-Verrechnungspreisrichtlinien; *Sommer*, Separate Accounting or Formulary Apportionment?, 2010; *Rödder*, in: FS Lang 2010, S. 1157 f.; *Wittendorff*, TNI 2013, S. 945 ff. *Schön* wirft in diesem Zusammenhang die Frage auf, ob die Regelungen der beschränkten Steuerpflicht ggf. erweitert werden sollten, damit „Synergierenten" steuerlich erfasst werden können, vgl. *Schön*, IStR 2011, S. 782.

273 Vgl. *Coase*, The Nature of the Firm, Economica 1937, S. 386 ff.

274 Vgl. *Weiner*, in: Tax Analysts, Towards Tax Reform: Recommendations for Obama's Task Force, 2009, S. 103.

der Regel Fremdpreise ermitteln ließen.[275] Demgegenüber sei das Wirtschaftsgeschehen heutzutage durch neuartige, hochintegrierte Wertschöpfungsaktivitäten (z.B. E-Commerce, Global Trading) sowie die gestiegene Bedeutung immaterieller Wirtschaftsgüter geprägt, für die sich regelmäßig keine Fremdpreise ermitteln ließen.[276] Um diesen neuartigen Transaktionsformen Rechnung zu tragen, ist der Fremdvergleichsgrundsatz fortlaufend modifiziert und erweitert worden. Dies drückt sich in der verbreiteten Anwendung der gewinnorientierten Methoden aus, welche letztlich eine Abkehr von dem Grundsatz des Fremdvergleichs darstellen, der im Kern auf einem transaktionsbasierten Vergleich von Preisen beruht.[277] Im Rahmen der gewinnorientierten Methoden stehen weniger die im Rahmen einer Transaktion vereinbarten Preise, sondern vielmehr das Ergebnis der Transaktion in der Form des realisierten Gewinns im Mittelpunkt. Insbesondere die geschäftsvorfallbezogene Gewinnaufteilungsmethode (Transactional Profit Split Method) weist eine deutliche Nähe zu den indirekten Methoden der Gewinnaufteilung auf, welche von der OECD abgelehnt werden.[278]

Was die praktische Anwendung des Fremdvergleichsgrundsatzes anbelangt, so wird insbesondere kritisiert, dass der Fremdvergleichsgrundsatz – sowie die ihn konkretisierenden Verrechnungspreismethoden – in den einzelnen Staaten nicht einheitlich ausgelegt und angewendet werden.[279] *Gimbel Lewis* führt insofern zutreffend aus:

---

275 Vgl. *Sommer*, Separate Accoutning or Unitary Apportionment?, 2010, S. 112.

276 Vgl. *Herzig*, DB 2012, S. 5; *Mayer*, Formulary Apportionment in the Internal Market, 2009, S. 17; *Rödder*, in: FS Lang 2010, S. 1157; OECD Forum on Tax Administration, Dealing Effectively with the Challenges of Transfer Pricing 2012, S. 14 f.; *Wilkie*, in: Schön/Konrad, Fundamentals of International Transfer Pricing in Law and Economics, 2012, S. 142 ff.

277 *Owens* (Tax Notes International, Februar 2010, S. 520) spricht in diesem Zusammenhang von einer *„increasingly sophisticated technical matter that involves both legal and economic concepts"*. *Sommer* (Separate Accounting or Unitary Apportionment?, 2010, S. 91) merkt an: *„...the recent introduction of the PSM and other profit based transfer pricing methods may be seen as an indirect admission of proponents of separate accounting that arm's length pricing is no longer, and in fact never was, appropriate for the taxation of integrated MNEs"*. *Brauner* (Intertax 2010, S. 555) kritisiert, dass *"practical essential elements were introduced to the regime as if integral to its existing ideology, despite their questionable compatibility to the arm's length standard. These newer elements dominate current transfer pricing practice, yet, still, the arm's length rethoric controls the discourse"*.

278 Vgl. Tz. 1.16 ff. OECD-Verrechnungspreisrichtlinien. Vgl. in diesem Zusammenhang auch *Herzig/Teschke/Joisten*, Intertax 2010, S. 345: *„The proft split departs from the arm's length principle without really abandoning it"*.

279 Vgl. *Oosterhoff*, ITPJ 2006, S. 47; *Dhawale/Manasuev/Slimmen*, TPIJ 2009, Vol. 10, S. 4.; *Wittendorff*, Tax Notes International 2012, S. 1127. Zur Umsetzung der OECD-Verrechnungspreisrichtlinien in diversen Staaten vgl. die Untersuchung von *Calderon*, Intertax 2007, S. 4 ff.

„Based on the 'arm's length mantra' – requiring cross-border related-party transactions to be priced as if the parties were unrelated – transfer pricing rules embody more principle than precision and inherently depend on complex and individual facts"[280].

Die Differenzen in der Anwendung der Fremdvergleichsgrundsatzes werfen in der Praxis insofern Probleme auf, als ein internationaler Konzern zur Ermittlung von Verrechnungspreisen für eine bestimmte Liefer- oder Leistungsbeziehung lediglich eine Verrechnungspreismethode auswählen kann[281], welche jedoch Gegenstand der Angemessenheitsprüfung mindestens zweier Finanzverwaltungen ist.[282] Die unterschiedliche Auslegung des Fremdvergleichsgrundsatzes resultiert vor diesem Hintergrund häufig in Doppelbesteuerungskonflikten, welche über langwierige Verständigungs- oder Schiedsverfahren gelöst werden müssen.[283] Die Ursache für die unterschiedliche Auslegung des Fremdvergleichsgrundsatzes liegt in dem hohen Abstraktionsgrad und der daraus resultierenden Unbestimmtheit des Fremdvergleichsgrundsatzes. In diesem Zusammenhang stellen auch die OECD-Verrechnungspreisrichtlinien fest:

„It should also be recalled at this point that transfer pricing is not an exact science but does require the exercise of judgement on the part of both the tax administration and taxpayer"[284]

Hinsichtlich der praktischen Anwendung des Fremdvergleichsgrundsatzes wird von Kritikern weiterhin angeführt, dass die Durchführung eines Fremdvergleichs mit hohen Befolgungskosten verbunden ist, die etwa aus der Erfüllung der strengen Dokumentationspflichten oder aus Auseinandersetzungen mit der Finanzverwaltung resultieren.[285] Die vorstehend dargestellten Mängel des Fremdvergleichsgrundsatzes in konzeptioneller und praktischer Hinsicht stellen – wie noch zu zeigen sein wird – eine wesentliche Quelle von steuerlichen Verrechnungspreisrisiken dar.[286]

---

280 *Gimbel Lewis*, Tax Management Transfer Pricing Report, Vol. 21 No. 9, 2012; vgl. Auch *Musselli/Musselli*, ITPJ 2012, S. 402: "[...] *because the arm's length principle is a general rule that must be applied to real cases*".

281 Vgl. Tz. 2.11. OECD-Verrechnungspreisrichtlinien.

282 Vgl. *Kurzewitz*, Wahl der geeigneten Verrechnungspreismethode zur Vermeidung von Doppelbesteuerungsproblemen, 2009, S. 4.

283 Vgl. *Schaumburg*, Der Konzern 2006, S. 495; ders., Internationales Steuerrecht, Rz. 18.106; *Mayer*, Formulary Apportionment in the Internal Market, 2009, S. 16; *Herzig/Teschke/Joisten*, Intertax 2010, S. 335; *Andresen*, Konzernverrechnungspreise für multinationale Unternehmen, 1999, S. 141 f.

284 Tz. 1.13 der OECD-Verrechnungspreisrichtlinien.

285 Vgl. *Mayer*, Formulary Apportionment in the Internal Market, 2009, S. 16; *Herzig/Teschke/Joisten*, Intertax 2010, S. 335; *Dawid/Dworaczek*, in: Kroppen, Handbuch Internationale Verrechnungspreise, Erläuterungen der OECD-Leitlinien, Kapitel III, Erläuterung von Tz. 3.61 – 4.47 OECD-LL, Tz. 296.

286 Vgl. Abschnitt E.I.1.5.

2. Einfluss des Europarechts

Der Fremdvergleichsgrundsatz steht schließlich auch aus europarechtlicher Sicht auf dem Prüfstand. So hat der EuGH bereits mehrfach entschieden, dass Vorschriften, welche eine einseitige Korrektur von Verrechnungspreisen zwischen international verbundenen Unternehmen vorsehen, im Grundsatz einen Eingriff in die Niederlassungsfreiheit darstellen, der einer Rechtfertigung bedarf.[287] In seinem Urteil v. 21.1.2010 (C 311/08 – SGI), das zu einer –einseitig wirkenden – Korrekturvorschrift des belgischen Rechts ergangen ist, hat der EuGH entschieden, dass eine Rechtfertigung des Eingriffs in die Niederlassungsfreiheit in der ausgewogenen Aufteilung der Besteuerungsbefugnisse sowie der Bekämpfung von Missbräuchen liegen kann.[288] Der EuGH hat jedoch zugleich klargestellt, dass ein Abweichen von dem Fremdvergleichsgrundsatz in solchen Fällen möglich sein soll, in denen wirtschaftliche (außersteuerliche) Gründe für das Abweichen bestehen. Der Anwendungsbereich des Fremdvergleichs soll sich demnach auf künstliche Konstruktionen beschränken.[289] So eignet sich der Fremdvergleichsgrundsatz nach Auffassung des EuGH als *„objektives, für Dritte nachprüfbares Kriterium, um feststellen zu können, ob der fragliche geschäftliche Vorgang ganz oder teilweise eine rein künstliche Konstruktion darstellt“*[290].

Schön weist in Bezug auf die Rechtsprechung des EuGH in der Rs. SGI darauf hin, dass der EuGH ein Einfallstor für Abweichungen vom Fremdvergleichsgrundsatz geöffnet habe, welches zu einer Erosion des Fremdvergleichsgrundsatzes führen könne.[291] In der Tat könnte eine Beschränkung des Anwendungsbereichs des Fremdvergleichsgrundsatzes auf künstliche Konstruktionen zu einem Bedeutungsverlust dieses Grundsatzes in bestimmten Bereichen führen.

In Bezug auf § 1 AStG ist zu festzustellen, dass die Norm gegenwärtig keine Möglichkeit des Gegenbeweises zulässt, dass wirtschaftliche Gründe für ein Abweichen von dem Fremdvergleichsgrundsatz bestehen.[292] Das FG-Schleswig-Holstein hat in seinem Urteil v. 29.11.2012 in diesem Zusammenhang jüngst entschieden, dass § 1 AStG daher in europarechtskonformer Weise dahingehend auszulegen ist, dass dem Steuerpflichtigen die Möglichkeit gegeben werden muss, den Nachweis zu führen, dass wirtschaftliche Gründe für die Abweichung von dem Fremdvergleichsgrundsatz

---

287 So Schön, IStR 2011, S. 779, unter Bezugnahme auf die Urteile EuGH v. 21.1.2010, C-311/08, „SGI“; EuGH v. 12.12.2002, C-324–00, „Lankhorst-Hohorst“, EuGHE 2002, I-11799 ff. und EuGH v. 13.3.2007, C-524/04, „Test Claimants in the Thin Cap Group Litigation“, EuGHE 2007, I-2107 ff.

288 EuGH v. 21.1.2010, C-311/08, „SGI“ Rz. 63 und 69.

289 EuGH v. 21.1.2010, C-311/08, „SGI“ Rz. 71, dazu *Englisch*, IStR 2011, S. 141; *Schön*, IStR 2011, S. 779 f.

290 EuGH v. 17.1.2008, C-105/07, „Lammers & van Cleef“ Rz. 30.

291 So *Schön*, IStR 2011, S. 780; a.A. *Becker/Sydow*, IStR 2011, S. 197 f.

292 Vgl. *Greinert/Weigert*, DB 2013, S. 2526.

bestehen.[293] Das FG Schleswig-Holstein hat bei der Prüfung wirtschaftlicher Gründe in nicht überzeugender Weise typisierend auf die in § 8a KStG a.F. aufgestellten Grundsätze zur Beurteilung der Angemessenheit der Fremdkapitalausstattung von Körperschaften abgestellt.[294] Als geeignete wirtschaftliche Gründe kommen dagegen grundsätzlich in Betracht:[295]

- Rettung einer insolvenzgefährdeten Tochtergesellschaft durch eigenkapitalersetzende Darlehen oder der Vergabe zinsgünstiger Darlehen,
- Marktunterstützungsleistungen der Obergesellschaft zum Ausbau der Marktposition eines verbundenen Vertriebsunternehmens auf einem ausländischen Markt,
- Gewährung eines zinslosen Darlehens an eine Tochtergesellschaft, die im betrieblichen Interesse der Muttergesellschaft Produkte im Ausland vertreibt.

Gegen das Urteil des FG Schleswig-Holstein wurde Revision eingelegt. Die Revision ist bei dem BFH unter dem Az. I R 88/12 anhängig. Es bleibt abzuwarten, wie der BFH die auf § 1 AStG gestützten Einkünftekorrekturen in dem Entscheidungssachverhalt vor dem Hintergrund der Vorgaben des Europarechts beurteilen wird.

3. Alternativmodelle der internationalen Gewinnabgrenzung

Vor dem Hintergrund der vorstehend dargestellten Kritik am Fremdvergleichsgrundsatz werden bereits seit einiger Zeit Alternativmodelle der Gewinnabgrenzung diskutiert. Im Vordergurnd steht dabei die sog. *formulary apportionment*-Methode.[296] Im Rahmen dieser indirekten Methode der Gewinnabgrenzung soll der Gewinn eines international tätigen Konzerns nach einheitlichen Maßstäben ermittelt und im Anschluss daran nach Maßgabe eines sachgerechten Schlüssels auf die einzelnen

---

293 Vgl. FG Schleswig-Holstein v. 29.11.2012, DStRE 2013, S. 726 unter Punkt 4. der Entscheidungsgründe. Vgl. zu dem Urteil *Puls*, IStR 2013, S. 706 ff. und *Greinert/Weigert*, DB 2013, S. 2524 ff., die unter Bezugnahme auf weitere Stimmen in der Literatur darauf hinweisen, dass § 1 AStG aufgrund des Anwendungsvorrangs des Europarechts alternativ auch unangewendet gelassen werden könnte oder ggf. die Nichtanwendung auf die unverhältnismäßigen Asprekte der Regelung begrenzt werden könnte.

294 FG Schleswig-Holstein v. 29.11.2012, DStRE 2013, S. 726 unter Punkt 4. der Entscheidungsgründe.

295 Vgl. *Greinert/Weigert*, DB 2013, S. 2527; *Nientimp*, ISR 2013, S. 123; *Scheipers/Linn*, IStR 2010, S. 473 ff.; *Baßler*, Steuerliche Gewinnabgrenzung im Europäischen Binnenmarkt S. 222; *Ditz*, in: Schönfeld/Ditz, DBA, Art. 9 Rz. 17; *Glahe*, Einkünftekorrektur zwischen verbundenen Unternehmen, S. 285; *Thömmes*, JbFStR 2010/2011, S. 93.

296 Vgl. etwa *Weiner*, in: Tax Analysts, Towards Tax Reform: Recommendations for Obama's Task Force, 2009, S. 103 ff.; *Avi-Yonah/Clausing/Durst*, University of Michigan Law School, Public Law and Legal Theory Working Paper Series, Working Paper Nr. 138, (abrufbar unter http://ssrn.com/abstract=1317327).

Konzerngesellschaften aufgeteilt werden.[297] In Europa wird derweil konkret über die Einführung einer – optional anwendbaren – Gemeinsamen Konsolidierten Körperschaftsteuerbemessungsgrundlage (*Common Consolidated Corporate Tax Base,* nachfolgend CCCTB) diskutiert.[298] Die CCCTB weist eine konzeptionelle Nähe zu der in den USA diskutierten *formulary apportionment*-Methode auf. So soll der Gewinn europäischer Konzerne künftig nach einheitlichen Gewinnermittlungsvorschriften ermittelt, konsolidiert und anschließend mittels eines sachgerechten Schlüssels auf die einzelnen Konzerngesellschaften aufgeteilt werden. Auf die den einzelnen Staaten zugewiesene Bemessungsgrundlage sollen sodann national unterschiedliche Steuersätze angewendet werden.[299]

Das Vorhaben zur Einführung der CCCTB wird von der Europäischen Kommission mit Nachdruck vorangetrieben. Nach ersten Ankündigungen im Jahr 2008 wurde am 16.3.2011 ein Richtlinienvorschlag zur Einführung einer CCCTB veröffentlicht.[300] Unter der Ratspräsidentschaft Dänemarks wurde auf der Grundlage des Richtlinienentwurfs ein Kompromissvorschlag entwickelt, der den ursprünglichen Entwurf in einigem Punkten, zu denen die Mißbrauchsabwehr und der Zinsabzug zählen, modifizierte.[301] Am 2.5.2013 hat der Rat schließlich einen überarbeiteten Richtlinienvorschlag veröffentlicht, der einem auf Kompromissergebnis beruht, welches unter der irischen Ratspräsidentschaft während der ersten Jahreshälfte 2013 erarbeitet wurde.[302]

Aufgrund des Widerstands zahlreicher Mitgliedsstaaten gehen Beobachter jedoch davon aus, dass ein Konsens zur Einführung der CCCTB auf europäischer Ebene mittelfristig nicht erzielt werden kann.[303] Um ein Scheitern des CCCTB-Projekts zu verhindern, wird teilweise vorgeschlagen, das Vorhaben in einzelne Teilprojekte aufzuschnüren oder die CCCTB in lediglich acht Mitgliedstaaten auf

---

297 Vgl. *Weiner*, ET 2001, S. 380 ff.; *Oestreicher*, Konzern-Gewinnabgrenzung, 2000. Die OECD hat der *formulary apportionment*-Methode einen eigenen Abschnitt in den Verrechnungspreisrichtlinien gewidmet, in welchem sie die Methode als gegenüber dem Fremdvergleichsgrundsatz nachteilig zurückweist, vgl. Tz. 3.58 ff. OECD-Verrechnungspreisrichtlinien.

298 Vgl. *Lang/Pistone/Schuch/Staringer*, 2008; *Herzig*, in: FS Schaumburg, 2010, S. 758; *Spengel/Oestreicher*, DStR 2009, S. 773; *Mors/Rautenstrauch*, UbG 2008, S. 97; grundlegend zur Einführung einer *formulary apportionment*-Methode in Europa, *Mayer*, Formulary Apportionment in the Internal Market, 2009.

299 Vgl. zu der Funktionsweise der CCCTB und einem Vergleich zu der Gewinnabgrenzung nach dem Fremdvergleichsgrundsatz *Rasch/Tillmann*, ISR 2013, S. 140 ff.

300 KOM(2011) 121/4. Vgl. dazu *Kahle/Schulz*, StuB 2011, S. 296 ff.; *Herzig*, DB 2011 (Beilage zu Heft 15), S. M1; *Campos Nave*, BB 2011 (Beilage zu Heft 17), S. I; *Lenz/Rautenstrauch*, DB 2011, S. 726 ff.

301 RAT: 8387/12 LIMITE v. 4.4.2012.

302 Vgl. Vorschlag für eine Richtlinie des Rates über eine gemeinsame konsolidierte Körperschaftsteuer-Bemessungsgrundlage (GKKB) – Kompromissvorschlag, 9180/13 LIMITE, 2011/0058(CNS) v. 2.5.2013.

303 Vgl. nur *Herzig*, in: FS Schaumburg, 2010, S. 761 f.

der Grundlage einer verstärkten Zusammenarbeit i.S.v. Art. 20 EUV und Art. 326 ff. AEUV umzusetzen.[304]

Es bleibt abzuwarten, wie sich die Diskussion um das CCCTB-Projekt weiterentwickeln wird. Mit einer mittelfristigen Umsetzung ist – insbesondere vor dem Hintergrund der angespannten Staatshaushalte – jedenfalls nicht zu rechnen. Zudem wurde auch jüngst in dem OECD Action Plan on Base Erosion and Profit Shifting v. 19.7.2013 die Einführung einer *formulary apportionment Method* durch die OECD-Mitglieder abgelehnt: "*there is consensus among governments that moving to a system of formulary apportionment of profits is not a viable way forward*"[305].

Daher ist – ungeachtet der konzeptionellen und praktischen Schwächen des Fremdvergleichsgrundsatzes – zu konstatieren, dass gegenwärtig kein Alternativmodell der internationalen Gewinnabgrenzung unter den Staaten konsensfähig ist.[306] Folglich ist davon auszugehen, dass der Fremdvergleichsgrundsatz auch in Zukunft den Status des vorherrschenden Systems der internationalen Gewinnabgrenzung beibehalten wird.[307] Von dieser Prämisse wird im Rahmen der vorliegenden Arbeit ausgegangen.[308]

---

304 Vgl. *Herzig*, in: FS Schaumburg, 2010, S. 762.

305 *OECD*, abrufbar unter www.oecd.org.

306 Vgl. *Herzig*, Wpg 1998, S. 286; ähnlich *Kleineidam*, in: FS Flick, S. 860.

307 Vgl. Tz. 1.14 OECD-Verrechnungspreisrichtlinien; *Owens*, ITPJ 2005, S. 101 f.; *Rosenbloom* zitiert von *Sullivan*, TNI 2010, S. 316.

308 Zu den Arbeiten, welche den Grundsatz des Fremdvergleichs demgegenüber in Frage stellen und alternative Konzepte der Gewinnabgrenzung entwickeln bzw. Vorschläge zur Weiterentwicklung des Fremdvergleichsgrundsatzes unterbreiten, zählen *Oestreicher*, Konzern-Gewinnabgrenzung: Gewinnabgrenzung – Gewinnermittlung – Gewinnaufteilung, 2000; *Teschke*, Konzeption einer Besteuerung des laufenden Ertrags von Netzwerken Nahestehender, 2009; *Sommer*, Separate Accounting or Unitary Apportionment?, 2010; *Andresen*, Konzernverrechnungspreise für multinationale Unternehmen, 1999, *Bauer*, Neuausrichtung der internationalen Einkunftsabgrenzung im Steuerrecht, 2004.

C. Funktion und Bedeutung des betrieblichen Risikomanagements

I. Begriffliche Grundlagen

1. Begriff und Arten von Risiken

Infolge der zunehmenden Globalisierung der Märkte und der damit einhergehenden Steigerung der Dynamik und Komplexität des Wirtschaftslebens haben die Risiken, denen Unternehmen im Rahmen der Ausübung ihrer wirtschaftlichen Aktivitäten ausgesetzt sind, in erheblichem Maße zugenommen.[309] Werden diese Risiken nicht rechtzeitig erkannt und bewältigt, können sie zu einer Existenzbedrohung für die betroffenen Unternehmen führen. Da Risiken jedoch zugleich untrennbar mit unternehmerischen Chancen verbunden sind, stellt das Eingehen von Risiken eine wesentliche Voraussetzung wirtschaftlichen Erfolgs dar. Aufgabe des betrieblichen Risikomanagements sollte es daher sein, *„Risiken so zu managen, dass die damit verbundenen Chancen ausgenutzt werden“*[310].

Da Risiken der Forschungsgegenstand verschiedener Wissenschaftsdisziplinen sind, existiert keine einheitliche Definition des Risikobegriffs.[311] Auch innerhalb der Wirtschaftswissenschaften werden verschiedene Risikodefinitionen diskutiert.[312] Nach einer verbreiteten Definition beschreibt der Begriff Risiko die Abweichung eines tatsächlichen von einem erwarteten Ergebnis.[313] Dabei kann die Abweichung sowohl eine positive als auch eine negative Zielverfehlung umfassen (dynamischer

---

309 Vgl. *Kromschröder/Lück*, DB 1998, S. 1573.

310 *Arbeitskreis Externe und Interne Überwachung der Schmalenbachgesellschaft*, DB 2010, S. 1245.

311 Risiken sind beispielsweise Forschungsgegenstand der Betriebswirtschaftslehre (insbesondere der Versicherungslehre und der Finanzierungslehre), der Volkswirtschaftslehre sowie diverser naturwissenschaftlicher Forschungsrichtungen.

312 Dazu ausführlich *Fiege*, Risikomanagement- und Überwachungssystem nach KonTraG, S. 37 ff.

313 Vgl. *Hofmann/Bühler*, in: Guserl/Pernsteiner, Handbuch Finanzmanagement in der Praxis, S. 162; *Kromschröder/Lück*, DB 1998, S. 1573; *Lück*, DB 1998, S. 1925; *Fiege*, Risikomanagement- und Überwachungssystem nach KonTraG, S. 43 (*„Risiko als Möglichkeit der Zielverfehlung“*); *Filipiuk*, Transparenz der Risikoberichterstattung, 2008, S. 13 ff.; *Mammen*, Die Konzernsteuerquote als Lenkungsinstrument im Rahmen des Risikomanagementsystems börsennotierter Muttergesellschaften, S. 344; *Baetge/Schulze*, DB 1998, S. 939; *Perridon/Steiner*, Finanzwirtschaft der Unternehmung, 1999, S. 89 f.; *Buchheim/Knorr*, WPg 2006, S. 421 m.w.N.; *Paetzmann*, Corporate Governance, 2008, S. 55.

Risikobegriff oder Risiko im weiteren Sinne).[314] Um den Begriff der Chance in die vorgenannte Definition zu integrieren, kann eine sprachliche Erweiterung dahingehend vorgenommen werden, dass eine Zielerreichung und positive Zielabweichung als Chance und eine Zielunterschreitung als Risiko definiert wird. Chancen und Risiken können folglich als *„verschiedene Ausprägungen einer Variablen“*[315] betrachtet werden. Diesem erweiterten Risikoverständnis wird im Rahmen der vorliegenden Arbeit gefolgt.

Die Berücksichtigung von Chancen im Rahmen der erweiterten Risikodefinition trägt der Tatsache Rechnung, dass das Eingehen von Risiken nicht nur mit der Möglichkeit einer negativen Zielabweichung verbunden ist, sondern auch zu einem gewünschten Ereignis in Form einer Zielerreichung oder überschreitung führen kann. Das betriebliche Risikomanagementsystem sollte daher auf dem dynamischen Risikobegriff aufbauen.[316] Ein Risikomanagementansatz, der lediglich auf Risiken im Sinne negativer Zielabweichungen aufbaut, würde im Ergebnis dazu führen, dass Risiken stets vermieden würden. Dies hätte jedoch zur Folge, dass auch auf die Nutzung von Chancen verzichtet würde.[317]

Im Hinblick auf die Einteilung der Vielzahl von Risiken[318], denen ein Unternehmen im Rahmen seiner Geschäftstätigkeit ausgesetzt ist, werden im Schrifttum die folgenden Kategorien genannt:[319]

---

314 Vgl. *Hofmann/Bühler*, Guserl/Pernsteiner, Handbuch Finanzmanagement in der Praxis, S. 162; *Kromschröder/Lück*, DB 1998, S. 1573; *Lück*, DB 1998, S. 1925.

315 *Fiege*, Risikomanagement- und Überwachungssystem nach KonTraG, S. 43.

316 Vgl. *Filipiuk*, Transparenz der Risikoberichterstattung, 2008, S. 14; *Wolf*, DStR 2002, S. 1729; *Weber/Weißenberger/Liekweg*, DStR 1999, S. 1711; im Ergebnis auch *Ringleb/Kremer/Lutter/v. Werder*, Deutscher Corporate Governance Kodex, Rz. 652; *Franz*, in: Dörner/Horváth/Kagermann, Praxis des Risikomanagements, 2000, S. 56.

317 So *Mikus*, in: Götze/Henselmann/Mikus, Risikomanagement, S. 10 m.w.N. Der *Arbeitskreis Externe und Interne Überwachung der Schmalenbachgesellschaft* (DB 2010, S. 1245) führt in diesem Zusammenhang aus: *„Der Risikobegriff bezieht sich dabei insbesondere auf die vermögensmindernden unsicheren Ereignisse. Die positive Komponente, also die möglichen Chancen, muss allerdings ebenfalls berücksichtigt werden“*. Vgl. auch *Wolf*, DStR 2002, S. 1729 ff.; *Weber/Liekweg*, in: Frenkel/Hommel/Rudolf, Risk Management, 2005, S. 496.

318 Wenn nachfolgend der Begriff des Risikos verwendet wird, sollen hiermit auch die Chancen erfasst werden. Für eine spiegelbildliche Kategorisierung von Chancen und Risiken auch *Kajüter/Esser*, IRZ 2007, S. 384.

319 Vgl. DRS 20.164; *Hofmann/Bühler*, in: Guserl/Pernsteiner, Handbuch Finanzmanagement in der Praxis, S. 164 f.; *Arbeitskreis Externe und Interne Überwachung der Schmalenbachgesellschaft*, DB 2010, S. 1249; sowie die einzelnen Überschriften der Kapitel in Teil II A. in: Dörner/Horváth/Kagermann, Praxis des Risikomanagements, 2000. Die Aufzählung der Risikokategorien ist nicht abschließend. Je nach Branche und Unternehmensgegenstand können weitere Risikokategorien relevant sein.

Tabelle 1: Risikoarten.

Externe Risiken	- Risiken der höheren Gewalt - Umweltrisiken - Politische Risiken - Gesellschaftliche Risiken - Reputative Risiken - Rechtliche Risiken - Marktrisiken
Interne Risiken	- Finanzrisiken - Unternehmensstrategische Risiken - Personalrisiken - Leistungswirtschaftliche Risiken - Unternehmensorganisatorische Risiken - Informationstechnische Risiken

Wie die vorstehende Darstellung zeigt, kann in Bezug auf die Einteilung von Risiken eine Unterscheidung dahingehend vorgenommen werden, ob die jeweiligen Risiken extern auf das Unternehmen einwirken oder unmittelbar durch die Tätigkeit des Unternehmens verursacht werden. Zu der ersten Gruppe der externen Risiken zählen Risiken der höheren Gewalt, Umweltrisiken, politische Risiken, gesellschaftliche Risiken, reputative Risiken, rechtliche Risiken sowie Marktrisiken. Auf diese Risiken kann nur begrenzt Einfluss genommen werden. Zu der zweiten Gruppe der internen Risiken zählen Finanzrisiken, unternehmensstrategische Risiken, leistungswirtschaftliche Risiken, unternehmensorganisatorische Risiken sowie informationstechnische Risiken. Auf diese Risiken kann im Rahmen des betrieblichen Risikomanagements wesentlich leichter Einfluss genommen werden. Gegenstand des betrieblichen Risikomanagementsystems sollten jedoch sowohl externe als auch interne Risiken sein.

2. Begriff des betrieblichen Risikomanagements und Abgrenzung zur Corporate Compliance

Erste Überlegungen zum betrieblichen Risikomanagement wurden in den USA im Zusammenhang mit der Versicherung, d.h. der Abwälzung von Risiken auf Dritte angestellt.[320] In der Folge wurden Konzepte entwickelt, wie Risiken, die nicht versicherbar sind, auch unternehmensintern bewältigt werden können.[321] Durch die Unternehmenszusammenbrüche, die sich ausgehend von den 1990er Jahren in den USA und Europa ereignet haben (z. B. Enron, Parmalat und Lehmann Brothers) hat das Risikomanagement noch einmal einen deutlichen Bedeutungszuwachs erfahren, der zu der Verabschiedung wichtiger gesetzlicher Vorschriften geführt hat.[322]

Aufgrund der vielfältigen Anforderungen, die je nach Unternehmensgröße, Branche und Zwecksetzung an das Risikomanagement gestellt werden, existieren verschiedene Definitionen des Begriffs Risikomanagement.[323] Nach dem IDW Prüfungsstandard „Die Prüfung des Risikofrüherkennungssystems nach § 317 Abs. 4 HGB“ (IDW PS 340) bezeichnet Risikomanagement die

> *„Gesamtheit aller organisatorischen Regelungen und Maßnahmen zur Risikoerkennung und zum Umgang mit den Risiken unternehmerischer Betätigung“*[324].

In dem Deutschen Rechnungslegungsstandard Nr. 20, der u. a. die Risikoberichterstattung im Konzernlagebericht betrifft, wird Risikomanagement definiert als

> *„Gesamtheit aller Regelungen, die einen strukturierten Umgang mit Risiken oder mit Chancen und Risiken im Unternehmen bzw. Konzern sicherstellen“*[325].

Das US-amerikanische Committee of Sponsoring Organizations of the Treadway Commission (COSO) definiert Risikomanagement wie folgt:

> *“Unternehmensweites Risikomanagement ist ein Prozess, ausgeführt durch Überwachungs- und Leitungsorgane,* Führungskräfte und Mitarbeiter einer O*rganisation, angewandt bei der Strategiefestlegung sowie innerhalb der Gesamtorganisation, gestaltet, um die die Organisation beeinflussenden, möglichen Ereignisse zu erkennen, und um hinreichende Sicherheit bezüglich des Erreichens der Ziele der Organisation zu gewährleisten”*[326].

Nach sämtlichen vorstehenden Definitionen erfordert das Risikomanagement einen übergreifenden Ansatz, der nicht nur einzelne Teilbereiche, sondern die Gesamtorganisation erfasst. Den Ausgangspunkt bildet dabei jeweils die Erkennung bzw. Identifikation von Risiken. Sprachliche Unterschiede bestehen bei den einzelnen Definitionen lediglich hinsichtlich der Umschreibung der organisatorischen

---

320 Vgl. *Weber/Liekweg*, in: Frenkel/Hommel/Rudolf, Risk Management, 2005, S. 497; *Mikus*, in: Götze/Henselmann/Mikus, Risikomanagement, 2001, S. 10.

321 Vgl. dazu *Paetzmann*, Corporate Governance, 2008, S. 56 f.

322 Vgl. insoweit den folgenden Abschnitt C.II.

323 Vgl. auch *Diederichs/Fricke/Macke*, DB 2011, S. 1461 ff. bezüglich der unterschiedlichen Ausprägung von Risikomanagementsystemen je nach Größe, Branche und Struktur.

324 IDW PS 340, IDW Düsseldorf, 2000, S. 2.

325 DRS 20.11., Stichwort “Risikomanagemtsystem”.

326 *Committee of Sponsoring Organizations of the Treadway Commission*, Enterprise Risk Management – Integrated Framework, 2004.

Ausgestaltung des Risikomanagements. So verwendet der IDW PS 340 die Begriffe *Regelungen und Maßnahmen*, der DRS 20 den Begriff *Regelungen* und das COSO den Begriff *Prozess*. Letztlich stellen sämtliche der in den einzelnen Definitionen verwendeten Begriffe Teilaspekte der organisatorischen Ausgestaltung des Risikomanagements dar, welche sich nicht gegenseitig ausschließen. So sollte das Risikomanagement stets als *System* ausgestaltet sein, innerhalb dessen verschiedene *Regelungen und Maßnahmen* zur Anwendung kommen. Diese sollten dabei als *Prozess* ausgeführt werden.[327] Zur konkreten Ausgestaltung des Risikomanagements werden verschiedene Ansätze diskutiert, die noch darzustellen sein werden.[328]

Das betriebliche Risikomanagement überschneidet sich teilweise mit den Maßnahmen, die unter dem Stichwort „Corporate Compliance" diskutiert werden. Darunter sind Maßnahmen zu verstehen, die der *„Befolgung, Übereinstimmung, Einhaltung bestimmter Gebote"*[329] in Unternehmen dienen. Zu den Geboten zählen kartellrechtliche, strafrechtliche, steuerrechtliche und nichtgesetzliche Normen. Ziel einer Compliance-Struktur im Unternehmen ist es, die Einhaltung der jeweils relevanten Normen sicherzustellen, um Haftungsansprüche, verwaltungsrechtliche Sanktionen, strafrechtliche Konsequenzen oder sonstige Nachteile wie z.B. Reputationsschäden zu vermeiden.[330] Nach der hier vertretenen Auffassung bildet die Corporate Compliance einen wesentlichen Teilbereich des betrieblichen Risikomanagements.[331]

In bestimmten Branchen bestehen spezielle aufsichtsrechtliche Anforderungen an das Risikomanagement. So verpflichtet § 25a KWG die Geschäftsleiter von Kreditinstituten und Finanzdienstleistungsinstituten zur Einrichtung eines angemessenen und wirksamen Risikomanagements. Für den Versicherungsbereich regelt § 64a VAG entsprechende Pflichten. Weiterhin hat die Bundesanstalt für Finanzdienstleistungsaufsicht (BaFin) in Rundschreiben zu der konkreten Ausgestaltung des Risikomanagements in Banken, Versicherungen und Investmentgesellschaften Stellung genommen (sog. Mindestanforderungen an das Risikomanagement – MaRisk). Die vorgenannten aufsichtsrechtlichen Anforderungen an das Risikomanagement werden im Folgenden nicht näher betrachtet. Entsprechendes gilt für das vorwiegend

---

327 Der Prozesscharakter des Risikomanagements wird insbesondere von *Lück* herausgestellt, der von einem „Regelkreislauf" des Risikomanagements spricht, vgl. *Lück*, DB 1998, S. 1926.

328 Vgl. Abschnitt C.IV.

329 Vgl. *Hauschka*, in: Hauschka, Corporate Compliance, § 1 Rz. 2.

330 Vgl. *Hauschka*, in: Hauschka, Corporate Compliance, 3 1 Rz. 24.

331 Vgl. auch *Arbeitskreis Externe und Interne Überwachung der Schmalenbachgesellschaft*, DB 2010, S. 1248 (Abbildung 3); *Hauschka*, Corporate Compliance, § 1 Rz. 28 (*„Teil des Risikomanagements"*). Dies entspricht auch der Sichtweise, die im COSO Enterprise Risk Management-Framework (s. Abschnitt C.IV.1) zum Ausdruck kommt. In dem Framework bildet Compliance eine der sechs Zielkategorien des Enterprise Risk Managements. Vgl. dazu auch die Ausführungen von *Powilleit*, die kritisiert, dass „Compliance" im COSO-Framework nicht als Komponente, sondern lediglich als Zielkategorie in das Framework aufgenommen wurde, GWR 2010, S. 28.

in der finanzwirtschaftlichen Literatur diskutierte kapitalmarkttheoretisch geprägte Risikomanagement (*Financial Risk Management*).[332] In der vorliegenden Arbeit soll vielmehr das betriebliche Risikomanagement (auch als *Corporate Risk Management* bzw. *Enterprise Risk Management* bezeichnet) im Vordergrund stehen und auf den Bereich des steuerlichen (Verrechnungspreis-)Risikomanagents übertragen werden.

II. Rechtliche Rahmenbedingungen des betrieblichen Risikomanagements

1. Betriebliches Risikomanagement als Element der Corporate Governance der Unternehmen

Der Begriff der Corporate Governance bezeichnet die *„Gesamtheit an unternehmensinternen und -externen Mechanismen, die gewährleisten, dass die Interessen der zu berücksichtigenden Anspruchsgruppen von den beauftragten Gesellschaftsorganen entsprechende Berücksichtigung finden“*[333]. Zu den Anspruchsgruppen (auch als Stakeholder bezeichnet) zählen neben den Anteilseignern des Unternehmens auch Fremdkapitalgeber, Lieferanten, Kunden sowie der Staat.[334] Bei den beauftragten Gesellschaftsorganen handelt es sich um den Vorstand sowie den Aufsichtsrat.[335]

Eine Kernfrage der Corporate Governance betrifft das Verhältnis der Anteilseigner zu dem mit der Geschäftsführung beauftragten Vorstand. Das Verhältnis dieser beiden Gruppen ist durch einen Interessenkonflikt gekennzeichnet, dessen Ursache in dem Auseinanderfallen von Eigentum und Verfügungsgewalt am Unternehmen liegt.[336] Die Trennung von Eigentum und Verfügungsgewalt hat zur Folge, dass der Vorstand oftmals andere – häufig kurzfristigere – Ziele verfolgt als die Anteilseigner.[337] Besonders problematisch erweist sich in diesem Zusammenhang, dass ein

---

332 Vgl. dazu etwa das Werk *Frenkel/Hommel/Rudolf*, Risk Management, 2005.

333 *Dutzi*, Der Aufsichtsrat als Instrument der Corporate Governance, Wiesbaden 2005, S. 12.

334 Vgl. hierzu *Metten*, Corporate Governance, 2010, S. 12 ff.

335 In der Corporate Governance-Diskussion werden vorwiegend Aktiengesellschaften betrachtet. Diese sind durch eine Trennung von Unternehmensführung (Vorstand) und Überwachung (Aufsichtsrat) gekennzeichnet (sog. dualistisches System). Das Verwaltungssystem US-amerikanischer Unternehmen (*„corporations“*) ist demgegenüber als monistisches System ausgestaltet. Dieses ist dadurch gekennzeichnet, dass ein einheitliches *„board of directors“* mit der Unternehmensführung und Überwachung betraut ist.

336 Dazu grundlegend *Berle/Means*, The Modern Corporation and Private Property, 1932, die sich mit der *„separation of ownership and control“* beschäftigten.

337 In der Wirtschaftswissenschaft werden die damit zusammenhängenden Fragestellungen im Rahmen der sog. „Prinzipal Agenten-Theorie“ diskutiert. Grundlegend zu dieser Theorie *Jensen/Meckling*, Journal of Financial Economics 1976, S. 305 ff.; *Fama/Jensen*, Journal of Law and Economics 1983, S. 301 ff. Vgl. auch *Widmann*,

Missverhältnis zwischen der durch den Vorstand ausgeübten Verfügungsgewalt und der Risikotragung durch die Anteilseigner besteht.[338] Dies veranschaulichen zahlreiche Unternehmenskrisen der Vergangenheit, die nicht zuletzt darauf zurückzuführen sind, dass das Management hohe Risiken eingegangen ist, die zu einem Wertverlust auf Ebene der Anteilseigner geführt haben.[339] Die Anteilseigner haben folglich ein Interesse daran, dass das Management risikobehaftete Geschäfte nur nach klaren, zuvor abgestimmten Regeln eingeht. Ein Corporate Governance-Regelungswerk, das auf die Herstellung eines Interessenausgleichs zwischen den Gesellschaftsorganen und den einzelnen Anspruchsgruppen abzielt, sollte daher auch Maßnahmen und Regeln vorsehen, die das Eingehen risikobehafteter Geschäfte einschränken bzw. sanktionieren.

Das deutsche Aktien- und Handelsrecht enthält ein vielschichtiges Corporate Governance-Regelungswerk. Die zentralen Handlungsträger dieses Regelungswerks sind Vorstand, Aufsichtsrat und Abschlussprüfer. Wesentlichen Einfluss auf das Corporate Governance-Regelungswerk hatten das Gesetz zur Kontrolle und Transparenz im Unternehmensbereich (KonTraG) v. 27.4.1998[340] sowie das Bilanzrechtsmodernisierungsgesetz (BilMoG) v. 25.5.2009[341]. Erhebliche Ausstrahlungswirkung hatte zudem der im Jahr 2002 in den USA als Reaktion auf diverse Unternehmensskandale verabschiedete Sarbanes Oxley Act.[342]

Ein nennenswerter Teil der deutschen aktien- und handelsrechtlichen Corporate Governance-Regeln betrifft den unternehmerischen Umgang mit Risiken bzw. die Berichterstattung über Risiken, denen das Unternehmen ausgesetzt ist. Diese Vorgaben bilden den rechtlichen Rahmen, innerhalb dessen sich das betriebliche – und folglich auch das steuerliche – Risikomanagement zu bewegen hat. Aufgrund ihrer Bedeutung für die Ausgestaltung des Risikomanagementsystems werden die Vorgaben des deutschen Aktien- und Handelsrechts nachfolgend im Überblick dargestellt.[343] Soweit die Regelungen auch andere Rechtsformen als die der Aktiengesellschaft betreffen, wird an der entsprechenden Stelle darauf verwiesen.

Das Risikomanagement als Funktionselement der Corporate Governance der Aktiengesellschaft, 2010, S. 28 ff.

338 Vgl. *Dutzi*, Aufsichtsrat als Instrument der Corporate Governance, Wiesbaden 2005, S. 140.

339 Bekannte beispiele hierfür stellen die Zusammenbrüche der Unternehmen Enron, Parmalat, oder Lehmann Brothers dar.

340 Gesetz zur Kontrolle und Transparenz im Unternehmensbereich (KonTraG) v. 27.4.1998, BGBl. I 1998, S. 786.

341 Bilanzrechtsmodernisierungsgesetz (BilMoG) v. 25.5.2009, BGBl. I 2009, S. 1102.

342 Vgl. dazu im Einzelnen *Volkwein*, Die Umsetzung des Sarbanes Oxley Act 2002 in Deutschland, 2007.

343 Sofern die Regeln auch eine Ausstrahlungswirkung auf Gesellschaften anderer Rechtsformen haben oder haben sollten, wird an der entsprechenden Stelle darauf hingewiesen.

2. Verpflichtung zur Einrichtung eines Früherkennungssystems

2.1 Element des betrieblichen Risikomanagementsystems

Der Vorstand einer Aktiengesellschaft ist gem. § 91 Abs. 2 AktG dazu verpflichtet, *„geeignete Maßnahmen zu treffen, insbesondere ein Überwachungssystem einzurichten, damit den Fortbestand gefährdende Entwicklungen früh erkannt werden"*. § 91 Abs. 2 AktG wurde durch das KonTraG v. 27.4.1998 eingeführt.[344] Die Vorschrift verpflichtet sämtliche Aktiengesellschaften, ungeachtet, ob diese börsennotiert sind oder einer bestimmten Branche angehören.[345] Nach der Regierungsbegründung des KonTraG soll die Regelung zudem Ausstrahlungswirkung auf den Pflichtenrahmen der Geschäftsführer anderer Gesellschaftsformen, insbesondere Gesellschaften mit beschränkter Haftung haben.[346] Verletzt der Vorstand seine Plicht zur Einrichtung eines Früherkennungssystems, kann dies zu einer Schadensersatzpflicht gegenüber der Gesellschaft (§ 93 Abs. 2 Satz 1 AktG) sowie ggf. zu einer Abberufung und Kündigung führen.[347]

Was den Umfang der in § 91 Abs. 2 AktG normierten Pflicht betrifft, wird im betriebswirtschaftlichen Schrifttum teilweise vertreten, dass § 91 Abs. 2 AktG zur Einrichtung eines umfassenden betrieblichen Risikomanagementsystems verpflichte.[348]

---

344 KonTraG v. 27.4.1998, BGBl. I 1998, S. 786.

345 In einem Konzern ist hinsichtlich der Verpflichtung zur Einrichtung eines Früherkennungssystems nach dem Grad der rechtlichen Verflechtung der Konzernmitglieder zu differenzieren. So ist der Vorstand der Obergesellschaft eines Vertragskonzerns dazu verpflichtet, ein konzernweites Früherkennungssystem einzurichten, vgl. *Fleischer*, DB 2005, S. 764; *Kort*, in: Hopt/Wiedemann, Großkommentar zum Aktiengesetz, § 91 Rz. 76, Bd. 4, 2010; *Preußner/Becker*, NZG 2002, S. 847. Im faktischen Aktienkonzern ist der Vorstand der Obergesellschaft demgegenüber lediglich dazu verpflichtet, Maßnahmen zur Identifizierung solcher Risiken zu treffen, welche sich aus dem Geschäftsbetrieb ihrer Tochtergesellschaften ergeben, vgl. *Fleischer*, in: Spindler/Stilz, AktG, Bd. 1, 2010, § 91 Rz. 41. Ein konzernweites Früherkennungssystem unabhängig von der Art der rechtlichen Verflechtung der Konzernmitglieder fordernd: *Hommelhoff/Mattheus*, BFuP 2000, S. 220 f.; *Schneider/Schneider*, AG 2005, S. 58. Auch die Regierungsbegründung geht grundsätzlich von einem konzernweiten Früherkennungssystem aus, vgl. BT-Drs. 13/9712, S. 15.

346 BT-Drs. 13/9712, S. 15. Insoweit ist jedoch zu beachten, dass die Geschäftsführer von Gesellschaften mit beschränkter Haftung im Rahmen ihrer allgemeinen Sorgfaltspflichten (§ 43 Abs. 1 GmbHG) ohnehin dazu verpflichtet sind, Risikovorsorge zu betreiben. Zur Ausstrahlungswirkung im Einzelnen vgl. *Drygala/Drygala*, ZIP 2000, S. 297, die mit Blick auf kleinere und mittlere GmbH vor einer „Überregulierung" warnen, sowie *Altmeppen*, ZGR 1999, S. 291.

347 Vgl. *Kort*, Großkommentar zum Aktiengesetz, § 91 Rz. 85; *Mertens/Cahn*, Kölner Kommentar zum Aktiengesetz, 2010, Bd. 2, § 91 Rz. 27; *Fleischer*, in: Spindler/Stilz, AktG, 2010, § 91 Rz. 45.

348 Vgl. *Kromschröder/Lück*, DB 1998, S. 1573; *Lück*, DB 1998, S. 1925; *ders.*, DB 1998, S. 8, welcher aus dem Wortlaut der Regierungsbegründung die Systemelemente „Internes Überwachungssystem", „Controlling" und „Frühwarnsystem" ableitet;

In diesem Zusammenhang wird auf die Regierungsbegründung zum KonTraG verwiesen, wonach mit § 91 Abs. 2 AktG die Verpflichtung des Vorstands, für ein angemessenes *„Risikomanagement [...] zu sorgen"*, verdeutlicht werden soll.[349] Nach der h.M. im rechtswissenschaftlichen Schrifttum begründet § 91 Abs. 2 AktG indessen keine Verpflichtung zur Einrichtung eines umfassenden betrieblichen Risikomanagementsystems.[350] Dies wird zum einen mit dem Wortlaut der Norm begründet, der nicht explizit auf ein Risikomanagementsystem abstellt, sondern lediglich die Einrichtung eines „Überwachungssystems" fordert, damit *„den Fortbestand gefährdende Entwicklungen früh erkannt werden"*.[351] Zum anderen wird der Gesetzgebungsprozess von § 91 Abs. 2 AktG angeführt, der keinen Rückschluss darauf zulässt, dass § 91 Abs. 2 AktG zur Einrichtung eines umfassenden betrieblichen Risikomanagementsystems verpflichten soll.[352]

Der zuletzt genannten Auffassung wird im Rahmen der vorliegenden Ausführungen gefolgt.[353] Demnach besteht keine rechtliche Verpflichtung zur Einrichtung eines umfassenden betrieblichen Risikomanagementsystems. Die Einrichtung eines solchen – über die bloße Früherkennung hinausgehenden – betrieblichen Risikomanagementsystems liegt vielmehr im Ermessen des Vorstands.[354] Die konkrete

---

Wolf, DStR 2002, S. 1729; *Füser/Gleißner/Meier*, DB 1999, S. 753; *Weber/Weißenberger/Liekweg*, DStR 1999, S. 1710; *Spengel/Matenaer*, Ubg 2011, S. 803.

349 Vgl. BT-Drs. 13/9712, S. 15.

350 Vgl. *Hüffer*, Aktiengesetz, 2012, § 91 Rz. 9; *Spindler*, in FS Hüffer, S. 989; *Wiesner*, in: Münchener Handbuch des Gesellschaftsrechts, Band 4, 2007, § 25 Rz. 6; *Kort*, in: Großkommentar zum Aktiengesetz, 2006, § 91 Rz. 55; *Fleischer*, in: Spindler/Stilz, AktG, 2010, § 91 Rz. 34; *Mertens/Cahn*, Kölner Kommentar zum Aktiengesetz, 2010, § 91 Rz. 20; *Pahlke*, NJW 2002, S. 1682; *Krieger/Sailer-Coceani*, in: Schmidt/Lutter, AktG, 2010, § 91 Rz. 14; *Widmann*, Das Risikomanagement als Funktionselement der Corporate Governance der Aktiengesellschaft, 2010, S. 54 ff. Das OLG Celle ist in seinem Urteil vom 28.5.2008 der Auffassung gefolgt, dass ein umfassendes Risikomanagementsystem auf der Grundlage von § 91 Abs. 2 AktG nicht geschaffen werden muss, vgl. OLG Celle, AG 2008, S. 711.

351 *Spindler*, in FS Hüffer, S. 989. Zum anderen wird die Entstehungsgeschichte von § 91 Abs. 2 AktG angeführt. Vgl. dazu ausführlich *Seibert*, in: FS Bezzenberger, S. 427 ff.

352 Dazu ausführlich *Seibert*, in: FS Bezzenberger, S. 427 ff.

353 Nicht gefolgt wird indessen der Auffassung, § 91 Abs. 2 AktG erfasse nach seinem Wortlaut lediglich *„den Fortbestand gefährdende Entwicklungen"* und mithin keine (Einzel-)Risiken (so bspw. *Spindler*, in FS Hüffer, S. 989). Denn einzelne nicht bestandsgefährdende Risiken können in ihrem Zusammenwirken durchaus zu einer den Fortbestand gefährdenden Entwicklung führen (so zutreffend IDW PS 340, IDW Düsseldorf 2000, S. 4; *Kromschröder/Lück*, DB 1998, S. 1547). Insofern sollten auch Einzelrisiken in das nach § 91 Abs. 2 AktG geforderte Früherkennungssystem einbezogen werden, wenn zwischen diesen Risiken Interdependenzen bestehen und es zu einer Kumulation kommen kann.

354 Vgl. *Arbeitskreis Externe und Interne Überwachung der Schmalenbachgesellschaft*, DB 2010, S. 1247; *Zieske/Zenkic*, Der Konzern 2011, S. 165; Gesetzesbegründung

Ausgestaltung des Risikomanagementsystems ist dabei von der Größe des Unternehmens sowie der spezifischen Risikosituation, die sich aus der Branche, dem Unternehmensgegenstand und weiterer Faktoren ergibt, abhängig.

Das in § 91 Abs. 2 AktG geforderte Früherkennungssystem bildet demnach einen – wenn auch wesentlichen – Bestandteil des gesamten betrieblichen Risikomanagementsystems.[355] Dem betrieblichen Risikomanagementsystem sollte – abweichend von dem Früherkennungssystem i.S.v. § 91 Abs. 2 AktG – ein weiter bzw. dynamischer Risikobegriff zugrunde gelegt werden, der Chancen mit einbezieht. Vor dem Hintergrund, dass auch einzelne, nicht bestandsgefährdende Risiken in ihrem Zusammenwirken zu einer den Fortbestand gefährdenden Entwicklung kumulieren können, sollten im Rahmen des betrieblichen Risikomanagements auch einzelne nicht bestandsgefährdende Risiken berücksichtigt werden.[356] Schließlich sollte das betriebliche Risikomanagementsystem nicht nur die frühzeitige Erkennung i.S.v. § 91 Abs. 2 AktG, sondern auch die Bewertung und Steuerung von Risiken zum Gegenstand haben.[357] Dies betrifft nicht nur wirtschaftliche, sondern auch rechtliche – insbesondere steuerliche – Risiken.

2.2 Prüfung des Früherkennungssystems durch den Abschlussprüfer

Nach § 317 Abs. 4 HGB hat der Abschlussprüfer zu beurteilen, ob der Vorstand die ihm nach § 91 Abs. 2 AktG obliegenden Maßnahmen in einer geeigneten Form getroffen hat und ob das hiernach einzurichtende Überwachungssystem seine Aufgaben erfüllen kann.[358] Abweichend von § 91 Abs. 2 AktG betrifft die in § 317 Abs. 4 HGB normierte Prüfungspflicht ausschließlich börsennotierte Aktiengesellschaften.

---

des BilMoG, BT Drs. 16/10067, S. 102; *Vetter*, ZGR 2010, S. 770. Vgl. auch *Kort*, ZGR 2010, S. 454, wonach auch aus der allgemeinen Leitungsaufgabe (§ 76 Abs. 1 AktG) keine Verpflichtung zur Einrichtung eines umfassenden Risikomanagementsystems abgeleitet werden kann. A.A. *Hommelhoff/Mattheus*, BB 2007, S. 2788 (nach den Änderungen durch das BilMoG). Es ist weiterhin zu beachten, dass in bestimmten Branchen eine Pflicht zu Einrichtung eines Risikomanagementsystems besteht, vgl. etwa § 25a KWG.

355 So auch IDW PS 340, IDW Düsseldorf, 2000, S. 2; *Bitz*, BFuP 2000, S. 237; *Arbeitskreis Externe und Interne Überwachung der Schmalenbachgesellschaft*, DB 2010, S. 1245; *Förschle/Almeling*, in: Beck'scher Bilanzkommentar, 2014, § 317 Rz. 80; *Franz*, in: Dörner/Horváth/Kagermann, Praxis des Risikomanagements, 2000, S. 55.

356 Vgl. Fn. 55; zu Interdependenzen Risiken vgl. auch *Paetzmann*, Corporate Governance, 2008, S. 64 f.

357 Vgl. insoweit Abschnitt C.IV.

358 § 317 Abs. 4 HGB wurde – wie der ihr zugrunde liegende § 91 Abs. 2 AktG – durch das KonTraG v. 27.4.1998 (BGBl. I 1998, S. 786) eingeführt.

Die Prüfung des Früherkennungssystems umfasst nach dem IDW Prüfungsstandard „Die Prüfung des Risikofrüherkennungssystems nach § 317 Abs. 4 HGB“[359] folgende Schritte:

- **Feststellung** der getroffenen Maßnahmen,
- Beurteilung der **Eignung** der getroffenen Maßnahmen,
- Prüfung der **Einhaltung** der getroffenen Maßnahmen.

Die Reaktion des Vorstandes und nachgeordneter Entscheidungsträger auf erkannte Risiken im Sinne einer Risikosteuerung ist nicht Gegenstand der Prüfung nach § 317 Abs. 4 HGB.[360] Folglich handelt es sich bei der in § 317 Abs. 4 HGB angeordneten Prüfung um eine Systemprüfung und keine Geschäftsführungsprüfung. Dies ist insofern sachgerecht, als § 91 Abs. 2 AktG wie dargestellt nicht zur Einrichtung eines umfassenden Risikomanagementsystems verpflichtet.

Der Abschlussprüfer hat das Ergebnis der Prüfung nach § 321 Abs. 4 HGB in einem gesonderten Teil des Prüfungsberichts darzustellen. Dabei ist darauf einzugehen, ob Maßnahmen erforderlich sind, um das Früherkennungssystem zu verbessern. Mängel des Früherkennungssystems haben jedoch grundsätzlich keine Auswirkungen auf den Bestätigungsvermerk.[361] Die Vorschläge des Abschlussprüfers sollten im Rahmen der fortlaufenden Überprüfung des betrieblichen Risikomanagementsystems[362] berücksichtigt werden.

3. Vorgaben des Deutschen Corporate Governance Kodex

Vorgaben zur Verantwortung des Vorstandes im Bereich des Risikomanagements ergeben sich auch aus dem Deutschen Corporate Governance Kodex (DCGK). Der im Jahr 2002 verabschiedete Deutsche Corporate Governance Kodex dient dem Zweck, die Besonderheiten des deutschen Systems der Corporate Governance gegenüber internationalen Investoren bekannt und transparent zu machen. Bei den Empfehlungen und Anregungen des Kodex handelt es sich um *soft law*, d. h. die einzelnen Bestimmungen haben keinen Normcharakter.[363] Vorstand und Aufsichtsrat kapitalmarktorientierter Aktiengesellschaften sind jedoch gem. § 161 Abs. 1 Satz 1 AktG dazu verpflichtet, jährlich zu erklären, welchen Empfehlungen des DCGK sie folgen und welchen nicht. Durch das BilMoG v. 25.5.2009[364] wurde zusätzlich die Verpflichtung geschaffen, Nichtbefolgungen des Kodex im Einzelnen zu begründen (*comply or explain*). Dem DCGK kommt damit eine gewisse Außenwirkung zu, da

---

359 IDW PS 340, IDW Düsseldorf, 2000, Abschnitte 4.3.1., 4.3.2. und 4.3.3.

360 IDW PS 340, IDW Düsseldorf, 2000, S. 3, 8.

361 Vgl. IDW PS 340, IDW Düsseldorf, 2000, S. 10.

362 Vgl. dazu Abschnitt C.IV.2.2.5.

363 Vgl. *Ringleb*, in: Ringleb/Kremer/Lutter/v. Werder, Deutscher Corporate Governance Kodex, 2010, Rz. 63.

364 BilMoG v. 25.5.2009, BGBl. I 2009, S. 1102.

der Vorstand den Aktionären und sonstigen Interessengruppen gegenüber erläutern muss, aus welchen Gründen er bestimmten Vorgaben des Kodex nicht folgt.[365]

Eine Vorgabe zum Risikomanagement ist in Ziffer 4.1.4 DCGK enthalten. Demnach *„sorgt“* der Vorstand *„für ein angemessenes Risikomanagement und Risikocontrolling im Unternehmen“*. Nach den in der Präambel niedergelegten Auslegungsregeln des Kodex[366] sowie der Auffassung im Schrifttum[367] handelt es sich hierbei um eine bloße Wiedergabe des Gesetzestextes, namentlich § 91 Abs. 2 AktG (Verpflichtung zur Einrichtung eines Früherkennungssystems). In diesem Zusammenhang ist jedoch festzustellen, dass der Wortlaut von Ziffer 4.1.4 DCGK in wesentlichen Punkten von dem des § 91 Abs. 2 AktG abweicht. So verwendet Ziffer 4.1.4 DCGK explizit den Begriff des Risikomanagements sowie des Risikocontrollings. Vor dem Hintergrund der eindeutigen Formulierung von Ziffer 4.1.4 DCGK kann diese Kodexbestimmung durchaus als Anregung, ein über die bloße Früherkennung hinausgehendes Risikomanagement und Risikocontrolling einzurichten, verstanden werden.[368]

4. Rolle des Aufsichtsrats im Rahmen des betrieblichen Risikomanagements

4.1 Überwachung der Geschäftsführung

Gem. § 111 Abs. 1 AktG obliegt es dem Aufsichtsrat, die Geschäftsführung zu überwachen. Die Überwachung bezieht sich auf die Rechtmäßigkeit, Ordnungsmäßigkeit,

---

365 So *Preußner*, NZG 2004, S. 306.

366 Vgl. die Präambel des DCGK, nach der bei Verwendung des Wortes „soll“ eine Empfehlung und bei Verwendung der Worte „sollte“ oder „kann“ eine Anregung ausgesprochen wird. In den sprachlich nicht so gekennzeichneten Teilen des DCGK werden Bestimmungen wiedergegeben, die als geltendes Gesetzesrecht von den Unternehmen zu beachten sind.

367 Vgl. *Kort*, ZGR 2010, S. 454; *Mertens/Cahn*, Kölner Kommentar zum Aktiengesetz, 2010, § 91 Rz. 20;

368 *Lorenz* geht aufgrund der eindeutigen Formulierung von Ziffer 4.1.4 DCGK davon aus, dass die *„Verfasser des DCGK [...] somit zu der Auffassung gelangt [sind], dass wohl jedes börsennotierte Unternehmen von Rechts wegen über ein Risikomanagement und Risikocontrolling verfügen muss“*, vgl. *Lorenz*, in: Romeike, Rechtliche Grundlagen des Risikomanagements, S. 13. Sofern dies nicht der Intention der Kodexkommission entspricht, sollte der Wortlaut von Ziff. 4.1.4 konsequenterweise an § 91 Abs. 2 AktG angenähert werden. Dies würde der geltenden Gesetzeslage Rechnung tragen, wonach die Einrichtung eines umfassenden – über die Früherkennung hinausgehenden – betrieblichen Risikomanagementsystems nicht aus § 91 Abs. 2 AktG folgt, sondern vielmehr im Ermessen des Vorstands liegt, vgl. in diesem Zusammenhang auch *Ringleb*, in: Ringleb/Kremer/Lutter/v. Werder, Deutscher Corporate Governance Kodex, 2010, Rz. 639, die von einer *„Optimierung“* des Wortlauts von Ziff. 4.1.4 sprechen.

Zweckmäßigkeit und Wirtschaftlichkeit der Leitungsmaßnahmen des Vorstands.[369] Zu den Leitungsmaßnahmen des Vorstands zählt wie dargestellt auch die Einrichtung des Früherkennungssystems i.S.v. § 91 Abs. 2 AktG.[370] Im Rahmen seiner Überwachungsaufgabe hat der Aufsichtsrat folglich zu überwachen, ob der Vorstand die ihm in § 91 Abs. 2 AktG auferlegte Pflicht erfüllt hat und ob das Früherkennungssystem seine Aufgaben erfüllen kann.[371] Verletzt der Vorstand die in § 91 Abs. 2 AktG normierte Pflicht, hat der Aufsichtsrat Ersatzansprüche gegenüber dem Vorstand zu prüfen und über eine Anspruchsverfolgung – erforderlichenfalls im Klagewege – zu entscheiden.[372]

Der Aufsichtsrat hat seine Überwachungsaufgabe mit der Sorgfalt eines ordentlichen und gewissenhaften Geschäftsleiters auszuüben.[373] Die Kontrollintensität des Aufsichtsrats ist dabei nach der Lage des Unternehmens abzustufen. Befindet sich das Unternehmen in der Krise oder zeichnen sich erhöhte Risiken ab, so erhöht sich die erforderliche Kontrollintensität des Aufsichtsrats.[374] Eine schuldhafte Verletzung der Pflichten nach § 116 Satz 1 i.V.m. § 93 Abs. 2 Satz 1 AktG kann zu einer Haftung des Aufsichtsrats führen.[375]

4.2 Einrichtung eines Prüfungsausschusses innerhalb des Aufsichtsrats

§ 107 Abs. 3 AktG ermöglicht die Bildung von Ausschüssen innerhalb des Aufsichtsrats, um Verhandlungen und Beschlüsse vorzubereiten oder die Ausführung von Beschlüssen zu überwachen. Durch das BilMoG wurde § 107 Abs. 3 AktG in Umsetzung der Bilanzrichtlinie[376] in der Fassung der Abschlussprüferrichtlinie[377] dahingehend ergänzt, dass insbesondere ein sog. Prüfungsausschuss bestellt werden kann, der sich mit der Überwachung

- des **Rechnungslegungsprozesses**,
- der Wirksamkeit des **internen Kontrollsystems**,
- des **Risikomanagementsystems** und
- des **Revisionssystems** sowie
- der **Abschlussprüfung** (insbesondere der Unabhängigkeit des Abschlussprüfers und der vom Abschlussprüfer zusätzlich erbrachten Leistungen)

369 Vgl. *Gernoth*, DStR 2001, S. 301; *Hüffer*, Aktiengesetz, 2012, § 111 Rz. 6; *Lutter/Krieger*, Rechte und Pflichten des Aufsichtsrats, 2008, Rz. 71 ff.; *Kiethe*, WM 2005, S. 2124.

370 Vgl. Abschnitt C.II.2.

371 Vgl. *Lutter/Krieger*, Rechte und Pflichten des Aufsichtsrats, 2008, Rz. 63 ff.

372 Vgl. *Hüffer*, Aktiengesetz, 2012, § 111 Rz. 4a.

373 Vgl. § 116 Satz 1 AktG i.V.m. § 93 Abs. 2 Satz 1 AktG.

374 Vgl. *Lutter/Krieger*, Rechte und Pflichten des Aufsichtsrats, 2008, Rz. 87 ff.

375 Dazu ausführlich *Kiehte*, WM 2005, S. 2125 ff.

376 Vierte Richtlinie 78/660/EWG, ABl. EU L 222 v. 14.8.1978, S. 11.

377 Richtlinie 2006/43/EG, ABl. EU L 157 v. 9.6.2006, S. 87.

befasst. Die Einrichtung des Prüfungsausschusses nach § 107 Abs. 3 Satz 2 AktG ist als Wahlrecht ausgestaltet.[378] Der Prüfungsausschuss stellt eine Übernahme des im US-amerikanischen Recht verankerten *audit committees* dar.[379] Der Deutsche Corporate Governance Kodex hatte bereits vor der gesetzlichen Neuregelung in § 107 Abs. 3 Satz 2 AktG die Einrichtung eines Prüfungsausschusses empfohlen und sich damit ebenfalls an den US-amerikanischen *audit committees* orientiert, was nicht zuletzt durch den Klammerzusatz der Tz. 5.3.2. des Kodex deutlich wird. Sämtliche DAX- und MDAX-Unternehmen sind der Empfehlung des Deutschen Corporate Governance Kodex gefolgt und haben einen Prüfungsausschuss eingerichtet.[380]

Im Hinblick auf den Umfang der Überwachungsaufgabe des Prüfungsausschusses stellt die Gesetzesbegründung des BilMoG klar, dass es sich bei dem in § 107 Abs. 3 Satz 2 AktG angesprochenen Risikomanagementsystem nicht bloß um das rechnungslegungsbezogene Risikomanagement, sondern um das allgemeine betriebliche Risikomanagement handelt.[381] Die Überwachung durch den Prüfungsausschuss beinhaltet die Beurteilung der Angemessenheit sowie der Funktionsfähigkeit des betrieblichen Risikomanagementsystems.[382] In der Gesetzesbegründung wird in diesem Zusammenhang ergänzend klargestellt, dass aus § 107 Abs. 3 Satz 2 AktG keine Verpflichtung zur Einrichtung eines allgemeinen Risikomanagementsystems abgeleitet werden kann. Vielmehr obliegt es dem Vorstand, über das Ob und Wie eines umfassenden betrieblichen Risikomanagementsystems zu entscheiden.[383]

Die durch das BilMoG in § 107 Abs. 3 Satz 2 AktG erfolgte Änderung ist insofern bedeutsam, als auf diese Weise der allgemeine Pflichtenkatalog des Aufsichtsrats in den angesprochenen Bereichen nochmals besonders deutlich herausgestellt wurde. Denn wie aus der Gesetzesbegründung des BilMoG hervorgeht, handelt es sich bei den in § 107 Abs. 3 Satz 2 AktG normierten Aufgaben um solche, die das Aufsichtsratsgremium auch dann wahrzunehmen hat, wenn diese nicht an einen Ausschuss delegiert worden sind.[384] Die Neuregelung in § 107 Abs. 3 Satz 2 AktG definiert folglich einen *„neuen Beurteilungsrahmen“*[385] zur angemessenen Ausübung

---

378 Für Gesellschaften, die nach ihrem Statut über keinen Aufsichtsrat oder Verwaltungsrat verfügen, sieht § 324 HGB demgegenüber die verpflichtende Einrichtung eines Prüfungsausschusses vor, wenn diese börsennotiert i.S.d. § 264d HGB sind.

379 Vgl. insoweit auch *Maushake*, Audit Committees, 2009, S. 18 ff. („Rechtstransplantat“); kritisch *Vetter*, ZGR 2010, S. 759, der auf andere Funktionen des *„audit committees“* im monistischen Verwaltungssystem hinweist.

380 Vgl. *von Werder/Talaulicar*, DB 2009, S. 693.

381 Gesetzesbegründung, BT Drs. 16/10067, S. 102; ebenso *Arbeitskreis Externe und Interne Überwachung der Unternehmung*, DB 2011, S. 2102.

382 Vgl. *Arbeitskreis Externe und Interne Überwachung der Unternehmung*, DB 2011, S. 2102 ff.

383 Gesetzesbegründung, BT Drs. 16/10067, S. 102.

384 Gesetzesbegründung, BT Drs. 16/10067, S. 102.

385 *Arbeitskreis Externe und Interne Überwachung der Unternehmung*, DB 2011, S. 2101.

des Aufsichtsratsmandats im Bereich des Risikomanagements, unabhängig davon, ob ein Prüfungsausschuss eingerichtet wurde oder nicht.

5. Chancen- und Risikobericht gem. § 289 Abs. 1 Satz 4 HGB

Ein weiterer wesentlicher Baustein des risikobezogenen Corporate Governance-Regelungswerks betrifft die Berichterstattung über Risiken und Chancen im Rahmen des Lageberichts. In diesem Zusammenhang regelt § 289 Abs. 1 Satz 4 HGB, dass Gesellschaften, die zur Aufstellung eines Lageberichts verpflichtet sind, in diesem auf die „*voraussichtliche Entwicklung mit ihren wesentlichen Chancen und Risiken zu beurteilen und zu erläutern*" einzugehen haben. Entsprechendes gilt nach § 315 Abs. 1 Satz 5 HGB für Mutterunternehmen, die dazu verpflichtet sind, einen Konzernlagebericht aufzustellen.[386] Dem Abschlussprüfer obliegt es nach § 317 Abs. 2 Satz 2 HGB zu beurteilen, ob die Chancen und Risiken der künftigen Entwicklung im Lagebericht zutreffend dargestellt sind.

Der Deutsche Standardisierungsrat (DSR) hat in dem Rechnungslegungsstandards Nr. 20 Grundsätze der Chancen- und Risikoberichterstattung aufgestellt.[387] Diese beziehen sich auf die Chancen- und Risikoberichterstattung im Rahmen des Konzernlageberichts nach § 315 HGB. Jedoch wird die Anwendung des DRS 20 auch auf die Chancen- und Risikoberichterstattung von Gesellschaften, die einen Einzelabschluss nach § 289 HGB aufzustellen haben, empfohlen.[388] Der DRS 20 löst die Regelungen des DRS 5 und DRS 15 ab und ist erstmals auf Geschäftsjahre anzuwenden, die nach dem 31.12.2012 beginnen.

Nach DRS 20.135 umfasst die Risikoberichterstattung Angaben zum Risikomanagementsystem. Bei kapitalmarktorientierten Muttergesellschaften fordert DRS 20 – über den Wortlaut von § 315 Abs. 1 Satz 5 HGB hinaus – auch die Darstellung der Merkmale des Risikomanagementsystems.[389] Im Einzelnen soll dabei auf die Ziele, die Strategie sowie auf die Strukturen und Prozesse des Risikomanagements eingegangen werden. Gem. DRS 20.K138 ist in diesem Zusammenhang eine Angabe zu machen, falls das Risikomanagementsystem auf einem allgemein anerkannten Rahmenkonzept beruht. Zu den allgemein anerkannten Rahmenkonzepten zählt beispielsweise das in Abschnitt C.IV.1 näher dargestellte COSO-Framework.

Zur Darstellung der Risiken im Rahmen des Risikoberichts kann gem. DRS 20.162 die Bildung von Risikokategorien erfolgen. Die Auswirkung der Risiken

386 Die Verpflichtung zur Aufstellung eines Konzernlageberichts nach den Vorschriften des HGB besteht gem. § 315a Abs. 1 HGB auch dann, wenn das Mutterunternehmen einen befreienden IFRS-Konzernabschluss erstellt.

387 Soweit den vom Bundesministerium der Justiz im Bundesanzeiger bekannt gemachten DRS gefolgt wird, wird die Beachtung der die Konzernrechnungslegung betreffenden GoB vermutet, vgl. § 342 Abs. 2 HGB.

388 DRS 20.2.

389 DRS 20.137.

ist darzustellen und zu beurteilen.[390] Eine Quantifizierung hat gem. DRS20.151 zu erfolgen, wenn dies auch zur internen Steuerung erfolgt und die quantitativen Angaben für den verständigen Adressaten wesentlich sind. In diesem Fall sind nach DRS20.151 *„die intern ermittelten Werte anzugeben sowie die verwendeten Modelle und deren Annahmen darzustellen und zu erläutern"*. Insofern stellt der DRS 20 einen Bezug zu dem noch näher darzustellenden Prozessschritt des betrieblichen Risikomanagements, nämlich der Risikoidentifikation dar.[391] Um Redundanzen zu vermeiden und Einheitlichkeit zu wahren, ist es mithin erforderlich, die Erstellung des Risikoberichts für Rechnungslegungszwecke mit dem betrieblichen Risikomanagement abzustimmen. Zwischen den verantwortlichen Abteilungen des Unternehmens sollte daher ein regelmäßiger Informationsaustausch stattfinden.

Die in § 289 Abs. 1 Satz 4 HGB bzw. § 315 Abs. 1 Satz 5 HGB normierte Chancen- und Risikoberichterstattung stellt einen wichtigen Bestandteil der risikobezogenen Corporate Governance dar. Denn sie liefert den Anspruchsgruppen des Unternehms Informationen über die Risiken, denen das Unternehmen ausgesetzt ist, sowie über deren Bedeutung. Wie empirische Studien zeigen, hat sich die Risikoberichterstattung seit ihrer Einführung im Jahre 1998 tendenziell verbessert.[392] In Bezug auf die noch darzustellenden Risiken im steuerlichen Bereich ist indessen eine restriktive Berichterstattung festzustellen.[393]

6. Zwischenergebnis

Wie die vorstehenden Ausführungen gezeigt haben, sieht das deutsche Aktien- und Handelsrecht eine Vielzahl an Regelungen hinsichtlich der Erkennung, Bewertung und Kommunikation von Risiken und Chancen vor. Im Hinblick auf diese rechtlichen Bausteine des Risikomanagements ist indessen zu konstatieren, dass keines zu der Einrichtung eines umfassenden betrieblichen Risikomanagementsystems verpflichtet; die bestehenden Regelungen setzen vielmehr auf die Selbstorganisation der Unternehmen sowie die Kontrolle durch die bestehenden Gesellschaftsorgane.[394] Die Einrichtung eines umfassenden betrieblichen Risikomanagementsystems liegt folglich im Ermessen des Vorstands.[395] Der Umfang des auf Veranlassung des Vorstands einzurichtenden betrieblichen Risikomanagementsystems ist dabei an der Größe des Unternehmens sowie der spezifischen Risikosituation, die sich aus der Branche, dem Unternehmensgegenstand sowie weiterer Faktoren ergibt, auszurichten.

---

390 Vgl. DRS 20.157. Zu Einzelheiten vgl. *Müßig*, Bilanzielle Risikovorsorge und außerbilanzielle Risikoberichterstattung 2006, S. 148 ff.

391 Vgl. Abschnitt C.IV.2.2.2.

392 Vgl. *Kajüter/Winkler*, WPg 2004, S. 261; *Filipiuk*, Transparenz der Risikoberichterstattung, 2008, S. 250.

393 Vgl. *Freidank/Mammen*, ZCG 2008, S. 285.

394 So *Franz*, in: Dörner/Horváth/Kagermann, Praxis des Risikomanagements, 2000, S. 48, in Bezug auf die Neuregelungen durch das KonTraG.

395 Vgl. die Nachweise in Fn 354.

Was die im Rahmen der vorliegenden Arbeit betrachteten international tätigen Konzerne betrifft, so ergibt sich im Hinblick auf die Einrichtung eines betrieblichen Risikomanagementsystems kein Spielraum. Vielmehr ist die Einrichtung eines solchen Systems faktisch zwingend. Denn die Komplexität der grenzüberschreitenden Wertschöpfungsprozesse und die daraus resultierenden zahlreichen innerkonzernlichen Austauschbeziehungen führen dazu, dass die einzelnen Konzerngesellschaften vielfältigen Risiken ausgesetzt sind, die es im Rahmen eines konzernweiten Risikomanagements zu überwachen und steuern gilt.[396] Zugleich eröffnet die grenzüberschreitende Wertschöpfung in internationalen Konzernen auch Chancen, die es im Rahmen des konzernweiten Risikomanagements ebenfalls zu erkennen und steuern gilt.

Bei dem Aufbau eines konzernweiten betrieblichen Risikomanagementsystems ist darauf zu achten, dass dieses mit den in dem vorstehenden Abschnitt dargestellten rechtlichen Vorgaben abgestimmt wird. Dies betrifft zum einen die in § 91 Abs. 2 AktG normierte Verpflichtung zur Einrichtung eines Früherkennungssystems. Da diese Verpflichtung sich mit den – noch darzustellenden – ersten Prozessschritten des Risikomanagementprozesses überschneidet (Risikoidentifikation und Risikobewertung), sollte bei dem Aufbau eines betrieblichen Risikomanagementsystems darauf geachtet werden, dass dieses die in § 91 Abs. 2 AktG geforderten Aufgaben erfüllen kann.

Weiterhin sollte das Feedback des Abschlussprüfers, dem es obliegt, das Früherkennungssystem nach § 91 Abs. 2 AktG und die Risiko- und Chancendarstellung im Lagebericht zu prüfen, genutzt werden, um das Risikomanagementsystem zu verbessern. Entsprechendes gilt für die Anregungen des Prüfungsausschusses, der sich nach § 107 Abs. 3 AktG mit der Angemessenheit und Funktionsfähigkeit des Risikomanagementsystems zu befassen hat. Schließlich sollte die Darstellung und Bewertung der wesentlichen Chancen und Risiken im Lagebericht gem. § 289 Abs. 1 Satz 4 HGB mit dem Prozessschritt der Risikoidentifikation abgestimmt werden.

III. Organisatorische Ausgestaltung des Risikomanagements

Die Ausgestaltung des Risikomanagements in organisatorischer Hinsicht, d. h. die Frage, welche Abteilungen für das Risikomanagement im Konzern verantwortlich zeichnen, ist abhängig von den Rahmenbedingungen des jeweiligen Konzerns. Grundsätzlich können die Aufgaben des Risikomanagements bzw. deren Überwachung von folgenden Abteilungen wahrgenommen werden:

---

396 Vgl. insoweit auch *Spengel/Matenaer*, Ubg 2011, S. 808: *„Ein kleines Unternehmen benötigt kein institutionalisiertes Risikomanagementsystem. Seine Prozesse sind kontrollierbar, da sie geringe Wechselwirkungen haben. Anders stellt die Situation sich bei großen Kapitalgesellschaften dar."*

- Risikomanagement-Abteilung,
- Compliance-Abteilung,
- Interne Revision.

Ergänzend können spezielle Aufgaben des Risikomanagements, welche Fachwissen auf dem jeweils betroffenen Gebiet erfordern, dezentral von den entsprechenden Spezialabteilungen ausgeübt werden (z. B. Steuerabteilung, Controlling, Rechtsabteilung, Einkaufsabteilung).[397]

Eine **Risikomanagement-Abteilung** ist verantwortlich für das gesamte Risikomanagementsystem des Konzerns. Ihr kommt die Aufgabe zu, die Risikomanagementprozesse, die auf untergeordneten Ebenen bzw. auf der Ebene von Spezialabteilungen ausgeführt werden, zu überwachen und zu koordinieren. Daneben ist es Aufgabe der Risikomanagement-Abteilung, die Risikostrategie und -kultur des Konzerns zu verbreiten und bekannt zu machen. Hierzu ist ein regelmäßiger Dialog mit den operativen Abteilungen erforderlich. Daneben können Workshops- und Schulungen abgehalten werden, in denen die Akzeptanz des Risikomanagements gefördert wird.[398] Schließlich kann der Risikomanagement-Abteilung die Aufgabe übertragen werden, die nach § § 289 Abs. 1 Satz 4 HGB bzw. § 315 Abs. 1 Satz 5 HGB erforderlichen Angaben im Lagebericht zu den „*voraussichtliche Entwicklung mit ihren wesentlichen Chancen und Risiken zu beurteilen und zu erläutern*" zu erstellen.[399] Die Risikomanagement-Abteilung kann in diesem Zusammenhang als Ansprechpartner des Abschlussprüfers fungieren, der gem. § 317 Abs. 4 HGB das Früherkennungssystem i.S.v. § 91 Abs. 2 AktG zu prüfen hat und gem. § 317 Abs. 2 Satz 2 HGB zu beurteilen hat, ob die Chancen und Risiken der künftigen Entwicklung im Lagebericht zutreffend dargestellt sind.

In einer **Compliance-Abteilung** werden diejenigen risikomanagementbezogenen Funktionen gebündelt, die sich auf „*Befolgung, Übereinstimmung, Einhaltung bestimmter Gebote*"[400] in Unternehmen beziehen. Zu den Geboten zählen kartellrechtliche, strafrechtliche, steuerrechtliche und nichtgesetzliche Normen. In größeren Unternehmen hat sich in diesem Zusammenhang die Schaffung der Stelle eines Chief Compliance Officers (CCO) etabliert, der aufgrund seiner herausgehobenen und verantwortungsvollen Aufgabe nicht unerheblichen Risiken ausgesetzt ist.[401] Je nach Größe des Konzerns können zusätzlich regionale oder divisionale Compliance Officer ernannt werden.

Der **Internen Revision** kommt die Aufgabe zu, „*unabhängige und objektive Prüfungs- und Beratungsdienstleistungen*" zu erbringen, „*welche darauf ausgerichtet*

---

397 Zu den Vor- und Nachteilen einer Zentralisation und Dezentralisation des Risikomanagements vgl. Diederichs, Risikomanagement und Risikocontrolling, 2012, S. 136 ff.

398 So *Diederichs*, Risikomanagement und Risikocontrolling, 2012, S. 141.

399 Vgl. *Diederichs*, Risikomanagement und Risikocontrolling, 2012, S. 141.

400 *Hauschka*, in: Hauschka, Corporate Compliance, § 1 Rz. 2.

401 Vgl. dazu *Grützner/Behr*, DB 2013, S. 562 ff.

sind, Mehrwerte zu schaffen und die Geschäftsprozesse zu verbessern"[402]. Die Prüfungs- und Beratungsdienstleistungen beziehen sich auch auf die Funktionsfähigkeit und Wirksamkeit des Risikomanagementsystems.[403] Der IIR Revisionsstandard Nr. 2 des Deutschen Instituts für Interne Revision e.V. enthält Vorschläge, wie dabei im Einzelnen vorgegangen werden kann. Da hinsichtlich der Prüfung des Risikomanagementsystems Überschneidungen zu der Prüfung durch den Abschlussprüfer bestehen, welcher das Früherkennungssystem nach § 91 Abs. 2 AktG zu prüfen hat, stellt sich die Frage, inwieweit der Abschlussprüfer auf die Vorarbeiten der Internen Revision zurückgreifen kann und wie die Zusammenarbeit zu gestalten ist. Der IIR Revisionsstandard Nr. 1 des Deutschen Instituts für Interne Revision e.V. enthält entsprechende Vorgaben. So wird beispielsweise klargestellt, dass die Ergebnisse der Internen Revision eigene Prüfungshandlungen des Abschlussprüfers nicht ersetzen dürfen.[404] Ferner wird geregelt, dass der Abschlussprüfer gewissenhaft zu prüfen hat, in welchem Maße er die Ergebnisse der Internen Revision verwenden kann. Was das Aufgabenfeld der Internen Revision, etwa im Vergleich zu der Risikomanagement-Abteilung betrifft, ist zu beachten, dass die Interne Revision lediglich die Prüfung des Risikomanagements zum Gegenstand hat. Vor dem Hintergrund dieser Prüffunktion sollte die Interne Revision nicht an der Durchführung des Risikomanagmentprozesses selbst beteiligt werden, da sich sonst ein Interessenkonflikt ergibt.[405]

IV. Betriebswirtschaftliche Ansätze zur Ausgestaltung des betrieblichen Risikomanagements

1. COSO Enterprise Risk Management Framework

In Bezug auf die konkrete Ausgestaltung des betrieblichen Risikomanagements – zu dem auch das steuerliche (Verrechnungspreis-)Risikomanagement als Unterkategorie zählt – werden verschiedene Ansätze diskutiert. International weit verbreitet ist das sog. COSO Enterprise Risk Management-Framework.[406] Hierbei handelt es sich um ein übergreifendes Rahmenwerk für ein unternehmensweites Risikomanagement, das zu Beginn der 2000er Jahre in den USA von dem Committee of the Sponsoring Organizations of the Treadway Commission (COSO) entwickelt wurde. Das COSO Enterprise Risk Management-Framework hat großen Einfluss auf die Theorie und Praxis des Risikomanagements sowie die Prüfungspraxis ausgeübt.[407] Das Rahmenwerk baut auf dem COSO Internal Control-Framework aus den 1990er

402 IIR Revisionsstandard Nr. 1 des Deutschen Instituts für Interne Revision e.V.
403 Vgl. *Diederichs*, Risikomanagement und Risikocontrolling, 2012, S. 152.
404 Vgl. IIR Revisionsstandard Nr. 1, Rz. 8.
405 Vgl. *Diederichs*, Risikomanagement und Risikocontrolling, 2012, S. 152.
406 Vgl. *Committee of Sponsoring Organizations of the Treadway Commission*, Enterprise Risk Management – Integrated Framework, 2004.
407 *Paetzmann*, Corporate Governance, 2008, S. 108.

Jahren auf, das Empfehlungen zur Ausgestaltung interner Kontrollsysteme (IKS) enthält.

Das COSO Enterprise Risk Management-Framework umfasst die wechselseitig verbundenen Ebenen Ziele (strategisch, betrieblich, Berichterstattung, Compliance), Komponenten (Internes Umfeld, Zielfestlegung, Ereignisidentifikation, Risikobeurteilung, Risikosteuerung, Kontrollaktivitäten, Information & Kommunikation und Überwachung) sowie Organisationsebenen (Gesamtorganisation, Geschäftsbereich, Geschäftseinheit, Niederlassung). Die verschiedenen Ebenen lassen sich wie folgt in dem Enterprise Riskmanagement-Würfel darstellen:[408]

Abbildung 3: COSO-Würfel.

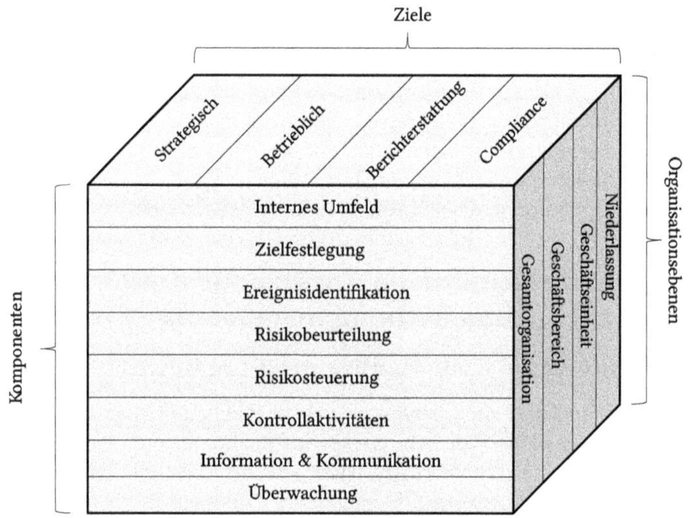

Die Darstellung in dem COSO-Würfel verdeutlicht, dass das betriebliche Risikomanagement einen umfassenden und unternehmensübergreifenden Ansatz erfordert. So ist es zum einen erforderlich, dass sämtliche Organisationsebenen einbezogen werden. Es genügt folglich nicht, wenn das Risikomanagement ausschließlich auf einer übergeordneten Ebene (z. B. der Konzernspitze) und nicht zugleich auf der Ebene einzelner operativ tätiger Einheiten betrieben wird. Zum anderen hat das Risikomanagement dazu beizutragen, dass das Unternehmen seine Ziele auf verschiedenen Ebenen, d. h. sowohl auf strategischer als auch auf operativer Ebene

408 Eigene Darstellung in Anlehnung an *Committee of Sponsoring Organizations of the Treadway Commission*, Enterprise Risk Management – Integrated Framework, 2004.

erreichen kann. Daneben ist die Berichterstattung (Reporting) sowie die Einhaltung der gesetzlichen Normen (Compliance) sicherzustellen. Die beiden letztgenannten Ziele nehmen insbesondere das Verhältnis des Unternehmens zu seinen Anspruchsgruppen (Stakeholder) in den Blick.[409] Den Kern des COSO Enterprise Risk Management-Frameworks bilden schließlich die acht Komponenten des Risikomanagements. Die einzelnen Komponenten stehen in wechselseitiger Beziehung zueinander und weisen einen Prozesscharakter auf.[410]

2. Regelkreislauf des Risikomanagements

2.1 Überblick

In der deutschsprachigen betriebswirtschaftlichen Literatur wird überwiegend einem Risikomanagementansatz gefolgt, der den Schwerpunkt auf den Prozesscharakter des Risikomanagements legt.[411] Nach diesem Ansatz wird das betriebliche Risikomanagement als Prozess verstanden, der in den folgenden Schritten ausgeführt wird:

- Formulierung einer Risikostrategie,
- Festlegung der Maßnahmen des Risikomanagements,
- Risikoidentifikation,
- Risikoanalyse,
- Risikobewertung,
- Risikosteuerung,
- Darstellung der Risikosituation des Unternehmens,
- Vergleich der Risikosituation mit den Vorgaben der Risikostrategie.

Nach *Lück* lassen sich die vorstehend genannten Schritte des Risikomanagements wie folgt zu dem „*Regelkreislauf des Risikomanagementsystems*“[412] zusammenfassen:

---

409 Vgl. *Paetzmann*, Corporate Governance, 2008, S. 98.

410 Vgl. *Paetzmann*, Corporate Governance, 2008, S. 98.

411 Vgl. *Kromschröder/Lück*, DB 1998, S. 1574; *Arbeitskreis Externe und Interne Überwachung der Unternehmung*, DB 2010, S. 1264; ders., DB 2011, S. 2102; *Lück*, DB 1998, S. 1926; *Weber/Liekweg*, in: Frenkel/Hommel/Rudolf, Risk Management, 2005, S. 499; *Paetzmann*, Corporate Governance, 2008, S. 61; *Mammen*, Die Konzernsteuerquote als Lenkungsinstrument im Rahmen des Risikomanagementsystems börsennotierter Muttergesellschaften, S. 328; ähnlich *Fiege*, Risikomanagement- und Überwachungssystem nach KonTraG, S. 95 f. und *Filipiuk*, Transparenz der Risikoberichterstattung, 2008, S. 42 ff.; DRS 20.K144.

412 *Lück*, DB 1998, S. 1926.

Abbildung 4: Regelkreislauf des Risikomanagementsystems.

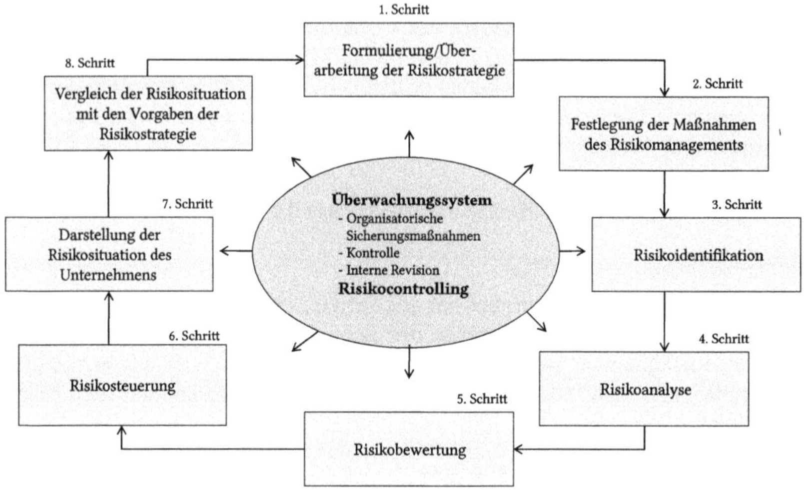

Im folgenden Abschnitt werden die einzelnen Schritte des Risikomanagements im Einzelnen erläutert. Dabei wird den in der deutschsprachigen betriebswirtschaftlichen Literatur etablierten Prozessschritten des Risikomanagements gefolgt. Soweit Überschneidungen zum COSO Enterprise Risk Management-Framework bestehen, wird an der entsprechenden Stelle darauf hingewiesen. Anschließend wird gezeigt, dass sich die Prozessschritte auch für das steuerliche (Verrechnungspreis-)Risikomanagement eignen.

2.2 Prozessschritte des betrieblichen Risikomanagements

2.2.1 Formulierung einer Risikostrategie

Den Ausgangspunkt des Risikomanagements bildet die Formulierung einer Risikostrategie. Diese sollte in die allgemeine Strategie der Unternehmung eingebettet sein[413] und das Oberziel der Steigerung des Unternehmenswertes[414] berücksichtigen. Die Risikostrategie sollte von einem weiten bzw. dynamischen Risikobegriff ausgehen, welcher Chancen mit einbezieht. Ein Risikomanagementansatz, der ausschließlich auf Risiken im Sinne negativer Zielabweichungen abstellt, würde dazu führen, dass Risiken grundsätzlich vermieden werden.[415] Dies hätte – wie

413 Vgl. *Lück*, DB 1998, S. 1926; *Arbeitskreis Externe und Interne Überwachung der Unternehmung*, DB 2010, S. 1246.

414 *Paetzmann*, Corporate Governance, 2008, S. 60.

415 Vgl. die Nachweise in Fn. 317.

bereits dargestellt[416] – die unerwünschte Folge, dass gleichzeitig auf die Nutzung von Chancen und damit auf eine Steigerung des Unternehmenswertes verzichtet würde. Im Blickpunkt sollte folglich nicht *„die maximale, sondern die optimale Risikovermeidung“*[417] stehen.

Die Risikostrategie des Unternehmens ist an der Risikoneigung (*risk appetite*) des Konzerns auszurichten. Die Risikoneigung ist maßgeblich von der Branche, der Größe und der Anteilseignerstruktur abhängig. So dürfte etwa ein Wagniskapitalunternehmen eine größere Risikobereitschaft aufweisen als ein mittelständisches Familienunternehmen. Im Rahmen der Risikostrategie ist weiterhin festzulegen, bis zu welchen Grenzen Risiken in den einzelnen Geschäftsbereichen oder Profit Centers eingegangen werden dürfen.[418] Für die Risiken, die nicht in den einzelnen Geschäftsbereichen bzw. Profit Centers bewältigt werden dürfen, sind Meldewege und Verantwortlichkeiten zu definieren.[419] Die Verantwortlichkeiten sind dabei in Abhängigkeit des jeweiligen Risikos zu bestimmen. So sollte die Verantwortlichkeit für Steuerrisiken beispielsweise bei der Steuerabteilung liegen, während finanzwirtschaftliche Risiken zweckmäßigerweise von der Finanzabteilung zu bewältigen sind. Eine koordinierende Funktion kann hierbei beispielsweise das Controlling übernehmen.[420] In diesem Zusammenhang sollte auch ein Meldesystem installiert werden, welches sicherstellt, dass Risiken, die zu einer Bestandsgefährdung führen können, sofort gemeldet werden. Die vorstehend genannten Vorgaben der Risikostrategie können in einer Risikorichtlinie (*risk handbook*) niedergelegt werden. Die Risikostrategie sowie die auf ihr basierende Risikorichtlinie sind fortlaufend zu überprüfen und ggf. anzupassen.[421]

Im COSO Enterprise Risk Management-Framework findet die Risikostrategie ihre Entsprechung in den beiden Komponenten Internes Umfeld und Zielsetzung.[422] Das „Interne Umfeld“ betrifft die Grundeinstellung zu Risiken (*risk management philosophy*) bzw. das angestrebte Chancen-Risikoverhältnis, das in dem „Risikoappetit“ des Unternehmens zum Ausdruck kommt. Die Komponente Zielsetzung betrifft die Formulierung von Zielen im Einklang mit der Grundeinstellung des Unternehmens zu Risiken.

2.2.2 Risikoidentifikation

Im Rahmen des Schritts „Risikoidentifikation“ erfolgt eine grundsätzliche Erfassung sämtlicher Risiken und Chancen ungeachtet ihrer potentiellen finanziellen

416 Vgl. Abschnitt C.I.1.
417 *Paetzmann*, Corporate Governance, 2008, S. 60.
418 *Weber/Liekweg*, in: Frenkel/Hommel/Rudolf, Risk Management, 2005, S. 500.
419 *Weber/Liekweg*, in: Frenkel/Hommel/Rudolf, Risk Management, 2005, S. 500.
420 Vgl. insoweit auch *Kromschröder/Lück*, DB 1998, S. 1575.
421 Vgl. *Lück*, DB 1998, S. 1926.
422 Vgl. insoweit die Abbildung des COSO Enterprise Risk Management-Würfels in Abschnitt C.I.2.

Auswirkungen. *Lück* spricht insoweit von einer *„Risikoinventur“*[423]. Die Risikoidentifikation sollte möglichst auf der Ebene einzelner Geschäftsbereiche bzw. Profit Center erfolgen. Dabei ist nach einem zuvor festgelegten strukturierten und einheitlichen Prozess vorzugehen, um eine einheitliche Datengrundlage zu erhalten.[424] Die Risikoidentifikation setzt damit insbesondere voraus, dass geeignete Risikokategorien gebildet werden, an die sich die mit der Erfassung der Risiken betrauten Verantwortlichen halten müssen. Dazu können die bereits in Abschnitt C.I.1 genannten Risikokategorien herangezogen werden und nach Bedarf weiter heruntergebrochen werden. In methodischer Hinsicht kann die Risikoidentifikation über Checklisten, Workshops, Interviews, interne Unterlagen (z. B. Schadensstatistik) erfolgen.[425]

2.2.3 Risikoanalyse und Risikobewertung

Im Anschluss an die Risikoidentifikation erfolgt die Risikoanalyse. Im Rahmen der Risikoanalyse sind die Ursachen der erfassten Risiken zu ermitteln. Dabei ist eine Aufteilung in beeinflussbare und nicht beeinflussbare Risiken vorzunehmen.[426] Die Risikoanalyse gibt einen *„ersten Anhaltspunkt darüber, welche Maßnahmen der Risikosteuerung für einzelne Risiken angewendet werden können“*[427]. Schließlich dient die Risikoanalyse der Festlegung von Abgrenzungskriterien bzw. der Methodik der Risikoklassifikation und Risikobeurteilung.[428]

Aufbauend auf den Erkenntnissen der Risikoanalyse wird im Rahmen der Risikobewertung eine Quantifizierung der Risiken und Chancen vorgenommen. Die Risikobewertung bildet die Grundlage der Risikosteuerung. Dahinter steht die Erkenntnis, dass nur solche Risiken gesteuert werden können, die zuvor bewertet wurden.[429] Bei der Risikobewertung ist zu beachten, dass kleinere Einzelrisiken in ihrem Zusammenwirken zu einem hohen Risiko kumulieren können. Daher sind auch mögliche Interdependenzen zwischen Risiken zu berücksichtigen.[430]

Das Ergebnis der Risikobewertung ist eine Risikomatrix, aus der die Risiken hinsichtlich ihrer Eintrittswahrscheinlichkeit und potentiellen finanziellen Auswirkungen hervorgehen:[431]

---

423 *Lück*, DB 1998, S. 1927.
424 Vgl. *Weber/Liekweg*, in: Frenkel/Hommel/Rudolf, Risk Management, 2005, S. 501.
425 Vgl. *Kromschröder/Lück*, DB 1998, S. 1574; *Paetzmann*, Corporate Governance, 2008, S. 91.
426 Vgl. *Lück*, DB 1998, S. 1927.
427 *Lück*, DB 1998, S. 1927.
428 Vgl. *Kromschröder/Lück*, DB 1998, S. 1547.
429 Vgl. *Lück*, DB 1998, S. 1927.
430 Vgl. *Paetzmann*, Corporate Governance, 2008, S. 64 f.; *Kromschröder/Lück*, DB 1998, S. 1547.
431 In Anlehnung an *Kremer*, ZIR 2003, S. 56.

Abbildung 5: Risikomatrix.

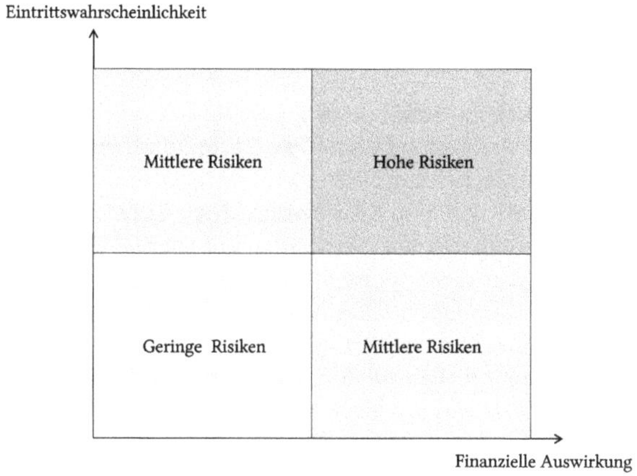

Die in den vorstehenden Abschnitten dargestellten Schritte „Risikoidentifikation", „Risikoanalyse" und „Risikobewertung" erfüllen die in § 91 Abs. 2 AktG gesetzlich niedergelegte Forderung nach der Einrichtung eines Früherkennungssystems.[432] Die darüber hinausgehenden Schritte Risikoüberwachung, Risikosteuerung und Darstellung der Risikosituation sind dem gegenüber nicht von dem gesetzlichen Pflichtenrahmen des § 91 Abs. 2 AktG abgedeckt. Ihre Einrichtung ist jedoch bei international tätigen Konzernen aufgrund der Komplexität der grenzüberschreitenden Wertschöpfungsbeziehungen faktisch unerlässlich.[433]

2.2.4 Risikosteuerung

Die im Anschluss an die Risikobewertung erfolgende Risikosteuerung bildet den Kernbereich des betrieblichen Risikomanagements. Im Rahmen der Risikosteuerung entscheidet das Unternehmen, wie und mit welchen Instrumenten es mit den zuvor identifizierten und bewerteten Risiken umgeht. Die Grundlage für die Risikosteuerung bildet die Risikostrategie, der die Risikoneigung (*risk appetite*) des Unternehmens zugrunde liegt. Abhängig von der Risikostrategie wird entschieden, welches Chancen- Risikoverhältnis angestrebt wird.

Im Rahmen der Risikosteuerung stehen grundsätzlich folgende Handlungsmöglichkeiten zur Verfügung:[434]

432 Vgl. auch *Arbeitskreis Externe und Interne Überwachung der Unternehmung*, DB 2011, S. 2102.

433 Vgl. Abschnitt C.II.6.

434 Vgl. *Lück*, DB 1998, S. 1927, ähnlich *Weber/Liekweg*, in: Frenkel/Hommel/Rudolf, Risk Management, 2005, S. 496.

- **Vermeidung** von Risiken,
- **Verminderung** von Risiken,
- **Übertragung** von Risiken,
- **Kompensation/Akzeptanz** von Risiken.

Eine **Risikovermeidung** im Sinne eines Ausschlusses eines bestimmten Risikos wird regelmäßig nur in Ausnahmefällen in Betracht kommen. Dies beruht auf der Erkenntnis, dass jede unternehmerische Aktivität notwendigerweise mit Risiken einhergeht. Letztlich lässt sich eine Risikovermeidung daher nur durch eine (partielle) Einstellung unternehmerischer Aktivitäten bzw. der Unterlassung bestimmter Geschäfte erreichen.[435] Auf diese Weise wird jedoch auf die Nutzung der mit dem jeweiligen Geschäft verbundenen Chancen verzichtet.[436] Eine Risikovermeidung durch Unterlassung sollte daher – im Einklang mit der Risikostrategie des Unternehmens – nur in Fällen erfolgen, in denen ein Geschäft zu riskant erscheint und keine nennenswerten Chancen erwartet werden.

Die **Risikoverminderung** zielt darauf ab, die Auswirkungen der Risiken durch den gezielten Einsatz von Instrumenten zu reduzieren. Die einzusetzenden Instrumente sind vielfältig und hängen wesentlich von der Art des zu vermindernden Risikos ab. Ein Beispiel für ein Instrument zur Verminderung von Marktrisiken stellen unternehmensinterne Richtlinien dar, die vorgeben, welche Risiken bei dem Abschluss von Geschäften eingegangen werden dürfen. Rechtliche Risiken lassen sich beispielsweise durch eine entsprechende Vertragsgestaltung (Vereinbarung eines Schiedsmechanismus im Fall von Streitigkeiten, sachgerechte Vereinbarung von Haftungsklauseln) vermindern. Da das betriebliche Risikomanagement wie dargestellt[437] auch Chancen berücksichtigen sollte, stellt das Pendant der Risikominderung die Chancenerhöhung dar.[438]

Im Rahmen der **Risikoübertragung** erfolgt ein Transfer von Risiken auf ein anderes Unternehmen. Ein klassisches Instrument stellt in diesem Zusammenhang der Abschluss einer Versicherung dar. Im finanzwirtschaftlichen Bereich kann eine Risikoübertragung weiterhin durch den Einsatz derivativer Finanzinstrumente (Optionen, Swaps etc.) erfolgen.[439] Eine Risikoübertragung kann auch durch eine entsprechende Vertragsgestaltung erreicht werden.[440] In den letzten Jahren werden im Bereich der Risikoübertragung verstärkt Konzepte des *Alternative Risk Transfer* genutzt. Hierbei handelt es sich um ein Instrument der Risikoübertragung, das

---

435 Vgl. *Lück*, DB 1998, S. 1927; *Paetzmann*, Corporate Governance, 2008, S. 94.

436 Vgl. *Weber/Liekweg*, in: Frenkel/Hommel/Rudolf, Risk Management, 2005, S. 496.

437 Siehe Abschnitt C.I.1.

438 Vgl. *Weber/Liekweg*, in: Frenkel/Hommel/Rudolf, Risk Management, 2005, S. 496 („*foster the potential impact of chances*").

439 Vgl. *Lück*, DB 1998, S. 1575.

440 Vgl. *Weber/Liekweg*, in: Frenkel/Hommel/Rudolf, Risk Management, 2005, S. 496.

klassische Versicherungslösungen mit Kapitalmarktprodukten vereint.[441] Alternative Risk Transfer Lösungen zielen insbesondere auf Risiken ab, die als nicht versicherbar gelten. Ein Beispiel für eine *Alternative Risk Transfer*-Lösung stellen Eigenversicherungsunternehmen (*Captive Insurance Companies*) in Konzernen dar, die konzernintern die Aufgabe einer Versicherung übernehmen.[442]

Schließlich besteht die Möglichkeit, dass ein Unternehmen ein Risiko bewusst in Kauf nimmt (**Risikokompensation bzw. Risikoakzeptanz**). Die Inkaufnahme von Risiken ist insbesondere in Bezug auf solche Risiken denkbar, die mit dem Tagesgeschäft des Unternehmens einhergehen, und Risiken, die in ihrer Auswirkung zu vernachlässigen sind.[443] Weiterhin kommt diese Handlungsmöglichkeit in Frage, wenn ein neues Geschäft mit nennenswerten Chancen verbunden ist. Ob ein Unternehmen ein Risiko in Kauf nimmt, um die möglichen Chancen zu nutzen, hängt dabei letztlich von der Risikoneigung des Unternehmens bzw. der handelnden Manager ab.

2.2.5 Darstellung und Vergleich der Risikosituation

Den letzten Schritt des Risikomanagementprozesses bilden die Darstellung und der Vergleich der Risikosituation. Unter der Darstellung der Risikosituation wird ein systematischer Überblick über alle Risiken, denen die einzelnen Bereiche des Unternehmens ausgesetzt sind (Ist-Zustand), sowie deren potentiellen Auswirkungen verstanden.[444] *Lück* verwendet in diesem Zusammenhang den Begriff der Risikotabelle. Die Risikotabelle soll es der Unternehmensleitung ermöglichen, einen schnellen Überblick über die Risikosituation des Unternehmens zu erlangen.[445] Im COSO Enterprise Risk Management Framework findet die Darstellung der Risikosituation eine Entsprechung in der Komponente Information und Kommunikation.[446]

Die Risikotabelle dient zugleich als Grundlage für die Prüfung, ob die im Rahmen der Risikostrategie formulierten Ziele erreicht worden sind, d. h. ob ein der Risikoneigung des Unternehmens entsprechendes Chancen/Risiken-Verhältnis erreicht wurde (Soll-Ist-Vergleich).[447] Die Prüfung liefert also Hinweise darüber, ob die einzelnen Prozessschritte des Risikomanagementprozesses die in der Risikostrategie formulierten Ziele erreichen (sog. Feedbackfunktion). Ist dies nicht der Fall, können einzelne Schritte des Risikomanagements angepasst werden. Damit dient der Soll-Ist-Vergleich auch der Verbesserung des Risikomanagementprozesses. Das Ergebnis

441 Für eine Definition des Begriffs „*Alternative Risk Transfer*“, vgl. *Culp*, The ART of risk management, 2002, S. 351 ff.

442 Vgl. dazu im Einzelnen *Culp*, in: Frenkel/Hommel/Rudolf, Risk Management, 2005, S. 371 ff.; *Franz*, BB 2011, 3037 ff.

443 Vgl. *Weber/Liekweg*, in: Frenkel/Hommel/Rudolf, Risk Management, 2005, S. 496.

444 Vgl. *Lück*, DB 1998, S. 1928.

445 Vgl. *Lück*, DB 1998, S. 1928.

446 Vgl. insoweit Abschnitt C.IV.1.

447 Vgl. *Lück*, DB 1998, S. 1928.

der Prüfung kann schließlich auch genutzt werden, um die gesamte Risikostrategie anzupassen. Ausgehend von der überarbeiteten Risikostrategie sind dann die einzelnen Prozessschritte des Risikomanagements anzupassen.[448]

3. Zwischenergebnis

Das in der deutschsprachigen betriebswirtschaftlichen Literatur etablierte prozessorientierte Risikomanagementkonzept ermöglicht einen systematischen und planvollen Umgang mit den Risiken und Chancen, denen ein Unternehmen im Zuge seiner wirtschaftlichen Betätigung ausgesetzt ist. Es trägt der Tatsache Rechnung, dass Unternehmen sich in einem sich ständig wandelnden Umfeld bewegen, das eine kontinuierliche Anpassung der verfolgten Risikomanagementmethoden erfordert. Dies wird durch das fortwährende Durchlaufen und Anpassen der einzelnen Prozessschritte des Risikomanagements ermöglicht.

Wie in den folgenden Abschnitten gezeigt wird, lassen sich die Prozessschritte des betrieblichen Risikomanagements auch auf das steuerliche Risikomanagement – und damit das Verrechnungspreis-Risikomanagement – übertragen.

448 Vgl. *Lück*, DB 1998, S. 1928.

D. Steuerliches Risikomanagement als Teilbereich des betrieblichen Risikomanagements

I. Begriff und Arten steuerlicher Risiken

1. Unterscheidung in externe und interne steuerliche Risiken

Steuerliche Risiken stellen eine Teilmenge der Risiken dar, denen ein Unternehmen im Rahmen der Entfaltung seiner wirtschaftlichen Aktivitäten ausgesetzt ist. Die in Abschnitt C.I.1 dargestellte allgemeine Risikodefinition, wonach Risiko als Abweichung eines tatsächlichen von einem erwarteten Ergebnis verstanden wird, lässt sich auf den Bereich der steuerlichen Risiken übertragen. Dabei stellt das erwartete Ergebnis die Ausprägung einer steuerlichen Zielgröße (z. B. erwartete Steuerzahlung) dar. Ausgehend von diesem erwarteten Ergebnis ist grundsätzlich eine negative Abweichung im Sinne eines Risikos (z. B. eine höhere Steuerzahlung) oder eine positive Abweichung im Sinne einer Chance (z. B. eine niedrigere Steuerzahlung bzw. eine höhere Steuererstattung) möglich.[449]

Steuerliche Risiken lassen sich in externe und interne steuerliche Risiken unterteilen.[450] Diese Risikoarten sowie ihre Unterkategorien werden nachfolgend erläutert.

2. Externe steuerliche Risiken

2.1 Vorbemerkung

Unter externen steuerlichen Risiken werden steuerrechtsbezogene Risiken verstanden, die aus dem rechtlichen Umfeld des Unternehmens resultieren. Die entsprechenden Risiken können in Abhängigkeit davon, ob sie auf einer rechtlichen Prüfung eines Sachverhalts durch die Finanzverwaltung bzw. Rechtsprechung oder auf einer Änderung der maßgeblichen Rechtslage beruhen, in

449 Eine ähnliche Definition findet sich bei *Spengel/Matenaer*, Ubg 2011, S. 798 und *Risse*, Ubg 2012, S. 170. Auch *Plesner Rossing* geht im Bereich der steuerlichen (Verrechnungspreis-)Risiken sowohl von postiven als auch negativen Abweichungen aus, vgl. *Plesner Rossing*, Management Accouting Research 2013, S. 1 Fn 2.

450 Vgl. auch *Kamp*, Steuercontrolling im internationalen Konzern, 2011, S. 14 f.

- „Rechtsbeurteilungsrisiken“[451] und
- „Rechtsänderungsrisiken“[452]

unterteilt werden. Im Kontext der in Abschnitt C.I.1. dargestellten Kategorien sämtlicher betrieblicher Risiken lassen sich die externen Steuerrisiken in die Oberkategorie der „rechtlichen Risiken“ einordnen.

2.2 Arten externer steuerlicher Risiken

Die Ursache für die Existenz der sog. **Rechtsbeurteilungsrisiken** liegt in der Unbestimmtheit und Auslegungsbedürftigkeit der Steuergesetze sowie der Struktur des Besteuerungsverfahrens. So erfolgt die Steuerfestsetzung in der Regel unter dem Vorbehalt der Nachprüfung (§ 164 AO).[453] Da die Finanzverwaltung die vorläufigen Steuerbescheide mithin erst zeitversetzt im Rahmen einer Betriebsprüfung überprüft, erlangt der Steuerpflichtige oftmals erst Jahre später – ggf. erst im Anschluss an ein Rechtsbehelfs- und Klageverfahren – Gewissheit darüber, ob seine im Dispositionszeitpunkt eingenommene Rechtsposition Bestand hat oder ob die Finanzverwaltung bzw. Rechtsprechung eine abweichende Auffassung vertritt.[454]

Aufgrund der Tatsache, dass zahlreiche Normen des Steuerrechts durch einen hohen Grad an Unbestimmtheit und Auslegungsbedürftigkeit gekennzeichnet sind[455], sind divergierende Auffassungen über Besteuerungsfolgen in der Praxis sehr häufig. Dies betrifft insbesondere Normen, über die sich noch keine gefestigte Literatur-, Rechtsprechungs- oder Verwaltungsmeinung gebildet hat.[456] Diese Tatsache hat zur Folge, dass es infolge von Betriebsprüfungen häufig zu der Änderung bzw. dem Erlass von Steuerbescheiden und damit zu Steuernachzahlungen kommt. Da der Steuerpflichtige dies im Dispositionszeitpunkt in der Regel nicht vorhersehen kann, können die Rechtsbeurteilungsrisiken nur in begrenztem Maße durch den Einsatz von Instrumenten der Risikominderung beeinflusst werden (z. B. durch die vorherige

---

451 *Liekenbrock*, Management und Bilanzierung von Zinsschrankenrisiken 2011, S. 20 ff. *Rose* verwendet den Begriff der „Beurteilungsrisiken“ demgegenüber im Zusammenhang mit der Tätigkeit der Steuerplanung im Unternehmen, vgl. *Rose*, in: FS Schneider, S. 487 ff. Die von *Rose* gemeinten Risiken werden im Rahmen der vorliegenden Arbeit unter „interne steuerlichen Risiken“ gefasst.

452 *Rose*, in: FS Schneider, S. 490 ff.; *Liekenbrock*, Management und Bilanzierung von Zinsschrankenrisiken 2011, S. 18 ff.; *Ludenia*, Analyse entscheidungsrelevanter Risiken im Besteuerungsprozess 2006, S. 174 ff.

453 Vgl. *Cöster*, in: Pahlke/Koenig, Abgabenordnung, 2. A. 2009, § 164 Rz. 2.

454 Vgl. dazu auch *Drüen*, Modelle und Rechtsfrage zeitnaher Betriebsprüfungen, IFSt-Schrift Nr. 469, 2011, 7 ff.

455 Ein Beispiel hierfür bilden die Vorschriften zur Funktionsverlagerung in § 1 Abs. 3 Sätze 9 ff. AStG.

456 Vgl. *Rose*, in: FS Schneider, S. 487 f.

Einholung einer verbindlichen Auskunft).[457] Vor diesem Hintergrund kommt den Rechtsbeurteilungsrisiken in der Praxis eine erhebliche Bedeutung zu.

Die sog. **Rechtsänderungsrisiken** beruhen auf einer Änderung von Gesetzen, Verwaltungsanweisungen oder der höchstrichterlichen Rechtsprechung. Die Änderungen können sowohl rückwirkend als auch mit Wirkung für die Zukunft erfolgen. Im Falle einer rückwirkenden Änderung von Gesetzen[458], Verwaltungsanweisungen[459] oder der höchstrichterlichen Rechtsprechung[460] kann eine im Dispositionszeitpunkt eingenommene Rechtsposition des Steuerpflichtigen – vergleichbar einer abweichenden Beurteilung durch die Finanzverwaltung oder Rechtsprechung im Sinne der bereits dargestellten Rechtsbeurteilungsrisiken – negativ beeinflusst werden. Änderungen von Gesetzen, Verwaltungsanweisungen oder der höchstrichterlichen Rechtsprechung, die mit Wirkung für die Zukunft erfolgen, können sich negativ auf (steuer-)planerische Aktivitäten des Steuerpflichtigen auswirken.[461] Ein Beispiel für ein Rechtsänderungsrisiko, dass auf einer zukünftigen Änderung der Rechtslage beruht, stellt die Veröffentlichung eines Schreibens der Finanzverwaltung dar, das eine restriktive Auslegung der Vorschriften des Umwandlungssteuergesetzes enthält.[462] Dieses Schreiben könnte etwa den vom Vorstand gefassten Plan, eine Umstrukturierung des Konzerns vorzunehmen, negativ beeinflussen, da die Steuerneutralität des gesamten Vorhabens durch die veröffentlichte Verwaltungsmeinung, die zu einer Normverschärfung führt, in Frage gestellt wird.

---

457 Vgl. insoweit Abschnitt D.III.4.3.

458 In Bezug auf Gesetzesänderungen ist jedoch zu beachten, dass diese nur eingeschränkt auf bereits verwirklichte Sachverhalte zurückwirken können. Insoweit wird zwischen einer echten und unechten Rückwirkung unterschieden. Vgl. dazu *Lang*, in: Tipke/Lang, Steuerrecht, § 4 Rz. 170 ff.; *Mommen*, BB 2011, S. 2781 ff.

459 Vgl. dazu *Hey*, Steuerplanungssicherheit als Rechtsproblem 2002, S. 76 ff.; *Ludenia*, Analyse entscheidungsrelevanter Risiken im Besteuerungsprozess 2006, S. 182 ff.

460 Vgl. dazu *Hey*, Steuerplanungssicherheit als Rechtsproblem 2002, S. 83 ff.; *Ludenia*, Analyse entscheidungsrelevanter Risiken im Besteuerungsprozess 2006, S. 185 ff. Zur Rückwirkung einer Änderung höchstrichterlicher Rechtsprechung vgl. BFH v. 17.12.2007, GrS 2/2004, BStBl. II 2008, S. 608.

461 Vgl. *Ludenia*, Analyse entscheidungsrelevanter Risiken im Besteuerungsprozess 2006, S. 179.

462 Der Umwandlungssteuererlass v. 11.11.2011 (BStBl. I 2011, S. 1314) erging rund fünf Jahre nach der Verabschiedung des Umwandlungssteuergesetzes in der Fassung des SEStEG (BGBl. I 2006, S. 2782) und ist durch eine Verschärfung der Verwaltungsauffassung gekennzeichnet. Vgl. zu einzelnen Zweifelsfragen *Heurung/Engel/Thiedemann*, Der Konzern 2012, S. 16 ff.; *Heurung/Engel/Schröder*, GmbHR 2012, S. 273 ff. Zu der Problematik der zeitverzögerten Veröffentlichung von Verwaltungsanweisungen führt *Rose* aus: *„Für den Steuerplaner, der die Sachverhalte vor ihrer Realisierung unter Berücksichtigung der Auffassung der Finanzverwaltung gestalten bzw. aus der Nichtberücksichtigung resultierende Risiken abwägen will, geschieht dies alles viel zu spät. Die Handlungsschwäche der Behörden geht zu seinen Lasten.“*, *Rose*, StBJb 1975/76, S. 56.

Die vorstehend dargestellten externen steuerlichen Risiken können nicht nur in der Ausprägung einer negativen Abweichung (Risiko), sondern grundsätzlich auch in der Ausprägung einer positiven Abweichung (Chance) auftreten. Denn eine Rechtsbeurteilung bzw. eine Rechtsänderung kann sich nicht nur zu Ungunsten, sondern auch zu Gunsten des Steuerpflichtigen auswirken. So ist es beispielsweise denkbar, dass eine für den Steuerpflichtigen günstige Änderung der höchstrichterlichen Rechtsprechung erfolgt. Weiterhin ist zu beachten, dass der Beurteilungsspielraum, der durch die Unbestimmtheit und Auslegungsbedürftigkeit der Steuergesetze eröffnet wird, einen Rahmen für – rechtlich zulässige – Steuergestaltungen bildet (z. B. Ausnutzung von Bandbreiten).

3. Interne steuerliche Risiken

3.1 Vorbemerkung

Eine weitere Ursache für die Existenz steuerlicher Risiken stellen steuerbezogene konzerninterne Abläufe und Prozesse dar. Die entsprechenden Risiken können zusammenfassend als „interne steuerliche Risiken“ bezeichnet werden.[463] Sie können in den Ausprägungen

- organisatorische Risiken,
- Rechtsanwendungsrisiken und
- personalbezogene Risiken

auftreten. Im Kontext der in Abschnitt C.I.1. dargestellten Kategorien sämtlicher betrieblicher Risiken lassen sich die internen Steuerrisiken in die Oberkategorien der unternehmensorganisatorischen Risiken und der Personalrisiken einordnen.

3.2 Arten interner steuerlicher Risiken

Die sog. **organisatorischen Risiken** beruhen auf fehlenden Abstimmungen steuerrelevanter Sachverhalte mit der Steuerabteilung. In diesem Zusammenhang ist danach zu unterscheiden, ob die Abstimmung mit der Steuerabteilung unbewusst oder aufgrund einer bewussten Entscheidung unterbleibt. Aufgrund der Vielzahl steuererheblicher Sachverhalte, die in einem international tätigen Konzern fortlaufend verwirklicht werden, werden einzelne Sachverhalte oftmals unbewusst nicht an die Steuerabteilung gemeldet. Dies betrifft insbesondere unregelmäßig wiederkehrende Vorgänge, deren steuerliche Folgewirkungen auf Ebene der operativ tätigen Abteilungen nicht hinreichend bekannt sind (z. B. die Überführung von Maschinen in eine ausländische Betriebsstätte nach einem Produktionsausfall). Die entsprechenden Risiken nehmen mit einer zunehmenden Komplexität und Größe der Gesamtorgani-

---

463 *Henehan/Walsh*, Global Tax Risk Management, 2008, S. 102 verwenden den Begriff der "*operational risks*". Dabei handelt es sich nach ihrer Auffassung um Risiken, die aus „*failed or inadequate internal processes*“ resultieren.

sation zu und können beträchtliche negative steuerliche Folgen nach sich ziehen. Die Fälle, in denen eine Abstimmung mit der Steuerabteilung aufgrund einer bewussten Entscheidung unterbleibt, betreffen vorwiegend Projekte, deren Verzögerung bzw. Scheitern bei einer frühzeitigen Einbindung der Steuerabteilung befürchtet wird.[464] Sie können ebenfalls beträchtliche negative steuerliche Folgen nach sich ziehen, welche die wirtschaftlichen Vorteile der entsprechenden Projekte übersteigen können.

Organisatorische Risiken können schließlich auch auf fehlenden Abstimmungen der lokalen (Länder-)Steuerabteilungen mit der Steuerabteilung der Konzernobergesellschaft beruhen. Dies betrifft beispielsweise Vorgänge auf der Ebene einzelner Ländergesellschaften, die sich über die Beteiligungsstruktur auch auf Ebene der Obergesellschaft auswirken (z. B. Unterpreislieferung zwischen zwei Schwestergesellschaften, die zu einer Korrektur im Dreiecksverhältnis führt[465]).

Die sog. **Rechtsanwendungsrisiken** resultieren unmittelbar aus der Tätigkeit der mit den steuerbezogenen Aufgaben betrauten Mitarbeiter.[466] Die entsprechenden Risiken ergeben sich aus einer fehlerhaften Sachverhaltsanalyse[467] oder aus einer fehlerhaften Ableitung von Rechtsfolgen aus einem – ggf. zutreffend ermittelten – Sachverhalt[468]. Eine wesentliche Ursache für die Rechtsanwendungsrisiken stellt die Komplexität und Kompliziertheit[469] sowie der stetige Wandel der Steuerrechtsnormen dar. Das folgende anschauliche Zitat von *Hey* veranschaulicht die Punkte, die dazu führen, dass die Sachverhaltsanalyse bzw. die Ableitung zutreffender Rechtsfolgen durch die Mitarbeiter der Steuerabteilung zunehmend erschwert werden:

> *„Mängel in der Paragraphengliederung und im Paragraphenaufbau, unangemessene Abstraktionshöhe, Technik der doppelten und dreifachen Verneinung (Ausnahmetatbestände mit Unterausnahmen, z.T. sogar Unter-Unterausnahmen), uneinheitliche Verwendung von Begriffen in derselben Vorschrift (abweichende Begriffe mit übereinstimmendem Begriffsinhalt auf der einen, gleichlautende Begriffe mit unterschiedlichem Begriffsinhalt auf der*

464 Die Ursache des bewussten Unterlassens von Abstimmungen mit der Steuerabteilung liegt oftmals in einem Konflikt zwischen der Unternehmenspolitik und der Steuerpolitik, vgl. hierzu ausführlich *Ludenia*, Analyse entscheidungsrelevanter Risiken im Besteuerungsprozess 2006, S. 124 ff.

465 Vgl. BFH v. 26.10.1987, BStBl. II 1989, S. 348; BFH v. 12.12.2000, BStBl. II 2001, S. 234. Vgl. dazu im Einzelnen *Baumhoff*, in: Mössner, Steuerrecht international tätiger Unternehmen, 2012, Rz. 3.38 ff.

466 *Ludenia*, Analyse entscheidungsrelevanter Risiken im Besteuerungsprozess 2006, S. 193 ff.

467 Vgl. *Rose*, in: FS Schneider, S. 483 ff.

468 *Rose* verwendet in diesem Zusammenhang den Begriff der „Beurteilungsrisiken", vgl. *Rose*, in: FS Schneider, S. 487 ff.

469 Zu den Begriffen der Komplexität und Kompliziertheit der Besteuerungsmaterie vgl. *Ludenia*, Analyse entscheidungsrelevanter Risiken im Besteuerungsprozess 2006, S. 98 ff.; *Hey*, Steuerplanungssicherheit als Rechtsproblem 2002, S. 65 f.

anderen Seite), Verwendung von Generalklauseln als Auffangtatbestände, zunehmende Detaillierung von Einzelvorschriften, hierdurch bedingt lange Sätze und Absätze“[470].

Zu den Rechtsanwendungsrisiken zählen schließlich auch menschliche Fehler und Nachlässigkeiten. So ist es beispielsweise denkbar, dass steuerliche Deklarations- oder Einspruchsfristen versäumt werden, so dass es zu Steuerschätzungen oder der Festsetzung von Strafzuschlägen kommt.[471]

Der Unterschied zwischen den vorstehend dargestellten Rechtsanwendungsrisiken und den in Abschnitt D.I.2 erläuterten externen Rechtsbeurteilungsrisiken besteht in der Ursache der betreffenden Risiken: So sind die Rechtsbeurteilungsrisiken auf divergierende Auffassungen der Steuerpflichtigen und der Finanzverwaltung zurückzuführen. Die entsprechenden Risiken treten bei der Anwendung von Normen auf, die durch ein hohes Maß an Auslegungsbedürftigkeit und Unbestimmtheit gekennzeichnet sind und über die sich noch keine gefestigte Literatur-, Rechtsprechungs- oder Verwaltungsmeinung gebildet hat.[472] Rechtsanwendungsrisiken resultieren dagegen aus einer fehlerhaften Rechtsanwendung durch Mitarbeiter der Steuerabteilung. Dies betrifft Fälle, in denen eine weitgehende Einigkeit in der Literatur, Rechtsprechung und Verwaltung hinsichtlich der Besteuerungsfolgen des betrachteten Sachverhalts besteht. Die fehlerhafte Rechtsanwendung ist in diesem Fällen auf die Kompliziertheit der gesetzlichen Tatbestände bzw. auf menschliche Fehler zurückzuführen.

Zu den internen steuerlichen Risiken zählen schließlich die sog. **personalbezogene Risiken**. Hierbei handelt es sich um negative steuerliche Auswirkungen, die durch eine nicht ausreichende Personalausstattung der Steuerabteilung hervorgerufen werden. Die Risiken ergeben sich zum einen aus einer hohen Personalfluktuation in der Steuerabteilung, welche zur Folge hat, dass unternehmensspezifisches Wissen verloren geht und neue Mitarbeiter erst angelernt werden müssen. Dies kann zur Folge haben, das steuererhebliche Sachverhalte nicht oder zu spät erkannt und bewältigt werden. Personalbezogene Risiken können sich darüber hinaus auch daraus ergeben, dass Mitarbeiter mit den gewünschten Qualifikationen (Steuerberater, Fachanwälte, Diplom-Finanzwirte oder Steuerfachwirte) nicht auf dem Arbeitsmarkt rekrutiert werden können, so dass es zu einer Unterbesetzung in der Steuerabteilung kommt. Dies kann dazu führen, dass steuerliche Themen nicht innerhalb der gesetzlichen Fristen oder nicht sachgerecht bearbeitet werden.

Die vorstehend dargestellten internen steuerlichen Risiken können – im Gegensatz zu den externen steuerlichen Risiken – lediglich zu einer negativen Zielabweichung (Risiko) führen.[473]

---

470 *Hey*, Steuerplanungssicherheit als Rechtsproblem 2002, S. 67.

471 Vgl. § 162 AO.

472 Vgl. *Rose*, in: FS Schneider, S. 487 f.

473 *Mammen*, Die Konzernsteuerquote als Lenkungsinstrument im Rahmen des Risikomanagementsystems börsennotierter Muttergesellschaften, S. 348, unterscheidet insoweit zwischen „chanceninduzierten“ steuerlichen Risiken und „chancenunabhängigen“ steuerlichen Risiken.

4. Sachlicher und zeitlicher Umfang des steuerlichen Risikobegriffs

Was den sachlichen Umfang des steuerlichen Risikobegriffs anbelangt, werden hierunter sämtliche Steuerarten, die auf Ebene der einzelnen Konzerngesellschaften erhoben werden, gefasst. Neben den Ertragsteuern (KSt, GewSt) sind folglich auch die Umsatzsteuer und die Grunderwerbsteuer sowie die entsprechenden ausländischen Steuerarten zu berücksichtigen.[474] Der Umsatzsteuer kommt innerhalb des Risikomanagements von Verbrauchssteuern in jüngster Zeit eine gestiegene Bedeutung zu.[475] Dies ist auf die hohe Missbrauchsanfälligkeit des Umsatzsteuersystems sowie die daraus resultierenden verstärkten Kontrollen seitens der Finanzverwaltungen zurückzuführen.[476] Auch den speziellen Verbrauchssteuern wie der Energiesteuer sowie der Stromsteuer kommt in letzter Zeit eine gestiegene Bedeutung zu. Im Bereich der Ertragsteuern sind die – noch näher darzustellenden – Verrechnungspreisrisiken von herausragender Bedeutung. In zeitlicher Hinsicht können steuerliche Risiken auf sämtlichen Stufen des Besteuerungsverfahrens, d. h. bei der Sachverhaltsgestaltung, der Deklaration, der Betriebsprüfung sowie der Rechtsdurchsetzungsphase auftreten.[477]

5. Zwischenergebnis

In den vorangehenden Abschnitten wurde gezeigt, dass steuerliche Risiken in externe und interne Risiken eingeteilt werden können. Während es sich bei externen steuerlichen Risiken um steuerrechtsbezogene Risiken handelt, die aus dem rechtlichen Umfeld des Unternehmens resultieren, basieren interne steuerliche Risiken auf steuerbezogenen konzerninternen Abläufen und Prozessen. Die Unterscheidung der vorgenannten Risikotypen ist insofern von Bedeutung, als im Rahmen des steuerlichen Risikomanagementprozesses unterschiedliche Instrumente zum Einsatz kommen müssen, um diesen Risiken zu begegnen.

Schließlich wurde aufgezeigt, dass das steuerliche Risikomanagement sich nicht nur auf Ertragsteuern beziehen darf, sondern auch die Umsatzsteuer und die Grunderwerbsteuer sowie die entsprechenden ausländischen Steuerarten. Schließlich kommt den speziellen Verbrauchsteuern in jüngster Zeit eine gestiegene Bedeutung zu.

In der folgenden Tabelle werden die einzelnen Arten steuerlicher Risiken zusammefassend dargestellt:

---

474 Vgl. *Risse*, Steuercontrolling und Reporting, 2010, S. 93 f.

475 Vgl. auch *Spengel/Matenaer*, Ubg 2011, S. 805.

476 Vgl. dazu *Pahne*, UR 2011, S. 247.

477 Vgl. auch *Mammen*, Die Konzernsteuerquote als Lenkungsinstrument im Rahmen des Risikomanagementsystems börsennotierter Muttergesellschaften, S. 353; *Ludenia*, Analyse entscheidungsrelevanter Risiken im Besteuerungsprozess 2006, S. 172.

Tabelle 2: Einteilung in externe und interne Steuerrisiken

Risikoart	**Kategorie**	**Beschreibung**
Externe Steuerrisiken	Rechtsbeurteilungsrisiken	Risiko einer abweichenden Beurteilung durch die Finanzverwaltung oder Rechtsprechung
	Rechtsänderungsrisiken	Risiko von Gesetzesänderungen
		Risiko einer Änderung bzw. Verabschiedung von Verwaltungsanweisungen
		Risiko einer Änderung der Rechtsprechung
Interne Steuerrisiken	Organisatorische Risiken	Risiken aufgrund fehlender Abstimmungen steuerrelevanter Sachverhalte mit der Steuerabteilung
		Risiken aufgrund von Konflikten zwischen der Unternehmenspolitik und der Steuerpolitik
	Rechtsanwendungsrisiken	Risiken aufgrund einer fehlerhaften Sachverhaltsanalyse
		Risiken aufgrund einer fehlerhaften Rechtsanwendung
		Menschliche Fehler
	Personalbezogene Risiken	Risiko hoher Personalfluktuation
		Personalbeschaffungsrisiko

II. Begriff des steuerlichen Risikomanagements

Das steuerliche Risikomanagement stellt einen Teilbereich des gesamten betrieblichen Risikomanagements dar, der das Management steurlicher Risiken betrifft.[478] Die

478 Gl. A. *Röthlisberger/Zitter*, Der Schweizer Treuhänder 2005, S. 296.

in dem vorangegangenen Abschnitt dargestellten Prozessschritte des betrieblichen Risikomanagements können daher auf das steuerliche Risikomanagement übertragen werden. Das steuerliche Risikomanagement umfasst folglich – ausgehend von der Formulierung einer steuerlichen Risikostrategie – die Schritte Risikoidentifikation, Risikobewertung und Risikosteuerung sowie Darstellung und Vergleich der steuerlichen Risikosituation.[479] Der steuerliche Risikomanagementprozess lässt sich damit wie folgt zusammenfassend darstellen:

Abbildung 6: Risikomanagementprozess Steuern.

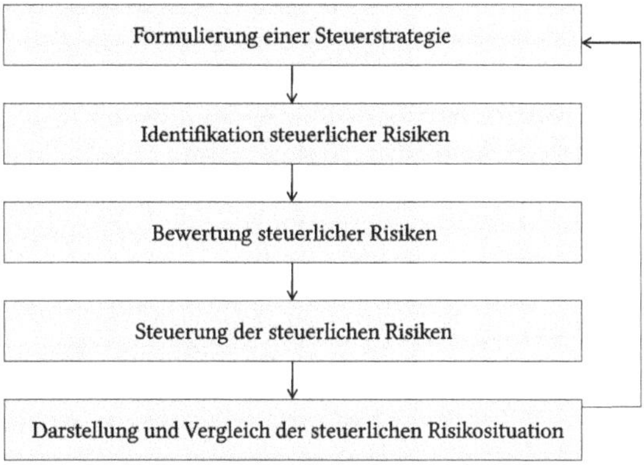

In Bezug auf den Umfang des steuerlichen Risikomanagements ist festzuhalten, dass die gesetzeswidrige Verkürzung oder Hinterziehung von Steuern keinesfalls Gegenstand des steuerlichen Risikomanagements sein darf.[480] Im Schrifttum[481] wird dagegen teilweise vertreten, dass steuermissbräuchliche Gestaltungen (z. B. die Gründung einer missbräuchlichen Stiftung in Liechtenstein) als Maßnahmen des steuerlichen

479 Vgl. *Oosterhoff*, ITPJ 2006, S. 48; *Loose*, Tax Management der kapitalmarktorientierten internationalen Unternehmung, 2009, S. 213; *Ludenia*, Analyse entscheidungsrelevanter Risiken im Besteuerungsprozess 2006, S. 291; *Röthlisberger/Zitter*, Der Schweizer Treuhänder 2005, S. 296. *Risse* orientiert sich bei der Darstellung des steuerlichen Risikomanagementsystems demgegenüber an dem COSO Enterprise Risk Management Framework (*Risse*, Steuercontrolling und Reporting, 2010, S. 96). Die Elemente des von *Risse* angeführten steuerbezogenen COSO-Frameworks überschneiden sich jedoch mit wesentlichen Prozessschritten des steuerlichen Risikomanagements.

480 Gl. A. *Henselmann/Rose*, in: Götze/Henselmann/Mikus, Risikomanagement 2001, S. 193;. *Mammen*, Die Konzernsteuerquote als Lenkungsinstrument im Rahmen des Risikomanagementsystems börsennotierter Muttergesellschaften, S. 313 in Bezug auf das „Steuermanagement".

481 So *Streck*, in: *Streck/Mack/Schwedhelm*, Tax Compliance, S. 4. Ähnlich *Stark*, ZRFC 2011, S. 161, der ausführt, dass Risikomanagement *„keine Entscheidung zu gesetzestreuem Handeln"* beinhalte.

Risikomanagements anzusehen seien. Dieser Auffassung wird nicht gefolgt. Nach der hier vertretenen Auffassung führen steuermissbräuchliche Gestaltungen vielmehr zu einer Erhöhung des steuerlichen Risikos. Dies gilt selbst dann, wenn das Entdeckungsrisiko vom Steuerpflichtigen als gering eingeschätzt wird. Denn im Falle einer Aufdeckung steuermissbräuchlicher Gestaltungen ist mit empfindlichen steuerlichen und ggf. strafrechtlichen Folgen zu rechnen. Damit ist der Erwartungswert des Risikos (verstanden als das Produkt aus Eintrittswahrscheinlichkeit des Risikos und seiner finanziellen Auswirkungen) in der Regel als hoch einzuschätzen. Mithin verbieten sich derartige Gestaltungen von vornherein. In diesem Zusammenhang ist ferner zu beachten, dass eine aggressive Steuerplanung negative Auswirkungen auf die Reputation eines Unternehmens haben kann. Dies kann – insbesondere vor dem Hintergrund der aktuellen *Corporate Social Responsibility*-Diskussion – zu einem Reputationsschaden führen, welcher sich negativ auf die Gesamtunternehmung auswirken kann.[482]

Das steuerliche Risikomanagement geht nach dem hier vertretenen Verständnis über die Maßnahmen, die unter dem Stichwort der Tax Compliance diskutiert werden, hinaus. Unter dem Oberbegriff „Compliance" wird allgemein die *„Befolgung, Übereinstimmung, Einhaltung bestimmter Gebote"*[483] in Unternehmen verstanden. Übertragen auf den steuerlichen Bereich bedeutet Tax Compliance daher die Befolgung, Übereinstimmung und Einhaltung steuerlicher Vorschriften.[484] Tax Compliance verstanden als steuerliche „Regeltreue" ist mithin eher defensiv angelegt. Das steuerliche Risikomanagement verfolgt demgegenüber einen umfassenden, proaktiven Ansatz. So betrifft steuerliches Risikomanagement nicht nur die Befolgung steuerlicher Vorschriften im Sinne einer Gesetzestreue, sondern auch die Nutzung von Chancen, die sich aus – rechtlich zulässigen – steuerplanerischen Möglichkeiten ergeben. Die Tax Compliance kann folglich als Teilbereich des steuerlichen Risikomanagements angesehen werden.[485]

Vor dem Hintergrund der zunehmenden Komplexität und des stetigen Wandels des Steuerrechts ist es für international tätige Konzerne unverzichtbar, ein funktionsfähiges steuerliches Risikomanagementsystem einzurichten. Dies wird durch eine Empfehlung der OECD in den „Leitsätzen für multinationale Unternehmen" unterstrichen:

> *„Eine umfassende Risikomanagementstrategie, die den Steuerbereich einbezieht, wird es den Unternehmen ermöglichen, nicht nur als guter Unternehmensbürger („Good Corporate*

---

482 Vgl. *Hardeck*, IStR 2011, S. 938; *Erle*, in: Schön, Tax and Corporate Governance, S. 206; *Meyer/Loitz/Linder/Zerwas*, Latente Steuern 2010, S. 295; *Röthlisberger/Zitter*, Der Schweizer Treuhänder 2005, S. 298.

483 *Hauschka*, in: Hauschka, Corporate Compliance, § 1 Rz. 2.

484 Vgl. *Kamp*, Steuercontrolling im internationalen Konzern, 2011, S. 13; *Mammen*, Die Konzernsteuerquote als Lenkungsinstrument im Rahmen des Risikomanagementsystems börsennotierter Muttergesellschaften, S. 314.

485 So auch *Erle*, in: Schön: Tax and Corporate Governance, 2008, S. 212; *Hardeck*, IStR 2011, S. 935 ("wichtige Bausteine" des Risikomanagementsystems).

Citizen“) zu handeln, sondern auch das Steuerrisiko effektiv zu steuern, was zur Vermeidung größerer Finanz-, Aufsichts- und Reputationsrisiken für das Unternehmen beitragen kann“[486].

Nachfolgend werden die einzelnen Prozessschritte des steuerlichen Risikomanagements dargestellt. Zur Vermeidung von Überschneidungen mit der Darstellung des allgemeinen steuerlichen Risikomanagementprozesses im vorangegangenen Kapitel wird dabei lediglich auf die Besonderheiten des steuerlichen Risikomanagementprozesses eingegangen.

III. Prozessschritte des steuerlichen Risikomanagements

1. Formulierung einer Steuerstrategie

Den Ausgangspunkt des steuerlichen Risikomanagementprozesses bildet die Formulierung einer Steuerstrategie (*tax strategy*).[487] Die Steuerstrategie sollte an dem Ziel der Optimierung[488] der zahlungs- und ergebniswirksamen Steuern ausgerichtet werden. Denn die Optimierung dieser Zielgrößen trägt zu der Erreichung des unternehmerischen Oberziels, der Steigerung des Unternehmenswertes, bei.[489] Das Ziel der Optimierung der zahlungs- und ergebniswirksamen Steuern ist in der Steuerstrategie konkret auf die Steuerarten, die auf Ebene der einzelnen Konzerngesellschaften erhoben werden sowie die entsprechenden steuerlichen Pflichten (Abgabe von Steuererklärungen, Vorlage von Verrechnungspreisdokumentationen etc.) zu beziehen. Für jeden Bereich sollten klare Vorgaben gegeben werden. Zur Überwachung dieser Vorgaben eignen sich sog. Key Performance Indicators (KPI), welche die in der steuerlichen Risikostrategie abstrakt formulierten Ziele in messbaren Zahlen ausdrücken. Die Vorgaben dienen als konkret zu erfüllende Zielsetzungen

---

486 OECD Leitsätze für multinationale Unternehmen, Teil I, Abschnitt XI., Tz. 104. Die Leitsätze wurden zuletzt im Jahr 2011 aktualisiert. Abrufbar unter http://www.oecd.org/dataoecd/38/35/48808708.pdf, zuletzt abgerufen am 19.1.2012.

487 Vgl. *Mammen*, Die Konzernsteuerquote als Lenkungsinstrument im Rahmen des Risikomanagementsystems börsennotierter Muttergesellschaften, S. 312; *Erle*, in: Schön, Tax and Corporate Governance, 2008, S. 211; *Brans/Feyerabend*, BB 2004, S. 1994.

488 Eine „Minimierung“ der zahlungswirksamen Steuern ließe sich in letzter Konsequenz nur durch die Einstellung der Unternehmensaktivitäten erreichen. Gegenstand der Steuerstrategie sollte daher eine „Optimierung“ sein. Vgl. dazu auch *Fischer/Kleineidam/Warnecke*, Internationale Betriebswirtschaftslehre, 2005, S. 565; *Loose*, Tax Management der kapitalmarktorientierten internationalen Unternehmung, 2009, S. 55.

489 Vgl. insoweit *Loose*, Tax Management der kapitalmarktorientierten internationalen Unternehmung, 2009, S. 55 ff., der die Zusammenhänge zwischen der Optimierung der zahlungswirksamen Steuern und der Steigerung des „Total Shareholder Return“ aufzeigt.

für die mit den entsprechenden Tätigkeiten betrauten Mitarbeiter der Steuerabteilung.

Ein wesentlicher Bestandteil der Steuerstrategie betrifft den Umgang mit steuerlichen Risiken. Vor diesem Hintergrund sollte im Rahmen der Steuerstrategie auch festgelegt werden, welche steuerlichen Risiken eingegangen werden und welche Auswirkungen hierbei maximal in Kauf genommen werden dürfen (*tax risk strategy*).[490] Zur Messung der steuerlichen Risiken können ebenfalls Key Performance Indicators herangezogen werden.[491] In der Steuerstrategie sollte in organisatorischer Hinsicht geregelt werden, welche Schritte des steuerlichen Risikomanagements ausgeführt werden und welche Mitarbeiter die Verantwortung für die Ausführung der entsprechenden Schritte tragen. Die Verantwortung für die Formulierung der Steuerstrategie liegt bei dem Leiter der (Konzern-)Steuerabteilung in Abstimmung mit dem CFO.[492] Die Steuerstrategie sollte fortlaufend überprüft und bei Bedarf angepasst werden, um neuen steuerlichen oder unternehmerischen Gegebenheiten Rechnung tragen zu können.

2. Identifikation steuerlicher Risiken

2.1 Quellen steuerlicher Risiken

Im Rahmen der Risikoidentifikation erfolgt eine systematische konzernweite Erfassung sämtlicher steuerlicher Risiken, denen die einzelnen Konzerngesellschaften ausgesetzt sind. Vor der Erfassung der eigentlichen steuerlichen Risiken sollten zunächst die Risikoquellen, d. h. jene Vorgänge bzw. Bereiche auf Ebene der einzelnen Konzerngesellschaften identifiziert werden, in denen steuerliche Risiken auftreten können. Bei den typischen Risikoquellen handelt es sich um die folgenden Vorgänge bzw. Bereiche im Unternehmen:[493]

- **Laufende Transaktionen** mit Konzerngesellschaften und fremden Dritten (z. B. Liefer- und Leistungsverkehr),
- **Aperiodische Transaktionen** (z. B. M&A Aktivitäten, Funktionsverlagerungen),

490 Vgl. auch *Spengel/Matenaer*, Ubg 2011, S. 803.

491 Vgl. *Spengel/Matenaer*, Ubg 2011, S. 804. *Risse* schlägt konkrete steuerliche Risikokennzahlen (KPI) vor, vgl. *Risse*, Steuercontrolling und Reporting 2010, S. 102 ff.

492 Vgl. *Staubli*, International Tax Review, Supplement July 2006, S. 10; *Erle*, in: Schön, Tax and Corporate Governance, Berlin, Heidelberg 2008, S. 205 ff.; *Oosterhoff*, ITPJ 2006, S. 48.

493 Vgl. *Mammen*, Die Konzernsteuerquote als Lenkungsinstrument im Rahmen des Risikomanagementsystems börsennotierter Muttergesellschaften, S. 352; *Risse*, Steuercontrolling und Reporting, 2010, S. 110; *Meyer/Loitz/Linder/Zerwas*, Latente Steuern, 2010, S. 293 ff.

- **Steuerliche Risiken im Zusammenhang mit Unternehmensverträgen** (z. B. Organschaftsrisiken[494]),
- **Steuerliche Compliance** (z. B. Erstellung von Steuererklärungen und Verrechnungspreisdokumentationen),
- **Tax Accounting** (z. B. Ermittlung von Steuerrückstellungen und latenten Steuern),
- **Steuerliche Prüfungen** (Außenprüfungen einschließlich Lohnsteueraußenprüfungen, Umsatzsteuersonderprüfung, Fahndungsprüfung etc.).

Die vorstehend dargestellten Risikoquellen stellen eine sinnvolle Grundlage für die Risikoidentifikation dar. Denn sie ermöglichen eine Einteilung der Vielzahl an steuerlichen Risiken und die Schaffung von Verantwortlichkeiten. So können auf Basis der Risikoquellen Ansprechpartner in der Steuerabteilung für bestimmte Risikoquellen bestimmt werden (z. B. Ansprechpartner für Steuerrisiken, die sich aus M&A-Transaktionen ergeben oder Ansprechpartner für Tax Accounting-Fragestellungen).

2.2 Identifikation externer und interner Steuerrisiken

Die Steuerrisiken, die in den vorstehend genannten Bereichen auftreten können, lassen sich – wie bereits dargestellt wurde[495] – in Abhängigkeit davon, ob die Ursache für die Risiken in dem Unternehmensumfeld oder in unternehmensinternen Abläufen und Prozessen liegt, in externe und interne Steuerrisiken einteilen. Die einzelnen externen und internen Risiken sind im Rahmen des Prozessschritts der Risikoidentifikation systematisch zu erfassen. Nachfolgend werden in der rechten Spalte Beispiele für steuerliche Risiken der einzelnen Kategorien genannt:

Die Identifikation der vorgenannten Risiken sollte nach einem zuvor festgelegten strukturierten und einheitlichen Prozess erfolgen. Dazu bietet es sich wie dargestellt an, dass Verantwortlichkeiten für die einzelnen Risikobereiche geschaffen werden.[496]

494 Vgl. zu Risikobereichen bei Organschaften ausführlich *Heurung*, in: Kneip/Jänisch, Tax Due Diligence, 2005, S. 464 ff.

495 Abschnitt D.I.

496 Vgl. auch *Weber/Liekweg*, in: Frenkel/Hommel/Rudolf, Risk Management, 2005, S. 501 in Bezug auf das allgemeine Risikomanagement.

Tabelle 3: Beispiele externer und interner Steuerrisiken.

Risikoart	Kategorie	Beschreibung	Beispiele
Externe Steuerrisiken	Rechtsbeurteilungsrisiken	Risiko einer abweichenden Beurteilung durch die Finanzverwaltung oder Rechtsprechung	Nichtanerkennung der Steuerneutralität einer Umwandlung, da die Teilbetriebseigenschaft verneint wird
	Rechtsänderungsrisiken	Risiko von Gesetzesänderungen	Einführung der Funktionsverlagerungsbesteuerung in § 1 Abs. 3 Sätze 9 ff. AStG
		Risiko einer Änderung bzw. Verabschiedung von Verwaltungsanweisungen	Umwandlungssteuererlasses zusammen schreiben
		Risiko einer Änderung der Rechtsprechung	BFH zum subjektiven Fehlerbegriff (Beschluss v. 31.1.2013, GrS 1/10).
Interne Steuerrisiken	Organisatorische Risiken	Risiken aufgrund fehlender Abstimmungen steuerrelevanter Sachverhalte mit der Steuerabteilung	Verlustuntergang aufgrund § 8c KStG, da Anteile an einer Gesellschaft ohne Rücksprache mit der Steuerabteilung übertragen wurden
		Risiken aufgrund von Konflikten zwischen der Unternehmenspolitik und der Steuerpolitik	Unternehmerisch gewünschte Verlagerung der Forschungsfunktion in das Ausland
	Rechtsanwendungsrisiken	Risiken aufgrund einer fehlerhaften Sachverhaltsanalyse	Nichterkennen eines Wechsels des Ortes der Geschäftsleitung i.S.v. § 10 AO
		Risiken aufgrund einer fehlerhaften Rechtsanwendung	Unzutreffende Anwendung der Zinsschrankenregelung (§ 4h EStG i.V.m. § 8a KStG)
		Menschliche Fehler	Versehentliches Verstreichen lassen von Deklarations – oder Einspruchsfristen

Risikoart	Kategorie	Beschreibung	Beispiele
	Personal-bezogene Risiken	Risiko hoher Personalfluktuation	Verlust von unternehmensspezifischem Wissen
		Personalbeschaffungsrisiko	Kein geeignetes Personal mit den gewünschten Qualifikationen auf dem Arbeitsmarkt verfügbar

3. Bewertung steuerlicher Risiken

3.1 Potentielle Auswirkungen steuerlicher Risiken

Im Rahmen der Risikobewertung erfolgt eine Bewertung der zuvor identifizierten steuerlichen Risiken. Die Bewertung bildet die Grundlage für den nachfolgenden Prozessschritt der Risikosteuerung. Grundlage der Bewertung der steuerlichen Risiken ist die Erkenntnis, dass die einzelnen Risiken vielfältige Auswirkungen haben können. Die Gesamtheit der potentiellen Auswirkungen bildet die Grundlage für die Bewertung der einzelnen steuerlichen Risiken und die Entscheidung über den Einsatz der Maßnahmen zur Risikosteuerung. Im Rahmen der Risikobewertung sind folgende potentielle Auswirkungen steuerlicher Risiken zu beachten:

- **Steuernachzahlungen:** Steuernachzahlungen (etwa infolge einer Betriebsprüfung) führen zu einem Abfluss liquider Mittel, welche nicht mehr zu anderen Zwecken im Unternehmen eingesetzt werden können.
- **Nachzahlungszinsen:** Da die im Rahmen von Betriebsprüfungen aufgegriffenen Sachverhalte in der Regel mehrere Jahre zurückliegen[497], sind neben den Steuernachzahlungen auch Nachzahlungszinsen zu entrichten.[498] Die Nachzahlungszinsen sind seit der durch das Steuerentlastungsgesetz 1999/2000/2001 erfolgten Änderung in § 10 Nr. 2 KStG steuerlich nicht mehr abzugsfähig und

497 Zu der zeitlichen Verzögerung von Betriebsprüfungen in Deutschland vgl. *Drüen*, Modelle und Rechtsfrage zeitnaher Betriebsprüfungen, IFSt-Schrift 469, 2011, S. 9 ff.

498 Vgl. § 233a AO. Kritisch zu der starren Zinsregelung des § 233a AO, *Jonas*, Ubg 2011, S. 960 ff.

müssen daher aus dem versteuerten Einkommen der jeweils betroffenen Gesellschaft aufgebracht werden.[499] Erstattungszinsen sind dagegen zu versteuern.[500]

- **Haftung für Abzugssteuern:** Das nationale Steuerrecht zahlreicher Staaten sieht eine Haftung für Abzugssteuern vor, die ein Unternehmen als Vergütungsschuldner einzubehalten hat.
- **Rechtsbehelfs- und Finanzgerichtsverfahren:** Falls im Rahmen einer Betriebsprüfung keine Einigung über die steuerliche Behandlung eines streitigen Sachverhaltes erzielt werden kann, kann der Steuerpflichtige nach Ergehen des Steuerbescheids einen Rechtsbehelf einlegen. Sofern das Rechtsbehelfsverfahren erfolglos bleibt, besteht die Möglichkeit, die eigene Rechtsauffassung in einem anschließenden finanzgerichtlichen Verfahren durchzusetzen. Da es sich bei den Fragen, über die im Rahmen der Betriebsprüfung keine Einigung erzielt werden kann, in der Regel um komplexe Sachverhalte handelt, bedarf es einer sorgfältigen Vorbereitung des Rechtsbehelfs- bzw. des Finanzgerichtsverfahrens. Diese Vorbereitung kann erhebliche finanzielle und personelle Ressourcen im Unternehmen binden.
- **Strafrechtliche Konsequenzen:** Sofern eine Steuergestaltung den Tatbestand der Steuerhinterziehung oder der Steuerverkürzung erfüllt, sind neben den steuerlichen Auswirkungen (Steuernachzahlung, Nachzahlungszinsen) auch die strafrechtlichen Folgen zu beachten. Diese betreffen die verantwortlichen Gesellschaftsorgane sowie gegebenenfalls auch die steuerlichen Berater.
- **Fehler in der Rechnungslegung:**[501] Die dargestellten steuerlichen Risiken können schließlich auch dazu führen, dass steuerliche Bilanzposten fehlerhaft sind. Dies kann beispielsweise den Ausweis von Steuerrückstellungen oder latente Steuern betreffen. Ferner kann auch der Lagebericht fehlerhaft sein, wenn nicht zutreffend über steuerliche Chancen und Risiken berichtet wird.
- **Auswirkungen auf die Reputation:** Steuerliche Risiken können sich auch auf die Reputation des Unternehmens auswirken. Sofern eine Auseinandersetzung mit der Finanzverwaltung über eine aggressive Steuerplanung – etwa durch eine entsprechende Presseberichterstattung – in der Öffentlichkeit bekannt wird, kann der Eindruck entstehen, die betroffene Gesellschaft entziehe sich ihrer gesellschaftlichen Verantwortung, indem sie Steuern durch den Einsatz aggressiver Steuerplanungstechniken verlagere.[502]
- **Kosten für externe Berater:** Schließlich sind auch die Kosten zu beachten, die für externe Berater aufgewendet werden müssen. Dies betrifft zum einen das Honorar für externe steuerliche Berater, die beispielsweise zur Vorbereitung

---

499 Vgl. Gesetz v. 24.3.1999, BGBl. I 1999, S. 402, Art. 5 Nr. 3.

500 Vgl. BFH v. 6.10.2009, DStR 2010, S. 319; BFH v. 15.2.2012, BStBl. II 2012, S. 697.

501 Vgl. insoweit auch die Ausführungen von *Loose* zu den „Tax-Accounting-Risiken" (*Loose*, Tax Management der kapitalmarktorientierten internationalen Unternehmung, 2009, S. 217 f.) und *Meyer/Loitz/Linder/Zerwas*, Latente Steuern 2010, S. 294.

502 Vgl. hierzu auch die Nachweise in Fn. 482.

einer Einspruchsbegründung oder Klageschrift mandatiert werden. Weiterhin sind die Kosten von Personalberatern zu berücksichtigen, die im Fall einer hohen Personalfluktuation zur Besetzung von Stellen in der Steuerabteilung eingeschaltet werden.

Um über den Einsatz der Instrumente der Risikosteuerung entscheiden zu können, sollte eine Einschätzung der finanziellen Folgen sämtlicher vorstehend dargestellter Auswirkungen vorgenommen werden. In einigen Fällen lassen sich die finanziellen Auswirkungen ohne größeren Aufwand schätzen. Dies betrifft die Höhe von Steuernachzahlungen, Nachzahlungszinsen oder Strafzuschlägen. Auswirkungen wie etwa die Folgen für die Reputation des Konzerns lassen sich demgegenüber schwerer schätzen. Hierzu sollte auf Reputationsschäden aus anderen vergleichbaren Vorgängen der Vergangenheit Bezug genommen werden.

Im Rahmen der Risikobewertung ist es weiterhin erforderlich, die finanziellen Auswirkungen der steuerlichen Risiken mit ihrer Eintrittswahrscheinlichkeit zu gewichten. Da die Einschätzung der Eintrittswahrscheinlichkeit steuerliche Fachkenntnisse erfordert, sollte sie unter Einschaltung eines Mitarbeiters der Steuerabteilung erfolgen, der mit den jeweiligen Risiken und Entwicklungen (z.B. aktuelle Steuerreformdiskussionen, laufende Betriebsprüfungen, M&A-Transaktionen etc.) vertraut ist. Bei der Schätzung der Eintrittswahrscheinlichkeit kann eine Orientierung an Vergangenheitswerten (z.B. der Ausgang früherer Betriebsprüfungen) erfolgen.

Das Ergebnis der steuerlichen Risikobewertung kann – wie in Abschnitt C.IV.2.2.3 in Bezug auf das allgemeine betriebliche Risikomanagement dargestellt – in eine steuerliche Risikomatrix übertragen werden, aus der die Risiken hinsichtlich ihrer Eintrittswahrscheinlichkeit und potentiellen finanziellen Auswirkungen hervorgehen.[503] Da es sich oftmals als schwierig erweisen wird, die finanzielle Folgen sowie die Eintrittswahrscheinlichkeiten der einzelnen Auswirkungen exakt zu quantifizieren, kann hierbei eine Einteilung in Risikoklassen vorgenommen werden (z.B. geringe Risiken, mittlere Risiken, hohe Risiken).[504]

3.2 Schnittstellen der Risikobewertung zum Tax Accounting

3.2.1 Grundlegendes

Das steuerliche Risikomanagement weist – insbesondere hinsichtlich der Prozessschritte der Risikobewertung und Risikoidentifikation – vielfältige Überschneidungen zu dem Bereich des Tax Accounting auf. Unter Tax Accounting wird die Sicherstellung der zutreffenden und gesetzmäßigen Abbildung von Steuern in der

503 Vgl. auch den Vorschlag einer Risikomatrix von *Loose*, Tax Management der kapitalmarktorientierten internationalen Unternehmung, 2009, S. 241.

504 Vgl. *Ludenia*, Analyse entscheidungsrelevanter Risiken im Besteuerungsprozess 2006, S. 295.

Rechnungslegung verstanden.[505] Das Tax Accounting beinhaltet zum einen die Erstellung zutreffender Angaben in Anhang und Lagebericht, in dem auf die Risiken und Chancen der künftigen Entwicklung einzugehen ist (außerbilanzielle Abbildung von Risike"). Zum anderen betrifft das Tax Accounting die bilanziell richtige Erfassung von Geschäftsvorfällen mit steuerlichem Bezug sowie die zutreffende und gesetzmäßige Ermittlung von steuerlich relevanten Bilanzpositionen wie Steuerrückstellungen und latenten Steuern (bilanzielle Abbildung von Risiken).[506] Nachfolgend werden die Schnittstellen in den vorstehend genannten Bereichen dargestellt.

3.2.2 Außerbilanzielle Abbildung von Risiken

Die Prozessschritte der Identifikation und der Bewertung steuerlicher Risiken überschneiden sich wie dargestellt mit Aufgaben, die im Rahmen des Tax Accounting auszuführen sind. Dies betrifft zum einen die außerbilanzielle Abbildung von Risiken im Lagebericht. So ist in dem Chancen- und Risikobericht gem. § 289 Abs. 1 Satz 4 HGB bzw. § 315 Abs. 1 Satz 5 HGB auch auf steuerliche Risiken und -chancen einzugehen.[507] Die Darstellung darf sich dabei nicht auf eine rein verbale Erläuterung der entsprechenden Risiken und -chancen beschränken. Vielmehr sollten die Steuerrisiken und -chancen auch hinsichtlich ihrer Eintrittswahrscheinlichkeit und Auswirkung quantifiziert werden.[508] Insofern besteht eine weitgehende Überschneidung zu den Prozessschritten der Risikoidentifikation und -bewertung.

Um Redundanzen und Widersprüche zu vermeiden, sollte die Risikoberichterstattung mit den Prozessschritten der Risikoidentifikation und -bewertung verzahnt werden. Dies kann dergestalt erfolgen, dass die Erkenntnisse des steuerlichen Risikomanagements – in dem gesetzlich geforderten Maß – in den Chancen- und Risikobericht einfließen. Die gegenwärtige Praxis der Berichterstattung zeigt, dass Unternehmen nur restriktiv über steuerliche Risiken im Lagebericht berichten.[509] Ein Grund hierfür dürfte in möglichen negativen Folgewirkungen liegen, die aus der Offenlegung sensibler Angaben im Lagebericht resultieren.[510]

---

505 Vgl. zum Tax Accounting eingehend *Risse*, Steuercontrolling und Reporting 2010, S. 23 ff.

506 Vgl. hierzu *Loose*, Tax Management der kapitalmarktorientierten internationalen Unternehmung, 2009, S. 217 f.; *Meyer/Loitz/Linder/Zerwas*, Latente Steuern 2010, S. 294.

507 Vgl. *Freidank/Mammen*, ZCG 2008, S. 289.

508 Vgl. auch DRS 20.152 in Bezug auf den Konzernlagebericht.

509 So *Freidank/Mammen*, ZCG 2008, S. 286, 290 m.w.N.

510 Vgl. *Freidank/Mammen*, ZCG 2008, S. 290.

3.2.3 Bilanzielle Abbildung von Risiken

3.2.3.1 Vorbemerkung

Neben die außerbilanzielle Berichterstattung im Lagebericht tritt die Abbildung von Steuerrisiken in der Bilanz. Fragen der bilanziellen Abbildung von ertragsteuerlichen Risiken werden in jüngster Zeit verstärkt im Rahmen der internationalen Rechnungslegungsvorschriften IFRS und US-GAAP diskutiert.[511] Da die IFRS Rechnungslegungsvorschriften u. a. vor dem Hintergrund der EU-Verordnung Nr. 1606/2002 eine zunehmende Bedeutung für international tätige kapitalmarktorientierte Konzerne erlangen[512], werden nachfolgend die Vorschriften IAS 12 und FIN 48 im Überblick dargestellt, welche die bilanzielle Behandlung von Steuerrisiken betreffen.[513]

Unter einem bilanziell abzubildenden Steuerrisiko wird die Unsicherheit darüber verstanden, ob die von der Finanzverwaltung festgestellte Steuerbelastung von der in der Steuerbilanz ermittelten abweicht.[514] Das Steuerrisiko kann sich beispielsweise auf den Abzug von Aufwendungen als Betriebsausgaben, auf die Verrechnung des innerkonzernlichen Liefer- und Leistungsverkehrs oder auf Steuer(bilanz)werte beziehen.[515] Nach der in Abschnitt D.III.2.2. dargestellten Systematik steuerlicher Risiken handelt es sich bei den bilanziell abzubildenden Steuerrisiken folglich um externe steuerliche Risiken in der Ausprägung von Rechtsbeurteilungsrisiken.

---

511 Vgl. *von Eitzen/Dahlke*, Bilanzierung von Steuerpositionen nach IFRS 2008, S. 120.

512 Seit 2005 verpflichtet die EU-Verordnung Nr. 1606/2002 des Europäischen Parlamentes und des Rates v. 19.7.2002 betreffend die Anwendung internationaler Rechnungslegungsstandards (ABl. EG 2002 L 243 S. 1 ff.) börsennotierte Mutterunternehmen in der EU dazu, einen Konzernabschluss nach IFRS aufzustellen. Der deutsche Gesetzgeber hat in § 315a Abs. 1 HGB ergänzend geregelt, dass deutsche Mutterunternehmen, die nach der EU-Verordnung dazu verpflichtet sind, einen IFRS-Konzernabschluss aufzustellen, weitgehend von den Konzernrechnungslegungsnormen des HGB befreit werden. Die US-GAAP sind von US-amerikanischen Unternehmen, die an einer US-amerikanischen Börse gelistet sind, zu befolgen. Für nicht-US-amerikanische Unternehmen, die an einer US-amerikanischen Börse gelistet sind (sog. *foreign private issuers*), hat die Bedeutung der US-GAAP ab dem Jahr 2008 insofern abgenommen, als die SEC die IFRS-Abschlüsse von *foreign private issuers* anerkennt, vgl. SEC Release 33/8879, abrufbar unter http://www.sec.gov/rules/final/2007/33–8879.pdf, zuletzt abgerufen am 19.1.2012.

513 Neben den nachfolgend dargestellten Auswirkungen von Steuerrisiken auf den Bilanzausweis der laufenden Steuern (*current taxes*) sind auch die Auswirkungen auf den Ansatz latenter Steuern (*deferred taxes*) zu berücksichtigen. Diese werden nicht näher dargestellt. Vgl. dazu im Einzelnen *Meyer/Loitz/Linder/Zerwas*, Latente Steuern 2010, S. 164 ff.; *von Eitzen/Dahlke*, Bilanzierung von Steuerpositionen nach IFRS 2008, S. 126 f. Auf Zwischenabschlüsse wird ebenfalls nicht eingegangen.

514 Vgl. *Herzig/Heimig/Vossel*, DB 2009, S. 2613; *Meyer/Loitz/Linder/Zerwas*, Latente Steuern 2010, S. 158 ff. („Betriebsprüfungsrisiken"); *von Eitzen/Dahlke*, Bilanzierung von Steuerpositionen nach IFRS 2008, S. 144.

515 Vgl. *Von Eitzen/Dahlke*, Bilanzierung von Steuerpositionen nach IFRS 2008, S. 125.

Die nachfolgend dargestellten Vorschriften IAS 12 und FIN 48 verfolgen unterschiedliche Konzepte hinsichtlich des Ansatzes von Steuerrisiken dem Grunde und der Höhe nach. Ungeachtet dieser konzeptionellen Unterschiede weisen die Vorschriften die Gemeinsamkeit auf, dass sie eine umfassende Auseinandersetzung mit potentiellen steuerlichen Risiken im Sinne einer Schätzung ihrer Eintrittswahrscheinlichkeit sowie ihrer Auswirkungen verlangen. Da insoweit eine Überschneidung zu den Prozessschritten der Risikoidentifikation und Risikobewertung besteht, sollte eine Abstimmung des Tax Accounting mit dem steuerlichen Risikomanagement erfolgen, um eine doppelte und ggf. widersprüchliche Risikoerfassung zu vermeiden.

3.2.3.2 IAS 12

Die Abbildung von Ertragsteuern in IFRS-Abschlüssen ist in IAS 12 (*Income Taxes*) geregelt. In seiner geltenden Fassung enthält IAS 12 keine expliziten Regelungen zur Behandlung von ertragsteuerlichen Risiken.[516] IAS 12.12 bestimmt lediglich, dass die laufenden Ertragsteuern (*current taxes*) für laufende und frühere Perioden in dem Umfang, in dem sie noch nicht bezahlt sind, als Schuld anzusetzen sind. Mangels näherer Regelungen hinsichtlich der Behandlung ertragsteuerlicher Risiken kann nach IAS 8.11 ergänzend auf andere IAS-Standards und Regelungen, die vergleichbare Fragestellungen betreffen, zurückgegriffen werden. Konkret kann ein Rückgriff auf IAS 37 sowie das IAS-Framework erfolgen.[517] Eine zu passivierende (Steuer-)Schuld besteht demnach in einer gegenwärtigen Verpflichtung des Unternehmens, die aus Ereignissen der Vergangenheit entsteht und deren Erfüllung für das Unternehmen erwartungsgemäß mit einem Abfluss von Ressourcen mit wirtschaftlichem Nutzen verbunden ist.[518]

In Bezug auf Steuerrisiken sind die Voraussetzungen einer abstrakten Ansatzfähigkeit regelmäßig erfüllt.[519] Denn es liegt eine Verpflichtung vor, die aus Ereignissen der Vergangenheit entsteht und deren Erfüllung erwartungsgemäß zu einem Abfluss von Ressourcen führt.[520] Eine Passivierung setzt nach Tz. 91 des IAS-Frameworks weiterhin voraus, dass es wahrscheinlich[521] ist, dass sich aus der Erfüllung der gegenwärtigen Verpflichtung ein direkter Abfluss von Ressourcen ergibt, die wirtschaftlichen Nutzen enthalten und dass der Erfüllungsbetrag verlässlich

---

516 Vgl. *Herzig/Heimig/Vossel*, DB 2009, S. 2614; *von Eitzen/Dahlke*, Bilanzierung von Steuerpositionen nach IFRS 2008, S. 125.

517 Vgl. *Benzel/Linzbach*, KoR 2009, S. 400; *Meyer/Loitz/Linder/Zerwas*, Latente Steuern 2010, S. 160.

518 Tz. 49 Buchst. b) des Frameworks.

519 Vgl. *Benzel/Linzbach*, KoR 2009, S. 401.

520 Ein Abfluss von Liquidität erfolgt nicht, wenn steuerliche Verlustvorträge vorhanden sind.

521 Dieses Tatbestandsmerkmal ist erfüllt, wenn die Wahrscheinlichkeit mehr als 50 % beträgt, vgl. *Benzel/Linzbach*, KoR 2009, S. 401 m.w.N; *von Eitzen/Dahlke*, Bilanzierung von Steuerpositionen nach IFRS 2008, S. 125.

bewertet werden kann.[522] Eine Passivierung für Steuerrisiken unterbleibt, sofern es sich bei den Risiken um sog. Eventualschulden i.S.v. IAS 37.10 handelt;[523] diese sind im Anhang anzugeben.[524]

Im Hinblick auf die Bewertung eines passivierungspflichtigen Steuerrisikos regelt IAS 12.46 allgemein, dass der Betrag anzusetzen ist, in dessen Höhe eine Zahlung an die Steuerbehörden erwartet wird. Unter Bezugnahme auf IAS 37.36 f. handelt es sich hierbei um den Wert der bestmöglichen Schätzung. In IAS 37.37 wird dieser Wert weiter als Erfüllungsbetrag konkretisiert. Sofern mehrere Erfüllungsbeträge denkbar sind, ist gem. IAS 37.40 Satz 1 der Wert mit der höchsten Eintrittswahrscheinlichkeit anzusetzen.[525] Erwartet ein Unternehmen beispielsweise, dass ein als Betriebsausgabe geltend gemachter Aufwand i.H.v. 100 zu 10 % in voller Höhe, zu 55 % hälftig und zu 35 % nicht anerkannt wird, ist von einer Anerkennung durch die Finanzverwaltung i.H.v. 50 auszugehen. Denn dieser Wert wird mit der höchsten Eintrittswahrscheinlichkeit (55 %) erwartet. Daher ist eine Steuerschuld i.H.v. 50 gewichtet mit dem maßgeblichen Steuersatz zu passivieren. Sofern sämtlichen Erfüllungsbeträgen die gleiche Wahrscheinlichkeit zugeordnet wird, ist der arithmetische Mittelwert der Bandbreite der möglichen Erfüllungsbeträge anzusetzen.[526]

Im Zuge eines von dem IASB und dem FASB initiierten Konvergenzprojektes[527], das eine Annäherung der IFRS und der US-GAAP zum Ziel hatte, wurde an einer umfassenden Revision des IAS 12 gearbeitet. Das IASB hat sich im Verlauf des Projektes dazu entschieden, IAS 12 nicht zu überarbeiten, sondern einen neuen Standard zu entwickeln. In diesem Zusammenhang hat das IASB am 31.3.2009 den Entwurf ED/2009/2 veröffentlicht. Dieser Entwurf sah – abweichend von dem geltenden IAS 12 – explizite Regelungen zur Berücksichtigung steuerlicher Risiken vor.[528] Hinsichtlich des Ansatzes dem Grunde nach sah der ED/2009/2 ein unbedingtes

---

522 Vgl. *Schulz-Danso*, in: Beck'sches IFRS-Handbuch 2013, § 25 Rz. 12; *Benzel/Linzbach*, KoR 2009, S. 401.

523 Eine Eventualschuld (*contingent liability*) ist in IAS 37.10 definiert als eine mögliche Verpflichtung, die aus vergangenen Ereignissen resultiert und deren Existenz durch das Eintreten oder Nicht-Eintreten eines oder mehrerer unsicherer künftiger Ereignisse noch bestätigt werden muss. Eine Eventualschuld liegt ferner vor, wenn ein Abfluss von Ressourcen mit wirtschaftlichem Nutzen zur Erfüllung der Verpflichtung nicht wahrscheinlich ist oder die Höhe der Verpflichtung nicht ausreichend verlässlich geschätzt werden kann.

524 Dies regelt IAS 12.88 i.V.m. 37.27.

525 Liegen die denkbaren Erfüllungsbeträge größtenteils ober- oder größtenteils unterhalb des Erfüllungsbetrages mit der höchsten Wahrscheinlichkeit, kann ein Abschlag von dem Wert, der die höchste Eintrittswahrscheinlichkeit aufweist, vorgenommen werden, IAS 37.40 Satz 2.

526 Vgl. IAS 37.39; *von Eitzen/Dahlke*, Bilanzierung von Steuerpositionen nach IFRS 2008, S. 156.

527 Vgl. hierzu *Loitz*, DB 2009, S. 1997 f.

528 Vgl. *Loitz*, DB 2009, S. 2000; *Herzig/Heimig/Vossel*, DB 2009, S. 2613 *Kessler/Scholz-Görlach*, PiR 2009, S. 288; *Senger/Brune/Hoehne*, IRZ 2009, S. 294.

Ansatzgebot für Steuerrisiken vor. Der Ansatz eines Steuerrisikos sollte folglich nicht mehr von der subjektiven Einschätzung von Wahrscheinlichkeiten abhängig sein.[529] Für Zwecke der Anwendung des ED/2009/2 war davon auszugehen, dass sämtliche Steuerpositionen einer Prüfung unterliegen und dass die Finanzverwaltung über alle verfügbaren Informationen verfügt.[530]

Die Bewertung der Steuerrisiken hatte nach dem ED/2009/2 mit einem gewichteten Erwartungswert (*probability-weighted average amount*) zu erfolgen.[531] In dem vorstehenden Beispielsfall wäre demnach von einer steuerlichen Anerkennung der Aufwendungen i.H.v. 37,50 auszugehen (100 x 10 % + 50 x 55 % + 0 x 35 %). Demnach wäre eine Steuerschuld i.H.v. 37,5 gewichtet mit dem maßgeblichen Steuersatz zu passivieren. Das IASB hat den ED/2009/2 im November 2009 nach anhaltender Kritik zurückgenommen.[532] Die Überarbeitung der Regeln zur Berücksichtigung von Steuerrisiken soll jedoch weiterverfolgt werden.[533] Zudem wird gegenwärtig auch der Standard IAS 37 überarbeitet, der ebenfalls eine erwartungswertorientierte Bewertung vorsieht.[534]

3.2.3.3 FIN 48

Der US-amerikanische Standardsetter FASB hat in Bezug auf die Entwicklung von Regeln zur bilanziellen Abbildung ertragsteuerlicher Risiken eine Vorreiterrolle eingenommen. So hat der FASB im Jahr 2006 die FASB Interpretation No. 48 (*Accounting for Uncertainty in Income Taxes* – FIN 48) verabschiedet, welche die bilanzielle Abbildung von sog. unsicheren Steuerpositionen (*uncertain tax positions*) behandelt. FIN 48 stellt eine Interpretation zu SFAS 109 dar, der die bilanzielle Erfassung von Steuerpositionen betrifft.

Nach FIN 48 erfolgt die Bilanzierung von *uncertain tax positions* in zwei Stufen (Ansatz dem Grunde und der Höhe nach). In einer ersten Stufe (*recognition*) ist zu prüfen, ob eine Inanspruchnahme des Unternehmens – auch unter Berücksichtigung eines möglichen Rechtsbehelfs- und Gerichtsverfahrens – *more likely than not* ist, d. h. dass die Wahrscheinlichkeit von mehr als 50 % für eine Inanspruchnahme beträgt.[535] Dabei ist davon auszugehen, dass die Finanzverwaltung volle Kenntnis des betreffenden Sachverhalts hat. Die Bewertung der Position ist in einem zweiten Schritt (*measurement*) nach der höchsten kumulativen Wahrscheinlichkeit vorzunehmen.[536] In dem vorstehenden Beispielsfall wäre demnach ein Wert von

529 Vgl. *Benzel/Linzbach*, KoR 2009, S. 402.
530 Vgl. Tz. 26 ED/2009/2.
531 Vgl. *Benzel/Linzbach*, KoR 2009, S. 402 ff.
532 Vgl. hierzu *Ruberg*, Ubg 2009, S. 863 ff.
533 Vgl. *Benzel/Linzbach*, IRZ 2010, S. 500.
534 Vgl. *Benzel/Linzbach*, IRZ 2010, S. 500.
535 Vgl. FIN 48 Tz. 6.
536 Vgl. das Beispiel von *Benzel/Linzbach*, KoR 2009, S. 407. Die zweistufige Vorgehensweise ist mittlerweile im Rahmen der „Accounting Standard Codification" in ASC 740–10–30–7 geregelt.

50 anzusetzen. Demnach wäre eine Steuerschuld i.H.v. 50 multipliziert mit dem maßgeblichen Steuersatz zu passivieren.

Ergänzend zu der bilanziellen Berücksichtigung steuerlicher Risiken nach FIN 48 sind bestimmte US-amerikanische Unternehmen seit dem Veranlagungszeitraum 2010 dazu verpflichtet, Angaben über Steuerrisiken (*Uncertain Tax Positions – UTP*) in einer Anlage zu ihrer Steuererklärung (sog. *Schedule UTP*) zu machen. Auf diese Weise soll eine effizientere und schnellere Prüfung der betreffenden Sachverhalte durch den IRS ermöglicht werden.[537]

4. Steuerung der steuerlichen Risiken

4.1 Handlungsmöglichkeiten

Die Risikosteuerung bildet den Kern des steuerlichen Risikomanagementprozesses. Im Rahmen der Risikosteuerung wird auf der Grundlage der Erkenntnisse der Risikoidentifikation und -bewertung entschieden, wie mit den Steuerrisiken umgegangen wird. Bei der Entscheidung über die Maßnahmen der Risikosteuerung sind sämtliche Auswirkungen steuerlicher Risiken zu berücksichtigen. Grundsätzlich stehen im Rahmen der Risikosteuerung die folgenden Handlungsmöglichkeiten zur Verfügung:[538]

- **Vermeidung** von Steuerrisiken,
- **Verminderung** von Steuerrisiken,
- **Übertragung** von Steuerrisiken,
- **Akzeptanz** von Steuerrisiken.

Die Handlungsmöglichkeiten werden nachfolgend dargestellt.

4.2 Vermeidung von Steuerrisiken

Eine **Vermeidung** von Steuerrisiken wird durch eine Beeinflussung der jeweiligen Risikoquelle[539] erreicht. Handelt es sich bei der Risikoquelle um eine laufende Transaktion (z. B. den laufenden Lieferverkehr zwischen zwei Konzerngesellschaften), kann eine Vermeidung von Steuerrisiken nur durch ein Unterlassen der entsprechenden Transaktionen erfolgen. Entsprechendes gilt, wenn es sich bei der Risikoquelle um eine aperiodische Transaktion (z. B. einen geplanten Unternehmenskauf) handelt. In diesem Fall können die steuerlichen Risiken lediglich durch ein Unterlassen der Akquisition des Zielunternehmens vollumfänglich vermieden werden. Diese Vorgehensweise wird sich jedoch regelmäßig verbieten, wenn die laufenden oder aperiodischen Transaktionen wesentlich für die Wertschöpfung im

---

537 Vgl. *Benzel/Linzbach*, IRZ 2010, S. 502.

538 Vgl. *Henselmann/Rose*, in: Götze/Henselmann/Mikus, Risikomanagement 2001, S. 192 ff.

539 Zu den Quellen steuerlicher Risiken vgl. Abschnitt D.III.2.

Konzern sind.[540] Im Ergebnis dürfte die Vermeidung von Steuerrisiken daher nur in Ausnahmefällen ein geeignetes Instrument des Risikomanagements darstellen.

4.3 Verminderung von steuerlichen Risiken

Eine **Verminderung** von steuerlichen Risiken kann durch den Einsatz von Instrumenten des steuerlichen Risikomanagements erreicht werden. Aufgrund der Vielzahl steuerlicher Risiken können nachfolgend nur Beispiele von Instrumenten des steuerlichen Risikomanagements genannt werden.[541]

Instrumente zur Verminderung interner steuerlicher Risiken sind u. a.:

- **Schaffung geeigneter Berichtsstrukturen im Konzern und Entwicklung eines Risikoverständnisses:** Da eine wesentliche Quelle von Steuerrisiken in der fehlenden Abstimmung steuerrelevanter Sachverhalte mit der Steuerabteilung liegt, ist es aus einer Risikomanagementperspektive erforderlich, konzerninterne Berichtsstrukturen zu schaffen, die es ermöglichen, dass die entsprechenden Sachverhalte zeitnah an die Steuerabteilung gemeldet werden. Dazu sollte zum einen auf Ebene der operativ tätigen Abteilungen ein steuerliches Risikoverständnis entwickelt werden. Dies kann durch regelmäßig interne Schulungen und Workshops erreicht werden, in denen steuerlich sensible Sachverhalte und deren Folgen vermittelt werden. Weiterhin können Handlungsanweisungen in Handbüchern bzw. Richtlinien niedergelegt werden. Sofern nicht nur auf Ebene der Spitzeneinheit des Konzerns, sondern auch auf Ebene einzelner Konzerngesellschaften Steuerabteilungen eingerichtet sind bzw. Ansprechpartner für Steuerfragen benannt sind, ist auch die Arbeitsteilung zwischen den einzelnen Steuerabteilungen zu regeln. Dies betrifft insbesondere Projekte, die konzernweit implementiert werden, und nicht nur einzelne Konzerngesellschaften betreffen.
- **Personelle Ausstattung der Steuerabteilung/Weiterbildung:** Ein weiteres Instrument zur Verminderung steuerlicher Risiken besteht in einer angemessenen personellen Ausstattung der Steuerabteilung. Auf diese Weise ist gewährleistet, dass die vielfältigen steuerlichen Fragestellungen, die im Zuge der Geschäftstätigkeit auftreten, rechtzeitig und zielgerichtet bearbeitet werden können. So kann verhindert werden, dass Deklarationsfristen verpasst werden. Aufgrund der zunehmenden Komplexität des Steuerrechts ist es überaus ratsam, innerhalb der Steuerabteilung Verantwortlichkeiten für bestimmte Steuerarten bzw. Vorgänge zu schaffen. Das Fachwissen der Mitarbeiter sollte in regelmäßigen Fachseminaren vertieft werden.

---

540 Vgl. auch *Henselmann/Rose*, in: Götze/Henselmann/Mikus, Risikomanagement 2001, S. 193.

541 Die Instrumente des Verrechnungspreis-Risikomanagements werden in Abschnitt E.V im Einzelnen dargestellt und bewertet.

- **Einschaltung externer Berater:** Ergänzend zu einer angemessenen Ausstattung der Steuerabteilung besteht ein Mittel des Risikomanagements in der Hinzuziehung externer steuerlicher Berater. Dies ist insbesondere dann zweckmäßig, wenn es sich um Spezialsachverhalte handelt, über deren steuerliche Behandlung kein ausreichendes Fachwissen in der Steuerabteilung vorhanden ist.

Instrumente zur Verminderung externer steuerlicher Risiken sind u. a.:

- **Verbindliche Vorabzusagen:** Verbindliche Vorabzusagen dienen dem Zweck, Rechtssicherheit über die Auslegung eines Sachverhalts oder die steuerliche Würdigung eines Sachverhalts durch die Finanzverwaltung zu erlangen. Das deutsche Steuerrecht sieht die folgenden Rechtsinstrumente vor, welche jeweils in unterschiedlichen Phasen des Steuerverfahrens zur Anwendung kommen können:

  - Verbindliche Auskunft gem. § 89 Abs. 2 AO,
  - Verbindliche Zusage im Anschluss an eine Betriebsprüfung gem. § 204 AO,
  - Tatsächliche Verständigung in Fällen einer erschwerten Sachverhaltsermittlung,
  - Advance Pricing Agreements im Sinne der Vorschriften der DBA über das Verständigungs- und Konsultationsverfahren.[542]

- **Tax Due Diligence:** Bei der Tax Due Diligence handelt es sich um einen Teilbereich einer Due Diligence Prüfung. Der Begriff Due Diligence kann mit erforderliche Sorgfalt[543] übersetzt werden und bezeichnet eine ganzheitliche systematische Unternehmensanalyse, die regelmäßig im Zusammenhang mit einem Unternehmenskauf durchgeführt wird.[544] Ziel einer solchen Prüfung ist die Identifikation von Stärken und Schwächen eines Unternehmens sowie der Erwartungen über dessen zukünftige Entwicklung.[545] Der Teilbereich der Tax Due Diligence beschäftigt sich mit der Analyse der steuerlichen Risiken im operativen und finanziellen Bereich der Zielgesellschaft.[546] Die Durchführung einer Tax Due Diligence kann folglich dazu beitragen, dass steuerliche Risiken frühzeitig aufgedeckt werden. Auf diese Weise können Gegenmaßnahmen eingeleitet werden oder es kann Abstand von der geplanten Akquisition genommen werden. Alternativ kann die Kenntnis wesentlicher steuerlicher Risiken zu einer Reduzierung des Kaufpreises führen.

542 Zu Einzelheiten zu den einzelnen Rechtsinstrumenten vgl. Abschnitt E.V.2.8.

543 Vgl. *Krüger/Kalbfleisch*, DStR 1999, S. 174; *Vogt*, DStR 2001, S. 2027.

544 Zu den möglichen Anlässen einer Due Diligence vgl. *Kewitz*, in: Sinewe, Tax Due Diligence 2010, S. 40.

545 Vgl. *Tcherveniachki*, Kapitalgesellschaften und Private Equity Fonds, 2007, S. 80 m.w.N.

546 Vgl. *Kewitz*, in: Sinewe, Tax Due Diligence 2010, S. 21.

- **Beantragung einer zeitnahen Betriebsprüfung:** Die deutsche Betriebsprüfungspraxis ist dadurch gekennzeichnet, dass die Prüfung der unter dem Vorbehalt der Nachprüfung stehenden Steuerbescheide erst mit einer erheblichen zeitlichen Verzögerung erfolgt. Oftmals liegt zwischen dem Veranlagungszeitraum und dem Abschluss der Betriebsprüfung ein Zeitraum von fünf oder mehr Jahren.[547] Dies ist für die Steuerpflichtigen insofern nachteilig, als im Falle einer Nachzahlung Nachzahlungszinsen gem. § 233a AO erhoben werden. Zudem besteht aufgrund des Zeitverzugs eine Rechtsunsicherheit hinsichtlich der steuerlichen Fragestellungen, die potentiell Gegenstand der Betriebsprüfung sind. Zur Verminderung der Risiken, die mit der zeitverzögerten Betriebsprüfung einhergehen, wird derzeit das Modell einer zeitnahen Betriebsprüfung diskutiert.[548] Das Modell weist den Vorteil auf, dass der Steuerpflichtige zeitnah Kenntnis darüber erlangt, ob die Finanzverwaltung seine Rechtsauffassung teilt. Auf diese Weise wird der Steuerpflichtige in die Lage versetzt, bei Bedarf Anzupassungsmaßnahmen vorzunehmen.
- **Steuerpolitik:**[549] Ein weiteres Instrument zur Verminderung von externen steuerlichen Risiken besteht in einer aktiven Begleitung von steuerlichen Gesetzes- und Verwaltungsvorhaben, die sich potentiell auf den Konzern auswirken können. Hierbei handelt es sich um ein insbesondere in den USA aktiv genutztes Instrument.[550] Eine Einflussnahme kann zum einen über eine Mitgliedschaft in Verbänden erfolgen, welche die Interessen ihrer Mitglieder über Verbandsanhörungen etc. in den relevanten Kreisen wahrnehmen. So können beispielsweise politische Entscheidungsträger über Bereitstellung von Statistiken und Fachwissen unterstützt werden. Weiterhin ist es denkbar, dass Unternehmensvertreter, wie beispielweise der Leiter der Steuerabteilung, über eine Mitwirkung in Kommissionen, Gesprächskreisen oder Tagungen die Sichtweise des Unternehmens in die Diskussionen einbringt. Ferner besteht eine Möglichkeit der Einflussnahme über die Veröffentlichung von Beiträgen in Fachzeitschriften.[551]

4.4 Übertragung von steuerlichen Risiken

Eine **Übertragung** von steuerlichen Risiken lässt sich nur in einem begrenzten Umfang erreichen. Versicherungslösungen – wie sie etwa bei finanziellen Risiken verwendet werden – kommen in diesem Zusammenhang in der Regel nicht zum

---

547 Vgl. *Drüen*, Modelle und Rechtsfrage zeitnaher Betriebsprüfungen, IFSt-Schrift Nr. 469, 2011, S. 9.

548 Vgl. *Drüen*, Modelle und Rechtsfrage zeitnaher Betriebsprüfungen, IFSt-Schrift Nr. 469, 2011, S. 6.

549 Vgl. dazu auch *Montag*, in: FS Schaumburg, S. 71 f.

550 Vgl. *Loose*, Tax Management der kapitalmarktorientierten internationalen Unternehmung, 2009, S. 279.

551 Vgl. *Loose*, Tax Management der kapitalmarktorientierten internationalen Unternehmung, 2009, S. 278.

Einsatz.[552] Eine Übertragung steuerlicher Risiken ist durch die Vereinbarung von Steuerklauseln denkbar. Derartige Klauseln werden oftmals im Zusammenhang mit Unternehmenskäufen, insbesondere in der Form eines Share Deals vereinbart.[553] Gegenstand einer Steuerklausel sind typischerweise Zusagen des Veräußerers hinsichtlich der steuerlichen Position zum Erwerbszeitpunkt (Erfüllung der Deklarationspflichten etc.), Regelungen zur Inanspruchnahme des Veräußerers sowie Regelungen zur Verpflichtung des Erwerbers.[554] So kann in einer Steuerklausel beispielsweise geregelt werden, dass der Veräußerer bis zu einem gewissen Zeitpunkt Risiken aus Betriebsprüfungen zu übernehmen hat.

4.5 Akzeptanz von steuerlichen Risiken

Eine **Akzeptanz** von Steuerrisiken kommt zum einen bei solchen Risiken in Frage, die auch in der Ausprägung einer Chance auftreten können. Dies betrifft den Bereich der – rechtlich zulässigen – Steuergestaltungen, die zu einer Optimierung steuerlicher Zielgrößen eingesetzt werden (z. B. Ausnutzung von Bandbreiten oder Reduktion nicht abziehbarer Betriebsausgaben). Eine Akzeptanz von Steuerrisiken kommt darüber hinaus bei Risiken in Frage, deren Auswirkungen in der Risikobewertung als gering eingeschätzt wurden. Bei diesen Risiken würde der Einsatz von Instrumenten zur Risikoverminderung zu einem unverhältnismäßig hohen Kostenaufwand führen.

5. Darstellung und Vergleich der steuerlichen Risikosituation des Unternehmens

Der steuerliche Risikomanagementprozess schließt mit dem Prozessschritt Darstellung und Vergleich der steuerlichen Risikosituation. Unter der Darstellung der Risikosituation wird ein systematischer Überblick über alle steuerlichen Risiken, denen die einzelnen Konzerngesellschaften ausgesetzt sind, sowie die potentiellen Auswirkungen dieser Risiken verstanden. Zudem wird in diesem Prozessschritt geprüft, ob die im Rahmen der Steuerstrategie im Hinblick auf das Risikomanagement formulierten Ziele[555] erreicht worden sind. Dieser Soll-Ist-Vergleich ermöglicht einen Überblick darüber, ob die einzelnen Prozessschritte des steuerlichen Risikomanagementprozesses zu den gewünschten Ergebnissen geführt haben. Ist

552 Indessen ist zu konstatieren, dass sich gegenwärtig ein Markt für die Versicherung von Steuerrisiken entwickelt, vgl. insoweit auch *Baumgärtel*, in: Schön, Tax and Corporate Governance, S. 97 f. Anbieter entsprechender Lösungen bieten beispielsweise Versicherungen von Stellungnahmen an, die von steuerlichen Beratern im Hinblick auf steuerliche Strukturierungen erstellt wurden.

553 Vgl. *Hülsmann*, DStR 2008, S. 2404.

554 Vgl. *Hülsmann*, DStR 2008, S. 2404.

555 Vgl. dazu Abschnitt D.III.1.

dies nicht der Fall, können einzelne Schritte des steuerlichen Risikomanagements angepasst bzw. verbessert werden.

6. Zwischenergebnis

Wie gezeigt wurde, lassen sich die einzelnen Prozessschritte des betrieblichen Risikomanagements auf das steuerliche Risikomanagement übertragen. Da das steuerliche Risikomanagement eingehende Fachkenntnisse und einschlägiges Erfahrungswissen erfordert, handelt es sich hierbei um eine Aufgabe, die von der Steuerabteilung ausgeführt werden sollte. Sollten auch auf Ebene einzelner Konzerngesellschaften Steuerabteilungen oder sind zumindest Ansprechpartner für Steuerfragen vorhanden sein, ist die Arbeitsteilung zwischen den einzelnen Steuerabteilungen zu regeln. Dies kann etwa dergestalt erfolgen, dass im Rahmen der Risikoidentifikation festgelegt wird, dass die einzelnen steuerlichen Risiken auf Ebene der jeweiligen Konzerngesellschaft an die Steuerabteilung der Obergesellschaft gemeldet werden. Einzelheiten der Zusammenarbeit können in einer Verrechnungspreisrichtlinie geregelt werden.[556] Da das steuerliche Risikomanagement zahlreiche Schnittstellen zu anderen Funktionsbereichen aufweist, sollte zudem eine Abstimmung mit den entsprechenden Abteilungen erfolgen. Dies betrifft insbesondere das Tax Accounting.

Im nachfolgenden Hauptkapitel E. wird ein Konzept eines steuerlichen verrechnungspreisbezogenen Risikomanagementsystems entwickelt. Dieses Konzept baut auf den vorstehenden Prozessschritten des steuerlichen Risikomanagements auf und überträgt diese auf den Bereich der steuerlichen Verrechnungspreise.

---

556 Vgl. dazu ausführlich Abschnitt E.V.2.7.

E. Konzeption eines verrechnungspreisbezogenen steuerlichen Risikomanagementsystems

I. Einleitung

1. Einflussfaktoren des steuerlichen Verrechnungspreis-Risikomanagements

1.1 Rechts- und Planungssicherheit im Verrechnungspreisbereich

Vor dem Hintergrund des Vordringens der internationalen Rechnungslegungssysteme erfolgte im deutschsprachigen Schrifttum ausgehend von den 2000er Jahren eine zunehmende Beschäftigung mit dem „*Modephänomen*"[557] der Konzernsteuerquote (Effective Tax Rate).[558] Neben der Frage der Aussagekraft[559] dieser Kennziffer wurde dabei insbesondere diskutiert, welche Instrumente zur wirksamen und nachhaltigen Senkung der Konzernsteuerquote eingesetzt werden können. In zahlreichen Beiträgen wurde in diesem Zusammenhang die gezielte Gestaltung von Verrechnungspreisen angeführt.[560] Die Senkung der Konzernsteuerquote soll dabei in der Weise erfolgen, dass die Verrechnungspreise für den Liefer- und Leistungsverkehr zwischen den Konzerngesellschaften so festgelegt werden, dass das Steuersatzgefälle zwischen den beteiligten Staaten konsequent ausgenutzt wird. Die Möglichkeit einer Beanstandung und Korrektur der angesetzten Verrechnungspreise durch die beteiligten Finanzverwaltungen wird in den o.g. Beiträgen oft nicht oder nur am Rande in die Betrachtung einbezogen.

In jüngster Zeit zeigt sich, dass in dieser Frage ein Umdenken einsetzt.[561] So erlangt das Ziel einer höheren Rechts- und Planungssicherheit im Zielsystem international tätiger Konzerne zunehmend an Bedeutung, während die gezielte Gestaltung von Verrechnungspreisen zur Senkung der Konzernsteuerquote in den

557 *Müller*, DStR 2002, S. 1684.
558 Vgl. insbesondere *Herzig/Dempfle*, DB 2002, S. 1 ff.; *Herzig*, Wpg Sonderheft 2003, S. 80 ff.
559 Vgl. etwa *Hannemann/Pfeffermann*, BB 2003, S. 727 ff.
560 Vgl. *Herzig*, Wpg 2003, S. 88; *Lühn*, Der Konzern 2008, S. 102 f.; *Spengel*, in: Picot/Brandt, Unternehmenserfolg im internationalen Wettbewerb, 2005, S. 189 ff.; *Kuhn/Röthlisberger/Niggli*, Der Schweizer Treunhänder 2003, S. 642; *Dempfle*, Charakterisierung, Analyse und Beeinflussung der Konzernsteuerquote 2006, S. 290 ff.; *Endres*, in: Oestreicher, Internationale Steuerplanung 2004, S. 173 ff.
561 Vgl. *Ditz/Schneider*, DB 2011, S. 779.

Hintergrund tritt.[562] *Jonas* führt insoweit aus: *„Insbesondere die Aufgaben der Steuergestaltungsberatung werden wesentlich zurück gedrängt durch Tätigkeiten auf dem Gebiet der Tax Compliance und des Tax Risk Managements“*[563]. Diese Entwicklung wird durch das BEPS-Projekt der OECD, das auf eine stärkere Verhinderung von Steuervermeidungsgestaltungen abzielt, noch verstärkt.[564] International tätige Konzerne beurteilen die Planung, Durchführung und Überwachung ihrer steuerlichen Verrechnungspreissysteme mithin zunehmend unter Risikoaspekten.[565] Die Möglichkeit einer Korrektur der angesetzten Verrechnungspreise durch die Finanzverwaltung wird dabei als steuerliches Risiko wahrgenommen, welches es im Rahmen des allgemeinen betrieblichen Risikomanagements zu überwachen und steuern gilt.

Die beschriebene Entwicklung ist im Wesentlichen auf die sich wechselseitig beeinflussenden Faktoren:

- zunehmende Globalisierung der Weltwirtschaft,
- engeres internationales Regelungswerk und verbesserte Informationsquellen der Finanzverwaltung,
- verstärkte Prüfungsintensität im Verrechnungspreisbereich und
- Mängel des Fremdvergleichsgrundsatzes

zurückzuführen.[566]

---

562 *Niess* führt in diesem Zusammenhang aus, dass *„[d]ie aufgezeigten Risiken bei konzerninternen Verrechnungspreisen [...] klarmachen [sollten], dass es sich aus Sicht eines international agierenden Konzerns schon im Grundsatz verbietet, das Ziel einer aktiven Gewinnverlagerung zu betreiben“*, vgl. *Niess* in: FS Krawitz, 2010, S. 315. Vgl. ferner *Kurzewitz*, die unter Bezugnahme auf empirische Untersuchungen aufzeigt, dass die Minimierung steuerlicher Verrechnungspreisrisiken eine noch bedeutendere Rolle im Zielsystem international tätiger Großunternehmen spielt als das quantitative Ziel der Steuerbelastungsminimierung, vgl. *Kurzewitz*, Wahl der geeigneten Verrechnungspreismethode zur Verringerung von Doppelbesteuerungsproblemen, 2009, S. 131. Vgl. auch *Finkbeiner*, in: Sinz/Kahle, Praxis der Verrechnungspreissysteme in ausgewählten Branchen, 2013, S. 137, die ausführt, dass der Fokus der verrechnungspreisbezogenen Steuerplanung eines großen deutschen Konzerns nicht auf steueroptimierten Gestaltungen, sondern auf der Vermeidung von Doppelbesteuerung und Strafzahlungen liegt.

563 *Jonas*, BB 2013, S. 1112.

564 Vgl. OECD, Action Plan on Base Erosion and Profit Shifting, 2013.

565 In einer im Jahr 2010 durchgeführten Umfrage wurde „Transfer Pricing“ von den Steuerleitern international tätiger Konzerne als wichtigstes Steuerthema bezeichnet. Das Thema „Tax Minimization“ war dagegen nur das zweitwichtigste Thema, vgl. *Ernst & Young*, Global Transfer Pricing Survey/Addressing the Challenges of Globalization, 2010, S. 3; vgl. auch *Kroppen/Dawid/Schmidtke*, in: Schön/Konrad, Fundamentals of International Transfer Pricing in Law and Economics, 2012, S. 279 zum Thema „profit shifting“.

566 Vgl. insoweit auch *Niess*, in: FS Krawitz, 2010, S. 301, der die Faktoren „Globalisierung“, „leere Staatskassen“ und „Aufrüsten der Finanzbehörden“ als Gründe für die zunehmende Bedeutung von Verrechnungspreisrisiken anführt.

Diese Einflussfaktoren des Verrechnungspreisrisikomanagements werden nachfolgend im Einzelnen erläutert.

1.2 Globalisierung der Weltwirtschaft

Der mit der zunehmenden Verflechtung der Weltwirtschaft einhergehende Trend zur Auslagerung betrieblicher Wertschöpfungsprozesse in das Ausland hat zur Folge, dass der zwischen Konzerngesellschaften abgewickelte und mit Verrechnungspreisen bewertete grenzüberschreitende Liefer- und Leistungsverkehr stetig zunimmt. Schätzungen der OECD zufolge wurden bereits in den neunziger Jahren des 20. Jahrhunderts ca. 60 % des Welthandels zwischen international verbundenen Unternehmen abgewickelt.[567] Dieser Anteil dürfte derweil weiter angestiegen sein.[568]

Die Zunahme des grenzüberschreitenden innerkonzernlichen Liefer- und Leistungsverkehrs stellt die Nationalstaaten hinsichtlich der Ausgestaltung ihrer Steuerpolitik vor neue Herausforderungen: Einerseits müssen sie sicherstellen, dass der von den in verschiedenen Jurisdiktionen ansässigen Gliedgesellschaften eines internationalen Konzerns ermittelte Gewinn nur einmal besteuert wird (Vermeidung wirtschaftlicher Doppelbesteuerung).[569] Zur Sicherung der Finanzierung der Aufgaben des Gemeinwohls sind die Nationalstaaten andererseits dazu gezwungen, Maßnahmen zu ergreifen, um eine Ausschöpfung der ihnen zustehenden Steuerressourcen durch andere Fisci zu verhindern.[570] Verschärft wird diese Entwicklung durch die Tatsache, dass im Zuge der Finanz- und Wirtschaftskrise in zahlreichen Staaten wirtschaftliche Stützungsmaßnahmen erfolgt sind, deren Finanzierung die ohnehin defizitären Staatshaushalte in erheblichem Maße belastet hat. Dadurch ist der Verteilungskampf zwischen den Fisci noch intensiver geworden.[571]

Die vorstehend beschriebene Entwicklung hat dazu geführt, dass die Verrechnungspreisgestaltung international tätiger Konzerne zunehmend in den Fokus der nationalen Gesetzgeber und Finanzverwaltungen gerückt ist. Denn die zwischen den einzelnen Gliedgesellschaften eines internationalen Konzerns angesetzten

567 Diese Zahl wird in einem Arbeitsdokument der Europäischen Kommission aus dem Jahre 2001 genannt und bezieht sich auf eine Schätzung der OECD aus den frühen 90er Jahren, vgl. Commission Staff Working Paper, Company Taxation in the Internal Market, SEC(2001)1681, S. 23.

568 Vgl. insoweit die Nachweise in Fn. 13.

569 Vgl. *Baumhoff*, in: Mössner, Steuerrecht international tätiger Unternehmen, 2012, Rz. 3.5; *Lehner*, in: Kessler/Kröner/Köhler, Konzernsteuerrecht, § 6 Tz. 44; *Baßler*, Steuerliche Gewinnabgrenzung im Europäischen Binnenmarkt, S. 42 und 59 ff.; Tz. 4.2 OECD-Verrechnungspreisrichtlinien. Zu den unerwünschten betriebswirtschaftlichen und volkswirtschaftlichen Folgen der Doppelbesteuerung vgl. *Jacobs/Endres/Spengel*, in: Jacobs, Internationale Unternehmensbesteuerung, S. 3 ff.

570 Vgl. *Khvat/Ross/Nias*, Tax Notes International 2008, S. 247; *Joseph*, ITPJ 2007, S. 89.

571 Vgl. FAZ v. 13.10.2009, o.V., S. 14: „Finanzkrise macht Steuerprüfer strenger"; *Baumhoff*, in: FS Krawitz, 2010, S. 23; *Niess*, in: FS Krawitz, 2010, S. 301; *Markham*, Advance Pricing Agreements, 2012, S. 7.

Verrechnungspreise haben einen erheblichen Einfluss auf die Verteilung des Steueraufkommens auf die Domizilstaaten der einzelnen Konzerngesellschaften.[572] Daher haben insbesondere die Finanzverwaltungen der großen Industriestaaten in den letzten Jahren zur Sicherstellung ihrer Steueransprüche Aktivitäten in dem Bereich der internationalen Verrechnungspreise wie auf kaum einem anderen Rechtsgebiet entfaltet.

Das zusätzliche Steueraufkommen, welches allein in Deutschland durch eine Verstärkung der Prüfungsintensität im Bereich der internationalen Verrechnungspreise erschlossen werden kann, veranschaulichen die Berechnungen von *Grotherr*. Dieser schätzt auf Basis des deutschen Außenhandelsvolumens des Jahres 2003, dass eine Korrektur der von deutschen Unternehmen angesetzten Verrechnungspreise in Höhe von lediglich 5 % zu einem steuerlichen Mehraufkommen in Höhe von 14,3 Mrd. Euro führen würde.[573] Zieht man das Außenhandelsvolumen des Jahres 2010 heran, so ergibt sich – trotz der zwischenzeitlich erfolgten Senkung des Körperschaftsteuersatzes[574] – ein steuerliches Mehraufkommen in Höhe von 18,4 Mrd. Euro.[575]

1.3 Engeres internationales Regelungswerk und verbesserte Informationsquellen der Finanzverwaltung

In Deutschland hat die gestiegene Aufmerksamkeit auf die Steuerquelle Verrechnungspreise in dem letzten Jahrzehnt zu der Verabschiedung bedeutsamer verrechnungspreisbezogener Gesetze, Vorschriften, Verordnungen und Verwaltungsanweisungen geführt. Den Ausgangspunkt der Entwicklung bildete die Einführung von Dokumentationsvorschriften in § 90 Abs. 3 AO im Jahr 2003.[576]

---

572 Vgl. OECD Leitsätze für multinationale Unternehmen, Teil I, Abschnitt XI., Tz. 102. Abrufbar unter http://www.oecd.org/dataoecd/38/35/48808708.pdf, zuletzt abgerufen am 19.1.2012.

573 Vgl. *Grotherr*, BB 2005, S. 855; Gegenberichtigungen und sekundäre Berichtigungen sind dabei nicht berücksichtigt, vgl. dazu *Schaumburg*, Der Konzern 2006, S. 495.

574 Im Jahr 2008 erfolgte eine Senkung des Körperschaftsteuersatzes auf 15 %.

575 Für Zwecke der Berechnung wurde unterstellt, dass mittlerweile 70 % des Außenhandels zwischen vebundenen Unternehmen abgewickelt werden. Das zusätzliche Steueraufkommen i.H.v. 18,4 Mrd. Euro ergibt sich unter der Annahme einer effektiven Belastung mit Körperschaftsteuer, Solidaritätszuschlag und Gewerbesteuer i.H.v. 30 %.

576 In Deutschland existierten bereits vor Einführung der Dokumentationsvorschriften in § 90 Abs. 3 AO Verrechnungspreisregelungen. So fand die Einkünftekorrekturvorschrift des § 1 AStG bereits 1972 Eingang in das Außensteuergesetz. Zudem erfolgte im Jahr 1983 eine erste umfassende Stellungnahme der Finanzverwaltung zu der Einkünfteabgrenzung zwischen international verbundenen Unternehmen (vgl. BMF v. 23.3.1983, BStBl. I 1983, S. 218). Die Regelungsdichte im Bereich der internationalen Verrechnungspreise hat jedoch im letzten Jahrzehnt ausgehend

Die Einführung der Vorschriften erfolgte als Reaktion auf das Urteil des BFH v. 17.10.2001, in dem der BFH entschieden hatte, dass keine über die allgemeinen Buchführungs- und Aufzeichnungspflichten hinausgehenden Anforderungen zur Dokumentation internationaler Verrechnungspreise bestehen.[577] Die in § 90 Abs. 3 AO eingeführten Dokumentationsvorschriften ermöglichten es der Finanzverwaltung erstmals, Verrechnungspreissachverhalte umfassend zu prüfen. Zuvor hatte es sich aufgrund der fehlenden Rechtsgrundlagen noch als äußerst schwierig erwiesen, mit den bestehenden verfahrensrechtlichen Möglichkeiten die für eine Prüfung und Korrektur der Verrechnungspreise erforderlichen Informationen zu erhalten.[578] Die Dokumentationsvorschriften werden durch die Gewinnabgrenzungsaufzeichnungsverordnung v. 13.11.2003[579] sowie die *„Grundsätze für die Prüfung der Einkunftsabgrenzung zwischen nahe stehenden Personen mit grenzüberschreitenden Geschäftsbeziehungen in Bezug auf Ermittlungs- und Mitwirkungspflichten, Berichtigungen sowie auf Verständigungs- und EU-Schiedsverfahren*" (BMF v. 12.4.2005)[580] flankiert, welche detaillierte Vorgaben in Bezug auf die Ermittlung und Dokumentation internationaler Verrechnungspreise enthalten.

Eine weitere Ergänzung des Regelungswerks im Bereich der internationalen Verrechnungspreise erfolgte durch die umfassenden Änderungen des § 1 AStG im Zuge des Unternehmensteuerreformgesetzes 2008. In diesem Zusammenhang wurde in § 1 Abs. 3 AStG ein sog. Stufenverhältnis[581] der Verrechnungspreismethoden verankert. Demnach sind bei Vorliegen uneingeschränkt vergleichbarer Fremdvergleichswerte vorrangig die Standardmethoden der Verrechnungspreisermittlung anzuwenden.[582] In § 1 Abs. 3 Satz 9 AStG wurden weiterhin umfangreiche Vorschriften zur Behandlung von Funktionsverlagerungen zwischen verbundenen Unternehmen aufgenommen. Diese sehen die ertragswertorientierte Besteuerung eines Transferpakets im Falle einer Verlagerung einer Funktion auf eine nahe stehende Person im Ausland vor.[583] Am 12.8.2008 hat das BMF auf der Grundlage der Ermächtigung in § 1 Abs. 3 Satz 13 AStG eine Verordnung[584] erlassen, welche die Vorschriften des § 1 Abs. 3 Sätze 9 ff. AStG weiter konkretisiert. Das BMF hat am

von der weltweiten Einführung von Dokumentationsvorschriften eine zusätzliche Dynamik entfaltet.

577 Vgl. BFH v. 17.10.2001, BStBl. II 2004, S. 171. Vgl. zuvor bereits BFH v. 10.5.2001, BFH/NV 2001, S. 957.

578 Vgl. *Cordes*, Steuerliche Aufzeichnungspflichten bei internationalen Verrechnungspreisen, 2009, S. 3 f. m.w.N.

579 Vgl. BMF v. 13.11.2003, BStBl. I 2003, S. 2296.

580 Vgl. BMF v. 12.4.2005, BStBl. II 2005, S. 570.

581 So *Greinert*, in: Schaumburg/Rödder, Unternehmensteuerreformgesetz 2008, S. 543.

582 Zu Einzelheiten vgl. Abschnitt B.III.1.2.

583 Zu Einzelheiten vgl. *Baumhoff/Ditz/Greinert*, DStR 2007, S. 1649 ff.; *Blumers*, BB 2007, S. 1757 ff.; *Kroppen/Rasch/Eigelshoven*, IWB 2007, S. 301 ff.

584 Funktionsverlagerungsverordnung v. 12.8.2008, BGBl. I 2008, S. 1680.

13.10.2010 ein umfangreiches Schreiben veröffentlicht, das weitere Auslegungen aus Sicht der Finanzverwaltung enthält.[585]

Die Regelungs- und Prüfungsintensität im Bereich der internationalen Verrechnungspreise hat nicht nur in Deutschland stetig zugenommen. So haben zahlreiche Industriestaaten neue Verrechnungspreisvorschriften eingeführt bzw. bestehende Vorschriften verschärft. Die Entwicklung lässt sich anschaulich anhand der Einführung von Dokumentationsvorschriften verdeutlichen: Während im Jahr 1998 lediglich 7 Staaten über derartige Vorschriften verfügten, waren es im Jahr 2009 bereits 41 Staaten.[586] Zugleich wurden auch die Prüfungskapazitäten in vielen Ländern stetig verbessert. So hat die US-amerikanische Steuerbehörde IRS beispielsweise im Jahr 2010 die Verrechnungspreisprüfung als einen Schwerpunktbereich identifiziert und angekündigt, die für die Prüfung internationaler Steuerfälle zuständige Abteilung *Large Business and International Division* um 875 Mitarbeiter zu erweitern und einen *Transfer Pricing Director* zu ernennen.[587]

Auch auf Ebene der OECD steht das Thema „Verrechnungspreise" im Fokus der Arbeiten der Steuerabteilung. So wurden beispielsweise im Jahr 2010 die OECD-Verrechnungspreisrichtlinien einer umfassenden Revision unterzogen. Auch zahlreiche Schwellen- und Entwicklungsländer beteiligen sich an der Entwicklung.[588] So arbeiten die Vereinten Nationen an einem Verrechnungspreishandbuch, dessen Ziel es ist, Entwicklungsländer aktiv bei der Implementierung von Verrechnungspreisvorschriften zu unterstützen, damit diese in die Lage versetzt werden, effektive Verrechnungspreiskorrekturen durchzuführen.[589]

Schließlich ist festzustellen, dass sich die Informationslage der Finanzverwaltungen durch die Zunahme des Informationsaustauschs im Wege der zwischenstaatlichen Amtshilfe stetig verbessert hat. Die Rechtsgrundlagen hierfür bilden die Art. 26 OECD-MA nachgebildeten Abkommensartikel der Doppelbesteuerungsabkommen, die EG-Amtshilferichtlinie sowie bilaterale Abkommen über den Informationsaustausch.[590] Zudem sind die nationalen Finanzverwaltungen durch die gesteigerte Unternehmenspublizität sowie die weltweite Vernetzung über das Internet in der Lage, sehr schnell und mit großer Tiefe an für den Fiskus steuerrelevante Informationen zu gelangen.

585 Vgl. BMF v. 13.10.2010, BStBl. I 2010, S. 774.

586 Eine Übersicht über die Einführung von Dokumentationsvorschriften gibt *Niess*, in: FS Krawitz, 2010, S. 302.

587 Vgl. die Mitteilung des IRS v. 4.10.2010 (IR-2010–88), abrufbar unter http://www.irs.gov/newsroom/article/0,,id=226284,00.html, zuletzt abgerufen am 19.1.2012.

588 Vgl. *Eigelshoven/Ebering*, IStR 2014, S. 16 ff.; *Ablet*, ITPJ 2012, S. 8 ff.

589 Der Entwurf des Verrechnungspreishandbuchs ist abrufbar unter http://www.un.org/esa/ffd/tax/documents/bgrd_tp.htm, zuletzt abgerufen am 23.8.2012.

590 Vgl. hierzu BMF v. 25.1.2006, BStBl. I 2006, S. 26.

1.4 Verstärkte Prüfungsintensität im Verrechnungspreisbereich

Wie die Betriebsprüfungspraxis der letzten Jahre zeigt, werden die neuen Dokumentationsvorschriften und Verwaltungsanweisungen von der deutschen Finanzverwaltung konsequent umgesetzt.[591] So machen die Finanzämter bei der Prüfung von Unternehmen mit grenzüberschreitenden Geschäftsbeziehungen im Rahmen von Prüfungsanordnungen mittlerweile regelmäßig Gebrauch von ihrem in § 90 Abs. 3 AO verankerten Recht auf Anforderung einer Verrechnungspreisdokumentation.[592]

Um eine umfassende Prüfung von Verrechnungspreissachverhalten sicherzustellen, wurden zudem die personellen und sachlichen Ressourcen der deutschen Finanzverwaltung im Verrechnungspreisbereich in den letzten Jahren deutlich erhöht. So verfügt die Finanzverwaltung mittlerweile über Lizenzen einschlägiger Datenbanken, welche es Ihnen erlauben, Renditekennziffern geprüfter Unternehmen mit denen nicht konzernmäßig verbundener Unternehmen zu vergleichen.[593] Zudem sind beim Bundeszentralamt für Steuern speziell ausgebildete Fachprüfer für Auslandsbeziehungen beschäftigt, welche im Bedarfsfall bei Betriebsprüfungen hinzugezogen werden, um die Betriebsprüfer lokaler Finanzämter in Verrechnungspreisfragen zu unterstützen.

Die erweiterten Ermittlungsmöglichkeiten der weltweiten Finanzverwaltungen sowie die personelle und sachliche Erweiterung der Prüfungskapazitäten haben dazu geführt, dass Verrechnungspreissachverhalte – nicht nur in Deutschland – regelmäßig einen der Schwerpunkte in steuerlichen Betriebsprüfungen international tätiger Konzerne darstellen.[594] Eine im Jahr 2010 durchgeführte Umfrage, an der 877 international tätige Konzerne aus weltweit 25 Ländern teilnahmen, hat in diesem Zusammenhang ergeben, dass die Verrechnungspreisgestaltung bei rund zwei Drittel der Konzerne Gegenstand der letzten Betriebsprüfung war.[595] Aufgrund der Tatsache, dass der Umfang des innerkonzernlich abgewickelten Liefer- und Leistungsverkehrs mittlerweile beträchtliche Ausmaße angenommen hat, können bereits geringfügige Korrekturen der für den Liefer- und Leistungsverkehr angesetzten Verrechnungspreise zu hohen Steuernachzahlungen und damit zu einem

---

591 Vgl. *Schaumburg*, Der Konzern 2006, S. 495; *Niess*, in: FS Krawitz, 2010, S. 301 f.

592 Vgl. *Fischer/Looks/im Schlaa*, BB 2010, S. 162. Die Vorschrift des § 90 Abs. 3 AO, welche die Aufzeichnungspflichten bei Geschäftsbeziehungen zu nahe stehenden Personen im Ausland begründet, ist erstmals für Wirtschaftsjahre anzuwenden, die nach dem 31.12.2002 beginnen. Die Dokumentationspflichten werden durch die Sanktionsvorschriften des § 162 Abs. 2 und 3 AO ergänzt. Diese Sanktionsvorschriften sind erst ab Wirtschaftsjahren anwendbar, die nach dem 31.12.2003 beginnen, vgl. § 22 Abs. 1 EGAO.

593 Zu den Problemen aus Sicht der Finanzverwaltung bei der Anwendung von Unternehmensdatenbanken vgl. *Kolb*, IWB 2009, S. 587 ff.

594 *Jonas*, BB 2013, S. 1113 f.; *Vögele/Fischer*, in: Vögele/Borstell/Engler, 2011, Verrechnungspreise, Kapitel A, Rz. 18.

595 Vgl. *Ernst & Young*, Global Transfer Pricing Survey/Addressing the Challenges of Globalization, 2010, S. 3.

erheblichen Liquiditätsabfluss führen. In den USA hat in diesem Zusammenhang insbesondere der Fall des Pharmakonzerns Glaxo Smith Kline für Aufsehen gesorgt, in dem es zu einer Steuernachzahlung i.H.v. rund 3,4 Mrd. US-Dollar kam.[596]

1.5 Mängel der Gewinnabgrenzung auf der Grundlage des Fremdvergleichsgrundsatzes

Ein weiterer Einflussfaktor des Verrechnungspreis-Risikomanagements bezieht sich unmittelbar auf den Fremdvergleichsgrundsatz (*dealing at arm's length principle*). Dieser Grundsatz stellt gegenwärtig den tragenden Maßstab der internationalen Gewinnabgrenzung dar. Wie jedoch bereits ausführlich dargestellt wurde, wird der Fremdvergleichsgrundsatz aufgrund seiner konzeptionellen Schwächen sowie der Probleme in seiner praktischen Anwendung zunehmend in Frage gestellt.[597] Die OECD hält in den im Jahr 2010 überarbeiteten Verrechnungspreisrichtlinien gleichwohl uneingeschränkt an dem Fremdvergleichsgrundsatz fest und weist alternative Modelle der Gewinnabgrenzung (insbesondere die formelhafte Gewinnaufteilung) zurück.[598] Vor dem Hintergrund dieser Auffassung der OECD und mangels praktisch umsetzbarer Alternativen ist davon auszugehen, dass der Fremdvergleichsgrundsatz auch in Zukunft den Status des tragenden Systems der internationalen Gewinnabgrenzung beibehalten wird.[599]

Wie im nachfolgenden Abschnitt im Rahmen der Darstellung der Ursachen von Verrechnungspreisrisiken im Einzelnen herausgearbeitet wird, stellen die konzeptionellen Schwächen und Probleme in der praktischen Anwendung des Fremdvergleichsgrundsatzes wesentliche Quellen von Verrechnungspreisrisiken dar. In diesem Zusammenhang ist insbesondere die materielle Unbestimmtheit des Fremdvergleichsgrundsatzes sowie die Tatsache, dass sich bei der praktischen Durchführung eines Fremdvergleichs in der Regel kein mathematisch genau fixierbarer Wert, sondern allenfalls eine Reihe möglicher Werte ermitteln lässt, zu nennen.[600] Diese Faktoren führen zu einer erheblichen Unsicherheit bei der Festlegung und Dokumentation von Verrechnungspreisen zwischen international verbundenen Unternehmen.

---

596 Vgl. insoweit *Joseph*, ITPJ 2007, S. 89; *Beuchert*, IStR 2003, S. 607 ff.
597 Vgl. dazu ausführlich Abschnitt B.V.
598 Vgl. Tz. 1.14 ff. OECD-Verrechnungspreisrichtlinien.
599 *Owens*, ITPJ 2005, S. 101 f.; *Rosenbloom* zitiert von *Sullivan*, TNI 2010, S. 316.
600 Vgl. die Abschnitt B.III.1.2.

2. Ursachen und Bedeutung steuerlicher Verrechnungspreisrisiken

2.1 *Vorbemerkung*

Verrechnungspreisrisiken stellen eine Ausprägung von Steuerrisiken dar.[601] Letztere lassen sich – wie dargestellt[602] – in externe und interne Steuerrisiken unterteilen. Diese Unterteilung kann auch auf den Verrechnungspreisbereich übertragen werden. Mithin ist zwischen Risiken, die aus dem rechtlichen Umfeld des Unternehmens resultieren (sog. „externe Verrechnungspreisrisiken“) und Risiken, die aus steuerbezogenen unternehmens- bzw. konzerninternen Abläufen und Prozessen resultieren (sog. „interne Verrechnungspreisrisiken“), zu unterscheiden.

Im Folgenden werden die Ursachen externer und interner Verrechnungspreisrisiken im Einzelnen dargestellt und erläutert, aus welchen Gründen Verrechnungspreisrisiken innerhalb des steuerlichen Risikomanagements eine herausragende Bedeutung zukommt.[603] Im Anschluss erfolgt eine eingehende Darstellung des Risikomanagementprozesses im Verrechnungspreisbereich.

2.2 *Ursachen externer steuerlicher Verrechnungspreisrisiken*

2.2.1 *Materielle Unbestimmtheit des Fremdvergleichsgrundsatzes*

Wie in Abschnitt D.I dargestellt wurde, resultieren die externen steuerlichen Risiken aus der Unbestimmtheit und Auslegungsbedürftigkeit der Steuergesetze und Verwaltungsanweisungen.[604] Diese Quelle steuerlicher Risiken ist im Bereich der internationalen Verrechnungspreise von besonderer Relevanz. Ursächlich hierfür ist der hohe Abstraktionsgrad des Fremdvergleichsgrundsatzes, der sich in der materiellen Unbestimmtheit der auf ihm basierenden nationalen Korrekturvorschriften und Verwaltungsanweisungen widerspiegelt und zu einer erheblichen Unsicherheit bei der Festlegung und Dokumentation internationaler Verrechnungspreise führt. So stellt beispielsweise die Einkünftekorrekturvorschrift § 1 AStG – vergleichbar zahlreicher ausländischer Regelungen[605] – abstrakt auf *„Bedingungen“* ab, die von solchen Bedingungen abweichen, die *„voneinander unabhängige Dritte unter gleichen oder vergleichbaren Verhältnissen vereinbart hätten“*. Was konkret unter den

601 Vgl. *Oosterhoff*, ITPJ 2006, S. 46.
602 Vgl. Abschnitt D.I.
603 Vgl. dazu auch *Oosterhoff*, ITPJ 2006, S. 46.
604 Zu den sog. „Rechtsbeurteilungsrisiken“ vgl. Abschnitt D.I.3.
605 Die US Treasury Regulation des IRS Sec. § 1.482–1 (b)(1), ist ebenfalls sehr allgemein gehalten und lautet “*A controlled transaction meets the arm’s length standard if the results of the transaction are consistent with the results that would have been realized if uncontrolled taxpayers had engaged in the same transaction under the same circumstances (arm’s length result)*”.

von Begriffen *„Bedingungen“*[606], *„unabhängige Dritte“*[607], sowie *„gleichen oder vergleichbaren Verhältnissen“*[608] zu verstehen ist, ist gesetzlich nicht näher definiert und bedarf der Auslegung.

Zwar existieren nationale Verwaltungsanweisungen und rundschreiben, welche Vorgaben zur Auslegung und konkreten Anwendung der auf dem Fremdvergleich basierenden Vorschriften enthalten.[609] Diese stellen jedoch zum einen nur Auslegungen der nationalen Finanzverwaltungen dar, welche für den Steuerpflichtigen und die Finanzgerichte nicht bindend sind. Zum anderen sind die Verwaltungsanweisungen und rundschreiben häufig selbst unbestimmt und auslegungsbedürftig.[610] Auch die OECD-Verrechnungspreisrichtlinien, die das Ziel einer international einheitlichen Auslegung des Fremdvergleichsgrundsatzes verfolgen[611], sind an vielen Stellen unpräzise.[612] Dies ist auf die Tatsache zurückzuführen, dass die OECD-Verrechnungspreisrichtlinien auf einem Kompromiss der OECD-Mitgliedstaaten beruhen, der aufgrund unterschiedlicher Positionen einzelner Staaten keine konkreten Regelungen ermöglichte.[613]

Die Unbestimmtheit der für die Verrechnungspreisermittlung und -überprüfung relevanten Vorschriften und Verwaltungsanweisungen hat zur Folge, dass ein weiter Auslegungsspielraum hinsichtlich dessen besteht, was als fremdüblich anzusehen ist. Folglich existiert auf Seiten der Steuerpflichtigen im Zeitpunkt der Ermittlung und Festlegung von Verrechnungspreisen eine erhebliche Unsicherheit darüber, ob die gewählten Verrechnungspreismethoden sowie ihre konkrete Umsetzung von den Finanzverwaltungen in einer späteren Betriebsprüfung oder einem finanzgerichtlichen Verfahren akzeptiert werden (sog. **Rechtsbeurteilungsrisiken**). Im Vergleich zu den steuerlichen Risiken, die rein nationale Sachverhalte betreffen, wird diese Unsicherheit im Verrechnungspreisbereich dadurch potenziert, dass die gewählten Verrechnungspreismethoden nicht nur von einem Staat, sondern von sämtlichen

606 Der Begriff der *„Bedingungen“* ist durch das Unternehmensteuerreformgesetz 2008 durch den Zusatz *„insbesondere Preise (Verrechnungspreise)“* ergänzt worden. Die Ergänzung schafft jedoch keine weitere Klarheit.

607 Nach der hier vertretenen Auffassung stehen die Begriffe „fremder Dritter“ und „nahestehende Person“ i.S.v. § 1 Abs. 5 AStG nicht in einem Verhältnis der Komplementarität zueinander, vgl. dazu Abschnitt B.III.2.

608 Vgl. auch *Horst*, Die verbindliche Auskunft nach § 89 Abgabenordnung 2010, S. 1.

609 In Bezug auf Deutschland vgl. *Schreiber/Nientimp*, Verrechnungspreise, 2013, Abschnitt VI.

610 Vgl. *Bär*, Verständigungen über Verrechnungspreise verbundener Unternehmen im deutschen Steuerrecht, 2009, S. 147. Als konkretes Beispiel kann die Kritik an dem BMF-Schreiben v. 13.10.2010 (BStBl. I 2011, S. 774) angeführt werden: *Baumhoff/Ditz/Greinert*, Ubg 2010, S. 161 f..; *Kroppen/Rasch*, IWB 2010, S. 316 ff.

611 Vgl. *Wittendorff*, Transfer Pricing and the arm's length principle in international tax law, 2010, S. 247.

612 Zu der Bedeutung der OECD-Verrechnungspreisrichtlinien vgl. Abschnitt B.II.1.3.

613 Vgl. insoweit *Werra*, IStR 1995, S. 457, der von einem *„mühsamen Kompromiss“* spricht.

Staaten, mit denen Leistungsbeziehungen unterhalten werden, akzeptiert werden müssen. In diesem Zusammenhang erweist sich als problematisch, dass der Fremdvergleichsgrundsatz – sowie die ihn konkretisierenden Verrechnungspreismethoden – in den einzelnen Staaten nicht einheitlich ausgelegt und angewendet werden.[614] Der Steuerpflichtige steht mithin vor der Herausforderung, eine Verrechnungspreismethode für eine Liefer- oder Leistungsbeziehung auswählen zu müssen, die Gegenstand der Angemessenheitsprüfung mindestens zweier Finanzverwaltungen ist.[615]

Da eine Erhöhung des Verrechnungspreises durch einen Fiskus unmittelbar zu einem Aufkommensverlust des anderen Fiskus führt, und mithin ein „natürlicher Interessengegensatz" zwischen den Fisci hinsichtlich des Besteuerungsanspruchs besteht, kommt es in der Praxis häufig zu Doppelbesteuerungskonflikten infolge von Einkünftekorrekturen.[616] Der Steuerpflichtige erlangt dabei in der Regel zu unterschiedlichen Zeitpunkten Kenntnis über beabsichtigte Einkünftekorrekturen der beteiligten Staaten, da die nationalen Verfahrensrechtsordnungen hinsichtlich Prüfungszeiträumen und -verfahren nicht aufeinander abgestimmt sind.[617]

Eine weitere Verschärfung der Steuerrisiken im Verrechnungspreisbereich ergibt sich schließlich dadurch, dass es sich bei Verrechnungspreissachverhalten zumeist um Dauersachverhalte handelt, die im Zeitablauf beträchtliche Volumina annehmen können. Beispiele hierfür stellen fortlaufende Lieferbeziehungen oder Lizenzverhältnisse zu ausländischen verbundenen Unternehmen dar. In Bezug auf diese Liefer- und Leistungsbeziehungen können bereits geringfügige Korrekturen der angesetzten Verrechnungspreise zu hohen Korrekturvolumina führen.

2.2.2 Probleme bei der praktischen Anwendung des Fremdvergleichsgrundsatzes

Zusätzlich zu den vorstehend dargestellten Verrechnungspreisrisiken, die aus der materiellen Unbestimmtheit der Verrechnungspreisregelungen resultieren, sind die externen Risiken zu beachten, die sich auf die praktische Anwendung und Umsetzung des Fremdvergleichsgrundsatzes beziehen. Eine wesentliche Ursache für diese Risiken stellt die Tatsache dar, dass sich bei der Durchführung eines Fremdvergleichs in der Regel kein mathematisch genau fixierbarer Wert, sondern vielmehr

614 Vgl. auch *Oosterhoff*, ITPJ 2006, S. 47; *Dhawale/Manasuev/Slimmen*, TPIJ 2009, Vol. 10, S. 4; *Wittendorff*, Tax Notes International 2012, S. 1127; *Plesner Rossing*, Management Accounting Research 2013, S. 176.

615 Vgl. *Kurzewitz*, Wahl der geeigneten Verrechnungspreismethode zur Verringerung von Doppelbesteuerungsproblemen, 2009, S. 4.

616 Vgl. *Schaumburg*, Der Konzern 2006, S. 495; *Mayer*, Formulary Apportionment in the Internal Market, 2009, S. 16; *Herzig/Teschke/Joisten*, Intertax 2010, S. 335; *Andresen*, Konzernverrechnungspreise für multinationale Unternehmen, 1999, S. 141 f.

617 Vgl. *Kroppen/Dawid/Schmidtke*, in: Schön/Konrad, Fundamentals of International Transfer Pricing in Law and Economics, 2012, S. 287 f.

eine Reihe möglicher Werte ergibt, die gemeinsam eine Bandbreite bilden.[618] Ein genau fixierbarer Preis wäre allenfalls auf einem vollkommenen Markt denkbar, auf dem homogene Güter gehandelt werden. In der Realität weichen die Marktstrukturen jedoch aufgrund ungleich verteilter Marktmacht, regional abgegrenzter Märkte sowie asymmetrisch verteilter Informationen erheblich von dem volkswirtschaftlichen Ideal des vollkommenen Marktes ab.[619]

Ferner ist zu beachten, dass die im Konzern ausgetauschten Güter und Leistungen häufig nicht zwischen unverbundenen Unternehmen gehandelt werden (z.B. Vorprodukte). Daher werden im Rahmen eines Fremdvergleichs oftmals Produkte herangezogen, die nur eingeschränkt mit den innerkonzernlich gehandelten Produkten vergleichbar sind.[620] Dies führt in der Praxis dazu, dass der Verrechnungspreisfestsetzung oft sehr weite Bandbreiten zugrunde gelegt werden. Die Existenz dieser Bandbreiten stellt die Steuerpflichtigen vor die Herausforderung, einen bestimmten Wert aus der ermittelten Bandbreite auszuwählen. Wählt der Steuerpflichtige einen Wert an einem der äußeren Ränder der Bandbreite aus, besteht das Risiko, dass einer der insoweit benachteiligte Fiscus den gewählten Wert nicht akzeptiert und eine Korrektur auf den Median oder den für den Steuerpflichtigen ungünstigen Rand der Bandbreite durchführt (sog. **Rechtsbeurteilungsrisiken**).[621]

In Bezug auf die praktische Anwendung des Fremdvergleichsgrundsatzes ist weiterhin festzustellen, dass das heutige Wirtschaftsleben durch neuartige, hochintegrierte Wertschöpfungsaktivitäten (z.B. E-Commerce, Global Trading) sowie die gestiegene Bedeutung immaterieller Wirtschaftsgüter gekennzeichnet ist. Für diese Transaktionen lassen sich regelmäßig keine Fremdpreise im Rahmen eines

618 Vgl. BFH v. 17.10.2001, BStBl. II 2004, S. 171; BFH v. 6.4.2005, BStBl. II 2007, S. 658; FG Hamburg v. 31.10.2011, IStR 2012, S. 190; Full Federal Court of Australia v. 1.6.2011, [2011] FCAFC 74, Tz. 125; BMF v. 12.4.2005, BStBl. I 2005, S. 570, § 1 Abs. 1 Satz 1 2. HS AStG; Tz. 3.4.12.5 Buchst. a); Tz. 3.55 OECD-Verrechnungspreisrichtlinien.

619 Vgl. *Baumhoff*, in: FS Wassermeyer, S. 348 ff.; *ders.* in: Flick/Wassermeyer/Baumhoff, Außensteuerrecht, § 1 AStG Rz. 297; *Jacobs/Endres/Spengel*, Internationale Unternehmensbesteuerung, 2011, S. 578. Das Marktmodell des „vollkommenen Marktes" beschreibt einen Markt, der eine atomistische Angebots- und Nachfragestruktur, eine vollkommene Markttransparanz, die Homogenität der gehandelten Güter sowie eine unendlich schnelle Reaktion aller Marktteilnehmer aufweist. Auf einem vollkommenen Markt existiert stets ein markträumender Gleichgewichtspreis, zu dem sich Angebot und Nachfrage genau entsprechen. Die Marktteilnehmer agieren insoweit als Mengenanpasser, indem sie ihre Menge an den Gleichgewichtspreis anpassen. Vgl. *Bühler/Jaeger*, Einführung in die Industrieökonomik, 2002, S. 56.

620 Vgl. insoweit auch *Kurzewitz*, Wahl der geeigneten Verrechnungspreismethode zur Verringerung von Doppelbesteuerungsproblemen, 2009, S. 152.

621 Vgl. insoweit die Regelung in § 1 Abs. 3 Satz 7 AStG.

klassischen Fremdvergleichs ermitteln.[622] Zur Ermittlung von Verrechnungspreisen für die neuartigen Transaktionen kommen daher verstärkt die gewinnorientierten Methoden zur Anwendung (geschäftsvorfallbezogene Nettomargenmethode (TNMM), geschäftsvorfallbezogene Gewinnaufteilungsmethode (Profit Split Method) und Gewinnvergleichsmethode (Comparable Profits Method). Diese Methoden zeichnen sich dadurch aus, dass hinsichtlich ihrer Zulässigkeit und Umsetzung noch erhebliche Unterschiede zwischen den einzelnen Staaten bestehen.[623] Die Unternehmen sind folglich gezwungen, eine Methode auszuwählen, die sowohl dem Grunde nach als auch hinsichtlich ihrer konkreten Umsetzung von sämtlichen beteiligten Fisci akzeptiert werden muss. Da dies häufig nicht gelingt, führt die Anwendung gewinnorientierter Methoden vielfach zu Doppelbesteuerungsproblemen.[624]

Schließlich ist zu konstatieren, dass es sich bei der Verrechnungspreisermittlung und -prüfung um ein Rechtsgebiet handelt, dass die Anwendung betriebswirtschaftlicher Methoden und Konzepte erfordert.[625] Hierzu zählen insbesondere die Analyse von Preisbildungsprozessen, die Kosten- und Leistungsrechnung sowie die Kennzahlenanalyse. Die entsprechenden Methoden und Konzepte sind nicht gesetzlich geregelt und aufgrund fortschreitender Erkenntnisgewinne der Betriebswirtschaftslehre einem stetigen Wandel unterworfen. Vor diesem Hintergrund überrascht es nicht, dass in der Praxis häufig divergierende Auffassungen seitens der Steuerpflichtigen und der beteiligten Fisci in Bezug auf die konkrete Anwendung einzelner Verrechnungspreismethoden und Verprobungsverfahren vertreten werden. Dies hat zur Folge, dass das Erreichen einer Kompromisslösung zusätzlich verzögert bzw. erschwert wird.[626]

---

622 Vgl. *Herzig*, DB 2012, S. 5; *Mayer*, Formulary Apportionment in the Internal Market, 2009, S. 17; *Rödder*, in: FS Lang 2010, S. 1157; OECD Forum on Tax Administration, Dealing Effectively with the Challenges of Transfer Pricing 2012, S. 14 f.

623 Dies betrifft beispielsweise die Comparable Profits Method, welche in den USA weit verbreitet ist (US Treasury Regulation §. 1.482–5). Die Methode wird von der deutschen Finanzverwaltung nicht anerkannt, vgl. BMF v. 12.4.2005, BStBl. I 2005, S. 570, Tz. 3.4.10.3 Buchst. d).

624 Vgl. zu den entsprechenden Risiken ausführlich Abschnitt E.III.2.2.4.

625 Vgl. zu dieser Problematik *Wassermeyer*, in: Schaumburg, Internationale Verrechnungspreise zwischen Kapitalgesellschaften, 1994, S. 124.

626 Ein Blick in die Rechtsprechung des Bundesfinanzhofs zeigt in diesem Zusammenhang, dass Fragen der Verrechnungspreisermittlung aufgrund der mit ihnen verbundenen betriebswirtschaftlichen Fragestellungen nur selten gerichtlich entschieden werden. Bei den wenigen Urteilen des BFH, die sich mit der konkreten Anwendung des Fremdvergleichsgrundsatzes bzw. der Verrechnungspreismethoden beschäftigen, handelt es sich um die Urteile des BFH v. 17.2.1993, BStBl. II 1993, S. 457 (zu Anlaufverlusten bei dem Vertrieb eines neuen Produktes); v. 17.10.2001, BStBl. II 2004, S. 171 (zu der Vorgehensweise bei dem Vorliegen von Bandbreiten und der Behandlung von Anlaufverlusten); v. 6.4.2005, BStBl. II 2007, S. 658 (zu der Anwendung der Wiederverkaufspreismethode auf die Lieferungen an eine als Eigenhändler zu qualifizierende Vertriebsgesellschaft), vgl. zu dieser

2.3 *Ursachen interner steuerlicher Verrechnungspreisrisiken*

Wie in Abschnitt D.I dargestellt wurde, resultieren die „internen steuerlichen Risiken“ aus steuerbezogenen konzerninternen Abläufen und Prozessen. Die entsprechenden Risiken können in den Ausprägungen

- organisatorische Risiken,
- Rechtsanwendungsrisiken und
- personalbezogene Risiken

auftreten. Im Bereich der internationalen Verrechnungspreise sind die internen steuerlichen Risiken von besonderer Relevanz. Dies liegt zum einen darin begründet, dass die Festlegung und Dokumentation steuerlicher Verrechnungspreise notwendigerweise zwei oder mehrere Konzerngesellschaften betrifft. Mithin sind intensive Abstimmungsprozesse zwischen den verantwortlichen Abteilungen der beteiligten Konzerngesellschaften erforderlich. Diese Abstimmungsprozesse stellen eine wesentliche Quelle interner Steuerrisiken dar. Die Risiken bestehen darin, dass die Abstimmungen – beabsichtigt oder unbeabsichtigt – unterbleiben oder dass es zu Fehlern in den Abstimmungsprozessen kommt (sog. **organisatorische Risiken**).[627] So ist es beispielsweise denkbar, dass eine Konzernobergesellschaft eine Kostenumlage einführt, ohne dass zuvor die Abzugsfähigkeit der umzulegenden Kosten als Betriebsausgaben sowie entsprechende Formerfordernisse in den einzelnen Domizilstaaten (z. B. Mindestinhalt des Umlagevertrags[628], Dokumentation als *„außergewöhnlicher Geschäftsvorfall“*[629]) im Einzelnen geprüft wurden. In diesem Fall besteht das Risiko, dass eine der beteiligten Finanzverwaltungen den Abzug der umgelegten Kosten als Betriebsausgabe versagt, da die Voraussetzungen einer Verrechenbarkeit der Kosten nach ihrer Auffassung nicht erfüllt sind.[630]

Interne Steuerrisiken, die aus einer fehlerhaften Rechtsanwendung durch die mit den steuerbezogenen Aufgaben betrauten Mitarbeiter resultieren (sog. **Rechtsanwendungsrisiken**[631]) sind im Bereich der internationalen Verrechnungspreise ebenfalls von besonderer Bedeutung. Dies liegt darin begründet, dass die verrechnungspreisbezogenen Vorschriften und Verwaltungsanweisungen durch ein hohes Maß an Komplexität gekennzeichnet sind. Ein Beispiel hierfür bildet die im Jahr 2008

Problematik *Wassermeyer*, in: Schaumburg, Internationale Verrechnungspreise zwischen Kapitalgesellschaften, 1994, S. 124; *Kroppen/Dawid/Schmidtke*, in: Schön/Konrad, Fundamentals of International Transfer Pricing in Law and Economics, 2012, S. 289.

627 Vgl. insoweit Abschnitt D.I.3.

628 Vgl. insoweit aus deutscher Sicht BMF v. 30.12.1999, BStBl. I 1999, S. 1122, Tz. 5.1.1.

629 Vgl. insoweit aus deutscher Sicht § 3 Abs. 2 GAufzV.

630 Zu der Prüfung von Kostenumlageverträgen durch die Betriebsprüfung vgl. *Böcker*, StBp 2008, S. 8 ff.; vgl. auch *Baumhoff*, in: Wassermeyer/Baumhoff, Verrechnungspreise international verbundener Unternehmen, 2014, Tz. 6.326 ff.

631 Vgl. Abschnitt D.I.3.

in § 1 Abs. 3 Sätze 9 ff. AStG eingeführte Funktionsverlagerungsbesteuerung, die eine aufwendige ertragswertorientierte Besteuerung eines „Transferpakets“ vorsieht und mehrere – teilweise widersprüchliche[632] – Escape-Klauseln enthält.[633] Da der Bereich der internationalen Verrechnungspreise in den letzten Jahren wie kaum ein anderes Rechtsgebiet durch eine hohe Aktivität der nationalen Gesetzgeber und Finanzverwaltungen gekennzeichnet ist, ist davon auszugehen, dass die Komplexität und der Wandel der relevanten Normen in Zukunft stetig zunehmen wird.[634] Mithin kann es leicht zu der Ableitung fehlerhafter Rechtsfolgen durch die mit der Festlegung von Verrechnungspreisen betrauten Mitarbeiter der Steuer- oder Controllingabteilung kommen. Die entsprechenden Risiken werden dadurch potenziert, dass die Verrechnungspreisermittlung nicht nur die Kenntnis der Rechtslage eines Staates, sondern sämtlicher Staaten, mit denen Leistungsbeziehungen unterhalten werden, voraussetzt.

Schließlich kommt im Bereich der internationalen Verrechnungspreise auch den sog. **personalbezogenen Risiken** eine besondere Bedeutung zu. Hierbei handelt es sich um negative steuerliche Auswirkungen, die durch eine nicht ausreichende Personalausstattung der Steuerabteilung hervorgerufen werden.[635] Im Bereich der internationalen Verrechnungspreise sind die personalbezogenen Risiken insofern von hoher Relevanz, als die Anwendung der nationalen und internationalen verrechnungspreisbezogenen Vorschriften und Verwaltungsanweisungen entsprechend ausgebildetes Personal voraussetzt, das die vielfältigen landesspezifischen verrechnungspreisbezogenen Fälle bearbeiten und Betriebsprüfungen hinsichtlich verrechnungspreisspezifischer Fragestellungen begleiten kann. Sofern Personal mit den entsprechenden Fachkenntnissen im internationalen Steuerrecht nicht auf dem Arbeitsmarkt verfügbar ist, besteht das Risiko, dass verrechnungspreisrelevante Sachverhalte auf der Ebene einzelner Konzerngesellschaften nicht oder zu spät erkannt und bewältigt werden (z. B. Erstellung zeitnaher Aufzeichnungen über *„außergewöhnliche Geschäftsvorfälle“* i.S.v. § 90 Abs. 3 AO), so dass es zu negativen steuerlichen Konsequenzen in der Form von Einkünftekorrekturen oder Strafzahlungen kommt.

Zusammenfassend lässt sich festhalten, dass den internen steuerlichen Risiken innerhalb des steuerlichen Risikomanagements eine herausragende Bedeutung zukommt.[636] Dies liegt im Wesentlichen in der materiellen Unbestimmtheit des Fremdvergleichsgrundsatzes sowie der Tatsache begründet, dass die

632 Vgl. *Schneider*, ITPJ 2011, S. 115 ff.

633 Zu Einzelheiten vgl. *Baumhoff/Ditz/Greinert*, DStR 2007, S. 1649 ff.; *Blumers*, BB 2007, S. 1757 ff.; *Kroppen/Rasch/Eigelshoven*, IWB 2007, S. 301 ff.; *Schneider*, ITPJ 2011, S. 114 ff.

634 Die derzeitige Regelungsdichte im Bereich der internationalen Verrechnungspreise wird anschaulich durch das Sammelwerk von *Schreiber/Nientimp* verdeutlicht, welches die maßgeblichen OECD-Richtlinien, BMF-Schreiben und Urteile enthält, vgl. *Schreiber/Nientimp*, Verrechnungspreise, 2013.

635 Vgl. Abschnitt D.I.3.

636 So auch *Oosterhoff*, ITPJ 2006, S. 46.

Verrechnungspreisermittlung unter Berücksichtigung der Rechtslage in sämtlichen beteiligten Staaten zu erfolgen hat.

II. Prozessschritte des Verrechnungspreis-Risikomanagements

Die in den vorangehenden Abschnitten dargestellte Bedeutung steuerlicher Verrechnungspreisrisiken bildet den Anlass dafür, ein verrechnungspreisbezogenes Risikomanagementsystem zu entwickeln, dessen Ziel es ist, steuerlichen Verrechnungspreisrisiken in planvoller und systematischer Weise zu begegnen. Die Einrichtung eines verrechnungspreisbezogenen Risikomanagementsystems wird nicht zuletzt auch auf Ebene der OECD angeregt. So wurde im Jahr 2010 im Rahmen der Neufassung der OECD-Verrechnungspreisrichtlinien folgende neue Tz. 3.82 eingefügt[637]:

> *It is good practice for taxpayers to set up a process to establish, monitor and review their transfer prices, taking into account the size of the transactions, their complexity, level of risk involved, and whether they are performed in a stable or changing environment. Such a practical approach would conform to a pragmatic risk assessment strategy or prudent business management principle [...]*[638].

Das Verrechnungspreis-Risikomanagement stellt einen Teilbereich des gesamten steuerlichen – und damit auch betrieblichen – Risikomanagements dar. Die Ausführung der einzelnen Prozessschritte des Verrechnungspreis-Risikomanagements sollte sich daher im Rahmen des gesamten steuerlichen Risikomanagementprozesses vollziehen.[639] Dem Verrechnungspreis-Risikomanagement liegen mithin die Prozessschritte der Risikoidentifikation, Risikobewertung, Risikosteuerung sowie der Darstellung und Vergleich der steuerlichen Risikosituation zugrunde.[640] Aufgrund der im vorstehenden Abschnitt dargestellten erheblichen Bedeutung von Verrechnungspreisrisiken kommt dem Verrechnungspreis-Risikomanagement eine hervorgehobene Bedeutung innerhalb des steuerlichen Risikomanagements zu. Die Prozessschritte des Verrechnungspreis-Risikomanagements lassen sich wie folgt zusammenfassend darstellen:

---

637 Zur Bedeutung der OECD-Verrechnungspreisrichtlinien vgl. Abschnitt B.II.1.3.

638 Tz. 3.82 OECD-Verrechnungspreisrichtlinien. *Oosterhoff* spricht insoweit von einer „soliden Empfehlung eines Risikomanagements" durch die OECD, vgl. *Oosterhoff*, ITPJ 2010, S. 10.

639 Vgl. Abschnitt D.III.

640 Vgl. *Oosterhoff*, ITPJ 2006, S. 48; *Kurzewitz*, Wahl der geeigneten Verrechnungspreismethode zur Verringerung von Doppelbesteuerungsproblemen, 2009, S. 456.; *Kurzewitz/Endert*, in: Grotherr, Handbuch der internationalen Steuerplanung, 2011, S. 676 ff.

Abbildung 7: Prozessschritte des Verrechnungspreis-Risikomanagements.

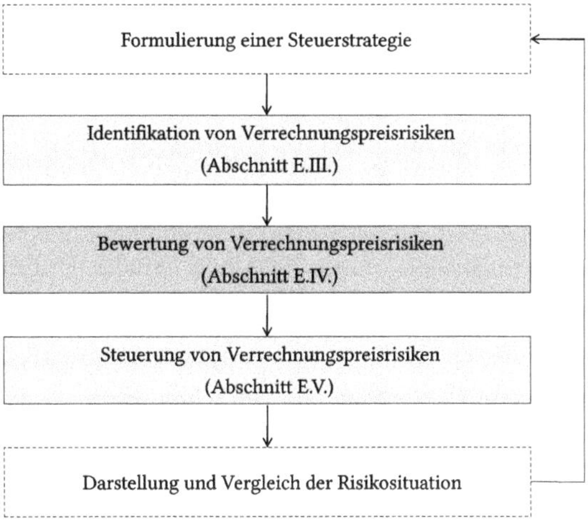

Den Kern des Prozesses bilden die in der vorstehenden Darstellung grau unterlegten Schritte der Identifikation, Bewertung und Steuerung der Verrechnungspreisrisiken. Diese Schritte werden in den folgenden Kapiteln umfassend dargestellt.[641] Die Ausführungen basieren auf den in den vorangehenden Kapiteln gelegten Grundlagen, insbesondere der Darstellung der Gewinnabgrenzung auf Basis des Fremdvergleichsgrundsatzes in Kapitel B. sowie den Grundlagen des betrieblichen und steuerlichen Risikomanagements in den Kapiteln C. und D.I.

III. Identifikation steuerlicher Verrechnungspreisrisiken

1. Vorgehensweise

Die Risikoidentifikation bildet – ausgehend von der Formulierung einer Steuerstrategie[642] – den ersten Schritt des Verrechnungspreis-Risikomanagementprozesses.

641 Die Formulierung einer Risikostratiegie (Schritt 1) sowie die Darstellung und der Vergleich der Risikosituation im Sinne eines „Feedbacks“ (Schritt 5) sind ebenfalls Teil des Verrechnungspreis-Risikomanagementprozesses. Insoweit bestehen jedoch keine Unterschiede zu den bereits im Rahmen des allgemeinen steuerlichen Risikomanagements dargestellten Grundsätzen, so dass auf die entsprechenden Ausführungen verwiesen wird.

642 Hinsichtlich der Formulierung einer Steuerstrategie wird auf Abschnitt D.III.1. verwiesen werden. Vgl. auch *Oosterhoff*, ITPJ 2006, S. 49; *Kurzewitz/Endert*, in: Grotherr, Handbuch der internationalen Steuerplanung, 2011, S. 675 f.; *Plesner Rossing*, Management Accounting Research 2013, S. 175 ff.

In diesem Prozessschritt sind sämtliche steuerlichen Verrechnungspreisrisiken zu identifizieren, denen die einzelnen Konzerngesellschaften ausgesetzt sind.

Die Risikoidentifikation setzt zunächst voraus, dass sämtliche Quellen steuerlicher Verrechnungspreisrisiken im Konzern bekannt sind. In diesem Zusammenhang ist zu beachten, dass der Begriff des „Verrechnungspreises" (bzw. *transfer price*) sich nicht nur auf Vorgänge bezieht, für die ein Wertmaßstab verwendet wird, der von fremden Dritten als Preis bezeichnet wird (z. B. Preise für Warenlieferungen). Unter den Begriff des Verrechnungspreises sind vielmehr die Wertmaßstäbe für sämtliche grenzüberschreitenden Austauschprozesse zwischen den Konzerngesellschaften zu fassen. Diese Wertmaßstäbe können zwischen fremden Dritten z. B. auch als Dienstleistungsgebühr, Zins, Lizenzgebühr, Avalprovision etc. bezeichnet werden.

Aus diesem weiten Verständnis des Begriffs des Verrechnungspreises folgt, dass sämtliche grenzüberschreitenden Austauschprozesse zwischen den einzelnen Konzerngesellschaften potentielle Quellen von Verrechnungspreisrisiken darstellen.[643] Die Risikoidentifikation darf sich folglich nicht nur auf Transaktionen beziehen, die – ggf. auf Basis eines Vertrages – tatsächlich abgerechnet werden. Vielmehr sind auch Transaktionen einzubeziehen, welche nicht als verrechenbar erkannt wurden. Dies betrifft Fälle, in denen keine zutreffenden steuerlichen Folgen aus einem verwirklichten Lebenssachverhalt gezogen wurden (z. B. unentgeltliche Nutzung eines Patents durch eine ausländische Tochtergesellschaft).[644] Zu den möglichen Quellen von Verrechnungspreisrisiken im Konzern zählen folgende Vorgänge bzw. Transaktionen:[645]

- Lieferverkehr zwischen einzelnen Konzerngesellschaften;
- Erbringung von Dienstleistungen an Konzerngesellschaften,
- Überlassung bzw. Übertragung von immateriellen Wirtschaftsgütern,
- Darlehensgewährung,
- Cash-Pooling,
- Bürgschaften,
- Funktionsverlagerungen,
- Kostenumlagen,
- Mitarbeiterentsendungen,
- Global Trading, Global Development.

Neben den Risiken, die unmittelbar aus der Abrechnung der o.g. Transaktionen resultieren (z. B. Beanstandung der Methodenwahl oder der Höhe des angesetzten

643 Vgl. *Kurzewitz/Endert*, in: Grotherr, Handbuch der internationalen Steuerplanung, 2011, S. 676.

644 Vgl. dazu *Kurzewitz/Endert*, in: Grotherr, Handbuch der internationalen Steuerplanung, 2011, S. 676 (Fn. 12).

645 Vgl. auch OECD Forum on Tax Administration, Dealing Effectively with the Challenges of Transfer Pricing 2012, S. 25. Hierbei handelt es sich indessen um eine Darstellung von Verrechnungspreisrisiken aus der Perspektive der Finanzverwaltung.

Gewinnaufschlages), sind auch diejenigen Risiken zu berücksichtigen, die sich aus verfahrensrechtlichen Vorschriften ergeben. Dazu zählen insbesondere die Risiken im Zusammenhang mit der Dokumentation des innerkonzernlichen Liefer- und Leistungsverkehrs.[646]

Auf Basis der Kenntnis der Quellen steuerlicher Verrechnungspreisrisiken des Konzerns sollte die Identifikation der Verrechnungspreisrisiken unter Einbeziehung der Mitarbeiter der Steuerabteilung der Obergesellschaft sowie der einzelnen Ländersteuerabteilungen – ggf. in Zusammenarbeit mit Mitarbeitern der operativ tätigen Abteilungen – in einem systematischen Prozess erfolgen. Es eignen sich hierzu Checklisten, Workshops oder Interviews zur Identifikation der Verrechnungspreisrisiken.[647] Die Zusammenarbeit der einzelnen lokalen Konzerngesellschaften ist insofern unerlässlich, als Verrechnungspreissachverhalte stets mehrere Fisci betreffen. Eine „isolierte" Betrachtung der steuerlichen Verrechnungspreisrisiken hätte zur Folge, dass die Risiken nicht zutreffend eingeschätzt oder sogar vernachlässigt werden. Ziel der Risikoidentifikation ist ein umfassendes steuerliches Risikoinventar[648], in dem die Verrechnungspreisrisiken – ungeachtet ihrer potentiellen Auswirkungen – enthalten sind. Das „Risikoinventar" bildet die Grundlage für den folgenden Prozessschritt der Risikobewertung.

Im folgenden Abschnitt erfolgt eine eingehende Darstellung ausgewählter praktisch bedeutsamer Verrechnungspreisrisiken, die es im Rahmen der Risikoidentifikation zu beachten gilt.[649] Die Darstellung erfolgt unter Berücksichtigung der einschlägigen Rechtsprechung, der Verwaltungsgrundsätze der Finanzverwaltung sowie der Diskussionen im Schrifttum, die zu den jeweiligen Verrechnungspreisfragen geführt werden. Im Anschluss an die Darstellung der jeweiligen Risiken wird eine Einordnung in die in Kapitel D.I herausgearbeiteten Kategorien der externen und internen Risiken vorgenommen.

646 Vgl. insoweit Abschnitt E.III.2.1.

647 Vgl. dazu bereits Abschnitt C.IV.2.2.2.

648 In Anlehnung an *Lück*, DB 1998, S. 1927.

649 Bei den dargestellten Risiken handelt es sich lediglich um einen Ausschnitt an Verrechnungspreisrisiken, denen international tätige Konzerne ausgesetzt sein können. Die Bedeutung steuerlicher Verrechnungspreisrisiken ist stark einzelfallabhängig und hängt von Faktoren wie der Konzernstruktur, der Ansässigkeit der einzelnen Konzerngesellschaften sowie der Art der ausgetauschten Lieferungen und Leistungen ab.

2. Darstellung ausgewählter steuerlicher Verrechnungspreisrisiken

2.1 Risiken im Zusammenhang mit der Dokumentation des innerkonzernlichen Liefer- und Leistungsverkehrs

2.1.1 Vorbemerkung

Zahlreiche Informationen und Unterlagen, die für die Prüfung der Verrechnungspreise erforderlich sind, sind oftmals nur auf der Ebene ausländischer Konzerngesellschaften vorhanden.[650] Vor diesem Hintergrund hat es sich für die nationalen Finanzbehörden, deren Ermittlungsmöglichkeiten auf das jeweilige Hoheitsgebiet beschränkt sind, häufig als schwierig erwiesen, sämtliche zur Überprüfung der Verrechnungspreise notwendigen Informationen zu erhalten.[651] Um diesem Prüfungsdefizit zu begegnen, haben zahlreiche Staaten ausgehend von den 1990er Jahren Verpflichtungen zur Erstellung von Aufzeichnungen über die Verrechnungspreisermittlung eingeführt (zusammenfassend als Verrechnungspreisdokumentation bezeichnet).[652]

Die entsprechenden Vorschriften erweitern die Mitwirkungspflichten der Steuerpflichtigen dahingehend, dass die Ermittlung der angesetzten Verrechnungspreise sowie die ihr zugrunde liegenden Berechnungen und Vergleichsdaten aufzuzeichnen und vorzulegen sind. Auf diese Weise soll es den Finanzbehörden ermöglicht werden, Verrechnungspreissachverhalte umfassender zu prüfen, als dies vor der gesetzlichen Regelung der Dokumentationspflichten der Fall war.[653] Eine Umkehr der Beweislast dergestalt, dass die Steuerpflichtigen die Angemessenheit der Verrechnungspreise nachzuweisen haben, begründen die Aufzeichnungspflichten indessen nicht.[654] Jedoch sehen die einzelnen nationalen Rechtsordnungen in der Regel eine Umkehr der Beweislast für den Fall vor, dass Aufzeichnungen nicht

650 Beispiele hierfür stellen Informationen über den im Rahmen einer Umlage verrechneten Kostenblock, Verträge mit externen Softwareanbietern (z. B. SAP) oder Informationen über die Beteiligungsverhältnisse im Konzern dar.

651 *Cordes*, Steuerliche Aufzeichnungspflichten bei internationalen Verrechnungspreisen, 2009, S. 3 f.

652 Vgl. *Niess*, in: FS Krawitz, 2010, S. 302; OECD White Paper on Transfer Pricing Documentation v. 30.7.2013, abrufbar unter http://www.oecd.org/ctp/transfer-pricing/white-paper-transfer-pricing-documentation.pdf (zuletzt abgerufen am 1.8.2013) S. 27 ff.

653 Vgl. in Bezug auf Deutschland BT-Drs. 15/119, S. 52.

654 So jedenfalls in Bezug auf Deutschland die Begründung der Gewinnabgrenzungsaufzeichnungsverordnung (Fn. 55), BT-Drs. 583/03, S. 7; vgl. auch *Cordes*, Steuerliche Aufzeichnungspflichten bei internationalen Verrechnungspreisen, 2009, S. 43 m.w.N. Unzutreffend *Gudmundsson*, ITPJ 2009, S. 20.

vorgelegt werden oder Mängel aufweisen.[655] In Deutschland wurde die Verpflichtung zur Erstellung von Aufzeichnungen über Geschäftsbeziehungen zu nahe stehenden Personen im Ausland mit Gesetz v. 16.5.2003 in § 90 Abs. 3 AO geschaffen.[656] Die Vorschrift ist erstmals auf Wirtschaftsjahre, die nach dem 31.12.2003 beginnen, anzuwenden.[657] Ergänzend zu den Aufzeichnungspflichten in § 90 Abs. 3 AO wurden in § 162 Abs. 2 und 3 AO Regelungen geschaffen, die es der Finanzverwaltung ermöglichen, Schätzungen vorzunehmen oder Strafzuschläge festzusetzen.[658] Der BFH hat in seinem Urteil v. 10.4.2013 entschieden, dass die Verpflichtung zur Erstellung von Aufzeichnungen nach § 90 Abs. 3 AO mit Unionsrecht vereinbar ist.[659]

Die wesentlichen Risikobereiche im Bereich der Dokumentation des innerkonzernlichen Liefer- und Leistungsverkehrs bilden zum einen Fälle, in denen die Finanzverwaltung aufgrund von Formalmängeln von einer Unverwertbarkeit der vorgelegten Aufzeichnungen ausgeht und Schätzung vornimmt oder Strafzuschlage festsetzt. Darüber hinaus können Risiken aus einer fehlenden Koordination der einzelnen landesspezifischen Verrechnungspreisdokumentationen resultieren. Die vorgenannten Risiken werden in den folgenden beiden Abschnitten im Einzelnen dargestellt und eingeordnet.

2.1.2 Risiken aufgrund von Formalmängeln der Verrechnungspreisdokumentation

2.1.2.1 Vornahme von Schätzungen und Festsetzung von Strafzuschlägen

Verletzungen der gesetzlichen Verpflichtung zur Erstellung einer Verrechnungspreisdokumentation stellen eine wesentliche Quelle von Verrechnungspreisrisiken dar. Die entsprechenden Risiken resultieren daraus, dass die Finanzverwaltung Schätzungen vornehmen oder Strafzuschläge festsetzen kann, falls sie die vom Steuerpflichtigen erstellten Aufzeichnungen aufgrund von Formalmängeln als *„im Wesentlichen unverwertbar"*[660] qualifiziert. Risiken können sich darüber hinaus auch

---

655 In Deutschland regelt § 162 Abs. 3 AO eine faktische Beweislastumkehr für den Fall, dass keine oder eine im Wesentlichen unverwertbare Verrechnungspreisdokumentation vorgelegt wird, vgl. *Baumhoff/Ditz/Greinert*, DStR 2004, S. 163.

656 BGBl. I 2003, S. 660 ("Gewinnabgrenzungsaufzeichnungsverordnung").

657 Art. 97 § 22 EGAO.

658 Die neuen Regelungen werden in einer Verordnung v. 13.11.2003 in Bezug auf Art, Inhalt und Umfang der zu erstellenden Aufzeichnungen weiter konkretisiert, vgl. die Gewinnabgrenzungsaufzeichnungsverordnung (GAufzV) v. 13.11.2003, BGBl. I 2003, S. 2296.

659 Vgl. BFH v. 10.4.2013, BStBl. II 2013, S. 771.

660 Zu dem Tatbestandsmerkmal „im Wesentlichen unverwertbar" vgl. die Ausführungen in den folgenden Abschnitten sowie *Cordes*, Steuerliche Aufzeichnungspflichten bei internationalen Verrechnungspreisen, 2009, S. 214 ff.

daraus ergeben, dass der Steuerpflichtige Aufzeichnungen über sog. *„außergewöhnliche Geschäftsvorfälle“*[661] nicht innerhalb der gesetzlich vorgegebenen Fristen erstellt.[662]

Die gesetzliche Grundlage für die Vornahme von Schätzungen und die Festsetzung von Strafzuschlägen bildet § 162 AO (Schätzung von Besteuerungsgrundlagen). Die Vorschrift wurde im Zuge der Einführung von Dokumentationsvorschriften im Jahr 2003 um die Absätze 3 und 4 erweitert.[663] Gem. § 162 Abs. 3 Satz 1 AO wird bei der Vorlage im Wesentlichen unverwertbarer Aufzeichnungen widerlegbar vermutet, dass die inländischen steuerpflichtigen Einkünfte des Steuerpflichtigen *„höher als die von ihm erklärten Einkünfte sind“*. Die Beweislast für die Angemessenheit der Verrechnungspreise geht damit auf den Steuerpflichtigen über.[664] Gelingt es dem Steuerpflichtigen nicht, die gesetzliche Vermutung zu widerlegen, wird der Finanzverwaltung die Möglichkeit zur Schätzung eingeräumt.[665] Die Schätzung hat – mangels einer eigenen Schätzungsanordnung in § 162 Abs. 3 AO – nach den allgemeinen Grundsätzen des § 162 Abs. 1 AO zu erfolgen (d.h. Berücksichtigung steuererhöhender und -mindernder Umstände, Beachtung des Wahrscheinlichkeitsgebots sowie Verbot der Strafschätzung).[666] § 162 Abs. 3 Satz 2 AO regelt in diesem Zusammenhang ergänzend, dass die Finanzverwaltung sich bei einer Schätzung auf der Grundlage von Fremdvergleichswerten an dem für den Steuerpflichtigen ungünstigsten Rand der ermittelten Bandbreite orientieren kann.[667] Kann die Schätzung mangels verfügbarer Fremdvergleichsdaten nicht auf der Grundlage einer Bandbreitenbetrachtung erfolgen, hat sich die Schätzung an einer angemessenen Eigenkapitalverzinsung oder Umsatzrendite des geprüften Unternehmens zu orientieren.[668]

661 Zu dem Begriff der „außergewöhnlichen Geschäftsvorfälle“ vgl. § 3 Abs. 2 GAufzV.

662 Der Fall der Nichtvorlage von Aufzeichnungen (vgl. § 162 Abs. 3 Satz 1, 1. Alt.) wird im Folgenden nicht weiter betrachtet, da insoweit stets mit negativen steuerlichen Konsequenzen zu rechnen ist. Mithin kann mangels einer Ungewissheit über das zu erwartende Ergebnis nicht mehr von einem „steuerlichen Risiko“ gesprochen werden. Etwas anderes gilt freilich, fall die Erstellung einer Verrechnungspreisdokumentation aufgrund mangelhafter Organisationsstrukturen oder menschlicher Fehler versäumt wird. In diesem Fall liegt ein internes steuerliches Risiko in der Ausprägung eines „organisatorischen Risikos“ bzw. „eines personalbezogenen Risikos“ vor.

663 Vgl. Art. 9 Nr. 5 Steuervergünstigungsabbaugesetz v. 20.5.2003, BGBl. I 2003, S. 660.

664 Vgl. *Baumhoff/Ditz/Greinert*, DStR 2004, S. 163.

665 Vgl. *Cordes*, Aufzeichnungspflichten bei internationalen Verrechnungspreisen 2009, S. 223.

666 Vgl. dazu im Einzelnen *Cordes*, Aufzeichnungspflichten bei internationalen Verrechnungspreisen 2009, S. 224.

667 Vgl. dazu *Baumhoff/Ditz/Greinert*, DStR 2004, S. 163; *Seer*, IWB 2012, S. 355.

668 Vgl. *Cordes*, Aufzeichnungspflichten bei internationalen Verrechnungspreisen, 2009, S. 225.

Zusätzlich zu der vorstehend dargestellten Möglichkeit zur Schätzung wird der Finanzverwaltung in § 162 Abs. 4 AO die Befugnis eingeräumt, Zuschläge (sog. Penalties)[669] festsetzen, falls sie die Aufzeichnungen des Steuerpflichtigen im Wesentlichen unverwertbar zu qualifiziert oder falls die Aufzeichnungen verspätet vorlegt werden.[670] Die Zuschläge betragen 5 % bis 10 % des Korrekturbetrages nach § 162 Abs. 3 AO, mindestens jedoch 5.000 Euro.[671] Der Zweck der Zuschlagsregelung besteht darin, den Steuerpflichtigen zur Erstellung einer verwertbaren Dokumentation und zur fristgerechten Vorlage dieser Dokumentation anzuhalten.[672] Die Zuschläge stellen steuerliche Nebenleistungen i.S.v. § 3 Abs. 4 AO dar und sind gem. § 4 Abs. 5 Nr. 12 EStG bzw. § 10 Nr. 2 KStG steuerlich nicht abzugsfähig.

Von den vorstehend beschriebenen dokumentationsbezogenen Risiken sind insbesondere Unternehmen betroffen, die zuvor nicht zur Erstellung einer Verrechnungspreisdokumentation verpflichtet waren (z. B. da sie nach einer Akquisition erstmals in einen Konzern eingegliedert wurden) sowie Unternehmen, die nach der Einführung von Dokumentationsvorschriften erstmals die Pflicht zur Erstellung von Aufzeichnungen trifft. Bei Unternehmen, die bereits in früheren Jahren eine Verrechnungspreisdokumentation erstellt haben, ist demgegenüber davon auszugehen, dass diese bereits mit den Dokumentationsvorschriften vertraut sind. Allerdings ist es auch bei diesen Unternehmen nicht ausgeschlossen, dass neue Geschäftsbeziehungen aufgenommen werden, die nicht oder nicht ausreichend dokumentiert werden.

Nachfolgend werden die typischen Formalmängel der Sachverhaltsanalyse und der Angemessenheitsanalyse dargestellt, welche zu einer Unverwertbarkeit und damit zu dem Risiko einer Schätzung durch die Finanzverwaltung führen können.

2.1.2.2 Beispielhafte Risikobereiche im Rahmen der Sachverhaltsanalyse

Die zu der Unverwertbarkeit führenden Formalmängel der Verrechnungspreisdokumentation können sich zum einen auf die sog. „Sachverhaltsanalyse“ beziehen. Hierbei handelt es sich um den – weitgehend deskriptiven – Teil der Verrechnungspreisdokumentation, welcher die Darstellung der Konzernstruktur, der Liefer- und Leistungsbeziehungen sowie der Funktionen und Risiken der beteiligten Konzerngesellschaften betrifft.[673]

Im Rahmen der Sachverhaltsanalyse kann eine Unverwertbarkeit z. B. daraus resultieren, dass die Funktionen und Risiken der an den Leistungsbeziehungen beteiligten Konzerngesellschaften nur sehr oberflächlich oder überhaupt nicht dargestellt sind. In diesem Fall ist es der Finanzverwaltung nicht möglich, nachzuvollziehen,

---

669 Zu der unrichtigen Bezeichnung als „Strafzuschlag“ vgl. *Seer*, IWB 2012, S. 356 f.

670 Vgl. *Baumhoff/Ditz/Greinert*, DStR 2004, S. 164.

671 Zu der Festsetzung von Zuschlägen nach § 162 Abs. 4 AO vgl. ausführlich *Cordes*, Aufzeichnungspflichten bei internationalen Verrechnungspreisen, 2009, S. 231 ff.

672 So *Seer*, IWB 2012, S. 356.

673 Vgl. § 4 Nr. 1 bis 3 Gewinnabgrenzungsaufzeichnungsverordnung; BMF v. 12.4.2005, BStBl. I 2005, S. 570, Tz. 3.4.11.

welche Wertschöpfungsbeiträge von den beteiligten Gesellschaften im Einzelnen erbracht worden sind. Diese Informationen sind jedoch insofern von Bedeutung, als die Verrechnungspreisermittlung sich stets an den Funktionen und Risiken auszurichten hat.[674] Fehlt es folglich an einer Darstellung der Funktionen und Risiken, kann die Finanzverwaltung nicht prüfen, ob die Wahl der Verrechnungspreismethode sowie deren Umsetzung zutreffend erfolgt sind. Nicht zu beanstanden ist es nach Auffassung der Finanzverwaltung hingegen, wenn die Funktions- und Risikoanalyse in der Form eines sog. *star charts* erstellt wird.[675] Bei dieser vereinfachten Form der Darstellung wird die Ausprägung der jeweiligen Funktionen und Risiken nicht verbal, sondern anhand einer tabellarischen Übersicht dargestellt.[676]

Eine Unverwertbarkeit der Sachverhaltsanalyse kann weiterhin auch dann vorliegen, wenn Angaben zum Sachverhalt fehlen, *„die im konkreten Fall unerlässlich für die Prüfung der Verrechnungspreisbestimmung“*[677] sind. Dies betrifft beispielsweise die in § 4 Nr. 2 GAufzV geforderte Liste der wesentlichen immateriellen Wirtschaftsgüter, die dem Steuerpflichtigen gehören und die er im Rahmen seiner Geschäftsbeziehungen zu nahe Stehenden nutzt oder zur Nutzung überlässt. Sofern die entsprechende Liste nicht vorgelegt wird, kann die Finanzverwaltung nicht nachvollziehen, welche Leistungsbeziehungen sich aus der Überlassung der immateriellen Wirtschaftsgüter im Einzelnen ergeben. Das Fehlen einer ausführlichen Beschreibung der Markt- und Wettbewerbsverhältnisse führt demgegenüber in der Regel nicht zu einer Unverwertbarkeit.[678]

2.1.2.3 Beispielhafte Risikobereiche im Rahmen der Angemessenheitsanalyse

Wie die Betriebsprüfungspraxis zeigt, betrifft der Großteil der von der Finanzverwaltung beanstandeten Formalmängel indessen nicht die Sachverhaltsdokumentation, sondern die sog. Angemessenheitsdokumentation. Hierbei handelt es sich um die Aufzeichnungen, die

> *„einem sachverständigen Dritten innerhalb einer angemessenen Frist die Prüfung ermöglichen [müssen], ob und inwieweit die Abgrenzung der Einkünfte zwischen dem Steuerpflichtigen und der nahe stehenden Person bzw. den verbundenen Unternehmen dem Grundsatz des Fremdverhaltens […] entspricht“*[679].

---

674 Vgl. *Baumhoff*, in: Baumhoff/Schönfeld, Grenzüberschreitende Verlustverrechnung 2011, S. 135; BMF v. 12.4.2005, BStBl. I 2005, S. 570, Tz. 4.4.10.2.

675 BMF v. 12.4.2005, BStBl. I 2005, S. 570, Tz. 3.4.11.4.

676 Vgl. auch *Baumhoff*, in: Mössner, Steuerrecht international tätiger Unternehmen, Rz. 3.114; *Cordes*, Aufzeichnungspflichten bei internationalen Verrechnungspreisen, 2009, S. 105 ff.

677 *Cordes*, Aufzeichnungspflichten bei internationalen Verrechnungspreisen, 2009, S. 104 f.

678 So auch *Cordes*, Aufzeichnungspflichten bei internationalen Verrechnungspreisen, 2009, S. 111 f.

679 BMF v. 12.4.2005, BStBl. I 2005, S. 570, Tz. 3.4.12.1.

Die Angemessenheitsdokumentation soll das „*ernsthafte Bemühen*“[680] des Steuerpflichtigen erkennen lassen, dass dem Fremdvergleichsgrundsatz Rechnung getragen wurde. Dazu ist es im Einzelnen erforderlich, dass die Angemessenheit der gewählten Verrechnungspreismethoden aus Sicht des Steuerpflichtigen begründet und – soweit möglich und zumutbar – anhand von betriebsexternen und -internen Fremdvergleichsdaten belegt wird. Unter Fremdvergleichswerten werden sowohl Preise als auch Elemente der Preisbildung wie Handelsspannen, Kostenaufschläge oder Provisionssätze verstanden.[681]

Im Bereich der Angemessenheitsanalyse ist von im Wesentlichen unverwertbaren Informationen auszugehen, wenn es einem sachverständigen Betriebsprüfer nicht möglich ist, innerhalb angemessener Zeit die Prüfung der Verrechnungspreise am Maßstab des Fremdvergleichs zu beurteilen.[682] Dies ist insbesondere dann der Fall, wenn die Aufzeichnungen über die Verrechnungspreisermittlung in wesentlichen Teilen nicht nachvollziehbar, unvollständig oder in sich widersprüchlich sind oder wenn der Steuerpflichtige keine oder eine offensichtlich ungeeignete Verrechnungspreismethode angewandt hat und die erstellten Aufzeichnungen für die Anwendung einer geeigneten Methode nicht geeignet sind.[683] Eine unverwertbare Angemessenheitsdokumentation liegt vor diesem Hintergrund beispielsweise dann vor, wenn ein Steuerpflichtiger im Rahmen der Verrechnungspreisdokumentation nur oberflächlich und in wenigen Absätzen darstellt, dass die Preisvergleichsmethode angewandt wurde, ohne auf die konkrete Umsetzung (Ermittlung der Fremdvergleichswerte, Vergleichbarkeit der Verhältnisse) einzugehen und es der Finanzverwaltung nicht möglich ist, die tatsächliche Umsetzung der Preisvergleichsmethode nachzuvollziehen. Bei der Vorlage im Wesentlichen unverwertbarer Aufzeichnungen kann die Finanzverwaltung – wie eingangs dargestellt – gem. § 162 Abs. 3 und 4 AO eine Schätzung vornehmen oder Strafzuschläge festsetzen.

Sollten die Aufzeichnungen des Steuerpflichtigen von der Finanzverwaltung demgegenüber als grundsätzlich verwertbar qualifiziert werden, können sich Risiken aus abweichenden Auffassungen hinsichtlich der Anwendungsvoraussetzungen einzelner Verrechnungspreismethoden sowie der konkreten Umsetzung dieser Methoden ergeben. Ein Streitpunkt betrifft in diesem Zusammenhang die im Rahmen der Angemessenheitsdokumentation vorgelegten Fremdvergleichswerte. Erfolgt die Verrechnungspreisermittlung beispielsweise auf Basis der Preisvergleichsmethode[684] und legt der Steuerpflichtige Fremdvergleichswerte in der Form von Preisen für Produkte vor, die zwischen unabhängigen Unternehmen gehandelt werden (sog. externer Preisvergleich), wird von der Finanzverwaltung häufig angezweifelt, ob diese

680 § 1 Abs. 1 Satz 2 Gewinnabgrenzungsaufzeichnungsverordnung; BMF v. 12.4.2005, BStBl. I 2005, S. 570, Tz. 3.4.12.3. Dazu kritisch *Cordes*, Aufzeichnungspflichten bei internationalen Verrechnungspreisen, 2009, S. 135 f.

681 Vgl. BMF v. 12.4.2005, BStBl. I 2005, S. 570, Tz. 3.4.12.2; BT-Drs. 16/4841, S. 85.

682 Vgl. BR-Drs. 583/03, S. 8.

683 Vgl. BR-Drs. 583/03, S. 8.

684 Zur Preisvergleichsmethode vgl. im Einzelnen Abschnitt B.IV.2.1.

Preise sich für einen Fremdvergleich eignen. Dies wird oftmals damit begründet, dass die Fremdpreise Produkte betreffen, die nicht hinreichend mit den konzernintern gehandelten Preisen vergleichbar sind oder dass es sich um Produkte handelt, die auf einem anderen Markt bzw. auf einer anderen Handelsstufe gehandelt werden. Infolge der Beanstandung der Fremdvergleichswerte kann es zu Einkünftekorrekturen kommen, indem die Finanzverwaltung eigene Fremdvergleichswerte zugrunde legt, die zu abweichenden Ergebnissen führen. Auch die Dokumentation der Anwendung der geschäftsvorfallbezogenen Nettomargenmethode (TNMM)[685] führt häufig zu Diskussionen mit der Finanzverwaltung. Dabei werden zumeist die vom Steuerpflichtigen zusammen mit der Verrechnungspreisdokumentation vorgelegten Datenbankanalysen angezweifelt.[686]

Zusammenfassend ist festzuhalten, dass im Zusammenhang mit der Verrechnungspreisdokumentation nicht nur das Risiko besteht, dass die Finanzverwaltung Sanktionen aufgrund von Formalmängeln der Angemessenheitsanalyse erlässt. Vielmehr kann es aufgrund der Ergebnisse der von der Finanzverwaltung angestellten Datenbankanalyse auch zu Einkünftekorrekturen kommen.

2.1.2.4 Erfordernis der Betrachtung einzelner Geschäftsbeziehungen

In Bezug auf die vorstehend dargestellten Formalmängel der Sachverhalts- bzw. der Angemessenheitsdokumentation ist einschränkend festzuhalten, dass die Verwertbarkeit- bzw. Unverwertbarkeit jeweils in Bezug auf die einzelnen Geschäftsbeziehungen zu bestimmen ist.[687] Sind folglich Aufzeichnungen zu einzelnen Geschäftsbeziehungen (z. B. Lieferungen von Fertigprodukten von der Konzernobergesellschaft an eine Vertriebsgesellschaft) unverwertbar, können die Sanktionen sich nur auf diese und nicht auf andere sachlich zusammenhängende Geschäftsbeziehungen, die hinreichend dokumentiert sind (z. B. Lieferungen von Vorprodukten an die Konzernobergesellschaft), beziehen.[688] Praktische Probleme können sich indessen ergeben, wenn eine Zusammenfassung von Geschäftsvorfällen nach der Palettenbetrachtung erfolgt (Infizierungswirkung). Ferner ist zu beachten, dass die Unvollständigkeit oder Fehlerhaftigkeit der Aufzeichnungen des Steuerpflichtigen in einzelnen Punkten nach Auffassung der Finanzverwaltung regelmäßig alleine nicht zu der Unverwertbarkeit der gesamten Aufzeichnungen führt.[689] Geht die Finanzverwaltung von einer Unverwertbarkeit aus, hat sie den Steuerpflichtigen vor der Festsetzung von Zuschlägen bzw. Einkünftekorrekturen i.S.v. § 162 Abs. 3 und

---

685 Zur geschäftsvorfallbezogenen Nettomargenmethode (TNMM) vgl. im Einzelnen Abschnitt B.IV.3.1.

686 Vgl. dazu ausführlich Abschnitt E.III.2.2.4.3.2.

687 Vgl. *Cordes*, Aufzeichnungspflichten bei internationalen Verrechnungspreisen, 2009, S. 215.

688 Vgl. *Cordes*, Aufzeichnungspflichten bei internationalen Verrechnungspreisen, 2009, S. 215 m.w.N.

689 Vgl. BMF v. 12.4.2005, BStBl. I 2005, S. 570, Tz. 3.4.19 Buchst. b).

4 AO zur Nachbesserung aufzufordern, bzw. vorab zu versuchen, ohne Mitwirkung des Steuerpflichtigen eigenständig eine Verwertbarkeit herzustellen.[690]

Die vorstehend dargestellten Risiken, die sich aus der Unverwertbarkeit einer Verrechnungspreisdokumentation ergeben, sind den internen steuerlichen Risiken in der Form der Rechtsanwendungsrisiken[691] zuzuordnen, falls die gesetzlichen Grundlagen (insbesondere § 90 Abs. 3 AO sowie die GAufzV) seitens der verantwortlichen Mitarbeiter der Steuerabteilung falsch angewendet wurden. Sofern die Verrechnungspreisdokumentation demgegenüber von der Finanzverwaltung beanstandet wird, da unterschiedliche Auffassungen hinsichtlich der Auslegung eines unbestimmten Rechtsbegriffs bestehen (z. B. Begriff des außergewöhnlichen Geschäftsvorfalls), sind die Risiken den externen steuerlichen Risiken in der Form der Rechtsbeurteilungsrisiken[692] zuzuordnen. Die Risiken, die sich aus einer verspäteten Abgabe der Verrechnungspreisdokumentation ergeben, sind den personalbezogenen Risiken zuzuordnen.

2.1.3 Risiken aufgrund der fehlenden Koordinierung der landesspezifischen Verrechnungspreisdokumentationen

Wie bereits dargestellt wurde, sieht ein Großteil der Rechtsordnungen der Industriestaaten die Verpflichtung zur Erstellung einer Verrechnungspreisdokumentation vor.[693] In diesem Zusammenhang erweist sich als problematisch, dass die einzelnen länderspezifischen Dokumentationsvorschriften nicht aufeinander abgestimmt sind.[694] Dies betrifft zunächst die Vorlage- bzw. Erstellungsfristen. So schreiben einige Länder vor, dass eine Verrechnungspreisdokumentation für jeden Veranlagungszeitraum erstellt und vorgehalten werden muss (z. B. Spanien[695]). Andere Länder sehen die Vorlage von Aufzeichnungen demgegenüber nur auf Anforderung, etwa im Vorfeld von steuerlichen Betriebsprüfungen für den jeweiligen Prüfungszeitraum vor (z. B. Deutschland[696]). Die mangelnde Abstimmung der jeweiligen

690 Vgl. BMF v. 12.4.2005, BStBl. I 2005, S. 570, Tz. 3.4.19 Buchst. c).

691 Vgl. Abschnitt D.I.3.

692 Vgl. Abschnitt D.I.2.

693 Vgl. die Übersicht von *Niess*, in: FS Krawitz, 2010, S. 302; OECD White Paper on Transfer Pricing Documentation v. 30.7.2013, abrufbar unter http://www.oecd.org/ctp/transfer-pricing/white-paper-transfer-pricing-documentation.pdf (zuletzt abgerufen am 1.8.2013), S. 27 ff.

694 Vor dem Hintergrund der Unterschiede der nationalen Dokumentationsvorschriften wurde auf Ebene der EU ein Konzept zur Vereinheitlichung der Verrechnungspreisdokumentationen europäischer Konzerne entwickelt („EU Transfer Pricing Documentation (EU TPD)“). Das Konzept soll es europäischen Konzernen ermöglichen, eine standardisierte Verrechnungspreisdokumentation zu erstellen. Das Konzept wird im Rahmen der Darstellung der Instrumente zur Verminderung von Verrechnungspreisrisiken im Einzelnen dargestellt.

695 Vgl. *Bouzas Fernández*, ITPJ 2009, S. 224.

696 § 90 Abs. 3 AO.

landesspezifischen Dokumentationsvorschriften führt dazu, dass in einem international tätigen Konzern verschiedene Verrechnungspreisdokumentationen für abweichende Zeiträume zu erstellen sind. Mithin besteht oftmals kein Anreiz, eine zentrale Koordinierung der einzelnen Verrechnungspreisdokumentationen auf Ebene der Konzernobergesellschaft vorzunehmen. So lässt sich in der Praxis beobachten, dass die Verantwortlichkeiten für die Erstellung der Verrechnungspreisdokumentation häufig auf Ebene der einzelnen Landesgesellschaften belassen werden.

Die länderspezifischen Dokumentationsvorschriften unterscheiden sich darüber hinaus in Bezug auf den Inhalt der zu erstellenden Aufzeichnungen. Dazu zählt zum einen die Frage, welche Informationen die Verrechnungspreisdokumentation im Einzelnen zu enthalten hat und wie sie zu strukturieren ist.[697] Weiterhin weichen die Dokumentationsvorschriften in Bezug auf die Frage ab, welche Unternehmen nach der jeweiligen nationalen Rechtsordnung als verbundene Unternehmen (*related parties* oder *associated enterprises*) anzusehen und in die Verrechnungspreisdokumentation einzubeziehen sind.[698] Nach deutschem Verständnis sind Geschäftsbeziehungen zwischen Unternehmen zu dokumentieren, die als „nahestehende Unternehmen" i.S.v. § 1 Abs. 2 AStG zu qualifizieren sind, d. h. im Wesentlichen solche Unternehmen, an denen eine mittelbare oder unmittelbare Beteiligung von mehr als 25 % besteht.[699] Die Verrechnungspreisdokumentationsvorschriften des spanischen Rechts greifen demgegenüber bereits dann, wenn eine direkte Beteiligung von mehr als 5 % (bei börsennotierten Unternehmen: mehr als 1 %) an einem Unternehmen besteht.[700] Mithin ist es denkbar, dass aus Sicht des spanischen Rechts eine Verrechnungspreisdokumentation zu erstellen ist, während das deutsche Recht keine solche Verpflichtung vorsieht. Die dargestellten Abweichungen in Bezug auf den erforderlichen Inhalt einer Verrechnungspreisdokumentation sowie die Definition der verbundenen Unternehmen stellen einen weiteren Grund dafür dar, dass die Verantwortlichkeit für die Erstellung der Verrechnungspreisdokumentationen häufig bei den jeweiligen Landesgesellschaften belassen wird und eine Koordinierung durch die Konzernobergesellschaft unterbleibt. Eine im Jahr 2010 durchgeführte Umfrage, an der 877 international tätige Konzerne aus weltweit 25 Ländern teilnahmen, hat in diesem Zusammenhang ergeben, dass im Jahr 2007 lediglich 33 % der Konzerne eine global einheitliche Dokumentation erstellt haben. Dieser Anteil ist im Jahr

697 Der Mindestinhalt einer Verrechnungspreisdokumentation aus deutscher Sicht ist in § 4 GAufzV geregelt.

698 Vgl. *Gudmundsson*, ITPJ 2009, S. 10.

699 § 90 Abs. 3 Satz 1 AO; § 1 Abs. 1 GAufzV. Zur Frage der Einbeziehung von Unternehmen aufgrund einer Einflussnahmemöglichkeit i.S.v. § 1 Abs. 2 Nr. 3 1. Alt. AStG, vgl. FG Hessen v. 23.3.2011 – 4 K 419/10, StBW 2011, S. 686 (Rev. eingelegt, Aktenzeichen des BFH: I R 45/11).

700 Vgl. *Gudmundsson*, ITPJ 2009, S. 18 unter Bezugnahme auf Art. 16 Abs. 3 des spanischen Körperschaftsteuergesetzes.

2010 leicht auf 41 % angestiegen.[701] Der Großteil der befragten Konzerne verzichtet folglich auf die Koordinierung der lokalen Verrechnungspreisdokumentationen.

Aus einer Risikomanagementperspektive erweist sich die fehlende Koordinierung der einzelnen Verrechnungspreisdokumentationen insofern als problematisch, als die lokalen Verrechnungspreisdokumentationen widersprüchliche Begründungen hinsichtlich der Angemessenheit der angesetzten Verrechnungspreise enthalten können. Aufgrund der Tatsache, dass die steuerlichen Interessen der beteiligten Fisci gegenläufig sind, ist eine einseitige Angemessenheitsdokumentation aus der Perspektive der jeweiligen Konzerngesellschaften sogar sinnvoll. Vor dem Hintergrund des zunehmenden grenzüberschreitenden Informationsaustauschs zwischen den Finanzverwaltungen kann in diesem Zusammenhang jedoch nicht ausgeschlossen werden, dass die Verrechnungspreisdokumentation einer Landesgesellschaft an die Finanzverwaltung eines anderen Staates gelangt, etwa im Rahmen von bilateralen Verständigungsgesprächen oder im Zuge eines APA-Verfahrens. Die ausländische Finanzverwaltung könnte auf diesem Wege an Informationen über verbundene Unternehmen gelangen, auf deren Grundlage sie Einkünftekorrekturen auf der Ebene des von ihr geprüften Unternehmens vornehmen kann. Die Informationen können sich auf Renditekennziffern, Kosten oder weitere für die Verrechnungspreisermittlung relevante Informationen beziehen.

So könnte die Finanzverwaltung beispielsweise auf der Grundlage der Verrechnungspreisdokumentation der ausländischen Konzernobergesellschaft nähere Informationen über die im Rahmen einer Umlage an die lokale Konzerngesellschaft verrechneten Kosten erlangen. Dies ermöglicht der lokalen Finanzverwaltung die Prüfung, ob es sich aus ihrer Sicht um sog. Gesellschafteraufwand handelt, der von der Konzernobergesellschaft zu tragen ist und nicht an die lokale Konzerngesellschaft verrechnet werden darf.[702] Sofern es sich nach der Auffassung der lokalen Finanzverwaltung um Gesellschafteraufwand handelt, kann sie auf Basis der erlangten Informationen eine Korrektur des Betriebsausgabenabzugs auf Ebene der lokalen Konzerngesellschaft vornehmen. Die Korrektur hat eine Doppelbesteuerung der verrechneten Dienstleistungsentgelte zur Folge. Ein weiteres Beispiel stellen Datenbankanalysen dar, die in einzelnen Ländern erstellt werden, um die Angemessenheit der Umsatzrenditen der lokalen Konzerngesellschaften zu rechtfertigen. Dies soll der folgende Beispielsfall verdeutlichen.

---

701 Vgl. *Ernst & Young*, Global Transfer Pricing Survey/Addressing the Challenges of Globalization, 2010, S. 9.

702 Vgl. BMF v. 23.2.1983, BStBl. I 1983, S. 218, Tz. 6.3.2.; Tz. 7.9 OECD-Verrechnungspreisrichtlinien.

Beispielsfall:

In einem international tätigen Konzern beauftragen die lokalen Vertriebsgesellschaften jeweils unterschiedliche Berater mit der Erstellung iher Verrechnungspreisdokumentationen. In den Aufzeichnungen wird die Angemmessenheit der Verrechnungspreise auf der Grundlage der geschäftsvorfallbezogenen Nettomargenmethode auf Basis einer Überprüfung der Umsatzrenditen der einzelnen Gesellschaften vorgenommen (sog. *outcome testing approach*). Dazu werden jeweils lokale Datenbankstudien erstellt.

Die für die Vertriebsgesellschaft in Italien erstellte Datenbankstudie kommt zu dem Ergebnis, dass eine Umsatzrendite i.H.v. 5 % (Median) angemessen sei. Da die Konzerngesellschaft tatsächlich eine Umsatzrendite i.H.v. 10 % erzielt hat, wird in der Dokumentation – deren Adressat die italienische Finanzverwaltung ist – ausgeführt, dass die Verrechnungspreise nicht zu beanstanden seien, da die Umsatzrendite der italienischen Gesellschaft diejenige vergleichbarer Vertriebsgesellschaften nicht unterschreite. In den Verrechnungspreisdokumentationen der übrigen Vertriebsgesellschaften stellen sich die Verhältnisse ähnlich dar.

Im Rahmen einer Betriebsprüfung bei der deutschen Muttergesellschaft gelangt die deutsche Finanzverwaltung an die Verrechnungspreisdokumentationen der ausländischen Vertriebsgesellschaften. Auf der Grundlage der darin enthaltenen Informationen nimmt sie jeweils eine Korrektur auf den Median vor. Mithin wird im Fall der italienischen Vertriebsgesellschaft eine Korrektur von 10 % auf 5 % vorgenommen. Es kommt zu einer entsprechenden erhöhung des Einkommens der deutschen Muttergesellschaft.

Neben den vorgenannten steuerlichen Risiken, die sich aus einer fehlenden Abstimmung der einzelnen Länderdokumentationen ergeben, ist zu beachten, dass die Erstellung landesspezifischer Dokumentationen einen erheblichen Ressourcenaufwand verursacht. Dieser ist darauf zurückzuführen, dass die Dokumentationen in jedem Land von Grund auf erstellt werden müssen. In diesem Zusammenhang werden oftmals landesspezifische Datenbankstudien in Auftrag gegeben, ohne dass in Erfahrung gebracht wird, ob vergleichbare Dokumentationen bereits in anderen Ländern erstellt wurden. Zudem werden häufig unterschiedliche Berater mit der Erstellung einer landesspezifischen Verrechnungspreisdokumentation beauftragt, ohne dass eine Abstimmung erfolgt.

Die vorstehend dargestellten Risiken, die sich aus der fehlenden Abstimmung der einzelnen Verrechnungspreisdokumentationen ergeben, sind den internen steuerlichen Risiken in der Ausprägung der organisatorischen Risiken zuzuordnen. Hierbei handelt es sich um Risiken, die aus fehlenden Abstimmungen steuerrelevanter Sachverhalte im Konzern (hier: fehlende Abstimmung zwischen der Steuerabteilung der Konzernobergesellschaft mit den Steuerabteilungen der Landesgesellschaften) resultieren.[703]

703 Zu den internen steuerlichen Risiken vgl. Abschnitt D.I.3.

2.2 *Risiken im Zusammenhang mit Verlustsituationen auf der Ebene einzelner Konzerngesellschaften*

2.2.1 *Ursachen betrieblicher Verluste*

Jede unternehmerische Betätigung geht mit dem Risiko einher, dass – dauerhafte oder temporäre – Verluste erlitten werden. Die Verluste können auf unternehmensexterne oder -interne Ursachen zurückzuführen sein. Zu den wesentlichen externen Ursachen von Verlusten zählen Absatzeinbrüche aufgrund von Wirtschaftskrisen, Änderungen der Konsumgewohnheiten, hoher Wettbewerbsdruck oder technologischer Wandel. Zu den wesentlichen internen Ursachen von Verlusten zählen Kostensteigerungen (Lohnkosten, Rohstoffkosten, Verwaltungskosten etc.), Managementfehler, Ineffizienzen in betrieblichen Abläufen sowie die bewusste Inkaufnahme von Verlusten. Die bewusste Inkaufnahme von Verlusten kann in der Weise erfolgen, dass für eine gewisse Zeit erhöhte Werbeaufwendungen getragen oder Kampfpreise angesetzt werden, wenn die begründete Aussicht besteht, dass sich diese Strategie in späteren Perioden in höheren Gewinnen niederschlägt.[704]

Ungeachtet der dargestellten vielfältigen Ursachen betrieblicher Verluste werden Verlustsituationen bei verbundenen Unternehmen seitens der Finanzverwaltungen häufig hinterfragt.[705] Dabei wird oftmals vermutet, dass die Verluste verrechnungspreisbedingt und nicht operativ entstanden sind.[706] Diese Vermutungen können insbesondere dann gerechtfertigt sein, wenn die Verluste über einen sehr langen Zeitraum erwirtschaftet werden und davon auszugehen ist, dass nicht konzernmäßig verbundene Unternehmen ihren Geschäftsbetrieb unter diesen Bedingungen nicht aufrechterhalten könnten.[707] Andererseits ist zu berücksichtigen, dass auch verbundene Unternehmen nicht davor geschützt sind, operative Verluste – ggf. über eine längere Phase – zu erleiden.[708] Dies verdeutlicht, dass die Ursachen von Verlusten auf der Ebene einzelner Konzerngesellschaften stets sorgfältig zu prüfen sind.[709]

---

704 Diese Vorgehensweise stellt keinen Widerspruch zu der langfristigen Strategie der Gewinnmaximierung dar. Vgl. Tz. 1.72 OECD-Verrechnungspreisrichtlinien 2010, *Baumhoff*, in: Mössner, Steuerrecht international tätiger Unternehmen, 2012, Rz. 3.118.

705 Vgl. *Freudenberg/Ludwig*, TPIJ 2012, S. 24.

706 *Baumhoff*, in: Baumhoff/Schönfeld, Grenzüberschreitende Verlustverrechnung 2011, S. 134. Vgl. auch *Kuckhoff/Schreiber*, Verrechnungspreise in der Betriebsprüfung 1997, S. 114.

707 Vgl. in diesem Zusammenhang auch Tz. 1.70 OECD-Verrechnungspreisrichtlinien.

708 Vgl. Tz. 1.70 OECD-Verrechnungspreisrichtlinien; *Jacobs/Endres/Spengler*, Internationale Unternehmensbesteuerung, 2011, S. 567; *Baumhoff*, in: Baumhoff/Schönfeld, Grenzüberschreitende Verlustverrechnung 2011, S. 134.

709 Vgl. insoweit auch *Baumhoff*, in: Baumhoff/Schönfeld, Grenzüberschreitende Verlustverrechnung 2011, S. 145 in Bezug auf Anlaufverluste bei Vertriebsgesellschaften.

Da Verlustsituationen einzelner Konzerngesellschaften aufgrund ihrer vielfältigen Ursachen oftmals einen wesentlichen Streitpunkt in Betriebsprüfungen darstellen, werden nachfolgend die typischen verlustbedingten Risikobereiche dargestellt.

2.2.2 Verluste aufgrund einer fehlenden Übereinstimmung des Verrechnungspreissystems mit dem Funktions- und Risikoprofil

2.2.2.1 Vorbemerkung

Den Ausgangspunkt der Ermittlung von Verrechnungspreisen zur Abrechnung des innerkonzernlichen Liefer- und Leistungsverkehrs bildet – wie dargestellt[710] – eine Analyse des Funktions- und Risikoprofils der an den Geschäftsbeziehungen beteiligten Konzerngesellschaften. Auf der Grundlage dieser Analyse sind Verrechnungspreismethoden für die einzelnen Geschäftsbeziehungen auszuwählen, welche den Konzerngesellschaften einen Ergebnisbeitrag zuweisen, der ihrem Funktions- und Risikoprofil und damit ihrem relativen Anteil an der Gesamtwertschöpfung entspricht.[711] Verbundene Unternehmen können entweder als

- Routineunternehmen,
- Entrepreneur oder als

Mittelunternehmen agieren.[712]

Routineunternehmen sind dadurch gekennzeichnet, dass sie nur in geringem Umfang Wirtschaftsgüter einsetzen und geringe Risiken tragen.[713] Beispiele für Routineunternehmen stellen Auftragsfertiger, konzerninterne Dienstleistungsunternehmen oder „low risk distributors" dar. Bei der Auswahl einer Verrechnungspreismethode für eine Geschäftsbeziehung, an der ein Routineunternehmen beteiligt ist, ist sicherzustellen, dass das Routineunternehmen – seinem Funktionsumfang entsprechend – *„regelmäßig geringe aber relativ stabile"*[714] Gewinne erzielt. Mit dieser Vorgabe wird der Tatsache Rechnung getragen, dass die Übernahme geringer Marktchancen und -risiken auf dem freien Markt regelmäßig mit einem geringen Gewinn vergütet wird.[715]

Unternehmen, die als Entrepreneure zu qualifizieren sind, verfügen über die wesentlichen materiellen und immateriellen Wirtschaftsgüter und üben die

710 Zur Funktions- und Risikoanalyse vgl. ausführlich Abschnitt B.III.1.3.

711 So *Baumhoff*, in: Baumhoff/Schönfeld, Grenzüberschreitende Verlustverrechnung 2011, S. 135.

712 Zur Funktions- und Risikoanalyse vgl. Abschnitt B.III.1.3.

713 Vgl. BMF v. 12.4.2005, BStBl. I 2005, S. 570, Tz. 3.4.10.2 Buchst. a).

714 BMF v. 12.4.2005, BStBl. I 2005, S. 570, Tz. 3.4.10.2 Buchst. a).

715 Vgl. in diesem Zusammenhang auch Tz. 1.45 OECD-Verrechnungspreisrichtlinien; *Cordes*, Steuerliche Aufzeichnungspflichten bei internationalen Verrechnungspreisen, 2009, S. 88; *Kluge*, Verrechnungspreise in Ertragsteuern und Controlling, 2013, S. 213.

wesentlichen, für den Unternehmenserfolg entscheidenden Funktionen aus.[716] Vor diesem Hintergrund ist den Entrepreneuren der Anteil am Gewinn aus den konzerninternen Geschäftsbeziehungen zuzuweisen, der nach Abzug des – geringen aber stabilen – Gewinnanteils der Unternehmen mit Routinefunktionen verbleibt (sog. Residualgewinn).[717] Spiegelbildlich bedeutet dies, dass Entrepreneure im Fall einer verlustbringenden konzerninternen Geschäftsbeziehung auch den Verlust zu tragen haben, der nach Abzug der Routinevergütung verbleibt bzw. sich ausweitet (sog. Residualverlust).[718]

Die deutsche Finanzverwaltung hat in dem BMF-Schreiben v. 12.4.2005 zusätzlich die – international unübliche – Kategorie eines Mittelunternehmens geschaffen. Unter einem Mittelunternehmen wird ein Unternehmen verstanden, das weder als Unternehmen mit Routinefunktionen noch als Entrepreneur anzusehen ist.[719]

2.2.2.2 Fehlende Abstimmung der Verrechnungspreise mit dem Funktions- und Risikoprofil

Sollten die zur Abrechnung des Liefer- und Leistungsverkehrs angesetzten Verrechnungspreise nicht auf das Funktions- und Risikoprofil der beteiligten Konzerngesellschaften abgestimmt sein, kann dies zu unangemessen hohen oder niedrigen Ergebnisbeiträgen auf der Ebene einzelner Konzerngesellschaften führen. So kann eine fehlerhafte Verrechnungspreisfestsetzung beispielsweise zur Folge haben, dass eine Konzerngesellschaft, die als Routineunternehmen zu qualifizieren ist, dauerhaft Verluste erwirtschaftet.[720] Dies wäre vor dem Hintergrund, dass eine Routinegesellschaft keine wesentlichen Risiken tragen und mithin *geringe aber relativ stabile Gewinne* erzielen soll[721], nicht sachgerecht. In diesem Zusammenhang besteht ein erhebliches Risiko, dass die Finanzverwaltung die unzutreffende Verrechnungspreisgestaltung gegenüber dem Routineunternehmen beanstandet und entsprechende Einkünftekorrekturen in einer Betriebsprüfung vornimmt.

Als Beispiel für die fehlende Abstimmung des Verrechnungspreissystems mit dem Funktions- und Risikoprofil kann die Verrechnungspreisermittlung für die Lieferungen an eine als Eigenhändler agierende funktionsschwache Vertriebsgesellschaft (sog. *low risk distributor*) anhand der Kostenaufschlagsmethode angeführt werden. Da die

---

716 BMF v. 12.4.2005, BStBl. I 2005, S. 570, Tz. 3.4.10.2 Buchst. b).

717 Vgl. *Baumhoff*, in: Baumhoff/Schönfeld, Grenzüberschreitende Verlustverrechnung 2011, S. 136.

718 Vgl. *Baumhoff*, in: Baumhoff/Schönfeld, Grenzüberschreitende Verlustverrechnung 2011, S. 136.

719 Vgl. BMF v. 12.4.2005, BStBl. I 2005, S. 570, Tz. 3.4.10.2 Buchst. c). Vgl. dazu *Eigelsvoven/Ebering*, in: Kroppen, Handbuch Internationale Verrechnungspreise, Erläuterungen der OECD-Leitlinien, Kapitel I, Erläuterung von Tz. 1.21 OECD-LL, Rz. 98; *Rasch/Rettinger*, BB 2007, S. 354.

720 Vgl. *Freudenberg/Ludwig*, TPIJ 2012, S. 24.

721 Vgl. BMF v. 12.4.2005, BStBl. I 2005, S. 570, Tz. 3.4.10.2 Buchst. a).

Vertriebsgesellschaft ihre Abgabepreise als Eigenhändlerin selbst festlegt, ermittelt sich ihr Gewinn in diesem Fall als Differenz des bei Weiterveräußerung erzielten Verkaufspreises einerseits und des kostenorientierten Lieferverrechnungspreises andererseits. Damit wird die Vertriebsgesellschaft im Ergebnis wie ein „Entrepreneur" im Sinne von Tz. 3.4.10.2. Buchst. b) des BMF-Schreibens v. 12.4.2005 behandelt, dem das Residualergebnis aus der Geschäftsbeziehung zusteht.[722]

Sollte die als *low risk distributor* tätige Vertriebsgesellschaft in dem Beispielsfall aufgrund ihrer Verkaufsbemühungen dazu in der Lage sein, Abgabepreise durchzusetzen, die ihre Kosten decken, ist es ihr aufgrund des gewählten Verrechnungspreismodells einerseits möglich, stabile Gewinne zu erzielen. Andererseits ist es jedoch auch denkbar, dass die Vertriebsgesellschaft nicht dazu in der Lage ist, ihre Preisvorstellungen am Markt durchzusetzen. Sollten die tatsächlich erzielten Abgabepreise in diesem Fall die operativen Kosten der Vertriebsgesellschaft sowie die Einstandskosten der gelieferten Produkte nicht decken, hätte dies zur Folge, dass die Vertriebsgesellschaft nachhaltige Verluste erwirtschaftet. Dies wäre vor dem Hintergrund des Funktions- und Risikoprofils der Gesellschaft als *low risk distributor* nicht sachgerecht. Mithin besteht in dem Beispielsfall ein erhebliches Risiko, dass die Finanzverwaltung die Verrechnungspreisermittlung gegenüber der Vertriebsgesellschaft beanstandet und Korrekturen durchführt, da die Verrechnungspreismethode nicht auf das Funktions- und Risikoprofil abgestimmt ist. Bei den Korrekturen könnte sich die Finanzverwaltung an einer angemessenen Kapitalverzinsung[723] oder einer fremdüblichen Umsatzrendite vergleichbarer Vertriebsgesellschaften orientieren.[724]

Ein weiteres Beispiel für eine fehlende Abstimmung des Verrechnungspreissystems mit dem Funktions- und Risikoprofil der beteiligten Gesellschaften stellt die Festlegung einer Handelsspanne im Rahmen einer Geschäftsbeziehung zu einer Vertriebsgesellschaft dar, die den von der Vertriebsgesellschaft ausgeübten Funktionen und getragenen Risiken nicht angemessen Rechnung trägt. So ist es beispielsweise denkbar, dass die der Vertriebsgesellschaft zugestandene Handelsspanne nur einen Teil der aus der Ausübung der Funktionen der Gesellschaft resultierenden Verwaltungs- und Vertriebskosten deckt. In diesem Fall ist es der Vertriebsgesellschaft – auch nach einer Anlaufphase[725] – nicht möglich, dauerhaft einen Gewinn aus der Weiterveräußerung der konzernintern bezogenen Produkte zu erzielen.

Zwar wird in dem vorstehenden Beispielsfall mit der Wiederverkaufspreismethode im Grundsatz eine sachgerechte Verrechnungspreismethode angewandt.[726]

---

722 Vgl. insoweit auch *Kurzewitz*, Wahl der geeigneten Verrechnungspreismethode zur Verringerung von Doppelbesteuerungsproblemen, 2009, S. 170.

723 Vgl. dazu BMF v. 12.4.2005, BStB. I 2005, S. 570, Tz. 3.4.20. Buchst. b) sechster Spiegelstrich.

724 Vgl. auch *Cordes*, Aufzeichnungspflichten bei internationalen Verrechnungspreisen, 2009, S. 225.

725 Vgl. insoweit den nachfolgenden Abschnitt E.III.2.2.3.

726 Vgl. BFH v. 17.10.2001, BStBl. II 2004, S. 171 („*Der Fremdvergleichspreis wird bei Vertriebsgesellschaften in der Regel nach der Wiederverkaufsmethode bestimmt*").

Die Umsetzung der Methode ist jedoch fehlerhaft, da die der Vertriebsgesellschaft zugestandene Handelsspanne offensichtlich nicht mit dem Funktions- und Risikoprofil der Gesellschaft – welches mit den Verwaltungs- und Vertriebskosten der Gesellschaft korreliert – abgestimmt ist. Insofern besteht das Risiko, dass die Finanzverwaltung die Verrechnungspreispolitik gegenüber der Vertriebsgesellschaft beanstandet und Korrekturen vornimmt. Dabei könnte die Finanzverwaltung sich auf die aus dem hypothetischen Fremdvergleich abgeleitete Erwägung stützen, dass einer Vertriebsgesellschaft eine Handelsspanne zuzuordnen ist, welche die Verwaltungs- und Vertriebskosten zzgl. eines Gewinnelementes deckt.[727]

Die vorstehend dargestellten Risiken einer Verrechnungspreiskorrektur, welche auf eine fehlende Abstimmung des Verrechnungspreissystems mit dem Funktions- und Risikoprofil der einzelnen Konzerngesellschaften zurückzuführen sind, sind den internen steuerlichen Risiken in der Ausprägung der Rechtsanwendungsrisiken zuzuordnen. Hierbei handelt es sich um Risiken, die aus einer fehlerhaften Rechtsanwendung (hier: Funktions- und Risikoanalyse sowie anschließende Auswahl der Verrechnungspreismethode) durch die mit den entsprechenden Aufgaben betrauten Mitarbeiter der Steuerabteilung resultieren.[728]

2.2.3 Anlaufverluste von Vertriebsgesellschaften

2.2.3.1 Begriff und Ursachen von Anlaufverlusten

Im Zuge der Einführung neuer Produkte fallen auf der Ebene von verbundenen Vertriebsgesellschaften häufig erhöhte Kosten an, die auf den Aufbau der Innen- und Vertriebsorganisation sowie die Kosten der Werbung zur Steigerung des Bekanntheitsgrades der neu eingeführten Produkte zurückzuführen sind. Die Einführung neuer Produkte geht zudem oftmals mit Sonderpreisen (sog. Kampfpreisen oder Untereinstandspreisen) einher, die dazu dienen, die neuen Produkte bekannt zu machen und erste Kundenbindungen in Bezug auf die neuen Produkte zu etablieren.[729] Aufgrund der vorstehend genannten Faktoren (geringere Umsätze bei einer temporär erhöhten Kostenbasis) erwirtschaften Vertriebsgesellschaften in den ersten auf die Produkteinführung folgenden Jahren häufig Verluste (sog. Anlaufverluste). Einen hiervon abzugrenzenden Sonderfall stellen Neugründungen von Vertriebsgesellschaften dar. Im Fall einer Neugründung können die Verluste aus dem Vertrieb der (neuen) Produkte – im Gegensatz zu bestehenden Vertriebsgesellschaften, welche „lediglich" den Vertrieb eines zusätzlichen Produktes aufnehmen und bereits über

---

727 Vgl. dazu *Kuckhoff/Schreiber*, Verrechnungspreise in der Betriebsprüfung 1997, S. 114. Letztlich stellt diese Vorgehensweise einen Anwendungsfall des hypothetischen Fremdvergleichs dar.

728 Vgl. Abschnitt D.I.3.

729 Vgl. *Baumhoff/Sieker*, IStR 1995, S. 520.

einen Kundenstamm verfügen – nicht durch Gewinne aus dem Vertrieb bereits eingeführter Produkte kompensiert werden.[730]

Die steuerliche Behandlung von Anlaufverlusten verbundener Vertriebsgesellschaften ist häufig Gegenstand von Diskussionen mit der Betriebsprüfung. In diesem Zusammenhang ist insbesondere strittig, über welchen Zeitraum Anlaufverluste einer Vertriebsgesellschaft zu akzeptieren sind und wie die Kosten der Einführung der neuen Produkte zwischen der Vertriebsgesellschaft und der liefernden Konzerngesellschaft aufzuteilen sind. Nachfolgend werden vor diesem Hintergrund die vom BFH aufgestellten Grundsätze sowie die Vorgaben der Finanzverwaltung zur steuerlichen Behandlung von Anlaufverlusten dargestellt. Im Anschluss daran werden die typischen steuerlichen Risikobereiche im Zusammenhang mit Anlaufverlusten erläutert und eingeordnet.

2.2.3.2 BFH-Urteil vom 17.2.1993

In seinem Urteil v. 17.2.1993 hat der BFH grundlegende Kriterien zur Behandlung von Anlaufverlusten konzerninterner Vertriebsgesellschaften aufgestellt.[731] In dem Fall, der die Einführung eines neuen Produktes neben einer bereits bestehenden Produktpalette betraf (sog. Aquavit-Urteil), hat der BFH entschieden, dass ein ordentlicher und gewissenhafter Geschäftsleiter einer Vertriebsgesellschaft nur dann ein neues (zusätzliches) Produkt am Markt einführen und vertreiben wird, wenn er dabei bei vorsichtiger und vorheriger kaufmännischer Prognose – ggf. nach Verlusten innerhalb einer Anlaufphase – innerhalb eines überschaubaren Kalkulationszeitraums und unter Berücksichtigung der voraussichtlichen Marktentwicklung einen angemessenen Gesamtgewinn (verstanden als Überkompensation der Anlaufverluste durch spätere Gewinne) erwarten kann. Der Nachweis, dass aus dem Vertrieb des Produktes zukünftig ein Gewinn erwartet wird, soll nach Auffassung des BFH anhand von Dokumenten über die Absatzplanung, die Werbestrategie sowie die Gewinnplanung belegt werden. Entscheidend sind insoweit die Verhältnisse im Zeitpunkt der Einführung des neuen Produktes (sog. *ex-ante*-Betrachtung).[732]

---

730 Zu den Besonderheiten bei neu gegründeten Vertriebsgesellschaften vgl. Abschnitt E.III.2.2.3.5.

731 Vgl. BFH v. 17.2.1993, BStBl. II 1993, S. 457. Zuvor hat der BFH sich bereits mit Urteilen v. 1.2.1967 (BStBl. III 1967, S. 495), v. 12.3.1980 (BStBl. II 1980, S. 531) und v. 27.7.1988 (BStBl. II 1989, S. 274) mit vergleichbaren Fragestellungen beschäftigt.

732 Vgl. *Kraft*, AStG, § 1 AStG Rz. 115; *Baumhoff/Sieker*, IStR 1995, S. 521 m.w.N.; BMF v. 23.2.1983, BStBl. I 1983, S. 218, Tz. 3.4.2. Satz 2. Die Forderung des BFH nach einem Gesamtgewinn entspricht der in dem BMF-Schreiben v. 23.2.1983 wiedergegebenen Auffassung der Finanzverwaltung, wonach Kosten oder Mindererlöse infolge der Einführung neuer Produkte nur insoweit von dem Vertriebsunternehmen zu tragen sind, *„als ihm aus der Geschäftsverbindung ein angemessener Betriebsgewinn verbleibt“*, vgl. Tz. 3.4.1. des BMF-Schreibens v. 23.2.1983, BStBl. I 1983, S. 218.

Die Anlaufphase der Gesellschaft, innerhalb derer bei der Einführung des neuen Produktes Verluste entstehen können, soll nach Auffassung des BFH – abgesehen von besonderen Umständen – die Dauer von drei Jahren nicht übersteigen.[733] Nach diesem Zeitraum ist ein Gewinn aus dem Vertrieb des neu eingeführten Produktes auszuweisen. Zu der Frage, in welchem Kalkulationszeitraum ein Gesamtgewinn (verstanden als „Überkompensation" der Anlaufverluste durch die späteren Gewinne) aus dem Vertrieb des neuen Produktes erzielt werden muss, hat der BFH nicht näher Stellung genommen. *Wassermeyer* hält insoweit einen Zeitraum von fünf Jahren für angemessen.[734] Demnach müssten Verluste, die innerhalb einer Anlaufphase von drei Jahren erwirtschaftet worden sind, in den nachfolgenden zwei Jahren überkompensiert werden. *Schreiber* geht dagegen von einem Zeitraum von fünf bis acht Jahren aus.[735] *Kuckhoff/Schreiber* nennen schließlich einen Zeitraum von fünf bis sechs Jahren.[736]

Hinsichtlich der Aufteilung der Kosten, die für die Markteinführung des neuen Produktes sowie für Werbemaßnahmen aufgewendet werden, hat der BFH – wie bereits in seinem Werbekosten-Urteil v. 1.2.1967[737] – entschieden, dass es insoweit auf die branchenübliche Aufteilung dieser Kosten ankommt. Der Vergleich setzt dabei *„weitgehend einheitliche Branchenverhältnisse und eine repräsentative Anzahl von Vergleichsfällen voraus"*[738]. Zudem ist nach Auffassung des BFH das wirtschaftliche Interesse des Lieferanten im Verhältnis zu dem wirtschaftlichen Interesse der Vertriebsgesellschaft zu würdigen.

---

733 Dieser Zeitrahmen ist im Schrifttum als zu starr kritisiert worden, vgl. *Engler*, in: Vögele/Borstell/Engler, Verrechnungspreise, 2011, Kapitel F, Rz. 97; *Baumhoff/Sieker*, IStR 1995, S. 521 m.w.N.; *Sieker*, in: Wassermeyer, Doppelbesteuerung, Art. 9 OECD-MA Rz. 297. Indessen ist zu konstatieren, dass ein Zeitrahmen von (maximal) drei Jahren auch in der US-amerikanischen Verrechnungspreispraxis anerkannt ist, So *Wright*, ITPJ 2002, S. 174: *„As a general rule, selling affiliates are allowed to report start-up losses for a period of three years or less"*.

734 Vgl. *Wassermeyer*, Wpg 2002, S. 16. Vgl. auch *Jacobs/Endres/Spengel*, Internationale Unternehmensbesteuerung, 2011, S. 567 mit Verweis auf die Betriebsprüfungspraxis.

735 Vgl. *Schreiber*, IStR 1994, S. 317.

736 Vgl. *Kuckhoff/Schreiber*, Verrechnungspreise in der Betriebsprüfung, 1997, S. 91. Die unterschiedlichen Auffassungen hinsichtlich des Kompensationszeitraums verdeutlichen, dass diese Frage von den jeweiligen Umständen des Einzelfalls abhängt und daher einzelfallbezogen entschieden werden sollte.

737 BFH v. 1.2.1967, BStBl. III 1967, S. 495.

738 BFH v. 17.2.1993, BStBl. II 1993, S. 457.

2.2.3.3 BFH-Urteil vom 17.10.2001

Der BFH hat die vorstehenden Grundsätze zur Behandlung von Anlaufverlusten in seinem Urteil v. 17.10.2001[739] bestätigt. Der dem Urteil zugrunde liegende Sachverhalt betraf in dessen nicht die Einführung eines neuen Produktes, sondern die Aufnahme des Vertriebs von bereits auf dem Inlandsmarkt eingeführten Produkten, die zuvor von einem selbständigen Handelsvertreter vertrieben wurden. In Bezug auf diesen Sachverhalt hat der BFH unter Bezugnahme auf das Urteil v. 17.2.1993 klargestellt, dass die Obergrenze für die Verlustphase bei dem Vertrieb der bereits eingeführten Produkte *„erst recht“*[740] bei drei Jahren liegen soll.

Damit hat der BFH die erstmals im Urteil v. 17.2.1993 aufgestellte Drei-Jahres-Grenze im Grundsatz bestätigt und auf die Aufnahme des Vertriebs bereits eingeführter Produkte übertragen. In seinem Urteil v. 17.10.2001 hat der BFH seine Rechtsprechung indessen dahingehend weiterentwickelt, dass die Erwirtschaftung von ins Gewicht fallenden Verlusten über einen Zeitraum von drei Jahren lediglich eine *„widerlegbare Vermutung“*[741] für eine unangemessene Verrechnungspreisgestaltung auslöst. Der Steuerpflichtige hat mithin die Möglichkeit zu belegen, dass die Verluste nicht auf die Verrechnungspreisgestaltung zurückzuführen sind. Konkret nennt der BFH die Möglichkeit des Nachweises,

- dass die Verluste auf **Fehlmaßnahmen** oder
- auf anderen Gründen beruhen, **die nicht vorhersehbar** waren und
- dass rechtzeitig **Anpassungsmaßnahmen** ergriffen wurden.[742]

Zu der Frage, in welchem Kalkulationszeitraum ein Gesamtgewinn (verstanden als Überkompensation der Anlaufverluste durch spätere Gewinne) aus dem Vertrieb des neuen Produktes erzielt werden muss, hat der BFH in seinem Urteil v. 17.10.2001 nicht näher Stellung genommen. Wie bereits dargestellt wurde, wird insoweit im Schrifttum eine Zeitspanne von fünf bis acht Jahren genannt.[743]

2.2.3.4 Abgrenzung zu Entrepreneur-Vertriebsgesellschaften

Im Hinblick auf die in den vorgenannten Urteilen des BFH v. 17.2.1993 und v. 17.10.2001 aufgestellten Grundsätze ist einschränkend zu beachten, dass diese nur vor dem Hintergrund der klassischen Verrechnungspreislehre zu verstehen und zutreffend sind.[744] Diese Verrechnungspreislehre – die auch dem BMF-Schreiben

739 BFH v. 17.10.2001, BStBl. II 2004, S. 171. Vgl. auch BFH v. 6.4.2005, BStBl. II 2007, S. 658.

740 BFH v. 17.10.2001, BStBl. II 2004, S. 171.

741 Vgl. *Jacobs/Endres/Spengel*, Internationale Unternehmensbesteuerung, 2011, S. 568.

742 BFH v. 17.10.2001, BStBl. II 2004, S. 171.

743 Vgl. die Nachweise in den Fn. 734, 735 und 736.

744 Vgl. *Baumhoff*, in: Baumhoff/Schönfeld, Grenzüberschreitende Verlustverrechnung, 2011, S. 135 f.; *Borstell*, in: Grotherr, Handbuch der Internationalen Steuerplanung, S. 525.

v. 23.2.1983 zugrunde liegt – geht von einer mittlerweile weitgehend überholten und starren Funktionsaufteilung aus, die wesentlich durch die Verhältnisse der Investitionsgüterindustrie geprägt ist.[745] Demnach sind Produktionsgesellschaften regelmäßig als Strategieträger zu qualifizieren, denen die wesentlichen immateriellen Wirtschaftsgüter zuzuordnen sind. Vertriebsgesellschaften agieren nach der im BMF-Schreiben v. 23.2.1983 niedergelegten Ansicht regelmäßig als Routineunternehmen.

Im heutigen Wirtschaftsleben ist es jedoch – entgegen der in dem BMF-Schreiben v. 23.2.1983 niedergelegten Ansicht – durchaus üblich, dass Vertriebsgesellschaften aufgrund der von ihnen ausgeübten Funktionen, getragenen Risiken und eingesetzten Wirtschaftsgüter (z. B. Kundenstamm, Marke, Vertriebs-Know how) auch als Strategieträger bzw. Entrepreneure qualifiziert werden können. In diesem Zusammenhang sind in der Praxis Strukturen zu beobachten, in denen als Strategieträger bzw. Entrepreneure agierende Vertriebsgesellschaften Auftragsfertiger einschalten, welche die von der Vertriebsgesellschaft vermarkteten Produkte in enger Anbindung herstellen. Vor dem Hintergrund der Qualifikation der Vertriebsgesellschaften als Strategieträger bzw. Entrepreneure ist diesen folgerichtig das Residualergebnis zuzuordnen, das nach der Vergütung der Routinefunktionen verbleibt.[746] Mithin können Vertriebsgesellschaften, die als Strategieträger bzw. Entrepreneure agieren, durchaus nennenswerte und dauerhafte Verluste erleiden. Auf diese Vertriebsgesellschaften ist die vorstehend dargestellte Rechtsprechung des BFH, die Verluste nur in engen zeitlichen Grenzen zulässt, nicht anwendbar.[747]

2.2.3.5 Abgrenzung zu der Neugründung von Konzernvertriebsgesellschaften

Die in den BFH-Urteilen v. 17.2.1993 und v. 17.10.2001 angeführte zeitliche Grenze von drei Jahren bezieht sich auf Anlaufverluste, die bei der Einführung eines zusätzlichen Produktes neben einer bereits bestehenden Produktpalette (BFH v. 17.2.1993) bzw. bei der Aufnahme des Vertriebs von bereits auf dem Inlandsmarkt eingeführten Produkten (BFH v. 17.10.2001) erwirtschaftet werden. Diese Sachverhalte sind abzugrenzen von den – auch häufig mit dem Schlagwort Anlaufverluste bezeichneten – Verlustsituationen, die infolge der Neugründung einer Konzernvertriebsgesellschaft entstehen, welche den Vertrieb in dem betreffenden Land gänzlich neu aufnimmt. Für diesen Fall hat der BFH in seinem Urteil v. 15.5.2002 ausdrücklich klargestellt, dass die in dem Urteil v. 17.2.1993 aufgestellten Grundsätze *„nicht für den Fall der Neugründung eines Unternehmens"*[748] gelten. Hinsichtlich der Länge der Verlustphase im Fall einer Neugründung führt der BFH in den Entscheidungsgründen seines

---

745 Vgl. *Baumhoff*, in: Baumhoff/Schönfeld, Grenzüberschreitende Verlustverrechnung, 2011, S. 135 f.; *Borstell/Hülster*, in: Verrechnungspreise, Kapitel L Rz. 339.

746 Vgl. BMF v. 12.4.2005, BStBl. II 2005, S. 570, Tz. 3.4.10.2. Buchst. b).

747 Vgl. insoweit auch *Baumhoff*, in: Baumhoff/Schönfeld, Grenzüberschreitende Verlustverrechnung, 2011, S. 144; *Borstell*, in: Grotherr, Handbuch der internationalen Steuerplanung, 2011, S. 525.

748 BFH v. 15.5.2002, BFH/NV 2002, S. 1538.

Urteils v. 15.5.2002 aus, dass diese Phase *„den Zeitraum von drei Jahren im Einzelfall deutlich übersteigen“* kann. Nach einem jüngeren Urteil v. 23.5.2007, das ebenfalls eine Neugründung betrifft, wird in diesem Zusammenhang *„ein Zeitraum von weniger als fünf Jahren nur im Ausnahmefall in Betracht kommen“*[749].

In Bezug auf die o.g. Urteile des BFH v. 15.5.2002 und v. 23.5.2007 ist zu beachten, dass sie keine Verrechnungspreisfälle, sondern Liebhabereisachverhalte betreffen. Mithin ist fraglich, ob die Urteilsgrundsätze verallgemeinert und auf Verluste neu gegründeter konzerninterner Vertriebsgesellschaften übertragen werden können. Diese Auffassung wird von *Engler*[750] vertreten.[751] *Engler* ist insoweit zuzustimmen, als es sachgerecht ist, zwischen der Einführung zusätzlicher Produkte bzw. der Aufnahme des Vertriebs bereits auf dem Inlandsmarkt eingeführter Produkte einerseits und der Neugründung einer Vertriebsgesellschaft andererseits zu unterscheiden. Denn insoweit handelt es sich um wirtschaftlich nicht vergleichbare Sachverhalte. So werden eine Neugründung einer Vertriebsgesellschaft und der damit verbundene Aufbau der gesamten Innen- sowie der Vertriebsorganisation einen wesentlichen höheren Aufwand erfordern als die bloße Aufnahme des Vertriebs eines zusätzlichen Produktes bzw. eines bereits auf dem Inlandsmarkt eingeführten Produktes. Zudem ist zu beachten, dass es einer neu gegründeten Vertriebsgesellschaft nicht möglich ist, die Verluste aus dem Vertrieb der neu eingeführten Produkte durch Gewinne auszugleichen, die aus dem Vertrieb bereits etablierter Produkte erzielt werden. Weiterhin besteht ein Unterschied insoweit, als dass die neu gegründete Vertriebsgesellschaft, die den Vertrieb in dem betreffenden Land neu aufnimmt, zunächst einen Kundenstamm etablieren muss. Vertriebsgesellschaften, die bereits weitere Produkte in dem betreffenden Land vertreiben, haben dagegen die Möglichkeit, die neuen Produkte ihren bestehenden Kunden anzubieten.[752]

Vor dem Hintergrund der vorstehend genannten Unterschiede sind die in den Urteilen v. 17.2.1993 und v. 17.10.2001 aufgestellten Grundsätze nach der hier vertretenen Auffassung nicht auf Neugründungen von Vertriebsgesellschaften zu übertragen. Vielmehr sollte – wie im Ergebnis zutreffend, jedoch für den Fall der Liebhaberei[753] entschieden – bei der Neugründung eine Anlaufphase zugelassen werden, die den Zeitraum von drei Jahren – im Einzelfall ggf. deutlich – übersteigt.[754]

---

749 BFH v. 23.5.2007, BStBl. II 2007, S. 874.

750 Vgl. *Engler*, in: Vögele/Borstell/Engler, Verrechnungspreise, 2011, Kapitel M, Rz. 208 und Kapitel F, Rz. 94.

751 Ebenso wohl *Jacobs/Endres/Spengel*, Internationale Unternehmensbesteuerung, 2011, S. 569 f.; kritisch jedoch *Schreiber*, IStR 1994, S. 319.

752 Sollten die Produkte indessen unter einer bekannten Marke vertrieben werden, ist zu beachten, dass die Kunden die Produkte überwiegend aufgrund der „Sogwirkung der Marke“ und nicht aufgrund der Bemühungen der Vertriebsgesellschaft kaufen. In diesem Fall ist der Kundenstamm von untergeordneter Bedeutung, vgl. dazu BFH v. 20.8.1986, BFH/NV 1987, S. 471.

753 Vgl. BFH v. 15.5.2002, BFH/NV 2002, S. 1538; BFH v. 23.5.2007, BStBl. II 2007, S. 874.

754 *Engler/Elbert* (in: Vögele/Borstell/Engler, Verrechnungspreise, 2011, Kapitel F, Rz. 97) fordern in diesem Zusammenhang, dass die Finanzverwaltung Verluste einer

2.2.3.6 Vorgaben der deutschen Finanzverwaltung

2.2.3.6.1 Kostenaufteilung zwischen Hersteller und Vertriebsgesellschaft

Das BMF-Schreiben v. 23.2.1983 geht nicht unmittelbar auf die steuerliche Behandlung von Anlaufverlusten ein. Geregelt ist lediglich, wie Kosten, die im Zusammenhang mit der Einführung neuer Produkte bzw. bei Neugründungen entstehen, zwischen Vertriebsgesellschaft und Hersteller aufzuteilen sind. Die Frage der Behandlung dieser Kosten ist jedoch insofern unmittelbar mit der Frage der Behandlung von Anlaufverlusten verknüpft, als die in dem BMF-Schreiben genannten Kosten eine wesentliche Ursache von Anlaufverlusten darstellen. So wird eine Vertriebsgesellschaft, welche die Kosten der Einführung neuer Produkte nicht decken kann, zwangsläufig Anlaufverluste erwirtschaften. Vor diesem Hintergrund kommt den Vorgaben des BMF-Schreibens zur Aufteilung entsprechender Kosten eine erhebliche praktische Bedeutung bei der Beurteilung von Anlaufverlusten in Betriebsprüfungen zu.

In methodischer Hinsicht kann die von der Finanzverwaltung geforderte Aufteilung der Kosten zwischen Hersteller und Vertriebsgesellschaft zum einen in der Weise erfolgen, dass ein einmaliger Zuschuss geleistet wird (z. B. ein Werbekostenzuschuss des Produzenten). Zum anderen kann eine Aufteilung über die laufende Verrechnungspreisermittlung erfolgen. So besteht bei Lieferbeziehungen, die auf Basis der Wiederverkaufspreismethode abgerechnet werden, beispielsweise die Möglichkeit, der Vertriebsgesellschaft eine höhere Handelsspanne einzuräumen, welche bestimmte Kosten der Vertriebsgesellschaft deckt.

Im Einzelnen geht das BMF-Schreiben v. 23.2.1983 auf die Aufteilung der folgenden Kosten zwischen Hersteller und Vertriebsgesellschaft ein:

- Kosten der Werbung (Tz. 3.3.),
- Kosten der Markterschließung:
  - Kosten der Einführung neuer Produkte (Tz. 3.4.1. und 3.4.2.),
  - Kosten der Erhöhung oder Verteidigung des Marktanteils (Tz. 3.4.3.),
- Anlaufkosten (Tz. 3.5.).

Die Auswirkungen der vorgenannten Vorgaben des BMF-Schreibens auf die steuerliche Behandlung von Anlaufverlusten werden nachfolgend im Einzelnen dargestellt.

2.2.3.6.2 Kosten der Werbung

Die Ausführungen in Tz. 3.3. des BMF-Schreibens v. 23.2.1983 zur steuerlichen Behandlung von Werbekosten beziehen sich nicht unmittelbar auf die Einführung neuer Produkte. Gleichwohl fallen im Zuge der Einführung neuer Produkte regelmäßig auch erhöhte Werbeaufwendungen an, die es zwischen Vertriebsgesellschaft und

---

Vertriebsgesellschaft „*ohne zeitliche Begrenzung*“ anerkennen soll, wenn ihr nicht der Nachweis gelingt, dass z. B. überhöhte Preise an nahestehende Personen gezahlt werden.

liefernder Konzerngesellschaft aufzuteilen gilt.[755] So stellt auch das BMF-Schreiben in Tz. 3.3.2. fest, dass die Grundsätze zur Behandlung von Werbeaufwendungen *„auch für nahestehende Herstellungs- und Vertriebsunternehmen"* gelten.

Hinsichtlich der Behandlung der Kosten der Werbung regelt das BMF-Schreiben, dass die Kostentragung durch das Unternehmen erfolgen soll, *„für dessen Aufgabenbereich"* geworben wird.[756] Sollte folglich das liefernde Unternehmen Inhaberin der Marke sein, unter denen die Produkte vertrieben werden, ist dem liefernden Unternehmen vor dem Hintergrund der vorstehenden Regelung ein Großteil der Werbeaufwendungen zuzurechnen, da aufgrund der Inhaberschaft der Marke davon ausgegangen werden kann, dass für dessen Aufgabenbereich geworben wird.[757] Andererseits kann es sich jedoch auch um auf den jeweiligen Absatzmarkt zugeschnittene Werbung in lokaler Sprache handeln, der überwiegend der Vertriebsgesellschaft zugute kommt. In diesem Fall sollte der Großteil der Werbeaufwendungen der Vertriebsgesellschaft zugeordnet werden.[758] Die Entscheidung über die Aufteilung der Werbekosten ist folglich stets einzelfallbezogen zu treffen.[759]

Da sich die Anwendungsbereiche der Textziffern des BMF-Schreibens zu Werbung einerseits sowie zu Markterschließungs- und Anlaufkosten andererseits (s. dazu unten) überschneiden können, wird im Schrifttum zutreffend vertreten, dass die Vorschriften über Markterschließungs- bzw. Anlaufkosten als *leges speciales* anzusehen sind.[760] D. h. sollte es sich um Kosten handeln, die sowohl als Werbekosten als auch als Markterschließungs- bzw. Anlaufkosten anzusehen sind, gehen die Regelungen über die Markterschließungs- bzw. Anlaufkosten vor.

2.2.3.6.3 Kosten der Markterschließung

Das BMF-Schreiben v. 23.2.1983 behandelt unter dem Oberbegriff der „Kosten der Markterschließung" die Behandlung von Kosten für die Einführung neuer Produkte (Tz. 3.4.1. und Tz. 3.4.2.) und von Kosten der Erhöhung oder Verteidigung des Marktanteils (Tz. 3.4.3.). Die letztgenannten Kosten der Erhöhung oder Verteidigung des Marktanteils werden im Folgenden nicht weiter betrachtet, da sie in der hier betrachteten Anlaufphase nicht relevant sind.

---

755 Vgl. *Borstell/Hülster*, in: Verrechnungspreise, Kapitel L Rz. 346 f.

756 BMF-Schreiben v. 23.2.1983, BStBl. I 1983, S. 218, Tz. 3.3.1.

757 Vgl. *Baumhoff*, in: Flick/Wassermeyer/Baumhoff/Schöndeld, Außensteuerrecht, § 1 AStG Rz. 608.

758 Vgl. *Baumhoff*, in: Flick/Wassermeyer/Baumhoff/Schöndeld, Außensteuerrecht, § 1 AStG Rz. 608.1.

759 Für den (Sonder-)fall, dass konzernintern Werbung für ein anderes Unternehmen erbracht wird, bestimmt das BMF-Schreiben, dass eine Verrechnung als gewerbliche Dienstleistungen (sofern die Leistungen denen einer Werbeagentur vergleichbar sind) oder nach den Grundsätzen für verwaltungsbezogene Leistungen erfolgen.

760 Vgl. *Borstell/Hülster*, in Vögele/Borstell/Engler, Verrechnungspreise, 2011, Kapitel L, Rz. 348.

Hinsichtlich der Kosten der Einführung neuer Produkte stellt das BMF-Schreiben in Tz. 3.4.1. die zutreffende Grundregel auf, dass diese Kosten nur insoweit von dem Vertriebsunternehmen zu tragen sind, als diesem ein angemessener Betriebsgewinn verbleibt. Um dieser Vorgabe Rechnung zu tragen, sieht das BMF-Schreiben in Tz. 3.4.1. einen Ausgleich dergestalt vor, dass der Lieferpreis im Anschluss an die Einführungsphase in Abhängigkeit davon, welches Unternehmen die Einführungskosten in größerem Umfang getragen hat, anzupassen ist: Sofern die Einführungskosten überwiegend durch das Vertriebsunternehmen getragen werden, ist dem Vertriebsunternehmen im Anschluss an die Einführungsphase ein (niedrigerer) Lieferpreis einzuräumen, der es ihm erlaubt, seine Gewinnausfälle auszugleichen. Werden die Einführungskosten dagegen überwiegend von dem Hersteller getragen, so ist im Anschluss an die Einführungsphase ein (höherer) Lieferpreis anzusetzen, der die Gewinnausfälle des Herstellers *„in überschaubarer Zeit"* ausgleicht.

Letztlich stellt die in dem BMF-Schreiben vorgegebene lieferpreisorientierte Vorgehensweise zum Ausgleich der Anlaufverluste eine intertemporale Form des Vorteilsausgleichs dar.[761] Die Vorgabe steht im Einklang mit der Rechtsprechung des BFH, wonach ein ordentlicher und gewissenhafter Geschäftsleiter einer Vertriebsgesellschaft nur dann ein neues Produkt am Markt einführen und vertreiben wird, wenn er dabei bei vorsichtiger und vorheriger kaufmännischer Prognose – ggf. nach Verlusten innerhalb einer Anlaufphase – innerhalb eines überschaubaren Kalkulationszeitraums und unter Berücksichtigung der voraussichtlichen Marktentwicklung *„einen angemessenen Gesamtgewinn"* (verstanden als Überkompensation der Anlaufverluste) erwarten kann.[762]

2.2.3.6.4 Anlaufkosten

Tz. 3.5. des BMF-Schreibens v. 23.2.1983 bezieht sich auf die Anlaufkosten neu gegründeter Gesellschaften oder von Gesellschaften, die erweitert oder wesentlich umstrukturiert werden. Tz. 3.5 sieht im Einzelnen vor, dass die gesamten Aufwendungen zur Neugründung bzw. wesentlichen Umstrukturierung *„grundsätzlich"* von der neu gegründeten bzw. umstrukturierten Gesellschaft zu tragen sind. Unter den Begriff der Anlaufkosten werden betriebsbezogene Reorganisations- und Beratungskosten gefasst, die auf den Aufbau der Innen- und Außenorganisation des Unternehmens zurückzuführen sind.[763] In Tz. 3.5 ist einschränkend geregelt, dass Kosten und Erlösminderungen, die während der Anlaufphase durch die *„Einführung*

---

761 Zum Vorteilsausgleich vgl. Tz. 2.3. des BMF-Schreibens v. 23.2.1983, BStBl. II 1982, S. 218.

762 Vgl. BFH v. 17.2.1993, BStBl. I 1993, S. 457. Das Vorstehende gilt indessen nur im Rahmen der „klassischen Verrechnungspreislehre", d.h. wenn der Hersteller als Strategieträger und der Vertreiber als Routineunternehmen agiert.

763 Vgl. *Borstell/Hülster*, in Vögele/Borstell/Engler, Verrechnungspreise, 2011, Kapitel L, Rz. 341.

neuer Produkte" entstehen, systematisch in Tz. 3.4. behandelt werden und nicht unter die Anlaufkosten i.S.d. Tz. 3.5 fallen.

Die pauschale Regelung in Tz. 3.5, dass die gesamten Aufwendungen zur Neugründung bzw. wesentlichen Umstrukturierung „*grundsätzlich*" von der neu gegründeten bzw. umstrukturierten Gesellschaft zu tragen sind, ist sachlich nicht gerechtfertigt. Vielmehr ist auch zwischen fremden Dritten eine Aufteilung von Gründungs- bzw. Restrukturierungskosten denkbar. So ist es in der Praxis nicht unüblich, dass sich Hersteller – jedenfalls temporär – an den Aufwendungen zur Neugründung bzw. wesentlichen Umstrukturierung einer unabhängigen Vertriebsgesellschaft beteiligen, welche die Produkte des Herstellers vertreiben. Denn der Vertrieb durch die neue Gesellschaft führt zu einer Steigerung des Umsatzes und Deckungsbeitrags des Herstellers und ist daher auch bei ihm betrieblich veranlasst.[764] Insoweit ist nicht ersichtlich, weshalb – jedenfalls bei den hier betrachteten Vertriebsgesellschaften – eine unterschiedliche Behandlung der Aufwendungen für die **Einführung neuer Produkte** (Tz. 3.4.1. lässt eine Aufteilung zu) und der Aufwendungen zur **Neugründung bzw. wesentlichen Umstrukturierung** einer Vertriebsgesellschaft (Tz. 3.5 lässt keine Aufteilung zu) erfolgen soll.[765]

2.2.3.7 Typische Risikobereiche im Zusammenhang mit Anlaufverlusten

Wie die vorstehenden Ausführungen zeigen, vertreten die Rechtsprechung und die Finanzverwaltung teilweise divergierende Auffassung hinsichtlich der Behandlung von Anlaufverlusten. So stellt der BFH – eher ergebnisorientiert – auf die **Dauer** der Verlustphase infolge der Einführung neuer Produkte ab, während die Finanzverwaltung bei der **Ursache** der Anlaufverluste ansetzt, indem sie detaillierte Regelungen zur Aufteilung einzelner Kostenarten zwischen Vertriebsgesellschaft und Hersteller vorgibt. Die Unternehmen stehen in diesem Zusammenhang vor der Herausforderung, sämtlichen Vorgaben gerecht werden zu müssen, um einer Korrektur in einer Betriebsprüfung bzw. einem späteren Gerichtsverfahren zu entgehen.

Auf der Grundlage der in den vorstehenden Absätzen dargestellten Rechtsprechungs- und Verwaltungsgrundsätze lassen sich die folgenden wesentlichen Risikobereiche aus Sicht der Unternehmen im Zusammenhang mit Anlaufverlusten identifizieren, die zu Beanstandungen durch die Finanzverwaltung führen können:

- Erwirtschaftung von Verlusten über einen Zeitraum, der die von dem BFH aufgestellte Richtschnur von drei Jahren **deutlich übersteigt**,

764 Ein Beispiel aus der Gastronomiebranche betrifft die sog. Bierlieferverträge, die mit einem Zuschuss der Brauereien an die Gaststätten einhergehen.

765 Unterschiede bestehen indessen insoweit, als eine Neugründung einen höheren Aufwand verursacht, als „lediglich" die Einführung eines neuen Produktes. Vgl. dazu und zu den Auswirkungen auf die Frage der Dauer der Verlustphase Abschnitt E.III.2.2.3.5.

- Fehlender Nachweis in einer Betriebsprüfung anhand **betriebswirtswirtschaftlicher Belege** (z.B. Business Plan), dass *ex-ante* ein Gewinn aus dem Vertrieb der neuen Produkte erwartet wurde,
- Fehlender Nachweis in einer Betriebsprüfung, dass die Verluste auf einer **Fehlmaßnahme** oder anderen Gründen beruhen, die nicht vorhersehbar waren,
- Fehlender Nachweis in einer Betriebsprüfung, dass rechtzeitig geeignete **Gegenmaßnahmen** ergriffen wurden,
- Unangemessene Aufteilung der **durch die Produkteinführung veranlassten Kosten** zwischen liefernder Konzerngesellschaft und Vertriebsgesellschaft,
- Unangemessene Aufteilung der **Werbekosten** zwischen liefernder Konzerngesellschaft und Vertriebsgesellschaft.

Die Risiken einer Korrektur aufgrund von Anlaufverlusten bzw. einer nicht sachgerechten Aufteilung von Kosten im Zusammenhang mit der Einführung neuer Produkte sind den externen Steuerrisiken in der Ausprägung der Rechtsbeurteilungrisiken zuzuordnen.[766] Die entsprechenden Risiken sind auf unterschiedliche Auffassungen zwischen Finanzverwaltung bzw. Rechtsprechung und Steuerpflichtigen hinsichtlich der Beurteilung der Verlustphase zurückzuführen.

Die Risiken einer Verrechnungspreiskorrektur aufgrund einer Verlustphase können jedoch auch den internen Steuerrisiken in der Ausprägung der „Rechtsanwendungsrisiken" zugeordnet werden. Dies ist dann der Fall, wenn es seitens des Steuerpflichtigen unterlassen wurde, vorab Rentabilitätsberechnungen (z.B. in der Form eines „Business Plans") zu erstellen, aus denen hervorgeht, dass aus dem Vertrieb des neuen Produktes ein Gewinn erwartet wird. Ferner kann es unterlassen worden sein, die Gründe für die Verluste (z.B. das Vorliegen einer Fehlmaßnahme und die eingeleiteten Anpassungsmaßnahmen) zeitnah und umfassend zu dokumentieren. Da die entsprechenden Verlustsituationen zumeist mit einer erheblichen zeitlichen Verzögerung in einer Betriebsprüfung aufgegriffen werden, kann es Probleme bereiten, den Nachweis der Verlustursachen gegenüber der Finanzverwaltung nachträglich zu führen.

766 Vgl. Abschnitt D.I.2.

2.2.3.8 Praxisfall zu Verlusten einer Vertriebsgesellschaft

Würdigung der Urteile des Federal Court of Australia v. 25.6.2010[767] *und des Full Federal Court of Australia v. 1.6.2011*[768] *in der Rechtssache Commissioner of Taxation v. SNF (Australia) Pty Ltd*

Sachverhalt:

Die SNF (Australi3a) Pty Ltd war als Vertriebsgesellschaft des französischen SNF-Konzerns auf dem australischen Markt tätig. Geschäftsgegenstand der Gesellschaft war der Vertrieb von Chemikalien zur Wasseraufbereitung an industrielle Abnehmer. Die SNF (Australia) Pty Ltd hat die von ihr vertriebenen Chemikalien von produzierenden Gesellschaften des SNF-Konzerns in Frankreich, China und den USA bezogen. Obwohl die SNF (Australia) Pty Ltd eine positive Umsatzentwicklung zu verzeichnen hatte, erwirtschaftete die Gesellschaft in den Streitjahren 1998 bis 2004 ausschließlich Verluste. Auch zuvor hatte die Gesellschaft während der gesamten Zeit ihres Bestehens – bis auf ein Jahr – Verluste erlitten.

Vor dem Hintergrund der andauernden Verlustsituation der SNF (Australia) Pty Ltd nahm die australische Finanzverwaltung in den Streitjahren 1998 bis 2004 Einkünftekorrekturen vor. Die Einkünftekorrekturen führten zu Steuerfestsetzungen in den Jahren 1998 bis 2000 und 2002 bis 2004.[769] Gegen diese Steuerfestsetzungen legte die SNF (Australia) Pty Ltd Einspruch ein. Nachdem der Einspruch zurückgewiesen wurde, reichte die Gesellschaft Klage beim Federal Court of Australia ein.[770]

Urteil des Federal Court of Australia v. 25.6.2010:

In dem erstinstanzlichen Prozess vor dem Federal Court of Australia argumentierten die Vertreter der SNF (Australia) Pty Ltd, dass die Verluste nicht auf die Verrechnungspreisgestaltung, sondern auf besondere betriebswirtschaftliche Umstände zurückzuführen seien. Im Einzelnen führten sie intensiven Wettbewerb, schlechtes Management, einen zu hohen Warenbestand, zu geringe Umsätze pro Verkäufer und diverse Forderungsausfälle als Verlustursachen an („*a combination of intense competition, poor management, defalcations by an employee, excessive stock levels, an insufficiently high level of sales per sales person, and a series of bad debts*“[771]). Die Vertreter der SNF (Australia) Pty Ltd legten zudem im Rahmen eines internen Preisvergleichs Informationen über Preise für Chemikalien vor, welche die Muttergesellschaft SNF SA bei Lieferungen an unabhängige Abnehmer

---

767 Vgl. Urteil des Federal Court of Australia v. 25.6.2010, FCA 635, VID 132 of 2008 (Erstinstanz).

768 Vgl. Urteil des Full Federal Court of Australia v. 1.6.2011, FCAFC 74, VID 731 of 2010 (Revisionsinstanz).

769 Im Jahr 2001 führten die Verrechnungspreiskorrekturen zu keinem Gewinn.

770 Vgl. Urteil des Federal Court of Australia v. 25.6.2010, [2010] FCA 635.

771 Tz. 13 des Urteils des Federal Court of Australia v. 25.6.2010, [2010] FCA 635.

(überwiegend außerhalb Australiens) angesetzt hatte.[772] Diese Preise waren zumeist höher als die Preise, welche die SNF (Australia) Pty Ltd für die Chemikalien zu zahlen hatte.

Die Finanzverwaltung vertrat dagegen die Auffassung, dass es sich bei der SNF (Australia) Pty Ltd um ein erfolgreiches Unternehmen handele, dessen Verluste ausschließlich auf die Verrechnungspreisgestaltung zurückzuführen seien. Zum Ausgleich der verrechnungspreisbedingten Verluste habe die Gesellschaft fortwährend Einlagen und Darlehen seitens seiner französischen Muttergesellschaft erhalten. Die Finanzverwaltung führte weiterhin aus, dass der von der SNF (Australia) Pty Ltd vorgelegte Preisvergleich zu verwerfen sei. Im Gegenzug legte die Finanzverwaltung eine von einem US-amerikanischen Verrechnungspreisspezialisten erstellte Datenbankstudie vor. Die Studie kam auf der Grundlage der Anwendung der geschäftsvorfallbezogenen Nettomargenmethode (TNMM) zu dem Schluss, dass die fremdübliche Nettorendite vergleichbarer Vertriebsgesellschaften bei 1,7 % lag. Daraus leitete die Finanzverwaltung ab, dass die SNF (Australia) Pty Ltd in den Streitjahren 12,3 Mio. AUS-Dollar weniger für die von ihr bezogenen Chemikalien hätte zahlen müssen.

In seinem Urteil v. 25.6.2010 entschied der Federal Court of Australia zugunsten der SNF (Australia) Pty Ltd. Das Gericht verwarf die von der Finanzverwaltung vorgelegte TNMM-Analyse.[773] Stattdessen stützte sich das Gericht auf die australische Einkünftekorrekturvorschrift s 136AD(3), wonach der Fremdvergleich auf der Basis konkreter Preise zu führen ist. Der Federal Court of Australia Gericht akzeptierte daher den von der SNF (Australia) Pty Ltd vorgelegten Preisvergleich, der zeigte, dass die gegenüber der Gesellschaft verrechneten Preise nicht zu hoch angesetzt waren. Das Gericht stellte weiterhin klar, dass die Verluste aus seiner Sicht nicht auf der Verrechnungspreisgestaltung, sondern auf den von den Vertretern der SNF (Australia) Pty Ltd angeführten besonderen betriebswirtschaftlichen Umständen beruhten.[774]

In seiner Entscheidung stellte der Federal Court of Australia bemerkenswerterweise auch fest, dass die – auf dem Fremdvergleichsgrundsatz basierende – australische Einkünftekorrekturvorschrift s 136AD(3)(c) nicht einschlägig sein soll, wenn ein verbundenes Unternehmen über einen Zeitraum Verluste erleidet, den ein unabhängiges Unternehmen nicht überstehen würde. Denn selbst in diesem Fall sei es – etwa aufgrund einer Unterstützung durch die Muttergesellschaft – durchaus möglich, dass das verbundene Unternehmen Produkte zu fremdüblichen

772 Im Einzelnen wurden drei verschiedene Preisvergleiche geführt, vgl. zu Einzelheiten Urteil des Full Federal Court of Australia v. 1.6.2011, [2011] FCAFC 74, Tz. 14–72.

773 Vgl. Tz. 129 ff. des Urteils des Federal Court of Australia v. 25.6.2010, [2010] FCA 635.

774 Vgl. Tz. 166 des Urteils des Federal Court of Australia v. 25.6.2010, [2010] FCA 635.

Preisen erwerbe, so dass der Fremdvergleichsgrundsatz eingehalten sei.[775] Damit vertritt der Federal Court of Australia eine Auffassung, die wesentlich von der des Bundesfinanzhofs abweicht. Denn nach Auffassung des Bundesfinanzhofs sind Verluste einer Vertriebsgesellschaft nur in engen zeitlichen Grenzen zuzulassen.[776] Auch die deutsche Finanzverwaltung stellt in dem BMF-Schreiben v. 12.4.2005 in einem Regelbeispiel, das dem Urteilssachverhalt im Wesentlichen entspricht, explizit fest, dass bei dauerhaften Verlusten einer Vertriebsgesellschaft eine Berichtigung der Einkünfte auch dann nicht ausgeschlossen ist, wenn die Vertriebsgesellschaft Produkte zu fremdüblichen Preisen erwirbt.[777]

Die australische Finanzverwaltung legte Revision gegen das Urteil des Federal Court of Australia v. 25.6.2010 ein. In der Revisionsbegründung stützte sie sich insbesondere auf die Erwägung, dass die SNF (Australia) Pty Ltd nicht gezeigt habe, dass die von ihr vorgelegten Fremdvergleichswerte sämtliche der in den OECD-Verrechnungspreisrichtlinien niedergelegten Vergleichbarkeitskriterien erfüllten. Unter anderem sei nicht nachgewiesen worden, dass die im Rahmen des Preisvergleichs angeführten unabhängigen Abnehmer ein mit dem der SNF (Australia) Pty Ltd vergleichbares Funktions- und Risikoprofil aufwiesen. Weiterhin stützte die Finanzverwaltung ihre Revision auf das Argument, dass der Federal Court of Australia den Fremdvergleichsgrundsatz nicht zutreffend angewandt habe, in dem er nicht auf einen gedachten Erwerber in der Position der SNF (Australia) Pty Ltd abgestellt habe.[778]

Urteil des Full Federal Court of Australia v. 1.6.2011:

In seiner Revision v. 1.6.2011 entschied der Full Federal Court of Australia zugunsten der SNF (Australia) Pty Ltd. Die Entscheidung erging einstimmig.[779] Das Gericht setzte sich eingehend mit den Argumenten der Finanzverwaltung auseinander und kam zu dem Schluss, dass die erstinstanzliche Entscheidung zutreffend

775 Vgl. Tz. 52 und 170 des Urteils des Federal Court of Australia v. 25.6.2010, [2010] FCA 635; ähnlich *Engler/Elbert*, in: Vögele/Borstell/Engler, Verrechnungspreise, 2011, Kapitel F, Rz. 91.

776 Vgl. dazu Abschnitt E.III.2.2.3. Vgl. auch *Kuckhoff/Schreiber*, Verrechnungspreise in der Betriebsprüfung 1997, S. 118, die unter Bezugnahme auf das Urteil des BFH v. 17.2.1993 darauf hinweisen, dass der BFH „*völlig zu Recht*“ betont, „*daß nicht etwa die Vereinbarung von Fremdvergleichspreisen im Vordergrund der Bemühungen eines Vertriebsunternehmens steht, sondern daß es Ziel und Aufgabe eines Erwerbsunternehmens ist, Gewinne zu erzielen und diese Gewinne nach Möglichkeit noch zu steigern*“.

777 Vgl. BMF v. 12.4.2005, BStBl. I 2005, S. 570, Tz. 3.4.20 Buchst. b).

778 Vgl. Tz. 95 des Urteil des Full Federal Court of Australia v. 1.6.2011, [2011] FCAFC 74.

779 Die Fälle vor dem Full Federal Court of Australia werden von drei Richtern entschieden. Die Urteile des Federal Court of Australia werden dagegen von einem Einzelrichter entschieden.

sei. Der Full Federal Court prüfte die von der Gesellschaft vorgelegten Fremdvergleichsdaten ausführlich und kam zu dem Schluss, dass ein Preisvergleich zur Prüfung der Angemessenheit der gegenüber der SNF (Australia) Pty festgesetzten Verrechnungspreise möglich sei.[780] Das Gericht ließ daher die Anwendung der Preisvergleichsmethode zu, welche zeigte, dass die gegenüber der SNF (Australia) angesetzten Verrechnungspreise nicht zu hoch angesetzt waren.[781]

Fazit:

Zusammenfassend lässt sich festhalten, dass die vorstehend dargestellten Urteile in der Rs. *SNF (Australia) Pty Ltd* verdeutlichen, dass Verluste einer Vertriebsgesellschaft nicht notwendigerweise auf die Verrechnungspreisgestaltung zurückzuführen sein müssen. So sind auch Vertriebsgesellschaften nicht davor geschützt, Verluste zu erwirtschaften, die auf besondere betriebswirtschaftliche Umstände zurückzuführen sind (im Urteilsfall: intensiver Wettbewerb, schlechtes Management, ein zu hoher Warenbestand, zu geringe Umsätze pro Verkäufer und Forderungsausfälle).[782]

Weiterhin ist festzuhalten, dass sowohl das Urteil des Federal Court of Australia als auch das Revisionsurteil eine klare Präferenz für die Anwendung der Preisvergleichsmethode erkennen lassen.[783] Dabei scheinen die Gerichte die Erfüllung sämtlicher Vergleichbarkeitsfaktoren der OECD-Verrechnungspreisrichtlinien (welche in dem BMF-Schreiben v. 12.4.2005 nahezu unverändert übernommen wurden) nicht für erforderlich zu halten. Dies steht im Widerspruch zu der deutschen Verrechnungspreispraxis, in der die Anwendung der Preisvergleichsmethode sehr

780 Die SNF Australia Ltd hatte drei Preisvergleiche (sets of comparables) angeführt. Der Full Federal Court hat lediglich ein set verworfen, vgl. Urteil des Full Federal Court of Australia v. 1.6.2011, [2011] FCAFC 74, Tz. 14–72.

781 Beachtlich ist der Hinweis des Full Federal Court of Australia in den Entscheidungsgründen, dass die OECD-Verrechnungspreisrichtlinien nicht zu der Interpretation der Art. 9 OECD-MA nachgebildeten Abkommensartikel (im Streitfall des DBA Australien-Frankreich, DBA Australien-China und DBA Australien-USA) herangezogen werden dürften (Tz. 116 ff. des Urteil des Full Federal Court of Australia v. 1.6.2011, [2011] FCAFC 74). Diese Ansicht steht im Widerspruch zu der hier vertretenen Auffassung, wonach die OECD-Verrechnungspreisrichtlinien bei der Auslegung der Art. 9 OECD-MA nachgebildeten Abkommensartikel entsprechend den in Art. 31 ff. WÜRV normierten Regeln als Mittel zur Auslegung des Willens der Vertragsstaaten des jeweiligen DBA heranzuziehen sind. Vgl. dazu Abschnitt B.II.1.3 m.w.N.

782 Vgl. Tz. 1.70 OECD-Verrechnungspreisrichtlinien; *Jacobs/Endres/Spengler*, Internationale Unternehmensbesteuerung, 2011, S. 567; *Baumhoff*, in: Baumhoff/Schönfeld, Grenzüberschreitende Verlustverrechnung 2011, S. 134.

783 Vgl. dazu *Ainsworth/Shact*, Boston University School of Law Working Paper 12–12, S. 4 ff. Abrufbar unter http://papers.ssrn.com/sol3/papers.cfm?abstract_id=2012721##.

häufig an der Nichterfüllung der Vergleichbarkeitskriterien scheitert. Überdies ist zu beachten, dass der BFH in einem ähnlich gelagerten Fall explizit entschieden hat, dass die Anwendung der Preisvergleichsmethode nur eingeschränkt möglich ist, wenn besondere preisbildende Umstände vorliegen.[784] Einen solchen preisbildenden Umstand erblickt der BFH insbesondere in der Tatsache, dass die vom Produktionsunternehmen vorgegebenen Preise dem Vertriebsunternehmen nicht die Möglichkeit zur Erzielung eines Vertriebsgewinns belassen.[785] Genau dies war in dem durch den Full Federal Court of Australia entschiedenen Sachverhalt der Fall. Mithin hätte die Preisvergleichsmethode nach Auffassung des BFH in dem Sachverhalt nicht angewandt werden dürfen.[786]

2.2.4 Risiken bei der Anwendung gewinnorientierter Verrechnungspreismethoden

2.2.4.1 Vorbemerkung

Das heutige Wirtschaftsleben ist in wesentlichen Bereichen durch hochintegrierte Wertschöpfungsaktivitäten (z. B. E-Commerce[787], Global Trading[788] oder Global Development[789]) gekennzeichnet. Sofern diese Wertschöpfungsaktivitäten unter Beteiligung international verbundener Unternehmen abgewickelt werden, besteht das Erfordernis, Verrechnungspreise für die von den einzelnen verbundenen Unternehmen erbrachten Leistungsbeiträge zu ermitteln (z. B. in der Form von Lizenzentgelten, Dienstleistungsgebühren oder Netzwerkteilnahmegebühren). In diesem Zusammenhang erweist sich als problematisch, dass sich für die einzelnen Leistungsbeiträge häufig keine Fremdpreise bzw. Referenztransaktionen ermitteln lassen. Dies liegt darin begründet, dass die Leistungsbeiträge der einzelnen verbundenen Unternehmen oftmals nicht eindeutig messbar sind und dass der Leistungsfluss nicht einseitig, sondern wechselseitig in hoher Frequenz erfolgt (z. B. im Rahmen des Global Development). Vor diesem Hintergrund stößt die Anwendung

784 Vgl. BFH v. 6.4.2005, BStBl. II 2007, S. 658.
785 Vgl. BFH v. 6.4.2005, BStBl. II 2007, S. 658.
786 Dies entspricht im Übrigen auch der Auffassung der deutschen Finanzverwaltung, die in dem BMF-Schreiben v. 12.4.2005 in einem Regelbeispiel, das dem Urteilssachverhalt im Wesentlichen entspricht, explizit festhält, dass in diesem Fall eine Berichtigung vorzunehmen ist, vgl. BMF v. 12.4.2005, BStBl. I 2005, S. 570, Tz. 3.4.20 Buchst. b).
787 Vgl. hierzu *Ditz*, in: Wassemeyer/Baumhoff, Verrechnungspreise international verbundener Unternehmen, 2014, Rz. 6.606.
788 Vgl. hierzu *Verdoner*, ITPJ 2005,S. 286; *Nientimp/Roeder*, ITPJ 2005, S. 308; *Hülshorst/Rettinger*, DB 2006, S. 2032 ff.; *Kurzewitz*, Wahl der geeigneten Verrechnungspreismethode zur Verringerung von Doppelbesteuerungsproblemen, S. 346 ff.
789 Vgl. hierzu *Kaminski*, IStR 2001, S. 540 f.; *Fischer/Looks/Reese*, IStR 2008, S. 254 ff.; *Kurzewitz*, Wahl der geeigneten Verrechnungspreismethode zur Verringerung von Doppelbesteuerungsproblemen, S. 340 ff.

der Standardmethoden der Verrechnungspreisermittlung in den vorgenannten Bereichen häufig auf erhebliche Probleme.[790]

Um diesen Problemen zu begegnen, erfolgt in der Praxis zunehmend ein Rückgriff auf die gewinnorientierten Verrechnungspreismethoden der Verrechnungspreisermittlung (vorwiegend auf die geschäftsvorfallbezogene Nettomargenmethode (TNMM) sowie die geschäftsvorfallbezogene Gewinnaufteilungsmethode (Profit Split)).[791] Bei Anwendung dieser Methoden stehen nicht die im Rahmen der Referenztransaktionen vereinbarten Preise, sondern das Ergebnis der Referenztransaktionen in Form des realisierten Gewinns im Mittelpunkt. Dieser lässt sich in der Regel leichter – z. B. im Rahmen eines internen Betriebsvergleichs[792] oder einer Datenbankstudie[793] – ermitteln. Zudem ist im Hinblick auf die Vergleichbarkeit der Verhältnisse zu berücksichtigen, dass bei Anwendung der gewinnorientierten Methoden produkt- oder transaktionsbedingte Unterschiede weniger ins Gewicht fallen, als dies bei den Standardmethoden der Fall ist.[794]

In Deutschland hat die Anwendung der gewinnorientierten Methoden seit der im Jahr 2005 erfolgten Aufgabe der ablehnenden Haltung der deutschen Finanzverwaltung gegenüber diesen Methoden deutlich zugenommen. Die Aufgabe erfolgte im Zuge der Veröffentlichung des BMF-Schreibens v. 12.4.2005, in dem die deutsche Finanzverwaltung erstmals die Anwendung der geschäftsvorfallbezogenen Nettomargenmethode (TNMM) sowie der geschäftsvorfallbezogenen Gewinnaufteilungsmethode (Profit Split) zugelassen hat.[795] Vor der Veröffentlichung des BMF-Schreibens v. 12.4.2005 hatte die deutsche Finanzverwaltung – und mit ihr die überwiegende Auffassung im deutschen Schrifttum[796] – die Anwendung der gewinnorientierten Methoden noch abgelehnt. Entsprechend wurden in dem BMF-Schreiben v. 23.2.1983 ausschließlich die Standardmethoden als *„wichtigste*

---

790 Vgl. *Ditz*, in: Wassemeyer/Baumhoff, Verrechnungspreise international verbundener Unternehmen, 2014, Rz. 6.612; *Herzig*, DB 2012, S. 5; *Mayer*, Formulary Apportionment in the Internal Market, 2009, S. 17; *Rödder*, in: FS Lang 2010, S. 1157; OECD Forum on Tax Administration, Dealing Effectively with the Challenges of Transfer Pricing 2012, S. 14 f.

791 Zu den gewinnorientierten Methoden vgl. ausführlich Abschnitt B.V.2.4 und 2.5.

792 Z. B. auf der Grundlage eines Vergleichs mit Umsatzrenditen, die Konzerngesellschaften bei Transaktionen mit nicht verbundenen Unternehmen erzielen.

793 Vgl. hierzu Abschnitt B.IV.3.1.2.

794 Vgl. Tz. 2.62 OECD-Verrechnungspreisrichtlinien; *Greinert*, in: Wassermeyer/Baumhoff, Verrechnungspreise international verbundener Unternehmens, 2014, Rz. 5.94; *Vögele/Raab*, in: Vögele/Borstell/Engler, Verrechnungspreise, 2011, Kapitel D, Rz. 271; a.A. *Raber*, in: Piltz/Schaumburg, Internationale Einkünfteabgrenzung 2003, 24.

795 Vgl. BMF v. 12.4.2005, BStBl. II 2005, S. 570, Tz. 3.4.10.3. Buchst. b) und Tz. 3.4.10.3 Buchst. c). Die Anwendung der Methoden ist jedoch an strenge Voraussetzungen geknüpft. Vgl. auch *Greinert*, in: Wassermeyer/Baumhoff, Verrechnungspreise international verbundener Unternehmen, 2014, Rz. 5.93.

796 Vgl. die Nachweise bei *Raber*, in: Piltz/Schaumburg, Internationale Einkünfteabgrenzung 2003, S. 23 (Fn. 13).

Anhaltspunkte bei der Prüfung von Verrechnungspreisen"[797] dargestellt. Weiterhin hatte das Bundesministerium der Finanzen in einer Pressemitteilung anlässlich der Veröffentlichung der OECD-Verrechnungspreisrichtlinien 1995/96 ausgeführt:

> *„Die Bundesrepublik Deutschland wendet die gewinnorientierten Methoden (insb. TNMM) außer in Fällen der Schätzung oder Verprobung nicht an (...)*"[798].

Wie aus der vorstehend zitierten Pressemitteilung des BMF hervorgeht, kam den gewinnorientierten Methoden indessen bereits vor der Veröffentlichung des BMF-Schreibens v. 12.4.2005 eine gewisse Bedeutung als Mittel zur Verprobung der Angemessenheit angesetzter Verrechnungspreise zu.[799] So führte und führt die deutsche Finanzverwaltung im Rahmen von Betriebsprüfungen regelmäßig einen – transaktionsbezogenen – Vergleich der von den geprüften verbundenen Unternehmen erzielten Renditen mit denen unabhängiger Unternehmen bzw. eine Analyse der Gewinnverteilung auf die einzelnen Konzerngesellschaften im Sinne eines *outcome testing* durch, um auf die Angemessenheit der Verrechnungspreise schließen zu können.[800]

2.2.4.2 Verbreitung der gewinnorientierten Methoden in der Praxis

Empirische Hinweise zur Verbreitung der gewinnorientierten Verrechnungspreismethoden in der Praxis ergeben sich aus den von einzelnen Ländern veröffentlichten APA-Reports. Diese Berichte enthalten eine allgemeine Beschreibung des APA-Programms des jeweiligen Landes sowie statistische Angaben zu den im betreffenden Jahr abgeschlossenen APA.[801]

So geht aus dem am 2.4.2012 veröffentlichten APA-Report der US-amerikanischen Finanzverwaltung IRS für das Jahr 2011 hervor, dass bei den von dem IRS verhandelten APA, welche die Übertragung bzw. Veräußerung von immateriellen und materiellen Wirtschaftsgütern zum Gegenstand hatten, ganz überwiegend gewinnorientierte Methoden angewandt wurden (vorwiegend die der TNMM

---

797 BMF v. 23.2.1983, BStBl. I 1983, S. 218, Tz. 2.2. Eine Ausnahme betrifft die Regelung in Tz. 5.2.3., *„daß eine Lizenzgebühr von dem ordentlichen und gewissenhaften Geschäftsleiter eines Lizenznehmers regelmäßig nur bis zu der Höhe gezahlt wird, bei der für ihn ein angemessener Gewinn aus dem lizenzierten Produkt verbleibt*". Diese Regelung kann als eine Variante des „Profit Split" angesehen werden.

798 Pressemitteilung v. 13.7.1995, DStR 1995, S. 1501.

799 Vgl. *Jacobs/Endres/Spengel*, Internationale Unternehmensbesteuerung, 2011, S. 586.

800 Diese Vorgehensweise stellt letztlich eine Anwendung der geschäftsvorfallbezogenen Nettomargenmethode (TNMM) bzw. der geschäftsvorfallbezogenen Gewinnaufteilungsmethode (Profit Split) dar, vgl. *Vögele/Raab*, in: Vögele/Borstell/Engler, Verrechnungspreise, 2011, Kapitel D, Rz. 281 f.

801 Vgl. insoweit auch *Jacobs/Endres/Spengel*, Internationale Unternehmensbesteuerung, 2011, S. 587 f.

vergleichbare[802] Gewinnvergleichsmethode – *Comparable Profits Method*). Die Preisvergleichsmethode wurde dagegen nur selten, die Wiederverkaufspreismethode in keinem der Fälle angewandt. Im Rahmen der APA, welche die Erbringung von Dienstleistungen zum Gegenstand hatten, kamen ebenfalls überwiegend gewinnorientierte Methoden zum Einsatz.

Die den im Jahr 2011 vom IRS abgeschlossenen APA zugrunde liegenden Verrechnungspreismethoden ergeben sich aus den nachfolgenden Übersichten:[803]

Tabelle 4: Verrechnungspreismethoden für die Übertragung von Wirtschaftgütern

Verrechnungspreismethoden für die Übertragung von Wirtschaftgütern	**Anzahl**
Comparable Profit Method (Renditekennziffer: Umsatzrendite)	30
Comparable Profit Method (Renditekennziffer: Markup on Total Costs)	7
Comparable Uncontrolled Transaction Method (Preisvergleichsmethode für imm. WG)	≤ 3
Residual Profit Split	≤ 3
Cost Plus Method (nur für materielle WG)	≤ 3
Comparable Profit Method (Renditekennziffer: Berry Ratio)	≤ 3
Comparable Uncontrolled Price Method (= Preisvergleichsmethode für materielle WG)	≤ 3
Comparable Profit Method (Renditekennziffer: Berry Ratio)	≤ 3
Comparable Profit Method (Renditekennziffer: Return on Assets od. Capital Employed)	≤ 3
Comparable Profit Method (Renditekennziffer: Gross margin)	≤ 3
Comparable Profit Method (Renditekennziffer: "other")	≤ 3
Unspezifizierte Methode	12

802 Die *Comparable Profits Method* weist eine deutliche Nähe zu der geschäftsvorfallbezogenen Nettomargenmethode (TNMM) auf, vgl. dazu eingehend *Vögele/Raab*, in: Vögele/Borstell/Engler, Verrechnungspreise, 2011, Kapitel D, Rz. 283 ff.

803 Vgl. S. 23 des APA-Report des IRS v. 2.4.2012 (Abschnitt „Transfer Pricing Methods and the Circumstances Leading to the use of Those Methods").

Tabelle 5: Verrechnungspreismethoden für Dienstleistungen

Verrechnungspreismethoden für Dienstleistungen	Anzahl
Comparable Profit Method (Renditekennziffer: Umsatzrendite/Gesamtkosten)	8
Cost of Services Plus Method	≤ 3
Services Cost Method: Specified Covered Services	≤ 3
Comparable Profit Method (Renditekennziffer: Berry Ratio)	≤ 3
Residual Profit Split Method	≤ 3

Der von der chinesischen Finanzverwaltung im Jahr 2012 für den Zeitraum 2005 bis 2010 veröffentlichte APA-Report ergibt ein ähnliches Bild. Demnach wurden in 67 % der unter Beteiligung der chinesischen Finanzverwaltung abgeschlossenen APA gewinnorientierte Methoden angewandt (TNMM und Profit Split). Lediglich in 30 % der Fälle wurde eine Standardmethode (Preisvergleichsmethode bzw. Kostenaufschlagsmethode angewandt):[804] Die Wiederverkaufspreismethode wurde in keinem der von der chinesischen Finanzverwaltung abgeschlossenen APA angewandt.

Die den im Zeitraum 2005 bis 2010 von der chinesischen Finanzverwaltung abgeschlossenen APA zugrunde liegenden Verrechnungspreismethoden ergeben sich aus nachfolgender Übersicht:[805]

Tabelle 6: Angewandte Verrechnungspreismethoden

Angewandte Verrechnungspreismethoden	Anzahl
Comparable Uncontrolled Price Method	4
Resale Minus Method	0
Cost Plus Method	16
TNMM (Renditekennziffer: Full Cost Markup)	19
TNMM (Renditekennziffer: Umsatzrendite)	23
Profit Split	2
Other Methods	2

804 In 3 % der Fälle wurde eine „andere Methode“ angewandt.

805 Vgl. S. 23 des APA-Report der chinesischen Finanzverwaltung für die Jahre 2005 bis 2010 (Abschnitt V.6. „APAs by Transfer Pricing Method“).

Zusammenfassend lässt sich festhalten, dass den von dem IRS bzw. der chinesischen Finanzverwaltung in den Jahren 2011 bzw. 2010 abgeschlossenen APA ganz überwiegend gewinnorientierte Methoden zugrunde lagen. In Bezug auf die in den APA-Reports enthaltenen Statistiken ist jedoch einschränkend zu beachten, dass APA in der Regel nur bei sehr komplexen und umfangreichen innerkonzernlichen Leistungsbeziehungen abgeschlossen werden. Die APA-Reports lassen folglich keine direkten Rückschlüsse auf die im Rahmen von innerkonzernlichen Standardtransaktionen angesetzten Verrechnungspreismethoden zu. In diesem Zusammenhang lässt sich indessen in der Praxis beobachten, dass auch hinsichtlich dieser Standardtransaktionen ein zunehmender Trend zur Anwendung gewinnorientierter Methoden – insbesondere der TNMM – besteht. Insbesondere in den USA ist die Anwendung der gewinnorientierten Methoden bereits seit vielen Jahren gängige Praxis. Dies gilt insbesondere für die laufende Verrechnungspreisermittlung gegenüber Vertriebs- Dienstleistungs- und Produktionsgesellschaften. *Greinert* spricht insoweit von der

> *„inzwischen dominanten Bedeutung der geschäftsvorfallbezogenen Gewinnmethoden“*[806].

Naumann führt aus:

> *„Praktisch haben die „Gewinnmethoden“ sogar den Standardmethoden (Preisvergleichsmethode, Wiederverkaufsmethode, Kostenaufschlagsmethode) weithin den Rang abgelaufen. Denn wenn ich den Äußerungen aus der Praxis der Finanzverwaltung Glauben schenke, werden in der Praxis ca. 80 v. H. der „einfachen Fälle“ („einfache“ Vertriebsgesellschaften, Produktionsgesellschaften oder Dienstleistungsgesellschaften) von vornherein nach der TNMM behandelt“*[807].

Nachfolgend werden die wesentlichen Risiken, die sich im Zusammenhang mit der Anwendung der gewinnorientierten Methoden ergeben, dargestellt und eingeordnet.

2.2.4.3 Risiken bei Anwendung der geschäftsvorfallbezogenen Nettomargenmethode

2.2.4.3.1 Beanstandung der Methodenwahl

Die Prüfung der Verrechnungspreise durch die Finanzverwaltung hat auf der Grundlage der vom Steuerpflichtigen gewählten Verrechnungspreismethoden zu

806 *Greinert*, in: Wassermeyer/Baumhoff, Verrechnungspreise international verbundener Unternehmen, 2014, Rz. 5.86 unter Bezugnahme auf *Naumann*, IStR 20013, S. 616. Entsprechend äußerte auch ein Vertreter der deutschen Finanzverwaltung auf einer Verrechnungspreistagung, dass die Verrechnungspreisermittlung gegenüber Vertriebsgesellschaften zunehmend auf der Grundlage der TNMM erfolge, vgl. *Schneider*, FR 2008, S. 687.

807 *Naumann*, IStR 2013, S. 616.

erfolgen.[808] In diesem Zusammenhang verpflichtet § 2 Abs. 2 Satz 2 GAufzV den Steuerpflichtigen dazu, im Rahmen der Verrechnungspreisdokumentation zu begründen, warum er die von ihm gewählten Methoden für geeignet hält.[809] Wie bereits im Rahmen der Darstellung der dokumentationsbezogenen Risiken dargestellt wurde, besteht in Bezug auf die entsprechenden Aufzeichnungen des Steuerpflichtigen zum einen das Risiko, dass die Finanzverwaltung von einer Unverwertbarkeit ausgeht und gem. § 162 Abs. 3 AO eine Schätzung vornimmt.[810]

Sollten die Aufzeichnungen des Steuerpflichtigen demgegenüber als grundsätzlich verwertbar qualifiziert werden, besteht das Risiko, dass die Finanzverwaltung die Anwendung der vom Steuerpflichtigen gewählten Verrechnungspreismethode mit dem Argument verwirft, dass eine andere Methode im Hinblick auf die Ermittlung fremdvergleichskonformer Verrechnungspreise für die geprüfte Geschäftsbeziehung besser geeignet sei bzw. dass die Anwendungsvoraussetzungen der vom Steuerpflichtigen gewählten Methode im geprüften Fall nicht erfüllt seien (Ablehnung der Methode dem Grunde nach). In diesem Fall besteht das Risiko, dass die Finanzverwaltung eine Verprobung auf der Grundlage einer anderen – ihrer Auffassung nach geeigneteren – Verrechnungspreismethode durchführt, die zu einem höheren Ergebnis auf Ebene der geprüften Gesellschaft führt. Dementsprechend ist in Tz. 3.4.20 Buchst. d) des BMF-Schreibens v. 12.4.2005 geregelt:

> *„Verwendet die Finanzbehörde bei ihrer Prüfung eine andere Methode als der Steuerpflichtige, kann dies zu Berichtigungen führen, wenn die Ergebnisse der Alternativmethode einen höheren Grad der Wahrscheinlichkeit aufweisen*[811].

Wie die Betriebsprüfungspraxis zeigt, besteht das Risiko einer Ablehnung der vom Steuerpflichtigen gewählten Verrechnungspreismethode insbesondere bei Anwendung der geschäftsvorfallbezogenen Nettomargenmethode (TNMM).[812] Bei Anwendung der Methode erfolgt die Verrechnungspreisermittlung unter Bezugnahme auf Renditekennziffern, die von unabhängigen Unternehmen im Rahmen von vergleichbaren Liefer- und Leistungsbeziehungen erzielt werden.[813] Aufgrund ihrer

---

808 Vgl. BMF v. 23.2.1983, BStBl. I 1983, S. 218, Tz. 2.4.1.; Tz. 1.64 OECD-Verrechnungspreisrichtlinien.

809 Vgl. auch BMF v. 12.4.2005, BStBl. I 2005, S. 570, Tz. 3.4.10.1.

810 Vgl. Abschnitt E.III.2.1.2.

811 In diesem Zusammenhang ist zu beachten, dass die Finanzverwaltung die Beweislast für die Unangemessenheit der Methodenwahl trägt, falls die Aufzeichnungen des Steuerpflichtigen verwertbar sind, vgl. BMF v. 12.4.2005, BStBl. I 2005, S. 570, Tz. 2.1, Tz. 3.4.20 Buchts. a) und Tz. 4.2. Eine Beweislastumkehr erfolgt nicht, vgl. hierzu auch *Cordes*, Steuerliche Aufzeichnungspflichten bei internationalen Verrechnungspreisen, 2009, S. 209 f.

812 Vgl. dazu auch *Kurzewitz*, Wahl einer geeigneten Verrechnungspreismethode zur Verringerung von Doppelbesteuerungsproblemen, 2009, S. 60 ff.

813 Zur Anwendung der Methode vgl. ausführlich Abschnitt B.IV.3.1.

weiten internationalen Verbreitung und der Flexibilität in ihrer Anwendung[814] hat die geschäftsvorfallbezogene Nettomargenmethode im letzten Jahrzehnt auch in Deutschland zunehmend Anwendung gefunden. *Vögele/Raab* konstatieren insoweit eine *„bemerkenswerte Divergenz"*[815] zwischen der zunehmenden Verbreitung der geschäftsvorfallbezogenen Nettomargenmethode einerseits und ihrer Akzeptanz durch die Finanzverwaltung andererseits.

Eine wesentliche Ursache für das Risiko einer Ablehnung der geschäftsvorfallbezogenen Nettomargenmethode durch die deutsche Finanzverwaltung ist in den in dem BMF-Schreiben v. 12.4.2005 niedergelegten restriktiven Anwendungsvoraussetzungen der Methode zu erblicken. So darf die geschäftsvorfallbezogene Nettomargenmethode nur angewendet werden, wenn:[816]

- die **Standardmethoden** wegen des Fehlens von Fremdvergleichsdaten nicht angewandt werden können,[817]
- das verbundene Unternehmen, welches die Lieferungen oder Leistungen erbringt, als **Routineunternehmen** zu qualifizieren ist (bzw. eine Spartenrechnung möglich ist), und
- der Nachweis der zumindest eingeschränkten **Vergleichbarkeit** der Vergleichsunternehmen geführt werden kann und wenn besondere, tatsächlich entstandene Gewinne oder Verluste des geprüften Unternehmens, die bei den Renditekennziffern der Vergleichsunternehmen trotz der Vergleichbarkeit keine Entsprechung finden, berücksichtigt werden.

In Bezug auf die vorstehenden Anwendungsvoraussetzungen ist festzustellen, dass diese durch ein hohes Maß an Unbestimmtheit gekennzeichnet sind. Die Unbestimmtheit hat zur Folge, dass ein weiter Auslegungsspielraum hinsichtlich der Erfüllung der einzelnen Voraussetzungen besteht.[818] Mithin erlangen Steuerpflichtige oftmals erst in Betriebsprüfungen Kenntnis darüber, ob die Finanzverwaltung die Auffassung des Steuerpflichtigen teilt oder ob sie die Anwendung der geschäftsvorfallbezogenen Nettomargenmethode aufgrund der Nichterfüllung einer Voraussetzung ablehnt. In diesem Zusammenhang ist zu beachten, dass die einzelnen Anwendungsvoraussetzungen kumulativ erfüllt sein müssen. Sollte die

---

814 Aufgrund der Möglichkeit zur Verwendung verschiedener Renditekennziffern kann diese Methode sowohl gegenüber Routinevertriebsgesellschaften (Verwendung der Renditekennziffer Umsatzrendite oder *Berry Ratio*), als auch gegenüber Routineproduktionsgesellschaften (Renditekennziffer *Markup on Total Costs*) angewendet werden.

815 *Vögele/Raab*, in: Vögele/Borstell/Engler, Verrechnungspreise, 2011, Kapitel D, Rz. 281.

816 Vgl. BMF v. 12.4.2005, BStBl. II 2005, S. 570, Tz. 3.4.10.3. Buchst. b);

817 Der Vorrang der Standardmethoden der Verrechnungspreisermittlung wurde im Zuge des Unternehmensteuerreformgesetzes 2008 in § 1 Abs. 3 Satz 1 AStG gesetzlich geregelt.

818 Zur Kritik an den Voraussetzungen vgl. auch *Borstell/Hülster*, in: Vögele/Borstell/Engler, Verrechnungspreise, 2011, Kapitel L, Rz. 11 ff.

Finanzverwaltung folglich die Auffassung vertreten, dass lediglich eine der Voraussetzungen nicht erfüllt ist, kann sie die Anwendung der geschäftsvorfallbezogenen Nettomargenmethode vollumfänglich verwerfen.

Bei den wesentlichen Streitpunkten in Betriebsprüfungen bezüglich der Anwendungsvoraussetzungen der geschäftsvorfallbezogenen Nettomargenmethode handelt es sich um die folgenden Punkte:

- **Vorrangige Anwendung der Standardmethoden:** Die Finanzverwaltung vertritt in Betriebsprüfungen häufig die Auffassung, dass die geschäftsvorfallbezogene Nettomarge nicht anwendbar sei, da vorrangig eine der Standardmethoden (Preisvergleichsmethode, Wiederverkaufspreismethode, Kostenaufschlagsmethode) gem. § 1 Abs. 3 Satz 1 AStG zur Verrechnungspreisermittlung heranzuziehen sei. Gelingt es der Finanzverwaltung in diesem Zusammenhang, Fremdvergleichswerte (z. B. konkrete Preise oder Handelsspannen) vorzulegen, ist wiederum oftmals strittig, ob diese im Hinblick auf die geprüfte innerkonzernliche Geschäftsbeziehung sämtliche in dem BMF-Schreiben v. 12.4.2005 niedergelegten Vergleichbarkeitsfaktoren erfüllen.[819] Da die Vergleichbarkeitskriterien selbst durch ein hohes Maß an Unbestimmtheit gekennzeichnet sind (z. B. das Kriterium der wirtschaftlichen Umstände oder der Geschäftsstrategien) und mithin keine eindeutig richtige Lösung existiert, gehen die Auffassungen zwischen Finanzverwaltung und Steuerpflichtigen in diesem Punkt häufig weit auseinander.
- **Qualifikation als Routineunternehmen:** Die Anwendung der geschäftsvorfallbezogenen Nettomargenmethode wird seitens der Finanzverwaltung häufig mit dem Argument verworfen, dass das geprüfte Unternehmen nicht als Routineunternehmen zu qualifizieren sei. Dies wird unter Bezugnahme auf die Definition eines Routineunternehmens in dem BMF-Schreiben v. 12.4.2005[820] oftmals damit begründet, dass das geprüfte Unternehmen wesentliche immaterielle Wirtschaftsgüter einsetze (z. B. Kundenstamm oder Patente) und erfolgskritische Funktionen ausübe. Problematisch ist in diesem Zusammenhang insbesondere, dass die Finanzverwaltung in dem BMF-Schreiben v. 12.4.2005 die Kategorie eines sog. Mittelunternehmens als Residualgröße geschaffen hat.[821] Diese international unübliche[822] Unternehmenskategorie ermöglicht es der Finanzverwaltung, die Anwendung der geschäftsvorfallbezogenen Nettomargenmethode leichter abzulehnen, indem sie argumentiert, dass das geprüfte Unternehmen weitergehende Funktionen ausübe als ein Routineunternehmen. Die Schwelle zur Qualifikation als Strategieträger muss dabei nicht überschritten sein.

---

819 Vgl. zu den Vergleichbarkeitsfaktoren Abschnitt B.III.1.1.
820 Vgl. BMF v. 12.4.2005, BStBl. I 2005, S. 570, Tz. 3.4.10.2. Buchst. a).
821 Vgl. BMF v. 12.4.2005, BStBl. I 2005, S. 570, Tz. 3.4.10.2. Buchst. c).
822 Vgl. dazu auch *Kroppen/Rasch*, IWB 2013, S. 842 ff.

- **Vergleichbarkeit:** Ein weiterer Streitpunkt betrifft die Vergleichbarkeit des geprüften Unternehmens mit den ermittelten Vergleichsunternehmen. Diese Risiken werden aufgrund ihrer Bedeutung im folgenden Abschnitt behandelt, der die Ablehnung der vorgelegten Datenbankanalysen betrifft.[823]

Das Risiko einer Ablehnung der geschäftsvorfallbezogenen Nettomargenmethode durch die deutsche Finanzverwaltung wird dadurch verschärft, dass die in dem BMF-Schreiben v. 12.4.2005 niedergelegten restriktiven Anwendungsvoraussetzungen international keine Entsprechung finden. Mithin ergibt sich oftmals die Situation, dass der ausländische Fiskus die Anwendung der geschäftsvorfallbezogenen Nettomargenmethode (bzw. in den USA *Comparable Profit Method*) akzeptiert, während der deutsche Fiskus die Anwendung der Methode mit Verweis auf die Anwendungsvoraussetzungen ablehnt (z. B. da nach seiner Auffassung ein Mittelunternehmen vorliegt). Dies hat zur Folge, dass der Steuerpflichtige keine Sicherheit darüber erlangt, welche Methode er in Zukunft im Rahmen der Gewinnabgrenzung für die betreffende Geschäftsbeziehung anwenden soll.

Die vorstehend beschriebenen Risiken sind den externen steuerlichen Risiken in der Ausprägung der Rechtsbeurteilungsrisiken zuzuordnen.[824] Diese Risiken beruhen auf einer abweichenden Beurteilung eines Sachverhalts durch die Finanzverwaltung (hier: abweichende Auffassung hinsichtlich der Methodenwahl des Steuerpflichtigen).

2.2.4.3.2 Beanstandung der Umsetzung der Methode

Sofern die deutsche Finanzverwaltung die Anwendung der geschäftsvorfallbezogenen Nettomargenmethode dem Grunde nach akzeptiert, können steuerliche Risiken insbesondere aus den Datenbankanalysen resultieren, die seitens der Steuerpflichtigen zur Ermittlung von Renditekennziffern vergleichbarer Unternehmen (sog. *comparables*) vorgelegt werden (Ablehnung der Gewinnabgrenzung der Höhe nach).[825] Die Verwendung von Datenbanken zur Verrechnungspreisermittlung ist in den USA bereits seit langer Zeit übliche Praxis. In den letzten Jahren erfolgt die Ermittlung von Renditekennziffern auch in Europa zunehmend auf der Grundlage von Datenbankanalysen.[826]

Im Rahmen einer Datenbankanalyse erfolgt ein standardisierter Auswahlprozess (*screening*).[827] Den ersten Schritt dieses Prozesses bildet die Anwendung diverser Suchkriterien in der Datenbank (z. B. Branche, Vergleichsjahre, geographische Einschränkung). Auf diese Weise wird eine Vorauswahl an Unternehmen getroffen

823 Abschnitt E.III.2.2.4.3.2.

824 Vgl. insoweit Abschnitt D.I.2.

825 Vgl. insoweit die illustrative Beschreibung eines entsprechenden Falls von *Loukota*, SWI 2012, S. 520 ff.

826 Vgl. *Vögele/Crüger/Witt/Sedlmayr/Fügemann*, in: Vögele/Borstell/Engler, Verrechnungspreise, 2011, Kapitel H, Rz. 80.

827 Vgl. insoweit *Kolb*, IWB 2009, S. 590 ff. und Abschnitt B.IV.3.1.2.

(*initial set*). Diese Vorauswahl an Unternehmen wird in einem weiteren Schritt durch eine manuelle Suche weiter eingegrenzt. Im Rahmen der manuellen Suche werden die Internetpräsenzen der Unternehmen auf eine konkrete Vergleichbarkeit mit dem Referenzunternehmen hin untersucht. Die nach dem zweiten Schritt verbliebenen Unternehmen bilden das sog. *final set* an Vergleichsunternehmen. Die Renditekennziffern dieser bilden eine Bandbreite, welche – ggf. nach der Durchführung von Anpassungsrechnungen und einer Einengung nach dem Interquartilsverfahren[828] – der Verrechnungspreisermittlung zugrunde gelegt wird, indem ein Wert aus der Bandbreite ausgewählt wird.[829]

Wie die vorstehende Beschreibung der Vorgehensweise zur Ermittlung von Vergleichsunternehmen aufzeigt, weist eine Datenbankanalyse zahlreiche Stellschrauben auf. Wird nur eine dieser Stellschrauben verändert, kann dies erhebliche Auswirkungen auf die letztlich maßgeblichen Vergleichsunternehmen und damit auf die Renditekennziffern haben, die der Verrechnungspreisermittlung zugrunde gelegt wurden. Im Schrifttum wird daher von *Kolb* (Vertreter der Finanzverwaltung) zutreffend festgestellt: *„Bei Datenbankanalysen bestimmt die Auswahl das Ergebnis“*[830]. Die Prüfung des angewandten Auswahlprozesses stellt folglich nach *Kolb* einen der Schwerpunkte bei der Prüfung von Datenbankanalysen dar.[831] Da die deutsche Finanzverwaltung mittlerweile über die Lizenzen der einschlägigen Datenbanken verfügt, ist es ihr in diesem Zusammenhang ohne Weiteres möglich, die von Steuerpflichtigen vorgelegten Datenbankanalysen sehr detailliert zu prüfen.[832] Aussagen namhafter Vertreter der deutschen Finanzverwaltung zeigen in diesem Zusammenhang, dass die Finanzverwaltung Datenbankanalysen äußerst kritisch gegenübersteht. So führt *Naumann* aus:

> *„Und die Finanzverwaltung: Sie hat – soweit ich informiert bin – keinerlei Mühe, nahezu alle bisher bekannt gewordenen Studien „in der Luft zu zerreißen“, bis hin zur Unverwertbarkeit nach § 162 Abs. 3 AO, mit der bisweilen gedroht wird“*[833].

Die Überprüfung durch die Finanzverwaltung bezieht sich zum einen auf die Ermittlung des *initial sets*, d. h. die Anwendung der Suchkriterien in der Datenbank. Insoweit prüft die Finanzverwaltung, ob die angewandten Suchkritierien sachgerecht gewählt wurden. So ist es beispielsweise denkbar, dass eine Umsatzschwelle verwendet wurde, die im Hinblick auf das verbundene Unternehmen zu hoch angesetzt wurde, so dass

---

828 Vgl. BMF v. 12.4.2005, BStBl. I 2005, S. 570, Tz. 3.4.12.5 Buchst. b) und c).
829 In der Praxis wird häufig der Median aus der Interquartilsbandbreite ausgewählt. Zur Kritik an der Medianregelung des § 1 AStG s. *Greinert*, in: Wassermeyer/Baumhoff, Verrechnungspreise international verbundener Unternehmen, 2014, Rz. 5.119. Zu der Vermeidung der aggressiven Ausnutzung von Bandbreiten als Instrument des Verrechnungspreisrisikomanagements vgl. Abschnitt E.V.2.4.
830 *Kolb*, IWB 2009, S. 593.
831 Vgl. *Kolb*, IWB 2009, S. 593.
832 Vgl. dazu im Einzelnen *Kolb*, IWB 2009, S. 593.
833 *Naumann*, IStR 2013, S. 617.

potentielle Vergleichsunternehmen unberücksichtigt geblieben sind.[834] Weiterhin ist es denkbar, dass der Datenbankanalyse Vergleichsjahre zugrunde gelegt worden sind, die von einer Wirtschaftskrise beeinflusst sind (z. B. Jahre 2007 bis 2009). In diesem Zusammenhang besteht das Risiko, dass die Finanzverwaltung die ermittelten Renditekennziffern mit dem Argument verwirft, dass diese aufgrund der besonderen wirtschaftlichen Umstände nicht verwendet werden dürfen.[835]

Die Überprüfung der Datenbankstudien durch die Finanzverwaltung bezieht sich zum anderen auf die manuelle Suche zur Bestimmung des *final sets* an Vergleichsunternehmen. Insoweit prüft die Finanzverwaltung, ob eine funktionale Vergleichbarkeit der ausgewählten *comparables* mit dem geprüften verbundenen Unternehmen besteht. *Kolb* weist in diesem Zusammenhang darauf hin,

> *„dass festgestellt wurde, dass die in den Datenbanken enthaltenen Unternehmensbeschreibungen oft von den im Internet veröffentlichten Darstellungen der Unternehmen selbst abweichen. Eine ergänzende Internetrecherche neben der Recherche in der Unternehmensdatenbank ist daher unerlässlich"*[836].

Die Überprüfung der manuellen Suche auf der Basis einer Internetrecherche führt in der Praxis häufig dazu, dass die Finanzverwaltung Unternehmen aufgrund einer Unvergleichbarkeit aus dem *final set* ausschließt. Umgekehrt ist es jedoch auch denkbar, dass zusätzliche Unternehmen in das *final set* übernommen werden, da von einer Vergleichbarkeit mit dem geprüften Unternehmen ausgegangen wird.

Kommt die Finanzverwaltung im Rahmen der Überprüfung einer Datenbankanalyse zu dem Schluss, dass die Suchkriterien zur Ermittlung des *initial set* und/oder die manuelle Unternehmensauswahl zur Bestimmung des *final set* zu modifizieren ist, hat dies regelmäßig[837] zur Folge, dass sich die der Verrechnungspreisermittlung zugrunde gelegte Bandbreite an Renditekennziffern ändert. Sollte der der Verrechnungspreisermittlung zugrunde gelegte Wert der ursprünglichen – ggf. eingeengten – Bandbreite dabei innerhalb der neuen Bandbreite liegen, erfolgt gem. § 1 Abs. 3 Satz 3 AStG keine Korrektur des angesetzten Wertes.[838] Sollte der vom Steuerpflichtigen verwendete Wert indessen außerhalb der neuen, durch die Finanzverwaltung ermittelten Bandbreite liegen, erfolgt gem. § 1 Abs. 3 Satz 3 AStG eine Korrektur auf den Median der neuen Bandbreite. Auf Basis dieses Wertes kann die Finanzverwaltung unmittelbar die Höhe der Einkünftekorrektur ermitteln, indem sie die entsprechende

---

834 Vgl. *Kolb*, IWB 2009, S. 592, der insoweit eine sehr weite Spanne (*„z. B. 10 % bis 500 % des Umsatzes des zu vergleichenden Unternehmens"*) nennt.

835 Vgl. dazu *Baumhoff*, in: FS Krawitz, 2010, S. 38 f.; *Corbett/Keates/Wright*, ITPJ 2009, S. 361 f.; Tz. 3.68 ff. OECD-Verrechnungspreisrichtlinien.

836 *Kolb*, IWB 2009, S. 593.

837 In seltenen Ausnahmefällen (z. B. bei überwiegend identischen Renditekennziffern der Vergleichsunternehmen) führt eine Modifikation des *initial* bzw. *final set* zu keiner Änderung der Bandbreite und des Medians.

838 Vgl. § 1 Abs. 3 Satz 3 AStG.

Renditekennziffer in das Verhältnis zu ihrer Bezugsgröße setzt (z. B. Umsatz bei Verwendung der Umsatzrendite als Renditekennziffer).

Die vorstehend dargestellten Risiken, die aus der Beanstandung von Datenbankstudien resultieren, sind den externen steuerlichen Risiken in der Ausprägung der Rechtsbeurteilungsrisiken zuzuordnen.[839] Die entsprechenden Risiken beruhen auf einer abweichenden Beurteilung eines Sachverhalts (hier: Ermittlung von Renditekennziffern) durch die Finanzverwaltung.

2.2.4.3.3 Praxisbeispiel zur geschäftsvorfallbezogenen Nettomargenmethode

Sachverhalt:

Die indische Dienstleistungsgesellschaft X-Limited erbringt Call-Center-Dienstleistungen an ihre deutsche Muttergesellschaft X-GmbH. Da sich keine Fremdvergleichswerte in der Form von Preisen oder Kostenaufschlagssätzen für die Dienstleistungen der X- Limited am Markt ermitteln lassen, erfolgt die Verrechnungspreisermittlung auf der Grundlage der geschäftsvorfallbezogenen Nettomargenmethode (TNMM).

Die Muttergesellschaft X-GmbH hat eine Datenbankanalyse zur Ermittlung von Umsatzrenditen eingeschränkt vergleichbarer Dienstleistungsgesellschaften erstellt. Die Studie ergibt folgende Bandbreite an Umsatzrenditen:

Abbildung 8: Ergebnisse Datenbankstudie Indien Grundfall.

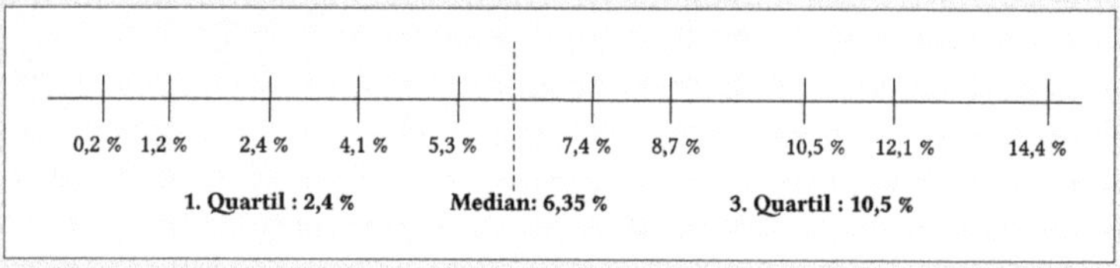

Auf der Grundlage der o.g. Ergebnisse werden die Verrechnungspreise dergestalt ermittelt, dass die X- Limited eine Umsatzrendite i.H.v. 6,35 % (Median der Bandbreite) erzielt.

Die o.g. Verrechnungspreisermittlung gegenüber der X- Limited wird in der Verrechnungspreisdokumentation der X-Gruppe unter Bezugnahme auf die Ergebnisse der Datenbankanalyse ausführlich beschrieben. Die indische Finanzverwaltung hat die Verrechnungspreisgestaltung gegenüber der X-GmbH in einer früheren Betriebsprüfung geprüft und nicht beanstandet.

839 Vgl. insoweit Abschnitt D.I.2.

Betriebsprüfung bei der X-GmbH:

Die deutsche Finanzverwaltung führt eine Betriebsprüfung bei der X-GmbH für die Jahre 2008 bis 2010 durch. Die Anwendung der geschäftsvorfallbezogenen Nettomargenmethode wird von der deutschen Finanzverwaltung dem Grunde nach akzeptiert. Die von der X-GmbH vorgelegte Datenbankanalyse wird jedoch mit den folgenden Argumenten beanstandet:

Variante a)

Die deutsche Finanzverwaltung eliminiert die obersten drei Vergleichsunternehmen aus der Datenbankanaylse (Renditekennziffern: 10,5 %, 12,1 % und 14,4 %), da sie die Auffassung vertritt, dass diese Vergleichsunternehmen einen weiteren Funktionsumfang ausüben als X- Limited. Mithin ergibt sich folgende neue Interquartilsbandbreite:

Abbildung 9: Datenbankanalyse Indien Variante a).

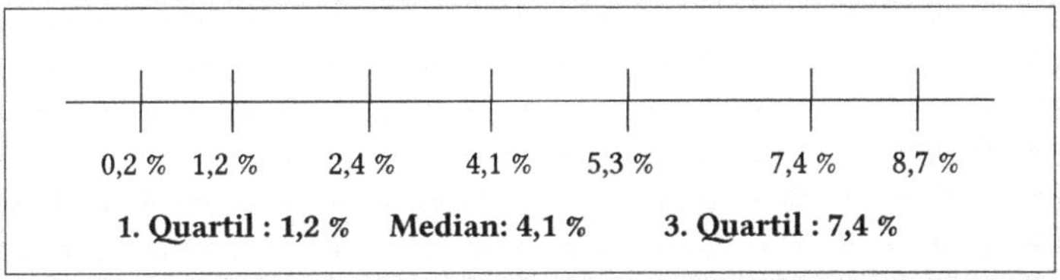

Da der von der X- Limited angesetzte Wert i.H.v. 6,35 % innerhalb der durch die Finanzverwaltung ermittelten „neuen" Interquartilsbandbreite liegt, die von 1,2 % bis 7,4 % reicht, erfolgt keine Korrektur nach den Grundsätzen der verdeckten Einlage bzw. nach § 1 Abs. 1 i.V.m. § 1 Abs. 3 Satz 3 AStG.[840]

Variante b)

Die deutsche Finanzverwaltung verwirft die von der X-GmbH erstellte Datenbankstudie vollumfänglich, da sie sämtliche Vergleichsunternehmen als unvergleichbar[841] einstuft. Sie führt eine eigene Datenbankanalyse durch, die zu den folgenden Ergebnissen gelangt:

840 Die Vorteilsgewährung durch die X-GmbH erfüllt die Voraussetzungen einer verdeckten Einlage i.S.v. § 8 Abs. 2 Satz 3 KStG (zu der verdeckten Einlage vgl. ausführlich Abschnitt B.II.2.3). § 1 AStG kommt gem. § 1 Abs. 1 Satz 3 AStG nur insoweit ergänzend zur Anwendung, als die Berichtigungen nach § 1 AStG weiter reichen als die verdeckten Einlage. Da der angesetzte Wert i.H.v. 6,35 % innerhalb der (eingeengten) Bandbreite liegt, erfolgt sowohl nach den Grundsätzen der verdeckten Einlage als auch nach § 1 AStG keine Korrektur.

841 Vgl. BMF v. 12.4.2005, BStBl. II 2005, S. 570, Tz. 3.4.12.7 Buchst. b).

Abbildung 10: Datenbankanalyse Indien Variante b).

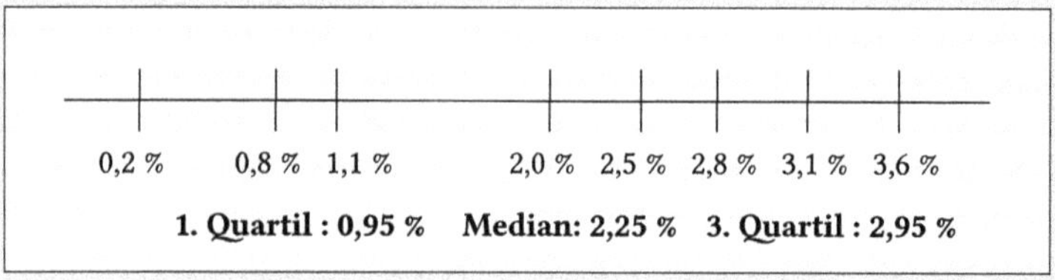

Da der von der X- Limited angesetzte Wert i.H.v. 6,35 % außerhalb der neuen Bandbreite liegt, die von 0,95 % bis 2,95 % reicht, führt die Finanzverwaltung gem. § 1 Abs. 1 i.V.m. § 1 Abs. 3 Satz 3 AStG eine Korrektur auf den Median i.H.v. 2,25 % durch.[842] Mangels Einigung in der Schlussbesprechung erlässt die deutsche Finanzverwaltung geänderte Bescheide.

Da die indische Finanzverwaltung die Verrechnungspreisermittlung für die gegenüber der X-GmbH erbrachten Dienstleistungen – wie eingangs dargestellt – in einer früheren Betriebsprüfung akzeptiert hat, führt die Korrektur durch die deutsche Finanzverwaltung zu einer Doppelbesteuerung. Da Art. 9 des Doppelbesteuerungsabkommens Deutschland-Indien v. 19.12.1996 keine korrespondierende Gegenberichtigung vorsieht, kann die Doppelbesteuerung lediglich im Wege eines langwierigen Verständigungsverfahrens i.S.v. Art. 25 des Doppelbesteuerungsabkommens Deutschland-Indien v. 19.12.1996 beseitigt werden.

2.2.4.4 Risiken bei Anwendung der geschäftsvorfallbezogenen Gewinnaufteilungsmethode

2.2.4.4.1 Beanstandung der Methodenwahl

Bei Anwendung der geschäftsvorfallbezogenen Gewinnaufteilungsmethode („Transactional Profit Split Method") wird der Gewinn (bzw. Verlust), der von verbundenen Unternehmen gemeinsam erwirtschaftet wird, unter Berücksichtigung der von den einzelnen Unternehmen ausgeübten Funktionen, getragenen Risiken und eingesetzten Wirtschaftsgütern nach fremdüblichen Kriterien auf die Unternehmen aufgeteilt.[843] Die Anwendung der geschäftsvorfallbezogenen Gewinnaufteilungsmethode setzt nach Auffassung der deutschen Finanzverwaltung voraus, dass die Standardmethoden der Verrechnungspreisermittlung *„nicht oder nicht verlässlich angewendet werden können"*[844]. Als Beispiel nennt die deutsche Finanzverwaltung in diesem

842 In dem Beispielsfall wird unterstellt, dass die Finanzverwaltung – mangels spezifischer Vorgaben im Recht der verdeckten Einlage – ausschließlich die Grundsätze des § 1 AStG in Bezug auf die Korrektur der Höhe nach (d. h. Korrektur auf den Median) anwendet.

843 Zur Anwendung der Methode vgl. Abschnitt B.IV.3.2.

844 Vgl. BMF v. 12.4.2005, BStBl. I 2005, S. 570, Tz. 3.4.10.3 Buchst. c).

Zusammenhang die Gewinnabgrenzung von grenzüberschreitenden Geschäftsbeziehungen zwischen mehreren Konzerngesellschaften mit „*Entrepreneur*"-Funktion, die gemeinsam an der Anbahnung, Abwicklung und an dem Abschluss beteiligt sind, ohne dass Einzelbeiträge abgegrenzt werden können (z.B. *Global Trading*).[845] Einen weiteren praktisch bedeutsamen Anwendungsbereich der geschäftsvorfallbezogenen Gewinnaufteilungsmethode stellt die Ermittlung fremdüblicher Lizenzgebühren für die Überlassung einzigartiger immaterieller Wirtschaftsgüter zwischen verbundenen Unternehmen dar.[846]

Da es sich bei der geschäftsvorfallbezogenen Gewinnaufteilungsmethode um eine gewinnorientierte Verrechnungspreismethode handelt, besteht – ebenso wie bei der Anwendung der geschäftsvorfallbezogenen Nettomargenmethode (TNMM)[847] – zum einen das Risiko, dass die deutsche Finanzverwaltung die Wahl der Methode mit dem Argument verwirft, dass eine Standardmethode gem. § 1 Abs. 3 Satz 1 AStG vorrangig anzuwenden ist bzw. dass die Anwendungsvoraussetzungen der geschäftsvorfallbezogenen Gewinnaufteilungsmethode im geprüften Fall nicht erfüllt sind (Ablehnung der Methode dem Grunde nach). So könnte die Finanzverwaltung bei einer Ermittlung von Lizenzgebühren auf der Grundlage der geschäftsvorfallbezogenen Gewinnaufteilungsmethode beispielsweise die Auffassung vertreten, dass vergleichbare Lizenzsätze aus öffentlich zugänglichen Lizenzdatenbanken verfügbar sind, die der Verrechnungspreisermittung gem. § 1 Abs. 3 Satz 1 AStG vorrangig zugrunde zu legen sind (Anwendung des externen Preisvergleichs).[848]

Das Risiko einer Ablehnung der geschäftsvorfallbezogenen Gewinnaufteilungsmethode dem Grunde nach ist indessen praktisch weniger bedeutsam als das bereits dargestellte Risiko bei Anwendung der geschäftsvorfallbezogenen Nettomargenmethode (TNMM).[849] Denn die geschäftsvorfallbezogene Gewinnaufteilungsmethode wird in der Praxis nahezu ausschließlich bei komplexen Geschäftsbeziehungen angewandt, bei denen die Anwendung der Standardmethoden aufgrund des Fehlens geeigneter Fremdvergleichsdaten von vornherein scheitert (z.B. im Rahmen der Gewinnabgrenzung zwischen mehreren Entrepreneuren oder bei der Lizenzierung einzigartiger immaterieller Wirtschaftsgüter).[850] Die TNMM ist demgegenüber dadurch gekennzeichnet, dass sie einen erheblichen Überschneidungsbereich zu den Standardmethoden der Verrechnungspreisermittlung aufweist (z.B. bei der Verrechnungspreisermittlung für konzerninterne Dienstleistungen). Insofern ist zu festzustellen, dass es bei Anwendung der TNMM häufiger zu Diskussionen mit

845 Vgl. BMF v. 12.4.2005, BStBl. I 2005, S. 570, Tz. 3.4.10.3 Buchst. c).
846 Vgl. Tz. 2.109 und 6.26 OECD-Verrechnungspreisrichtlinien.
847 Vgl. dazu Abschnitt E.III.2.2.4.3.1.
848 Zu den öffentlich zugänglichen Lizenzdatenbanken zählen „RoyaltyStat", „RoyaltySource" und „ktMINE".
849 Vgl. dazu Abschnitt E.III.2.2.4.3.1.
850 Vgl. BMF v. 12.4.2005, BStBl. I 2005, S. 570, Tz. 3.4.10.3 Buchst. c).

der Finanzverwaltung über die vorrangige Anwendbarkeit der Standardmethoden kommt.[851]

2.2.4.4.2 Beanstandung der Umsetzung der Methode

Sofern die deutsche Finanzverwaltung die Anwendung der geschäftsvorfallbezogenen Gewinnaufteilungsmethode dem Grunde nach akzeptiert, können steuerliche Risiken insbesondere aus der konkreten Umsetzung der Methode resultieren („Ablehnung der Gewinnabgrenzung der Höhe nach"). Die entsprechenden Risiken sind insofern von erheblicher praktischer Relevanz, als der Prozess der Ermittlung und Festlegung von Verrechnungspreisen anhand der geschäftsvorfallbezogenen Gewinnaufteilungsmethode in der Praxis durch einen hohen Komplexitätsgrad gekennzeichnet ist. So konstatieren auch die OECD-Verrechnungspreisrichtlinien, dass

> *„[A] weakness of the transactional profit split method relates to difficulties in its application"*[852].

Die Komplexität der Verrechnungspreisermittlung auf Basis der geschäftsvorfallbezogenen Gewinnaufteilungsmethode ist auf die Tatsache zurückzuführen, dass die Methode auf einer „Gesamtbetrachtung" der Verhältnisse sämtlicher an den Geschäftsbeziehungen beteiligten Konzerngesellschaften beruht (sog. *„two-sided method"*).[853] So muss der von allen beteiligten Konzerngesellschaften erwirtschaftete Gewinn zunächst nach einheitlichen Kriterien ermittelt und aggregiert und in einem nächsten Schritt – anhand eines geeigneten Schlüssels – auf sämtliche beteiligten Konzerngesellschaften verteilt werden.

Insofern besteht ein Unterschied zu den Standardmethoden der Verrechnungspreisermittlung sowie der geschäftsvorfallbezogenen Nettomargenmethode (TNMM). Die letztgenannten Methoden (sog. *„one-sided methods"*) sind dadurch gekennzeichnet, dass die Verrechnungspreise auf der Grundlage der Daten lediglich einer der an der Geschäftsbeziehung beteiligten Konzerngesellschaften ermittelt werden können (z. B. durch den Ansatz eines Gewinnaufschlages auf die Kosten der leistenden Gesellschaft).[854]

Die Komplexität der Verrechnungspreisermittlung auf Basis der geschäftsvorfallbezogenen Gewinnaufteilungsmethode hat zur Folge, dass die Methode durch eine

---

851 Vgl. dazu Abschnitt E.III.2.2.4.3.1.

852 Vgl. Tz. 2.114.

853 Vgl. Tz. 2.109 OECD-Verrechnungspreisrichtlinien.

854 Vgl. Tz. 2.62 OECD-Verrechnungspreisrichtlinien: *"Another practical strength of the transactional net margin method is that, as with any one-sided method, it is necessary to examine a financial indicator for only one of the associated enterprises (the "tested" party)"*. Vgl. dazu auch *Greinert*, in: Wassermeyer/Baumhoff, Verrechnungspreise international verbundener Unternehmen, 2014, Rz. 5.95.

hohe Streitanfälligkeit in Betriebsprüfungen gekennzeichnet ist.[855] Die Ansatzpunkte von Beanstandungen und Korrekturen seitens der beteiligten Finanzverwaltungen beziehen sich dabei konkret auf

- die **Ermittlung** und **Aggregation** des Gewinns der beteiligten Konzerngesellschaften, sowie
- die **Aufteilung des Gewinns** auf die beteiligten Konzerngesellschaften.

Dazu im Einzelnen:

Die Ermittlung und Aggregation des Gesamtgewinns bildet die erste Stufe der geschäftsvorfallbezogenen Gewinnaufteilungsmethode. In diesem Zusammenhang ist zunächst zu beachten, dass nicht auf den tatsächlichen, sondern auf den erwarteten Gewinn der beteiligten Konzerngesellschaften abzustellen ist (sog. *ex ante*-Betrachtung).[856] Mithin erfolgt keine spätere Anpassung der Verrechnungspreise an den tatsächlich realisierten Gewinn.[857] Der erwartete Gewinn darf ferner nur aus solchen Geschäftsbeziehungen resultieren, auf die die geschäftsvorfallbezogene Gewinnaufteilungsmethode angewandt werden soll.[858] Aus diesem Grund ist zunächst eine Isolierung des erwarteten Gewinns aus den jeweiligen Geschäftsbeziehungen vorzunehmen.[859] Da die Rechnungslegungsvorschriften der einzelnen Staaten zum Teil erheblich voneinander abweichen, ist es schließlich erforderlich, den zu verteilenden Gesamtgewinn nach einheitlichen Kriterien zu ermitteln.[860] Die Kriterien sind vorab festzulegen und sollten Vorgaben hinsichtlich der Überleitung der lokalen Abschlüsse, der Währungsumrechnung (maßgebliche Stichtage und Kurse) sowie der Behandlung von „Sondereffekten" (z. B. außerordentliche Erträge) enthalten.

In Bezug auf die vorstehend beschriebene Vorgehensweise zur Ermittlung des Gesamtgewinns sind insbesondere die folgenden Fehlerquellen zu nennen, welche Ansatzpunkte für Beanstandungen seitens der beteiligten Finanzverwaltungen darstellen können:

- **Meldung unrealistischer Gewinnerwartungen**: Eine Fehlerquelle stellt die Meldung unrealistischer *ex-ante*-Gewinne durch einzelne Konzerngesellschaften dar. Dies kann zum einen auf einer unzutreffenden Einschätzung der zukünftigen Marktentwicklung sowie weiterer für die Gewinnerwartung

855 Vgl. auch *Greinert*, in: Wassermeyer/Baumhoff, Verrechnungspreise international verbundener Unternehmen, 2014, Rz. 5.135.

856 Vgl. Tz. 2.128 OECD-Verrechnungspreisrichtlichtlinien.

857 Vgl. *Baumhoff*, in: Mössner, Steuerrecht international tätiger Unternehmen, Tz. 3.225.

858 Vgl. Tz. 2.124 OECD-Verrechnungspreisrichtlinien.

859 Vgl. *Greinert*, in: Wassermeyer/Baumhoff, Verrechnungspreise international verbundener Unternehmen, 2014, Rz. 5.127.

860 Vgl. Tz. 2.125 OECD-Verrechnungspreisrichtlinien, vgl. dazu *Greinert*, in: Wassermeyer/Baumhoff, Verrechnungspreise international verbundener Unternehmen, Rz. 5.126 f.

relevanter Faktoren (Kosten-, Währungs- oder Konjunkturentwicklung) beruhen (sog. „Prognoseproblem“[861]). Zum anderen ist es denkbar, dass eine Konzerngesellschaft bewusst unrealistische Gewinnerwartungen an die Konzernobergesellschaft meldet, um auf diese Weise indirekt Einfluss auf die Verrechnungspreisermittlung zu nehmen. Dies kann etwa dann der Fall sein, wenn eine leistungsabhängige Vergütung der Geschäftsführung der lokalen Konzerngesellschaft vereinbart wurde.

- **Fehler bei der Isolierung des relevanten Gewinns**: Fehler bei der Isolierung des relevanten Gewinns können auftreten, wenn Aufwendungen oder Erträge berücksichtigt werden, die nicht im Zusammenhang mit der Geschäftsbeziehung stehen, auf die die geschäftsvorfallbezogene Gewinnaufteilungsmethode angewandt werden soll. Ein entsprechendes Beispiel stellt die fehlerhafte Schlüsselung von Gemeinkosten dar.
- **Fehler bei der Überleitung der lokalen Abschlüsse**: Fehler bei der Überleitung der lokalen Abschlüsse treten insbesondere dann auf, wenn Konzerngesellschaften aus verschiedenen Wirtschaftsräumen, deren Rechnungslegungsvorschriften erheblich differieren, in die Verrechnungspreisermittlung auf Basis der geschäftsvorfallbezogenen Gewinnaufteilungsmethode einbezogen werden (z. B. Konzerngesellschaften aus Europa, Indien, den USA und China). Abweichungen können sich dabei insbesondere hinsichtlich der unterschiedlichen Vorgaben zur Periodenabgrenzung ergeben („*fair value*“ vs. Imparitätsprinzip).
- **Fehler bei der Währungsumrechnung**: Fehler bei der Währungsumrechnung können auftreten, wenn falsche oder uneinheitliche Umrechnungsstichtage oder Wechselkurse verwendet werden.
- **Unterlassen einer Herausrechnung von Sondereffekten**: Die Ermittlung angemessener Verrechnungspreise auf Basis der geschäftsvorfallbezogenen Gewinnaufteilungsmethode setzt voraus, dass lediglich der betriebliche Gewinn aus der relevanten Geschäftsbeziehung aufgeteilt wird.[862] Daher sind aperiodische Sondereffekte (z. B. aus der Veräußerung von Anlagegütern oder von Beteiligungen) herauszurechnen. Unterbleibt eine Herausrechnung, spiegeln die Verrechnungspreise die tatsächlich erbrachten Wertschöpfungsbeiträge nicht zutreffend wider.

Die Beanstandung eines oder mehrerer der o.g. Fehler durch die Finanzverwaltung eines Staates hat zunächst zur Folge, dass sich der erwartete Gewinn der

861 Der Begriff des „Prognoseproblems“ stammt aus der Unternehmensbewertungslehre und bezeichnet die Unsicherheiten bei der verlässlichen Schätzung der voraussichtlichen Entwicklung des Bewertungsobjekts. Vgl. dazu etwa *Diedrich*, Methoden der künstlichen Intelligenz zur Lösung des Prognoseproblems bei der Unternehmensbewertung, 1992, S. 37 ff.

862 Vgl. Tz. 2.131 OECD-Verrechnungspreisrichtlinien zur Verwendung des *„operating profit“*.

geprüften Konzerngesellschaft ändert. Da dieser Gewinn zugleich in den Gesamtgewinn einfließt, welcher auf die einzelnen Konzerngesellschaften verteilt wird, führt die Korrektur zugleich zu einer Änderung der gegenüber allen beteiligten Konzerngesellschaften angesetzten Verrechnungspreise. Die Beanstandung einer Finanzverwaltung kann folglich – eine entsprechende Mitteilung an sämtliche beteiligten Finanzverwaltungen vorausgesetzt – eine Einkünftekorrektur bei sämtlichen beteiligten Konzerngesellschaften nach sich ziehen. In Deutschland ist in diesem Zusammenhang die Regelung des § 5 GAufzV betreffend „Erforderliche Aufzeichnungen in besonderen Fällen" zu beachten. So sind nach § 5 Abs. 4 GAufzV im Rahmen einer Verrechnungspreisdokumentation

> *„Aufzeichnungen über Preisanpassungen beim Steuerpflichtigen zu erstellen, auch wenn diese die Folge von Verrechnungspreiskorrekturen oder Vorwegauskünften ausländischer Finanzbehörden bei dem Steuerpflichtigen nahe stehenden Personen sind."*

Mithin ist die deutsche Finanzverwaltung im Rahmen der nach § 90 Abs. 3 AO zu erstellenden Aufzeichnungen über Einkünftekorrekturen ausländischer Fisci mit Auswirkung auf die Preisermittlung in Kenntnis zu setzen. Auf diese Weise wird die Finanzverwaltung – eine verfahrensrechtliche Zulässigkeit vorausgesetzt – in die Lage versetzt, „Folgewirkungen" der ausländischen Einkünftekorrekturen in Deutschland nachzuvollziehen.

Einen weiteren Ansatzpunkt für Beanstandungen seitens der beteiligten Finanzverwaltungen stellt die Festlegung und Anwendung der Aufteilungsschlüssel dar, anhand derer der Gesamtgewinn auf die einzelnen Konzerngesellschaften aufgeteilt wird. In diesem Zusammenhang ist festzustellen, dass sich in der Praxis eine Vielzahl an Schlüsselgrößen herausgebildet hat. Im Einzelnen können die folgenden Schlüssel – ggf. in Kombination – zur Gewinnaufteilung herangezogen werden:

- Schlüsselung auf der Grundlage einer **zwischen fremden Dritten** vorgenommenen Gewinnaufteilung („Comparable Profit Split"[863] und „Contribution Profit Split"[864]),
- Schlüsselung anhand des **Vermögens** oder **eingesetzten Kapitals**[865],
- Schlüsselung anhand von **Kosten** (z. B. F&E-Kosten)[866],
- Schlüsselung anhand von **Mitarbeiterzahlen**.

Die Vielzahl an Schlüsselgrößen spiegelt sich in den verschiedenen Ausprägungen der geschäftsvorfallbezogenen Gewinnaufteilungsmethode wider, die in den

863 Vgl. US Treasury Regulation § 1.482-6 (c) (2).
864 Vgl. Tz. 2.119 OECD-Verrechnungspreisrichtlinien.
865 Vgl. Tz. 2.136 ff. OECD-Verrechnungspreisrichtlinien.
866 Vgl. Tz. 2.138 ff. OECD-Verrechnungspreisrichtlinien.

OECD-Verrechnungspreisrichtlinien[867], den US-Regulations[868] sowie im Schrifttum genannt werden und die im Schrifttum teilweise mit unterschiedlichen Begriffsinhalten versehen werden.[869] Unternehmen stehen insoweit vor der Herausforderung, eine konkrete Schlüsselgröße auszuwählen, welche von sämtlichen beteiligten Fisci akzeptiert wird. In diesem Zusammenhang besteht das Risiko, dass ein beteiligter Fiskus den gewählten Aufteilungsschlüssel nicht akzeptiert und eine Einkünftekorrektur durchführt.[870] Sofern ein signifikanter Anteil des Gesamtgewinns auf die von dem entsprechenden Staat geprüfte Konzerngesellschaft entfällt, kann die Beanstandung des Aufteilungsmaßstabs Auswirkungen auf das gesamte Verrechnungspreissystem haben. Steuerliche Risiken können schließlich auch daraus resultieren, dass den Unternehmen bei der Schlüsselung des Gesamtgewinns Fehler unterlaufen. Bei einer Schlüsselung auf der Grundlage von Kosten (z. B. F&E-Kosten) ist in diesem Zusammenhang insbesondere die Verwendung uneinheitlicher Kostendefinitionen zu nennen (unterschiedliches Verständnis von *indirect* und *direct costs* bzw. Einzel- und Gemeinkosten). Weiterhin ist es denkbar, dass nachgeordnete Unternehmen bewusst falsche Schlüsselgrößen an die Konzernobergesellschaft melden, um Einfluss auf die Verrechnungspreisgestaltung zu nehmen.

---

867 Die OECD-Verrechnungspreisrichtlinien nennen die „Residual Analysis" (Tz. 2. 212) und die „Contribution Analysis" (Tz. 2.119) und verweisen darauf, dass es sich hierbei lediglich um eine nicht erschöpfende Aufzählung handelt. Im Schrifttum wird zudem vertreten, dass auch die in Tz. 2.145 OECD-Verrechnungspreisrichtlinien erwähnte Aufteilung auf Basis einer gleichmäßigen Verzinsung des eingesetzten Kapitals eine eigenständige Methode darstelle, vgl. *Baumhoff*, in: Mössner, Steuerrecht international tätiger Unternehmen, 2012, Rz. 3.226.

868 Die US Treasury Regulations nennen den "Comparable Profit Split" und den "Residual Profit Split", vgl. US Treasury Regulation § 1.482–6.

869 Zu der Auslegung der einzelnen Methoden im Schrifttum vgl. *Engler*, in: Vögele/Borstell/Engler, Verrechnungspreise, 2011, Kapitel N, Rz. 540; *Jacobs*, Internationale Unternehmensbesteuerung 2011, S. 595 ff.; *Kaminski*, in: Strunk/Kaminski/Köhler, Außensteuergesetz, Doppelbesteuerungsabkommen, § 1 AStG, Rz. 595; *Baumhoff*, in: Mössner, Steuerrecht international tätiger Unternehmen, 2012, Rz. 3.226; *Greinert*, in: Wassermeyer/Baumhoff, Verrechnungspreise international verbundener Unternehmen, 2012, Rz. 5.48 ff. In diesem Zusammenhang fällt zum Beispiel auf, dass keine Einigkeit darüber zu herrschen scheint, ob die in den OECD-Verrechnungspreisrichtlinien genannte „Contribution Analysis" dem in den US Treasury Regulations genannten „Comparable Profit Split" entspricht (dafür *Vögele/Raab/Diessner*, in: Vögele/Borstell/Engler, Verrechnungspreise, 2011, Kapitel D, Rz. 318, Fn. 256 und Rz. 351 ff.), oder ob es sich hierbei um zwei verschiedene Methoden handelt (dafür *Jacobs/Endres/Spengel*, in: Jacobs, Internationale Unternehmensbesteuerung, 2011, S. 595 f.; *Baumhoff*, in: Mössner, Steuerrecht international tätiger Unternehmen, Tz. 3.226).

870 Vgl. *Greinert*, in: Wassermeyer/Baumhoff, Verrechnungspreise international verbundener Unternehmen, 2014, Rz. 5.135.

Die vorstehend dargestellten Risiken bei Anwendung der geschäftsvorfallbezogenen Gewinnaufteilungsmethode sind den externen steuerlichen Risiken in der Ausprägung der „Rechtsbeurteilungsrisiken" zuzuordnen, sofern die Beanstandung der Finanzverwaltung auf einer abweichenden Interpretation der gesetzlichen Grundlagen der geschäftsvorfallbezogenen Gewinnaufteilungsmethode beruht. Sind die Beanstandungen indessen auf Fehler in der Rechtsanwendung zurückzuführen (z. B. fehlende Herausrechnung von Sondereffekten), sind die Risiken den internen Steuerrisiken in der Ausprägung der „Rechtsanwendungsrisiken" zuzuordnen.

2.2.4.4.3 Erhöhte Anforderungen an die Angemessenheitsdokumentation bei Anwendung der geschäftsvorfallbezogenen Gewinnaufteilungsmethode

Die nationalen Finanzbehörden stehen bei Anwendung der geschäftsvorfallbezogenen Gewinnaufteilungsmethode vor der Herausforderung, dass ihre Ermittlungsmöglichkeiten auf die in ihrem Hoheitsgebiet ansässigen Konzerngesellschaften beschränkt sind. In diesem Zusammenhang erweist sich als problematisch, dass die Daten der lokalen Konzerngesellschaften, welche die Finanzverwaltung mit den ihr zur Verfügung stehenden Instrumenten prüfen kann,[871] nicht ausreichen, um die Angemessenheit der gesamten Gewinnaufteilung im Konzern auf Basis der geschäftsvorfallbezogenen Gewinnaufteilungsmethode beurteilen zu können. Vor diesem Hintergrund sind die Finanzbehörden bei Anwendung der geschäftsvorfallbezogenen Gewinnaufteilungsmethode – mehr noch als bei den einseitigen Verrechnungspreismethoden – auf die Vorlage einer umfangreichen Dokumentation angewiesen, welche Angaben zu der Ermittlung und Aggregation des Gesamtgewinns sowie der anschließenden Aufteilung auf die einzelnen Konzerngesellschaften enthält.[872] Fehlt es an den entsprechenden Angaben, ist es der Finanzverwaltung nicht möglich, die Angemessenheit des Gewinnanteils zu überprüfen, der den von ihr geprüften lokalen Konzerngesellschaften zugewiesen wurde.

Die Verrechnungspreispraxis zeigt dementsprechend, dass die Finanzverwaltung bei Anwendung der geschäftsvorfallbezogenen Gewinnaufteilungsmethode erhöhte Anforderungen an die Dokumentation der Angemessenheit der Verrechnungspreise stellt. Sollte es ihr auf Basis der vorgelegten Aufzeichnungen nicht möglich sein, die Ermittlung des aufgeteilten Gesamtgewinns sowie dessen Schlüsselung auf die einzelnen Konzerngesellschaften nachzuvollziehen, besteht mithin ein erhöhtes

871 In diesem Zusammenhang ist insbesondere der elektronische Zugriff auf die Buchführung der Unternehmen nach § 147 Abs. 6 AO zu nennen. Einzelheiten sind in den „Grundsätzen zum Datenzugriff und zur Prüfbarkeit digitaler Unterlagen" (GDPdU) geregelt, vgl. BMF v. 16.7.2001, BStBl. I 2001, S. 415, zuletzt geändert durch BMF-Schreiben v. 14.9.2012, BStBl. I 2012, S. 930.

872 Vgl. dazu BMF v. 12.4.2005, BStBl. I 2005, S. 570, Tz. 3.3.3. Vgl. auch *Greinert*, in: Wassermeyer/Baumhoff, Verrechnungspreise international verbundener Unternehmen, 2014, Rz. 5.135.

Risiko, dass die Finanzverwaltung die Aufzeichnungen als im Wesentlichen unverwertbar qualifiziert und gem. § 162 Abs. 3 AO eine Schätzung vornimmt.[873] So weisen auch der Finanzverwaltung nahe stehende Stimmen darauf hin, dass Konzerne bei Anwendung der geschäftsvorfallbezogenen Gewinnaufteilungsmethode in ihrem eigenen Interesse ihre Gewinnerwartungen in absoluter Höhe, die vereinbarten Gewinnaufteilungsquoten sowie die Fremdvergleichskonformität der Gewinnaufteilungsquoten durch betriebswirtschaftlich fundierte Dokumentationen belegen sollen, *„damit sie in einer späteren Betriebsprüfung nicht mit dem Vorwurf konfrontiert werden können, daß sie den Gewinn willkürlich aufgeteilt hätten“*[874].

Das vorstehend dargestellte Risiko einer Beanstandung der Verrechnungspreisdokumentation bei Anwendung der geschäftsvorfallbezogenen Gewinnaufteilungsmethode stellt eine Ausprägung der in Abschnitt E.III.2.1 erläuterten dokumentationsbezogenen Risiken dar. Die entsprechenden Risiken sind den internen steuerlichen Risiken in der Form der Rechtsanwendungsrisiken zuzuordnen, falls die gesetzlichen Grundlagen (insbesondere § 90 Abs. 3 AO sowie die GAufzV) seitens der verantwortlichen Mitarbeiter der Steuerabteilung hinsichtlich der Dokumentation der geschäftsvorfallbezogenen Gewinnaufteilungsmethode falsch angewendet wurden.[875] Sollte die Verrechnungspreisdokumentation demgegenüber beanstandet werden, da unterschiedliche Auffassungen hinsichtlich der Auslegung eines unbestimmten Rechtsbegriffs bestehen, sind die Risiken den externen steuerlichen Risiken in der Form der Rechtsbeurteilungsrisiken zuzuordnen.[876]

2.3 Risiken im Zusammenhang mit der Forderung von Markenlizenzen durch die Betriebsprüfung

2.3.1 Vorbemerkung

Fragen der Verrechnung von Lizenzgebühren für die Überlassung von Markenrechten im Konzern bilden in jüngster Zeit einen zunehmenden Schwerpunkt in steuerlichen Betriebsprüfungen.[877] Da es sich bei der Überlassung von Markenrechten um Dauersachverhalte handelt, können die in Rede stehenden Einkünftekorrekturen mitunter beträchtliche Ausmaße annehmen. Die verstärkten Aufgriffe der entsprechenden Sachverhalte in Betriebsprüfungen sind auf die Tatsache zurückzuführen, dass die Finanzverwaltungen weltweit erkannt haben, dass immateriellen Wirtschaftsgütern eine gestiegene Bedeutung als Werttreiber im Unternehmen

---

873 Vgl. dazu Abschnitt E.III.2.1.2.1; *Kurzewitz*, Wahl einer geeigneten Verrechnungspreismethode zur Verringerung von Doppelbesteuerungsproblemen, 2009, S. 66 f.

874 *Kuckhoff/Schreiber*, Verrechnungspreise in der Betriebsprüfung, 1997, S. 57 f.

875 Vgl. allgemein Abschnitt D.I.3.

876 Vgl. allgemein Abschnitt D.I.2.

877 Vgl. dazu etwa *Baumhoff*, in: Mössner, Steuerrecht international tätiger Unternehmen, 2012, Rz. 3.290.

zukommt.[878] Dies trifft in besonderem Maße auf Marken zu, die dazu geeignet sind, Kunden langfristig an das Unternehmen zu binden und eine erhöhte Zahlungsbereitschaft zu wecken.[879]

Einen der Prüfungsschwerpunkte der deutschen Finanzverwaltung im Bereich der Überlassung von Markenrechten stellt die Verwendung firmennamensgleicher Marken durch Konzerngesellschaften dar. Die steuerlichen Risiken, die sich in diesem Zusammenhang ergeben können, werden nachfolgend im Einzelnen dargestellt.

2.3.2 Verrechnung von Markenlizenzen bei der Verwendung firmennamensgleicher Marken

2.3.2.1 Unterscheidung von Firma und Marke

In international tätigen Konzernen ist es üblich, dass einzelne Landesgesellschaften – neben funktionsspezifischen Zusätzen[880] – unter dem Namen firmieren, mit dem der Konzern nach außen am Markt auftritt (sog. Konzernname). In dem BMF-Schreiben v. 23.2.1983 vertritt die Finanzverwaltung hierzu unter Verweis auf den sog. Rückhalt im Konzern[881] die Auffassung, dass die Zahlung eines Entgelts für das Recht, den Konzernnamen führen zu können, grundsätzlich abzulehnen ist.[882] Diese Wertung beruht auf der Ansicht, dass die Verleihung des Firmennamens Aufgabe des Gründers ist und daher als „Grundausstattung" der neu gegründeten Gesellschaft anzusehen ist.[883] Der Anteilseigner wendet der Gesellschaft den Firmennamen mithin nicht auf schuldrechtlicher, sondern auf gesellschaftsrechtlicher Grundlage zu.[884]

Es war lange Zeit umstritten, ob eine Verrechenbarkeit auch für den Fall zu verneinen ist, dass der Konzernname, unter dem die Konzerngesellschaften firmieren, mit einem eingetragenen Warenzeichen, unter dem die Produkte oder Dienstleistungen

---

878 Vgl. *Lagarden*, ITPJ 2012, S. 247; *Greinert*, in: Wassermeyer/Baumhoff, Verrechnungspreise international verbundener Unternehmen, 2014, Rz. 6.547.

879 Vgl. dazu *Esch*, Strategie und Technik der Markenführung, 2012, S. 1 ff.

880 Üblich sind Zusätze, die auf die Funktion der jeweiligen Konzerngesellschaft hinweisen (z. B. „XYZ Vertriebs GmbH" oder „XYZ Produktions GmbH").

881 Zum Begriff vgl. *Ditz*, in: Wassermeyer/Baumhoff, Verrechnungspreise international verbundener Unternehmen, 2014, Rz. 6.485. Demnach sind unter dem „Rückhalt im Konzern" die passiven Konzerneffekte zu verstehen, d. h. alle Vorteile der Konzerngesellschaften, „*die sich bei völliger Passivität der Konzernleitung allein aus der Zugehörigkeit in Gestalt der rechtlichen, finanziellen und wirtschaftlichen Eingliederung in den Unternehmens ergeben*".

882 Vgl. BMF v. 23.2.1983, BStBl. I 1983, S. 218, Tz. 6.3.2., 1. Spiegelstrich.

883 So *Baumhoff*, in: Mössner, Steuerrecht international tätiger Unternehmens, 2012, Rz. 3.291.

884 Vgl. dazu *Greinert*, in: Wassermeyer/Baumhoff, Verrechnungspreise international verbundener Unternehmen, 2014, Rz. 6.563; FG Rheinland-Pfalz v. 14.2.1998, DStRE 1999, S. 597.

des Konzerns vertrieben werden (sog. „Konzernmarke"), übereinstimmt.[885] Ein entsprechender Fall aus der Automobilzuliefererbranche wurde im Jahr 1998 von dem FG Rheinland-Pfalz entschieden.[886] Der Fall betraf eine deutsche Konzerngesellschaft, die im Bereich der Herstellung und des Vertriebs von Bremsen und Bremsenteilen tätig war. Die Gesellschaft hatte einen Lizenzvertrag mit einer ausländischen Konzerngesellschaft geschlossen, in dem ihr ein einfaches Recht zur Benutzung des Konzernnamens und des Firmenlogos als Warenzeichen für die von ihr verkauften oder zum Verkauf angebotenen Produkte eingeräumt wurde.[887] Die Lizenzgebühr betrug 1,5 % des aus dem Vertrieb der Bremsen und Bremsenteile erzielten Umsatzes. Im Rahmen einer Betriebsprüfung vertrat die deutsche Finanzverwaltung die Auffassung, dass die Überlassung des Konzernnamens an die deutsche Konzerngesellschaft ihren Ursprung in der gesellschaftsrechtlichen Verflechtung der beteiligten Gesellschaften habe. Vor diesem Hintergrund nahm die deutsche Finanzverwaltung in dem geschilderten Outbound-Fall verdeckte Gewinnausschüttungen in Höhe der an die ausländische Konzernmuttergesellschaft geleisteten Lizenzzahlungen an.[888]

In seinem Urteil v. 14.2.1998 bestätigte das FG Rheinland-Pfalz die Auffassung der Finanzverwaltung. Nach Ansicht des Gerichts war die Finanzverwaltung unter Bezugnahme auf das BMF-Schreiben v. 23.2.1983 *„zu Recht davon ausgegangen, daß eine Muttergesellschaft Entgelte zu Lasten der Tochtergesellschaft für den sog. Rückhalt im Konzern nicht verlangen kann"*.[889] Das FG Rheinland-Pfalz vertrat insoweit die Auffassung, dass die *„Grundsätze über den Rückhalt im Konzern [...] im Streitfall Vorrang vor der warenzeichenmäßigen Bedeutung"* hätten. Das FG stellte weiter klar, dass eine gezahlte Lizenz allenfalls dann als lizenzfähig gelte, *„wenn und soweit die Firmenbezeichnung ihrer wirtschaftlichen Bedeutung nach hinter dem Warenzeichen zurücktritt*[890]*"*.

Mit seiner Revisionsentscheidung v. 9.8.2000 hat der BFH die Vorentscheidung aufgehoben und an das FG Rheinland-Pfalz zurückgewiesen.[891] In seinem Urteil kam der BFH zu dem Schluss, dass eine Lizenzgebühr für die Überlassung der konzernnamensgleichen Marke zu verrechnen sei. Im Kern führte der BFH dazu aus, dass es

> *„galt und gilt, Markenrechte als Produkt identifizierende Kennzeichnungen einerseits und Unternehmensbezeichnungen als besondere Bezeichnungen eines Geschäftsbetriebes andererseits [...] strikt auseinander zu halten. Beiden kommen verschiedene Inhalte zu;*

---

885 Vgl. *Greinert*, in: Wassermeyer/Baumhoff, Verrechnungspreise international verbundener Unternehmen, 2014, Rz. 6.564.

886 Vgl. FG Rheinland-Pfalz v. 14.2.1998, DStRE 1999, S. 597.

887 Vgl. FG Rheinland-Pfalz v. 14.2.1998, DStRE 1999, S. 597.

888 Vgl. FG Rheinland-Pfalz v. 14.2.1998, DStRE 1999, S. 597.

889 FG Rheinland-Pfalz v. 14.2.1998, DStRE 1999, S. 597.

890 FG Rheinland-Pfalz v. 14.2.1998, DStRE 1999, S. 598 mit Verweis auf *Dahnke*, IStR 1993, S. 272.

891 Vgl. BFH v. 9.8.2000, BStBl. II 2001, S. 140; bestätigt durch FG München v. 28.11.2006, Beck RS 2006, 26022354.

beide sind grundsätzlich unabhängig voneinander verwendbar und mit entsprechenden Schutzrechten ausgestattet"[892].

Eine Verrechnung eines Entgelts für die Überlassung eines Markenrechts soll nach Auffassung des BFH dann erfolgen, wenn der Marke ein eigenständiger Wert zukommt. Dies ist der Fall, wenn *„die mit der Einräumung verbundenen besonderen und marktfähigen Schutzrechte geeignet sind, zur Absatzförderung beizutragen*"[893]. Ob es tatsächlich zu einer Absatzsteigerung gekommen ist, ist nach Auffassung des BFH unbeachtlich; abzustellen ist insoweit allein auf die Eignung, zu einer Absatzsteigerung beitragen zu können.

Das FG München hat in seinem (rechtskräftigen) Urteil v. 28.11.2006 in einem ähnlich gelagerten Fall im Einklang mit dem BFH entschieden, dass es darauf ankommt

„ob das Entgelt, der Tochtergesellschaft für die Einräumung des Firmennamens oder für die Einräumung des Nutzungsrechts an dem Markennamen aufgewendet wird. Im letzteren Fall besteht prinzipiell keine Veranlassung, die Entgeltlichkeit der Einräumung und damit auch die Verrechenbarkeit der geleisteten Zahlungen im Konzernverbund steuerrechtlich nicht zu berücksichtigen"[894].

Aufgrund der eindeutigen Rechtsprechung des BFH und des FG München kann die einstmals streitige Frage nach der Verrechenbarkeit firmennamensgleicher Marken mittlerweile als geklärt angesehen werden.[895]

In dem Revised Discussion Draft on Transfer Pricing Aspects of Intangibles der OECD v. 30.7.2013 wird die Auffassung vertreten, dass die reine Nutzung des Konzernnamens (*group name*) nicht vergütungspflichtig ist.[896] Eine Vergütung soll jedoch dann in Frage kommen, wenn die Nutzung des Namens, der einer Marke entspricht, einen Vorteil (*financial benefit*) auf Ebene der nutzenden Konzerngesellschaft generiert. Bei der Bemessung einer angemessenen Nutzungsgebühr soll dabei die Höhe des Vorteils, die Kosten und der Nutzen möglicher Alternativen sowie der Beitrag der beteiligten Konzerngesellschaft zu dem Wert der Marke berücksichtigt werden. Insoweit besteht eine weitgehende Übereinstimmung zu der vorstehend dargestellten Rechtslage aus deutscher Sicht.

892 BFH v. 9.8.2000, BStBl. II 2001, S. 140.

893 BFH v. 9.8.2000, BStBl. II 2001, S. 140.

894 FG München v. 28.11.2006, Beck RS 2006, 26022354.

895 *Greinert* spricht insoweit von einer *„nunmehr geklärten Rechtslage*", vgl. *Greinert*, in: Wassermeyer/Baumhoff, Verrechnungspreise international verbundener Unternehmen, Rz. 7.18.

896 OECD Revised Discussion Draft on Transfer Pricing Aspects of Intangibles v. 30.7.2013.

2.3.2.2 Risiken aufgrund der verstärkten Prüfung von Markenüberlassungen

Die deutsche Finanzverwaltung hat die Rechtsprechung zu der Verrechenbarkeit firmennamensgleicher Marken[897] zum Anlass genommen, die steuerliche Behandlung entsprechender Sachverhalte einer konsequenten Überprüfung zu unterziehen. Die verstärkten Prüfungsbemühungen haben dazu geführt, dass deutsche Konzernobergesellschaften in Betriebsprüfungen vermehrt mit der Forderung nach der Verrechnung eines Entgelts für die Überlassung von Markenrechten an ausländische Konzerngesellschaften konfrontiert werden. Aufgrund der verstärkten Prüfungsintensität und der dadurch gesteigerten Aufgriffshäufigkeit stellt die Frage der Entgeltfähigkeit firmennamensgleicher Marken daher mittlerweile eine wesentliche Quelle steuerlicher Verrechnungspreisrisiken dar.[898] Die entsprechenden Risiken sind von erheblicher praktischer Bedeutung, da die Forderung von Markenlizenzen durch die Betriebsprüfung zu einer empfindlichen Steuer- und Zinsbelastung führen kann. Die potentiellen Auswirkungen einer Korrektur soll das folgende Beispiel verdeutlichen:

Beispiel:

Im Rahmen einer im Jahr 2012 durchgeführten Betriebsprüfung bei einer deutschen Konzernobergesellschaft für die Veranlagungszeiträume 2002 bis 2004 geht die Finanzverwaltung von einer entgeltlichen Nutzungsüberlassung der Marke „X" an zehn ausländische Konzerngesellschaften aus. Sämtliche Konzerngesellschaften haben im Prüfungszeitraum Produkte unter der Marke „X" hergestellt und in ihrem jeweiligen Vertriebsgebiet vertrieben. Der Umsatz der ausländischen Konzerngesellschaften aus dem Vertrieb der Produkte hat in den drei Jahren des Betriebsprüfungszeitraums durchschnittlich je 6 Mio. Euro p.a. betragen. Die Betriebsprüfung fordert eine Markenlizenz i.H.v. 1,25 % des von den ausländischen Konzerngesellschaften erzielten Umsatzes. Sie stützt ihre Einkünftekorrektur auf § 1 Abs. 1 AStG.[899]

897 Vgl. BFH v. 9.8.2000, BStBl. II 2001, S. 140.

898 In diesem Zusammenhang ist zu beachten, dass Tz. 6.3.2. des BMF-Schreibens v. 23.2.1983 – welches die Finanzverwaltung bindet – bislang nicht an die Rechtsprechung des BFH angepasst wurde. Dies erstaunt insofern, als Tz. 6.3.2. – jedenfalls in Fällen, in denen der Konzernname mit einer Konzernmarke übereinstimmt – im Widerspruch zu der Rechtsprechung des BFH (Urteil v. 9.8.2000, BStBl. II 2001, S. 140) steht.

899 Den Wertmaßstab der Korrektur nach § 1 Abs. 1 AStG bildet der Fremdvergleichspreis, d. h. der Lizenzsatz, den fremde Dritte unter vergleichbaren Umständen für die Überlassung einer vergleichbaren Marke angesetzt hätten (im Beispielsfall annahmegemäß 1,25 %). Eine Korrektur auf der Grundlage einer verdeckten Einlage (§ 8 Abs. 3 Satz 3 KStG) scheidet aus, da der gewährte Vermögensvorteil in einer unentgeltlichen Nutzungsüberlassung besteht, vgl. dazu Abschnitt B.II.2.3.

Lösung:

Die Nachforderung von Lizenzzahlungen durch die Finanzverwaltung führt zu einer außerbilanziellen Korrektur auf Ebene der deutschen Konzernobergesellschaft in Höhe von 2,25 Mio. Euro.[900] Der Betrag unterliegt der Körperschaftsteuer (zzgl. SolZ) sowie der Gewerbesteuer. Sofern die Steuerfestsetzung Ende des Jahres 2012 erfolgt, werden zusätzlich Nachzahlungszinsen fällig.[901] Die Nachzahlungszinsen sind gem. § 10 Nr. 2 KStG steuerlich nicht abzugsfähig und müssen aus dem versteuerten Einkommen der Konzernobergesellschaft erbracht werden.[902]

Sofern ein beteiligter ausländischer Fiskus die Verrechenbarkeit der Markenüberlassung abweichend von dem deutschen Fiskus beurteilt – z. B. da die überlassene Marke „X" nach seiner Auffassung nicht werthaltig ist – und den Betriebsausgabenabzug verwehrt, kommt es zu einer Doppelbesteuerung der entsprechenden Einkünfte. Entsprechendes gilt, falls ein ausländischer Fiskus von einer abweichenden (niedrigeren) Lizenzgebühr ausgeht. Zur Beseitigung der Doppelbesteuerung ist es erforderlich, ein Verständigungsverfahren i.S.v. Art. 25 OECD-MA oder – sofern die betreffende Konzerngesellschaft in der Europäischen Union ansässig sind – ein EU-Schiedsverfahren[903] zu beantragen.

2.3.2.3 Einordnung der Risiken

Die vorstehend dargestellten Risiken einer Forderung von Markenlizenzen durch die Betriebsprüfung sind den externen Steuerrisiken in der Ausprägung der sog. Rechtsbeurteilungsrisiken zuzuordnen. Die entsprechenden Risiken beruhen auf einer abweichenden Beurteilung eines Sachverhalts durch die Finanzverwaltung.[904] Im Bereich der Markenüberlassung kann sich eine abweichende Beurteilung durch die Finanzverwaltung sowohl auf die Frage der Verrechnung einer Lizenzgebühr dem Grunde nach als auch der Höhe nach beziehen.

Im Einzelnen lassen sich dabei die folgenden Streitpunkte identifizieren:

- **Schutz der Marke:** Die Verrechnung eines Entgelts dem Grunde nach setzt zunächst voraus, dass die überlassene Marke hinreichend markenrechtlich

900 Vgl. *Hofacker,* in: Haase, Außensteuergesetz/Doppelbesteuerungsabkommen, § 1 AStG Rz. 352; *Wassermeyer,* IStR 2001, S. 635.

901 Vgl. § 233a AO i.V.m. § 238 AO. Es wurde vereinfachend von einer Gesamtsteuerbelastung (Körperschaftsteuer zzgl. SolZ und Gewerbesteuer) in den Jahren 2002, 2003 und 2004 in Höhe von 39 % ausgegangen.

902 Die Nachzahlungszinsen sind seit dem 1.1.1999 gem. § 10 Nr. 2 KStG steuerlich nicht mehr abziehbar. Die Änderung erfolgte durch das Steuerentlastungsgesetz v. 24.3.1999, BStBl. I 1999, S. 402, Art. 5 Nr. 2.

903 Übereinkommen über die Beseitigung der Doppelbesteuerung im Falle von Gewinnberichtigungen zwischen verbundenen Unternehmen v. 23.7.1990, Nr. 90/436/EWG, ABl. EG L 225 v. 20.8.1990, S. 10 ff.

904 Zu den Rechtsbeurteilungsrisiken vgl. Abschnitt D.I.2.

geschützt ist.[905] Entsprechend führt das FG München in seinem Urteil v. 28.11.2006 aus, dass *„ein ordentlicher und gewissenhafter Geschäftsleiter [...] keine Verpflichtung zur Zahlung einer Lizenzgebühr für ein Markenzeichen eingegangen [wäre], das bei Abschluss des Lizenzvertrages nicht durch einen Eintrag im deutschen Markenregister geschützt gewesen ist*"[906]. Ist die streitgegenständliche Marke folglich nicht in die zuständigen Register eingetragen, scheidet die Verrechnung eines Entgelts grundsätzlich aus.[907] In diesem Zusammenhang ist jedoch zu beachten, dass sich ein Markenschutz nach § 4 Nr. 2 und 3 MarkenG ggf. auch aufgrund einer Verkehrsgeltung oder einer notorischen Bekanntheit der Marke ergeben kann.[908] Ob ein entsprechender Markenschutz gem. § 4 MarkenG vorliegt – und damit eine Verrechenbarkeit dem Grunde erfolgen kann – ist häufig Gegenstand von Diskussionen in Betriebsprüfungen.

- **Werthaltigkeit der Marke:** Die Verrechnung eines Entgelts für die Überlassung einer Marke „dem Grunde nach" setzt nach Auffassung des BFH weiterhin voraus, dass die Marke geeignet ist, zur Absatzförderung beizutragen.[909] Diese Erkenntnis beruht auf dem Umstand, dass ein fremder Dritter nur dann bereit wäre, ein Entgelt für die Markenüberlassung aufzuwenden, wenn die Nutzungsüberlassung mit konkreten Vorteilen für ihn verbunden ist. Zu beachten ist dabei, dass es nicht auf tatsächlich realisierte, sondern erwartete Vorteile ankommt (sog. „*ex ante*"-Betrachtung).[910] Ob eine Marke im Zeitpunkt der erstmaligen Überlassung eine entsprechende Eignung aufgewiesen hat, ist aufgrund des insoweit gegebenen „Auslegungsspielraums" häufig Gegenstand von Diskussionen in Betriebsprüfungen. Da die Betriebsprüfungen in der Regel mit einem erheblichen Zeitversatz stattfinden, erweist es sich bei einer positiven Umsatzentwicklung des Lizenznehmers oftmals als schwierig, „rückblickend" zu belegen, dass die überlassene Marke im Zeitpunkt der erstmaligen Überlassung keine entsprechende Eignung aufgewiesen hat.[911] Zudem ist zu beachten, dass eine positive Umsatzentwicklung nicht ausschließlich auf eine Marke, sondern auch auf zahlreiche andere Faktoren (gesamtwirtschaftliche Entwicklung, Wettbewerb, Vertriebsbemühungen etc.) zurückzuführen sein kann.[912]

---

905 *Greinert*, in: Wassermeyer/Baumhoff, Verrechnungspreise international verbundener Unternehmen, 2014, Rz. 6.565.

906 FG München v. 28.11.2006, Beck RS 2006, 26022354.

907 Vgl. dazu auch *Böcker*, StBp 1991, S. 76.

908 Vgl. *Greinert*, in: Wassermeyer/Baumhoff, Verrechnungspreise international verbundener Unternehmen, 2012, Rz. 6.565 mit Verweis auf § 4 MarkenG.

909 BFH v. 9.8.2000, BStBl. II 2001, S. 140.

910 Vgl. *Baumhoff*, in: Mössner, Steuerrecht international tätiger Unternehmens, 2012, Rz. 3.292.

911 Vgl. zu dieser Thematik der *timing issues* auch Tz. 3.74 und Tz. 2.128 OECD-Verrechnungspreisrichtlinien.

912 Vgl. insoweit die vergleichbare Diskussion zu der Einschränkung einer Funktion im Anschluss an eine Funktionsverdoppelung nach § 1 Abs. 6 FVerlV. Insoweit

- **Überlassung an Vertriebsgesellschaften:** Sofern es sich bei den ausländischen Konzerngesellschaften um Vertriebsgesellschaften handelt, ist oftmals streitig, ob die Überlassung der Marke nicht bereits mit den Lieferverrechnungspreisen abgegolten ist. *Baumhoff* weist insoweit darauf hin, dass bereits die Methodik der – nach Auffassung des BFH in diesem Fall „regelmäßig“[913] anzuwendenden – Wiederverkaufspreismethode die Vergütung für die Inhaberschaft der Marke angemessen berücksichtige.[914] Der Verrechnung eines zusätzlichen Entgelts stehe in diesem Fall das „Verbot der Doppelverrechnung“ entgegen.[915] So hat auch das FG München in seinem Urteil v. 28.11.2006 entschieden, dass das *„Markenprodukt [...] einen Kaufpreis [hat], mit dem auch anteilig die entsprechende Marke mit abgegolten ist. Ein fremder Dritter würde bei einem solchen Kauf nicht gesondert neben der Bezahlung des Kaufpreises an den Verkäufer noch eine zusätzliche Lizenzgebühr an eine am direkten Kauf beteiligte Firma zahlen“*[916]. Die Finanzverwaltung vertritt in den entsprechenden Fällen demgegenüber häufig die Auffassung, dass ein separates Entgelt für die Nutzung des immateriellen Wirtschaftsguts durch die Konzerngesellschaft zu entrichten sei. Dabei wird oftmals argumentiert, dass die Wiederverkaufspreismethode lediglich auf die Verhältnisse der Vertriebsgesellschaft abstelle, indem dieser eine Handelsspanne zugewiesen werde, welche die Vertriebskosten zuzüglich eines angemessenen Gewinnelementes berücksichtige. Die Nutzung der Marke sei damit nicht abgegolten, so dass ein separates Entgelt zu verrechnen sei.
- **Schaffung und Erhalt der Marke:** Maßgeblichen Einfluss auf die Verrechnung einer Lizenzgebühr der Höhe nach hat nach Auffassung des BFH die Frage, wer zu der Schaffung des Wertes der Marke beigetragen hat und die fortlaufenden Aufwendungen für den Erhalt und die Pflege der Marke trägt.[917] In diesem Zusammenhang ist es beispielsweise denkbar, dass eine Marke, die im Zeitpunkt der Überlassung noch relativ jung war, maßgeblich von einer ausländischen Konzerngesellschaft aufgebaut wurde. In diesem Fall kann der Lizenzgeber allenfalls eine

---

erkennt die Finanzverwaltung explizit an, dass zwischen verschiedenen Einflussfaktoren eines Umsatzrückgangs zu unterscheiden ist, vgl. BMF v. 13.10.2010, BStBl. I 2010, S. 774, Tz. 46.

913 BFH v. 17.10.2001, BStBl. II 2004, S. 171.

914 Vgl. *Baumhoff*, in: Mössner, Steuerrecht international tätiger Unternehmens, 2012, Rz. 3.290.

915 Vgl. insoweit auch BMF v. 23.2.1983, BStBl. I 1983, S. 218, Tz. 5.1.2., wonach die Verrechnung von Nutzungsentgelten steuerlich nicht anzuerkennen ist, wenn die Nutzungsüberlassung im Zusammenhang mit Lieferungen oder Leistungen steht, bei denen unter Fremden die Überlassung der immateriellen Wirtschaftsgüter im Preis der Lieferung oder Leistung abgegolten ist.

916 FG München v. 28.11.2006, Beck RS 2006, 26022354.

917 BFH v. 9.8.2000, BStBl. II 2001, S. 140.

geringe Lizenzgebühr verlangen.[918] In Betriebsprüfungen erweist es sich in diesem Zusammenhang häufig als schwierig, nachzuweisen, welche Konzerngesellschaft mit welchen Mitteln zu dem Wert einer Marke beigetragen hat.

Wie die vorstehende Darstellung zeigt, bestehen ungeachtet der mittlerweile durch den BFH geklärten Frage nach der Verrechenbarkeit firmennamensgleicher Marken[919] zahlreiche Einzelfragen, die die Grundlage der o.g. externen Rechtsbeurteilungsrisiken bilden.

3. Zwischenergebnis

Die Grundlage des Prozessschritts der Risikoidentifikation bildet die Erkenntnis, dass sämtliche grenzüberschreitenden Austauschprozesse zwischen einzelnen Konzerngesellschaften Quellen steuerlicher Verrechnungspreisrisiken darstellen können. Die Risikoidentifikation darf sich daher nicht nur auf Transaktionen beziehen, die bekannt sind und – ggf. auf Basis eines Vertrages – tatsächlich abgerechnet werden. Vielmehr sollten auch Transaktionen einbezogen werden, die ggf. durch operative Abteilungen nicht als verrechenbar qualifiziert wurden.

Die Darstellung ausgewählter Verrechnungspreisrisiken im vorangehenden Abschnitt zeigt in diesem Zusammenhang, dass steuerliche Verrechnungspreisrisiken sowohl im Rahmen der Verrechnungspreisermittlung und -dokumentation als auch bei der laufenden Abrechnung des Liefer- und Leistungsverkehrs auftreten können. Bei den dargestellten wesentlichen typischen Risiken handelt es sich insoweit um

- Risiken aufgrund von **Formalmängeln** der Verrechnungspreisdokumentation,
- Risiken aufgrund einer **fehlenden Koordinierung** der landesspezifischen Verrechnungspreisdokumentationen,
- Risiken aufgrund einer fehlenden Abstimmung der Verrechnungspreise mit dem **Funktions- und Risikoprofil** der beteiligten Konzerngesellschaften,
- Risiken aufgrund von **Anlaufverlusten** von Konzernvertriebsgesellschaften,
- Risiken bei der Anwendung **gewinnorientierter Verrechnungspreismethoden**,
- Risiken aufgrund der **Forderung von Markenlizenzen** durch die Betriebsprüfung.

In methodischer Hinsicht sollte die Identifikation der o.g. steuerlichen Verrechnungspreisrisiken unter Einbeziehung der Mitarbeiter der Steuerabteilung der Obergesellschaft sowie der einzelnen lokalen Konzerngesellschaften in einem systematischen Prozess erfolgen. Es eignen sich hierzu Checklisten, Workshops oder

918 So *Greinert*, in: Wassermeyer/Baumhoff, Verrechnungspreise international verbundener Unternehmen, 2014, Rz. 6.565 m.w.N.

919 *Greinert* spricht insoweit von einer *„nunmehr geklärten Rechtslage"*, vgl. *Greinert*, in: Wassermeyer/Baumhoff, Verrechnungspreise international verbundener Unternehmen, 2014, Rz. 6.565.

Interviews zur Identifikation der Verrechnungspreisrisiken. Die Zusammenarbeit der einzelnen lokalen Steuerabteilungen bei der Risikoidentifikation ist insofern unerlässlich, als Verrechnungspreissachverhalte stets mehrere Fisci betreffen. Eine „isolierte" Betrachtung der steuerlichen Verrechnungspreisrisiken hätte zur Folge, dass die Risiken nicht zutreffend eingeschätzt oder vernachlässigt werden.

Das Ziel der Risikoidentifikation bildet ein konzernübergreifendes steuerliches „Risikoinventar"[920]. In das Risikoinventar sind die steuerlichen Verrechnungspreisrisiken ungeachtet ihrer potentiellen Auswirkungen aufzunehmen. Nachfolgend wird dargestellt, wie die einzelnen „inventarisierten" steuerlichen Verrechnungspreisrisiken in einem nächsten Schritt einer Bewertung zugeführt werden können. Der Prozessschritt der Bewertung der Verrechnungspreisrisiken bildet die Grundlage für die anschließende Entscheidung über den Einsatz der Instrumente zur Risikosteuerung.

IV. Prozessschritt der Bewertung steuerlicher Verrechnungspreisrisiken

1. Einordnung des Prozessschritts

Der Prozessschritt der Risikobewertung lässt sich wie folgt in das steuerliche Verrechnungspreisrisikomanagement einordnen:

Abbildung 11: Prozessschritt der Bewertung von Verrechnungspreisrisiken.

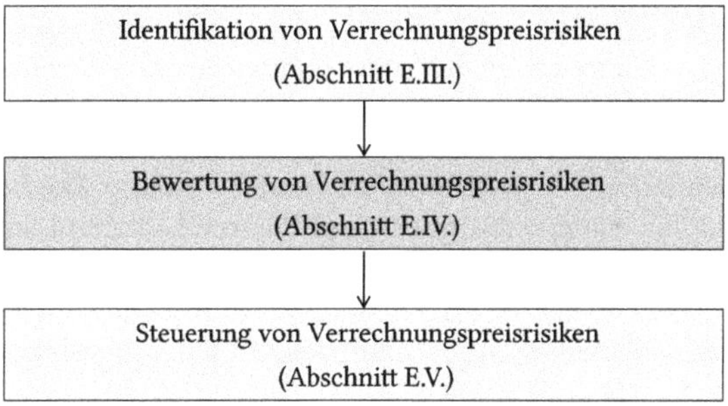

2. Auswirkungen steuerlicher Verrechnungspreisrisiken

2.1 Erfordernis der Berücksichtigung sämtlicher Auswirkungen

Im Rahmen des Prozessschritts der Risikobewertung ist zu beachten, dass steuerliche Verrechnungspreisrisiken vielfältige Auswirkungen haben können, die über die Festsetzung von Steuernachzahlungen infolge von Einkünftekorrekturen

---

920 In Anlehnung an *Lück*, DB 1998, S. 1927.

hinausreichen. Die Bewertung der Risiken und die anschließende Entscheidung über den Einsatz von Instrumenten zur Risikosteuerung sollte daher stets die Gesamtheit der Auswirkungen der steuerlichen Verrechnungspreisrisiken zur Grundlage haben. Andernfalls besteht die Gefahr, dass ein fehlgeleiteter Einsatz der Instrumente zur Risikosteuerung dergestalt erfolgt, dass Risiken bewältigt werden, deren Auswirkungen zu vernachlässigen sind und zugleich Risiken ignoriert werden, die erhebliche – ggf. nicht-monetäre – Auswirkungen auf das Unternehmen haben können.

Die im Rahmen der Risikobewertung zu beachtenden potentiellen Auswirkungen von Verrechnungspreisrisiken lassen sich wie folgt zusammenfassen:

- **Steuernachzahlungen** infolge von Verrechnungspreiskorrekturen,
- Belastung mit **Nachzahlungszinsen**,
- Doppel- bzw. **Mehrfachbesteuerungen**,
- Festsetzung von **Zuschlägen** bzw. **Penalties**,
- Festsetzung von **Verzögerungsgeldern**,
- Temporäre oder dauerhafte Doppel- bzw. **Mehrfachbesteuerungen**,
- **Ressourceneinsatz** bei der Führung von Rechtsbehelfs- und Finanzgerichtsverfahren,
- Reflexwirkungen auf **Umsatzsteuer** und **Zölle**,
- **Strafrechtliche Konsequenzen** sowie
- Auswirkungen auf die **Reputation** des Konzerns.

Die o.g. Auswirkungen werden nachfolgend im Einzelnen dargestellt.

2.2 Steuernachzahlungen aufgrund von Verrechnungspreiskorrekturen

Das Besteuerungsverfahren ist in der Weise organisiert, dass die Finanzverwaltung die Steuern nach einer kursorischen Prüfung zunächst unter dem Vorbehalt der Nachprüfung festsetzt (§ 164 AO). Die eigentliche Verifikation der Steuerfestsetzung erfolgt sodann im Rahmen der steuerlichen Betriebsprüfung. Die Betriebsprüfung ermöglicht es der Finanzverwaltung, die vom Steuerpflichtigen erklärten Besteuerungsgrundlagen einer umfassenden Prüfung zu unterziehen und die ursprüngliche Steuerfestsetzung zu korrigieren (§§ 193 ff. AO).[921] Wie eingangs dargestellt wurde, zeigt die aktuelle Besteuerungspraxis sowie Umfragen bei international tätigen Konzernen[922], dass Verrechnungspreissachverhalte derzeit einen der Schwerpunkte in Betriebsprüfungen international verbundener Unternehmen darstellen. Dabei kommt es nicht selten zu Beanstandungen der Verrechnungspreisermittlung für einzelne Liefer- oder Leistungsbeziehungen.[923]

---

921 Vgl. *Drüen*, Modelle und Rechtsfragen zeitnaher Betriebsprüfungen, IFSt-Schrift Nr. 469, 2011, S. 7.

922 Vgl. *Ernst & Young*, Global Transfer Pricing Survey/Addressing the Challenges of Globalization, 2010, S. 11.

923 Insoweit wird auf die Darstellung einiger typischer steuerlichen Risikobereiche in Abschnitt E.III.2 verwiesen.

Im Fall einer Beanstandung der Verrechnungspreisermittlung für einzelne Liefer- oder Leistungen wird seitens der Betriebsprüfung in der Regel zunächst versucht, den Sachverhalt in Zusammenarbeit mit dem Steuerpflichtigen aufzuklären und – spätestens in der Schlussbesprechung – eine Einigung herbeizuführen. Falls keine Einigung erzielt werden kann bzw. falls eine Einigung erzielt wird, die von der ursprünglichen Auffassung des Steuerpflichtigen abweicht, führt die Finanzverwaltung eine Einkünftekorrektur durch und erlässt entsprechend geänderte Steuerbescheide (§ 164 Abs. 2 AO). Sofern das geprüfte Unternehmen keinen Einspruch gegen die geänderten Bescheide einlegt und kein Ruhen des Verfahrens beantragt, sind die festgesetzten Mehrsteuern bei Fälligkeit durch die betroffene Konzerngesellschaft zu entrichten. Von diesem Fall wird im Folgenden ausgegangen.

Der durch die Finanzverwaltung ermittelte Korrekturbetrag unterliegt der Körperschaftsteuer zzgl. Solidaritätszuschlag sowie der Gewerbesteuer. Formell lässt sich die steuerliche Mehrbelastung aufgrund von Korrekturen durch die Betriebsprüfung wie folgt darstellen:

$$M = s_{ges} * BMG$$

mit: M = steuerliche Mehrbelastung,
s_{ges} = Steuern auf den Korrekturbetrag,
BMG = steuerliche Bemessungsgrundlage der Korrektur durch die Betriebsprüfung.

Die Steuern auf den Korrektur s_{ges} betrag lassen sich wie folgt ermitteln:

$$s_{ges} = s_g + s_{kö} * \left(1 + s_{solz}\right)$$

mit:
s_g = Belastung mit Gewerbesteuer,
$s_{kö}$ = Körperschaftsteuersatz i.H.v. 15 % (§ 23 Abs. 1 KStG),
s_{solz} = Solidaritätszuschlag i.H.v. 5,5 % (§ 4 SolZG).

Die gewerbesteuerliche Belastung s_g bestimmt sich wie folgt:

$$s_g = GM * H$$

mit: GM = Gewerbesteuermesszahl,
H = Hebesatz.

Die Gewerbesteuermesszahl beträgt gem. § 11 Abs. 2 GewStG 3,5 %. Der Hebesatz wird von der jeweiligen Gemeinde festgelegt und lag im Jahr 2011 im Bundesdurchschnitt bei 392 %.[924]

924 Vgl. Pressemitteilung Nr. 320 des Statistischen Bundesamtes v. 14.9.2012.

Beispiel:

Beträgt die steuerliche Bemessungsgrundlage einer Korrektur durch die Betriebsprüfung 1 Mio. Euro (z. B. aufgrund des Ansatzes eines höheren Gewinnaufschlages), so ergeben sich bei einem Hebesatz von 450 % folgende Mehrsteuern:

$$M = [0{,}035 * 4{,}50 + 0{,}15 * (1 + 0{,}055)] * 1.000.000\,\text{Euro} = \mathbf{315.750\ Euro}$$

Aufgrund der Tatsache, dass es sich bei Verrechnungspreissachverhalten in der Regel um Dauersachverhalte handelt, können die Mehrsteuern im Verrechnungspreisbereich mitunter beträchtliche Ausmaße annehmen. Dies gilt insbesondere für Konzerngesellschaften, deren steuerliche Bemessungsgrundlage ausschließlich durch die Höhe der angesetzten Verrechnungspreise determiniert wird. Bei diesen Gesellschaften wirkt sich eine Korrektur der angesetzten Verrechnungspreise unmittelbar und in voller Höhe auf die steuerliche Bemessungsgrundlage aus. Als Beispiel hierfür können konzerninterne Dienstleistungs- oder Produktionsgesellschaften angeführt werden, deren Vergütung auf Basis der Kostenaufschlagsmethode ermittelt wird. Weiterhin sind konzerninterne Zwischenhändler zu nennen, welche ausschließlich Produkte im Konzernverbund erwerben bzw. weiterveräußern.

Die infolge von Verrechnungspreiskorrekturen festgesetzten Mehrsteuern haben eine erhebliche Liquiditätsbelastung der betroffenen Konzerngesellschaft zur Folge. Die Besteuerungspraxis zeigt in diesem Zusammenhang, dass der Liquiditätsabfluss aufgrund von betriebssprüfungsbedingten Mehrsteuern oftmals nicht in der Finanzmittelplanung der Unternehmen berücksichtigt ist. Dies ist auf die Tatsache zurückzuführen, dass die Korrekturen im Verrechnungspreisbereich aufgrund der Unbestimmtheit und Auslegungsbedürftigkeit der maßgeblichen Vorschriften in der Regel nicht antizipiert werden können und daher dem Grunde und der Höhe nach ungewiss sind.[925] Die fehlende Berücksichtigung in der Finanzmittelplanung kann in Einzelfällen dazu führen, dass im Zeitpunkt der Fälligkeit keine ausreichenden liquiden Mittel vorhanden sind, um die Mehrsteuern zu entrichten oder dass Investitionsvorhaben zugunsten der Zahlung der Mehrsteuern zurückgestellt werden müssen. Vor dem Hintergrund der erheblichen Auswirkungen auf die Liquiditätssituation der betroffenen Konzerngesellschaften kommt den verrechnungspreisbedingten Steuernachzahlungen – zusammen mit den unmittelbar mit ihnen zusammenhängenden Zinszahlungen[926] – im Rahmen des Prozessschritts der Risikobewertung das größte Gewicht zu.

925 Zur materiellen Unbestimmtheit des Fremdvergleichsgrundsatzes sowie der ihn konkretisierenden Verrechnungspreismethoden, vgl. Abschnitt E.I.2.2.1.

926 S. dazu den folgenden Abschnitt.

2.3 *Belastung mit Nachzahlungszinsen*

Neben den verrechnungspreisbedingten Steuernachzahlungen sind im Rahmen der Risikobewertung auch die Zinszahlungen auf die steuerlichen Mehrbeträge gem. § 233a AO zu beachten. Wirtschaftlich betrachtet stellen die Zinszahlungen ein Entgelt für die Nutzung des dem Fiskus vorenthaltenen Kapitals dar.[927] In Deutschland besteht insoweit die Besonderheit, dass die Überprüfung der durch den Steuerpflichtigen verwirklichten Sachverhalte mit einer teilweise erheblichen zeitlichen Verzögerung erfolgt. Das Auseinanderfallen von „*kontrolliertem Zeitraum*" und „*Kontrollzeitraum*"[928], hat zur Folge, dass vielfach Nachzahlungszinsen in erheblicher Höhe zu entrichten sind.

Das Ausmaß der Nachzahlungszinsen, die jährlich infolge von Betriebsprüfungen festgesetzt werden, verdeutlicht ein Bericht des Bundesfinanzministeriums v. 13.6.2012. Der Bericht enthält Angaben über die in den Jahren 2008 bis 2011 im Zuge bundesweiter Betriebsprüfungen festgesetzten Mehrsteuern und Zinsen. Ausweislich des Berichts wurden in den Jahren 2008 bis 2011 Nachzahlungszinsen in folgender Höhe festgesetzt (es erfolgt keine Differenzierung nach einzelnen Steuerarten):[929]

Tabelle 7: Nachzahlungszinsen

Jahr	Nachzahlungszinsen
2008	3,1 Mrd. Euro
2009	3,1 Mrd. Euro
2010	2,4 Mrd. Euro
2011	2,5 Mrd. Euro

Die Mehrbelastung aufgrund einer Zahlung von Mehrsteuern lässt sich vereinfachend wie folgt ausdrücken:

$$Z_T = \sum_{t}^{T} S * i$$

Mit: Z_T = Betrag an Zinsen, der bei Wirksamkeit der Steuerfestsetzung im Monat T (§ 233a Abs. 2 Satz 3 AO) zu entrichten ist,

927 BVerfG v. 3.9.2009, BFH/NV 2009, S. 2115 unter III.1.a)bb)(2)(a). Die Verzinsung soll zudem sicherstellen, dass eine Gleichbehandlung der Steuerpflichtigen erfolgt, deren Steuern zu unterschiedlichen Zeitpunkten festgesetzt und fällig werden, vgl. auch *Rüsken*, in: Klein, Abgabenordnung, § 233a, Tz. 1.

928 *Drüen*, Modelle und Rechtsfragen zeitnaher Betriebsprüfungen, IFSt-Schrift Nr. 469, 2011, S. 9.

929 Vgl. BMF, Ergebnisse der steuerlichen Betriebsprüfung 2011, S. 4.

t = *1,2,...,T* (Zinslauf in Monaten). Der Zinslauf beginnt 15 Monate nach Ablauf des Jahres, in dem die Steuer entstanden ist (§ 233a Abs. 2 Satz 1 AO),
T = Monat, in dem die Steuerfestsetzung wirksam wird,[930]
S = zu verzinsender Steuerbetrag,
i = Zinssatz. Dieser beträgt gem. § 238 AO monatlich 0,5 %. § 238 AO sieht keine Berücksichtigung des „Zinseszins-Effekts" vor, so dass die Zinsbelastung im Zeitablauf linear ansteigt.

Die nachfolgende Grafik veranschaulicht die Zinsbelastung in Abhängigkeit von dem steuerlichen Korrekturbetrag:

Abbildung 12: Zinsbelastung und Korrekturbetrag.

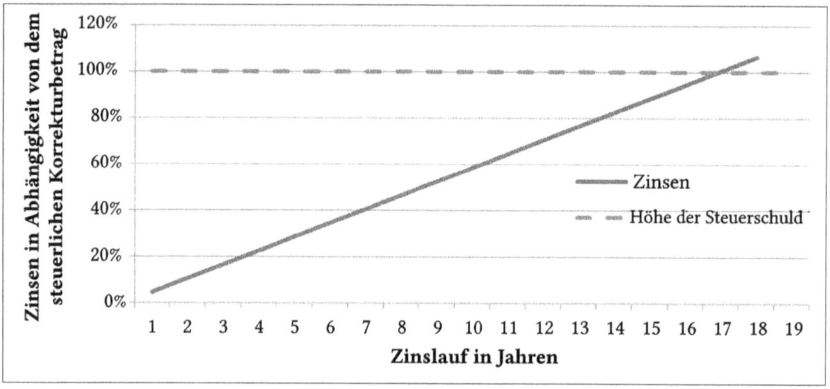

Wie die Grafik zeigt, erreicht die Zinsbelastung nach ca. 8 Jahren bereits 50 % des steuerlichen Korrekturbetrages. Hierbei handelt es sich um ein in der Besteuerungspraxis nicht unrealistisches Szenario. *Drüen* berichtet unter Bezugnahme auf die Prüfungspraxis zudem von einzelnen Betriebsprüfungen, die sich Ende des Jahres 2010 auf Veranlagungszeiträume der 1990er Jahre erstrecken. In den von *Drüen* angesprochenen Fällen kann die Zinsbelastung sogar die Höhe der steuerlichen Korrekturbeträge erreichen.[931] Auf die Möglichkeit, dass die Nachzahlungszinsen den steuerlichen Korrekturbetrag übersteigen, wird auch in den OECD-Verrechnungspreisrichtlinien explizit hingewiesen.[932]

930 Die Steuerfestsetzung wird mit Ablauf des Tages wirksam, an dem der Steuerbescheid bekannt gegeben wurde, vgl. *Rüsken*, in: Klein, Abgabenordnung, § 233a, Tz. 16.

931 Vgl. *Drüen*, Modelle und Rechtsfragen zeitnaher Betriebsprüfungen, IFSt-Schrift Nr. 469, 2011, S. 10.

932 Vgl. Tz. 4.64 OECD-Verrechnungspreisrichtlinien.

Betrachtet man die Zwecksetzung der Zinsregelung, welche u. a. darin besteht, den Fiskus für die Nutzung des ihm „vorenthaltenen" Kapitals zu entschädigen, ist zu konstatieren, dass Unternehmen gegenwärtig – auch nicht annähernd – die Möglichkeit haben, liquide Mittel zu einem Zinssatz von 6 % p.a. (bzw. 0,5 % pro Monat, § vgl. § 238 Abs. 1 Satz 1 AO) anzulegen.[933] Mithin führt die Zinsregelung zu einer deutlichen Belastung von Unternehmen, bei denen Einkünftekorrekturen infolge von Betriebsprüfungen vorgenommen werden. Dies gilt in besonderem Maße bei Korrekturen im Verrechnungspreisbereich, welche aufgrund der Unbestimmtheit und Auslegungsbedürftigkeit der maßgeblichen Vorschriften in der Regel nicht antizipiert werden können und daher dem Grunde und der Höhe nach ungewiss sind. Zudem ist zu beachten, dass die Nachzahlungszinsen seit der durch das Steuerentlastungsgesetz 1999/2000/2001 erfolgten Änderung in § 10 Nr. 2 KStG steuerlich nicht mehr abzugsfähig sind,[934] während Steuererstattungen voll zu versteuern sind.[935]

Das BVerfG hat in seiner Entscheidung v. 3.9.2009 klargestellt, dass die in § 238 Abs. 1 Satz 1 AO erfolgte Festlegung auf einen Zinssatz i.H.v. 0,5 % pro Monat rechtsstaatlich unbedenklich sei und keinen Verstoß gegen das aus dem Rechtsstaatsprinzip folgende Übermaßverbot darstelle.[936] Vielmehr handele es sich um eine zulässige Typisierung im Interesse der Praktikabilität und Verwaltungsvereinfachung.[937] Eine Anpassung an den jeweiligen Marktzinssatz oder Basiszinssatz nach § 247 BGB würde nach Auffassung des BVerfG zu erheblichen praktischen Schwierigkeiten führen, da die entsprechenden Zinssätze stark schwanken. Mithin müsste in jedem Einzelfall für die Vergangenheit festgestellt werden, welche Zinssätze für den jeweiligen Zinszeitraum zugrunde zu legen wären.[938]

Der BFH hat mit Urteil v. 20.4.2011 – im Einklang mit dem BVerfG – entschieden, dass der Gesetzgeber nicht von Verfassungs wegen verpflichtet ist, den in § 238 AO festgelegten Zinssatz an die Entwicklung am Kapitalmarkt anzupassen.[939] In seiner Entscheidung hat der BFH daher das Begehren einer Klägerin abgewiesen, den Zinssatz von 6 % auf das – seinerzeit marktübliche – Zinsniveau von 3 % herabzusenken.[940] Zu der Schieflage zwischen den Steuerpflichtigen und der Finanzverwaltung, die sich u. a. daraus ergibt, dass Nachzahlungszinsen steuerlich

---

933 Vgl. insoweit *Jonas*, UbG 2011, S. 960. Bei dem Vergleich mit den auf dem Kapitalmarkt zu erzielenden Zinsen ist jedoch zu beachten, dass die Zinsregelung des § 238 AO keinen „Zinseszins-Effekt" vorsieht.

934 Vgl. Gesetz v. 24.3.1999, BGBl. I 1999, S. 402, Art. 5 Nr. 3.

935 Vgl. BFH v. 6.10.2009, DStR 2010, S. 319; BFH v. 15.2.2012, BStBl. II 2012, S. 697; BFH v. 12.11.2013, VIII R 36/10, BStBl. II 2014, S. 168.

936 Vgl. BVerfG v. 3.9.2009, BFH/NV 2009, S. 2115; vgl. auch BFH v. 20.4.2011, BFH/NV 2011, S. 1654.

937 Vgl. BVerfG v. 3.9.2009, BFH/NV 2009, S. 2115; vgl. auch BFH v. 20.4.2011, BFH/NV 2011, S. 1654.

938 Vgl. BVerfG v. 3.9.2009, BFH/NV 2009, S. 2115.

939 Vgl. BFH v. 20.4.2011, BFH/NV 2011, S. 1654. Vgl. dazu *Jonas*, Ubg 2011, S. 960 ff.

940 Vgl. BFH v. 20.4.2011, BFH/NV 2011, S. 1654. Vgl. dazu *Jonas*, Ubg 2011, S. 960 ff.

nicht (mehr) abzugsfähig sind, hat der BFH ausgeführt, dass die zugrunde liegenden Gesetzesänderungen durch den weiten Gestaltungsspielraum des Gesetzgebers abgedeckt seien.

Ungeachtet der mittlerweile höchstrichterlich geklärten Frage nach der Zulässigkeit der typisierenden Zinsfestlegung in § 238 AO ist zusammenfassend festzuhalten, dass die Zinsbelastung infolge von Einkünftekorrekturen – auch vor dem Hintergrund der gegenwärtigen Situation auf dem Kapitalmarkt – zu einer erheblichen Belastung für die betroffenen Konzerngesellschaften führt, der – zusammen mit den Mehrsteuern – regelmäßig das größte Gewicht im Rahmen des Prozessschritts der Risikobewertung zukommt.

2.4 Festsetzung von Zuschlägen bzw. Penalties

§ 162 Abs. 4 AO regelt die Festsetzung von Zuschlägen (bzw. „Penalties"), falls die vom Steuerpflichtigen vorgelegte Verrechnungspreisdokumentation als im Wesentlichen unverwertbar zu qualifizieren ist oder falls die Aufzeichnungen nicht oder verspätet vorlegt werden.[941] So „ist" im Fall der Nichtvorlage oder der Vorlage im Wesentlichen unverwertbarer Aufzeichnungen ein Zuschlag i.H.v. 5.000 Euro festzusetzen.[942] Der Betrag i.H.v. 5.000 Euro stellt jedoch lediglich eine Untergrenze dar.[943] So beträgt der Zuschlag im Fall einer Berichtigung nach § 162 Abs. 3 AO (d.h. im Schätzungsfall) 5 % bis 10 %[944] des Mehrbetrages der Einkünfte nach § 162 Abs. 3 AO. Ein absoluter Höchstbetrag ist gesetzlich nicht vorgesehen.[945] So kann bei einer Korrektur der Bemessungsgrundlage um 15 Mio. Euro ein Zuschlag i.Hv. 750.000 Euro (5 %) bis zu 1,5 Mio. Euro (10 %) festgesetzt werden. Im Fall einer verspäteten Vorlage einer verwertbaren Verrechnungspreisdokumentation beträgt der Zuschlag bis zu 1 Mio. Euro, mindestens jedoch 100 Euro für jeden vollen Tag der Fristüberschreitung.[946] Der Zweck der Zuschlagsregelung besteht darin, den Steuerpflichtigen zur Erstellung einer verwertbaren Dokumentation und zur fristgerechten Vorlage dieser Dokumentation anzuhalten.[947]

Die Festsetzung von Zuschlägen nach § 162 Abs. 4 AO durch die Finanzverwaltung kann zu einer erheblichen Belastung der betroffenen Unternehmen führen. Dies wird bei einem Vergleich mit dem Verspätungszuschlag gem. § 152 AO deutlich, welcher die Nichtvorlage einer Steuererklärung betrifft. So kann bei einem

941 Vgl. dazu *Baumhoff/Ditz/Greinert*, DStR 2004, S. 164.
942 D.h. insoweit besteht kein Ermessen seitens der Finanzverwaltung.
943 Vgl. *Seer*, IWB 2012, S. 357; *Bucziek*, in: Beermann/Gosch, AO, § 162 AO, Rz. 244.
944 In diesem Rahmen handelt es sich um eine Ermessensentscheidung, vgl. *Seer*, IWB 2012, S. 357; *Bucziek*, in: Beermann/Gosch, AO, § 162 AO, Rz. 252.
945 Vgl. *Buciek*, in: Beermann/Gosch, AO, § 162 AO, Rz. 249; *Bruschke*, DStZ 2006, S. 578.
946 Insoweit handelt es sich um eine Ermessensentscheidung, vgl. *Seer*, IWB 2012, S. 357; *Bucziek*, in: Beermann/Gosch, AO, § 162 AO, Rz. 259.
947 So *Seer*, IWB 2012, S. 356.

Unternehmen, das seiner Verpflichtung zur Abgabe einer Steuererklärung nicht nachkommt, ein Zuschlag i.H.v. maximal 25.000 Euro festgesetzt werden. Die Zuschläge im Verrechnungspreisbereich können demgegenüber deutlich höher ausfallen. Legt ein Steuerpflichtiger beispielsweise eine verwertbare Verrechnungspreisdokumentation verspätet vor, kann der Zuschlag bis zu 1 Mio. Euro betragen. Schließlich ist zu beachten, dass die Zuschläge nach § 162 Abs. 4 AO steuerliche Nebenleistungen i.S.v. § 3 Abs. 4 AO darstellen, die gem. § 4 Abs. 5 Nr. 12 EStG bzw. § 10 Nr. 2 KStG steuerlich nicht abzugsfähig sind und daher aus dem versteuerten Einkommen aufgebracht werden müssen.

In Bezug auf die Regelung des § 162 Abs. 4 AO ist einschränkend festzuhalten, dass Zuschläge aufgrund der Nicht- oder verspäteten Vorlage bzw. der Vorlage von im Wesentlichen unverwertbaren Aufzeichnungen in der gegenwärtigen Verrechnungspreispraxis nur bei bestimmten Unternehmen eine Rolle spielen. Denn rund 10 Jahre nach der Einführung von Dokumentationsvorschriften in § 90 Abs. 3 AO lässt sich konstatieren, dass der weitaus größte Teil der international verbundenen Unternehmen nach einer anfänglichen Lernphase verwertbare Verrechnungspreisdokumentationen erstellt bzw. fortschreibt und diese fristgerecht vorlegt. Mithin besteht für die Finanzverwaltung in der Mehrzahl der Fälle kein Anlass (mehr), Zuschläge festzusetzen. Der Zuschlagsregelung des § 162 Abs. 4 AO kommt jedoch noch bei Unternehmen, die zuvor nicht zur Erstellung einer Verrechnungspreisdokumentation verpflichtet waren (z. B. da sie nach einer Akquisition in einen Konzern eingegliedert wurden) oder bei Unternehmen, die neue, zuvor nicht dokumentierte Geschäftsbeziehungen zu nahe stehenden Personen im Ausland aufnehmen, eine praktische Bedeutung zu.

2.5 Festsetzung von Verzögerungsgeldern

Am 31.1.2013[948] wurde der Anwendungserlass zur Abgabenordnung als Reaktion auf das Urteil des BFH v. 16.6.2011 in Nr. 2 zu § 146 AO dahingehend ergänzt, dass nunmehr klargestellt wird, dass ein Verzögerungsgeld nicht nur bei einer fehlenden Mitwirkung im Zusammenhang mit der Verlagerung der Buchführung in das Ausland, sondern auch bei einem Verstoß gegen die gesetzlichen Mitwirkungspflichten im Rahmen einer Betriebsprüfung verhängt werden kann. Der BFH hatte zuvor in seinem Urteil v. 16.6.2011 klargestellt, dass nicht ernsthaft zweifelhaft ist, dass ein Verzögerungsgeld auch verhängt werden kann, wenn ein Steuerpflichtiger einer Aufforderung des Finanzamts zur Erteilung von Auskünften im Rahmen einer Außenprüfung nicht fristgerecht nachkommt.[949] Das Verzögerungsgeld beträgt nach § 146 Abs. 2b AO 2.500 Euro bis 250.000 Euro. Es kann auch in Fällen festgesetzt werden, in denen der Steuerpflichtige im Rahmen von Betriebsprüfungen gem.

948 Änderung des Anwendungserlasses zur Abgabenordnung v. 31.1.2013, BStBl. I 2013, S. 118.

949 Vgl. BFH v. 16.6.2011, BStBl. II 2005, S. 855.

§ 200 Abs. 1 AO Unterlagen, die für die Prüfung der Verrechnungspreisermittlung erforderlich sind, nicht vorlegt.

Das Verzögerungsgeld stellt eine steuerliche Nebenleistung i.S.v. § 3 Abs. 4 AO dar[950], die gem. § 10 Nr. 2 KStG steuerlich nicht abzugsfähig ist und daher aus dem versteuerten Einkommen aufgebracht werden muss.

2.6 Temporäre oder permanente Doppel- bzw. Mehrfachbesteuerungen

Die Festsetzung von Mehrsteuern infolge einer Verrechnungspreiskorrektur durch eine Finanzverwaltung resultiert regelmäßig in einer wirtschaftlichen Doppelbesteuerung. Unter einer wirtschaftlichen Doppelbesteuerung wird die mehrfache[951] Besteuerung derselben *„Einkommens- und Vermögensteile im gleichen Besteuerungszeitraum bei verschiedenen Steuersubjekten“*[952] verstanden. Kürzt beispielsweise ein Fiskus die Betriebsausgaben einer in seinem Staat domizilierenden Konzerngesellschaft für Dienstleistungen, die eine verbundene ausländische Konzerngesellschaft erbracht hat, hat dies zur Folge, dass die entsprechenden Einkommensteile einmal bei der geprüften Konzerngesellschaft und einmal bei der leistungserbringenden Konzerngesellschaft besteuert werden.

Da die einzelnen nationalen Verfahrensrechtsordnungen hinsichtlich Prüfungszyklen und -verfahren nicht aufeinander abgestimmt sind, hat die Verrechnungspreiskorrektur einer Finanzverwaltung (sog. Erstberichtigung) keine unmittelbare Gegenberichtigung der beteiligten ausländischen Finanzverwaltung zur Folge.[953] Vielmehr ist es sogar denkbar, dass die zugrunde liegende Veranlagung der ausländischen Konzerngesellschaft bereits bestandskräftig ist, so dass eine Gegenberichtigung nach nationalem Verfahrensrecht ausscheidet.

---

950 Vgl. *Rätke*, in: Klein, AO, § 146 Rz. 25.

951 Es muss sich nicht zwangsläufig im Wortsinne um eine „doppelte“ Besteuerung handeln. Es kann sich auch um eine mehrfache Besteuerung handeln.

952 *Jacobs/Endres/Spengler*, in: Jacobs, Internationale Unternehmensbesteuerung, S. 3. Vgl. auch Tz. 5 OECD-Musterkommentar zu Art. 9 OECD-MA (für den Fall der Verrechnungspreiskorrekturen) und Tz. 4.2 OECD-Verrechnungspreisrichtlinien. Die wirtschaftliche Doppelbesteuerung aufgrund von Verrechnungspreiskorrekturen ist zu unterscheiden von der wirtschaftlichen Doppelbesteuerung, die sich aus der Kollision von beschränkter und unbeschränkter Steuerpflicht ergibt. Schließlich ist die wirtschaftliche Doppelbesteuerung von der „juristischen Doppelbesteuerung“ zu unterscheiden. Diese liegt vor, wenn *„derselbe Steuerpflichtige mit denselben Einkünften oder Vermögenswerten gleichzeitig in zwei oder mehreren Staaten zu gleichen oder vergleichbaren Steuern herangezogen wird“*, so *Jacobs/Endres/Spengler*, in: Jacobs, Internationale Unternehmensbesteuerung, S. 3.

953 Eine Abstimmung könnte beispielsweise darin bestehen, dass Betriebsprüfungen in zeitlicher und sachlicher Hinsicht zwischen den einzelnen Staaten abgestimmt werden. Vgl. in diesem Zusammenhang zu den sog. Simultanbetriebsprüfungen Tz. 4.77 ff. OECD-Verrechnungspreisrichtlinien und Abschnitt E.V.4.2.

Der Großteil der von der Bundesrepublik Deutschland abgeschlossenen Doppelbesteuerungsabkommen enthielt lange keine Art. 9 Abs. 2 OECD-MA nachgebildete Gegenberichtigungsklausel.[954] Im Rahmen des Neuabschlusses von DBA vereinbart die Bundesrepublik Deutschland nunmehr jedoch entsprechende Abkommensartikel, da sie ihren früheren Vorbehalt zurückgenommen hat.[955] Die internationale Besteuerungspraxis zeigt indessen, dass Korrekturen eines Vertragsstaates im anderen Vertragsstaat nicht ohne Weiteres auf der Basis von Art. 9 Abs. 2 OECD-MA gegenberichtigt werden. Die Doppelbesteuerung muss daher meist auf Basis eines förmlichen und zeitintensiven Konsultations- oder Schiedsverfahrens beseitigt werden.[956]

Aus betriebswirtschaftlicher Sicht ist die wirtschaftliche Doppelbesteuerung insofern unerwünscht, als sie eine Senkung der Nettoerträge der betroffenen Konzerngesellschaft zur Folge hat und damit insgesamt zu einer finanziellen Mehrbelastung führt.[957] Vor diesem Hintergrund kommt den Auswirkungen der wirtschaftlichen Doppelbesteuerung infolge von Verrechnungspreiskorrekturen im Rahmen des Prozessschritts der Risikobewertung ein hohes Gewicht zu.

2.7 *Ressourceneinsatz bei der Führung von Rechtsbehelfs- und Finanzgerichtsverfahren*

Eine weitere Auswirkung steuerlicher Verrechnungspreisrisiken, die im Rahmen der Risikobewertung zu berücksichtigen ist, stellt der Einsatz betrieblicher Ressourcen für Rechtsbehelfs- und Finanzgerichtsverfahren dar, die infolge von Auseinandersetzungen mit der Finanzverwaltung über Verrechnungspreisfragen geführt werden. Konkret bezieht sich der Ressourceneinsatz auf:

- die Tätigkeit von **Mitarbeitern der Steuerabteilung.** Im Einzelnen:
  - Aufarbeiten von Unterlagen/Informationsbeschaffung,
  - Kommunikation mit Beratern und der Finanzverwaltung,
  - Befragen von Mitarbeitern,
  - Erstellung von Berechnungen,
  - Koordination von Besprechungen,
- Tätigkeit **externer Berater.** Im Einzelnen:
  - Erstellung rechtlicher Analysen und Gutachten,
  - Führen des Einspruchs- und Gerichtsverfahrens,
  - Abstimmung mit der Finanzverwaltung,
  - Besprechungen mit Mitarbeitern des Mandanten.

---

954 Vgl. *Wassermeyer*, in: Wassermeyer, Doppelbesteuerung, Art. 9 OECD-MA.

955 Vgl. *Eigelshoven*, in: Vogel/Lehner, DBA, 2008, Art. 9 Rz. 181.

956 Vgl. *Ditz*, in: Schönfeld/Ditz, DBA, Art. 9 Rz. 128.

957 So *Jacobs/Endres/Spengler*, in: Jacobs, Internationale Unternehmensbesteuerung, S. 3.

Die betrieblichen Ressourcen sind unabhängig davon aufzuwenden, ob die Rechtsauffassung des Unternehmens in dem Rechtsbehelfs- oder Gerichtsverfahren durchgesetzt werden kann oder nicht. In Abhängigkeit von der Komplexität des zugrundeliegenden Verrechnungspreissachverhalts können die o.g. Tätigkeiten beträchtliche finanzielle Ausmaße annehmen. Dies gilt insbesondere dann, wenn die Sachverhalte mehrere Jahre zurückliegen und daher zunächst „aufgearbeitet" werden müssen.

2.8 Reflexwirkungen auf Umsatzsteuer und Zölle

Die zur Verrechnung des innerkonzernlichen Liefer- und Leistungsverkehrs angesetzten Verrechnungspreise determinieren nicht nur die ertragsteuerlichen Bemessungsgrundlagen der beteiligten Konzerngesellschaften. Vielmehr wirken sich die Verrechnungspreise auch auf die von den jeweiligen Konzerngesellschaften geschuldete Umsatzsteuer sowie die zu entrichtenden Zölle aus. Das verrechnungspreisbezogene Risikomanagement hat sich daher auch mit den Risiken auseinanderzusetzen, die aus der umsatzsteuerlichen und zollrechtlichen Abwicklung der innerkonzernlichen Transaktionen bzw. aus Verrechnungspreisanpassungen resultieren.[958]

Aus umsatzsteuerlicher Sicht lassen sich in diesem Zusammenhang die folgenden Risikobereiche identifizieren, die zu Beanstandungen seitens der Finanzverwaltung führen können:[959]

- Behandlung von **Lohn- bzw. Auftragsfertigungsverhältnissen** im Konzern (Qualifikation als Lieferung i.S.v. § 3 Abs. 1 UStG oder als sonstige Leistung i.S.v. § 3 Abs. 9 Satz 1 UStG),
- **Lizenzverhältnisse** im Konzern (Qualifikation als sonstige Leistung i.S.v. § 3 Abs. 9 Satz 1 UStG),
- **Funktionsverlagerungen** (Geschäftsveräußerung im Ganzen gem. § 1 Abs. 1a UStG oder Aufteilung in einzelne Lieferungen und Leistungen i.S.v. § 3 Abs. 1 UStG bzw. § 3 Abs. 9 Satz 1 UStG),
- Behandlung von **Nachzahlungen** (*true ups*) am Jahresende bei Anwendung der geschäftsvorfallbezogenen Nettomargenmethode (Anwendbarkeit von § 17 UStG),
- Behandlung von **Werbekosten**- oder **vergleichbaren Zuschüssen** an Vertriebsgesellschaften (echter oder unechter Zuschuss).

---

958 Die entsprechenden Fragen sind aufgrund ihres Umfangs eigenständigen Bearbeitungen vorbehalten. Vgl. insoweit z.B. *Puls*, in: Wassermeyer/Baumhoff, Verrechnungspreise international verbundener Unternehmen, 2014, Kapitel 11.

959 Die Aufzählung ist an die Darstellung von *Puls*, in: Wassermeyer/Baumhoff, Verrechnungspreise international verbundener Unternehmen, 2014, Kapitel 11 angelehnt.

Aus zollrechtlicher Sicht bestehen insbesondere die folgenden Risikobereiche, die zu Beanstandungen seitens der Zollverwaltung führen können:

- Ermittlung des Zollwerts auf Basis der **Transaktionswertmethode** bei Transaktionen zwischen **verbundenen Unternehmen** (Beachtung der Dienstvorschrift VSF Z 5101),
- Behandlung von **Nachzahlungen** (*true ups*) am Jahresende bei Anwendung der geschäftsvorfallbezogenen Nettomargenmethode (fehlende Abstimmung mit der zuständigen Zollbehörde / Unterlassen einer Nachanmeldung[960]).

Da Korrekturen bzw. Sanktionen in den vorstehend genannten umsatzsteuerlichen bzw. zollrechtlichen Risikobereichen in Einzelfällen die ertragsteuerlichen Verrechnungspreiskorrekturen übersteigen können, dürfen die entsprechenden Risiken im Rahmen des steuerlichen Verrechnungspreisrisikomanagements keinesfalls vernachlässigt werden.[961]

2.9 Mittelbare Auswirkungen strafrechtlicher Ermittlungen

Die Prüfung von Verrechnungspreissachverhalten durch die Finanzverwaltung erfolgt vorrangig unter steuerlichen Gesichtspunkten. Sollten sich im Zuge einer Betriebsprüfung indessen Hinweise darauf ergeben, dass der Steuerpflichtige vorsätzlich Steuersubstrat in das Ausland verlagert, können strafrechtliche Ermittlungen eingeleitet werden.[962] In diesem Fall wird in der Regel die Steuerfahndungsstelle hinzugezogen, welche die weiteren Ermittlungen führt.

In Bezug auf die steuerstrafrechtliche Relevanz von Verrechnungspreissachverhalten ist zu konstatieren, dass die bloße Beanstandung der vom Steuerpflichtigen gewählten Verrechnungspreismethode bzw. des innerhalb einer Methode angesetzten Wertes noch für sich kein Indiz für ein strafrechtlich relevantes Verhalten darstellt. Denn wie auch der BFH festgestellt hat[963], lässt sich bei der Ermittlung von Verrechnungspreisen aufgrund der Unbestimmtheit und Auslegungsbedürftigkeit der maßgeblichen nationalen und internationalen Verrechnungspreisvorschriften kein mathematisch genau fixierbarer Wert ermitteln.[964] M.a.W. besteht stets ein

960 Vgl. dazu *Puls*, in: Wassermeyer/Baumhoff, Verrechnungspreise international verbundener Unternehmen, 2014, Rz. 11.133 m.w.N.

961 In Einzelfällen kann es sinnvoll sein, eine Überprüfung aus ertragsteuerlicher Sicht über sich „ergehen zu lassen", um empfindliche zollrechtliche Sanktionen zu vermeiden, so *Puls*, in: Wassermeyer/Baumhoff, Verrechnungspreise international verbundener Unternehmen, 2014, Rz. 11.5 m.w.N.

962 Vgl. *Puls*, in: Wassermeyer/Baumhoff, Verrechnungspreise international verbundener Unternehmen, 2014, Rz. 12.10 m.w.N.

963 Vgl. BFH v. 17.10.2001, BStBl. II 2004, S. 171; BFH v. 6.4.2005, BStBl. II 2007, S. 658. Vgl. auch Full Federal Court of Australia v. 1.6.2011, [2011] FCAFC 74, Tz. 125.

964 Vgl. dazu ausführlich Abschnitt E.I.2.2. und in Bezug auf das Steuerstrafrecht *Kiesel/Theisen*, IStR 2006, S. 285.

Auslegungsspielraum bei der Ermittlung und Festlegung von Verrechnungspreisen, welcher vom Steuerpflichtigen in strafrechtlich unbedenklicher Weise ausgenutzt werden kann. Auch die Verhängung von Sanktionen nach § 162 Abs. 3 und 4 AO aufgrund einer Nichtbefolgung der Dokumentationsvorschriften zieht keine strafrechtlichen Konsequenzen nach sich, soweit nicht weitere Handlungen oder Unterlassungen hinzutreten.[965]

Etwas anderes gilt freilich dann, wenn der Steuerpflichtige vorsätzlich Verrechnungspreise ansetzt, um Steuern zu verkürzen.[966] In dem BMF-Schreiben v. 12.4.2005 ist diesbezüglich für die Finanzverwaltung bindend geregelt, dass ein Straf- oder Ordnungswidrigkeitenverfahren nach den §§ 369 ff. AO dann in Betracht zu ziehen ist, wenn

> *„dem Steuerpflichtigen zum Zeitpunkt der Verrechnungspreissetzung zuverlässige Fremdvergleichspreise bekannt waren, diese aber aus Gründen der Steuerersparnis nicht verwendet hat, oder bei Verletzung der Berichtigungspflicht nach § 153 AO[967]".*

Da die steuerstrafrechtlichen Normen tatbestandsseitig ein vorsätzliches oder leichtfertiges Handeln voraussetzen, ist in den drohenden Strafen kein steuerliches Risiko im hier vertretenen Sinne zu sehen. Denn nach dem in dieser Arbeit vertretenen Risikoverständnis stellt ein Risiko eine Abweichung eines tatsächlichen von einem erwarteten Ergebnis dar.[968] Die Möglichkeit der Abweichung setzt damit notwendigerweise eine Ungewissheit über die zukünftige Entwicklung voraus. An dieser Unsicherheitskomponente mangelt es bei einem vorsätzlichen oder leichtfertigen Handeln, bei dem ein Aufgriff bewusst in Kauf genommen wird. Vor diesem Hintergrund erfolgt im Rahmen der Bewertung der steuerlichen Verrechnungspreisrisiken keine Berücksichtigung von möglicherweise infolge von Steuerstraftaten verhängten Strafen. Eine Einbeziehung in die Risikobewertung würde bedeuten, dass steuerschädliches Verhalten letztlich als Teil des steuerlichen Risikomanagements anzusehen wäre. Dies ist jedoch nicht der Fall. Denn wie eingangs erläutert wurde, hat das steuerliche Risikomanagement keinesfalls die gesetzeswidrige Verkürzung oder Hinterziehung von Steuern zum Gegenstand.[969]

Die Auswirkungen steuerstrafrechtlicher Ermittlungen sind dennoch in zweierlei Hinsicht mittelbar von Bedeutung. Zum einen ist der Ressourcenaufwand bei der Führung steuerstrafrechtlicher Verfahren zu ermitteln. Dies betrifft Fälle, in denen ein Konzern eine aggressive steuerliche Gestaltung wählt, die sich zwar nach Auffassung des Unternehmens innerhalb steuerlich zulässiger Bandbreiten bewegt, jedoch

---

965 Vgl. *Kiesel/Theisen*, IStR 2006., S. 285.

966 Vgl. *Puls*, in: Wassermeyer/Baumhoff, Verrechnungspreise international verbundener Unternehmen, 2014, Rz. 12.33.

967 Vgl. BMF v. 12.4.2005, BStBl. I 2005, S. 570, Tz. 4.1.

968 Vgl. Abschnitt C.I.1.

969 Vgl. Abschnitt D.II.

zugleich zu einer erheblichen Minderung des inländischen Steueraufkommens führt, so dass mit einer gewissen Wahrscheinlichkeit davon ausgegangen werden kann, dass intensive – auch strafrechtliche – Prüfungen eingeleitet werden könnten. In diesem Fall sind die Kosten der Verteidigung im Rahmen der Risikobewertung zu berücksichtigen. Zudem anderen sind mögliche Auswirkungen steuerstrafrechtlicher Ermittlungen auf die Reputation des Konzerns zu beachten. Diese sind Gegenstand des folgenden Abschnitts.

2.10 Reputationsschäden

Im Rahmen des Prozessschritts der Risikobewertung sind schließlich die möglichen Auswirkungen auf die Reputation des Konzerns zu berücksichtigen. Die Reputationsschäden können sich dabei in verschiedener Weise auswirken. Zum einen ist es denkbar, dass eine Auseinandersetzung mit der Finanzverwaltung über eine aggressive Steuerplanung – etwa durch eine entsprechende Presseberichterstattung – in der Öffentlichkeit bekannt wird. In diesem Fall kann der Eindruck entstehen, der betreffende Konzern entziehe sich seiner gesellschaftlichen Verantwortung als *Good Corporate Citizen*, indem er Steuern durch den Einsatz aggressiver Steuerplanungstechniken verlagere.[970] In diesem Zusammenhang ist es denkbar, dass der Konzern von Kunden gemieden wird oder dass es zu Boykotten kommt, so dass ein Umsatzrückgang zu verzeichnen ist.[971]

Zum anderen ist zu berücksichtigen, dass ein Konzern, der in Betriebsprüfungen wiederholt durch eine aggressive Steuerplanung auffällt, auch auf Seiten der Finanzverwaltung einen Reputationsschaden erleidet. Dieser Reputationsschaden kann sich darin äußern, dass die Konzerngesellschaften in zukünftigen Betriebsprüfungen im Hinblick auf die „kritischen Punkte" wiederholt genau geprüft werden. In diesem Zusammenhang ist zu beachten, dass derzeit ein „Risikomanagement der Finanzverwaltung" Gegenstand aktueller Diskussionen und Vorschläge im Schrifttum ist. Die entsprechenden Konzepte sehen vor, Steuerpflichtige – u.a. in Abhängigkeit von

---

970 Vgl. *Erle*, in: Schön, Tax and Corporate Governance, S. 206. In diesem Zusammenhang ist das Beispiel des IKEA-Konzerns zu nennen, dessen Verrechnungspreissystem durch die Dienstleistungsgewerkschaft verdi in der Öffentlichkeit scharf kritisiert wurde, vgl. Süddeutsche Zeitung v. 12.8.2010: „Billig abkassiert". In jüngster Zeit gerieten zudem die steuerlichen Strukturierungen der Konzerne Amazon, Google und Starbucks in den Fokus der Öffentlichkeit, vgl. FAZ v. 6.12.2012: „EU warnt vor Steuerausfall von 1 Billion Euro"; vgl. zu einer rechtlichen Analyse *Pinkernell*, StuW 2012, S. 369 ff.

971 Zu der Bedeutung und dem Management reputativer Risiken vgl. ausführlich *Hardeck/Langhein*, WPg 2013, S. 859 ff.

ihrer früheren steuerlichen Compliance – in Risikoklassen einzuteilen, an denen die Prüfungsintensität ausgerichtet wird.[972]

3. Erstellung einer verrechnungspreisbezogenen Risikomatrix

Um zielgerichtete Entscheidungen über den Einsatz der Instrumente des verrechnungspreisbezogenen Risikomanagements im Rahmen des Prozessschritts der Risikosteuerung treffen zu können, sind die einzelnen Verrechnungspreisrisiken nach geeigneten Kriterien zu gliedern. Andernfalls besteht die Gefahr, dass ein ineffizienter Einsatz betrieblicher Ressourcen bei der Anwendung der Instrumente der Risikosteuerung erfolgt. Zur Hierarchisierung der Risiken eignet sich das in dem betriebswirtschaftlichen Risikomanagement verbreitete Konzept der Risikomatrix. In einer Risikomatrix erfolgt eine Darstellung der Risiken in Abhängigkeit von ihrer Eintrittswahrscheinlichkeit sowie ihrer finanziellen Auswirkungen. Auf Basis dieser Kriterien lassen sich die Risiken in Kategorien einteilen, an denen die Entscheidung über den Einsatz der Instrumente ausgerichtet werden kann. Aufgrund der Vielzahl steuerlicher Verrechnungspreisrisiken, die in größeren Konzernen auftreten können, kann es sich anbieten, je eine Risikomatrix für einzelne Geschäftsbereiche oder Transaktionsbereiche zu erstellen.

Darstellung einer Risikomatrix:

Abbildung 13: Risikomatrix für Verrechnungspreissachverhalte.

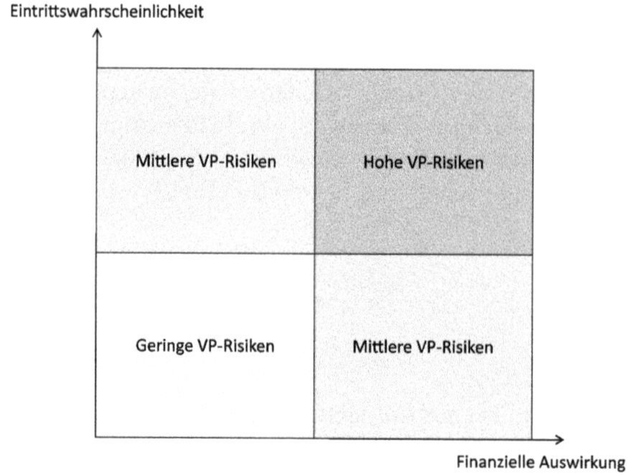

972 Vgl. *Spengel/Ortmann-Babel/Matenaer*, Ubg 2012, S. 466 ff.; *Haunhorst*, DStR 2010, S. 2105 ff.; *Seer*, DStR 2008, S. 1553 ff.; *Nagel/Waza*, DStZ 2008, S. 321 ff.; OECD Forum on Tax Administration, Dealing Effectively with the Challenges of Transfer Pricing, 2012; *Dhawale/Manasuev/Slimmen*, Transfer Pricing International Journal 2009.

Für den Großteil der steuerlichen Verrechnungspreisrisiken lassen sich die finanziellen Auswirkungen relativ leicht ermitteln. Dies betrifft Steuernachzahlungen infolge von Verrechnungspreiskorrekturen, die Höhe der Nachzahlungszinsen, die Auswirkungen von Doppelbesteuerungen, die Kosten für die Führung von Rechtsbehelfs- und Finanzgerichtsverfahren sowie die Reflexwirkungen auf Umsatzsteuer und Zölle. Auswirkungen auf die Reputation des Konzerns lassen sich dagegen nur schwierig ermitteln. Gleichwohl sollten die entsprechenden Auswirkungen geschätzt und ebenfalls in die verrechnungspreisbezogene Risikomatrix überführt werden.

Bei der Ermittlung der Höhe der finanziellen Auswirkungen sind die folgenden Determinanten zu berücksichtigen:

- Häufigkeit der Transaktionen,
- Transaktionsvolumen,
- Art und Komplexität der innerkonzernlichen Transaktion (Lieferung von Waren vs. Gewinnaufteilung zwischen Entrepreneuren),
- Anzahl der involvierten Länder,

Was die Eintrittswahrscheinlichkeit anbelangt, so sollte eine Schätzung auf der Grundlage von Vergangenheitserfahrungen erfolgen. Wie eine Umfrage bei international tätigen Konzernen gezeigt hat, ist das Thema Verrechnungspreise bei dem Großteil der Konzerne bereits Gegenstand mindestens einer Betriebsprüfung gewesen.[973] Vor diesem Hintergrund kann davon ausgegangen werden, dass die Steuerabteilung eine verlässliche Abschätzung hinsichtlich der Eintrittswahrscheinlichkeit der Risiken abgeben kann. Letztlich ist jedoch zu konstatieren, dass die Schätzung aufgrund der Unbestimmtheit und Auslegungsbedürftigkeit der relevanten Normen gewissen Schwierigkeiten begegnet. Hierbei handelt es sich jedoch um ein dem verrechnungspreisbezogenen Risikomanagement immanentes Problem.

4. Zwischenergebnis

Die Bewertung der steuerlichen Verrechnungspreisrisiken ist an den potentiellen Auswirkungen der einzelnen Risiken auszurichten. Zu beachten ist dabei, dass Verrechnungspreisrisiken sowohl finanzielle als auch nicht-finanzielle Auswirkungen haben können. Die nicht-finanziellen Auswirkungen sind zwingend in die Bewertung einzubeziehen, da sie mittelbar auch finanzielle Auswirkungen haben können.

Da die einzelnen steuerlichen Verrechnungspreisrisiken höchst unterschiedliche Auswirkungen haben können, ist eine Gliederung nach geeigneten Kriterien erforderlich. Dazu eignet sich eine Risikomatrix, in welche die Risiken in Abhängigkeit

973 Vgl. *Ernst & Young*, Global Transfer Pricing Survey/Addressing the Challenges of Globalization, 2010, S. 11.

von ihren finanziellen Auswirkungen sowie der Eintrittswahrscheinlichkeit einzufügen sind. Im Anschluss an die Identifikation und Bewertung der steuerlichen Verrechnungspreisrisiken sind Entscheidungen über den Einsatz der Instrumente des steuerlichen Verrechnungspreisrisikomanagements zu treffen. Diese sind Gegenstand des folgenden Abschnitts.

V. Steuerung von Verrechnungspreisrisiken

1. Einsatz von Instrumenten des Risikomanagements

Der Prozessschritt der Steuerung von Verrechnungspreisrisiken bildet den Kern des verrechnungspreisbezogenen steuerlichen Risikomanagementprozesses. Die Umsetzung des Prozessschritts erfolgt durch den Einsatz von Instrumenten des Verrechnungspreisrisikomanagements. Der Prozessschritt lässt sich wie folgt in den steuerlichen Verrechnungspreisrisikomanagementprozess einordnen:

Abbildung 14: Prozessschritt der Steuerung der Verrechnungspreisrisiken.

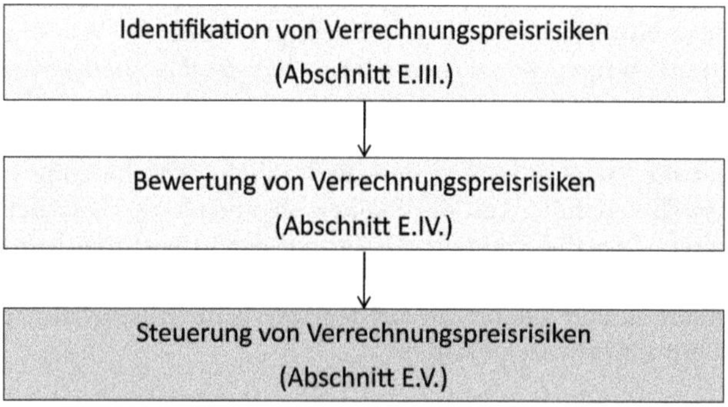

Im Folgenden werden die Instrumente, die international tätigen Konzernen zur Steuerung ihrer Verrechnungspreisrisiken zur Verfügung stehen, ausführlich dargestellt und bewertet. Die Ausführungen folgen einer Einteilung in ursachenbezogene und wirkungsbezogene Instrumente.[974] Bei den ursachenbezogenen Instrumenten handelt es sich um Instrumente, welche präventiv, d. h. vor dem Zeitpunkt der Verrechnungspreisermittlung angewandt werden können. Sie eignen sich sowohl zur Vermeidung als auch zur Verminderung von steuerlichen Verrechnungspreisrisiken. Wirkungsbezogene Instrumente werden dagegen in Fällen eingesetzt, in denen die Risiken sich bereits (teilweise) materialisiert haben, d. h. sie werden reaktiv

974 Vgl. zu den der ursachen- und wirkungsbezogenen Instrumenten zum Management von Zinsschrankenrisiken *Liekenbrock*, Management und Bilanzierung von Zinsschrankenrisiken, 2011, S. 281.

eingesetzt. Steuerliche Risiken haben sich dann materialisiert, wenn es zu einer Handlung einer der beteiligten Finanzverwaltungen gekommen ist, die von einem seitens des Steuerpflichtigen erwarteten Ergebnis abweicht.[975] Wirkungsbezogene Instrumente dienen vor diesem Hintergrund einer Beseitigung oder Verminderung der Auswirkungen der entsprechenden Risiken. Sie werden daher auch als Streitbeilegungsinstrumente bezeichnet.[976]

Der Begriff der Instrumente wird im Folgenden in einem weiten Sinne verstanden und umfasst sämtliche Maßnahmen, Handlungsweisen und Wahlmöglichkeiten, die international tätigen Konzernen – im Rahmen des gesetzlich Zulässigen – zur Verfügung stehen, um steuerlichen Verrechnungspreisrisiken zu begegnen. Die Instrumente können sowohl in grundlegenden Strukturentscheidungen (wie z.B. der Wahl der Konzernstruktur, s. Abschnitt E.V.2.1) als auch in der Ergreifung konkreter Maßnahmen (wie z.B. der Beantragung einer verbindlichen Auskunft s. Abschnitt E.V.2.8.2.1) bestehen.

Die folgenden Ausführungen sind wie folgt gegliedert: Zunächst werden die Voraussetzungen und die Wirkungsweise der einzelnen Instrumente dargestellt. Daran anschließend werden die Instrumente in Bezug auf ihre Eignung zur Steuerung der Verrechnungspreisrisiken bewertet. Dies erfolgt unter Berücksichtigung des mit dem Einsatz der Instrumente verbundenen Zeit- und Ressourcenaufwandes sowie der Eignung der Instrumente zur Vermeidung oder Verminderung von Verrechnungspreisrisiken – bzw. im Fall der wirkungsbezogenen Instrumente – der Verminderung oder Beseitigung der Folgen der entsprechenden Risiken. Die Ausführungen beziehen sich ausschließlich auf verrechnungspreisspezifische Instrumente des Risikomanagements. Neben diesen Instrumenten können freilich auch die Instrumente des allgemeinen steuerlichen Risikomanagements herangezogen werden (z.B. Steuerpolitik). Insoweit wird auf die entsprechenden allgemeinen Ausführungen in Abschnitt D.III.4.1 verwiesen.

2. Ursachenbezogene Instrumente

2.1 Wahl bzw. Gestaltung einer risikoaversen Konzernstruktur

2.1.1 Beschreibung des Instruments

Die Wahl bzw. Gestaltung der Konzernstruktur – d.h. die Entscheidung über die Verteilung der Funktionsbereiche der unternehmerischen Wertschöpfung auf die einzelnen Konzerngesellschaften – hat einen entscheidenden Einfluss auf die Art und den Umfang der innerkonzernlichen Leistungsströme. Daraus folgt, dass die Wahl der Konzernstruktur zugleich Auswirkungen auf die Risikoanfälligkeit

---

975 Vgl. insoweit Abschnitt C.I.1, wonach „Risiko“ im Rahmen der vorliegenden Arbeit als Abweichung eines tatsächlichen von einem erwarteten Ergebnis zu verstehen ist.

976 So z.B. *Baumhoff/Puls*, IStR 2010, S. 803; *Liebchen*, in: Mössner, Steuerrecht international tätiger Unternehmen, Rz. 12.50; *Jacob*, IStR 2012, S. 683 ff. (in Bezug auf *penalties*).

international tätiger Konzerne im Bereich der steuerlichen Verrechnungspreise hat. Denn mit der Zunahme des innerkonzernlichen Liefer- und Leistungsverkehrs geht zwangsläufig auch ein Anstieg der Aufgriffs- und Korrekturmöglichkeiten durch die beteiligten Finanzverwaltungen einher.

Vor dem Hintergrund des Zusammenhangs zwischen der Konzernstruktur und der Risikoanfälligkeit im Bereich der steuerlichen Verrechnungspreise stellt die Gestaltung der Konzernstruktur ein ursachenbezogenes Instrument des steuerlichen Verrechnungspreisrisikomanagements dar. Das Instrument kann sowohl bei dem Aufbau eines Konzerns bzw. Teilkonzerns (z.B. nach einer Akquisition) als auch bei dem Umbau einer bestehenden Konzernstruktur eingesetzt werden. Es dient der Vermeidung von steuerlichen Verrechnungspreisrisiken.

Die unternehmerischen Funktionsbereiche, die es im Rahmen der konzernlichen Strukturentscheidung auf die einzelnen Gesellschaften des Konzerns zu verteilen gilt, lassen sich in Anlehnung an die Wertschöpfungskette von *Porter*[977] wie folgt darstellen:

Abbildung 15: Wertschöpfungskette nach Porter.

Nachfolgend werden verschiedene Konzernstrukturen dargestellt und im Hinblick auf ihre Anfälligkeit für steuerliche Verrechnungspreisrisiken bewertet.[978] In Bezug auf die dargestellten Konzernstrukturen ist zu beachten, dass es sich hierbei um

977 Vgl. *Porter*, Competitive Advantage, 1985, S. 37.

978 Im Folgenden wird davon ausgegangen, dass sich die betrachteten unternehmerischen Funktionen ohne Weiteres einzelnen Konzerngesellschaften zuordnen lassen. Davon abweichend ist es jedoch auch denkbar (und in der Praxis zunehmend verbreitet), dass die Arbeitsteilung im Konzern anhand von übergreifenden Abteilungen oder *Business Units* organisiert ist, die sich nicht klar einzelnen Konzerngesellschaften zuordnen lassen. In diesen Fällen ist die (steuerliche und zivilrechtliche) Identifikation einzelner Leistungsbeziehungen zwischen den Legaleinheiten mit erheblichen praktischen Problemen behaftet.

Grundtypen handelt, die untereinander kombiniert werden können, um den spezifischen unternehmerischen und rechtlichen Belangen gerecht zu werden.

2.1.2 Strukturalternativen

2.1.2.1 Funktionale Konzernstruktur

Eine funktionale Konzernstruktur ist dadurch gekennzeichnet, dass die Gliederung auf der zweiten Organisationsebene nach dem Verrichtungsprinzip erfolgt, d. h. die einzelnen Konzerngesellschaften spezialisieren sich auf Funktionen wie Forschung und Entwicklung, Beschaffung, Produktion oder Absatz.[979] Ein Beispiel für einen funktional gegliederten Konzern stellt der HUGO BOSS-Konzern dar. Dieser ist dadurch gekennzeichnet, dass die Gesamtwertschöpfung durch die arbeitsteilige Zusammenarbeit von „Production Units" (Produktionsgesellschaften), Supply Units (Lohnfertiger) und Sales Units (Vertriebsgesellschaften) erbracht wird.[980]

Aus betriebswirtschaftlicher Perspektive weist die funktionale Gliederung den Vorteil auf, dass durch die organisatorische Bündelung von Marktaktivitäten in einem Funktionsbereich ein hohes Maß an Markteffizienz erreicht werden kann.[981] Zudem können Skalen- und Verbundvorteile (*economies of scale* und *scope*) genutzt werden. Zugleich besteht jedoch die Gefahr, dass sich die einzelnen Funktionsbereiche vorrangig an der Erfüllung der ihnen zugewiesenen Funktionen orientieren, so dass der Gesamterfolg des Konzerns in den Hintergrund tritt.[982] Um dies zu verhindern, ist ein hohes Maß an Abstimmung zwischen den einzelnen betrieblichen Teileinheiten erforderlich. Die Abstimmung wird in der Regel von der auf Ebene der Obergesellschaft angesiedelten Unternehmensleitung vorgenommen.

Eine funktionale Konzernstruktur kann vereinfachend wie folgt dargestellt werden:

979 Vgl. *Laux/Liermann*, Grundlagen der Organisation, 2005, S. 289 ff. Die im Rahmen dieses Abschnitts zitierte organisationstheoretische Literatur nimmt bei der Beschreibung der verschiedenen Strukturalternativen regelmäßig auf „Abteilungen" oder „Bereiche" – und nicht auf Legaleinheiten – Bezug. Die entsprechenden Ausführungen lassen sich jedoch ohne Weiteres auf Legaleinheiten, denen bestimmte Funktionen zugewiesen sind, übertragen.

980 Vgl. *Hartmann*, in: Sinz/Kahle, Praxis der Verrechnungspreissysteme in ausgewählten Branchen, 2013, S. 59.

981 So *Frese/Graumann/Theuvsen*, Grundlagen der Organisation, 2012, S. 426.

982 Vgl. *Laux/Liermann*, Grundlagen der Organisation, 2005, S. 290.

Abbildung 16: Funktionale Konzerstruktur.

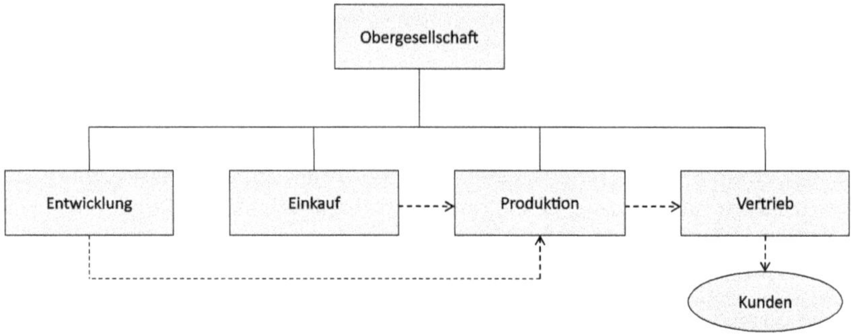

Da in einer funktionalen Konzernstruktur – im Gegensatz zu der nachfolgend dargestellten divisionalen Konzernstruktur – keine autonomen Teilbereiche existieren, bestehen vielfältige Interdependenzen zwischen den einzelnen Konzerngesellschaften.[983] Diese äußern sich in einer Vielzahl an Leistungsbeziehungen zwischen den einzelnen funktionsausübenden Konzerngesellschaften. So werden beispielsweise F&E-Dienstleistungen zwischen der Entwicklung und der Produktion sowie Güter zwischen der Produktion und dem Vertrieb ausgetauscht (s. die gestrichelten Linien in dem vorstehenden Schaubild). Aus steuerlicher Sicht ist es erforderlich, diese Leistungsbeziehungen einer fremdüblichen Bewertung zuzuführen. Diese Bewertung unterliegt dabei der Prüfung durch sämtliche beteiligte Finanzverwaltungen in verschiedenen Ländern. Aufgrund der Vielzahl der Leistungsbeziehungen in funktional organisierten Konzernen bestehen mithin zahlreiche Aufgriffspunkte für steuerliche Korrekturen durch die beteiligten Finanzverwaltungen. Im Ergebnis lässt sich daher festhalten, dass funktionale Konzernstrukturen – aufgrund der starken Verflechtung der einzelnen Teilbereiche – eine tendenziell hohe Anfälligkeit für Verrechnungspreiskorrekturen aufweisen. Die Anfälligkeit ist dabei naturgemäß umso größer, je weiter die einzelnen funktionsausübenden Konzerngesellschaften geographisch verteilt sind.

2.1.2.2 Divisionale Konzernstruktur

Divisionale Konzernstrukturen sind dadurch gekennzeichnet, dass der Konzern in produkt- oder produktspartenbezogene Teilbereiche (Divisionen) gegliedert ist. Mithin wird auf der zweiten Hierarchieebene keine verrichtungsbezogene, sondern eine produktbezogene Gliederung vorgenommen. Die einzelnen Teilbereiche, die für jeweils ein Produkt oder eine Produktsparte zuständig sind, agieren dabei weitgehend autonom. Dies betrifft Entscheidungen über den Einkauf, das Produktprogramm sowie Vertriebsmaßnahmen. Eine Zentralisierung ist jedoch

983 Vgl. *Laux/Liermann*, Grundlagen der Organisation, 2005, S. 289.

hinsichtlich bestimmter übergreifender Funktionsbereiche denkbar. Dazu zählen die Bereiche Finanzen, Rechnungswesen, Controlling und Personal, die z. B. auf Ebene der Obergesellschaft oder einer eigenen Dienstleistungsgesellschaft angesiedelt werden können.[984]

Divisionale Konzernstrukturen fanden ausgehend von den 1960er Jahren eine zunehmende Verbreitung in Deutschland.[985] Ein Beispiel für einen divisional gegliederten Konzern stellte der Bayer-Konzern dar. Dieser war bis zum Herbst 2015 in die rechtlich selbständigen Sparten HealthCare, CropScience und MaterialScience gegliedert. Darüber hinaus übernehmen die Dienstleistungsgesellschaften Bayer Business Services GmbH, Bayer Technology Services GmbH und Currenta GmbH & Co. KG Querschnittsaufgaben.[986]

Aus betriebswirtschaftlicher Sicht eignen sich divisionale Konzernstrukturen insbesondere bei Konzernen, die einen hohen Diversifizierungsgrad aufweisen.[987] In diesem Fall ist es aufgrund der weitgehenden Eigenständigkeit der einzelnen Sparten nicht erforderlich, Bereiche zu schaffen, die sich auf bestimmte Funktionen spezialisieren. Divisionale Strukturen weisen indessen den Nachteil auf, dass Skalen- und Verbundvorteile (*economies of scale* und *scope*) nur auf Ebene der einzelnen Divisionen und nicht auf Gesamtkonzernebene genutzt werden können.[988] Die fehlende dezentrale Einkaufspolitik hat zudem zur Folge, dass keine Einkaufsvorteile im Wege der Bündelung von Marktmacht genutzt werden können.[989] Handelt es sich indessen um ein stark diversifiziertes Produktprogramm, so treten die genannten Nachteile der dezentralen Einkaufsfunktion in den Hintergrund.

Eine divisionale Konzernstruktur kann vereinfachend wie folgt dargestellt werden:

984 Vgl. zu der Zentralisierung *Laux/Liermann*, Grundlagen der Organisation, 2005, S. 291 f.

985 So *Frese/Graumann/Theuvsen*, Grundlagen der Organisation, 2012, S. 436.

986 Vgl. den Geschäftsbericht der Bayer AG 2011.

987 Vgl. *Frese/Graumann/Theuvsen*, Grundlagen der Organisation, 2012, S. 438.

988 So *Laux/Liermann*, Grundlagen der Organisation, 2005, S. 292.

989 So *Laux/Liermann*, Grundlagen der Organisation, 2005, S. 292.

Abbildung 17: Divisionale Konzernstruktur.

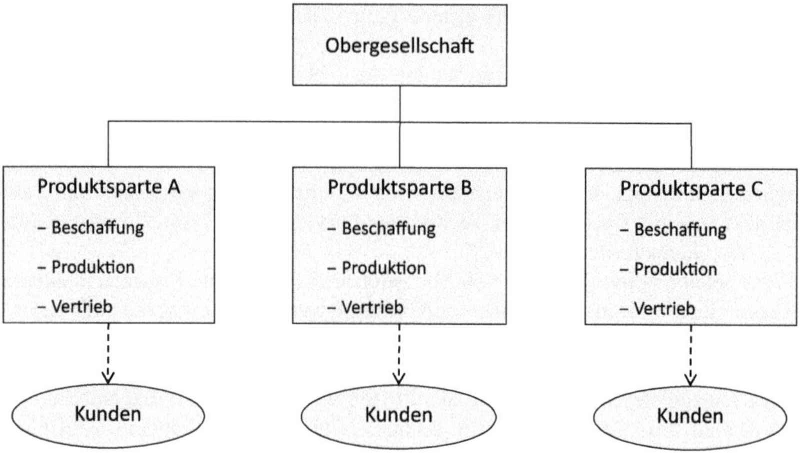

Wie das vorstehende Schaubild verdeutlicht, werden die zentralen Funktionsbereiche der unternehmerischen Wertschöpfung in einer divisionalen Organisation innerhalb der einzelnen Sparten ausgeübt. Handelt es sich bei diesen Sparten um rechtlich selbständige Gesellschaften, vollziehen sich die Austauschprozesse zwischen den einzelnen Funktionsbereichen (z. B. zwischen der Beschaffung und der Produktion) innerhalb einer Legaleinheit. Die Austauschprozesse sind daher nur für interne Steuerungszwecke zu bewerten, so z. B. im Rahmen eines Profit Center-Konzepts.[990] Aus steuerlicher Sicht sind die Austauschprozesse unbeachtlich.

Soweit die einzelnen Funktionsbereiche einer Sparte indessen in unterschiedlichen Ländern ansässig sind und die Voraussetzungen einer Betriebsstätte nach nationalem Recht (§ 12 AO) sowie Abkommensrecht (Art. 5 OECD-MA) erfüllen, ist eine Gewinnabgrenzung nach Maßgabe der Art. 7 OECD-MA nachgebildeten Abkommensartikel erforderlich.[991] M.a.W. sind Verrechnungspreise für die zwischen Stammhaus und Betriebsstätte „ausgetauschten" Lieferungen und Leistungen zu ermitteln. Dies betrifft beispielsweise Produktionsstätten im Ausland i.S.v. § 12 Nr. 4 AO und Art. 5 Abs. 2 Buchst. d) OECD-MA.

Eine Gewinnabgrenzung ist darüber hinaus auch dann erforderlich, wenn die einzelnen Funktionen innerhalb einer Sparte wiederum selbst in rechtlich selbständigen Gesellschaften organisiert sind, d. h. wenn für jede Produkt(sparte) eine

990 Die Abgrenzung für gewerbesteuerliche Zwecke wird nicht näher betrachtet.

991 Die Gewinnabgrenzung zwischen Stammhaus und Betriebsstätte in § 1 AStG wurde durch das Amtshilferichtlinie-Umsetzungsgesetz v. 29.6.2013 derjenigen zwischen selbständigen Gesellschaften angenähert, vgl. dazu Abschnitt B.II.2.4.4.

Beschaffungsgesellschaft, Produktionsgesellschaft und Vertriebsgesellschaft existiert. Abzurechnende Leistungsbeziehungen bestehen schließlich auch dann, wenn übergreifende Funktionen wie Finanzen, Rechnungswesen, Controlling und Personal auf Ebene der Obergesellschaft oder einer Dienstleistungsgesellschaft gebündelt sind. In diesem Fall ist es erforderlich, fremdübliche Verrechnungspreise für die Abrechnung der Zentralleistungen zu ermitteln, die an die einzelnen Spartengesellschaften erbracht werden.

Zusammenfassend lässt sich festhalten, dass die Anzahl und der Umfang der abzurechnenden Leistungsbeziehungen und damit die Anfälligkeit für Verrechnungspreisrisiken im Rahmen einer divisionalen Konzernstruktur maßgeblich von der konkreten Ausgestaltung der Leistungsaustauschprozesse innerhalb der einzelnen Sparten sowie von der Entscheidung zur Bündelung von Zentralfunktionen abhängt. Eine divisionale Konzernstruktur kann daher – je nach ihrer konkreten Ausgestaltung – ebenso anfällig für Verrechnungspreisrisiken sein wie die zuvor dargestellten funktionalen Konzernstrukturen. Dabei ist insbesondere hervorzuheben, dass die Internalisierung von unternehmerischen Funktionen innerhalb einer Spartengesellschaft in einem grenzüberschreitenden Kontext nicht zur Minderung von Verrechnungspreisrisiken geeignet ist, da in diesem Fall eine Gewinnabgrenzung zwischen Stammhaus und Betriebsstätte erforderlich ist, welche ebenfalls der Prüfung durch die beteiligten Finanzverwaltung unterliegt. Entsprechendes gilt, falls Funktionen innerhalb einer Sparte in rechtlich selbständigen Gesellschaften ausgeübt werden.

2.1.2.3 Regionale Konzernstruktur

Regionale Konzernstrukturen sind durch eine Gliederung der Teilbereiche des Konzerns anhand von geographischen Kriterien bzw. Märkten gekennzeichnet.[992] In der Praxis lässt sich bei großen Konzernen in diesem Zusammenhang häufig eine Aufteilung in die drei großen Regionen Americas, Europe, Middle East and Africa (EMEA) sowie Asia Pacific (APAC) beobachten. Regionale Konzernstrukturen sind insbesondere dann vorteilhaft, wenn internationale Märkte bedient werden, die sich hinsichtlich Kundenstruktur, Kaufverhalten sowie der nachgefragten Produkteigenschaften erheblich voneinander unterscheiden. In den entsprechenden Fällen ist es oftmals entscheidend, durch die Sicherstellung einer Marktnähe zeitnah auf Kundenwünsche und das Verhalten lokaler Wettbewerber reagieren zu können.[993] Zu diesem Zweck wird den Regionalgesellschaften eine weitgehende Autonomie eingeräumt, die sich auf die Beschaffung, die Produktion sowie den Vertrieb in den jeweiligen Märkten bezieht.[994]

---

992 Vgl. *Frese/Graumann/Theuvsen*, Grundlagen der Organisation, 2012, S. 457. Teilweise wird die regionale Organisation als Unterpunkt der divisionalen Organisation angesehen, *Laux/Liermann*, Grundlagen der Organisation, 2005, S. 290.

993 Vgl. *Frese/Graumann/Theuvsen*, Grundlagen der Organisation, 2012, S. 459.

994 Vgl. *Frese/Graumann/Theuvsen*, Grundlagen der Organisation, 2012, S. 457.

Einen weiteren Grund für die Einrichtung von Regionalstrukturen stellen Zollunionen und Wirtschaftsverbände in bestimmten geographischen Regionen dar, die durch eine Abschaffung von Zöllen und nichttarifären Handelsbeschränkungen gekennzeichnet sind (z. B. EWR, Mercosur oder NAFTA). Diese bilden einen Anreiz dafür, den Anteil lokaler Wertschöpfung zu erhöhen (Schaffung von *local content*).[995] Die Autonomie der Teilbereiche im Rahmen regionaler Konzernstrukturen weist den betriebswirtschaftlichen Nachteil auf, dass Skalen- und Verbundvorteile (*economies of scale* und *scope*) nur auf Ebene der einzelnen Regionalgesellschaften und nicht auf Gesamtkonzernebene genutzt werden können.

Auf der lokalen Ebene ist bei Vorliegen einer regionalen Konzernstruktur sowohl eine Gliederung nach funktionalen als auch nach divisionalen Gesichtspunkten denkbar. Die entsprechenden Aktivitäten können überdies in einer oder in mehreren Legaleinheiten ausgeübt werden. In dem nachfolgenden Schaubild wird auf lokaler Ebene beispielhaft von einer funktionalen Gliederung in einzelne Legaleinheiten ausgegangen:

Abbildung 18: Regionale Konzernstruktur.

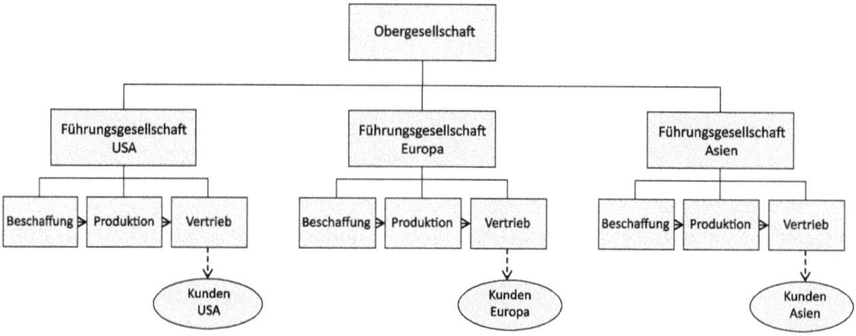

Soweit sich die regionalen Aktivitäten innerhalb einer Jurisdiktion (z. B. den USA) vollziehen, besteht bei Vorliegen einer regionalen Konzernstruktur aus Verrechnungspreissicht der erhebliche Vorteil, dass keine grenzüberschreitenden Leistungen ausgetauscht werden. So erfolgt die Prüfung der Leistungsbeziehungen lediglich durch einen Fiskus. Sind die Regionen demgegenüber so groß gewählt, dass sie mehrere Jurisdiktionen umfassen – was in der Praxis häufig der Fall ist (z. B. Europa, s. mittlerer Teil des Schaubilds) –, besteht hinsichtlich der grenzüberschreitenden Transaktionen im Prinzip das Risiko nicht fremdvergleichskonformer Verrechnungspreise. Insoweit ist jedoch zu beachten, dass die Verrechnungspreispraxis in den Ländern wirtschaftlich zusammenhängender Regionen wie beispielsweise der

995 So *Borstell*, in: Grotherr, Handbuch der internationalen Steuerplanung, 2011, S. 519.

EU sehr häufig Gemeinsamkeiten in Bezug auf Methodenrangfolge, Vergleichbarkeitsanforderungen und der konkreten Umsetzung der einzelnen Methoden aufweist, so dass unterschiedliche Auffassungen der Fisci (Rechtsbeurteilungsrisiken[996]) seltener sind. In Europa ist überdies auf die Arbeit des European Joint Transfer Pricing Forum (EU JTPF) hinzuweisen, die auf Erleichterungen und Harmonisierungen bei der Verrechnungspreisermittlung für bestimmte Geschäftsbeziehungen[997] sowie der Erstellung von konzernweiten Verrechnungspreisdokumentationen[998] abzielt. Weiterhin besteht der Vorteil, dass mit dem EU-Schiedsverfahren ein Mechanismus zur Beseitigung der Doppelbesteuerung zur Verfügung steht, welcher durch einen Einigungszwang gekennzeichnet ist.[999] Dieser Einigungszwang ist den Verständigungsverfahren, die in einzelnen DBA verankert sind, fremd, sofern nicht ein DBA-Schiedsverfahren vereinbart ist.[1000]

Zusammenfassend ist daher festzuhalten, dass bei regionalen Konzernstrukturen aufgrund des hohen lokalen Wertschöpfungsanteils von einem tendenziell geringeren (prinzipiellen) Verrechnungspreisrisiko ausgegangen werden kann. Dies gilt insbesondere dann, wenn sich die regionalen Aktivitäten innerhalb einer Jurisdiktion oder einer wirtschaftlich zusammenhängenden Region (z. B. Europa) vollziehen.

2.1.3 Bewertung des Instruments

Aufgrund der Eingriffstiefe und -intensität in die Strukturen und Abläufe im Konzern handelt es sich bei der Umgestaltung der Konzernstruktur aus Gründen des Verrechnungspreisrisikomanagements um ein Instrument, das nur in seltenen Einzelfällen und nur nach sorgfältiger Vorbereitung eingesetzt werden kann. So erfordert die Umgestaltung der Konzernstruktur die Einholung verbindlicher Zusagen hinsichtlich der Steuerfreiheit der Umstrukturierung (Körperschaftsteuer, Grunderwerbsteuer etc.), die Einschaltung externer Berater sowie ggf. die Abstimmung mit Arbeitnehmervertretern. Zudem ist zu beachten, dass die Umgestaltung der Konzernstruktur von der Planungsphase bis zu ihrer endgültigen Umsetzung mehrere Jahre in Anspruch nehmen kann. Insoweit ist zu konstatieren, dass es sich um ein Instrument handelt, das eine sehr geringe Flexibilität aufweist. Das Instrument erfährt zudem insoweit eine Einschränkung, als die Gestaltung der Konzernstruktur vorrangig betriebswirtschaftlichen und nicht steuerlichen Erwägungen folgen

---

996 Vgl. zu den Rechtsbeurteilungsrisiken grundlegend Abschnitt D.I.2.

997 Vgl. z. B. den "Report on Cost Contribution Agreements on Services not creating Intangible Property (IP)" v. 7.6.2012, JTPF/008/FINAL/2012/EN oder die "Guidelines on Low Value Adding Intra-Group Services" v. 25.1.2011, COM(2011) 16 final.

998 Vgl. Rat der Europäischen Union, Entschließung des Rates der EU zu einem Verhaltenskodex zur Verrechnungspreisdokumentation für verbundene Unternehmen in der Europäischen Union (EU TPD) vom 27.6.2006, in: ABl. EU 2006/C 176, S. 1 ff.

999 Vgl. dazu ausführlich Abschnitt E.V.3.3.

1000 Vgl. zu den Schiedsmechanismen der DBA Abschnitt E.V.3.2.3.

sollte. Die Wahl einer steuerlich risikoaversen Konzernstruktur ist daher nur angezeigt, wenn ohnehin aus betriebswirtschaftlicher Sicht eine Umstrukturierung des Konzerns bzw. von Teilen des Konzerns beabsichtigt ist. Eine Umstrukturierung allein aus Gründen der Vermeidung oder Verminderung von steuerlichen Verrechnungspreisrisiken wird sich dagegen regelmäßig verbieten, da der Aufwand der Umstrukturierung den steuerlichen Nutzen in den meisten Fällen übersteigen dürfte.

Sofern indessen eine betriebswirtschaftlich motivierte Umstrukturierung des Konzerns bzw. eine Erweiterung durch organisches Wachstum oder eine Akquisition geplant ist, sollten die steuerlichen Vor- und Nachteile der verschiedenen Strukturalternativen in das Entscheidungskalkül einbezogen werden. In diesem Zusammenhang empfiehlt es sich, die Steuerabteilung sowie externe steuerliche Berater frühzeitig in den Gestaltungs- und Entscheidungsprozess einzubinden, um die Auswirkungen der einzelnen Konzernstrukturalternativen auf die steuerliche Risikoposition im Bereich der internationalen Verrechnungspreise bewerten zu können.

Sollte der Konzern beispielsweise die Erschließung einer neuen Wirtschaftsregion – wie z. B. Brasilien – beabsichtigen, könnten auf diese Weise die steuerlichen Vorteile einer regionalen Konzernstruktur, die durch autonome Teilbereiche, einen hohen lokalen Wertschöpfungsanteil (*local content*) und damit durch ein Minimum an innerkonzernlichen Leistungsbeziehungen gekennzeichnet ist, seitens der Steuerabteilung herausgearbeitet und aktiv in den betriebswirtschaftlichen Entscheidungsprozess eingebracht werden. Im Beispielsfall Brasiliens kann dabei insbesondere darauf hingewiesen werden, dass ein hoher lokaler Wertschöpfungsanteil schon allein deshalb vorzugswürdig ist, da das Land dem international anerkannten Fremdvergleichsgrundsatz nicht folgt und da aufgrund der im Jahr 2005 erfolgten Kündigung des Doppelbesteuerungsabkommens Deutschland-Brasilien kein Abkommensschutz mehr in Anspruch genommen werden kann.[1001] Auf diese Weise kann dem Risiko begegnet werden, dass die – betriebswirtschaftlich motivierte – Entscheidung zur Erschließung der Wirtschaftsregion Brasilien aufgrund steuerlicher Effekte insgesamt unwirtschaftlich wird.

Ein weiteres Beispiel für die Einbindung der Steuerabteilung in Fragen der Wahl der Konzernstruktur stellt die beabsichtigte Gründung einer zentralen Dienstleistungsgesellschaft (sog. *Shared Services Center*) dar, die konzernweit für den Einkauf von Büromaterialien oder die Erbringung bestimmter administrativer Dienstleistungen (z. B. Rechnungswesen, Mahnwesen, IT, Kundendienst) zuständig sein soll. Entsprechende Strukturen finden sich in der Praxis insbesondere im Rahmen von divisional gegliederten Konzernen (z. B. Bayer-Konzern). Im Fall der beabsichtigten Gründung eines *Shared Services Centers* sollte die Steuerabteilung auf die Risiken hinweisen, die durch die Zentralisierung der genannten Funktionen und die damit einhergehenden konzerninternen Leistungsbeziehungen ausgelöst werden,

---

1001 Das Doppelbesteuerungsabkommen mit Brasilien v. 27.6.1975 wurde am 7.4.2005 von der Bundesrepublik Deutschland mit Wirkung ab dem 1.1.2006 gekündigt.

die der Prüfung durch die beteiligten Finanzverwaltungen unterliegen. Um die entsprechenden Verrechnungspreisrisiken zu vermeiden, sollte der Abschluss von Rahmenverträgen mit externen Lieferanten oder Dienstleistern angeregt werden, die es ermöglichen, die konzerninternen Transaktionen unter Beibehaltung der betriebswirtschaftlichen Vorteile zu vermeiden.

Das Instrument der Gestaltung der Konzernstruktur dient der Vermeidung von Verrechnungspreisrisiken, indem bestimmte innerkonzernliche Transaktionen von vornherein vermieden werden. Dies kann – wie dargestellt – im Wege der Etablierung einer regionalen Konzernstruktur (Zentralisierung der Wertschöpfung in einem Land) oder der Etablierung einer divisionalen Konzernstruktur (Zentralisierung der Wertschöpfung in einer Legaleinheit) erreicht werden. Das Instrument lässt sich wie dargestellt sowohl im Rahmen des Aufbaus als auch des Umbaus eines Konzerns einsetzen.

2.2 Risikoaverse Ausgestaltung des konzerninternen Vertragswerks

2.2.1 Beschreibung des Instruments

Eng mit der Wahl der Konzernstruktur verbunden bzw. dieser unmittelbar nachgelagert ist die Entscheidung über die inhaltliche und formelle Ausgestaltung der Verträge zwischen den einzelnen Konzerngesellschaften. Der Abschluss schuldrechtlicher Verträge zwischen den Konzerngesellschaften ist erforderlich, da diese selbständige Rechtssubjekte darstellen, welche Träger von Rechten und Pflichten im konzerninternen und -externen Rechtsverkehr sind.[1002]

Bei den konzerninternen Verträgen handelt es sich z.B. um

- Lieferverträge,
- Dienstleistungsverträge,
- Darlehensverträge,
- Lizenzverträge,
- Kostenumlageverträge oder
- Garantieverträge.[1003]

Da die o.g. Verträge einen wesentlichen Bestandteil der gesetzlich geforderten Aufzeichnungen des innerkonzernlichen Leistungsverkehrs darstellen und da die Vertragsklauseln die Vergütung der einzelnen Konzerngesellschaften determinieren, kommt der inhaltlichen und formellen Vertragsgestaltung im Rahmen des

---

1002 Wie im Rahmen der Abgrenzung des Untersuchungsgegenstands in Abschnitt A.III. dargestellt wurde, werden in der vorliegenden Arbeit lediglich Kapitalgesellschaftskonzerne betrachtet. Jedoch werden gelegentlich auch in Betriebsstättenfällen (zivilrechtlich unbeachtliche) „Pro-Forma" Verträge zwischen Stammhaus und Betriebsstätte dokumentiert.

1003 Unternehmensverträge wie z.B. Beherrschungs- oder Ergebnisabführungsverträge werden nicht weiter betrachtet.

Verrechnungspreisrisikomanagements eine erhebliche Bedeutung zu. Die Maßnahmen, die den Konzernen insoweit zur Risikoreduzierung zur Verfügung stehen, werden nachfolgend dargestellt.

2.2.2 Beachtung der Schriftform bei dem Abschluss konzerninterner Verträge

Bei den konzerninternen Transaktionen handelt es sich in der Regel um Rechtsgeschäfte, welche nicht der gesetzlichen Schriftform bedürfen (z. B. Kauf-, Werk- oder Dienstverträge). Die entsprechenden Verträge können daher grundsätzlich auch in mündlicher Form geschlossen werden. Da mündliche Verträge in der Praxis jedoch mit einer immanenten Nachweisproblematik behaftet sind, sollte der Vertragsinhalt aus Risikogesichtspunkten stets schriftlich fixiert werden. In diesem Zusammenhang ist auf das Urteil des BFH v. 29.7.1992[1004] hinzuweisen. In dem Urteil hat der BFH klargestellt, dass derjenige, der sich auf die Existenz eines mündlichen Vertrages beruft, den Nachweis jedoch nicht führen kann, den Nachteil hieraus zu tragen hat.[1005] In dem entschiedenen Sachverhalt hatte der BFH die Existenz eines Darlehensvertrages verneint, der nach den Angaben der Klägerin mündlich geschlossen worden war. Eine schriftliche Vereinbarung war erst nach den Streitjahren erfolgt.[1006] Um Diskussionen in Betriebsprüfungen über den vertraglichen Leistungsgegenstand sowie Vergütungsabreden zu vermeiden, sollten die Verträge mithin stets im Vorhinein, d. h. vor Leistungserbringung, in schriftlicher Form geschlossen werden.[1007] Das konzerninterne Vertragswerk sollte überdies fortlaufend dahingehend überprüft werden, ob der Vertragsinhalt noch den tatsächlichen Gegebenheiten entspricht. Zu diesem Zweck ist eine Klausel in den Verträgen zu verankern, welche spätere Änderungen der Verträge ebenfalls der Schriftform unterwirft (sog. Schriftformklausel).

Die Schriftform empfiehlt sich auch vor dem Hintergrund, dass die Verträge einen Bestandteil der in § 90 Abs. 3 AO geforderten Verrechnungspreisdokumentation darstellen.[1008] So beinhalten die allgemein erforderlichen Aufzeichnungen gem. § 4 GAufzV eine „Übersicht über die den Geschäftsbeziehungen zugrunde liegenden Verträge und ihre Veränderung“[1009]. Weiterhin ist im Rahmen der Funktions- und Risikoanalyse auf „die vereinbarten Vertragsbedingungen“[1010] einzugehen. Die Betriebsprüfungspraxis zeigt in diesem Zusammenhang, dass Fälle, in denen der Steuerpflichtige geltend macht, dass Verträge nur mündlich geschlossen wurden, einer genauen Prüfung unterzogen werden. So werden häufig ergänzende Unterlagen wie z. B. Vorstandsprotokolle oder E-Mails angefordert, um den Leistungsgegenstand

---

1004 Vgl. BFH v. 29.7.1992, BStBl. II 1993, S. 247.
1005 Vgl. insoweit auch H 36 KStH „mündliche Vereinbarung“.
1006 Vgl. BFH v. 29.7.1992, BStBl. II 1993, S. 247.
1007 So auch *Kircher/Moll*, DStR 2013, S. 1115 f.
1008 *Kircher/Moll*, DStR 2013, S. 1116.
1009 § 4 Nr. 2 Buchst. a) GAufzV.
1010 § 4 Nr. 3 Buchst. a) GAufzV.

und die Angemessenheit der Vergütung nachprüfen zu können. Sofern diese Unterlagen nicht vorgelegt werden können, besteht das Risiko, dass die Finanzverwaltung von unvollständigen Aufzeichnungen ausgeht und eine Schätzung vornimmt.[1011] Schließlich ist zu beachten, dass der Abschluss langfristiger Verträge einen außergewöhnlichen Geschäftsvorfall i.S.v. § 90 Abs. 3 Satz 3 AO darstellt, der zeitnah zu dokumentieren ist.[1012]

Was die Form und den Inhalt der konzerninternen Verträge anbelangt, so sollte – ebenso wie bei der Frage der Vergütung der Höhen nach – hinsichtlich der Vertragsbedingungen eine Orientierung an Verträgen erfolgen, die zwischen fremden Dritten geschlossen werden.[1013] Im Einzelnen sollten die Verträge neben allgemeinen Regelungen wie der Vertragslaufzeit, der Kündigungsfrist und dem Gerichtsstand insbesondere Klauseln enthalten, welche die Pflichten der einzelnen Konzerngesellschaften und deren Vergütung detailliert regeln. Auf diese Weise werden die Funktionen und Risiken der Konzerngesellschaften auch in den Verträgen dokumentiert. In diesem Zusammenhang erweist es sich als zweckmäßig, entsprechende konzerninterne Vertragsmuster vorzuhalten, die sicherstellen, dass sämtliche konzerninternen Verträge einer einheitlichen Struktur folgen.[1014] Diese Vertragsmuster können an die spezifischen Belange einzelner Geschäftsbeziehungen angepasst werden.[1015] In organisatorischer Hinsicht ist dabei sicherzustellen, dass die Rechts- und Steuerabteilungen eingebunden werden, wenn neue Geschäftsbeziehungen zwischen einzelnen Konzerngesellschaften aufgenommen werden. Auf diese Weise können die rechtlichen und steuerlichen Belange Eingang in das konzerninterne Vertragswerk finden.

Die Einbindung der Steuerabteilung ist auch vor dem Hintergrund von Bedeutung, da sich innerhalb eines international tätigen Konzerns Transaktionen ereignen können, welche von den operativ tätigen Abteilungen nicht als verrechenbar erkannt werden und daher nicht Gegenstand eines schuldrechtlichen Vertrages sind (z.B. unentgeltliche Nutzung eines Patents durch eine ausländische Tochtergesellschaft).[1016] Da diese Transaktionen eine Quelle von Verrechnungspreisrisiken darstellen, sollte

---

1011 Zu den Risiken vgl. Abschnitt E.III.2.1.2.

1012 Gem. § 3 Abs. 2 GAufzV stellt „die Änderung und der Abschluss langfristiger Verträge, die sich erheblich auf die Höhe der Einkünfte des Steuerpflichtigen aus seinen Geschäftsbeziehungen auswirken“, einen außergewöhnlichen Geschäftsvorfall dar.

1013 In den konzerninternen Verträgen sollte neben allgemeinen Regelungen wie der Vertragslaufzeit, der Kündigungsfrist und dem Gerichtsstand insbesondere geregelt werden, welche Pflichten die einzelnen Konzerngesellschaften zu erfüllen haben und welche Vergütung ihnen hierfür zusteht.

1014 Vgl. auch *Niess*, in: Baumhoff/Dücker/Köhler, FS Krawitz, 2010, S. 318.

1015 Vgl. zu der Anpassung der Verträge an die jeweiligen Funktionen und Risiken den folgenden Abschnitt E.V.2.3.

1016 Vgl. dazu *Kurzewitz/Endert*, in: Grotherr, Handbuch der internationalen Steuerplanung, 2011, S. 676 (Fn. 12).

die Steuerabteilung durch ein Monitoring und entsprechende Anweisungen in einer Verrechnungspreisrichtlinie[1017] sicherstellen, dass entsprechende Transaktionen auf Ebene der operativen Abteilungen erkannt und gemeldet werden, so dass sie einer vertraglichen Regelung und Abrechnung zugeführt werden können.

In der Vergangenheit bestand im Fall eines beherrschenden Gesellschafters das steuerliche Risiko, dass die Finanzverwaltung bei dem Fehlen einer klaren, eindeutigen und im Vorhinein geschlossenen Vereinbarung von einer verdeckten Gewinnausschüttung ausging.[1018] Das FG Köln[1019], das FG Hamburg[1020] sowie in der Folge auch der BFH[1021] haben indessen entschieden, dass ein Verstoß gegen die sog. Sonderbedingungen[1022] für beherrschende Gesellschafter (hier: das Erfordernis einer klaren, eindeutigen und im Voraus geschlossenen Vereinbarung[1023]) aufgrund der Sperrwirkung von Art. 9 OECD-MA nicht zur Folge hat, dass eine Veranlassung durch das Gesellschaftsverhältnis angenommen wird. M.a.W. kann die deutsche Finanzverwaltung bei dem Vorliegen eines DBA zwischen den Vertragsstaaten der Konzerngesellschaften, welches eine Art. 9 Abs. 1 OECD-MA nachgebildete Regelung enthält, keine Einkünftekorrekturen auf der Grundlage rein formeller Beanstandungen mehr vornehmen.[1024] Maßgeblich ist vielmehr ausschließlich die Angemessenheit des vereinbarten Entgelts.[1025] Dies ist insofern sachgerecht, als die Sonderbedingungen für beherrschende Gesellschafter im Ausland weitgehend unbekannt sind.[1026] Korrekturen, die ausschließlich auf einem Verstoß gegen die Sonderbedingungen beruhen, haben aus diesem Grund in der Vergangenheit vielfach zu Doppelbesteuerungsproblemen geführt. Der BFH hat vor diesem Hintergrund zutreffend klargestellt, dass der dem Art. 9 OECD-MA zugrunde liegende Grundsatz des *dealing at arm's length* innerstaatlichen Modifikation des Fremdvergleichsgrundsatzes entgegensteht.[1027]

1017 Vgl. dazu ausführlich Abschnitt E.V.2.7.

1018 Vgl. R 36 Abs. 1 Satz 2 KStR und H 36 KStR „Klare und eindeutige Vereinbarung"'; BMF v. 23.2.1983, BStBl. I 1983, S. 218, Tz. 1.4.1.

1019 Vgl. FG Köln v. 22.8.2007, EFG 2008, S. 161.

1020 Vgl. FG Hamburg v. 31.10.2011, IStR 2012, S. 190.

1021 Vgl. BFH v. 11.10.2012, BStBl. II 2013, S. 1046.

1022 Vgl. dazu ausführlich *Böhmer*, Verdeckte Gewinnausschüttungen bei beherrschenden Gesellschaftern, 2011, S. 151 ff.

1023 Das Erfordernis geht auf die Rechtsprechung des BFH zurück, vgl. BFH v. 17.12.1997, BStBl. II 1998, S. 545.

1024 Vgl. *Ditz*, ISR 2013, S. 54 ff.; *Ditz/Schneider*, ITPJ 2013, S. 188 ff; *Schnorberger/Becker*, IStR 2013, S. 112 ff.; *Engel/Hilbert*, IWB 2013, S. 123 ff.; *Andresen/Immenkötter/Frohn*, DB 2013, S. 534; *Böhmer*, IStR 2013, S. 270; *Kircher/Moll*, DStR 2013, S. 1111 ff.

1025 Vgl. *Ditz/Schneider*, ITPJ 2013, S. 188.

1026 Vgl. *Ditz/Schneider*, ITPJ 2013, S. 191.

1027 Vgl. BFH v. 11.10.2012, IStR 2013, S. 109.

Ungeachtet der mittlerweile höchstrichterlich geklärten Frage nach der Gültigkeit der Sonderbedingungen in DBA-Fällen sollten Verträge mit beherrschenden Gesellschaftern aus den vorstehend genannten Dokumentations- und Nachweisgründen stets schriftlich und im Vorhinein gefasst werden. In Fällen, in denen kein DBA besteht oder ein DBA, das keine Art. 9 OECD-MA nachgebildete Regelung enthält, ist der Abschluss klarer, eindeutiger und im Voraus geschlossener schriftlicher Vereinbarungen ohnehin erforderlich, da die Sonderbedingungen in diesen Fällen nicht durch das Abkommensrecht eingeschränkt werden.[1028]

2.2.3 Abstimmung des Vertragswerks mit dem Funktions- und Risikoprofil

Ein weiterer Aspekt, der im Rahmen der Gestaltung des konzerninternen Vertragswerks zu beachten ist, betrifft die Abstimmung der Verträge mit der Funktions- und Risikoausstattung der an den Geschäftsbeziehungen beteiligten Konzerngesellschaften. Hinsichtlich der Funktions- und Risikoausstattung der einzelnen Konzerngesellschaften verfügt der Steuerpflichtige – wie dargestellt[1029] – über einen weitreichenden Ermessensspielraum. So können die Konzerngesellschaften entweder als

- Routineunternehmen,
- Entrepreneure (bzw. Strategieträger) oder
- Mittelunternehmen tätig werden.

Aus Gesichtspunkten des Verrechnungspreisrisikomanagements ist darauf zu achten, dass die zwischen den einzelnen Konzerngesellschaften geschlossenen Verträge auf die tatsächlich von den Konzerngesellschaften ausgeübten Funktionen und getragenen Risiken abgestimmt werden.[1030] M.a.W. ist es notwendig, dass die Funktionen und Risiken nicht bloß „auf dem Papier" ausgeübt werden. Vielmehr sollte eine Entsprechung zwischen der tatsächlichen Ausprägung der Funktionen und Risiken der Konzerngesellschaften einerseits und den vertraglichen Regelungen andererseits bestehen (Übereinstimmung von *form* und *substance*). Der Grad der Funktions- und Risikoausübung der einzelnen Konzerngesellschaften spiegelt sich dabei in objektiv messbaren – und von der Finanzverwaltung nachprüfbaren – Faktoren wider (z. B. Anzahl und Qualifikation der Mitarbeiter, finanzielle Ausstattung der Konzerngesellschaft etc.). Unüblich wäre es in diesem Zusammenhang

---

1028 So auch *Kircher/Moll*, DStR 2013, S. 1116. Indessen weisen *Baumhoff/Greinert* (IStR 2008, S. 354) zutreffend darauf hin, dass den Sonderbedingungen keine absolute, sondern nur (noch) eine indizielle Bedeutung zukommt, die widerlegt werden kann, so dass es nicht zwingend zu einer vGA kommt. Vgl. insoweit auch *Andresen/Kerenyi*, ITPJ 2013, S. 184 f.

1029 Vgl. dazu ausführlich Abschnitt E.III.2.2.2. (Verluste aufgrund einer fehlenden Abstimmung des Verrechnungspreissystems mit dem Funktions- und Risikoprofil).

1030 *Kircher/Moll* sprechen insoweit von „die tatsächlichen Lebenssachverhalte reflektierenden Verträgen", vgl. *Kircher/Moll*, DStR 2013, S. 1116.

beispielsweise, wenn einer Gesellschaft, der aufgrund vertraglicher Regelungen als „Entrepreneur" das Residualergebnis aus den konzerninternen Transaktionen zugewiesen wird, mit ihrer Personal- und Finanzausstattung gar nicht dazu in der Lage wäre, die ihr zugewiesenen Funktionen tatsächlich auszuüben und zu kontrollieren sowie die entsprechenden Risiken zu tragen. Entsprechend sieht die OECD in den Verrechnungspreisrichtlinien eine Prüfung der Gewinnabgrenzung auf der Grundlage der Parameter *Control* (Möglichkeit der Beeinflussung von Risiken) und der *Financial Capacity* (finanzielle Tragbarkeit von Risiken) von verbundenen Unternehmen vor.[1031] Die OECD will das Thema der fehlenden Abstimmung zwischen den vertraglichen Regelungen einerseits und der wirtschaftlichen Substanz andererseits im Rahmen des BEPS-Projektes noch einmal deutlich forcieren. So sieht „Action 9" des OECD Action Plans on Base Erosion and Shifting v. 19.7.2013 vor:

> *"Develop rules to prevent BEPS by transferring risks among, or allocating excessive capital to, group members. This will involve adopting transfer pricing rules or special measures to ensure that inappropriate returns will not accrue to an entity solely because it has contractually assumed risks or has provided capital. The rules to be developed will also require alignment of returns with value creation"*[1032].

Den Hintergrund der Abstimmung des Vertragswerks mit den Funktionen und Risiken bildet der Umstand, dass es den Steuerpflichtigen über die Gestaltung des Vertragswerks möglich ist, die Verteilung des Konzerngewinns auf die Domizilstaaten der einzelnen Konzerngesellschaften zu steuern. Da insoweit ein Anreiz besteht, Entrepreneurfunktionen im Wege der Vertragsgestaltung in Niedrigsteuerländer zu verlagern und Routinefunktion in Hochsteuerländern auszuüben, wird die tatsächliche Umsetzung und Durchführung der Verträge durch die beteiligten Finanzverwaltungen sehr genau geprüft. Zwar ist die Finanzverwaltung bei der Prüfung der Gewinnaufteilung grundsätzlich an die vom Steuerpflichtigen gewählte Funktionsaufteilung gebunden und darf nicht die Rolle eines besseren ordentlichen und gewissenhaften Geschäftsleiters einnehmen.[1033] In Fällen, in denen die tatsächliche Funktionsausübung und Risikoverteilung von den vertraglichen Regelungen abweicht, kann die Finanzverwaltung dennoch Einkünftekorrekturen vornehmen.[1034]

In der Praxis besteht in diesem Zusammenhang zum einen das Risiko, dass die Finanzverwaltung bei einer Vertragsumstellung von einer Funktionsverlagerung i.S.v. § 1 Abs. 3 Sätze 9 ff. AStG ausgeht und das übergehende Gewinnpotential der Besteuerung unterwirft. Im Fall einer bestehenden Vertragsgestaltung besteht zum anderen das Risiko, dass die Finanzverwaltung eine Korrektur der laufenden Verrechnungspreise auf der Grundlage einer eigenen Funktions- und Risikoanalyse durchführt, welche die tatsächlichen Verhältnisse widerspiegelt. Geht sie dabei beispielsweise

---

1031 Vgl. Tz. 9.22 ff. OECD-Verrechnungspreisrichtlinien.
1032 Abrufbar unter www.oecd.org.
1033 Vgl. Tz. 1.64 OECD Verrechnungspreisrichtlinien.
1034 Vgl. Tz. 1.48 ff., 1.65 und 9.12 OECD Verrechnungspreisrichtlinien.

davon aus, dass der Entrepreneur – entgegen der vertraglichen Gestaltung – im Inland ansässig ist, kann sie eine Einkünftekorrektur nach der Maßgabe vornehmen, dass dem Entrepreneur das Residualergebnis nach Abgeltung der Routinefunktionen zusteht. Sollte die betreffende Konzerngesellschaft zuvor eine Routinevergütung erhalten haben (welche z.B. auf Basis der Kostenaufschlagsmethode oder TNMM ermittelt wurde), kann es zu beträchtlichen Einkünftekorrekturen kommen.

Da die Funktions- und Risikoaufteilung zwischen den einzelnen Konzerngesellschaften im Zeitablauf Änderungen unterworfen sein kann, sollte die Abstimmung der Verträge nicht nur beim erstmaligen Abschluss der Verträge erfolgen. Vielmehr ist fortlaufend zu überprüfen, ob das Vertragswerk noch die tatsächliche Funktions- und Risikoaufteilung widerspiegelt. Zu diesem Zweck sollten wie dargestellt Klauseln in den Verträgen verankert werden, die Änderungen des Vertragswerks im Einvernehmen der beteiligten Konzerngesellschaften erlauben (Schriftformklauseln).

2.2.4 Bewertung des Instruments

Bei der risikoaversen Vertragsgestaltung handelt es sich um ein bedeutendes Instrument des steuerlichen Verrechnungspreisrisikomanagements, dessen Einsatz keinen hohen Ressourcenaufwand erfordert. Allenfalls die Erstellung eines Vertragsmusters sowie die Anpassung dieses Musters an die Besonderheiten der jeweiligen Geschäftsbeziehung führen zu dem Einsatz zeitlicher und personeller Ressourcen. Entsprechendes gilt für die jährliche Prüfung, ob die Verträge die ggf. geänderten Lebenssachverhalte noch zutreffend widerspiegeln. Insoweit ist jedoch zu konstatieren, dass der steuerliche Nutzen, der sich aus der zutreffenden vertraglichen Abbildung der innerkonzernlichen Leistungsströme ergibt, den betrieblichen Ressourcenaufwand regelmäßig übersteigen dürfte. Dies ergibt sich daraus, dass die Verträge einen wesentlichen Bestandteil der ohnehin zu erstellenden Verrechnungspreisdokumentation darstellen. Überdies ist eine Abstimmung mit dem jeweils aktuellen Funktions- und Risikoprofil dazu geeignet, Aufgriffsrisiken durch die Finanzverwaltung effektiv zu reduzieren.

Das Instrument der risikoaversen Vertragsgestaltung dient mithin der Verminderung von Verrechnungspreisrisiken. Eine Vermeidung von Verrechnungspreisrisiken lässt sich durch den Einsatz des Instruments nicht erreichen, da auch bei einer sachgerechten Funktions- und Risikozuordnung in den Verträgen Verrechnungspreiskorrekturen nicht ausgeschlossen werden können.

2.3 Wahl sachgerechter Verrechnungspreismethoden

2.3.1 Beschreibung des Instruments

Aufbauend auf der Wahl der Konzernstruktur und der vertraglichen Funktions- und Risikoausstattung der einzelnen Konzerngesellschaften sind Verrechnungspreismethoden auszuwählen, die sicherstellen, dass den Konzerngesellschaften ein Ergebnisbeitrag zugewiesen wird, der ihrem Funktions- und Risikoprofil entspricht. Wie in Kapitel E.III.2.2.2 herausgearbeitet wurde, stellt eine Diskrepanz zwischen dem Funktions- und Risikoprofil einerseits und den gewählten Verrechnungspreismethoden andererseits eine bedeutende Quelle steuerlicher Verrechnungspreisrisiken dar. Aus diesem Grund ist es aus Risikogesichtspunkten erforderlich, die im Rahmen der einzelnen Geschäftsbeziehungen angesetzten Verrechnungspreismethoden sowie ihre konkrete Umsetzung exakt auf das vom Steuerpflichtigen gewählte Funktions- und Risikoprofil anzupassen.

Bei der Wahl der Verrechnungspreismethode ist ferner sicherzustellen, dass die Methodenrangfolge sämtlicher an den Geschäftsbeziehungen beteiligten Staaten beachtet wird.[1035] Andernfalls droht das Risiko, dass eine oder mehrere Finanzverwaltungen die gewählte Methode aufgrund der Missachtung der Methodenrangfolge verwerfen und eine Schätzung anhand einer ihrer Auffassung nach geeigneteren (Standard-)Methode vornehmen. In diesem Zusammenhang ist es erforderlich, dass Methoden ausgewählt werden, die in sämtlichen beteiligten Staaten bekannt und akzeptiert sind.[1036] So wird beispielsweise die in den USA weit verbreitete Anwendung der Comparable Profits Method von der deutschen Finanzverwaltung abgelehnt.[1037]

Im Folgenden werden die Verrechnungspreismethoden dargestellt, die im Hinblick auf die zentralen konzerninternen Wertschöpfungsprozesse der Produktion und des Vertriebs zu einer sachgerechten Aufteilung des aus den Transaktionen resultierenden Ergebnisses und damit zu einer Minimierung steuerlicher Verrechnungspreisrisiken führen. Die Darstellung erfolgt aus Sicht der deutschen Verrechnungspreispraxis.

2.3.2 Verrechnungspreismethoden für ausgewählte Leistungsbeziehungen

2.3.2.1 Produktionsfunktion

Eine Produktionsfunktion kann grundsätzlich in der Funktionsausprägung eines

- Lohnfertigers,
- Auftragsfertigers oder
- Eigenproduzenten

ausgeübt werden.[1038]

Lohnfertigungsverhältnisse sind dadurch gekennzeichnet, dass ein Unternehmen (Lohnfertiger bzw. *toll manufacturer*) Produkte im Auftrag eines Auftraggebers

---

1035 Z. B. die *„best method rule"* in den USA (§ 482–1(c) der US Treasury Regulations) oder § 1 Abs. 3 AStG.

1036 Vgl. dazu ausführlich *Kurzewitz*, Wahl der geeigneten Verrechnungspreismethode zur Verringerung von Doppelbesteuerungsproblemen, 2009, S. 119 ff.

1037 Die Comparable Profits Method wird von der deutschen Finanzverwaltung nicht akzeptiert, vgl. BMF v. 12.4.2005, BStBl. I 2005, S. 570, Tz. 3.4.10.3. Buchst. d).

1038 Vgl. *Baumhoff*, in: Mössner, Steuerrecht international tätiger Unternehmen, 2011, Rz. 3.243; *Baumhoff/Bodenmüller*, in: Grotherr, Handbuch der internationalen Steuerplanung, 2011, S. 557 f.; *Eisele*, Grenzüberschreitende Funktionsverlagerung, 2003, S. 47 f.; *Engler*, in: Vögele/Borstell/Engler, Verrechnungspreise, 2011, Kapitel M, Rz. 442 ff.

be- oder verarbeitet. Die zur Be- oder Verarbeitung benötigen Haupt- und Nebenstoffe werden dabei von dem Auftraggeber unentgeltlich beigestellt. Dies gilt auch für die zur Be- oder Verarbeitung benötigten immateriellen Wirtschaftsgüter (Patente, Produktions-Know how etc.). Zivil- und umsatzsteuerrechtlich handelt es sich bei der Lohnfertigung in der Regel um eine Werkleistung.[1039]

Auftragsfertigungsverhältnisse sind demgegenüber dadurch gekennzeichnet, dass der Auftragsfertiger (*contract manufacturer*) die benötigten Haupt- und Nebenstoffe selbst beschafft.[1040] Mithin liegt zivil- und umsatzsteuerrechtlich eine Lieferung bzw. Werklieferung vor.[1041] Sowohl im Rahmen der Lohnfertigung als auch der Auftragsfertigung verfügt der Auftragnehmer über keine oder allenfalls sehr geringe Dispositionsfreiheiten. Die Entscheidungen über die Produktentwicklung, das Produktprogramm sowie die Produktionsplanung liegen bei dem Auftraggeber, der dem Auftragnehmer eine langfristige Abnahmegarantie gewährt. Folglich sind die Qualitäts-, Auslastungs-, Absatzrisiken dem Auftraggeber zuzuordnen.[1042] Das Funktions- und Risikoprofil von Lohn- und Auftragsfertigern entspricht regelmäßig dem eines Routineunternehmens.[1043]

Die Verrechnungspreise für die Lieferungen bzw. Leistungen von Lohn- und Auftragsfertigungsfertigern werden in der Praxis regelmäßig nach der Kostenaufschlagsmethode[1044] ermittelt.[1045] Sofern die Kostenaufschlagsmethode nicht

---

1039 Vgl. *Puls*, in: Wassermeyer/Baumhoff, Verrechnungspreise zwischen international verbundenen Unternehmen, 2014, Rz. 11.9; *Engler*, in: Vögele/Borstell/Engler, Verrechnungspreise, 2011, Kapitel M, Rz. 443.

1040 Vgl. *Engler*, in: Vögele/Borstell/Engler, Verrechnungspreise, 2011, Kapitel M, Rz. 448.

1041 Vgl. *Puls*, in: Wassermeyer/Baumhoff, Verrechnungspreise zwischen international verbundenen Unternehmen, 2014, Rz. 11.10; *Engler*, in: Vögele/Borstell/Engler, Verrechnungspreise, 2011, Kapitel M, Rz. 444.

1042 BMF v. 13.10.2010, BStBl. I 2010, S. 774, Rz. 204.

1043 BMF v. 12.4.2005, BStBl. I 2005, S. 570, Tz. 4.4.10.2. Buchst. a) in Bezug auf Lohnfertiger; *Engler*, in: Vögele/Borstell/Engler, Verrechnungspreise, 2011, Kapitel M, Rz. 444 f.

1044 Vgl. BMF v. 23.2.1983, BStBl. I 1983, S. 218, Tz. 3.1.3. Bsp. 3; BMF v. 13.10.2010, BStBl. I 2010, S. 774; Rz. 207; Tz. 7.40 OECD-Verrechnungspreisrichtlinien; *Baumhoff*, in: Mössner, Steuerrecht international tätiger Unternehmen, 2011, Rz. 3.250; *Engler*, in: Vögele/Borstell/Engler, Verrechnungspreise, 2011, Kapitel M, Rz. 444; *Jacobs*, Internationale Unternehmensbesteuerung, 2011, S. 771; *Borstell*, in: Grotherr, Handbuch der internationalen Steuerplanung, 2011, S. 530; *Kluge*, Verrechnungspreise in Ertragsteuern und Controlling, S. 209 f.; *Kurzewitz*, Wahl der geeigneten Verrechnungspreismethode zur Verringerung von Doppelbesteuerungsproblemen, 2009, S. 175.

1045 Es ist zu beachten, dass der Preisvergleichsmethode (der ein tatsächlicher Fremdvergleich zugrunde liegt) der Vorrang einzuräumen ist, wenn uneingeschränkt oder eingeschränkt vergleichbare in- oder externe Fremdpreise ermittelt werden können, vgl. *Baumhoff*, in: Mössner, Steuerrecht international tätiger Unternehmen, 2011, Rz. 3.251. In diesem Zusammenhang ist jedoch zu konstatieren, dass

angewandt werden kann, können die Verrechnungspreise subsidiär auch nach der auf Kosten basierenden geschäftsvorfallbezogenen Nettomargenmethode (TNMM) ermittelt werden.[1046] In diesem Zusammenhang kann die Renditekennziffer „Markup on Total Costs" (auch als Full Cost Markup bezeichnet) herangezogen werden, welche sich aus Unternehmensdatenbanken ableiten lässt.[1047] Bei der Auswahl der geschäftsvorfallbezogenen Nettomargenmethode (TNMM) ist zu beachten, dass die Nichtanwendbarkeit der Kostenaufschlagsmethode gegenüber der Finanzverwaltung in nachvollziehbarer Weise dokumentiert werden muss. Dies bedeutet, dass im Einzelnen zu belegen ist, dass sich keine Fremdvergleichswerte (hier: Kostenaufschlagssätze), die in Geschäftsbeziehungen mit fremden Dritten angesetzt wurden, ermitteln ließen. Nicht sachgerecht wäre es, die Verrechnungspreise im Rahmen von Auftragsfertigungs- und Lohnfertigungsverhältnissen anhand der geschäftsvorfallbezogenen Gewinnaufteilungsmethode (Profit Split) zu ermitteln. In diesem Fall besteht das Risiko, dass die Finanzverwaltung des Domizilstaates des Auftraggebers eine Verrechnungspreiskorrektur aufgrund einer fehlenden Abstimmung des Verrechnungspreissystems mit dem Funktions- und Risikoprofil durchführt.

Im Gegensatz zu den vorstehend betrachteten Lohn- und Auftragsfertigern sind **Eigenproduzenten** dadurch gekennzeichnet, dass sie die wesentlichen Entscheidungen in Bezug auf Forschung und Entwicklung, den Einkauf, den Produktionsprozess, das Produktprogramm sowie die Lagerhaltung treffen.[1048] Dabei tragen sie die wesentlichen Risiken (Absatzrisiko, Garantierisiko) und besitzen die für die Funktionsausübung wesentlichen immateriellen Wirtschaftsgüter (Marken, Patente, Know-how). Im Regelfall sind Eigenproduzenten daher als Strategieträger bzw. Entrepreneure zu qualifizieren. Daraus folgt, dass ihnen das Residualergebnis zusteht, das aus den von ihnen eingegangenen Geschäftsbeziehungen resultiert.[1049]

Die Zuordnung des Residualergebnisses kann im Wege der Anwendung diverser Methoden erreicht werden. Sofern der Eigenproduzent an eine Vertriebsgesellschaft liefert, die als Eigenhändler tätig ist und deren Funktions- und Risikoprofil dem eines Mittelunternehmens oder Routineunternehmens entspricht, kann die

die Anwendung der Preisvergleichsmethode in der Praxis häufig an den Vergleichbarkeitserfordernissen scheitert. Vor diesem Hintergrund kommt der Kostenaufschlagsmethode in den entsprechenden Fällen der Status als „Regelmethode" zu.

1046 BMF v. 13.10.2010, BStBl. I 2010, S. 774, Rz. 207. *Jacobs* (Internationale Unternehmensbesteuerung, 2011, S. 772) bezeichnet diese Vorgehensweise nicht als TNMM, sondern auch als „Kostenaufschlagsmethode".

1047 $\text{MOTC} = \dfrac{\text{EBIT}}{(\textit{Umsatz-EBIT})}$, vgl. dazu Abschnitt B.IV.3.1.

1048 Vgl. dazu im Einzelnen *Eisele*, Grenzüberschreitende Funktionsverlagerung, 2003, S. 47 f.

1049 So *Baumhoff*, in: Mössner, Steuerrecht international tätiger Unternehmen, 2011, Rz. 3.254.

Wiederverkaufspreismethode Anwendung finden.[1050] In bestimmten Fällen stellt die Anwendung der Wiederverkaufspreismethode die Zuordnung des Residualgewinns jedoch nur in unbefriedigender Weise sicher. Dies betrifft Fälle, in denen der Vertriebsgesellschaft eine Handelsspanne eingeräumt wird, die als Prozentsatz vom Umsatz ausgedrückt wird. Sofern es der Vertriebsgesellschaft in diesem Fall bei gleichbleibenden Kosten gelingt, höhere als die geplanten Verkaufspreise zu erzielen, wird das Residualergebnis, das nach der Vergütung der Routinevertriebsfunktion verbleibt (hier: Kosten der Vertriebstätigkeit zzgl. eines funktionsadäquaten Gewinnaufschlags) teilweise der Vertriebsgesellschaft zugeordnet. Um eine vollständige Zuordnung des Residualergebnisses zum Eigenproduzenten sicherzustellen und dem Risiko einer Verrechnungspreiskorrektur zu begegnen, sollte die Handelsspanne der Vertriebsgesellschaft fortlaufend überprüft und ggf. angepasst werden oder eine auf Basis eines hypothetischen Fremdvergleichs ermittelte Handelsspanne[1051] vereinbart werden.

Im Fall der Lieferung eines Eigenproduzenten an eine Vertriebsgesellschaft, welche als Routineunternehmen zu qualifizieren ist, kann die Verrechnungspreisermittlung ferner auch über die Anwendung der TNMM auf Ebene der Vertriebsgesellschaft erfolgen (Verwendung der Renditekennziffern Berry Ratio oder Operating Margin). Auf diese Weise ist sichergestellt, dass das Residualergebnis stets dem Eigenproduzenten zusteht. Handelt es sich bei der Vertriebsgesellschaft demgegenüber auch um einen Strategieträger, kann schließlich auch die geschäftsvorfallbezogene Gewinnaufteilungsmethode angewandt werden. Dies setzt indessen voraus, dass die Standardmethoden nicht anwendbar sind und dass die Nichtanwendbarkeit der Standardmethoden gegenüber der Finanzverwaltung in nachvollziehbarer Weise dokumentiert werden kann.[1052]

2.3.2.2 Vertriebsfunktion

Der Vertrieb innerhalb eines international tätigen Konzerns lässt sich in den folgenden Grundformen organisieren:

- Repräsentanzbüro,
- Handelsvertreter,
- Kommissionär,
- Eigenhändler (low risk distributor oder fully fledged distributor).

1050 Vgl. *Kurzewitz*, Wahl der geeigneten Methode zur Verringerung von Doppelbesteuerungsproblemen, 2009, S. 162; *Jacobs*, Internationale Unternehmensbesteuerung, 2011, S. 774; *Baumhoff*, in: Mössner, Steuerrecht international tätiger Unternehmen, 2011, Rz. 3.262.

1051 Die Handelsspanne ermittelt sich in diesem Fall, indem die Verwaltungs- und Vertriebskosten um einen angemessenen Gewinnaufschlag erhöht werden. Vgl. dazu *Kuckhoff/Schreiber*, Verrechnungspreise in der Betriebsprüfung, 1997, S. 114. Mithin handelt es sich nicht um eine relativ zum Umsatz ausgedrückte, sondern um eine kostenorientierte Handelsspanne.

1052 Vgl. BMF v. 12.4.2005, BStBl. I 2005, S. 570, Tz. 3.4.10.3. Buchst. c).

Bei einem **Repräsentanzbüro** handelt es sich um die einfachste Form vertrieblicher Aktivität. Der Funktionsumfang eines Repräsentanzbüros beschränkt sich in der Regel auf vertriebsunterstützende Leistungen (sog. Sales Support). Dazu zählen die Marktrecherche, das Herstellen von Kontakten zu Kunden oder Lieferanten (ohne dass Verträge verhandelt oder geschlossen werden) sowie die Verteilung von Werbematerialien. Da ein Repräsentanzbüro regelmäßig nicht die Schwelle einer Betriebsstätte übersteigt, ergibt sich in der Mehrzahl der Fälle kein Erfordernis einer Gewinnabgrenzung.[1053] Sofern demgegenüber eine Gewinnabgrenzung erforderlich ist, da das Repräsentanzbüro eine Betriebsstätte begründet[1054] oder da es in der Rechtsform einer Kapitalgesellschaft organisiert ist, ist die Kostenaufschlagsmethode als Regelmethode zur Bestimmung einer Vergütung des Repräsentanzbüros anzuwenden.[1055] Dabei sind die Kosten des Repräsentanzbüros (Miete, Reisekosten, Gehalt der Mitarbeiter, Kosten für lokale Werbung) um einen funktionsadäquaten Gewinnaufschlag zu erhöhen. Da ein Repräsentanzbüro lediglich sehr einfache vertriebsvorbereitende Funktionen ausübt, ist ein geringer Gewinnaufschlag anzusetzen, der am unteren Rand der für Dienstleistungen genannten Bandbreite i.Hv. 5 % bis 10 %[1056] liegt. Andernfalls besteht das Risiko, dass die Finanzverwaltung des Domizilstaats des Prinzipals eine Verrechnungspreiskorrektur durchführt.

Bei einem **Kommissionär** handelt es sich nach § 383 Abs. 1 HGB um ein Unternehmen, das es gewerbsmäßig übernimmt, Waren für Rechnung eines anderen (des Kommittenten) im eigenen Namen zu verkaufen.[1057] Kennzeichnendes Merkmal eines Kommissionärs ist mithin das Handeln im eigenen Namen und für fremde Rechnung. Im Vergleich zu Eigenhändlern, die als *fully fledged distributors* tätig sind, weisen Kommissionäre einen wesentlich geringeren Funktionsumfang auf. Ihre Aufgaben beschränken sich auf die Akquisition von Neukunden, die

1053 So stellten die durch ein Repräsentanzbüro ausgeübten Tätigkeiten in der Regel vorbereitende Tätigkeiten i.S.v. Art. 5 Abs. 4 OECD-MA dar, vgl. *Hruschka*, in: Schönfeld/Ditz, DBA, Art. 5, Rz. 183.

1054 Dies betrifft Fälle, in denen das Repräsentanzbüro nicht nur gegenüber dem Stammhaus, sondern auch gegenüber anderen Gesellschaften des Konzerns tätig wird, vgl. insoweit *Zehnpfennig*, in: Müller/Rödder, Beck'sches Handbuch der AG, 2009, § 16, Rz. 10.

1055 Vgl. *Engler*, in: Vögele/Borstell/Engler, Verrechnungspreise, 2011, Kapitel M, Rz. 499.

1056 Vgl. *Baumhoff*, in: Mössner, Steuerrecht international tätiger Unternehmen, 2011, Rz. 3.216 m.w.N.

1057 Sofern das Unternehmen nur gegenüber einem Prinzipal tätig ist – was im Fall verbundener Unternehmen regelmäßig der Fall ist – handelt es sich um einen „Kommissionsagenten“, vgl. *von Heuningen-Huene*, MüKo HGB, Vorbemerkungen zu § 84, Rz. 9 ff. Zu der Problematik der Begründung einer Vertreterbetriebsstätte vgl. *Ditz/Bärsch/Schneider*, Ubg 2013, S. 493 ff.

Auftragsbearbeitung, die Werbung in ihrem Vertragsgebiet sowie die Einziehung von Kundenforderungen.[1058]

Dem Kommissionär steht gem. § 369 Abs. 1 HGB eine Provision zu (auch als Kommission bezeichnet). Die Ermittlung der Provision hat vorrangig im Wege der Anwendung der Preisvergleichsmethode zu erfolgen.[1059] In diesem Fall sind der Verrechnungspreisermittlung die Provisionen zugrunde zu legen, die zwischen fremden Dritten vereinbart werden. In der Praxis begegnet die Ermittlung fremdüblicher Provisionen auf Basis der Preisvergleichsmethode jedoch erheblichen Problemen. Dies ist dem Umstand geschuldet, dass zwischen fremden Dritten vereinbarte Provisionen nur schwierig öffentlich zugänglich sind. Im Schrifttum werden insoweit übliche Provisionssätze zwischen 3 % und 7 % genannt, sofern der Kommissionär keinen Kostenersatz erhält.[1060] Sofern der Kommissionär einen Kostenersatz erhält, werden Provisionssätze zwischen 0,5 % und 5 % genannt.[1061] Falls die Anwendung der Preisvergleichsmethode scheitert, da keine hinreichend vergleichbaren Provisionen ermittelt werden können, kann subsidiär die Kostenaufschlagsmethode zur Anwendung kommen. In diesem Fall sind die vertriebsbezogenen Kosten des Kommissionärs um einen angemessenen Gewinnaufschlag zu erhöhen. Die Anwendung der Kostenaufschlagsmethode ist insofern sachgerecht, als es sich bei der Vermittlungsleistung des Kommissionärs wirtschaftlich um eine Dienstleistung handelt.[1062]

Bei einem **Handelsvertreter** (sog. agent) handelt es sich gem. § 84 HGB um ein Unternehmen, das es gewerbsmäßig übernimmt, für einen anderen Unternehmer Geschäfte zu vermitteln oder in dessen Namen abzuschließen. Mithin handelt der Handelsvertreter im fremden Namen und für fremde Rechnung. Der von einem Handelsvertreter vermittelte Vertrag kommt zwischen dem Prinzipal und dem durch den Handelsvertreter vermittelten Endkunden zustande. Der Funktionsumfang eines Handelsvertreters beschränkt sich auf die Akquisition von Kunden für den Prinzipal und die Auftragsbearbeitung. Die Ermittlung der Provision eines Handelsvertreters hat vorrangig im Wege der Anwendung der Preisvergleichsmethode zu erfolgen.[1063] In diesem Fall sind der Verrechnungspreisermittlung die Provisionen zugrunde zu legen, die zwischen fremden Dritten vereinbart werden. In der Praxis begegnet die

---

1058 Vgl. *Baumhoff*, in: Mössner, Steuerrecht international tätiger Unternehmen, 2011, Rz. 3.259.

1059 Vgl. *Engler*, in: Vögele/Borstell/Engler, Verrechnungspreise, 2011, Kapitel M, Rz. 484; *Baumhoff*, in: Mössner, Steuerrecht international tätiger Unternehmen, 2011, Rz. 3.259.

1060 Vgl. *Baumhoff*, in: Mössner, Steuerrecht international tätiger Unternehmen, 2011, Rz. 3.266.

1061 Vgl. *Baumhoff*, in: Mössner, Steuerrecht international tätiger Unternehmen, 2011, Rz. 3.266.

1062 Vgl. *Baumhoff*, in: Mössner, Steuerrecht international tätiger Unternehmen, 2011, Rz. 3.266.

1063 Vgl. *Engler*, in: Vögele/Borstell/Engler, Verrechnungspreise, 2011, Kapitel M, Rz. 484.

Ermittlung fremdüblicher Provisionen auf Basis der Preisvergleichsmethode jedoch erheblichen Problemen. Dies ist dem Umstand geschuldet, dass zwischen fremden Dritten vereinbarte Provisionen nur schwierig zugänglich sind. In der Praxis wird in diesem Zusammenhang gelegentlich auf den US-amerikanischen MANA-Report Bezug genommen.[1064] Hierbei handelt es sich um einen Bericht der „Manufacturer's Agents National Association", einem Branchenverband US-amerikanischer Handelsvertreter (dem Pendant zu dem deutschen „Centralverband Deutscher Wirtschaftsverbände für Handelsvermittlung und Vertrieb").[1065] Der Bericht enthält Angaben, die auf einer Umfrage bei rund 1.000 Mitgliedsfirmen basieren.[1066] In Bezug auf den Bericht ist zum einen anzumerken, dass die jüngste Fassung aus dem Jahr 2003 stammt und mithin bereits über 10 Jahre alt ist. Insofern kann seitens der Finanzverwaltung hinterfragt werden, ob eine Vergleichbarkeit der Verhältnisse vorliegt. Zum anderen schwanken die angegebenen Handelsspannen zum Teil sehr stark, was darauf zurückzuführen ist, dass die Handelsvertreter teilweise zusätzliche Dienstleistungen übernommen haben, die sich in der Provision niederschlagen.[1067] Zum anderen wird in dem Report darauf hingewiesen, dass die Höhe der Provision in Abhängigkeit von dem vermittelten Umsatzvolumen schwankt.[1068] Vor dem Hintergrund dieser Probleme sind die Daten des MANA-Reports (sowie vergleichbarer Publikationen) nur sehr eingeschränkt verwendbar. Sofern die Preisvergleichsmethode aufgrund des Fehlens geeigneter Fremdvergleichsdaten nicht verlässlich angewandt werden kann, können die Verrechnungspreise für die Vermittlungsleistungen eines Handelsvertreters auch auf Basis der Kostenaufschlagsmethode ermittelt werden. Die Anwendung der Kostenaufschlagsmethode ist insofern sachgerecht, als es sich bei der Vermittlungsleistung des Handelsvertreters wirtschaftlich um eine Dienstleistung handelt.[1069]

Ein **Eigenhändler** kann grundsätzlich als *low risk distributor* oder *fully fledged distributor* tätig werden. Ein *low risk distributor* ist dadurch gekennzeichnet, dass er nur einen geringen Funktionsumfang ausübt und nur geringe Risiken trägt. So betreibt ein *low risk distributor* i.d.R. keine Marktforschung, kein strategisches Marketing und verfügt über keine weitreichenden Entscheidungskompetenzen

---

1064 Vgl. *Engler*, in: Vögele/Borstell/Engler, Verrechnungspreise, 2011, Kapitel M, Rz. 484.

1065 Die Onlinepräsenz des Verbandes findet sich unter www.manaonline.org (zuletzt abgerufen am 24.5.2013).

1066 2003 Mana Survey of Sales Commissions, abrufbar unter http://www.manaonline.org/pubs/CS_0310P12.pdf (zuletzt abgerufen am 24.5.2013).

1067 2003 Mana Survey of Sales Commissions, S. 2.

1068 So wird darauf hingewiesen, dass Provisionen i.H.v. 2 % bis 2,5 % bei sehr großen Projekten („multi million dollar orders") nicht unüblich sind, vgl. 2003 Mana Survey of Sales Commissions, S. 2.

1069 Vgl. *Baumhoff*, in: Mössner, Steuerrecht international tätiger Unternehmen, 2011, Rz. 3.266.

hinsichtlich der Produkt-, Preis- und Vertriebspolitik.[1070] Im Gegensatz zu Handelsvertretern und Agenten, die ebenfalls einen geringen Funktionsumfang ausüben und nur geringe Risiken tragen, erwirbt der *low risk distributor* jedoch das Eigentum an den Waren (Vertrieb im eigenen Namen und auf eigene Rechnung). Eigenhändler in der Ausprägung eines *low risk distributors* sind regelmäßig als Routineunternehmen einzustufen.[1071] Die Verrechnungspreise für Lieferungen an einen *low risk distributor* sind nach der Wiederverkaufspreismethode zu ermitteln.[1072] Alternativ kann die geschäftsvorfallbezogene Nettomargenmethode (TNMM) zur Anwendung kommen.[1073] Da es sich bei einem *low risk distributor* um ein Routineunternehmen handelt, ist sicherzustellen, dass das Unternehmen „regelmäßig geringe aber relativ stabile Gewinne"[1074] erzielt. Falls eine Vertriebsgesellschaft in der Ausprägung eines *low risk distributors* einen Verlust erzielt, besteht mithin das Risiko einer Verrechnungspreiskorrektur. Bei Anwendung der Wiederverkaufspreismethoden ist die Handelsspanne daher so zu bemessen, dass die Vertriebs- und Verwaltungskosten des *low risk distributors* zzgl. eines Gewinnelements gedeckt werden.

Ein Eigenhändler in der Ausprägung eines *fully fledged distributors* verfügt im Gegensatz zu einem *low risk distributor* über weitreichende Dispositionsbefugnisse in Bezug auf die Ausgestaltung seiner Vertriebspolitik. Dies betrifft die Festsetzung der Produkt-, Preis- und Vertriebspolitik und die Auswahl lokaler Vertriebspartner.[1075] Mit der Übernahme der umfangreichen Vertriebsfunktionen geht eine Übernahme wesentlicher Risiken einher. So tragen *fully fledged distributors* die vertriebsbezogenen Vorrats-, Gewährleistungs- und Auslastungsrisiken.[1076] Zudem setzen *fully fledged distributors* wertvolle Wirtschaftsgüter ein (z.B. Kundenstamm, Marke, Vertriebs-Know how). Vor diesem Hintergrund sind Eigenhändler in der Ausprägung eines *fully fledged distributors* regelmäßig als Mittelunternehmen oder gar Strategieträger einzustufen.

Das BMF-Schreiben v. 23.2.1983 geht demgegenüber noch von einer überholten und starren Funktionsaufteilung aus, die wesentlich durch die Verhältnisse

---

1070 Vgl. *Baumhoff*, in: Mössner, Steuerrecht international tätiger Unternehmen, 2011, Rz. 3.258.

1071 Vgl. *Baumhoff*, in: Mössner, Steuerrecht international tätiger Unternehmen, 2011, Rz. 3.262.

1072 Vgl. *Baumhoff*, in: Mössner, Steuerrecht international tätiger Unternehmen, 2011, Rz. 3.258.

1073 Vgl. *Baumhoff*, in: Mössner, Steuerrecht international tätiger Unternehmen, 2011, Rz. 3.258.

1074 Vgl. BMF v. 12.4.2005, BStBl. I 2005, S. 570, Tz. 3.4.10.2. Buchst. a).

1075 Vgl. *Baumhoff*, in: Mössner, Steuerrecht international tätiger Unternehmen, 2011, Rz. 3.257.

1076 Vgl. *Baumhoff*, in: Mössner, Steuerrecht international tätiger Unternehmen, 2011, Rz. 3.258.

der Investitionsgüterindustrie geprägt ist.[1077] Nach dieser Ansicht sind Produktionsgesellschaften regelmäßig als Strategieträger und Vertriebsgesellschaften als Routineunternehmen einzustufen. Im heutigen Wirtschaftsleben ist es jedoch – entgegen der in dem BMF-Schreiben v. 23.2.1983 niedergelegten Ansicht – durchaus üblich, dass Vertriebsgesellschaften aufgrund der von ihnen ausgeübten Funktionen, getragenen Risiken und eingesetzten Wirtschaftsgüter als Strategieträger bzw. Entrepreneure zu qualifizieren sind. Vor dem Hintergrund der Qualifikation der Vertriebsgesellschaften als Strategieträger bzw. Entrepreneure ist diesen folgerichtig das Residualergebnis zuzuordnen, das nach der Vergütung der Routinefunktionen verbleibt.[1078] Dies kann im Wege der Anwendung der Wiederverkaufspreismethode oder der geschäftsvorfallbezogenen Gewinnaufteilungsmethode erfolgen.[1079]

2.3.3 Bewertung des Instruments

Die Abstimmung der Verrechnungspreise mit dem Funktions- und Risikoprofil stellt ein zentrales Instrument des steuerlichen Verrechnungspreisrisikomanagements dar. Dies beruht auf der Tatsache, dass eine fehlende Abstimmung der Verrechnungspreise mit dem Funktions- und Risikoprofil mit erheblichen Verrechnungspreisrisiken einhergeht.[1080] Das Instrument sollte daher bei sämtlichen grenzüberschreitenden Geschäftsbeziehungen Anwendung finden. Der Einsatz des Instruments erfordert keinen hohen Ressourceneinsatz auf Ebene der einzelnen Konzerngesellschaften. Der Ressourceneinsatz beschränkt sich auf eine sorgfältige Funktions- und Risikoanalyse der Konzerngesellschaften und die daraus abgeleitete Methodenwahl. Da sich die Funktions- und Risikoprofile im Zeitablauf ändern können, sollte regelmäßig geprüft werden, ob die gewählten Verrechnungspreismethoden (noch) sicherstellen, dass den Konzerngesellschaften ein Ergebnisbeitrag zugewiesen wird, der ihrem Funktions- und Risikoprofil entspricht.

Das Instrument der Abstimmung der Verrechnungspreise mit dem Funktions- und Risikoprofil dient infolgedessen der Verminderung von steuerlichen Verrechnungspreisrisiken. Eine Vermeidung von Verrechnungspreisrisiken lässt sich durch Anwendung des Instruments nicht erreichen, da auch bei einer zutreffenden Abstimmung der Verrechnungspreise mit dem Funktions- und Risikoprofil noch Raum für Beanstandungen seitens der beteiligten Finanzverwaltungen bestehen (z. B. hinsichtlich der Verrechnungspreisgestaltung der Höhe nach).

1077 Vgl. *Baumhoff*, in: Baumhoff/Schönfeld, Grenzüberschreitende Verlustverrechnung, 2011, S. 135 f.; *Borstell/Hülster*, in: Verrechnungspreise, 2011, Kapitel L Rz. 339.

1078 Vgl. BMF v. 12.4.2005, BStBl. II 2005, S. 570, Tz. 3.4.10.2. Buchst. b).

1079 Vgl. *Baumhoff*, in: Mössner, Steuerrecht international tätiger Unternehmen, 2011, Rz. 3.262.

1080 Vgl. zu den entsprechenden Risiken ausführlich Abschnitt E.III.2.2.2.2.

2.4 *Vermeidung der aggressiven Ausnutzung von Bandbreiten*

2.4.1 *Beschreibung des Instruments*

Während das im vorangehenden Abschnitt dargestellte Instrument die Auswahl einer sachgerechten Verrechnungspreismethode „dem Grunde nach" betrifft, handelt es sich bei der Vermeidung der aggressiven Ausnutzung von Bandbreiten um ein Instrument, das die konkrete Verrechnungspreisermittlung der Höhe nach betrifft. Unter der Vermeidung der aggressiven Ausnutzung von Bandbreiten wird eine Verrechnungspreisermittlung verstanden, die sich nicht primär an der Ausnutzung des Steuergefälles zwischen den einzelnen Staaten, sondern vielmehr an einer Minimierung von Verrechnungspreiskonflikten orientiert. Dies beruht auf der Erkenntnis, dass die Doppelbesteuerungsrisiken bzw. der Ressourcenaufwand zur Beseitigung einer eingetretenen Doppelbesteuerung die Steuervorteile, die sich aus einer Ausnutzung des zwischenstaatlichen Steuergefälles ergeben, in vielen Fällen übersteigen dürften.[1081] Die Minimierung von Verrechnungspreiskonflikten hat indessen nicht zur Folge, dass das Ziel einer steuerlichen Optimierung gänzlich verdrängt wird. Allerdings sollte sich die Steueroptimierung der Minimierung steuerlicher Risiken als Nebenbedingung unterordnen.[1082]

Den Hintergrund des Instruments der Vermeidung der Ausnutzung von Bandbreiten bildet der Umstand, dass die Durchführung eines Fremdvergleichs regelmäßig keinen mathematisch genau fixierbaren Wert, sondern vielmehr eine Reihe an Werten ergibt, die gemeinsam eine Bandbreite bilden.[1083] Die Bandbreitenproblematik stellt sich sowohl bei Anwendung der Standardmethoden (Preisvergleichsmethode, Wiederverkaufspreismethode oder Kostenaufschlagsmethode) als auch bei Anwendung der geschäftsvorfallbezogenen Nettomargenmethode (TNMM). Während die Bandbreite bei Anwendung der Standardmethoden aus Fremdvergleichswerten besteht, d. h. Preisen oder Elementen der Preisbildung (z. B. Handelsspannen, Kostenaufschlägen oder Provisionssätzen), besteht sie bei Anwendung der TNMM aus Renditekennziffern, die der Verrechnungspreisermittlung zugrunde gelegt werden (z. B. Nettomargen oder Berry Ratios).[1084] Auch bei Anwendung der

---

1081 Vgl. *Jonas*, BB 2013, S. 1112.

1082 Vgl. dazu auch *Niess*, in: FS Krawitz, 2010, S. 315. Vgl. ferner *Kurzewitz*, die unter Bezugnahme auf empirische Untersuchungen aufzeigt, dass die Minimierung steuerlicher Verrechnungspreisrisiken eine noch bedeutendere Rolle im Zielsystem international tätiger Großunternehmen spielt als das quantitative Ziel der Steuerbelastungsminimierung, vgl. *Kurzewitz*, Wahl der geeigneten Verrechnungspreismethode zur Verringerung von Doppelbesteuerungsproblemen, 2009, S. 131. Vgl. auch *Jonas*, BB 2013, S. 1112.

1083 Vgl. BFH v. 17.10.2001, BStBl. II 2004, S. 171; BFH v. 6.4.2005, BStBl. II 2007, S. 658; FG Hamburg v. 31.10.2011, IStR 2012, S. 190; Full Federal Court of Australia v. 1.6.2011, [2011] FCAFC 74, Tz. 125; BMF v. 12.4.2005, BStBl. I 2005, S. 570, § 1 Abs. 1 Satz 1 2. HS AStG; Tz. 3.4.12.5 Buchst. a); Tz. 3.55 OECD-Verrechnungspreisrichtlinien.

1084 Vgl. auch *Borstell*, in: Handbuch der internationalen Steuerplanung, 2011, S. 522.

geschäftsvorfallbezogenen Gewinnaufteilungsmethode in der Ausprägung des Residual Profit Split ergeben sich bei der Bestimmung der Routinevergütung (auf Basis der Standardmethoden bzw. der geschäftsvorfallbezogenen Nettomargenmethode) regelmäßig Bandbreiten an Fremdvergleichswerten bzw. Renditekennziffern.

Es entspricht internationalen Grundsätzen, die Bandbreiten nach mathematisch-statistischen Verfahren einzuengen (in der Regel anhand des sog. Interquartilsverfahrens).[1085] Die Einengung dient unter anderem dazu, Ausreißerwerte, die aufgrund besonderer wirtschaftlicher Umstände zustande gekommen sind (z.B. Monopolstellung), zu eliminieren[1086], wobei festzuhalten ist, das es sich hierbei um eine äußerst pauschale Vorgehensweise handelt. Auf diese Weise soll sichergestellt werden, dass sämtliche Werte der Bandbreite der Verrechnungspreisbestimmung zugrundegelegt werden können.[1087] Jedoch verbleiben in der Praxis selbst nach der Einengung auf Basis des Interquartilsverfahrens noch erhebliche Spannen zwischen den äußeren Rändern der Bandbreite (d.h. dem ersten und dem dritten Quartil). Die weite Streuung der Vergleichswerte kann zum einen auf Unterschiede in den Eigenschaften der gehandelten Produkte zurückzuführen sein. Indes kann es auch bei Standardprodukten, die weitgehend identische Eigenschaften aufweisen (z.B. Rohstoffe), zu erheblichen Streuungen der Vergleichswerte kommen. Diese können auf unterschiedliche Handelsmengen, Besonderheiten des Funktions- und Risikoprofils der Vergleichsunternehmen oder auf unterschiedliche Geschäftsstrategien (z.B. Vertrieb zu Untereinstands- oder Kampfpreisen) zurückgeführt werden. Somit ist festzuhalten, dass eine weite Streuung der Vergleichsunternehmen in der Verrechnungspreispraxis – auch nach einer Einengung nach mathematisch-statistischen Verfahren – nicht die Ausnahme, sondern eher die Regel ist.

Der Steuerpflichtige steht bei Vorliegen einer (eingeengten) Bandbreite vor der Herausforderung, einen bestimmten Wert auszuwählen und der Verrechnungspreisermittlung zugrunde zu legen. Dieser Wert unterliegt sodann der Angemessenheitsprüfung mehrerer Fisci, deren Interessenlage genau gegenläufig ist.[1088] So wird der Fiskus des Ansässigkeitsstaates der leistungserbringenden Konzerngesellschaft die Wahl des oberen Randes und der Fiskus des Ansässigkeitsstaates der leistungsempfangenden Gesellschaft die Wahl des unteren Randes der Bandbreite präferieren. Aus Sicht der Steuerpflichtigen besteht dagegen ein grundsätzlicher Anreiz, denjenigen Wert zu wählen, der die Ertragsteuerbelastung der jeweiligen Transaktion minimiert. Dies ist – je nach dem Verhältnis des Steuerniveaus der beteiligten Staaten – der obere oder der untere Rand der Bandbreite. Die Wahl des

1085 Zu der Anwendung der Interquartilsmethode vgl. *Baumhoff*, in: FS Wassermeyer, 2005, 362 f.; *Greinert*, in: Schaumburg/Rödder, Unternehmensteuerreform 2008, S. 550 f.; *Kaminski*, in: Strunk/Kaminski/Köhler, Außensteuergesetz, Doppelbesteuerungsabkommen, § 1 AStG Rz. 158; vgl. auch *Loukota*, SWI 2012, 525.

1086 Vgl. insoweit *Baumhoff*, in: FS Wassermeyer, 2005, S. 363.

1087 Vgl. insoweit BMF v. 12.4.2005, BStBl. I 2005, S. 570, Tz. 3.4.12.5 Buchst. d).

1088 Vgl. *Kurzewitz*, Wahl der geeigneten Verrechnungspreismethode zur Verringerung von Doppelbesteuerungsproblemen, 2009, S. 4.

oberen oder unteren Rands einer Bandbreite führt je nach Umfang der innerkonzernlichen Leistungsströme zwangsläufig zu beträchtlichen Auswirkungen auf die Bemessungsgrundlage, die dem einen oder anderen beteiligten Fiskus zugewiesen wird. Vor dem Hintergrund der Auswirkungen auf das Steueraufkommen der beteiligten Fisci besteht mithin ein erhebliches Korrekturpotential.

Die entsprechenden Risiken einer Korrektur der Verrechnungspreise können gemindert werden, indem die Verrechnungspreisermittlung unter Vermeidung einer vollen Ausnutzung der Bandbreite erfolgt. Konkret empfiehlt es sich, die Verrechnungspreise unter einer Orientierung an dem Mittelwert[1089] der Bandbreite festzulegen.[1090] Zwar ist zu konstatieren, dass Preisverhandlungen zwischen fremden Dritten aufgrund ungleich verteilter Marktmacht und asymmetrischer Informationen in der Praxis „nur in seltenen Ausnahmefällen" zum Mittelwert führen.[1091] Nicht zuletzt deswegen wurde die im Zuge des Unternehmensteuerreformgesetzes 2008 eingeführte Vorgabe zum Mittelwert bzw. Median im Rahmen des hypothetischen Fremdvergleichs im Schrifttum zutreffend kritisiert.[1092]

Dessen ungeachtet lässt sich festhalten, dass eine ausgewogene Verrechnungspreisermittlung dergestalt, dass eine Orientierung am Mittelwert erfolgt, dazu geeignet ist, Verrechnungspreiskonflikte effektiv zu reduzieren. Denn mit einer entsprechenden Verrechnungspreisfestlegung wird gegenüber den beteiligten Fisci signalisiert, dass der Steuerpflichtige keine Verlagerung von Steuersubstrat anstrebt. M.a.W. wird das Konflikt- und Provokationspotenzial gegenüber den beteiligten Finanzverwaltungen deutlich reduziert. So bestehen auf Seiten der beteiligten Fisci weniger Anreize, eine Korrektur auf einen der – für sie günstigsten – Ränder der Bandbreite vorzunehmen. Dies kommt bereits in dem BMF-Schreiben v. 23.2.1983 zum Ausdruck. So wird in einem Beispiel in Tz. 2.1.9. ausgeführt, dass ein ordentlicher Geschäftsleiter eines durch die volle Ausschöpfung der Bandbreite benachteiligten Unternehmens eine derartige *„schematische"* Preisfestsetzung nicht hinnehmen würde, sondern *„im Interesse seines Unternehmens auf eine ausgewogene Preisgestaltung"* bedacht sei. Aus betriebswirtschaftlicher Sicht ist schließlich festzuhalten, dass eine Mittelwertlösung – bei Fehlen anderer geeigneter Anhaltspunkte

---

1089 Je nach den Verhältnissen des Einzelfalls kann das arithmetische Mittel oder der Median gewählt werden. In der deutschen Verrechnungspreispraxis wird bei dem Vorliegen einer Reihe von Vergleichswerten (z. B. im Rahmen einer Datenbankstudie) häufig der Median gewählt. Unter dem Median (auch als Zentralwert bezeichnet) wird der Wert einer Wertereihe verstanden, der die einzelnen Beobachtungen genau in zwei Hälften teilt. D. h. die Anzahl der Beobachtungen vor dem Median ist gleich der Anzahl der Beobachtungen hinter dem Median, vgl. *Bourier*, Beschreibende Statistik, 2011, S. 72.

1090 So auch *Niess*, in: Baumhoff/Dücker/Köhler, FS Krawitz, 2010, S. 322.

1091 Vgl. *Baumhoff*, Arbeitsunterlage zum Düsseldorfer Forum der internationalen Besteuerung, 2007 S. 137 ff.

1092 Vgl. § 1 Abs. 3 Satz 7 AStG. Vgl. dazu *Greinert*, in: Wassermeyer/Baumhoff, Verrechnungspreise international verbundener Unternehmen, 2014, Rz. 5.119.

– einen objektiven und neutralen Kompromisswert repräsentiert. Sie kann auch als „Arbitriums-“ oder „Schiedsrichterlösung“ bezeichnet werden, welche zur Folge hat, *„dass die Bandbreite zu gleichen Teilen auf die Beteiligten aufgeteilt wird (‚salomonische Mitte‘)“*[1093] Damit ist nicht gesagt, dass keine Orientierung an den Rändern der Bandbreite erfolgen darf. Vielmehr sind in der Praxis Fälle denkbar, in denen eine Orientierung an einem der Ränder der Bandbreite sachgerecht ist und von den beteiligten Finanzverwaltungen nicht beanstandet wird (z. B. qualitative Faktoren wie ungleich verteilte Marktmacht der verbundenen Unternehmen).[1094]

Um den Gegebenheiten der Praxis gerecht zu werden, lässt sich das Mittelwertgebot dahingehend modifizieren, dass nicht zwangsläufig exakt der Mittelwert der Vergleichswerte gewählt werden muss. Vielmehr besteht die Möglichkeit, eine „eigene“ Bandbreite vorzugeben, welche jedoch wesentlich enger ist als die Interquartilsbandbreite.

Anders als bei der strengen Vorgabe des Mittelwerts kann bei der Vorgabe dieser (engeren) Bandbreite das Steuergefälle zwischen den Staaten – wenngleich in geringerem Umfang – genutzt werden.

Die Risiken einer Verrechnungspreisfestlegung an einem der Ränder der Bandbreite sowie die Vorteile einer Orientierung am Mittelwert sollen durch das nachfolgende Beispiel verdeutlicht werden:

Beispiel:

Eine Produktionsgesellschaft in Irland (ertragsteuerliche Gesamtbelastung 12,5 %) stellt Türbeschläge im Auftrag ihrer Muttergesellschaft in Deutschland her (ertragsteuerliche Gesamtbelastung 30 %). Im Rahmen eines externen Preisvergleichs konnten Fremdvergleichspreise für Türbeschläge unabhängiger Produzenten ermittelt werden, welche im Hinblick auf die einzelnen Vergleichbarkeitsfaktoren als eingeschränkt vergleichbar[1095] zu qualifizieren sind.

Variante 1:

Die Verrechnungspreise für die Lieferungen der irischen Produktionsgesellschaft an ihre deutsche Muttergesellschaft werden auf Basis der Preisvergleichsmethode dergestalt ermittelt, dass die irische Produktionsgesellschaft für die von ihr gelieferten Türbeschläge einen Preis i.H.v. 11,40 Euro pro Stück erhält (drittes Quartil der ermittelten Interquartilsbandbreite):

1093 *Baumhoff*, in: Flick/Wassermeyer/Baumhoff/Schönfeld, § 1 AStG, Rz. 161.

1094 Auch aus einer europarechtlichen Perspektive sind alle Preise der Bandbreite bzw. des Einigungsbereichs gleich geeignet, vgl. *Greinert/Weigert*, DB 2013, S. 2527.

1095 Vgl. BMF v. 12.4.2005, BStBl. I 2005, S. 570, Tz. 3.4.12.5 Buchst. b).

Abbildung 19: Datenbankstudie Irland 3. Quartil

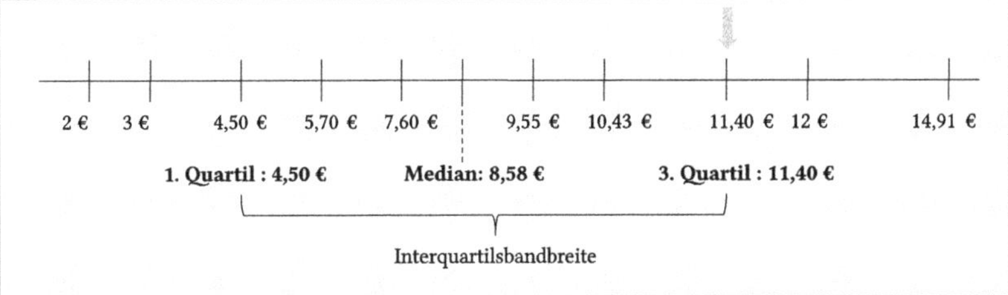

Die Wahl des oberen Randes der Interquartilsbandbreite führt zu einem steueroptimalen Ergebnis, da die Ertragsteuerbelastung in Irland deutlich geringer ist als in Deutschland.

Die Liefermengen betragen in den Jahren 2008, 2009 und 2010 (zugleich Betriebsprüfungszeitraum in Deutschland) jeweils 565.600 Stück, 678.300 Stück bzw. 682.200 Stück. Die irische Produktionsgesellschaft erzielt damit folgende Umsätze:

2008: 6.447.840 Euro,
2009: 7.732.620 Euro bzw.
2010: 7.777.080 Euro.

In der Betriebsprüfung für die Jahre 2008 bis 2010 erklärt die deutsche Finanzverwaltung die Verrechnungspreisgestaltung zwischen der deutschen Muttergesellschaft und der Produktionsgesellschaft in Irland aufgrund der Tatsache, dass die Bandbreite voll zuungunsten des deutschen Fiskus ausgeschöpft wurde, zu einem der Prüfungsschwerpunkte. Nach eingehender Prüfung wird eine Korrektur auf einen Verrechnungspreis i.H.v. 4,50 Euro (erstes Quartil) vorgenommen. Die Betriebsprüfung bezieht im Rahmen ihrer Argumentation auf Tz. 2.1.9. des BMF-Schreibens v. 23.2.1983[1096], wonach die Einkünfte eines durch die Ausschöpfung der Bandbreite benachteiligten Unternehmens zu korrigieren sind, da ein ordentlicher Geschäftsleiter die schematische Preisfestlegung nicht hinnehmen würde, sondern auf eine ausgewogene Preisgestaltung bedacht sei. Die Korrektur auf den unteren Rand begründet die Finanzverwaltung auch mit der mangelnden Mitwirkung des Steuerpflichtigen.[1097]

Die deutsche Finanzverwaltung führt entsprechende Korrekturen durch und senkt die Betriebsausgaben der deutschen Muttergesellschaft um die folgenden Werte:

2008: 3.902.640 Euro,
2009: 4.680.270 Euro bzw.
2010: 4.707.180 Euro.

1096 Vgl. BMF-Schreiben v. 23.2.1983, BStBl. I 1983, S. 218.

1097 § 162 Abs. 3 Satz 2 AO. Vgl. zu den dokumentationsbezogenen Risiken Abschnitt E.III.2.1.

Die Senkung der Betriebsausgaben der deutschen Muttergesellschaft führt bei einer Ertragsteuerbelastung von 30 % in Deutschland (ohne Berücksichtigung von Zinseffekten) zu einer steuerlichen Mehrbelastung i.H.v. ca. 4 Mio. Euro. Die irische Finanzverwaltung ist nicht dazu bereit, die Umsätze der Produktionsgesellschaft um mehr als die Hälfte zu korrigieren. Folglich kommt es zu einer Doppelbesteuerung.

Variante 2:

Die Verrechnungspreise werden unter Berücksichtigung der Vorgaben des Verrechnungspreisrisikomanagements dergestalt ermittelt, dass exakt der Median der Vergleichswerte gewählt wird (8,58 Euro). Die Wahl des Medians wird in der Verrechnungspreisdokumentation ausführlich begründet. Dazu wird u. a. argumentiert, dass es sich bei der irischen Produktionsgesellschaft um ein „Mittelunternehmen" i.S.v. Tz. 3.4.10.2. Buchst. c) des BMF-Schreibens v. 12.5.2005 handele.

Abbildung 20: Datenbankstudie Irland Median

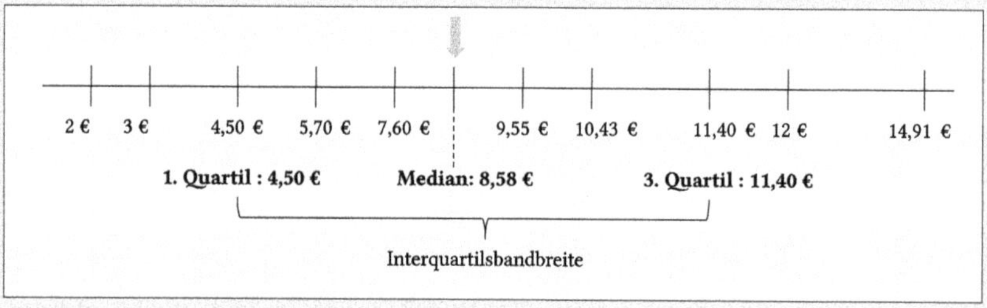

Die irische Produktionsgesellschaft erzielt folgende Umsätze:

2008: 4.852.848 Euro,
2009: 5.819.814 Euro bzw.
2010: 5.853.276 Euro.

Vor dem Hintergrund, dass die Bandbreite – anders als in Variante 1 – nicht voll zuungunsten des deutschen Fiskus ausgeschöpft wurde und da die Verwendung des Medians in der Verrechnungspreisdokumentation ausführlich begründet wird, wird die Verrechnungspreisgestaltung zwischen der deutschen Muttergesellschaft und der irischen Tochtergesellschaft von der deutschen Finanzverwaltung akzeptiert.

Ergebnis:

Zwar wird das deutliche Steuergefälle zwischen Deutschland und Irland in Variante 2, der eine konsequente Orientierung am Median der Bandbreite zugrunde liegt, nicht ausgenutzt. Gleichwohl werden die Risiken einer Verrechnungspreiskorrektur, die bei einer „aggressiven" Ausnutzung der Bandbreite bestehen, erheblich reduziert. So ergibt sich in Variante 1 infolge der Verrechnungspreiskorrektur eine steuerliche Mehrbelastung von ca. 4 Mio. Euro, welche die Vorteile aus der Ausnutzung des Steuergefälles zwischen Deutschland und Irland deutlich überkompensiert.

Aus dem Beispielsfall lassen sich folgende Schlussfolgerungen ziehen: Sollte die Muttergesellschaft das Risiko einer Verrechnungspreiskorrektur als äußerst gering einschätzen, ist Variante 1 vorteilhafter, da das Steuergefälle zwischen Deutschland und Irland ausgenutzt werden kann. Ab einer gewissen Wahrscheinlichkeit einer Verrechnungspreiskorrektur ist dagegen Variante 2 vorzuziehen. Hierbei handelt es sich um die Wahrscheinlichkeit, bei der der Erwartungswert der Verrechnungspreiskorrektur (Produkt aus geschätzter prozentualer Wahrscheinlichkeit und Höhe der Korrektur) die Steuervorteile, die sich aus der Wahl des Randes der Interquartilsbandbreite ergeben, übersteigt.

Die vorstehenden Überlegungen machen deutlich, dass die Wahl eines Wertes aus einer Bandbreite letztlich als Optimierungsproblem betrachtet werden kann, welches einer rechnerischen Lösung zugeführt werden kann. Die insoweit zu berücksichtigenden Berechnungsgrundlagen stellen die ermittelte Bandbreite, (subjektive) Wahrscheinlichkeit eines Aufgriffs durch die Finanzverwaltung (dies beinhaltet eine Erwartung, auf welchen Wert die Finanzverwaltung die Verrechnungspreise korrigieren wird und welche Nachzahlungszinsen anfallen werden), das Steuerniveau in den beteiligten Staaten sowie die Erwartung darüber dar, ob eine Gegenkorrektur durch den anderen Fiskus durchgeführt wird. Da die Ermittlung der entsprechenden Variablen in der Praxis mit einer deutlichen Unsicherheit behaftet ist und für jede Geschäftsbeziehung im Vorhinein durchzuführen wäre, dürfte es sich in den meisten Fällen als zweckmäßiger erweisen, eine Orientierung am Mittelwert vorzugeben. Diese kann wie dargestellt dergestalt erfolgen, dass eine „eigene" Bandbreite vorgegeben wird, welche jedoch wesentlich enger ist als die Interquartilsbandbreite. Auf diese Weise können die Risiken einer Verrechnungspreiskorrektur wie dargestellt effektiv gemindert werden.

2.4.2 Bewertung des Instruments

Das Instrument der Vermeidung der Ausnutzung von Bandbreiten weist einen breiten Anwendungsbereich auf. Es kann bei nahezu sämtlichen grenzüberschreitenden Geschäftsbeziehungen Anwendung finden, die in international tätigen Konzernen abgewickelt werden. Dies beruht auf dem Umstand, dass sich sowohl bei der Anwendung der Standardmethoden als auch bei Anwendung der geschäftsvorfallbezogenen Nettomargenmethode (TNMM) regelmäßig Bandbreiten an Fremdvergleichswerten bzw. Renditekennziffern ergeben, die selbst nach einer Einengung nach mathematisch-statistischen Verfahren noch eine deutliche Streuung aufweisen. Ferner ergeben sich auch bei Anwendung der geschäftsvorfallbezogenen Gewinnaufteilungsmethode in der Ausprägung des „Residual Profit Split" regelmäßig Bandbreiten. Dies betrifft die Bestimmung der Routinevergütung, die auf Basis der Standardmethoden bzw. der geschäftsvorfallbezogenen Nettomargenmethode (TNMM) ermittelt wird. Der Einsatz des Instruments der Vermeidung der aggressiven Ausnutzung von Bandbreiten erfordert keinen hohen Ressourcenaufwand. Dies beruht auf der Tatsache, dass die Bandbreiten im Rahmen der Verrechnungspreisermittlung ohnehin zu ermitteln sind. Um gegenüber der Finanzverwaltung aufzeigen zu können, welcher Wert aus den verfügbaren Bandbreiten ausgewählt wurde, ist es jedoch erforderlich, die identifizierten Fremdvergleichswerte im Rahmen der ohnehin zu erstellenden Aufzeichnungen sorgfältig zu dokumentieren.

Das Instrument der „Vermeidung der aggressiven Ausnutzung von Bandbreiten" dient der Verminderung von Verrechnungspreisrisiken. Eine Vermeidung lässt sich durch den Einsatz des Instruments nicht erreichen, da Verrechnungspreiskorrekturen auch bei einer Mittelwertorientierung möglich sind.

2.5 Inanspruchnahme von Safe Harbour-Regelungen

2.5.1 Beschreibung des Instruments

Die OECD-Verrechnungspreisrichtlinien[1098] enthalten seit der im Jahr 1995 veröffentlichten Fassung Ausführungen zu sog. Safe Harbour-Regeln.[1099] Die Ausführungen fanden in der deutschen Verrechnungspreispraxis bislang kaum Beachtung. Dies ist zum einen darauf zurückzuführen, dass das deutsche Steuerrecht – im Gegensatz zu den Rechtsordnungen anderer Staaten – keine derartigen Regelungen kennt. Zum anderem schätzte die OECD die Verabschiedung von Safe Harbour-Regeln lange Zeit selbst sehr kritisch ein.[1100] Im Jahr 2011 wurde auf Ebene der OECD schließlich ein Projekt initiiert, welches darauf abzielte, die Ausführungen zu Safe Harbour-Regeln in Kapitel IV.E. der OECD-Verrechnungspreisrichtlinien einer umfassenden Revision zu unterziehen. Das Projekt wurde am 16.5.2013 mit der Annahme der Änderungen in Kapitel IV.E. durch den Rat der OECD abgeschlossen. Vor dem Hintergrund, dass Safe Harbour-Regelungen als Instrumente des steuerlichen Verrechnungspreisrisikomanagements eingesetzt werden können, werden die Vorgaben der OECD nachfolgend dargestellt und bewertet.

1098 Zu der Funktion und dem Status der OECD-Verrechnungspreisrichtlinien vgl. Abschnitt B.II.1.3.

1099 Vgl. Kapitel IV.E. der OECD-Verrechnungspreisrichtlinien.

1100 Vgl. Tz. 4.120 ff. der OECD-Verrechnungspreisrichtlinien a.F.

Unter Safe Harbours werden gesetzliche und verwaltungsseitige Regelungen verstanden, welche Steuerpflichtigen die Erfüllung der gesetzlichen Anforderungen an die Verrechnungspreisermittlung erleichtern sollen.[1101] Die Erleichterungen können sich zum einen auf den Prozess der Verrechnungspreisermittlung selbst beziehen, der – wie von Kritikern des Fremdvergleichsgrundsatzes zutreffend angeführt wird – sehr zeit- und ressourcenintensiv ist.[1102] Zum anderen sollen Erleichterungen dergestalt erzielt werden, dass die Verrechnungspreise bei einer Befolgung der Safe Harbour-Regeln durch die Finanzverwaltung ohne weitere Prüfungen akzeptiert werden. Aus Sicht der Steuerpflichtigen weisen Safe Harbour-Regelungen mithin den Vorteil auf, dass *ex-ante* Rechtssicherheit bei der Verrechnungspreisermittlung und -festlegung erlangt werden kann. Die bewusste Inanspruchnahme von Safe Harbour Regelungen stellt daher ein ursachenbezogenes Instrument des Verrechnungspreisrisikomanagements dar. Das Instrument dient der Vermeidung von externen Verrechnungspreisrisiken in der Ausprägung der Rechtsbeurteilungsrisiken (Risiko einer abweichenden Beurteilung durch die Finanzverwaltung oder Rechtsprechung). Aus Sicht der Finanzverwaltung weisen Safe-Harbour-Regelungen den Vorteil auf, dass eine aufwendige Überprüfung der Geschäftsbeziehungen, auf die die Safe Harbour-Regeln angewendet werden, unterbleiben kann, so dass sachliche und personelle Ressourcen auf andere Prüfkomplexe gelenkt werden können.[1103]

In praktischer Hinsicht können Safe Harbour-Regelungen in der Weise ausgestalt werden, dass die nationalen Einkünftekorrekturnormen für bestimmte – vorab klar definierte – Transaktionstypen unanwendbar bleiben, wenn die Verrechnungspreisermittlung unter Beachtung der Vorgaben der Finanzverwaltung erfolgt. Die Regelungen setzen mithin auf der Ebene des *price setting* an. Die Vorgaben der Finanzverwaltung können sich beispielsweise auf die Höhe des Gewinnaufschlags bei Anwendung der Kostenaufschlagsmethode beziehen. Safe Harbour-Regelungen können ferner darin bestehen, dass den Steuerpflichtigen für bestimmte Geschäftsbeziehungen eine Bandbreite an Renditekennziffern oder Zinssätzen vorgegeben wird. Sofern sich die maßgebliche Kennziffer der betreffenden Konzerngesellschaft am Ende eines Wirtschaftsjahres innerhalb der vorgegebenen Bandbreite bewegt, wird die Verrechnungspreisgestaltung ohne weitere Prüfungen anerkannt. Die Frage, auf welche Weise die Kennziffer erreicht wurde, d. h. welche Verrechnungspreismethode konkret angewandt wurde, ist dabei ohne

1101 *Gimbel Lewis*, Tax Management Transfer Pricing Report, Volume 21, Nr. 9, 2012.

1102 Zu den Schwierigkeiten bei der Ermittlung fremdüblicher Verrechnungspreise vgl. *Mayer*, Formulary Apportionment in the Internal Market, 2009, S. 16; *Herzig/Teschke/Joisten*, Intertax 2010, S. 335; *Dawid/Dworaczek*, in: Kroppen, Handbuch Internationale Verrechnungspreise, Erläuterungen der OECD-Leitlinien, Kapitel III, Erläuterung von Tz. 3.61 – 4.47 OECD-LL, Tz. 296.

1103 Tz. 4.107 ff. OECD-Verrechnungspreisrichtlinien n.F.; *Reichl/von Bredow*, DB 2013, S. 1515.

Bedeutung. Die zuletzt genannten Regelungen setzen daher auf der Ebene des *outcome testing* an.

Keine Safe Harbour-Regeln stellen nach Auffassung der OECD dagegen Regelungen dar, die lediglich auf eine Erleichterung bei der Aufzeichnungspflicht für bestimmte Geschäftsbeziehungen abzielen.[1104] Insoweit kann aus deutscher Sicht beispielhaft § 6 GAufzV angeführt werden.[1105] Safe Harbour-Regelungen sind weiterhin von Advance Pricing Agreements[1106] abzugrenzen:[1107] Während letztere sich ausschließlich auf einzelne Verrechnungspreisfälle beziehen, können Safe Harbour-Regeln auf eine Vielzahl gleichartiger Geschäftsbeziehungen angewendet werden. Zudem gehen dem Abschluss eines Advance Pricing Agreements in der Regel längere Verhandlungen zwischen den Beteiligten voraus, in denen der zugrunde liegende Sachverhalt eingehend gewürdigt wird. Die Anwendung von Safe Harbour-Regelungen ist dagegen ohne weitere Abstimmungen möglich, wenn die jeweiligen gesetzlichen oder verwaltungsseitigen Voraussetzungen erfüllt sind.

Beispiel:

Ein konkretes Beispiele für eine Safe Harbour-Regelung stellt das Tax Ruling Nr. 1999/1 der australischen Finanzverwaltung ATO dar.[1108] Nach dieser Verwaltungsregelung werden die für (dem Grunde nach verrechenbare) konzerninterne *non-core* Routinedienstleistungen angesetzten Verrechnungspreise seitens der Finanzverwaltung ohne weitere Prüfungen akzeptiert, wenn auf Ebene der leistungsemfangenden australischen Konzerngesellschaft die folgenden Voraussetzungen kumulativ erfüllt sind:

- Der Betrag, der für die Dienstleistungen insgesamt aufgewendet wird, beträgt **weniger als 15 %** der gesamten Aufwendungen der betreffenden Gesellschaft,
- Der angesetzte Gewinnaufschlag beträgt nicht mehr als **7,5 %**,[1109]
- Das Dienstleistungsverhältnis wird eingehend **dokumentiert**.

1104 Vgl. Tz. 4.101 OECD-Verrechnungspreisrichtlinien n.F.

1105 Nach § 6 GAufzV gelten die gesetzlichen Aufzeichnungspflichten als erfüllt, wenn für Geschäftsbeziehungen, die bestimmte Transaktionsvolumina nicht überschreiten, Auskünfte erteilt und vorhandene Unterlagen vorgelegt werden, vgl. dazu *Cordes*, Aufzeichnungspflichten bei internationalen Verrechnungspreisen, 2009, S. 50 ff.

1106 Vgl. zu Advance Pricing Agreements ausführlich Abschnitt 2.4.2.

1107 Vgl. Tz. 4.101 OECD-Verrechnungspreisrichtlinien n.F.; *Keerl*, Internationale Verrechnungspreise in der globalisierten Wirtschaft 2008, S. 180; *Rodemer*, Advance Pricing Agreements im US-amerikanischen und im deutschen Steuerrecht 2001, S. 248.

1108 Vgl. Taxation Ruling Income Tax: international transfer pricing for intra-group services, TR 1999/1.

1109 Zur Vermeidung einer Doppelbesteuerung werden unter bestimmten Umständen Gewinnaufschläge bis zu maximal 10 % akzeptiert, vgl. dazu Tz. 83 der Taxation

Die vorstehenden Regelungen für Inbound-Dienstleistungen können auch auf Dienstleistungen, die von australischen Konzerngesellschaften an ausländische Leistungsempfänger erbracht werden („Outbound-Dienstleistungen"), angewandt werden. In diesem Fall ist das Tax Ruling mit der Maßgabe anzuwenden, dass die Höhe des Gewinnaufschlags **mindestens** 7,5 % betragen muss. Neuseeland hat sich als wichtiger Handelspartner Australiens angeschlossen und eine inhaltlich abgestimmte Safe Harbour-Regelung eingeführt, die ebenfalls von einem Gewinnaufschlag i.H.v. 7,5 % ausgeht.[1110]

Vor dem Hintergrund des hohen Verwaltungsaufwands und der hohen Befolgungskosten der Verrechnungspreisermittlung und -dokumentation auf der Grundlage des Fremdvergleichsgrundsatzes hat die OECD am 9.3.2011 im Rahmen ihres Projektes „Administrative Aspects of Transfer Pricing" angekündigt, die bisherigen – von einer negativen Grundhaltung geprägten – Ausführungen zu Safe Harbours in Kapitel IV.E. zu überprüfen und neu zu fassen. In der Folge wurde am 6. Juni 2012 ein von der Working Party (WP) 6 erarbeiteter umfangreicher Discussion Draft veröffentlicht. Dieser enthält Vorschläge für eine partielle Neufassung von Kapitel IV.E. der OECD-Verrechnungspreisrichtlinien sowie Muster sog. Sample Memoranda of Understanding. Am 16.5.2013 wurden die Vorschläge schließlich von dem Rat der OECD angenommen, so dass die neuen Ausführungen in Kapitel VI.E. ab diesen Zeitpunkt anwendbar sind.

Hinsichtlich der (partiellen) Neufassung von Kapitel IV.E. fällt zunächst auf, dass die negative Grundhaltung gegenüber Safe Harbour-Regelungen aufgegeben wurde. Zwar werden *unilaterale*, d.h. einseitige Safe Harbour-Regelungen und Safe Harbour-Regelungen für komplexe, risikoreiche Transaktionen weiterhin kritisch beurteilt. Bei kleineren Steuerpflichtigen und weniger komplexen Transaktionen wird jedoch davon ausgegangen, dass die Vorteile von Safe Harbour-Regelungen die Probleme, die durch diese Regelungen hervorgerufen werden, übersteigen dürften.[1111] In der überarbeiteten Fassung wird zudem der Vorteil bi- oder multilateraler Safe Harbour-Regelungen hervorgehoben, da diese in besonderem Maße dazu geeignet sind, Dokumentationserfordernisse sowie den Verwaltungsaufwand deutlich zu reduzieren und Doppelbesteuerungskonflikte zu vermeiden.[1112]

Zur konkreten Umsetzung bi- oder multilateraler Safe Harbour-Regelungen schlägt die OECD sog. Memoranda of Understanding vor.[1113] Hierbei handelt es sich

Ruling Income Tax: international transfer pricing for intra-group services, TR 1999/1.

1110 Vgl. dazu *Gimbel Lewis*, Tax Management Transfer Pricing Report, Volume 19, Nr. 24, 2011.

1111 Vgl. Tz. 4.114 OECD-Verrechnungspreisrichtlinien n.F.

1112 Vgl. Tz. 4.128 OECD-Verrechnungspreisrichtlinien n.F.

1113 Vgl. Tz. 4.119 OECD-Verrechnungspreisrichtlinien n.F.

um Vereinbarungen zwischen einzelnen DBA-Partnern, die bilaterale Safe Harbours im Verhältnis dieser Staaten begründen sollen.[1114] Die entsprechenden Safe Harbours sollen von einer Vielzahl an Unternehmen in Anspruch genommen werden können, die die in den Memoranda of Understanding genannten Voraussetzungen erfüllen. Die Rechtsgrundlage für den Abschluss von Memoranda of Understanding bilden nach Auffassung der OECD die Art. 25 Abs. 3 OECD-MA nachgebildeten Abkommensartikel (bilaterale Konsultationsvereinbarungen).[1115]

In Annex I zu Kapitel IV. der OECD-Verrechnungspreisrichtlinien sind Muster von Memoranda of Understanding für „Low Risk Distribution" (Vertrieb), Low Risk Manufacturing (Auftrags- bzw. Lohnfertigung) und Low Risk Research and Development (Forschung und Entwicklung) beigefügt, die den DBA-Partnern als Vorlage bei der Verhandlung entsprechender Vereinbarungen dienen sollen.[1116] Die Muster weisen die folgende Grundstruktur auf:

Grundstruktur eines Memorandum of Understanding:

1. **Präambel** (Ziel der Vereinbarung, Rechtsgrundlagen, Gültigkeitsdauer, Definitionen);
2. Unter die Vereinbarung fallende **Unternehmen** (Anforderungen an das Funktions- und Risikoprofil, Ansässigkeit der Unternehmen, Ausschlusskriterien, Vorgabe von Größenkriterien);
3. Unter die Vereinbarung fallende **Geschäftsbeziehungen** (Genaue Abgrenzung der Geschäftsbeziehungen);
4. **Ermittlung der Einkünfte** der betroffenen Unternehmen (z. B. Vorgabe eines Margen- oder Zinskorridors),
5. **Betriebsstättenfragen** (Klarstellung, dass die teilnehmenden Unternehmen gegenseitig keine Betriebsstätte begründen);
6. **Wahlrecht und Mitteilungspflichten** (Form der Anzeige, vorzulegende Unterlagen);
7. **Beendigung der Vereinbarung** (Regelungen zur Kündigung durch die beteiligten Staaten).

Memoranda of Understanding sollen regelmäßig angepasst werden können, um ihren Inhalt an die aktuelle gesamtwirtschaftliche Lage anzupassen.[1117] Dies betrifft insbesondere die Definition der unter die Vereinbarung fallenden Unternehmen und Geschäftsbeziehungen (Punkte 2. und 3.) sowie die Ermittlung der Einkünfte der betreffenden Unternehmen (Punkt 4.). Als Beispiel für eine entsprechende Anpassung kann die Festlegung neuer Zinsbandbreiten für konzerninterne Darlehen infolge veränderter Kapitalmarktdaten angeführt werden.

1114 Vgl. *Greinert/Strohm*, Ubg 2013, S. 573.
1115 Vgl. Annex I zu Kapitel IV. der OECD-Verrechnungspreisrichtlinien.
1116 Vgl. Annex I zu Kapitel IV. der OECD-Verrechnungspreisrichtlinien.
1117 Vgl. Annex I zu Kapitel IV. der OECD-Verrechnungspreisrichtlinien.

2.5.2 *Bewertung des Instruments*

Das Konzept *unilateraler*, d. h. einseitiger, Safe Harbour-Regeln erfuhr in den OECD-Verrechnungspreisrichtlinien 2010 eine deutliche Kritik.[1118] Die OECD kam daher konsequenterweise zu der Empfehlung:

> *"In view of the above considerations, special statutory derogations for categories of taxpayers in the determination of transfer pricing are not generally considered advisable, and consequently the use of safe harbours is not recommended"*[1119].

Die Kritik an unilateralen Safe Harbour-Regeln kommt auch in der im Jahr 2013 verabschiedeten Fassung von Kapitel IV.E. der OECD-Verrechnungspreisrichtlinien – indes in abgeschwächter Form – zum Ausdruck.[1120]

Der Kritik an unilateralen Safe Harbour-Regeln ist zuzustimmen. Gegen die Verwendung derartiger Regelungen spricht zum einen die Tatsache, dass die Vereinfachung der Verrechnungspreisermittlung aus der Perspektive lediglich eines Staates die Probleme nur scheinbar löst. Denn es ist keineswegs sichergesellt, dass die beteiligten ausländischen Finanzverwaltungen die Vereinfachungen (z. B. die Vorgabe eines Margenkorridors) ebenfalls akzeptierten. M.a.W. führen unilaterale Safe Harbour-Regeln regelmäßig dazu, dass der Verwaltungsaufwand sowie die Risiken, die in einem Staat vermieden werden, in die anderen beteiligten Staaten verlagert werden.[1121] Überdies ist zu erwarten, dass ein ausländischer Staat die Verrechnungspreisgestaltung im Rahmen einer Abwehrprüfung[1122] besonders genau prüfen wird, wenn er Kenntnis darüber erlangt, dass in dem anderen beteiligten Staat eine Safe Harbour-Regelung zur Anwendung kommt.

Probleme ergeben sich auch dann, wenn die beteiligten Staaten jeweils eigene unilaterale Safe Harbour-Regelungen für identische Geschäftsbeziehungen vorsehen, die in ihrer konkreten Ausgestaltung (Margenkorridor, Anwendungsvoraussetzungen etc.) nicht übereinstimmen. Vor dem Hintergrund, dass die Interessenlagen der Fisci genau gegenläufig sind, ist ein Auseinanderfallen der Safe Harbour-Regelungen sogar wahrscheinlich.[1123] Mithin können unilaterale Safe Harbour-Regelungen Doppelbesteuerungsrisiken nicht vermindern, sondern sogar noch erhöhen. Als Zwischenergebnis kann daher festgehalten werden, dass unilaterale Safe Harbour-Regeln sich nicht als Instrumente des Verrechnungspreisrisikomanagements eignen.

Eine Lösung der Probleme, die mit unilateralen Safe Harbour-Regelungen einhergehen, könnte in der Verabschiedung *bilateraler* Safe Harbours liegen. Hierunter

---

1118 Vgl. Tz. 4.96, 4.107 ff. und 4.120 OECD-Verrechnungspreisrichtlinien a.F.
1119 Tz. 4.122 OECD-Verrechnungspreisrichtlinien a.F.
1120 Vgl. Tz. 4.108, 4.113, 4.115, 4.126 OECD-Verrechnungspreisrichtlinien n.F.
1121 Vgl. Tz. 4.113 OECD-Verrechnungspreisrichtlinien.
1122 Vgl. *Bär*, Verständigungen über Verrechnungspreise verbundener Unternehmen im deutschen Steuerrecht 2009, S. 23 mit Verweis auf *Runge*, in *Herzig*, Advance Pricing Agreements, 1996, S. 77.
1123 Vgl. Tz. 4.114 OECD-Verrechnungspreisrichtlinien a.F.

werden Safe Harbour-Regelungen verstanden, die zwischen den beteiligten Staaten abgestimmt sind. Die OECD verfolgt mit der Neufassung von Kapitel IV.E. der OECD-Verrechnungspreisrichtlinien wie dargestellt das Ziel, diese Abstimmung über den Abschluss sog. „Memoranda of Understanding" zu erreichen. Der Vorschlag des Abschlusses von „Memoranda of Understanding" begegnet jedoch erheblichen Zweifeln. So darf nicht verkannt werden, dass Memoranda of Understanding sinnvollerweise mit allen wichtigen Handelspartnern vereinbart werden sollten.[1124] Sollten einzelne Staaten nicht in dem Netz an Memoranda of Understanding enthalten sein, hat dies zur Folge, dass eine Konzerngesellschaft, die gleichartige Leistungen an mehrere in- und ausländische Konzerngesellschaften erbringt (z. B. eine konzerninterne Servicegesellschaft), in Bezug auf die Staaten, mit denen entsprechende Memoranda vereinbart wurden, die Erleichterungen der Safe Harbour-Regelung in Anspruch nehmen kann (wobei je nach DBA-Partner inhaltliche Abweichungen möglich sind), während in Bezug auf die restlichen Staaten – sowie die inländischen Leistungsempfänger – eine klassische Verrechnungspreisermittlung (z. B. durch Erstellung von Datenbankstudien etc.) erfolgen muss. Da dies mit einem unverhältnismäßigen Mehraufwand verbunden wäre (Differenzierung in den Verrechnungspreisdokumentationen, Aufteilung im Rechnungswesen etc.), dürfte sich die Inanspruchnahme von Safe Harbour-Regelungen für multinationale Konzerne, die innerkonzernliche Leistungsbeziehungen in zahlreiche Staaten unterhalten, regelmäßig verbieten, solange kein weitreichendes Netz an Memoranda of Understanding vorhanden ist.[1125]

Vor dem Hintergrund der dargestellten Probleme, denen bilaterale Memoranda of Understanding begegnen, könnte erwogen werden, *multilaterale* Safe Harbours einzuführen. In diesem Zusammenhang wäre es etwa denkbar, Safe Harbours auf Ebene der Europäischen Union einzuführen, die von Unternehmen sämtlicher EU-Mitgliedstaaten in Anspruch genommen werden können. Ungeachtet der Frage, wie sich dieses Vorhaben im Bereich der direkten Steuern in rechtlicher Sicht umsetzten ließe (Richtline, Verordnung, Verhaltenskodex), kann jedoch bezweifelt werden, dass ein politischer Wille zur Einführung derartiger Regelungen besteht. Überdies würde eine „Insellösung" auf europäischer Ebene wichtige Ländergruppen (USA, China etc.) ausklammern. Aus diesen Gründen scheint eine Einführung multilateraler Safe Harbour-Regelungen, die aus Sicht des Verrechnungspreisrisikomanagements zu begrüßen wäre, derzeit nicht realistisch.

In Bezug auf die Eignung bilateraler Safe Harbour-Regeln als Instrument des Verrechnungspreisrisikomanagements ist weiterhin zu beachten, dass der Anwendungsbereich der Regeln auf einfache Geschäftsbeziehungen unter Beteiligung von

---

1124 Die OECD schlägt dagegen vor, Memoranda of Understanding auf selektiver Basis nur mit Staaten abzuschließen, die ein vergleichbares Steuerniveau aufweisen, vgl. Annex I zu Kapitel IV. der OECD-Verrechnungspreisrichtlinien.

1125 Vgl. insoweit auch *Keerl*, Internationale Verrechnungspreise in der globalisierten Wirtschaft, 2008, S. 180.

Routineunternehmen begrenzt ist. Dies wird nicht zuletzt dadurch unterstrichen, dass die Muster von Memoranda of Understanding in Annex I zu Kapitel IV. der OECD-Verrechnungspreisrichtlinien ausnahmslos Routinefunktionen betreffen. Die Begrenzung auf Routinefunktionen erscheint insofern sachgerecht, als bei dem Vorliegen komplexer Geschäftsbeziehungen – z. B. zwischen zwei Entrepreneuren – die Gefahr besteht, dass die Verwendung statischer Safe Harbour-Gewinnmargen zu einer unzutreffenden Besteuerung führt, da die Besonderheiten des Einzelfalls (Inhaberschaft immaterieller Wirtschaftsgüter, Risikotragung etc.) nicht angemessen berücksichtigt werden können. Aus Sicht des Verrechnungspreisrisikomanagements ist die Begrenzung auf Routinetransaktionen jedoch insoweit nachteilig, als komplexe Transaktionen – welche in der Praxis durch nennenswerte Verrechnungspreisrisiken gekennzeichnet sind – von dem Anwendungsbereich des Instruments gänzlich ausgeklammert sind. Für die zuletzt genannten komplexen Transaktionen empfiehlt sich daher weiterhin der Abschluss eines APA, das auf den Einzelfall zugeschnitten werden kann.

Fragen wirft schließlich auch die seitens der OECD angeführte Rechtsgrundlage der Memoranda of Understanding auf. In Annex I zu Kapitel IV. wird insoweit die Auffassung vertreten, dass Memoranda of Understanding Konsultationsvereinbarungen i.S.v. Art. 25 Abs. 3 OECD-MA darstellen sollen. Konsultationsvereinbarungen dienen allgemein dazu, Schwierigkeiten oder Zweifel, die bei der Auslegung oder Anwendung des Abkommens entstehen, zu beseitigen.[1126] Im Bereich der Safe Harbour-Regelungen soll es sich hierbei nach Auffassung der OECD um Schwierigkeiten oder Zweifel bei der Auslegung und Anwendung von Art. 9 OECD-MA, d. h. der Gewinnabgrenzung verbundener Unternehmen handeln.[1127] In Deutschland ist in diesem Zusammenhang jedoch umstritten, ob Konsultationsvereinbarungen die Judikative wirksam binden können.[1128] Der BFH hat diese Frage in mehreren Urteilen verneint und klargestellt, dass Konsultationsvereinbarungen zweier Steuerbehörden auf der Grundlage einer Art. 25 Abs. 3 OECD-MA nachgebildeten Regelung die Gerichte mangels Transformation in deutsches Recht nicht binden können.[1129] Die fehlende Bindung der Gerichte an die Memoranda of Understanding ist insoweit problematisch, als es grundsätzlich denkbar ist, dass es in einem finanzgerichtlichen Verfahren zu einem von den entsprechenden Memoranda abweichenden Urteil kommen kann.[1130] Das Ziel der Steuerpflichtigen, über die Inanspruchnahme der Memoranda of Understanding Rechtssicherheit zu erlangen, wird damit konterkariert.[1131]

1126 Vgl. dazu ausführlich *Liebchen* in: Schönfeld/Ditz, DBA, Art. 25 Rz. 191 ff.

1127 Vgl. Annex I zu Kapitel IV, Einleitung.

1128 Vgl. *Greinert/Strohm*, Ubg 2013, S. 576; *Reichl/von Bredow*, DB 2013, S. 1517.

1129 Vgl. BFH v. 2.9.2009, BStBl. II 2010, S. 387; BFH v. 2.9.2009, BStBl. II 2010, S. 394.

1130 Im Schrifttum ist umstritten, ob die Änderung in § 2 Abs. 2 AO geeignet ist, dies zu ändern, vgl. *Lehner*, IStR 2011, S. 733 ff.

1131 In Bezug auf die Rechtsgrundlage der Memoranda of Understanding vgl. auch *Greinert/Strohm*, Ubg 2013, S. 576; *Reichl/von Bredow*, DB 2013, S. 1517.

Im Ergebnis kann festgehalten werden, dass sich bilaterale Safe Harbour-Regeln nur äußerst eingeschränkt als Instrumente des Verrechnungspreisrisikomanagements eignen. Dies liegt zum einen in der Tatsache begründet, dass mittelfristig kein flächendeckendes Netz an Memoranda of Understandings zu erwarten ist, so dass es – zumindest auf absehbare Zeit – in der Praxis zu einem Nebeneinander von klassischer Verrechnungspreisermittlung und Anwendung von Safe Harbour-Regeln kommen wird. Ferner ist zu beachten, dass der Anwendungsbereich von Safe Harbour-Regeln auf Routinetransaktionen beschränkt ist. Komplexe Transaktionen, die durch ein tendenziell höheres Verrechnungspreisrisiko gekennzeichnet sind, können mithin nicht Gegenstand von Safe Harbour-Regelungen sein. Schließlich sind die Probleme zu beachten, die sich aus der fehlenden Bindung der Gerichte ergeben.

Einen sinnvollen Beitrag zu der Verminderung von Verrechnungspreisrisiken können Safe Harbour-Regelungen nach der hier vertretenen Auffassung erst dann leisten, wenn ein abgestimmtes internationales Netz von bilateralen Safe Harbour-Regelungen hinsichtlich bestimmter Routinetransaktionen, wie z. B. der Dienstleistungserbringung durch eine Konzerngesellschaft an verbundene Gesellschaften, besteht, das von den Steuerpflichtigen in Anspruch genommen werden kann. Insoweit kann tatsächlich von einer *„Umwälzung sowohl der Verständigungsverfahrenspraxis als auch der Verrechnungspreispraxis insgesamt“*[1132] gesprochen werden.

2.6 Erstellung einer international abgestimmten Verrechnungspreisdokumentation

2.6.1 Vorbemerkung

In Abschnitt E.III.2.1 wurden die steuerlichen Risiken dargestellt, die im Zusammenhang mit der – international mittlerweile weitgehend üblichen[1133] – Pflicht zur Erstellung einer Verrechnungspreisdokumentation auftreten können. Die Risiken bestehen zusammengefasst darin, dass die Finanzverwaltung Schätzungen vornehmen oder Strafzuschläge festsetzen kann, falls sie die vom Steuerpflichtigen erstellten Aufzeichnungen aufgrund von Formalmängeln als im Wesentlichen unverwertbar qualifiziert. Risiken können sich darüber hinaus auch daraus ergeben, dass der Steuerpflichtige Aufzeichnungen über sog. außergewöhnliche Geschäftsvorfälle[1134] nicht innerhalb der gesetzlich vorgegebenen Fristen erstellt.[1135]

1132 *Flüchter*, IStR 2012, S. 702.
1133 Vgl. die Übersicht von *Niess*, in: Baumhoff/Dücker/Köhler, FS Krawitz, 2010, S. 302.
1134 Zu dem Begriff der „außergewöhnlichen Geschäftsvorfälle“ vgl. § 3 Abs. 2 GAufzV.
1135 Der Fall der Nichtvorlage von Aufzeichnungen (vgl. § 162 Abs. 3 Satz 1, 1. Alt.) wird nicht betrachtet, da insoweit stets mit negativen steuerlichen Konsequenzen zu rechnen ist. Mithin kann - mangels einer Ungewissheit über das zu erwartende Ergebnis - nicht mehr von einem „steuerlichen Risiko“ gesprochen werden. Etwas anderes gilt freilich, falls die Erstellung einer Verrechnungspreisdokumentation aufgrund mangelhafter Organisationsstrukturen oder menschlicher Fehler versäumt wird. In diesem Fall liegt ein internes steuerliches Risiko in der

Schließlich können sich Risiken aus der Tatsache ergeben, dass länderspezifische Insellösungen dergestalt bestehen, dass die Verrechnungspreisdokumentationen der einzelnen Landesgesellschaften nicht aufeinander abgestimmt sind und von unterschiedlichen steuerlichen Beratern erstellt werden.[1136]

Vor dem Hintergrund der vorstehend genannten dokumentationsbezogenen Risiken ergibt sich die Notwendigkeit, eine Verrechnungspreisdokumentation zu erstellen, die

- sämtliche grenzüberschreitenden Geschäftsbeziehungen nach Art und Umfang vollumfänglich beschreibt (Sachverhaltsdokumentation) sowie
- die Methodik zur Ermittlung der Verrechnungspreise für diese Geschäftsbeziehungen eingehend erläutert und begründet (Angemessenheitsdokumentation).

Die entsprechenden Aufzeichnungen sollten verwertbar sein, d. h. vollständig, widerspruchsfrei und wahrheitsgemäß, um Schätzungen oder Strafzuschläge durch die Finanzverwaltung zu vermeiden. Zudem ist es erforderlich, dass die Verrechnungspreisdokumentation innerhalb der gesetzlichen Fristen vorgelegt wird und dass sichergestellt wird, dass außergewöhnliche Geschäftsvorfälle zeitnah erkannt und dokumentiert werden.

Da die Erstellung einer Verrechnungspreisdokumentation, welche die o.g. Voraussetzungen erfüllt, erhebliche personelle und finanzielle Ressourcen bindet, ist der Prozess der Zusammenstellung der entsprechenden Aufzeichnungen möglichst effizient zu gestalten. Die Herausforderung besteht insoweit darin, die gesetzlichen Mindestanforderungen mit einem möglichst geringen Aufwand zu erfüllen.[1137] Andernfalls besteht die Gefahr, dass „laufende" steuerliche Risiken aufgrund der Bindung von finanziellen und personellen Ressourcen in Dokumentationsangelegenheiten vernachlässigt werden.

Da die Dokumentationspflicht sämtliche Konzerngesellschaften trifft, sollte der Prozess der Dokumentationserstellung überdies konzernweit und damit grenzüberschreitend abgestimmt werden. Auf diese Weise können Redundanzen und Mehrfacharbeit vermieden werden. Ferner kann den Risiken begegnet werden, die sich aus einer fehlenden Abstimmung der einzelnen Landesdokumentationen ergeben. Insoweit besteht jedoch die Herausforderung, dass den unterschiedlichen landesspezifischen Besonderheiten in Bezug auf Form und Inhalt der Aufzeichnungen sowie Vorlagefristen Rechnung getragen werden muss. Einen Ansatzpunkt zur Lösung dieser Probleme stellt das EU-Masterfilekonzept dar.[1138] Das Konzept wird

---

Ausprägung eines „organisatorischen Risikos" bzw. „eines personalbezogenen Risikos" vor.

1136 Vgl. Abschnitt E.III.2.1.3.

1137 So *Cordes*, Steuerliche Aufzeichnungspflichten bei internationalen Verrechnungspreisen, 2009, S. 240.

1138 Die OECD-Verrechnungspreisrichtlinien enthalten in Kapitel V ebenfalls Vorschläge zur Dokumentationserstellung. *Cordes* weist insoweit zutreffend darauf hin, dass die Vorschläge aufgrund ihres Empfehlungscharakters abstrakt sind und für die

nachfolgend erläutert und bewertet. Anschließend wird aufgezeigt, wie es sich in praktikabler Weise auf einem international tätigen Konzern übertragen lässt.

2.6.2 EU-Masterfile-Konzept

Vor dem Hintergrund der mangelnden Abstimmung der Dokumentationsvorschriften der EU-Mitgliedstaaten und der stetigen Zunahme des grenzüberschreitenden konzerninternen Liefer- und Leistungsverkehr´s hat der Rat der Europäischen Union am 27.6.2006 einen Vorschlag des EU Joint Transfer Pricing Forums zur Vereinheitlichung der Verrechnungspreisdokumentation in Europa angenommen (sog. EU TPD-Konzept).[1139] Den Unternehmen soll damit die Möglichkeit gegeben werden, innerhalb Europas eine (optionale) standardisierte Verrechnungspreisdokumentation vorlegen zu können, die von sämtlichen beteiligten Staaten akzeptiert wird.[1140]

In rechtlicher Hinsicht sind die Regelungen des EU TPD-Konzepts als Verhaltenskodex (*code of conduct*) ausgestaltet. Von ihnen geht daher – anders als von Verordnungen sowie in nationales Recht transformierten Richtlinien – keine Rechtskraft aus. Als *soft law* kommt ihnen mithin nur ein Empfehlungscharakter zu.[1141] Da der Rat der Europäischen Union, der mit Regierungsvertretern der EU-Mitgliedstaaten besetzt ist, die Regelungen jedoch einstimmig angenommen hat, sollten die nationalen Finanzverwaltungen als Teil der Exekutive die Verrechnungspreisdokumentationen akzeptieren, die auf der Grundlage des EU TPD-Konzepts erstellt wurden.[1142] Aus Sicht der Unternehmen ist zu beachten, dass die Anwendung des EU TPD-Konzepts fakultativ ist. M.a.W. besteht weiterhin die Möglichkeit, „eigene" länderspezifische Dokumentationen auf Basis der jeweiligen nationalen Dokumentationsvorschriften zu erstellen.[1143] Wird jedoch für die

---

praktische Umsetzung im Unternehmen wenig geeignet sind, vgl. *Cordes*, Steuerliche Aufzeichnungspflichten bei internationalen Verrechnungspreisen, 2009, S. 241.

1139 Entschließung des Rates der EU zu einem Verhaltenskodex zur Verrechnungspreisdokumentation für verbundene Unternehmen in der Europäischen Union (EU TPD) vom 27.6.2006, ABl. EU 2006/C 176, S. 1.

1140 Vgl. *Cordes*, Steuerliche Aufzeichnungspflichten bei internationalen Verrechnungspreisen, 2009, S. 245.

1141 Vgl. Europäische Kommission, COM(2005) 534.

1142 So *Cordes*, Steuerliche Aufzeichnungspflichten bei internationalen Verrechnungspreisen, 2009, S. 245 m.w.N. Entsprechend lautet Tz. 3 der Entschließung des Rates der EU zu einem Verhaltenskodex zur Verrechnungspreisdokumentation für verbundene Unternehmen in der Europäischen Union (EU TPD) vom 27.6.2006, ABl. EU 2006/C 176, S. 1: "*Die Mitgliedstaaten akzeptieren für verbundene Unternehmen in der Europäischen Union die im Anhang enthaltene standardisierte und teilweise zentralisierte Verrechnungspreisdokumentation –und legen sie bei der Beurteilung der Verrechnungspreise eines multinationalen Konzerns als Kerndokumentation zu Grunde*".

1143 Vgl. Entschließung des Rates der EU zu einem Verhaltenskodex zur Verrechnungspreisdokumentation für verbundene Unternehmen in der Europäischen Union (EU TPD) vom 27.6.2006, ABl. EU 2006/C 176, S. 1, Anhang, Abschnitt 2, Tz. 10.

Anwendung des EU TPD-Konzepts optiert, ist es zwingend auf sämtliche Konzerngesellschaften anzuwenden, die in einem Mitgliedstaat der EU ansässig sind. Dies betrifft auch Geschäftsbeziehungen zu Konzerngesellschaften, die in einem Nicht-EU-Mitgliedstaat ansässig sind.[1144] Ein *cherry picking* dergestalt, dass einzelne Gesellschaften ausgenommen werden, soll – in der Regel[1145] – nicht möglich sein.[1146] Geschäftsbeziehungen zwischen Konzerngesellschaften, die in Nicht-EU-Mitgliedsstaaten ansässig sind, fallen dagegen nicht unter das EU TPD-Konzept.[1147]

In Bezug auf die zeitliche Anwendung fordert der Verhaltenskodex, dass nicht „willkürlich" zwischen dem EU TPD-Konzept und den nationalen Dokumentationskonzepten gewechselt wird. Vielmehr soll das EU TPD-Konzept in einer Weise angewandt werden, die von einem Jahr auf das nächste Jahr kohärent ist.[1148] Es bleibt offen, was der Verhaltenskodex konkret unter einer Kohärenz versteht, d. h. ob es erforderlich ist, das Konzept mindestens zwei oder drei Jahre in Folge anzuwenden. Bei Anwendung des EU TPD-Konzepts bleibt es den nationalen Finanzverwaltungen unbenommen, ergänzende Informationen und Unterlagen im Rahmen einer Betriebsprüfung anzufordern.[1149] Werden diese Informationen innerhalb der gesetzten Fristen beigebracht, sollen keine Strafzuschläge wegen mangelnder Mitwirkung seitens der Finanzverwaltung festgesetzt werden.[1150]

1144 Vgl. Entschließung des Rates der EU zu einem Verhaltenskodex zur Verrechnungspreisdokumentation für verbundene Unternehmen in der Europäischen Union (EU TPD) vom 27.6.2006, ABl. EU 2006/C 176, S. 1, Anhang, Abschnitt 2, Tz. 11.

1145 In gut begründeten Fällen (dezentrale Organisationsstruktur, keine konzerninternen Transaktionen, Neuerwerb eines Unternehmens) soll es möglich sein, Konzerngesellschaften von der EU-Dokumentation auszunehmen, vgl. Entschließung des Rates der EU zu einem Verhaltenskodex zur Verrechnungspreisdokumentation für verbundene Unternehmen in der Europäischen Union (EU TPD) vom 27.6.2006, ABl. EU 2006/C 176, S. 1, Anhang, Abschnitt 4, Tz. 31.

1146 Vgl. Entschließung des Rates der EU zu einem Verhaltenskodex zur Verrechnungspreisdokumentation für verbundene Unternehmen in der Europäischen Union (EU TPD) vom 27.6.2006, ABl. EU 2006/C 176, S. 1, Anhang, Abschnitt 1, Tz. 11.

1147 Vgl. Entschließung des Rates der EU zu einem Verhaltenskodex zur Verrechnungspreisdokumentation für verbundene Unternehmen in der Europäischen Union (EU TPD) vom 27.6.2006, ABl. EU 2006/C 176, S. 1, Anhang, Abschnitt 1, Tz. 3.

1148 Vgl. Entschließung des Rates der EU zu einem Verhaltenskodex zur Verrechnungspreisdokumentation für verbundene Unternehmen in der Europäischen Union (EU TPD) vom 27.6.2006, ABl. EU 2006/C 176, S. 1, Anhang, Abschnitt 2, Tz. 10.

1149 Vgl. Entschließung des Rates der EU zu einem Verhaltenskodex zur Verrechnungspreisdokumentation für verbundene Unternehmen in der Europäischen Union (EU TPD) vom 27.6.2006, ABl. EU 2006/C 176, S. 1, Anhang, Abschnitt 3, Tz. 18.

1150 Vgl. Entschließung des Rates der EU zu einem Verhaltenskodex zur Verrechnungspreisdokumentation für verbundene Unternehmen in der Europäischen Union (EU TPD) vom 27.6.2006, ABl. EU 2006/C 176, S. 1, Anhang, Abschnitt 3, Tz. 20. Es ist davon auszugehen, dass es sich in Deutschland hierbei um die Sanktionen des § 162 AO handelt. Vgl. auch das dem Verhaltenskodex beigefügte Glossar.

Die Verrechnungspreisdokumentation nach dem EU TPD-Konzept besteht aus zwei Bestandteilen. Hierbei handelt es sich zum einen aus einem für alle Staaten gültigen allgemeinen Master-File und zum anderen aus einem auf die einzelnen Konzerngesellschaften zugeschnittenen Country-File. Das Master-File bildet zusammen mit dem für ein bestimmtes Land erstellten Country-File das gesamte Dokumentationspaket, das für das jeweilige Land vorzulegen ist. Nachfolgend werden die Bestandteile der EU-Dokumentation erläutert.

Das Master-File dient dem Zweck, einen Überblick über die Verhältnisse des Konzerns sowie des angewandten Verrechnungspreissystems zu liefern. Aufgrund seines Überblickscharakters ist es in jedem Land vorzulegen.

Inhalt des **Master-File:**[1151]

a) eine allgemeine **Beschreibung des Unternehmens** und der Unternehmensstrategie sowie der Änderungen der Unternehmensstrategie im Vergleich zum vorangegangenen Steuerjahr;
b) eine allgemeine Beschreibung der organisatorischen, rechtlichen und operativen **Struktur des multinationalen Konzerns** (einschließlich Organigramm, Verzeichnis der Konzerngesellschaften und Beschreibung der Beteiligungen der Muttergesellschaft an den Tochtergesellschaften);
c) die allgemeine **Benennung aller verbundenen Unternehmen**, die an konzerninternen Transaktionen mit Unternehmen in der EU beteiligt sind;
d) eine allgemeine **Beschreibung der konzerninternen Transaktionen** mit verbundenen Unternehmen in der EU, d. h. eine allgemeine Darstellung i) der Transaktionsströme (materielle und immaterielle Vermögenswerte, Dienstleistungen, Finanzgeschäfte); ii) der Rechnungsströme und iii) des Werts der Transaktionsströme;
e) eine allgemeine **Beschreibung der wahrgenommenen Funktionen und der übernommenen Risiken** sowie der diesbezüglichen Änderungen im Vergleich zum vorangegangenen Steuerjahr (z. B. Wandel von einer Vertriebsgesellschaft zum Kommissionär);
f) Übersicht über das **Eigentum an immateriellen Vermögenswerten** (z. B. Patente, Warenzeichen und Marken, Know-how) sowie über gezahlte oder vereinnahmte Lizenzgebühren;
g) Beschreibung der **internen Verrechnungspreispolitik** des multinationalen Konzerns oder des konzerninternen Verrechnungspreissystems zur Erläuterung der Fremdüblichkeit der Verrechnungspreise des Unternehmens;

1151 Entnommen aus: Entschließung des Rates der EU zu einem Verhaltenskodex zur Verrechnungspreisdokumentation für verbundene Unternehmen in der Europäischen Union (EU TPD) vom 27.6.2006, ABl. EU 2006/C 176, S. 1, Anhang, Abschnitt 1, Tz. 4.

h) eine Aufstellung der **Kostenumlageverträge, Advance Pricing Agreements und Rulings** (verbindlichen Auskünfte) zu Verrechnungspreisaspekten, soweit Konzerngesellschaften in der EU betroffen sind;
i) eine **Selbstverpflichtung** jedes inländischen Steuerpflichtigen, auf Anforderung innerhalb angemessener Zeit im Einklang mit den innerstaatlichen Vorschriften weitere Angaben zu machen.

Wie die Aufstellung verdeutlicht, handelt es sich bei den Angaben im Master-File weitgehend um deskriptive Informationen. Diese sollten sich in der Regel ohne größeren Aufwand ermitteln lassen. Lediglich die Beschreibung der internen Verrechnungspreispolitik bzw. des Verrechnungspreissystems der Unternehmensgruppe (Punkt g) erfordert einen höheren Aufwand, da es insoweit erforderlich ist, auf die Fremdüblichkeit des Systems einzugehen.

Ein Vergleich mit den Vorgaben des deutschen Rechts zeigt, dass hinsichtlich der sachverhaltsbezogenen Informationen des Master-Files eine weitgehende Übereinstimmung mit den Vorgaben von § 4 Nr. 1, 2 und 3 GAufzV besteht. Lediglich § 4 Nr. 3 Buchst. b) (*Beschreibung der Wertschöpfungskette und Darstellung des Wertschöpfungsbeitrags des Steuerpflichtigen im Verhältnis zu den nahe stehenden Personen, mit denen Geschäftsbeziehungen bestehen*), ist nicht Gegenstand des Master-Files.[1152] Auch die in § 5 GAufzV geforderten Informationen (*Erforderliche Informationen in besonderen Fällen*) sind nur teilweise in dem Master-File enthalten. Dies betrifft beispielsweise die nach § 5 Nr. 5 GAufzV erforderlichen Aufzeichnungen über die Ursache von Verlusten.[1153] Diesbezüglich ist jedoch festzuhalten, dass das Fehlen dieser Informationen in einer nach § 90 Abs. 3 AO und der GAufzV erstellten Verrechnungspreisdokumentation regelmäßig nicht zu einer Unverwertbarkeit der gesamten Aufzeichnungen führen dürfte.[1154]

1152 So *Cordes*, Steuerliche Aufzeichnungspflichten bei internationalen Verrechnungspreisen, 2009, S. 248. Vgl. auch die Übersicht in Tabelle 3 in dem Anhang des Arbeit von *Cordes*.

1153 Vgl. *Cordes*, Steuerliche Aufzeichnungspflichten bei internationalen Verrechnungspreisen, 2009, S. 248 f.

1154 Vgl. *Cordes*, Steuerliche Aufzeichnungspflichten bei internationalen Verrechnungspreisen, 2009, S. 249.

Inhalt des **Country-File**:[1155]

a) eine ausführliche **Beschreibung des Unternehmens** und der Unternehmensstrategie sowie der Änderungen der Unternehmensstrategie im Vergleich zum vorangegangenen Steuerjahr
b) Informationen (d.h. Beschreibung und Erläuterung) zu **landesspezifischen konzerninternen Transaktionen** einschließlich: i) Transaktionsströme (materielle und immaterielle Vermögenswerte, Dienstleistungen, Finanzgeschäfte); ii) Rechnungsströme und iii) Wert der Transaktionsströme;
c) eine **Vergleichbarkeitsanalyse**, d.h.: i) spezifische Merkmale von Gütern und Dienstleistungen; ii) Funktionsanalyse (ausgeübte Funktionen, eingesetzte Vermögenswerte, übernommene Risiken); iii) Vertragsbedingungen; iv) wirtschaftliches Umfeld; v) spezifische Unternehmensstrategien;
d) **Erläuterungen zur Auswahl und Anwendung der Verrechnungspreis methode(n)**, d.h. warum eine bestimmte Verrechnungspreismethode gewählt und wie sie angewendet wurde;
e) sachdienliche **Angaben zu den internen und/oder externen Vergleichsdaten** (sofern vorhanden); und
f) Beschreibung der Umsetzung und Durchführung der **konzerninternen Verrechnungspreispolitik**.

Das Country-File enthält die Informationen, welche für die Prüfung der Verrechnungspreise erforderlich sind. Vor diesem Hintergrund kommt dem Country-File in der Praxis die größere Bedeutung zu. Positiv ist, dass Vergleichsdaten gesamteuropäischer Datenbanken, d.h. sog. *pan-european comparables*, im Rahmen der Angemessenheitsanalyse explizit zugelassen werden.[1156] Wenngleich zu konstatieren ist, dass entsprechende Vergleichsdaten in Betriebsprüfungen mittlerweile weitgehend akzeptiert werden[1157], fehlte es – jedenfalls in Deutschland – bislang an einer offiziellen Verlautbarung der Finanzverwaltung zu dieser Frage. Dies hatte zur Folge, dass die entsprechenden Vergleichswerte in Einzelfällen ohne Begründung zurückgewiesen werden und ausschließlich nationale Vergleichswerte gefordert werden konnten. Im Rahmen des EU TPD-Konzepts haben sich die EU-Mitgliedstaaten nunmehr einheitlich dazu verpflichtet, gesamteuropäische Datenbankstudien zu akzeptieren.

1155 Entnommen aus: Entschließung des Rates der EU zu einem Verhaltenskodex zur Verrechnungspreisdokumentation für verbundene Unternehmen in der Europäischen Union (EU TPD) vom 27.6.2006, ABl. EU 2006/C 176, S. 1, Anhang, Abschnitt 1, Tz. 5.

1156 Vgl. Entschließung des Rates der EU zu einem Verhaltenskodex zur Verrechnungspreisdokumentation für verbundene Unternehmen in der Europäischen Union (EU TPD) vom 27.6.2006, ABl. EU 2006/C 176, S. 1, Anhang, Abschnitt 3, Tz. 25.

1157 vgl. *Rupp*, in: Dötsch/Pung/Möhlenbrock, KStG, IntGA, Rz. 293, der auf eine Vergleichbarkeit der Märkte abstellt.

Die Angemessenheitsanalyse wird dadurch insoweit deutlich erleichtert, als nicht für jedes Land eine eigene Datenbank- bzw. Vergleichsstudie zu erstellen ist.

In Bezug auf die im Rahmen des Country Files zu erstellenden Informationen der Angemessenheitsanalyse (Punkte c) bis f)) besteht das Risiko, dass die deutsche Finanzverwaltung diese Informationen als nicht ausreichend ansehen könnte.[1158] Denn die in dem Verhaltenskodex vorgesehenen Angaben decken die in § 4 Nr. 4 GAufzV geforderten Informationen nicht vollumfänglich ab. So enthält § 4 Nr. 4 Buchst. c) und d) beispielsweise das Erfordernis, die Unterlagen über die Berechnungen bei der Anwendung der gewählten Verrechnungspreismethode und die zum Vergleich herangezogenen Preise bzw. Finanzdaten unabhängiger Unternehmen vorzulegen. Eine entsprechende Vorgabe enthält der Verhaltenskodex nicht. Interne oder externe Vergleichsdaten sind sogar nur dann vorzulegen, wenn sie vorhanden sind. Es kann damit festgehalten werden, dass bei der Vorlage eines Country-Files, das nach dem EU TPD-Konzept erstellt ist, das Risiko besteht, dass die deutsche Finanzverwaltung weitergehende Informationen zur Untermauerung der Angemessenheitsanalyse fordert. Diese Befugnis wird ihr in dem Verhaltenskodex explizit eingeräumt.[1159] Nur wenn die zusätzlichen Informationen nicht beigebracht werden, besteht nach dem Verhaltenskodex kein Schutz vor Sanktionen.[1160]

2.6.3 Vorschlag eines Dokumentationskonzepts für international tätige Konzerne

Das EU TPD-Konzept weist zahlreiche Vorteile auf. So lässt sich ein beträchtlicher Arbeitsaufwand sparen, indem Informationen in dem Master-File gleichsam vor die Klammer gezogen werden. Ein weiterer Vorteil des EU TPD-Konzepts besteht darin, dass ausdrücklich Fremdvergleichsdaten unterschiedlicher Länder (sog. *pan-euopean comparables*) zugelassen werden. Schließlich werden die Risiken vermieden, die daraus resultieren, dass die Informationen der Angemessenheitsanalyse in den einzelnen nationalen Verrechnungspreisdokumentationen widersprüchlich sind. Die vorgenannten Vorteile der Zusammenfassung der Informationen in dem Master-File ergeben sich indes nur bei bestimmten Organisationsstrukturen. So wird es bei einem divisional organisierten Konzern[1161] kaum Sinn machen, ein Masterfile zu erstellen, da die Überschneidungen, die vor die Klammer gezogen werden, aufgrund

1158 So *Cordes*, Steuerliche Aufzeichnungspflichten bei internationalen Verrechnungspreisen, 2009, S. 249.

1159 Entschließung des Rates der EU zu einem Verhaltenskodex zur Verrechnungspreisdokumentation für verbundene Unternehmen in der Europäischen Union (EU TPD) vom 27.6.2006, ABl. EU 2006/C 176, S. 1, Anhang, Abschnitt 3, Tz. 18.

1160 Umkehrschluss aus der Entschließung des Rates der EU zu einem Verhaltenskodex zur Verrechnungspreisdokumentation für verbundene Unternehmen in der Europäischen Union (EU TPD) vom 27.6.2006, ABl. EU 2006/C 176, S. 1, Anhang, Abschnitt 3, Tz. 20.

1161 Vgl. zu dieser Organisationsform ausführlich Abschnitt E.V.2.1.2.2.

der Eigenständigkeit der Divisionen sehr gering sein könnten.[1162] Aus diesem Grund sieht der Verhaltenskodex bei divisional strukturierten Konzernen die Möglichkeit vor, mehrere Master-Files zu erstellen, oder bestimmte Konzerngesellschaften auszunehmen.[1163] Diesbezüglich stellt sich jedoch die Frage, inwieweit in diesen Fällen tatsächlich eine Vereinfachung durch das EU TPD-Konzept erreicht werden kann.

Den vorstehend aufgezählten Vorteilen des EU TPD-Konzepts stehen gewichtige Nachteile gegenüber. So ist zu beachten, dass das Master-File auch eine „Beschreibung der internen Verrechnungspreispolitik des multinationalen Konzerns oder des konzerninternen Verrechnungspreissystems zur Erläuterung der Fremdüblichkeit der Verrechnungspreise des Unternehmens" enthalten muss. Versteht man dieses Erfordernis dahingehend, dass das gesamte Verrechnungspreissystem in dem Master-File zu beschreiben ist, folgt daraus jedoch, dass der Fiskus eines Staates, in dem eine Konzerngesellschaft ansässig ist, die lediglich eine grenzüberschreitende Geschäftsbeziehung unterhält (z. B. Bezug von Produkten der Muttergesellschaft zum Weitervertrieb) Kenntnisse über das gesamte Verrechnungspreissystem erlangt. Ebenso ist zu beachten, dass dem Master-File auch eine Aufstellung von APA beizufügen ist. Hierbei kann es sich ebenfalls um sensible steuerliche Informationen handeln. Auf der Grundlage dieser Informationen, die auf Basis der nationalen Dokumentationsvorschriften nicht zur Verfügung gestellt werden müssten, besteht das Risiko, dass eine Ausdehnung der Betriebsprüfung vorgenommen wird.[1164] Schließlich ist zu beachten, dass es sich bei dem EU TPD-Konzept wie dargestellt um *soft law* handelt. Insoweit besteht aufgrund der mangelnden rechtlichen Bindungswirkung ein nicht zu vernachlässigendes Restrisiko, dass die jeweils betroffene Finanzverwaltung die Einhaltung der nationalen Dokumentationsvorschriften einfordert, die wie dargestellt in Teilen über die nationalen Vorschriften hinausgehen.[1165] Schließlich ist zu beachten, dass es sich bei dem EU TPD-Konzept um ein europäisches Projekt handelt. Sofern grenzüberschreitende Geschäftsbeziehungen zu Konzerngesellschaften in Drittstaaten bestehen, kann das Konzept nicht angewandt werden. M.a.W. ist die Erstellung einer Verrechnungspreisdokumentation nach den jeweiligen lokalen Erfordernissen erforderlich.

Vor dem Hintergrund der bedeutenden Nachteile, die mit der Anwendung des EU TPD-Konzepts einhergehen, ergibt sich die Notwendigkeit, ein Konzept zu entwickeln, welches die einleitend dargestellten dokumentationsbezogenen Risiken vermeidet und zugleich eine möglichst effiziente Dokumentationserstellung unter Vermeidung von Redundanzen und Mehrfacharbeit ermöglicht, so dass Ressourcen auf andere Verrechnungspreisrisiken gelenkt werden können. Eine derartige

1162 Vgl. *Gudmundsson*, ITPJ 2009, S. 24.

1163 Entschließung des Rates der EU zu einem Verhaltenskodex zur Verrechnungspreisdokumentation für verbundene Unternehmen in der Europäischen Union (EU TPD) vom 27.6.2006, ABl. EU 2006/C 176, S. 1, Anhang, Abschnitt 4, Tz. 31.

1164 So auch *Beudecker/Janssen*, ITPJ 2006, S. 237.

1165 Vgl. *Cordes*, Steuerliche Aufzeichnungspflichten bei internationalen Verrechnungspreisen, 2009, S. 251.

Dokumentationslösung kann auf der Grundidee des EU TPD-Konzepts aufbauen, d.h. auf einem Dokument, das allgemeine sachverhaltsbezogene Informationen beinhaltet, die sämtliche Konzerngesellschaften betreffen (Kerndokument) sowie einem Dokument, das auf die Besonderheiten einzelner Konzerngesellschaften inkl. Angemessenheitsanalyse in Bezug auf die jeweilige Konzerngesellschaft eingeht (Länderdokument).[1166] Bei der Umsetzung des Konzepts sind indessen die dargestellten Nachteile des EU TPD-Konzepts zu vermeiden. Dem entscheidenden Nachteil, dass dem EU TPD-Konzept keine Bindungswirkung zukommt, sollte dadurch begegnet werden, dass das gesamte „Dokumentationspaket" (d.h. Kerndokument zzgl. Länderdokument) so gestaltet wird, dass es in den einzelnen Ländern jeweils die nationalen Dokumentationsvorschriften erfüllt. Auf diese Weise kann sichergestellt werden, dass keine Sanktionen seitens der beteiligten Fisci verhängt werden.

Der Inhalt der einzelnen Dokumente des vorgeschlagenen Dokumentationskonzepts (Kerndokument und Länderdokument) lässt sich wie folgt umschreiben:

Kerndokument:

Das Kerndokument sollte ausschließlich sachverhaltsbezogene Angaben enthalten. Hierbei handelt es sich um die folgenden Informationen:

- **Beschreibung der Tätigkeitsfelder des Konzerns**,
- **Organigramm** des Konzerns,
- Beschreibung der **Branche** sowie der wichtigsten **Wettbewerber**,
- Beschreibung der **innerkonzernlichen Liefer- und Leistungsbeziehungen** (ohne auf die Verrechnungspreise und deren Angemessenheit einzugehen),
- **Umfang** des innerkonzernlichen Liefer- und Leistungsverkehrs (Transaktionsmatrix),
- **Funktions- und Risikoanalyse** der einzelnen Konzerngesellschaften.

Ausführungen zu der Angemessenheit des Verrechnungspreissystems – wie sie nach dem EU TPD-Konzept erforderlich sind – sind in dem Kerndokument zu vermeiden. Ebenso sollten keine Angaben zu abgeschlossenen APA gemacht werden. Diese sind vielmehr ausschließlich in den Länderdokumenten derjenigen Konzerngesellschaften zu beschreiben, die an dem jeweiligen APA beteiligt sind. Die Zusammenfassung von Informationen in einem Kerndokument, das in sämtlichen Ländern vorgelegt wird, hat den Nachteil, dass Länder, in denen Konzerngesellschaften ansässig sind, die nur Routinefunktionen gegenüber ausländischen Konzerngesellschaften ausüben (z.B. ein Lohnfertiger, der lediglich eine Geschäftsbeziehung zu der ausländischen Muttergesellschaft unterhält), Informationen erhalten, die über die gesetzlich erforderlichen Informationen dieses Landes hinausgehen.[1167] Dieser Nachteil ist einzelfallbezogen gegen die Vorteile abzuwägen, die mit der Vereinfachung der

1166 Ähnlich *Kluge*, Verrechnungspreise in Ertragsteuern und Controlling, 2013, S. 182.
1167 So zutreffend *Cordes*, Steuerliche Aufzeichnungspflichten bei internationalen Verrechnungspreisen, 2009, S. 257 f.

Dokumentationsstruktur einhergehen. Dabei ist die Tatsache zu würdigen, dass es sich lediglich um sachverhaltsbezogene und nicht um angemessenheitsbezogene Informationen handelt.

Länderdokument:

Das Länderdokument sollte folgende Angaben enthalten:

- **Besonderheiten** der jeweils betroffenen Konzerngesellschaft, die nicht bereits in dem Kerndokument enthalten sind,
- Angaben zu **wesentlichen materiellen und immateriellen Wirtschaftsgütern**, die im Rahmen der Geschäftsbeziehungen der betroffenen Konzerngesellschaft genutzt werden,
- **Art** und **Umfang** der Geschäftsbeziehungen, an denen die jeweilige Konzerngesellschaft beteiligt ist,
- **Angemessenheitsanalyse**: Die Angemessenheitsanalyse bezieht sich auf die grenzüberschreitenden Geschäftsbeziehungen, die die betroffene Konzerngesellschaft mit anderen Konzerngesellschaften unterhält. Die Begründung der Angemessenheit sollte aus Sicht des (Steuer-)Rechts erfolgen, dem die jeweilige Konzerngesellschaft unterliegt. Im Rahmen der Angemessenheitsanalyse sind auch Datenbankstudien zu erläutern, die im Hinblick auf einzelne Geschäftsbeziehungen erstellt wurden.
- **Außergewöhnliche Geschäftsvorfälle**: Außergewöhnliche Geschäftsvorfälle sollten nicht in dem Kerndokument, sondern in dem Länderdokument beschrieben werden. Hierbei handelt es sich – jedenfalls nach deutschem Verständnis[1168] – u.a. um den Abschluss und die Änderung langfristiger Verträge, wesentliche Funktions- und Risikoänderungen (z.B. Funktionsverlagerungen) und den Abschluss von Umlageverträgen.
- **Verträge**: Die nationalen Dokumentationsvorschriften sehen in der Regel vor, dass der Verrechnungspreisdokumentation die konzerninternen Verträge beizufügen sind. Dies sollte im Rahmen des Länderdokuments erfolgen.
- **APA**: Angaben zu abgeschlossenen APA sind ausschließlich in den Länderdokumenten derjenigen Konzerngesellschaften aufzuführen, die an dem APA beteiligt sind.

Das Kerndokument sollte im Zusammenspiel mit dem Länderdokument die jeweiligen nationalen Dokumentationsvorgaben erfüllen. Auf diese Weise können Sanktionen seitens der beteiligten Finanzverwaltungen vermieden werden. Zugleich sollte jedoch darauf geachtet werden, dass die Geschäftsbeziehungen zwischen Konzerngesellschaften in den betreffenden Länderdokumenten der entsprechenden Konzerngesellschaften möglichst einheitlich beschrieben werden und dass die Begründung der Angemessenheitsanalyse übereinstimmt. Andernfalls würde das Ziel einer Vereinfachung der konzernweiten Dokumentation verfehlt, da für einzelne

---

1168 Vgl. § 3 Abs. 2 GAufzV.

Konzerngesellschaften jeweils einzelne Dokumente erstellt würden. Angesichts der Unterschiede in den nationalen Verrechnungspreisvorschriften (z.B. im Hinblick auf Methodenhierarchie und Vergleichbarkeitsanforderungen) dürfte die Vereinheitlichung in der Praxis nicht immer möglich sein.

In zeitlicher Hinsicht stellt sich die Frage, in welchen Abständen das Kerndokument und die Länderdokumente zu erstellen sind. Die Vorgaben der nationalen Rechtsordnungen differieren insoweit erheblich. So ist die Verrechnungspreisdokumentation in einigen Ländern für jeden Veranlagungszeitraum zu erstellen und vorzuhalten (z.B. Spanien[1169]), während andere Länder die Vorlage von Aufzeichnungen nur auf Anforderung vorsehen, etwa im Rahmen von steuerlichen Betriebsprüfungen für den jeweiligen Prüfungszeitraum (z.B. Deutschland[1170]). Im Rahmen des hier vorgeschlagenen Dokumentationskonzepts sollten die Aufzeichnungen in jährlichen Abständen erstellt werden.[1171] Dies ist insofern sachgerecht, als davon auszugehen ist, dass die Dokumentation auch in den Ländern, in denen keine „Vorratsdokumentation" vorgeschrieben ist (z.B. Deutschland), ohnehin angefordert werden wird. Die Erstellung eines jährlichen Dokuments weist zudem den Vorteil auf, dass keine Beschäftigung mit Sachverhalten erfolgen muss, die bereits mehrere Jahre zurückliegen. Schließlich ist gewährleistet, dass außergewöhnliche Sachverhalte zeitnah erfasst werden.[1172]

Was die praktische Anwendung des vorstehend erläuterten Dokumentationskonzepts anbelangt, so ist einschränkend festzuhalten, dass es – ebenso wie das EU TPD-Konzept – nur bei bestimmten Konzernstrukturen zu einer tatsächlichen Erleichterung führt. So wird die Erstellung eines allgemeinen Kerndokuments bei Vorliegen einer dezentralen Konzernstruktur regelmäßig keinen Sinn ergeben, da die Schnittmenge, die in dem Kerndokument zusammengefasst werden kann, zu gering ist. Es ist allenfalls denkbar, je ein Kerndokument pro Division zu erstellen, wenn die Gesellschaften einer Division in unterschiedlichen Ländern ansässig sind. Bei einer funktionalen Konzernstruktur kann das Dokumentationskonzept dagegen aufgrund der vielfältigen Verflechtungen der einzelnen funktionsausübenden Konzerngesellschaften zu einer erheblichen Vermeidung von Doppel- und Mehrfacharbeit und einer internationalen Harmonisierung führen.

2.6.4 OECD White Paper on Transfer Pricing Documentation

Das im vorangehenden Abschnitt dargestellte Dokumentationskonzept weist deutliche Parallelen zu einem Vorschlag auf, der in einem am 30.7.2013 veröffentlichten

---

1169 Vgl. *Bouzas Fernández*, ITPJ 2009, S. 224.

1170 Vgl. § 90 Abs. 3 Satz 6 AO.

1171 So auch *Kluge*, Verrechnungspreise in Ertragsteuern und Controlling, 2013, S. 183 f.

1172 Vgl. dazu auch *Kluge*, Verrechnungspreise in Ertragsteuern und Controlling, 2013, S. 183.

OECD White Paper on Transfer Pricing Documentation[1173] enthalten ist. Das White Paper on Transfer Pricing Documentation stellt ein Ergebnis der Arbeiten der Working Party (WP) 6 auf dem Gebiet der Transfer Pricing Simplification dar. Den Anlass der Arbeiten bildete die Erkenntnis, dass die nationalen Aufzeichnungspflichten stark fragmentiert sind, so dass die Dokumentationserstellung vor dem Hintergrund des ständig ansteigenden grenzüberschreitenden Leistungsaustauschs zu einer zunehmenden Belastung (*compliance burden*) für die betroffenen Unternehmen führt.[1174]

Der als *Coordinated Documentation Approach* bezeichnete Vorschlag der OECD baut ebenfalls auf der zweistufigen Struktur des EU TPD-Konzepts auf, d. h. die Gesamtdokumentation soll aus einem allgemeinen Masterfile und einem Local File bestehen. Allerdings soll das Masterfile – ebenso wie dies in dem vorstehend erläuterten Dokumentationskonzept der Fall ist – keine Angaben zu der Angemessenheit der Verrechnungspreise enthalten.[1175] Die entsprechenden Informationen sollen ausschließlich dem Local File vorenthalten sein. Der OECD-Vorschlag sieht weiterhin vor, Angaben zu der Inhaberschaft immaterieller Wirtschaftsgüter einzelner Konzerngesellschaften, zu wichtigen konzerninternen Verträgen sowie zu abgeschlossenen unilateralen und bilateralen bzw. multilateralen Vorabverständigungen (APA) in dem Masterfile anzugeben.[1176] Diese Vorgehensweise ist abzulehnen. Denn bei den entsprechenden Angaben handelt es sich um Informationen, die ausschließlich einzelne Konzerngesellschaften betreffen und daher dem Local File zuzuordnen sind.

Zu begrüßen ist indessen der Vorschlag der OECD, die zeitlichen Vorgaben der einzelnen nationalen Aufzeichnungsvorschriften aufeinander abzustimmen.[1177] Denn insoweit bestehen wie dargestellt noch erhebliche Unterschiede.[1178]

1173 Vgl. OECD White Paper on Transfer Pricing Documentation v. 30.7.2013, abrufbar unter http://www.oecd.org/ctp/transfer-pricing/white-paper-transfer-pricing-documentation.pdf (zuletzt abgerufen am 1.8.2013).

1174 Vgl. Tz. 43 des OECD White Paper on Transfer Pricing Documentation v. 30.7.2013, abrufbar unter http://www.oecd.org/ctp/transfer-pricing/white-paper-transfer-pricing-documentation.pdf (zuletzt abgerufen am 1.8.2013).

1175 Vgl. Tz. 74 des OECD White Paper on Transfer Pricing Documentation v. 30.7.2013, abrufbar unter http://www.oecd.org/ctp/transfer-pricing/white-paper-transfer-pricing-documentation.pdf (zuletzt abgerufen am 1.8.2013).

1176 Vgl. Tz. 82, Table 1 des OECD White Paper on Transfer Pricing Documentation v. 30.7.2013, abrufbar unter http://www.oecd.org/ctp/transfer-pricing/white-paper-transfer-pricing-documentation.pdf (zuletzt abgerufen am 1.8.2013).

1177 Vgl. Tz. 83 des OECD White Paper on Transfer Pricing Documentation v. 30.7.2013, abrufbar unter http://www.oecd.org/ctp/transfer-pricing/white-paper-transfer-pricing-documentation.pdf (zuletzt abgerufen am 1.8.2013).

1178 Vgl. den vorangehenden Abschnitt.

2.6.5 Bewertung des Instruments

Die Erstellung einer international abgestimmten Verrechnungspreisdokumentation, in der sämtliche grenzüberschreitenden Geschäftsbeziehungen nach Art und Umfang vollumfänglich beschrieben sowie die Methodik zur Ermittlung der Verrechnungspreise für diese Geschäftsbeziehungen eingehend erläutert und begründet wird, stellt ein wesentliches Instrument des steuerlichen Verrechnungspreisrisikomanagements dar. Mit dem Instrument lassen sich die in Abschnitt E.III.2.1 dargestellten dokumentationsbezogenen Risiken wirksam vermindern. Eine vollumfängliche Vermeidung der vorgenannten Risiken lässt sich durch den Einsatz des Instruments indessen nicht erreichen, da es auch bei Vorlage einer Dokumentation, die die vorstehenden Voraussetzungen (aus Sicht des Steuerpflichtigen) erfüllt, zu einer abweichenden Auffassung der Finanzverwaltung – z. B. im Hinblick auf die Verwertbarkeit der Aufzeichnungen – kommen kann.

Durch die Erstellung einer international abgestimmten Verrechnungspreisdokumentation kann überdies den Risiken begegnet werden, die sich aus einer fehlenden Abstimmung der Verrechnungspreisdokumentationen der einzelnen Landesgesellschaften ergeben (Risiken aufgrund widersprüchlicher Angemessenheitsdokumentationen[1179]). Zudem wird der Ressourcenaufwand, der bei der unabgestimmten Erstellung landesspezifischer Dokumentationen entsteht, deutlich gemindert. Die Erstellung einer international abgestimmten Verrechnungspreisdokumentation weist schließlich den Vorzug auf, dass eine einheitliche Informationsversorgung der jeweils national verantwortlichen Mitarbeiter der Steuerabteilungen sichergestellt ist. Auf diese Weise können Zusammenhänge besser erkannt und auftretenden Verrechnungspreisrisiken schneller begegnet werden.

Zusammenfassend ist festzuhalten, dass international tätigen Konzernen die Erstellung einer international abgestimmten Verrechnungspreisdokumentation dringend anzuraten ist. In diesem Zusammenhang überrascht es, dass Verrechnungspreisdokumentationen in der Praxis immer noch überwiegend isoliert auf nationaler Basis erstellt werden. So hat eine im Jahr 2010 durchgeführte Umfrage, an der 877 international tätige Konzerne aus weltweit 25 Ländern teilnahmen, ergeben, dass im Jahr 2007 lediglich 33 % der Konzerne eine global einheitliche Dokumentation erstellt haben. Dieser Anteil ist im Jahr 2010 leicht auf 41% angestiegen.[1180] Ein möglicher Grund für die mangelnde Abstimmung sind die aufgezeigten Nachteile des EU TPD-Konzepts, d. h. die fehlende Bindungswirkung des Verhaltenskodex und die Veröffentlichung von Angemessenheitsinformationen in dem Masterfile. Diese Nachteile könnten bei der Verwendung des hier vorgeschlagenen Dokumentationskonzepts, das Parallelen zu dem in dem White

1179 Vgl. dazu Abschnitt E.III.2.1.3.

1180 Vgl. *Ernst & Young*, Global Transfer Pricing Survey/Addressing the Challenges of Globalization, 2010, S. 9.

Paper der OECD v. 30.7.2013[1181] vorgeschlagenen Konzept aufweist, wie dargestellt vermieden werden.

2.7 *Erstellung einer international abgestimmten Verrechnungspreisrichtlinie*

2.7.1 *Inhalt und Zweck einer Verrechnungspreisrichtlinie*

Unter einer Verrechnungspreisrichtlinie (Transfer Pricing Guideline) wird die Zusammenfassung von Regeln und Handlungsanweisungen zur Verrechnungspreisermittlung für innerkonzernliche Liefer- und Leistungsbeziehungen verstanden. Die inhaltliche Ausgestaltung der Verrechnungspreisrichtlinie liegt im Ermessen des Konzerns und sollte sich an den Zielen orientieren, die mit der Verrechnungspreisrichtlinie erreicht werden sollen.[1182]

Der Mindestinhalt einer Verrechnungspreisrichtlinie lässt sich wie folgt umschreiben:[1183]

- Darstellung des **Zwecks** und der **Adressaten** der Richtlinie,
- Aufzählung der einzelnen **Transaktionsarten,** auf die die Verrechnungspreisrichtlinie anwendbar ist,
- Vorgabe zur Beachtung des **Fremdvergleichsgrundsatzes**,
- Konkrete Vorgaben zur **Verrechnungspreisermittlung und -festlegung** für die einzelnen Transaktionsarten,
- **Besonderheiten nationaler Vorschriften**,
- **Meldepflichten** (z. B. an die Steuerabteilung der Obergesellschaft des Konzerns),
- **Verweise** auf weitere Richtlinien (z. B. Compliance-Richtlinie, Accounting-Richtlinie, IT-Richtlinie etc.).

Da die in der Verrechnungspreisrichtlinie geregelten Vorgaben zur Ermittlung und -festlegung von Verrechnungspreisen nicht nur den steuerlichen Bereich betreffen, sondern im Ergebnis auch handelsrechtliche Größen wie Umsatz, Wareneinsatz und Gewinn der betroffenen Konzerngesellschaften determinieren, sollte die Verrechnungspreisrichtlinie vor ihrer Verabschiedung in einem konzerninternen Prozess abgestimmt werden. An dieser Abstimmung sollten sämtliche betroffenen Abteilungen, d. h. neben der Steuerabteilung insbesondere auch das Rechnungswesen und das Controlling teilnehmen.[1184] Die endgültige Verabschiedung der Verrechnungspreisrichtlinie sollte im Anschluss durch das Vorstandsmitglied erfolgen, in

---

1181 Vgl. OECD White Paper on Transfer Pricing Documentation v. 30.7.2013, abrufbar unter http://www.oecd.org/ctp/transfer-pricing/white-paper-transfer-pricing-documentation.pdf (zuletzt abgerufen am 1.8.2013).

1182 So *Cordes*, Steuerliche Aufzeichnungspflichten bei internationalen Verrechnungspreisen, 2009, S. 263.

1183 Vgl. *Wulf/Derlien*, StB 4/2004, 144f.

1184 Vgl. auch *Niess*, in: Baumhoff/Dücker/Köhler, FS Krawitz, 2010, S. 315.

dessen Ressort der Bereich Steuern fällt. Hierbei handelt es sich in der Regel um den Finanzvorstand. Mit der Verabschiedung durch den Finanzvorstand ist sichergestellt, dass die Verrechnungspreisrichtlinie akzeptiert wird und durchgesetzt werden kann.[1185] Die Verrechnungspreisrichtlinie sollte in englischer Sprache gefasst werden und nicht in die einzelnen Landessprachen übersetzt werden, damit es nicht zu Auslegungskonflikten kommt.[1186]

Bei dem Vorliegen einer Verrechnungspreisrichtlinie besteht die Möglichkeit, die Vereinfachungsregelung des § 2 Abs. 3 Satz 6 GAufzV in Anspruch zu nehmen. Nach dieser Regelung sind geschäftsvorfallbezogene Aufzeichnungen im Rahmen der Verrechnungspreisdokumentation in den von der Verrechnungspreisrichtlinie geregelten Bereichen entbehrlich.[1187] Dies setzt voraus, dass die Verrechnungspreisrichtlinie eine Preisermittlung nach dem Fremdvergleichsgrundsatz vorsieht und dass der Steuerpflichtige anhand von beliebig auswählbaren Beispielsfällen aufzeigen kann, dass die Richtlinie eingehalten wurde.[1188] Weiterhin ist es erforderlich, dass alle Informationen, welche nach den §§ 4 und 5 GAufzV erforderlich sind, auf Anforderung innerhalb einer 60-Tage Frist verfügbar sind.[1189] M.a.W. kann die Finanzverwaltung auch bei Anwendung der Regelung des § 2 Abs. 3 Satz 6 GAufzV Informationen im Umfang einer Verrechnungspreisdokumentation anfordern.

Nach der hier vertretenen Auffassung sollte nicht von der Regelung des § 2 Abs. 3 Satz 6 GAufzV Gebrauch gemacht werden. Denn zum einen ist nicht sichergestellt, dass die Finanzverwaltung bei der Inanspruchnahme der Regelung nicht doch eine Verrechnungspreisdokumentation anfordert.[1190] Zum anderen ist zu beachten, dass eine Verrechnungspreisdokumentation einerseits und eine Verrechnungspreisrichtlinie andererseits unterschiedliche Ziele verfolgen und an unterschiedliche Adressaten gerichtet sind. So stellt die Verrechnungspreisdokumentation einen gesetzlich geregelten Teil der verfahrensrechtlichen Mitwirkungspflichten des Steuerpflichtigen im Besteuerungsverfahren dar, der an die Finanzverwaltung gerichtet ist. Die Verrechnungspreisrichtlinie enthält dagegen Regeln und Handlungsanweisungen zur Verrechnungspreisermittlung, die ausschließlich unternehmensinterne Adressaten (Einkäufer, Controller, Mitarbeiter der Steuerabteilung etc.) betreffen. In der Praxis enthalten Verrechnungspreisrichtlinien daher sehr detaillierte Vorgaben bis hin zu konkreten Handlungsschritten (sog. Standard Operating Procedures – SOP), die

1185 Vgl. insoweit auch *Plesner Rossing*, Management Accounting Research 2013, S. 181 (in Bezug auf die Steuerstrategie). *Niess* schlägt vor, die Verrechnungspreisrichtlinie vom Gesamtvorstand beschließen zu lassen, vgl. *Niess*, in: Baumhoff/Dücker/Köhler, FS Krawitz, 2010, S. 315.

1186 *Niess*, in: Baumhoff/Dücker/Köhler, FS Krawitz, 2010, S. 316.

1187 Vgl. dazu im Einzelnen *Cordes*, Steuerliche Aufzeichnungspflichten bei internationalen Verrechnungspreisen, 2009, S. 266.

1188 Vgl. Tz. 3.4.13 VWG-Verfahren.

1189 Vgl. Tz. 3.4.13 VWG-Verfahren.

1190 Vgl. Tz. 3.4.13 VWG-Verfahren.

auch nicht-steuerliche Bereiche wie z. B. das Controlling betreffen. Die Weitergabe dieser Daten an die Finanzverwaltung ist in aller Regel nicht zweckmäßig und für die Überprüfung der Angemessenheit der Verrechnungspreise zudem auch nicht verhältnismäßig. Vor diesem Hintergrund sollte stets eine „eigene" Verrechnungspreisdokumentation erstellt werden. Die Verrechnungspreisdokumentation kann dabei auf den Angaben der Verrechnungspreisrichtlinie basieren. Bei den übernommenen Angaben sollte es sich jedoch nur um solche Informationen handeln, die nach den gesetzlichen Vorgaben erforderlich sind.

Der wesentliche Nutzen einer Verrechnungspreisrichtlinie besteht nach der hier vertretenen Auffassung nicht in einer Dokumentationserleichterung, sondern vielmehr darin, einen Beitrag zur Risikominimierung im Bereich der internationalen Verrechnungspreise zu leisten. Dies kann durch klare Vorgaben zur Verrechnungspreisbildung, die Verankerung von Meldepflichten und Vorgaben zur Dokumentationserstellung erfolgen. Nachfolgend werden die vorgenannten Ansatzpunkte des Risikomanagements im Einzelnen dargestellt.

2.7.2 Einsatz einer Verrechnungspreisrichtlinie als Instrument des Verrechnungspreisrisikomanagements

2.7.2.1 Verbindliche Vorgaben zur Verrechnungspreisermittlung

Den Kern einer Verrechnungspreisrichtlinie bilden die Vorgaben zur Verrechnungspreisermittlung und -festlegung. So sollte in der Verrechnungspreisrichtlinie für die einzelnen Konzerngesellschaften verbindlich geregelt werden, welche Verrechnungspreismethoden zur Preisfindung für die einzelnen Transaktionstypen heranzuziehen sind und – darauf aufbauend – wie diese Methoden konkret umzusetzen sind. Im Rahmen der entsprechenden Ausführungen sollte auf die OECD-Verrechnungspreisrichtlinien Bezug genommen werden, da diese in der Mehrzahl der Staaten akzeptiert werden.[1191]

Im Rahmen des ersten Schritts, d. h. der Vorgabe von Verrechnungspreismethoden für die einzelnen Transaktionstypen, ist sicherzustellen, dass die Anwendung der Methoden zu einer sachgerechten Aufteilung des aus den Transaktionen resultierenden Gewinns auf die beteiligten Konzerngesellschaften im Einklang mit ihrem Funktions- und Risikoprofil führt. Darüber hinaus ist die Methodenhierarchie der beteiligten Staaten zu beachten (Anwendungsvorang der Standardmethoden gem. § 1 Abs. 3 Satz 1 AStG, „*best method rule*" in den USA etc.). Insoweit wird auf die Ausführungen in Abschnitt E.V.2.3 verwiesen, in der die Auswahl von geeigneten Verrechnungspreismethoden für einzelne ausgewählte Geschäftsbeziehungen eingehend erläutert wird.

1191 Vgl. *Niess*, in: Baumhoff/Dücker/Köhler, FS Krawitz, 2010, S. 316. Verweise auf nationale Vorschriften sind möglichst zu vermeiden. Diese sind nur dann erforderlich, wenn sie eine von den Vorgaben der Verrechnungspreisrichtlinie abweichende Behandlung bestimmter Sachverhalte erfordern.

Aufbauend auf den Vorgaben zur Auswahl einer geeigneten Verrechnungspreismethode ist im Anschluss ausführlich auf die konkrete Umsetzung dieser Methode einzugehen. Dies beruht auf dem Umstand, dass die Verrechnungspreispraxis in den einzelnen Staaten erheblich differiert, so dass es je nach Domizilstaat der einzelnen Konzerngesellschaften zu abweichenden und inkonsistenten Verrechnungspreisen kommen kann, wenn bloß die anzuwendenden Methoden „dem Grunde nach" vorgegeben werden. Bestimmt die Verrechnungspreisrichtlinie beispielsweise die Anwendung der Kostenaufschlagsmethode, sollte im Einzelnen Folgendes geregelt werden:

- welcher **Zeitbezug** der Kosten zu wählen ist (Plan-, Ist- oder Normalkosten),
- welche **sachliche Abgrenzung** der Kosten vorzunehmen ist (Voll- oder Teilkosten) und
- welcher **Gewinnaufschlag** anzusetzen ist.

Werden die Verrechnungspreise z. B. auf der Grundlage der geschäftsvorfallbezogenen Nettomargenmethode (TNMM) ermittelt, ist zu regeln, wie bei der Preisfindung vorgegangen wird, damit eine fremdübliche Umsatzrendite erreicht wird. In diesem Zusammenhang ist davon abzuraten, Datenbankstudien auf lokaler Ebene isoliert durch die Landesgesellschaften erstellen zu lassen. Vielmehr sollte die Einholung von Datenbankstudien zentral durch die Konzernobergesellschaft koordiniert werden.[1192] In vielen Fällen wird es möglich sein, eine Datenbankstudie – und damit auch eine Renditekennziffer – in mehreren Ländern zu verwenden. Denn zahlreiche Staaten lassen mittlerweile länderübergreifende Datenbankanalysen (z. B. pan-europäische Studien zu). Die Ausführungen in der Verrechnungspreisrichtlinie sollten sich bei Anwendung der geschäftsvorfallbezogenen Nettomargenmethode mithin darauf beschränken, wie die unterjährigen Verrechnungspreise zu ermitteln sind und wie die jährlichen Ausgleichszahlungen zu bestimmen und abzurechnen sind. In praktischer Hinsicht sollten die Vorgaben der Verrechnungspreisrichtlinie in einer Übersicht münden, in der die anzuwendenden Verrechnungspreismethoden in Abhängigkeit der ausgeübten Funktionen und getragenen Risiken verbindlich vorgegeben werden. Im Folgenden wird eine derartige – vereinfachte – Übersicht für die folgende funktionale Konzernstruktur dargestellt.

1192 Vgl. *Niess*, in: Baumhoff/Dücker/Köhler, FS Krawitz, 2010, S. 318.

Beispielhafte Konzernstruktur:

Abbildung 21: Beispielhafte Konzernstruktur.

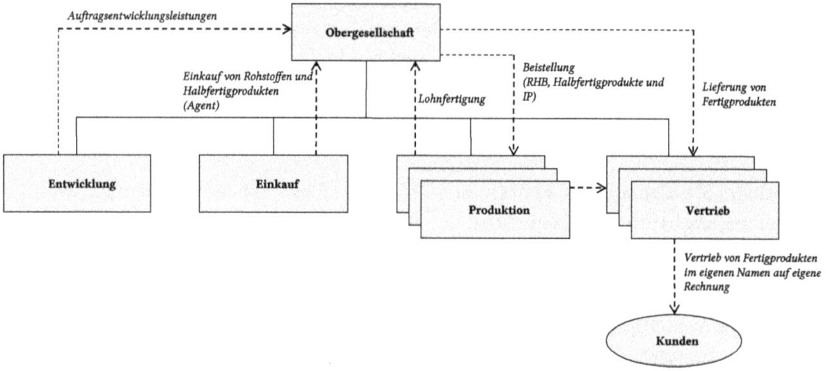

Übersicht über die vorgegebenen Verrechnungspreismethoden:

Tabelle 8: Beispielhafte Verrechnungspreisrichtlinie

Funktionsbereich	Anzuwendende Verrechnungs-preismethode	Umsetzung der Methoden
Erbringung von Entwicklungs-leistungen	Kostenauf-schlagsmethode	– Ansatz von Plankosten – Vollkostenbasis (inkl. genauer Kostendefinition) – Höhe des Gewinnaufschlags – Halbjährliche Anpassungen der Plankosten
Einkauf von Rohstoffen	Ansatz einer fremdüblichen Provision	– Höhe der Provision in Abhängigkeit von den beschafften Produkten (Rohstoffe oder Halbfertigprodukte) – Bonusregelung
Lohnfertigung	Kostenauf-schlagsmethode	– Ansatz von Plankosten – Vollkostenbasis (inkl. genauer Kostendefinition) – Höhe des Gewinnaufschlags – Regelungen zur Beistellung
Lieferung von Fertigprodukten	Wiederverkaufs-preismethode	– Ermittlung des Wiederverkaufspreises – Höhe der Handelsspanne – Halbjährliche Anpassung der Handelsspanne

In Organisationsstrukturen, die – abweichend von der vorstehenden Konzernstruktur – durch wechselseitige Leistungsbeziehungen gekennzeichnet sind, ergibt sich naturgemäß eine wesentlich umfangreichere Übersicht. Insoweit bietet sich die Erstellung einer Matrix an, in der die anzuwendenden Methoden in Abhängigkeit von leistender Konzerngesellschaft (Ordinate) und empfangender Konzerngesellschaft (Abszisse) unter Berücksichtigung der jeweiligen Transaktionsart verbindlich vorgegeben werden.

Ungeachtet der im Einzelnen angewandten Verrechnungspreismethode sollte in der Verrechnungspreisrichtlinie stets geregelt werden, wie bei dem Vorliegen von Bandbreiten vorzugehen ist. Insofern wird auf die Ausführungen in Kapitel E.V.2.4 zu der Auswahl eines Wertes aus einer Bandbreite verwiesen. Ferner bietet es sich an, die Ausführungen zu der Verrechnungspreisermittlung und -festlegung mit konkreten Beispielen zu unterlegen, damit sie von den verantwortlichen Personen leichter nachvollzogen werden können. Darüber hinaus sollte ein Ansprechpartner der Steuerabteilung für eventuelle Rückfragen genannt werden. Sofern in einzelnen Ländern Besonderheiten bei der Verrechnungspreisermittlung bestehen, sind diese Ausnahmen klar zu kennzeichnen.

Aus Sicht des Verrechnungspreisrisikomanagements ist die Vorgabe genauer Anweisungen zur Methodenwahl und zur konkreten Verrechnungspreisermittlung von erheblicher Bedeutung. Denn auf diese Weise kann zum einen dem Risiko begegnet werden, dass eine unabgestimmte, lokal geprägte Verrechnungspreisermittlung erfolgt, die sich der Kontrolle der Obergesellschaft entzieht. Eine solche Verrechnungspreisermittlung ist insofern problematisch, als zu erwarten ist, dass die Verrechnungspreisfestlegung auf lokaler Ebene nur „einseitig" die nationalen Besonderheiten berücksichtigt. Da Verrechnungspreissachverhalte jedoch stets zwei oder mehrere Fisci betreffen, ergibt sich die Notwendigkeit, eine Abstimmung vorzunehmen. Zum anderen wird dem Risiko begegnet, dass bei dem Fehlen klarer Vorgaben zur Verrechnungspreisermittlung eine Verrechnungspreisermittlung erfolgt, die nicht mit dem Funktions- und Risikoprofil der beteiligten Konzerngesellschaften abgestimmt ist, so dass der Gesamtgewinn nicht sachgerecht auf die beteiligten Staaten verteilt wird. In diesem Fall drohen – wie dargestellt[1193] – Korrekturen eines der beteiligten Fisci, die sich durch eine im Vorhinein erfolgte Abstimmung vermindern lassen.

2.7.2.2 Vorgaben zu Meldepflichten

Im Rahmen der Verrechnungspreisrichtlinie sollten klare Meldepflichten der operativ tätigen Konzerneinheiten an die Steuerabteilung der Konzernobergesellschaft geregelt werden. Meldungen sollten zum einen dann erfolgen, wenn auf lokaler Ebene Unklarheiten über die Vorgehensweise bei bestimmten Transaktionen bestehen. Die Unklarheiten können sich auf die Verrechnungspreisermittlung selbst (z. B.

1193 Vgl. dazu im Einzelnen Abschnitt E.III.2.2.2.2.

Ermittlung der Kostenbasis im Rahmen der Kostenaufschlagsmethode) oder neue Transaktionen beziehen, die von der jeweiligen Konzerngesellschaft aufgenommen werden. Durch diese Vorgehensweise kann dem Risiko begegnet werden, dass eine unabgestimmte Verrechnungspreisfestlegung erfolgt, die später zu Verrechnungspreiskorrekturen eines der beteiligten Fisci führt.

Weiterhin sollten Meldungen erfolgen, wenn es zu Beanstandungen von Verrechnungspreissachverhalten in Betriebsprüfungen bei einzelnen Konzerngesellschaften kommt. Die Weitergabe der entsprechenden Informationen ermöglicht es, auf Ebene der Obergesellschaft eine Entscheidung auf der Grundlage einer besseren Informationsversorgung zu treffen, die den Gesamtkonzern im Blick hat. Besteht z. B. aufgrund früherer positiver Erfahrungen die Möglichkeit, dass die Korrektur in dem anderen betroffenen Staat gegenberichtigt wird, kann es vorteilhaft sein, die Verrechnungspreiskorrektur zu akzeptieren, wenn auf diese Weise die allgemeine Verhandlungsposition in der Betriebsprüfung verbessert werden kann. Ebenso ist es denkbar, dass die deutsche Finanzverwaltung ihre Position überdenkt, nach dem sie die Stellungnahme der ausländischen Finanzverwaltung zur Kenntnis genommen hat.[1194] Kommt es zu keiner Einigung, kann die Stellungnahme der ausländischen Finanzverwaltung ggf. auch in einem späteren Einspruchs- oder Klageverfahren hilfreich sein.[1195]

Die Weitergabe von Beanstandungen in lokalen Betriebsprüfungen ist schließlich insofern zweckmäßig, als die Obergesellschaft der betroffenen Konzerngesellschaft bei dem Entwurf einer Argumentationslinie zur Erwiderung auf die seitens der Betriebsprüfung vorgebrachte Beanstandung behilflich sein kann. Die Praxis zeigt in diesem Zusammenhang, dass Verrechnungspreise weltweit stets mit vergleichbaren Argumenten angegriffen werden. Dazu zählen der Vorwurf einer Unvergleichbarkeit der Verhältnisse, einer falschen Methodenwahl, Anlaufverluste sowie zu hohe Gewinnmargen im Ausland. In Bezug auf diese Beanstandungen bietet es sich an, Argumentationshilfen vorzubereiten.

2.7.2.3 Vorgaben zu der Dokumentationserstellung

Schließlich sollte die Verrechnungspreisrichtlinie Vorgaben zur Dokumentationserstellung enthalten. Bei Anwendung eines international abgestimmten Dokumentationskonzepts[1196] beziehen sich die entsprechenden Ausführungen auf die Struktur und den Inhalt der Länderdokumente, in denen auf die Besonderheiten einzelner Konzerngesellschaften inkl. Angemessenheitsanalyse eingegangen wird.

1194 Vgl. *Engler/Elbert*, in: Vögele/Borstell/Engler, Verrechnungspreise, 2011, Kapitel F, Rz. 243.

1195 Vgl. *Engler/Elbert*, in: Vögele/Borstell/Engler, Verrechnungspreise, 2011, Kapitel F, Rz. 243.

1196 Vgl. dazu im Einzelnen Abschnitt E.V.2.6.3.

Ausführungen zu dem Kerndokument sind in der Regel nicht erforderlich, da dieses ohnehin zentral auf Ebene der Obergesellschaft erstellt werden sollte.[1197]

Was den Inhalt des Länderdokuments anbelangt, so tragen die Vorgaben in der Verrechnungspreisrichtlinie zu einer effektiven Verringerung des Dokumentationsaufwandes bei.[1198] Denn sofern keine Handlungsanweisungen zur Verrechnungspreisermittlung gegeben werden, könnten die erforderlichen Aufzeichnungen um ein Vielfaches umfangreicher werden, etwa wenn die Verrechnungspreise nicht nach einer einheitlichen Methodik festgelegt oder häufig geändert werden.[1199]

2.7.3 Bewertung des Instruments

Eine Verrechnungspreisrichtlinie stellt ein wichtiges formelles Kontrollinstrument dar. Es erlaubt der Obergesellschaft – mehr noch als über Workshops oder Schulungen – effektiv Einfluss auf die Verrechnungspreisermittlung und -festlegung im Gesamtkonzern zu nehmen. Um die Akzeptanz und Durchsetzbarkeit der Verrechnungspreisrichtlinie zu fördern, sollte diese wie dargestellt von dem Vorstandsmitglied verabschiedet werden, das für den Bereich Steuern verantwortlich zeichnet (in der Regel der Finanzvorstand).

Bei Vorliegen einer Verrechnungspreisrichtlinie kann zum einen dem Risiko begegnet werden, dass die Verrechnungspreise nicht nach einer einheitlichen Methodik bzw. nicht im Einklang mit dem Funktions- und Risikoprofil der beteiligten Konzerngesellschaften festgelegt werden. Dies ist sowohl aus steuerlicher als auch aus betriebswirtschaftlicher (Steuerungs-) Sicht unerwünscht. Darüber hinaus wird bei einer Vereinbarung von Meldepflichten verhindert, dass eine einseitige Verrechnungspreisermittlung erfolgt, die zu einer Erhöhung der steuerlichen Risiken führt. Die Meldung von seitens der Finanzverwaltung erfolgten Beanstandungen bietet auch den Vorteil, dass eine Entscheidung auf Ebene der Obergesellschaft auf der Grundlage einer besseren Informationsversorgung getroffen werden kann. Schließlich tragen Verrechnungspreisrichtlinien zu einer effektiven Verringerung des Dokumentationsaufwandes bei.

Zusammenfassend ist festzuhalten, dass eine Verrechnungspreisrichtlinie ein wirksames Instrument des steuerlichen Verrechnungspreisrisikomanagements darstellt. Das Instrument eignet sich zur Verminderung steuerlicher Risiken. Eine vollumfängliche Vermeidung von entsprechenden steuerlichen Risiken lässt sich bei Vorliegen einer Verrechnungspreisrichtlinie nicht erreichen, da auch bei klaren Handlungsanweisungen zur Verrechnungspreisermittlung immer noch Korrekturen seitens der beteiligten Finanzverwaltungen möglich sind.

1197 Zu dem Inhalt des Länderdokuments vgl. Abschnitt E.V.2.6.3.

1198 Vgl. *Baumhoff/Ditz/Greinert*, DStR 2004, S. 164.

1199 Vgl. *Cordes*, Steuerliche Aufzeichnungspflichten bei internationalen Verrechnungspreisen, 2009, S. 263.

2.8 *Verständigungen mit der Finanzverwaltung über Verrechnungspreise*

2.8.1 *Vorbemerkung*

Das steuerliche Verfahrensrecht zahlreicher Staaten ermöglicht es, sich mit der Finanzverwaltung über steuerliche Sachverhalte und Rechtsfragen zu verständigen (international als „Tax Rulings" bezeichnet).[1200] Die Verständigungen zeichnen sich – vereinfacht dargestellt – dadurch aus, dass die Finanzverwaltung die Rechtsfolgen eines ihr vorgelegten Sachverhalts nach erfolgter Prüfung und erteilter Zusage akzeptiert und der Besteuerung unterwirft. Die Bindung der Finanzverwaltung entfällt im Regelfall nur dann, wenn es zu einem wesentlichen Abweichen des verwirklichten Sachverhalts oder zu einer Änderung der zugrunde liegenden Gesetze kommt. Dies macht deutlich, dass es Steuerpflichtigen über die Einholung entsprechender Zusagen möglich ist, ein hohes Maß an Rechts- und Planungssicherheit zu erlangen.[1201]

Im deutschen nationalen Steuerrecht existiert ein umfangreiches Instrumentarium möglicher Verständigungen mit der Finanzverwaltung. Diese lassen sich – neben der Frage ihrer Rechtsnatur[1202] – zum einen danach unterscheiden, ob sie vor oder nach Verwirklichung eines Sachverhalts eingeholt werden können und zum anderen danach, ob sie sich auf Sachverhalts- oder auf Rechtsfragen beziehen. Bei den Verständigungsmöglichkeiten handelt es sich im Einzelnen um:

- **Verbindliche Zusagen** im Anschluss an eine Außenprüfung i.S.v. § 204 AO,
- **Verbindliche Auskünfte** i.S.v. § 89 Abs. 2 AO und
- **Tatsächliche Verständigungen.**[1203]

Die vorgenannten Zusagemöglichkeiten des nationalen Rechts können grundsätzlich auch in Bezug auf Verrechnungspreisfragen eingeholt werden. Dabei bestehen jedoch gewisse Einschränkungen. Diese Einschränkungen beziehen sich u. a. auf die Frage, ob Verrechnungspreissachverhalte aufgrund der Tatsache, dass sich in der Regel ein Auslegungs- und Bewertungsspielraum ergibt, überhaupt vorab regeln bzw. abstimmen lassen. Nicht zuletzt aufgrund dieser Tatsache stand die deutsche Finanzverwaltung Verständigungen über Verrechnungspreisfragen im Wege eines der o.g. nationalen Rechtsinstitute lange Zeit kritisch gegenüber. Dies war aus Sicht der Steuerpflichtigen insoweit nachteilig, als es sich bei Verrechnungspreisfragen um eine äußerst komplexe Materie handelt, so dass ein besonderes Bedürfnis der

---

1200 Zu dem Begriff und der Entwicklung von Tax Rulings vgl. ausführlich *Romano*, Advance Tax Rulings and Principles of Law: Towards a European Tax Rulings System?, 2002, S. 77 ff.

1201 Vgl. *Engler/Elbert*, in: Vögele/Borstell/Engler, Verrechnungspreise, 2011, Kapitel F, Rz. 331.

1202 Vgl. dazu *Bär*, Verständigungen über Verrechnungspreise verbundener Unternehmen im deutschen Steuerrecht, 2009, S. 92 ff.

1203 Die Lohnsteueranrufungsauskunft nach § 42e EStG und die verbindliche Zolltarifauskunft nach Art. 12 Zollkodex werden nicht betrachtet.

Steuerpflichtigen nach einer Absicherung bestand. In letzter Zeit zeigt sich, dass die deutsche Finanzverwaltung entsprechenden Verständigungen mit dem Steuerpflichtigen offener gegenübersteht.[1204]

Neben den Instrumenten des nationalen Rechts existieren mit den sog. verbindlichen bilateralen oder multilateralen Vorabverständigungen (sog. Advance Pricing Agreements – APA) Instrumente, die eine Zusage unter Beteiligungen zweier oder mehreren Finanzverwaltungen ermöglichen. Die vorgenannten bilateralen oder multilateralen Vorabverständigungen können ausschließlich in Bezug auf Verrechnungspreisfragen eingeholt werden. Qualifikationskonflikte oder andere DBA-Anwendungsfragen können dagegen nicht Gegenstand von APA sein. Die Rechtsgrundlage der APA bilden die Verständigungsklauseln der jeweiligen DBA.

Die o.g. Zusagemöglichkeiten eignen sich in besonderem Maße als Instrumente des steuerlichen Verrechnungspreisrisikomanagements. Denn mit Ihnen kann vor Verwirklichung eines Sachverhalts abgeklärt werden, wie dieser von der Finanzverwaltung steuerlich gewürdigt wird. Auf der Grundlage dieser Informationen kann der Steuerpflichtige entscheiden, ob er den zugrunde liegenden Sachverhalt umsetzt bzw. fortführt oder gänzlich unterlässt. Die Zusagemöglichkeiten eignen sich mithin zur Vermeidung externer steuerlicher Verrechnungspreisrisiken in der Ausprägung der Rechtsbeurteilungsrisiken (Risiken einer abweichenden Beurteilung durch die Finanzverwaltung oder Rechtsprechung).

Die einzelnen Verständigungsmöglichkeiten werden nachfolgend einer umfassenden Würdigung unter Berücksichtigung ihrer Eignung für das Verrechnungspreisrisikomanagement unterzogen. Dabei wird zunächst auf die Verständigungsmöglichkeiten des nationalen Rechts (unilaterale Verständigungen) und sodann auf die abkommensrechtlichen Verständigungsmöglichkeiten (APA) eingegangen.

2.8.2 Unilaterale Verständigungen

2.8.2.1 Verbindliche Auskunft nach § 89 Abs. 2 AO

2.8.2.1.1 Voraussetzungen und Rechtsfolgen

Bei einer verbindlichen Auskunft handelt es sich um eine gesetzlich geregelte[1205] Form der Auskunftserteilung durch die Finanzbehörden. Eine verbindliche Auskunft kann gem. § 89 Abs. 2 AO in Bezug auf die steuerliche Beurteilung eines genau

1204 Vgl. *Bär*, Verständigungen über Verrechnungspreise verbundener Unternehmen im deutschen Steuerrecht, 2009, S. 102.

1205 Die verbindliche Zusage wurde durch das Föderalismus-Begleitgesetz v. 5.9.2006 (BGBl. I, S. 2098) mit Wirkung zum 12.9.2006 in § 89 Abs. 2 AO gesetzlich geregelt. Allerdings hat die deutsche Finanzverwaltung auch zuvor verbindliche Auskünfte erteilt (vgl. BMF v. 29.12.2003, BStBl. I 12003, S. 742). Die Möglichkeit der Erteilung verbindlicher Auskünfte entsprach der ständigen Rechtsprechung des BFH, der die Bindungswirkung aus dem Grundsatz von Treu und Glauben ableitete (vgl. nur BFH v. 4.8.1961, BStBl. III 1961, S. 562).

bestimmten, noch nicht verwirklichten Sachverhalts erteilt werden, wenn daran im Hinblick auf die erheblichen steuerlichen Auswirkungen ein besonderes Interesse besteht. Ein „besonderes Interesse“ setzt neben den erheblichen wirtschaftlichen Auswirkungen der Entscheidung des Steuerpflichtigen voraus, dass eine rechtliche Unsicherheit hinsichtlich der steuerlichen Behandlung des Sachverhalts vorliegt.[1206] Eine rechtliche Unsicherheit ist gegeben, wenn selbst aus der Perspektive von Fachleuten Interpretationsunsicherheiten hinsichtlich der Auslegung einer oder mehrerer Steuernormen verbleiben, die sich nicht durch Verwaltungsanweisungen und Rechtsprechungsgrundsätze ausräumen lassen.[1207] Mithin ist eine verbindliche Auskunft als Instrument zur Vermeidung der sog. Rechtsbeurteilungsrisiken geeignet (Risiken einer abweichenden Beurteilung durch die Finanzverwaltung oder Rechtsprechung).[1208]

Die Erteilung einer verbindlichen Auskunft setzt einen schriftlichen Antrag des Steuerpflichtigen voraus. Einzelheiten hinsichtlich der Form und des Inhalts des Antrags ergeben sich aus § 1 StAuskV.[1209] Demnach hat der Antrag insbesondere folgende Angaben zu enthalten:

- eine umfassende und in sich abgeschlossene Darstellung des zum Zeitpunkt der Antragstellung **noch nicht verwirklichten Sachverhalts**,
- die Darlegung des **besonderen steuerlichen Interesses** des Antragstellers,
- eine ausführliche **Darlegung des Rechtsproblems** mit eingehender Begründung des eigenen Rechtsstandpunktes des Antragstellers,
- die Formulierung konkreter **Rechtsfragen**.

Bei einer verbindlichen Auskunft handelt es sich um einen Verwaltungsakt.[1210] Wird die verbindliche Auskunft auf den Antrag des Steuerpflichtigen hin erteilt oder

---

1206 Vgl. *Horst*, Die verbindliche Auskunft nach § 89 Abgabenordnung 2010, S. 65.

1207 So *Horst*, Die verbindliche Auskunft nach § 89 Abgabenordnung 2010, S. 14.

1208 Rechtsbeurteilungsrisiken bestehen nach ihrer Definition (s. Absschnitt D.I.2) in einer abweichenden rechtlichen Beurteilung eines Sachverhalts durch die Finanzverwaltung oder die Rechtsprechung. Insoweit ist zu beachten, dass verbindliche Auskünfte grundsätzlich nur die Finanzverwaltung binden. Es ist jedoch davon auszugehen, dass es bei der Erteilung einer verbindlichen Auskunft, welche die Rechtsauffassung des Steuerpflichtigen bekräftigt und welche dem geltenden Recht entspricht, später nicht zu einem Gerichtsverfahren und damit einem ggf. für den Steuerpflichtigen nachteiligen Urteil kommt. Dies wäre in der Praxis allenfalls dann denkbar, wenn die Finanzverwaltung die Zusage gem. § 2 Abs. 3 StAuskV mit Wirkung für die Zukunft aufhebt, da sie davon ausgeht, dass die Auskunft im Zeitpunkt ihres Wirksamwerdens unrichtig war. Dies soll nach Tz. 3.6.6 AEAO zu § 89 AO z. B. dann der Fall sein, wenn sich die Verwaltungsauffassung nach Wirksamwerden der verbindlichen Auskunft ändert, da ein neues BMF-Schreiben veröffentlicht wird („nachträgliches Erkennen der Unrichtigkeit“). In diesem Fall könnte es zu einem Gerichtsverfahren kommen.

1209 StAuskV, BGBl. I 2007, S. 2783; *Rätke*, in: Klein, AO, § 89 AO, Rz. 27.

1210 § 2 Abs. 3 StAuskV; BFH v. 30.4.2009, DStR 2009, S. 1582;

wird sie abgelehnt, kann der Steuerpflichtige Einspruch gegen die Entscheidung der Finanzverwaltung einlegen.[1211]

Eine von der Finanzverwaltung erteilte verbindliche Auskunft ist in Bezug auf die Besteuerung des antragstellenden Steuerpflichtigen bindend, wenn der später verwirklichte Sachverhalt von dem der Auskunft zugrunde gelegten Sachverhalt nicht oder nur unwesentlich abweicht.[1212] Mithin ist der Sachverhalt in dem Antrag sorgfältig und präzise darzustellen.[1213] Die verbindliche Auskunft entfaltet keine Bindungswirkung, wenn sie zuungunsten des Steuerpflichtigen von dem geltenden Recht abweicht.[1214] Die Bindungswirkung entfällt, wenn die Rechtsvorschriften, auf denen die Auskunft beruht, aufgehoben oder geändert werden.[1215] Hinsichtlich der Bindungswirkung der verbindlichen Auskunft ist zu beachten, dass es sich hierbei um eine einseitige Bindung der Finanzverwaltung handelt. Der Steuerpflichtige hat mithin die Möglichkeit, den in dem Antrag dargelegten Sachverhalt zu verwirklichen oder aber davon abzuweichen, mit der Folge, dass eine Bindungswirkung nicht eintritt.

Im Zuge des Jahressteuergesetzes 2007[1216] wurde in § 89 Abs. 3 bis 5 AO mit Wirkung ab dem 19.12.2006 eine Gebührenpflicht für verbindliche Auskünfte eingeführt. Die Gebühren richten sich gem. § 89 Abs. 4 Satz 1 AO grundsätzlich nach dem Wert, den die verbindliche Auskunft für den Steuerpflichtigen hat (Gegenstandswert). Maßgebend für die Ermittlung des Gegenstandswerts ist die steuerliche Auswirkung des vom Steuerpflichtigen geplanten Sachverhalts. Diese bestimmt sich im Wege einer Gegenüberstellung des Steuerbetrags, der bei Anwendung der vom Steuerpflichtigen vorgetragenen Rechtsauffassung entstehen würde, und des Steuerbetrags, der entstehen würde, wenn die Finanzverwaltung eine entgegenstehende Rechtsauffassung vertreten würde (Differenzbetrachtung).[1217] Die Höhe der Gebühr nach dem Gegenstandswert bestimmt sich in entsprechender Anwendung des § 34 GKG. Nach der im Jahr 2013 erfolgten Anpassung des GKG beträgt die

---

1211 Tz. 3.7 AEAO zu § 89 AO.

1212 § 2 Abs. 1 Satz 1 StAuskV.

1213 So *Rätke*, in: Klein, AO, § 89 AO, Rz. 23.

1214 § 2 Abs. 1 Satz 2 StAuskV. Umgekehrt besteht eine Bindungswirkung, wenn die verbindliche Auskunft zugunsten des Steuerpflichtigen von dem geltenden Recht abweicht. In diesem Fall kann die Finanzbehörde die verbindliche Auskunft mit Wirkung für die Zukunft aufheben, vgl. § 2 Abs. 3 StAuskV.

1215 § 2 Abs. 2 StAuskV. Eine Änderung der Auffassung der Rechtsprechung nach Erteilung einer verbindlichen Auskunft führt in der Regel nicht dazu, dass die Bindungswirkung der Auskunft nach § 2 Abs. 2 StAuskV automatisch entfällt. Auch bei Änderungen der Auffassung der Finanzverwaltung entfällt die Bindungswirkung der Auskunft nicht automatisch, vgl. *Rätke*, in: Klein, AO, § 89 AO, Rz. 35.

1216 Jahressteuergesetz 2007, BGBl. I 2006, S. 2878.

1217 Tz. 4.2.2 AEAO zu § 89 AO.

Höchstgebühr nunmehr 109.736 Euro.[1218] Sie wird ab einem Gegenstandswert von 30 Mio. Euro erreicht.[1219] Sofern der Gegenstandswert auch nicht durch Schätzung bestimmbar ist, ist nach § 89 Abs. 4 Satz 4 AO eine Zeitgebühr anzusetzen. Diese beträgt 50 Euro je angefangene halbe Stunde und mindestens 100 Euro.

Die Erteilung einer verbindlichen Auskunft setzt voraus, dass der Sachverhalt, um dessen steuerliche Beurteilung es geht, noch nicht verwirklicht ist. Dies ist insofern sachgerecht, als über einen bereits verwirklichten Sachverhalt „im Rahmen des Veranlagungs- oder Feststellungsverfahrens“[1220] entschieden wird. Ein noch nicht verwirklichter Sachverhalt liegt vor, wenn dieser erst in Zukunft umgesetzt werden soll.[1221] Maßgebender Zeitpunkt für die Beurteilung, ob ein Sachverhalt noch nicht verwirklich ist, ist der Zeitpunkt der Antragstellung.[1222] Daraus folgt, dass verbindliche Auskünfte sich grundsätzlich nicht zur Absicherung von bereits vor Antragstellung verwirklichter Sachverhalte eignen. In diesem Zusammenhang wird in Tz. 3.4.2. AEAO zu § 89 AO darauf hingewiesen, dass es unschädlich ist, wenn mit vorbereitenden Handlungen begonnen wurde, solange der im Antrag dargelegte Sachverhalt im Wesentlichen noch nicht verwirklicht wurde und noch anderweitige Dispositionen möglich sind.

Die Vorgabe, dass es sich um einen noch nicht abgeschlossenen Sachverhalt handeln muss, bedeutet nicht, dass verbindliche Auskünfte nicht in Bezug auf sog. Dauersachverhalte erteilt werden können. Unter Dauersachverhalten sind zum einen Sachverhalte mit Dauerwiederkehr und zum anderen Sachverhalte mit Dauerwirkung zu verstehen.[1223] Sachverhalte mit Dauerwiederkehr zeichnen sich dadurch aus, dass sie sich fortlaufend wiederholen. Ein Beispiel für einen Sachverhalt mit Dauerwiederkehr stellt eine laufende Lieferbeziehung dar. Sachverhalte mit Dauerwirkung zeichnen sich dagegen dadurch aus, dass sie Auswirkungen in der Zukunft haben.

Nach Auffassung der Finanzverwaltung kann eine verbindliche Auskunft auch im Hinblick auf die Umgestaltung eines Dauersachverhalts erteilt werden.[1224] Darunter soll nach einer Auffassung im Schrifttum auch eine Umgestaltung derart, dass

---

1218 Zweites Gesetz zur Modernisierung des Kostenrechts v. 29.7.2013, BGBl. I 2013, S. 2586.

1219 Vgl. § 89 Abs. 5 AO mit Verweis auf § 39 Abs. 2 GKG.

1220 Tz. 3.5.2 Satz 2 AEAO zu § 89 AO.

1221 Vgl. *Rätke*, in: Klein, AO, § 89 AO, Rz. 17.

1222 Dies lässt sich jedenfalls aus § 1 Abs. 1 Nr. 2 StAuskV schließen, der eine „umfassende und in sich abgeschlossene Darstellung des zum Zeitpunkt der Antragstellung noch nicht verwirklichten Sachverhalts“ fordert. A.A. *Rätke*, in: Klein, AO, § 89 AO, Rz. 17; *Horst*, Die verbindliche Auskunft nach § 89 Abgabenordnung, 2010, S. 60, der darauf hinweist, dass eine verbindliche Auskunft über noch nicht verwirklichte Sachverhalte „erteilt“ wird, so dass der Zeitpunkt der Zusageerteilung maßgeblich sein soll.

1223 Vgl. *Horst*, Die verbindliche Auskunft nach § 89 Abgabenordnung 2010, S. 54.

1224 Vgl. Tz. 3.5.3 AEAO zu § 89 AO.

eine Erhöhung des Entgelts vorgenommen wird, die Erteilung einer verbindlichen Auskunft rechtfertigen.[1225]

2.8.2.1.2 Eignung für Verrechnungspreissachverhalte

Gegenstand einer verbindlichen Auskunft kann jede steuerliche Frage sein.[1226] Vor diesem Hintergrund kann eine verbindliche Auskunft grundsätzlich auch in Bezug auf Verrechnungspreissachverhalte beantragt werden. Jedoch vertritt die Finanzverwaltung in Tz. 3.5.4 AEAO zu § 89 AO die Auffassung, dass verbindliche Auskünfte *„in Angelegenheiten, bei denen die Erzielung eines Steuervorteils im Vordergrund steht (z.B. Prüfung von Steuersparmodellen, Feststellung der Grenzpunkte für das Handeln eines ordentlichen Geschäftsleiters)“* nicht erteilt werden sollen. Aus der Regelung des AEAO könnte geschlossen werden, dass die Finanzverwaltung die Erteilung verbindlicher Auskünfte in Verrechnungspreissachverhalten ablehnt. Denn wie bereits eingehend erörtert wurde, handelt es sich bei Verrechnungspreissachverhalten regelmäßig um Fragestellungen, die durch einen Auslegungs- und Wertungsspielraum gekennzeichnet sind, der sich in einer Bandbreite niederschlägt.[1227]

In Bezug auf die Regelung in Tz. 3.5.4 AEAO zu § 89 AO ist jedoch zum einen festzustellen, dass die Feststellung der Grenzpunkte für das Handeln eines ordentlichen Geschäftsleiters keinesfalls der *„Erzielung eines Steuervorteils“* dient. Vielmehr ist die Bestimmung von Ober- und Untergrenzen jedem Fremdvergleich immanent, da es den einen „richtigen“ Verrechnungspreis bekanntlich nicht gibt. Überdies ist zu beachten, dass die Bestimmung von Mindest- und Höchstpreisen in § 1 Abs. 3 Satz 5 ff. sogar gesetzlich vorgeschrieben ist. So hat der Steuerpflichtige im Rahmen des hypothetischen Fremdvergleichs *„den Mindestpreis des Leistenden und den Höchstpreis des Leistungsempfängers unter Berücksichtigung funktions- und risikoadäquater Kapitalisierungszinssätze zu ermitteln (Einigungsbereich).“* Die einengende Betrachtungsweise der Finanzverwaltung ist daher abzulehnen.[1228]

Nach der hier vertretenen Auffassung sind Verrechnungspreissachverhalte in besonderem Maße für verbindliche Auskünfte geeignet.[1229] Denn hinsichtlich der Frage der Festlegung und Dokumentation internationaler Verrechnungspreise besteht – wie dargestellt[1230] – auf Seiten der Steuerpflichtigen eine erhebliche Unsicherheit.

1225 Vgl. *Engler/Elbert*, in: Vögele/Borstell/Engler, Verrechnungspreise, 2011, Kapitel F, Rz. 349.

1226 Vgl. *Rätke*, in: Klein, AO, § 89 AO, Rz. 18.

1227 Vgl. Abschnitt B.III.1.2 und E.V.2.4.

1228 Vgl. *Rätke*, in: Klein, AO, § 89 Rz. 18; *Seer*, in: Tipke/Kruse, AO, § 89 Rz. 42; *Bär*, Verständigungen über Verrechnungspreise verbundener Unternehmen im deutschen Steuerrecht, 2009, S. 120 f. Vgl. auch *Engler/Elbert*, in: Vögele/Borstell/Engler, Verrechnungspreise, 2011, Kapitel F, Rz. 331.

1229 So auch *Engler/Elbert*, in: Vögele/Borstell/Engler, Verrechnungspreise, 2011, Kapitel F, Rz. 376.

1230 Vgl. Abschnitt E.I.2.2.1 und E.I.2.2.2.

Diese ist auf den hohen Abstraktionsgrad des Fremdvergleichsgrundsatzes zurückzuführen, der sich in der materiellen Unbestimmtheit der auf ihm basierenden nationalen Korrekturvorschriften und Verwaltungsanweisungen widerspiegelt. Eine verbindliche Auskunft kann sowohl für eine geplante, d. h. noch nicht verwirklichte Geschäftsbeziehung als auch für eine bestehende Geschäftsbeziehung eingeholt werden. In letzterem Fall handelt es sich um einen Sachverhalt mit Dauerwiederkehr[1231], der auch Gegenstand einer verbindlichen Auskunft sein kann. Das Erfordernis, dass der zugrunde liegende Sachverhalt erhebliche steuerliche Auswirkungen hat, dürfte im Verrechnungspreisbereich sehr häufig erfüllt sein, insbesondere bei laufenden Liefer- und Leistungsbeziehungen und bei Reallokationen von Funktionen und Risiken im Konzern.

Es ist jedoch zu beachten, dass verbindliche Auskünfte nicht in Bezug auf jegliche verrechnungspreisbezogene Fragen eingeholt werden können. So ist es nicht möglich, abzufragen, ob ein bestimmter konkreter Verrechnungspreis (oder eine Dienstleistungsgebühr bzw. ein Lizenzsatz) der Höhe nach angemessen ist (z. B. Ist eine Lizenzgebühr i.H.v. 5 % des Außenumsatzes angemessen?). Verbindliche Auskünfte können sich vielmehr nur auf die Berechnungsgrundlagen von Verrechnungspreisen und damit verbundene Fragestellungen der Anwendung der Verrechnungspreismethoden beziehen, hinsichtlich derer eine rechtliche Unsicherheit besteht. Auf diese Weise kann die konkrete Höhe des Verrechnungspreises zumindest indirekt abgefragt werden. Denn wenn die Berechnungsgrundlagen der Verrechnungspreisermittlung in dem Auskunftsantrag hinreichend konkretisiert sind, ergibt sich bei der Anwendung derselben in der Regel ein konkreter Verrechnungspreis.

Im Rahmen von verbindlichen Auskünften kann nach der hier vertretenen Auffassung insbesondere abgefragt werden:[1232]

Konzerninterne Reallokationen von Funktionen und Risiken:

- Ob eine organisatorische Teileinheit bzw. Abteilung eine „Funktion“ i.S.v. § 1 Abs. 1 FVerlV darstellt;
- Ob ein geplanter Vorgang (z. B. Gründung einer Einkaufsgesellschaft) zu der Verlagerung einer Funktion i.S.v. § 1 Abs. 3 Satz 9 AStG und § 1 Abs. 2 Satz 1 FVerlV führt;
- Ob ein geplanter Vorgang eine Funktionsverdoppelung i.S.v. § 1 Abs. 6 FVerlV darstellt;
- Ob die Regelung des § 2 Abs. 2 Satz 1 FVerlV (Verlagerung auf ein Routineunternehmen) zur Anwendung kommt;

1231 Vgl. dazu *Horst*, Die verbindliche Auskunft nach § 89 Abgabenordnung 2010, S. 54, 60.

1232 Vgl. auch die – teilweise abweichenden – Ausführungen von *Engler/Elbert*, in: Vögele/Borstell/Engler, Verrechnungspreise, 2011, Kapitel F, Rz. 379 ff.

- Ob das wirtschaftliche Eigentum (§ 39 AO) an einem Transferpaket bei einer Konzerngesellschaft verbleibt, so dass eine Überlassung (Lizenzierung) des Transferpakets gem. § 4 Abs. 2 FVerlV erfolgen kann;
- Ob eine Öffnungsklausel (siehe § 1 Abs. 3 Satz 10, Alternative 1; § 1 Abs. 3 Satz 10, Alternative 2; § 1 Abs. 3 Satz 10, Alternative 3 AStG) anwendbar ist;
- Ob die Voraussetzungen für die Annahme eines begrenzten Kapitalisierungszeitraums vorliegen (§ 6 FVerlV).[1233]

Verrechnungspreise für Liefer- und Leistungsbeziehungen:

- Ob eine Geschäftsbeziehung i.S.v. § 1 Abs. 4 AStG vorliegt;
- Ob ein Verhältnis des nahe Stehens i.S.v. § 1 Abs. 2 AStG besteht;
- Ob Fremdvergleichswerte (Preise, Handelsspannen oder Kostenaufschläge) – ggf. nach sachgerechten Anpassungen – als uneingeschränkt vergleichbar zu qualifizieren sind, so dass nach § 1 Abs. 3 Satz 1 AStG eine der Standardmethoden (Preisvergleichsmethode, Wiederverkaufspreismethode oder Kostenaufschlagsmethode) zur Anwendung kommen kann;
- Ob die im Rahmen einer Datenbankstudie ermittelten Vergleichsunternehmen (eingeschränkt) vergleichbar sind, so dass die geschäftsvorfallbezogene Nettomargenmethode (TNMM) – ggf. nach einer Einengung nach dem Interquartilsverfahren – angewandt werden kann;
- Ob hochintegrierte Geschäftsbeziehungen zwischen verbundenen Unternehmen vorliegen, so dass eine Verrechnungspreisermittlung auf Basis der transaktionsbasierten Standardmethoden und der geschäftsvorfallbezogene Nettomargenmethode (TNMM) ausscheidet und gem. Tz. 3.4.10.3. Buchst. c) des BMF-Schreibens v. 12.4.2005[1234] und Tz. 2.109 OECD-Verrechnungspreisrichtlinien die geschäftsvorfallbezogene Gewinnaufteilungsmethode (Profit Split) zur Anwendung kommen kann;
- Ob die Voraussetzungen eines Vorteilsausgleichs i.S.v. Tz. 2.3 des BMF-Schreibens v. 23.2.1983[1235] vorliegen;
- Ob eine Verrechnung einer Leistung einer Konzerngesellschaft dem Grunde nach zu erfolgen hat (Abgrenzung von Gesellschafteraufwand);
- Ob ein gewählter Umlageschlüssel den Nutzen der Konzerngesellschaften, auf welche Kosten im Rahmen einer Leistungs- oder Poolumlage umgelegt werden sollen, angemessen reflektiert;

1233 Vgl. dazu auch BMF v. 13.10.2010, BStBl. I 2010, S. 774, Rz. 109 ff.
1234 BMF-Schreiben v. 12.4.2005, BStBl. I 2005, S. 570.
1235 BMF-Schreiben v. 23.2.1983, BStBl. I 1983, S. 218.

Zusammenfassend ist festzuhalten, dass sich verbindliche Auskünfte in besonderem Maße für Verrechnungspreissachverhalte eignen.[1236] Allerdings ist zu konstatieren, dass sie nur eine unilaterale Rechtssicherheit gewährleisten können.[1237]

2.8.2.2 Verbindliche Zusage nach § 204 AO

2.8.2.2.1 Voraussetzungen und Rechtsfolgen

Eine verbindliche Zusage kann gem. § 204 AO im Anschluss an eine durchgeführte Betriebsprüfung erteilt werden. Gegenstand der verbindlichen Zusage ist die zukünftige steuerrechtliche Behandlung eines für die Vergangenheit geprüften und im Prüfungsbericht dargestellten Sachverhalts. Der Sachverhalt muss eine Wirkung in die Zukunft haben, d.h. es muss sich um einen Sachverhalt mit Dauerwirkung oder Dauerwiederkehr handeln.[1238] Auf die steuerliche Behandlung eines bereits verwirklichten[1239] Sachverhalts kann die verbindliche Zusage sich nicht beziehen.[1240] Weiterhin setzt die Erteilung einer verbindlichen Zusage einen engen zeitlichen Zusammenhang zu einer Außenprüfung voraus. Dieser liegt vor, wenn der Antrag kurz nach Übersendung des Prüfungsberichts gestellt wird.[1241]

1236 So auch *Engler/Elbert*, in: Vögele/Borstell/Engler, Verrechnungspreise, 2011, Kapitel F, Rz. 376.

1237 S. dazu im Einzelnen den Abschnitt E.V.2.8.2.4 (Bewertung der unilateralen Instrumente).

1238 Vgl. *Seer*, in: Tipke/Kruse, Abgabenordnung/Finanzgerichtsordnung, § 204 AO Rz. 18.

1239 Es ist fraglich, auf welchen Zeitpunkt bei der Prüfung des Tatbestandsmerkmals der „zukünftigen steuerlichen Behandlung" abzustellen ist. Denn aufgrund des zeitlichen Versatzes bei der Durchführung von Betriebsprüfungen ergibt sich regelmäßig eine zeitliche „Lücke" zwischen dem Zeitraum, der der Prüfung unterlegen hat und dem Zeitpunkt, zu dem eine Betriebsprüfung abgeschlossen wird. Erfolgt beispielsweise im Jahr 2014 eine Betriebsprüfung für die Jahre 2010–2012, stellt sich die Frage, ob sich die tatsächliche Verständigung auch auf das (bereits abgelaufene) Jahr 2013 beziehen kann. Beurteilt man das Tatbestandsmerkmal aus Sicht des Jahres der Beantragung der verbindlichen Zusage (2014), kann die Zusage nur in den Jahren nach 2014 gelten, da das Jahr 2013 bereits in der Vergangenheit liegt. Nach der hier vertretenen Auffassung ist jedoch bei der Prüfung des Tatbestandsmerkmals der „zukünftigen steuerlichen Behandlung" auf den Zeitpunkt des Abschlusses der Betriebsprüfung abzustellen. Mithin kann in dem Beispielsfall eine verbindliche Zusage ab dem Jahr 2013 erteilt werden. Gl.A. *Engler/Elbert*, in: Vögele/Borstell/Engler, Verrechnungspreise, 2011, Kapitel F, Rz. 334.

1240 Vgl. BFH v. 13.12.1995, BStBl. II 1996, S. 232.

1241 Vgl. *Seer*, in: Tipke/Kruse, AO/FGO, § 204 AO Rz. 9; *Intemann*, in: Pahlke/Koenig, Abgabenordnung, § 204 AO Rz. 13; *Schallmoser*, in: Hübschmann/Hepp/Spitaler, Abgabenordnung/Finanzgerichtsordnung, § 204 AO Rz. 19 [„spätestens" nach Ergehen des Prüfungsberichts; z.B. verbunden mit der Stellungnahme zum Prüfungsbericht]; a.A. *Frotscher*, in: Schwarz, Abgabenordnung, § 204 Rz. 4; Die Finanzverwaltung vertritt in diesem Zusammenhang die Auffassung, dass *„bei einem*

Die Erteilung einer verbindlichen Zusage erfordert es, dass die Kenntnis der zukünftigen steuerlichen Behandlung für die geschäftlichen Maßnahmen des Steuerpflichtigen von Bedeutung ist, d.h. es muss ein Zusageinteresse auf Seiten des Steuerpflichtigen bestehen. Dieses liegt vor, wenn die in Frage stehende steuerliche Behandlung sich auf eine wirtschaftliche Disposition des Steuerpflichtigen auswirkt.[1242] An einem Zusageinterese fehlt es, wenn sich die steuerliche Behandlung zweifelsfrei aus dem Gesetz bzw. einer Verwaltungsanweisung oder entschiedenen finanzgerichtlichen Urteilen ergibt.[1243] § 204 AO regelt ferner, dass die Erteilung einer verbindlichen Zusage einen Antrag des Steuerpflichtigen voraussetzt. Der Antrag kann grundsätzlich mündlich gestellt werden. Aus Dokumentations- und Nachweisgründen sollte der Antrag jedoch schriftlich gestellt werden.[1244] In dem Antrag ist insbesondere die Bedeutung für die geschäftlichen Maßnahmen des Steuerpflichtigen darzulegen.[1245]

Gegenstand der verbindlichen Zusage muss ein Sachverhalt sein, der Gegenstand einer Außenprüfung war und im Prüfungsbericht dargestellt ist.[1246] Vor diesem Hintergrund sollten Steuerpflichtige, die die Erteilung einer verbindlichen Zusage in Bezug auf einen bestimmten Sachverhalt begehren, auf die Prüfung und eingehende Darstellung dieses Sachverhalts in dem Prüfungsbericht hinwirken.[1247] § 12 BpO verpflichtet den Betriebsprüfer in diesem Zusamenhang dazu, einen Sachverhalt *„umfassend“* in dem Betriebsprüfungsbericht darzustellen, wenn *„mit einem Antrag auf verbindliche Zusage zu rechnen ist“*.

Die in der verbindlichen Zusage festgelegte Rechtsfolge wird seitens der Finanzverwaltung der nachfolgenden Steuerfestsetzung zugrunde gelegt. Trifft die Finanzverwaltung eine abweichende Entscheidung im Rahmen der Festsetzung, kann der Steuerpflichtige im Rechtsbehelfsverfahren gegen den betreffenden Bescheid die Bindungswirkung der verbindlichen Zusage geltend machen.[1248] Die Bindungswirkung setzt gem. § 206 Abs. 1 AO voraus, dass der später verwirklichte Sachverhalt mit dem der verbindlichen Zusage vereinbarten Sachverhalt übereinstimmt. Bei einer Abweichung von dem zugrunde gelegten Sachverhalt entfällt die Bindungswirkung der verbindlichen Zusage. Überdies entfaltet die verbindliche Zusage gem. § 206 Abs. 2 AO keine Bindungswirkung, wenn sie zuungunsten des Steuerpflichtigen dem geltenden Recht widerspricht. Gem. § 207 Abs. 1 AO tritt

---

kurz nach der Schlussbesprechung gestellten Antrag i.d.R. keine verbindliche Zusage mehr zu erteilen [ist], wenn hierzu umfangreiche Prüfungshandlungen erforderlich sind“, vgl. Tz. 3 AEAO zu § 204.

1242 Vgl. *Engler/Elbert*, in: Vögele/Borstell/Engler, Verrechnungspreise, 2011, Kapitel F, Rz. 335.

1243 Vgl. *Intemann*, in: Pahlke, AO, § 204 Rz. 27.

1244 Vgl. Tz. 3 AEAO zu § 204.

1245 Vgl. *Intemann*, in: Pahlke, AO, § 204 Rz. 34.

1246 Vgl. § 204 AO; § 12 Abs. 1 BpO.

1247 Vgl. *Rüsken*, in: Klein, AO, § 204 Rz. 10; *Intemann*, in: Pahlke, AO, § 204 Rz. 20.

1248 Vgl. AEAO zu § 206 AO.

die verbindliche Zusage außer Kraft, wenn die Rechtsvorschriften, auf denen die Entscheidung beruht, geändert werden.

Eine verbindliche Zusage kann nach § 205 Abs. 2 Nr. 3 AO zeitlich befristet sein. Nach Ablauf der Frist tritt die verbindliche Zusage außer Kraft. Enthält die verbindliche Zusage keine Angaben zu ihrer Dauer, gilt sie unbefristet.[1249] Bei einer verbindlichen Zusage handelt es sich um einen Verwaltungsakt.[1250] Wird die verbindliche Auskunft auf den Antrag des Steuerpflichtigen hin erteilt oder wird sie abgelehnt, kann der Steuerpflichtige folglich Einspruch gegen die Entscheidung der Finanzverwaltung einlegen.[1251]

2.8.2.2.2 Eignung für Verrechnungspreissachverhalte

§ 204 AO stellt eine „Soll"-Vorschrift dar, d.h. bei Vorliegen der Voraussetzungen hat die Finanzverwaltung die beantragte verbindliche Zusage zu erteilen, wenn nicht ganz besondere Gründe entgegenstehen.[1252] Nach Tz. 5 zu § 204 AEAO kann eine verbindliche Zusage jedoch „*ausnahmsweise*" abgelehnt werden, „*wenn sich der Sachverhalt nicht für eine verbindliche Zusage eignet (z.B. zukünftige Angemessenheit von Verrechnungspreisen bei unübersichtlichen Marktverhältnissen)*". Diese Auffassung wird in der Literatur als überholt angesehen.[1253] Eine verbindliche Zusage kann daher auch zu Verrechnungspreisfragen erteilt werden.[1254] Dies ist insofern sachgerecht, als bei der Festlegung und Dokumentation internationaler Verrechnungspreise auf Seiten der Steuerpflichtigen eine erhebliche rechtliche Unsicherheit besteht.[1255] Mithin haben Steuerpflichtige in diesem Bereich ein gesteigertes Interesse daran, Rechtssicherheit im Anschluss an eine Betriebsprüfung zu erlangen, da in der Regel nicht vorausgesagt werden kann, wie die Finanzverwaltung einen Sachverhalt in zukünftigen Betriebsprüfungen würdigen wird.

Was den Anwendungsbereich verbindlicher Zusagen im Bereich der steuerlichen Verrechnungspreise anbelangt, ist festzuhalten, dass zukünftig geplante Einmalsachverhalte sich nicht für verbindliche Zusagen eignen. Denn die entsprechenden Sachverhalte erfüllen nicht die in § 204 AO geregelte Voraussetzung, dass es sich um einen für die Vergangenheit geprüften und im Prüfungsbericht dargestellten Sachverhalt handelt. Aus diesem Grund können die im vorangehenden Abschnitt

---

1249 Vgl. *Intemann*, in: Pahlke, AO, § 204 Rz. 30.

1250 Vgl. *Seer*, in: Tipke/Kruse, Abgabenordnung/Finanzgerichtsordnung, § 204 AO Rz. 2.

1251 Vgl. *Rüsken*, in: Klein, AO, § 204 Rz. 15; *Intemann*, in: Pahlke, AO, § 204 Rz. 57 f.

1252 Vgl. *Seer*, in: Tipke/Kruse, Abgabenordnung/Finanzgerichtsordnung, § 204 AO Rz. 15.

1253 Vgl. *Seer*, in: Tipke/Kruse, Abgabenordnung/Finanzgerichtsordnung, § 204 AO Rz. 16.

1254 Vgl. *Engler/Elbert*, in: Vögele/Borstell/Engler, Verrechnungspreise, 2011, Kapitel F, Rz. 336.

1255 Vgl. insoweit auch Abschnitt E.I.2.2.

dargestellten Fragen im Zusammenhang mit der geplanten Reallokation von Funktionen und Risiken im Konzern nicht Gegenstand einer verbindlichen Zusage sein. Fragen der Verrechnungspreisermittlung für fortlaufende Liefer- und Leistungsbeziehungen eignen sich dagegen sehr wohl für verbindliche Zusagen. Denn ihnen liegen Sachverhalte zugrunde, die durch eine Dauerwiederkehr gekennzeichnet sind, d. h. sie erfüllen die Voraussetzung, dass sie für die Vergangenheit geprüft wurden und sich in der Zukunft wiederholen (z. B. Lieferungen an eine Vertriebsgesellschaft oder Lizenzierung eines Patents an eine Vertriebsgesellschaft).

Im Gegensatz zu verbindlichen Auskünften i.S.v. § 89 Abs. 2 AO zeichnen sich verbindliche Zusagen dadurch aus, dass der Sachverhalt bereits vor Antragsstellung, und zwar im Rahmen einer Betriebsprüfung eingehend durch die Finanzverwaltung geprüft wird. Sofern die Finanzverwaltung die Vorgehensweise des Steuerpflichtigen akzeptiert und keine Beanstandungen hat oder sofern ein Kompromiss erzielt werden kann, kann die gewählte Vorgehensweise einer verbindlichen Zusage zugrunde gelegt werden. Im Bereich der steuerlichen Verrechnungspreise bedeutet dies, dass die vom Steuerpflichtigen gewählte Verrechnungspreismethode dem Grunde nach sowie deren Umsetzung im Rahmen der verbindlichen Zusage abgesichert werden kann. Erfolgt die Verrechnungspreisermittlung beispielsweise auf der Grundlage der Kostenaufschlagsmethode, kann im Rahmen der verbindlichen Zusage zum einen festgelegt werden, dass die Wahl der Kostenaufschlagsmethode dem Grunde nach sachgerecht ist. Zum anderen kann festgelegt werden, dass der gewählte Gewinnaufschlag – vor dem Hintergrund der von der betroffenen Konzerngesellschaft ausgeübten Funktionen und getragenen Risiken – sachgerecht ist. Mithin lässt sich über die verbindliche Zusage eine weitgehende Rechtssicherheit hinsichtlich der Verrechnungspreisermittlung – auch der Höhe nach – erzielen. Im Rahmen von verbindlichen Zusagen kann nach der hier vertretenen Auffassung damit Folgendes abgefragt werden:

- **Angemessenheit dem Grunde nach:** Akzeptanz der seitens des Steuerpflichtigen gewählten Methode, d. h. einer Standardmethode oder einer gewinnorientierte Methode,
- **Angemessenheit der Höhe nach:** Akzeptanz der Umsetzung der Methode, der zugrunde gelegten Vergleichspreise, Handelsspannen, Kostenaufschläge oder Renditekennziffern.

Wie die vorstehenden Ausführungen zeigen, besteht ein besonderer Vorteil verbindlicher Zusagen darin, das Ergebnis einer Betriebsprüfung für die Zukunft abzusichern. Auf diese Weise kann dem Risiko begegnet werden, dass in der Folgeprüfung ein anderer Betriebsprüfer (z. B. mit dem Verweis auf das Prinzip der Abschnittsbesteuerung) eine von dem Kompromissergebnis abweichende Auffassung vertritt.[1256] Verbindliche Zusagen werden in der Praxis häufig auf einen Zeitraum von drei bis

1256 Vgl. *Engler/Elbert*, in: Vögele/Borstell/Engler, Verrechnungspreise, 2011, Kapitel F, Rz. 336.

fünf Jahren abgeschlossen.[1257] Durch die Befristung auf diesen Zeitraum wird der Tatsache Rechnung getragen, dass sich die wirtschaftlichen Rahmenbedingungen im heutigen Wirtschaftsleben – und damit auch die Angemessenheit der Verrechnungspreise – schnell ändern können. Nach Ablauf der Frist kann – unter den Voraussetzungen des § 204 AO – eine neue verbindliche Zusage beantragt werden.

2.8.2.3 Tatsächliche Verständigung

2.8.2.3.1 Voraussetzungen und Rechtsfolgen

Bei einer tatsächlichen Verständigung handelt es sich um eine Einigung der Finanzverwaltung mit dem Steuerpflichtigen über den „für die Besteuerung maßgebenden Sachverhalt im konkreten Besteuerungsverfahren".[1258] Die tatsächliche Verständigung ist nicht gesetzlich geregelt. Sie ist jedoch nach der Entscheidung des BFH v. 11.12.1984[1259] in Rechtsprechung, Verwaltung und Lehre anerkannt.[1260] Sie dient der „Gewährleistung der Effektivität der Besteuerung und der Herstellung des Rechtsfriedens".[1261]

Im Gegensatz zu verbindlichen Auskünften und verbindlichen Zusagen, welche einseitig von der Finanzverwaltung erteilt werden und nur diese binden, entfaltet eine tatsächliche Verständigung auch für den Steuerpflichtigen eine Bindungswirkung.[1262] Die beiderseitige Bindungswirkung wird dadurch dokumentiert, dass die Niederschrift der tatsächlichen Verständigung von allen Beteiligten zu unterzeichnen ist.[1263] Auf Seiten der Finanzverwaltung handelt es sich hierbei um einen für die Entscheidung über die Steuerfestsetzung zuständigen, d.h. abschließend zur Zeichnung berechtigten, Amtsträger.[1264] Auf Seiten des Steuerpflichtigen ist die tatsächliche Verständigung durch einen Bevollmächtigten (z.B. durch den Finanzvorstand oder auch den Steuerberater) zu unterzeichnen.[1265]

Eine tatsächliche Verständigung kann ausschließlich im Fall der erschwerten Sachverhaltsermittlung getroffen werden. Sie darf nicht „zur Klärung zweifelhafter

---

1257 Vgl. *Bär*, Verständigungen über Verrechnungspreise verbundener Unternehmen im deutschen Steuerrecht, 2009, S. 166.

1258 *Wünsch*, in: Pahlke/Koenig, Abgabenordnung, § 88 Rz. 47.

1259 BFH v. 11.12.1984, BStBl. II 1985, S. 354.

1260 Vgl. *Bär*, Verständigungen über Verrechnungspreise verbundener Unternehmen im deutschen Steuerrecht, 2009, S. 138.

1261 Tz. 1 AEAO zu § 88 AO.

1262 Zu den Rechtsgrundlagen der tatsächlichen Verständigung vgl. *Wünsch*, in: Pahlke/Koenig, Abgabenordnung, § 88 Rz. 48.

1263 Vgl. BMF v. 30.7.2008, BStBl. I 2008, S. 831, Tz. 5.5.

1264 Vgl. BMF v. 30.7.2008, BStBl. I 2008, S. 831, Tz. 5.3. Dies ist z.B. der Vorsteher, der Veranlagungssachgebietsleiter oder – im Rechtsbehelfsverfahren – der Leiter der Rechtsbehelfstelle oder der zur Steuerfestsetzung befugte Außenprüfer, vgl. *Wünsch*, in: Pahlke/Koenig, Abgabenordnung, § 88 Rz. 52.

1265 Vgl. dazu BMF v. 30.7.2008, BStBl. I 2008, S. 831, Tz. 5.2.

Rechtsfragen"[1266] getroffen werden. Bei einer engen Verknüpfung von Tatsachen- und Rechtsfragen kann jedoch eine tatsächliche Verständigung getroffen werden.[1267] Eine tatsächliche Verständigung darf ferner nicht zu offensichtlich unzutreffenden Ergebnissen führen und soll sich grundsätzlich nur auf einen einzelnen Sachverhalt beziehen.[1268]

Nach Auffassung der Finanzverwaltung kann sich eine tatsächliche Verständigung grundsätzlich nur auf „*abgeschlossene Sachverhalte*"[1269] beziehen. Wirkt sich indessen der in der tatsächlichen Verständigung festgelegte Sachverhalt auch in der Zukunft aus (sog. Dauersachverhalt), so tritt insoweit ebenfalls eine Bindung ein.[1270] In dem BMF-Schreiben v. 30.7.2008[1271] werden insoweit beispielhaft die Festlegung der Nutzungsdauer eines Wirtschaftsguts und die Abgrenzung von Erhaltungs- und Herstellungsaufwendungen genannt. Eine Bindungswirkung für die Zukunft setzt nach Auffassung des BFH voraus, dass die tatsächliche Verständigung von allen Beteiligten in diesem Sinne verstanden wird.[1272] Dazu ist es nach Auffassung des BFH im Einzelnen erforderlich, dass die Finanzbehörde einen Vertrauenstatbestand setzt, der sich eindeutig und zweifelsfrei auch auf die zukünftige Beurteilung des betreffenden Sachverhalts bezieht.[1273] Eine tatsächliche Verständigung kann in jedem Stadium des Steuerverfahrens erfolgen. Mithin kann eine tatsächliche Verständigung sowohl anlässlich einer Außenprüfung, als auch während eines Rechtsbehelfsverfahrens getroffen werden.[1274]

Die tatsächliche Verständigung bindet die Finanzverwaltung sowie den Steuerpflichtigen nach dem Grundsatz von Treu und Glauben.[1275] Der in der tatsächlichen Verständigung niedergelegte Sachverhalt ist der Besteuerung zugrunde zu legen. Die tatsächliche Verständigung kann nur einvernehmlich aufgehoben oder geändert werden. Auf Seiten des Steuerpflichtigen besteht kein Rechtsschutzbedürfnis mehr für einen Rechtsbehelf gegen die Steuerfestsetzung.[1276]

2.8.2.3.2 Eignung für Verrechnungspreissachverhalte

Eine tatsächliche Verständigung kann wie dargestellt ausschließlich im Fall der erschwerten Sachverhaltsermittlung getroffen werden und darf keine reinen

1266 BMF v. 30.7.2008, BStBl. I 2008, S. 831, Tz. 2.2.h.

1267 Vgl. BFH v. 13.8.1997, BFH/NV 1998, S. 498; *Offerhaus*, DStR 2001, 2094; *Buciek*, DStZ 1999, S. 396 f.

1268 Vgl. BMF v. 30.7.2008, BStBl. I 2008, S. 831, Tz. 8.1 und Tz. 5.4.

1269 BMF v. 30.7.2008, BStBl. I 2008, S. 831, Tz. 4.2.

1270 Vgl. BFH v. 13.8.1997, BFH/NV 1998, S. 498; FG Münster v. 13.12.1994, EFG 1995, S. 552; BMF v. 30.7.2008, BStBl. I 2008, S. 831, Tz. 4.2.

1271 BMF-Schreiben v. 30.7.2008, BStBl. I 2008, S. 831, Tz. 4.2.

1272 Vgl. BFH v. 13.2.2008, BStBl. II 2009, S. 414.

1273 Vgl. BFH v. 13.2.2008, BStBl. II 2009, S. 414.

1274 Vgl. BMF v. 30.7.2008, BStBl. I 2008, S. 831, Tz. 1.

1275 Vgl. BMF v. 30.7.2008, BStBl. I 2008, S. 831, Tz. 6.1.

1276 Vgl. *Wünsch*, in: Pahlke/Koenig, Abgabenordnung, § 88 AO Rz. 53.

Rechtsfragen betreffen. Bei einer engen Verknüpfung von Tatsachen- und Rechtsfragen kann jedoch eine tatsächliche Verständigung getroffen werden.[1277] Eine derartige enge Verknüpfung von Tatsachen- und Rechtsfragen liegt nach der hier vertretenen Auffassung bei der Beurteilung der Fremdüblichkeit von Leistungsbeziehungen zwischen verbundenen Unternehmen vor.[1278] Dies äußert sich nicht zuletzt darin, dass die im Verrechnungspreisbereich relevanten Rechtsvorschriften (z. B. § 1 AStG und Art. 9 Abs. 1 OECD-MA) ihrerseits auf der Tabestands- und Rechtsfolgenseite selbst auf Tatsachen, nämlich das Verhalten fremder Dritter, verweisen, welches es für Zwecke der Verrechnungspreisbestimmung zu ermitteln gilt.[1279]

Die Zulässigkeit einer tatsächlichen Verständigung über die Angemessenheit eines Entgelts entspricht auch der Auffassung des BFH. So hat der BFH in seinem Urteil v. 13.8.1997 entschieden, dass eine tatsächliche Verständigung über Angemessenheit einer Geschäftsführervergütung der Höhe nach getroffen werden kann.[1280] In diesem Zusammenhang hat der BFH ausgeführt, dass die Verständigung über die Angemessenheit der Geschäftsführer-Gesamtausstattung und eine als angemessen anzusehende variable Vergütung *„zwar als solche die Verständigung über eine rechtliche Beurteilung dar[stelle]"*. Allerdings liege *„darin aber die Verständigung über tatsächliche (Vor-)Fragen, nämlich zum einen die Fixierung eines bestimmten Vergütungsrahmens nach Höhe und Zusammensetzung und zum anderen die Festlegung des Anteils auf einen bestimmten Verhältniswert"*; der in diesem Zusammenhang anzustellende Fremdvergleich liege dabei *„überwiegend auf tatsächlichem Gebiet"*.[1281]

Für die Zulässigkeit einer tatsächlichen Verständigung über Verrechnungspreisfragen spricht zudem Tz.4.1 des BMF-Schreibens v. 30.7.2008. Demnach kommt eine tatsächliche Verständigung

„insbesondere in Fällen in Betracht, in denen ein

- *Schätzungsspielraum,*
- *Bewertungsspielraum,*
- *Beurteilungsspielraum oder*
- *Beweiswürdigungsspielraum besteht"*.

Da Verrechnungspreisfragen – wie dargestellt – regelmäßig durch einem Schätzungs-, Bewertungs- bzw. Beurteilungsspielraum gekennzeichnet sind, können tatsächliche Verständigungen über Verrechnungspreisfragen getroffen werden.[1282]

1277 Vgl. BFH v. 13.8.1997, BFH/NV 1998, S. 498; *Offerhaus*, DStR 2001, 2094; *Buciek*, DStZ 1999, S. 396 f.

1278 Vgl. *Bär*, Verständigungen über Verrechnungspreise verbundener Unternehmen im deutschen Steuerrecht, 2009, S. 143 ff.; *Buciek*, DStZ 1999, S. 396 f.

1279 So zutreffend *Bär*, Verständigungen über Verrechnungspreise verbundener Unternehmen im deutschen Steuerrecht, 2009, S. 147.

1280 Vgl. BFH v. 13.8.1997, BFH/NV 1998, S. 498.

1281 BFH v. 13.8.1997, BFH/NV 1998, S. 498 unter II.2.

1282 A.A. *Engler/Elbert*, in: Vögele/Borstell/Engler, Verrechnungspreise, 2011, Kapitel F, Rz. 332.

Aufgrund einer engen Verknüpfung von Tatsachen und Rechtsfragen eignen sich tatsächliche Verständigungen dabei insbesondere für folgende Sachverhalte:

- Abgrenzung von **verrechenbaren Kosten** und **Gesellschafteraufwand**,
- Abstimmung der **Modalitäten und Rahmenbedingungen eines Fremdvergleichs**, der zur Ermittlung von Fremdvergleichswerten durchzuführen ist (Abgrenzung des relevanten Markts, Festlegung von Branchen- und Größenkriterien, Anzahl der erforderlichen Vergleichsunternehmen- oder Transaktionen),
- Abstimmung der **Kostenbestandteile**, die im Rahmen der Kostenaufschlagsmethode in die Kostenbasis einfließen sollen (direkte und indirekte Kosten auf Ist-, Plan- oder Normalkostenbasis),
- Höhe des **Kostenaufschlages** bei Anwendung der Kostenaufschlagsmethode,
- Abstimmung des Anteils der **Markteinführungskosten**, der bei der liefernden Konzerngesellschaft betrieblich veranlasst ist.

Was die Wirkung der tatsächlichen Verständigung für die Zukunft betrifft (Dauersachverhalt), so ist zu beachten, dass die Bindung entfällt, wenn sich die tatsächlichen Verhältnisse ändern.[1283] Bezogen auf eine tatsächliche Verständigung über einen Verrechnungspreissachverhalt bedeutet dies, dass die Bindung entfällt, wenn die Annahmen bzw. Gültigkeitsbedingungen, die der Verständigung zugrunde lagen (z. B. Marktentwicklung), nicht mehr zutreffen.[1284]

Zusammenfassend lässt sich festhalten, dass Verrechnungspreisfragen Gegenstand einer tatsächlichen Verständigung sein können. Im Vergleich zu verbindlichen Auskünften i.S.v. § 89 Abs. 2 AO und verbindlichen Zusagen i.S.v. § 204 AO zeichnen sich tatsächliche Verständigungen allerdings dadurch aus, dass sich sowohl die Finanzverwaltung als auch der Steuerpflichtige binden. So besteht nach Vereinbarung einer tatsächlichen Verständigung auf Seiten des Steuerpflichtigen kein Rechtsschutzbedürfnis mehr für einen Rechtsbehelf gegen die Steuerfestsetzung.[1285] Mithin ist vor der Vereinbarung einer tatsächlichen Verständigung sorgfältig abzuwägen, ob die Bindungswirkung auf Seiten des Steuerpflichtigen gewünscht ist. Um eine langfristige Bindung an die Verständigung zu vermeiden, sollten Gültigkeitsbedingungen in die Niederschrift aufgenommen werden, bei deren Änderung die Gültigkeit der Verständigung erlischt.

2.8.2.4 Bewertung der unilateralen Verständigungsmöglichkeiten

Sämtliche der in den vorangehenden Abschnitten dargestellten Verständigungsmöglichkeiten des nationalen Rechts (verbindliche Auskunft i.S.v. § 89 AO, verbindliche Zusage i.S.v. § 204 AO und tatsächliche Verständigung) eignen sich für Verrechnungspreissachverhalte. Die Rechtsinstrumente ermöglichen es, die steuerliche

---

1283 Vgl. BMF v. 30.7.2008, BStBl. I 2008, S. 831, Tz. 4.2.

1284 Vgl. *Bär*, Verständigungen über Verrechnungspreise verbundener Unternehmen im deutschen Steuerrecht, 2009, S. 149.

1285 Vgl. *Wünsch*, in: Pahlke/Koenig, Abgabenordnung, § 88 AO Rz. 53.

Behandlung eines Sachverhalts im Vorfeld mit der Finanzverwaltung abzuklären, so dass bestehende rechtliche Unsicherheiten hinsichtlich der zukünftigen steuerlichen Behandlung durch die Finanzverwaltung beseitigt werden können. Die Verständigungsmöglichkeiten können daher als Instrumente zur Verminderung von externen Verrechnungspreisrisiken in der Ausprägung der Rechtsbeurteilungsrisiken eingesetzt werden. Dabei ist zu beachten, dass die einzelnen Verständigungsmöglichkeiten des nationalen Rechts sich in zentralen Punkten unterscheiden. Diese Punkte sind bei der Entscheidung über den Einsatz der Instrumente zu berücksichtigen. Dazu gilt im Einzelnen:

Zum einen bestehen Unterschiede hinsichtlich der Frage, zu welchem Zeitpunkt im Besteuerungsverfahren die Abstimmung mit der Finanzverwaltung erfolgen kann. So können verbindliche Zusagen lediglich im Anschluss an eine Außenprüfung eingeholt werden. Tatsächliche Verständigungen können dagegen in jedem Stadium des Veranlagungsverfahrens, d. h. z. B. auch im Rechtsbehelfsverfahren oder während einer Betriebsprüfung getroffen werden. Verbindliche Auskünfte sind dagegen vor Verwirklichung eines Sachverhalts einzuholen. Zum anderen bestehen Unterschiede in Bezug auf die Bindungswirkung. So bindet eine tatsächliche Verständigung – im Gegensatz zu einer verbindlichen Auskunft oder Zusage – auch den Steuerpflichtigen. So besteht nach Vereinbarung einer tatsächlichen Verständigung auf Seiten des Steuerpflichtigen kein Rechtsschutzbedürfnis mehr für einen Rechtsbehelf gegen die Steuerfestsetzung.[1286] Daher empfiehlt es sich, vor der Vereinbarung einer tatsächlichen Verständigung sorgfältig abzuwägen, ob die Bindungswirkung auf Seiten des Steuerpflichtigen gewünscht ist.

Schließlich ist zu beachten, dass verbindliche Auskünfte im Gegensatz zu verbindlichen Zusagen und tatsächlichen Verständigungen einer Gebührenpflicht unterliegen. Die Gebühr beträgt ab einem Gegenstandswert von 30 Mio. Euro 109.736 Euro. Sofern eine geplante Reallokation von Funktionen und Risiken im Konzern über eine verbindliche Auskunft abgesichert werden soll, kann dieser Gegenstandswert durchaus schnell erreicht werden. Mithin sollten insoweit die Vorteile einer verbindlichen Auskunft (Erlangung von Rechtssicherheit) gegen die Nachteile (u.U. hohe Gebühr) abgewogen werden.

Schließlich bestehen Unterschiede in den Anwendungsbereichen der verschiedenen Verständigungsmöglichkeiten. Diese spiegeln sich in der Verbreitung der Rechtsintrumente in der Praxis wider. So zeigt die Verrechnungspreispraxis, dass verbindliche Zusagen gem. § 204 AO das am häufigsten gewählte Instrument zur Absicherung laufender Liefer- und Leistungsbeziehungen darstellen. Dies liegt darin begründet, dass Verrechnungspreisfragen mittlerweile Gegenstand fast jeder Betriebsprüfung international verbundener Unternehmen sind und dass verbindliche Zusagen in diesem Zusammenhang eine geeignete Möglichkeit darstellen, einen im Rahmen der Betriebsprüfung erzielten Kompromiss für die Zukunft abzusichern. In Fällen, in denen der Steuerpflichtige eine Reallokation von Funktionen und Risiken

---

1286 Vgl. *Wünsch*, in: Pahlke/Koenig, Abgabenordnung, § 88 AO Rz. 53.

zwischen einzelnen Konzerngesellschaften beabsichtigt, werden dagegen – mangels Erfüllung des in § 204 AO normierten Tatbestandsmerkmals einer vorherigen Prüfung – keine verbindlichen Zusagen, sondern verbindliche Auskünfte gem. § 89 Abs. 2 AO eingeholt. Hier ist zu beachten, dass aufgrund hoher Gegenstandswerte nicht selten die Höchstgebühr zu entrichten ist. Tatsächliche Verständigungen werden dagegen in Fällen getroffen, in denen eine enge Verknüpfung von Tatbestands- und Rechtsfragen vorliegt. Hierzu zählen Sachverhalte, in denen ein Bewertungs- oder Schätzungsspielraum besteht. Wie dargestellt handelt es sich hierbei insbesondere um Fragen im Zusammenhang mit der konzerninternen Verrechnung bzw. Umlage von Kosten.

Bei der Anwendung sämtlicher Verständigungsinstrumente des nationalen Rechts besteht der – nicht unerhebliche – Nachteil, dass diese nur eine einseitige Rechtssicherheit bieten können. So ist die Finanzverwaltung des anderen beteiligten Staates im Rahmen ihrer Steuerveranlagung in keinerlei Weise an die Verständigung des anderen Staates gebunden. Folglich kann es zu einer Doppelbesteuerung kommen, wenn der andere beteiligte Staat eine abweichende Auffassung zu dem der unilateralen Verständigung zugrunde liegenden Sachverhalt vertritt.[1287] Es ist sogar denkbar, dass sich die ausländische Finanzverwaltung zu einer „Abwehrprüfung" veranlasst sieht, wenn sie – etwa im Rahmen der Verrechnungspreisdokumentation – Kenntnis von der einseitigen Verständigung erlangt.[1288] Aus diesem Grund handelt es sich um Instrumente zur „Verminderung" und nicht zur Vermeidung von Verrechnungspreisrisiken.

Kommt es zu einer abweichenden Auffassung der beteiligten ausländischen Finanzverwaltung, kann die eingetretene Doppelbesteuerung nur im Wege eines Verständigungs- oder Schiedsverfahrens beseitigt werden. Insoweit ist jedoch problematisch, dass eine Kompromisslösung durch die einseitige Zusage erschwert werden könnte, welche die deutsche Finanzverwaltung bindet. *Engler/Elbert* schlagen in diesem Zusammenhang vor, der Problematik in der Weise zu begegnen, dass die unilaterale Verständigung unter dem Vorbehalt beantragt wird, dass eine abweichende Regelung in einem späteren Verständigungs- oder Schiedsverfahren der Verständigung vorgeht.[1289] Auf diese Weise könnte dem Problem begegnet werden, dass die Finanzverwaltung sich in der Verständigung bzw. Zusage an eine bestimmte Rechtsauffassung bindet, die einer Verständigungslösung entgegensteht.

In Anbetracht der o.g. Nachteile der einseitigen Verständigungsmöglichkeiten empfiehlt es sich, diese nur in den folgenden Fällen in Anspruch zu nehmen:[1290]

1287 Vgl. *Hendricks*, Internationale Informationshilfe im Steuerverfahren 2004, S. 38.

1288 Vgl. *Bär*, Verständigungen über Verrechnungspreise verbundener Unternehmen im deutschen Steuerrecht, 2009, S. 23 mit Verweis auf *Runge*, in Herzig, Advance Pricing Agreements, 1996, S. 77.; *Lehner*, in: Vogel/Lehner, DBA, Art. 25 Rz. 321.

1289 *Engler/Elbert*, in: Vögele/Borstell/Engler, Verrechnungspreise, 2011, Kapitel F, Rz. 338.

1290 Vgl. *Liebchen*, in: Mössner, Steuerrecht international tätiger Unternehmen, 2011, Rz. 12.55; *Grotherr*, BB 2005, S. 857; *Lehner*, in: Vogel/Lehner, DBA, Art. 25

- Es besteht **kein DBA** zwischen den beteiligten Staaten, so dass eine bilaterale Vorabverständigung ohnehin nicht möglich wäre,
- Der mit einem (bi- oder multilateralen) APA verbundene **Aufwand** wäre – gemessen an den steuerlichen Auswirkungen des betreffenden Falls – nicht verhältnismäßig,
- Eine Rechtsfrage bedarf **nur in einem Staat der Klärung** (z.B. falls die Anwendung einer gewinnorientierten Methode nur in einem Staat der Klärung bedarf).

In den vorgenannten Fällen können die unilateralen Verständigungsmöglichkeiten effektiv zu der Verminderung von Verrechnungspreisrisiken beitragen und sollten von Steuerpflichtigen gezielt genutzt werden. Die Entscheidung über die Einleitung bzw. Beantragung einer Verständigung sollte dabei unter Berücksichtigung des Umfangs und der Risikoanfälligkeit der zugrunde liegenden Geschäftsbeziehung getroffen werden.[1291]

Zusammenfassend ist festzuhalten, dass die unilateralen Verständigungsmöglichkeiten als Instrumente zur Verminderung steuerlicher Verrechnungspreisrisikomanagements eingesetzt werden können. Bei ihrer Anwendung ist jedoch zum einen zu beachten, dass vor dem Hintergrund unterschiedlicher Vorgaben hinsichtlich Bindungswirkung, zeitlicher Zulässigkeit und Gebühren jeweils das „richtige" Instrument ausgewählt wird. Zum anderen ist zu beachten, dass die Instrumente nur eine einseitige Rechtssicherheit bieten können. In Fällen, in denen entweder eine Einigung mit dem ausländischen Fiskus nicht möglich ist, da kein DBA besteht, eine Einigung im Wege eines Advance Pricing Agreement unverhältnismäßig wäre, oder eine Rechtsfrage nur in einem Staat der Klärung bedarf, können die Instrumente jedoch effektiv zu einer Verminderung von Verrechnungspreisrisiken eingesetzt werden.

Schließlich ist zu beachten, dass der Einsatz der vorstehend dargestellten unilateralen Instrumente einen nicht unerheblichen Ressourcenaufwand erfordert. Dies betrifft die Vorbereitung des Antrags, die Verhandlung mit der Finanzverwaltung sowie die laufende Prüfung der Umsetzung der Verständigung, die ggf. in Abstimmung mit externen Beratern erfolgen.

OECD-MA Rz. 321; *Kurzewitz*, Die Wahl einer geeigneten Verrechnungspreismethode zur Verringerung von Doppelbesteuerungsproblemen, 2008, S. 387; *Bär*, Verständigungen über Verrechnungspreise verbundener Unternehmen im deutschen Steuerrecht, 2009, S. 78 f.

1291 Insoweit kann auf Erkenntnisse des Prozessschritts der „Risikobewertung" zurückgegriffen werden.

2.8.3 Bilaterale Verständigung in Form eines Advance Pricing Agreements

2.8.3.1 Begriff und Gegenstand von Advance Pricing Agreements

Bei Advance Pricing Agreements (APA) handelt es sich um zeitlich befristete Vereinbarungen zwischen einem oder mehreren Steuerpflichtigen und zwei[1292] oder mehreren Finanzverwaltungen über die künftige Behandlung eines genau bestimmten, vom Steuerpflichtigen vorgetragenen Verrechnungspreissachverhalts.[1293] Aufgrund ihres prospektiven Charakters werden APA gelegentlich auch als *„zeitlich vorgezogene Verständigungsverfahren"*[1294] bezeichnet. Da unilaterale Vorabverständigungen mit der lokalen Finanzverwaltung in einigen Ländern auch unter den Begriff des APA gefasst werden[1295], werden bi- oder multilaterale APA zur Abgrenzung gelegentlich auch als Mutual Agreement Procedure APA (MAP-APA) bezeichnet.[1296]

APA gehen auf die USA zurück, wo zu Beginn der 1990er Jahre erstmals Regelungen geschaffen wurden, welche darauf abzielten, die oftmals langwierigen Konflikte, die mit der nachgelagerten Prüfung und Korrektur von Verrechnungspreisen einhergehen, dadurch zu vermeiden, dass die steuerliche Behandlung bestimmter Sachverhalte im Vorfeld einvernehmlich zwischen der Finanzverwaltung und dem Steuerpflichtigen abgestimmt wird.[1297] Der Regelungsgegenstand eines APA umfasst üblicherweise die Vereinbarung einer Verrechnungspreismethode zur Bestimmung von Verrechnungspreisen für eine oder mehrere Geschäftsbeziehungen

---

1292 Das BMF-Schreiben v. 5.10.2006 (BStBl. I 2006, S. 594, Tz. 1.2) geht hiervon abweichend von einer Vereinbarung zwischen „einer" oder mehreren Finanzverwaltungen aus und erfasst damit sprachlich auch unilaterale Verständigungen. In der vorliegenden Arbeit werden Verständigungen mit nur einer Finanzverwaltung zur Abgrenzung nicht als „APA", sondern als unilaterale Verständigung bezeichnet (vgl. zu unilateralen Verständigungen den Abschnitt E.V.2.8.2).

1293 Vgl. *Liebchen*, in: Mössner, Steuerrecht international tätiger Unternehmen, 2011, Rz. 12.51; BMF v. 5.10.2006, BStBl. I 2006, S. 594, Tz. 1.2; Tz. 4.123 OECD-Verrechnungspreisrichtlinien; *Lehner*, in: Vogel/Lehner, DBA, Art. 25 Rz. 317.

1294 *Rodemer*, Advance Pricing Agreements im US-amerikanischen und im deutschen Steuerrecht 2001, S. 243. Vgl. auch *Flüchter*, in: Schönfeld/Ditz, DBA, Art. 25 Rz. 57: „zukunftsgerichtetes Verständigungsverfahren".

1295 Dies ist z.B. in den USA der Fall. Jedoch verwenden im deutschen Schrifttum z.B. auch *Kramer* (IStR 2007, S. 175), *Engler/Elbert* (in: Vögele/Borstell/Engler, Verrechnungspreise, 2011, Kapitel F, Rz. 416) und *Liebchen* (in: Mössner, Steuerrecht international tätiger Unternehmen, 2011, Rz. 12.55 ff.) den Begriff des „einseitigen" bzw. „unilateralen APA". Im Rahmen der vorliegenden Arbeit wird davon abweichend der Begriff der unilateralen Verständigung verwendet (vgl. zu den unilateralen Verständigungen den Abschnitt E.V.2.8.2).

1296 Vgl. *Lehner*, in: Vogel/Lehner, DBA, Art. 25 OECD-MA, Rz. 324. Beispielsweise verwenden die OECD-Verrechnungspreisrichtlinien den Begriff des MAP APA (Tz. 4.123 OECD-Verrechnungspreisrichtlinien).

1297 Vgl. *Kramer*, IStR 2007, S. 175; *Liebchen*, in: Mössner, Steuerrecht international tätiger Unternehmen, 2011, Rz. 12.5.

während eines bestimmten Zeitraums.[1298] Darüber hinaus können auch die Ermittlungsgrundlagen der Verrechnungspreisbestimmung Gegenstand eines APA sein. Hierbei kann es sich z. B. um Regeln zur Ermittlung von Fremdvergleichswerten und ihrer Fortschreibung sowie Anpassungsrechnungen handeln.[1299] Allgemeine Anwendungsfragen der Doppelbesteuerungsabkommen können dagegen nicht Gegenstand von APA sein.

Ein praktisch bedeutsames Beispiel für den Gegenstand eines APA stellt die Anwendung der geschäftsvorfallbezogenen Gewinnaufteilungsmethode in der Ausprägung des Residual Profit Split dar.[1300] So kann in dem APA im Einzelnen geregelt werden, mit welchen Methoden die Routinevergütung der an den Transaktionen beteiligten Unternehmen ermittelt werden soll und nach welcher Schlüsselung der verbleibende Gewinn auf die Unternehmen aufgeteilt wird. Hinsichtlich der Ermittlung der Routinevergütung können darüber hinaus auch konkrete Bandbreiten an Renditekennziffern bzw. deren Ermittlung einvernehmlich bestimmt werden.

Die deutsche Finanzverwaltung stand APA lange Zeit kritisch gegenüber.[1301] Vor diesem Hintergrund wurde die Bundesrepublik Deutschland von Vertretern des Schrifttums im Hinblick auf den Abschluss von APA als „Entwicklungsland"[1302] bezeichnet. Im Jahr 2006 hat das Bundesfinanzministerium schließlich ein Merkblatt veröffentlicht, das Einzelheiten hinsichtlich der Beantragung und Durchführung von APA enthält.[1303] Damit nahm die deutsche Finanzverwaltung erstmals detailliert zu dem APA-Verfahrensablauf Stellung und beseitigte auf diese Weise zuvor bestehende Unsicherheiten der Steuerpflichtigen.[1304] Im Anschluss an die Veröffentlichung des BMF-Merkblatts hat die Anzahl an APA unter Beteiligung der Bundesrepublik Deutschland zugenommen. Ausweislich einer Übersicht des EU JTPF waren im Jahr 2012 in Deutschland 9 (bilaterale und multilaterale) APA unter Beteiligung von EU-Staaten und 13 (bilaterale und multilaterale) APA unter Beteiligung von Drittstaaten in Kraft. Zudem wurden im Jahr 2011 29 APA beantragt und 13 APA abgeschlossen. Die durchschnittliche Bearbeitungsdauer eines APA betrug im Jahr 2012 49 Monate.[1305]

1298 So BMF v. 5.10.2006, BStBl. I 2006, S. 594, Tz. 1.2. Zu dem Detaillierungsgrad von APA vgl. auch *Rasch/Mank*, in: Kroppen, Handbuch Internationale Verrechnungspreise, OECD-Kap. IV, Rz. 395.

1299 Vgl. BMF v. 5.10.2006, BStBl. I 2006, S. 594, Tz. 1.2.

1300 Vgl. zu der Anwendung der Methode ausführlich Abschnitt B.IV.3.2.

1301 Vgl. *Engler/Elbert*, in: Vögele/Borstell/Engler, Verrechnungspreise, 2011, Kapitel F, Rz. 402.

1302 Vgl. *Herzig*, in: Herzig, Advance Pricing Agreements, 1996, S. 84; *Grotherr*, IStR 2005, S. 359 f.

1303 Vgl. BMF v. 5.10.2006, BStBl. I 2006, S. 594.

1304 Vgl. *Grotherr*, IStR 2005, S. 350.

1305 Nach der Übersicht handelt sich um die *„Average time (in month) to negotiate bi- or multilateral APAs"*. Es wird davon ausgegangen, dass es sich hierbei um die gesamte Bearbeitungszeit und nicht bloß die Verhandlung der beteiligten

Zuständig für die Bearbeitung von APA auf Seiten der Bundesrepublik Deutschland ist gem. § 5 Abs. 1 Nr. 5 FVG das Bundeszentralamt für Steuern (BZSt) als sog. zuständige Behörde (*competent authority*).

2.8.3.2 Verfahrensrechtliche Umsetzung eines APA

In verfahrensrechtlicher Hinsicht kann ein APA in zwei Stufen unterteilt werden, die zum einen die völkerrechtliche Ebene und zum anderen die Ebene des innerstaatlichen Rechts betreffen. Die erste Stufe des APA stellt die – auf Antrag des Steuerpflichtigen eingeleitete – Vorabverständigung der beteiligten Fisci dar.[1306] Die Rechtsgrundlage des Vorabverständigungsverfahrens bilden nach überwiegender Meinung im Schrifttum die Art. 25 Abs. 1 und 2 OECD-MA nachgebildeten Artikel der einzelnen DBA (Verständigungsverfahren i.e.S.) und nicht das in Art. 25 Abs. 3 OECD-MA geregelte Konsultationsverfahren.[1307]

Beteiligte des Vorabverständigungsverfahrens sind die zuständigen Behörden (*competent authorities*) der beteiligten Staaten (z. B. in Deutschland das BZSt und in den USA die Large Business and International Division des IRS).[1308] Kommt es zu einer Einigung der zuständigen Behörden im Vorabverständigungsverfahren, schließen diese eine Vorabverständigungsvereinbarung. Hierbei handelt es sich um einen völkerrechtlichen Vertrag.[1309] Die Zustimmung des BZSt zu diesem völkerrechtlichen Vertrag ist an die Voraussetzung geknüpft, dass der betroffene inländische Steuerpflichtige ein diesbezügliches Einverständnis und einen Einspruchsverzicht nach § 354 Abs. 1a AO erklärt.[1310]

Die betroffenen Steuerpflichtigen sind keine Beteiligten des zwischenstaatlichen Vorabverständigungsverfahrens. Folglich kommt ihnen keine Möglichkeit der Einflussnahme auf das Zustandekommen der Verständigungslösung zu. Die Steuerpflichtigen sind jedoch Verfahrensbeteiligte des Antragsverfahrens und aufgrund dessen zur Mitwirkung und Informationsbeschaffung verpflichtet.[1311] Das BMF-Merkblatt regelt in diesem Zusammenhang, dass das BZSt den Antragsteller regelmäßig über den Verfahrensstand unterrichtet.[1312] Den Steuerpflichtigen bleibt

Staaten handelt. Vgl.JTPF/013/2013/EN, abrufbar unter http://ec.europa.eu/taxation_customs/resources/documents/taxation/company_tax/transfer_pricing/forum/jtpf/2013/jtpf_013_2013_en.pdf (zuletzt abgerufen am 12.11.2013).

1306 Vgl. *Kramer*, IStR 2007, S. 175.

1307 Vgl. *Lehner*, in: Vogel/Lehner, DBA, Art. 25 OECD-MA, Rz. 327; *Schaumburg*, Internationales Steuerrecht, 2011, Rz. 16.105; *Schnorberger*, ITPJ 2007, S. 112.

1308 Vgl. BMF v. 5.10.2006, BStBl. I 2006, S. 594, Tz. 1.2.

1309 So *Liebchen*, in: Mössner, Steuerrecht international tätiger Unternehmen, 2011, Rz. 12.

1310 Vgl. BMF v. 5.10.2006, BStBl. I 2006, S. 594, Tz. 4.5.

1311 So *Liebchen*, in: Mössner, Steuerrecht international tätiger Unternehmen, 2011, Rz. 12.83. Vgl. auch *Lehner*, in: Vogel/Lehner, DBA, Art. 25 OECD-MA, Rz. 341 f.

1312 Vgl. BMF v. 5.10.2006, BStBl. I 2006, S. 594, Tz. 4.2.

das Recht unbenommen, den Antrag während des Vorabverständigungsverfahrens zurückzunehmen.[1313]

Auf der zweiten Stufe, die sich auf innerstaatlicher Ebene vollzieht, erteilt das zuständige Finanzamt dem Steuerpflichtigen eine Zusage über die gefundene Verständigungslösung. Aus deutscher Sicht handelt es sich hierbei um keine der in Abschnitt E.V.2.8.2 dargestellten Rechtsinstrumente (verbindliche Auskunft gem. § 89 Abs. 2 AO, verbindliche Zusage gem. § 204 AO bzw. tatsächliche Verständigung).[1314] Vielmehr wird die zwischenstaatliche Verständigungslösung im Wege einer – gesetzlich nicht geregelten – Vorabzusage umgesetzt. Mit dieser Vorabzusage bindet sich die deutsche Finanzverwaltung gegenüber dem Steuerpflichtigen.[1315] Die Bindung setzt voraus, dass der zugrunde gelegte Sachverhalt erfüllt ist und die entsprechenden Gültigkeitsbedingungen eingehalten werden.[1316] Eine Bindung des Steuerpflichtigen besteht dagegen grundsätzlich nicht.[1317] Mithin hat der Steuerpflichtige die Möglichkeit, den dem APA zugrunde liegenden Sachverhalt nicht zu verwirklichen.[1318] Verwirklicht er demgegenüber den dem APA zugrunde liegenden Sachverhalt, so ist er nach Auffassung der deutschen Finanzverwaltung an das APA, das er durch seinen Antrag veranlasst hat und dem er zugestimmt hat, gebunden. In diesem Fall sollen die beteiligten Fisci die Grundsätze des APA der Besteuerung zugrunde legen können, falls der Steuerpflichtige *„andere Preise abrechnet als in dem APA vereinbart"*[1319]. Diese Vorgabe ist insofern problematisch, als in einem APA regelmäßig keine Preise im Sinne absoluter numerischer Werte, sondern lediglich Grundlagen der Preisermittlung geregelt werden. Auf Basis dieser Grundlagen ergibt sich regelmäßig kein fester Wert, sondern eine Bandbreite an Preisen. Insoweit ist die Vorgabe der Finanzverwaltung nicht zu eng auszulegen, wenn der Steuerpflichtige zeigen kann, dass die Preisfindung auf Basis der festgelegten Kriterien erfolgt ist.

Die Umsetzung der Vorabverständigungsvereinbarung im anderen Staat ist nach Auffassung der deutschen Finanzverwaltung für die innerstaatliche Umsetzung und das innerstaatliche Verfahren des APA *„ohne Bedeutung"*[1320]. Der Steuerpflichtige ist lediglich gehalten, das BZSt zu informieren, falls die Vorabverständigung in dem

---

1313 Vgl. BMF v. 5.10.2006, BStBl. I 2006, S. 594, Tz. 4.2.

1314 A.A. *Engler/Elbert*, in: Vögele/Borstell/Engler, Verrechnungspreise, 2011, Kapitel F, Rz. 413, wonach die Vorabzusage als verbindiche Auskunft „oder" verbindliche Zusage qualifiziert werden kann.

1315 Zu dem Verständnis der Bindungswirkung in den einzelnen Staaten vgl. *Lehner*, in: Vogel/Lehner, DBA, Art. 25 OECD-MA, Rz. 338. Zu der Bindung der US-amerikanischen Finanzverwaltung an Verrechnungspreiszusagen ist der sog. EATON-Fall zu beachten. Der Fall betrifft die (einseitige) Kündigung eines APA durch den IRS für die Vergangenheit, vgl. dazu *van der Ham/Voll/Wingen*, IStR 2013, S. 861 ff.

1316 Vgl. BMF v. 5.10.2006, BStBl. I 2006, S. 594, Tz. 6.3.

1317 Vgl. *Lehner*, in: Vogel/Lehner, DBA, Art. 25 OECD-MA, Rz. 376.

1318 Vgl. BMF v. 5.10.2006, BStBl. I 2006, S. 594, Tz. 6.4.

1319 BMF v. 5.10.2006, BStBl. I 2006, S. 594, Tz. 6.4.

1320 BMF v. 5.10.2006, BStBl. I 2006, S. 594, Tz. 5.2.

(oder den) anderen Vertragsstaat(en) nicht ebenfalls im Wege einer Vorabzusage nach lokalem Recht umgesetzt wird.[1321] Insoweit ergibt sich ein Widerspruch, als die *„Durchführung und Besteuerung“*[1322] nach den APA-Grundsätzen in dem anderen Staat nach Auffassung der deutschen Finanzverwaltung eine Gültigkeitsbedingung darstellt. Mithin könnte das APA aus deutscher Sicht widerrufen werden, falls die fehlende Umsetzung seitens des BZSt als Nichterfüllung der Gültigkeitsbedingungen in wesentlichen Punkten[1323] angesehen wird. Aufgrund der zuvor dargestellten Vorgabe des BMF-Schreibens, dass die Umsetzung im anderen Staat für die innerstaatliche Umsetzung und das innerstaatliche Verfahren des APA *„ohne Bedeutung“*[1324] ist, dürfte dies jedoch regelmäßig nicht der Fall sein. Vielmehr ist das BZSt gehalten, Kontakt zu der (oder den) ausländischen zuständigen Behörde(n) aufzunehmen.

2.8.3.3 Ablauf des APA-Verfahrens

In prozessualer Hinsicht vollzieht sich das APA-Verfahren in den folgenden Phasen:

- Vorgespräch (Prefiling-Meeting),
- Antragstellung,
- Prüfung des APA-Antrags,
- Verhandlung und Abschluss des APA,
- Vorabzusage.

Dazu gilt im Einzelnen:

Das Vorgespräch (Prefiling-Meeting) dient der Vorbereitung des APA-Antrags. Es führt noch nicht zu der Festsetzung von Gebühren.[1325] Im Rahmen des Vorgesprächs soll dass APA-Verfahren mit dem potentiellen Antragsteller erörtert werden und abgestimmt werden, welchen Gegenstand der Antrag haben sollte und welche Unterlagen beizufügen sind. Der Steuerpflichtige ist bereits im Rahmen des Prefiling-Gesprächs darauf hinzuweisen, dass er auf die Einlegung eines Einspruchs gegen die Steuerbescheide, die die APA-Vereinbarung umsetzen, nach § 354 Abs. 1a AO verzichtet. Das Prefiling-Verfahren kann auf anonymer Basis erfolgen. Auf diese Weise kann dem Risiko begegnet werden, dass im Falle eines möglichen Scheiterns der Vorgespräche sensible Informationen durch die Finanzverwaltung verwertet werden.[1326] Naturgemäß sind die Aussagen der Finanzverwaltung im Rahmen des anonymisierten Vorgesprächs unverbindlich.[1327]

1321 Vgl. BMF v. 5.10.2006, BStBl. I 2006, S. 594, Tz. 5.2.

1322 Vgl. BMF v. 5.10.2006, BStBl. I 2006, S. 594, Tz. 3.7.

1323 BMF v. 5.10.2006, BStBl. I 2006, S. 594, Tz. 6.5.2.

1324 Dies sieht Tz. 5.2. des BMF-Schreibens v. 5.10.2006 (BStBl. I 2006, S. 594) vor.

1325 Zu dem Gebührentatbestand des § 178a AO vgl. Abschnitt E.V.2.8.3.7.

1326 Vgl. *Liebchen*, in: Mössner, Steuerrecht international tätiger Unternehmen, 2011, Rz. 12.61.

1327 Vgl. BMF v. 5.10.2006, BStBl. I 2006, S. 594, Tz. 2.2.

Im Anschluss an das Vorgespräch stellt der Steuerpflichtige einen schriftlichen Antrag bei der für ihn zuständigen Behörde. Der Zeitpunkt des Zugangs des Antrags hat – jedenfalls nach dem Verständnis der deutschen Finanzverwaltung – einen Einfluss auf die Laufzeit des APA, da diese zu Anfang des Jahres beginnen soll, in dem der Antrag förmlich gestellt wurde.[1328] In dem Antrag hat der Steuerpflichtige sehr weitgehende Angaben zu machen, welche sich teilweise mit den im Rahmen einer Verrechnungspreisdokumentation gem. § 4 GAufzV erforderlichen Angaben überschneiden und teilweise darüber hinausgehen. So sind im Rahmen des Antrags zum einen diverse sachverhaltsbezogene Angaben zu machen. Diese entsprechen weitgehend den in § 4 Nr. 1 bis 3 GAufZV normierten Vorgaben. Den Kern der erforderlichen Angaben bildet schließlich die ausführliche Begründung der Geeignetheit der geplanten Verrechnungspreismethode.[1329] Dies bedeutet konkret, dass sowohl die Eignung der avisierten Methode dem Grunde nach, als auch die Verrechnungspreisermittlung der Höhe nach begründet werden müssen. Die deutsche Finanzverwaltung fordert in diesem Zusammenhang, dass im Rahmen des APA-Antrags alle erforderlichen Unterlagen und Berechnungen für die Anwendung der Methode vorgelegt werden. Auf Basis dieser – sehr offen formulierten – Vorgabe ist es der deutschen Finanzverwaltung möglich, umfangreiche Unterlagen von dem Steuerpflichtigen anzufordern.

Nach der Einreichung des Antrags erfolgt eine Prüfung durch die nationale zuständige Behörde. Die Behörde entscheidet im Anschluss darüber, ob sie das Vorabverständigungsverfahren einleitet oder nicht. Lehnt sie den Antrag des Steuerpflichtigen ab, kann dieser hiergegen Einspruch einlegen.[1330] Trifft die zuständige Behörde die Entscheidung, ein Vorabverständigungsverfahren einzuleiten, erfolgt eine eingehende Bewertung der zugrunde liegenden Verrechnungspreisfrage. In der Regel wird ein APA-Team zusammengestellt, das aus Mitarbeitern des BZSt, der lokalen Betriebsprüfungsstelle sowie ggf. eines Bundesbetriebsprüfers besteht. Im Rahmen der Prüfung des Antrags können umfangreiche Abstimmungen mit dem Steuerpflichtigen erfolgen. Die Bewertung der zuständigen Behörde fließt sodann in ein Positionspapier ein. Dieses wird der ausländischen zuständigen Behörde übermittelt. Nach der Übermittlung des Positionspapiers der ausländischen Behörde werden die Verhandlungen aufgenommen. Zu diesem Zweck finden regelmäßige Treffen von Vertretern der zuständigen Behörden statt, in denen in der Praxis regelmäßig eine Vielzahl von APA und Verständigungsverfahren verhandelt werden. Wird eine Einigung erzielt, schließen die zuständigen Behörden eine Vorabverständigungsvereinbarung. Mit dem Abschluss der Vorabverständigungsvereinbarung ist das zwischenstaatliche Vorabverständigungsverfahren beendet. Im nächsten Schritt erteilt die zuständige Behörde (oder – wie z. B. im Fall Deutschlands – eine

1328 Vgl. BMF v. 5.10.2006, BStBl. I 2006, S. 594, Tz. 3.8.

1329 Vgl. BMF v. 5.10.2006, BStBl. I 2006, S. 594, Tz. 3.4.

1330 Die Entscheidung, den APA-Antrag abzulehnen, stellt einen Verwaltungsakt dar. BMF v. 5.10.2006, BStBl. I 2006, S. 594, Tz. 3.9.

lokale Finanzbehörde) eine Vorabzusage. In der Folge sind für jeden vollendeten Veranlagungszeitraum, der dem APA unterliegt, dem APA entsprechende Steuerbescheide zu erlassen.[1331]

Während der Laufzeit des APA ist ein jährlicher *Compliance Report* zu erstellen. In diesem Report ist die Einhaltung der Gültigkeitsbedingungen zu dokumentieren und aufzuzeigen, dass der dem APA-Antrag zugrunde liegende Sachverhalt verwirklicht wurde und sich während der Laufzeit des APA nicht geändert hat. Auf etwaige Abweichungen und Anpassungsmaßnahmen ist hinzuweisen.[1332] Der Report sollte bis zum Ablauf der gesetzlichen Steuererklärungsfrist beim BZSt und dem zuständigen Finanzamt abgegeben werden.[1333] Die Pflicht zur Erstellung einer Verrechnungspreisdokumentation nach § 90 Abs. 3 AO bleibt hiervon unberührt.

Die Zusammenarbeit der Parteien im Rahmen des APA-Verfahrens lässt sich zusammenfassend wie folgt darstellen:[1334]

Abbildung 22: Schematische Darstellung APA-Verfahren.

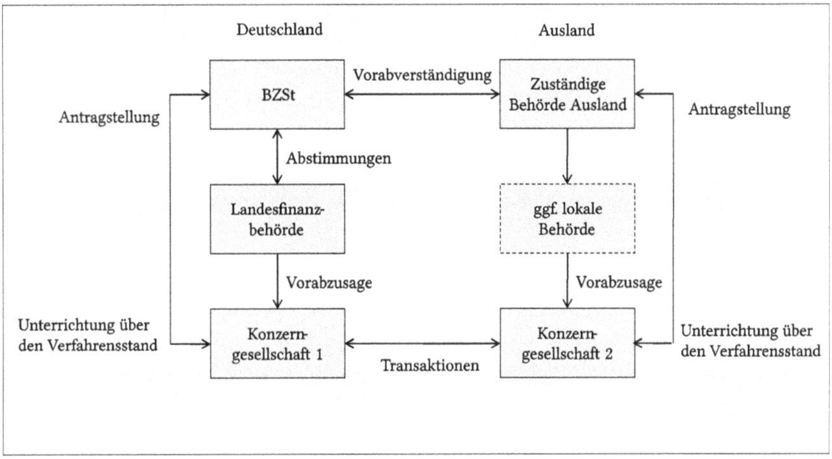

1331 BMF v. 5.10.2006, BStBl. I 2006, S. 594, Tz. 5.1.

1332 BMF v. 5.10.2006, BStBl. I 2006, S. 594, Tz. 6.1.

1333 Vgl. *Liebchen*, in: Mössner, Steuerrecht international tätiger Unternehmen, 2011, Rz. 12.93.

1334 Angelehnt an: *Peters/Baltzer/Zhang*, Transfer Pricing International Journal 2011, Vol 19.

2.8.3.4 Verwertung der im Rahmen des APA bekannt gewordenen Informationen

Ein APA kann aus vielfältigen Gründen scheitern. Zu diesen Gründen zählen:

- Ablehnung des Antrags des Steuerpflichtigen,[1335]
- Keine Einigung der zuständigen Behörden im Rahmen des Vorabverständigungsverfahrens,
- Rücknahme des Antrags durch den Steuerpflichtigen,[1336]
- Nichterfüllung der Gültigkeitsbedingungen in wesentlichen Punkten[1337] oder
- Fehlende Umsetzung des im APA-Antrag dargelegten Sachverhalts.

Im Fall des Scheiterns eines APA ist die Finanzverwaltung angehalten, die im Rahmen des APA-Verfahrens gewonnenen Informationen zu verwenden und ggf. anderen Staaten mitzuteilen. Das BMF-Schreiben v. 5.10.2006 regelt insoweit explizit:

> *„Die Finanzbehörden haben wegen des Untersuchungsgrundsatzes (§ 88 Abs. 2 AO) alle im APA-Verfahren bekannt werdenden Umstände zu Gunsten und zu Lasten des Steuerpflichtigen zu berücksichtigen, auch wenn das APA letztlich scheitert. Die Finanzbehörden können erlangte Informationen im Wege des Auskunftsverkehrs im Rahmen der Vorschriften der AO, des EG-AmtshilfeG und der DBA anderen betroffenen Staaten übermitteln"*[1338].

Diese Vorgabe ist insoweit beachtlich, als der Steuerpflichtige angehalten ist, im Rahmen des APA-Antrags sehr weitgehende Angaben zu machen, die zum Teil über die Informationen hinausgehen, welche im Rahmen einer Betriebsprüfung nach § 199 ff. AO im Rahmen seiner gesetzlichen Mitwirkungspflichten erforderlich sind (sog. Glashauseffekt eines APA).[1339] Die im Rahmen eines APA-Antrags erforderlichen weitgehenden Angaben stellen gleichsam den „Preis" für die Erlangung künftiger Rechtssicherheit dar.[1340] Steuerpflichtige, die einen APA-Antrag stellen, müssen sich dieser Tatsache bewusst sein und eine Risikoabwägung unter Berücksichtigung der voraussichtlichen Erfolgsaussichten des APA vornehmen.

2.8.3.5 Vereinbarung von Gültigkeitsbedingungen

Die Vergleichbarkeit der Verhältnisse stellt ein zentrales Wesensmerkmal des Fremdvergleichs dar. Sie erfährt ihre Konkretisierung in den sog. Vergleichbarkeitsfaktoren.[1341] Die Vergleichbarkeitsfaktoren stellen den Rahmen des anzustellenden

---

1335 Vgl. BMF v. 5.10.2006, BStBl. I 2006, S. 594, Tz. 3.9.

1336 Vgl. BMF v. 5.10.2006, BStBl. I 2006, S. 594, Tz. 7.2.

1337 Vgl. BMF v. 5.10.2006, BStBl. I 2006, S. 594, Tz. 6.5.2.

1338 BMF v. 5.10.2006, BStBl. I 2006, S. 594, Tz. 1.3.

1339 Vgl. auch *Zitzelsberger*, in: Herzig, Advance Pricing Agreements, 1996, S. 52; *Herzig*, in: Herzig, Advance Pricing Agreements, 1996, S. 91.

1340 *Liebchen*, in: Mössner, Steuerrecht international tätiger Unternehmen, 2011, Rz. 12.65.

1341 Vgl. dazu Abschnitt B.III.1.1.

Fremdvergleichs dar und determinieren, ob Referenzunternehmen bzw. Referenztransaktionen einem Fremdvergleich zugrunde gelegt werden können. Zu den wesentlichen Vergleichbarkeitsfaktoren zählen die wirtschaftlichen Umstände im maßgeblichen Markt, die Geschäftsstrategie sowie die Funktionen und Risiken der beteiligten Unternehmen.[1342]

Bei dem Abschluss eines APA stehen die Vergleichbarkeitsfaktoren naturgemäß im Vorhinein nicht sicher fest. Daher ist es erforderlich, vor dem Abschluss des APA sog. Gültigkeitsbedingungen festzulegen, um den im Rahmen des APA anzustellenden Fremdvergleich „abzusichern". Die Gültigkeitsbedingungen stellen nach Auffassung der deutschen Finanzverwaltung eine Vertragsgrundlage der Vorabverständigung dar.[1343] Ohne eine verbindliche Festlegung von Gültigkeitsbedingungen besteht das Risiko, dass während der Laufzeit des APA andere Vergleichbarkeitsfaktoren vorherrschen als angenommen, so dass die gewählte Verrechnungspreismethodik – auf die der Steuerpflichtige und die Fisci sich verbindlich geeinigt haben – nicht mehr angemessen wäre. In dem BMF-Schreiben v. 5.10.2006 werden die folgenden Beispiele für Gültigkeitsbedingungen genannt:

- gleich bleibende Beteiligungsverhältnisse;
- gleich bleibende Verhältnisse bezüglich Marktbedingungen, Marktanteil, Geschäftsvolumen, Verkaufspreisen (z. B. keine einschneidenden Änderungen wegen neuer Technologien), jeweils unter Vorgabe eines Rahmens;
- gleich bleibende Verhältnisse z. B. im Hinblick auf Aufsichtsrecht, Zölle, Import- und Exportbeschränkungen, internationalen Zahlungsverkehr;
- gleich bleibende Funktions- und Risikoverteilung und Kapitalstruktur, gleich bleibendes Geschäftsmodell;
- gleich bleibende Verhältnisse bezüglich Währungskursen und Zinssätzen;
- Durchführung der Besteuerung entsprechend dem APA im anderen Staat;
- keine wesentlichen Änderungen der steuerlichen Rahmenbedingungen im anderen Staat;
- Verrechnungspreiskorrekturen eines am APA nicht beteiligten Drittstaates, die Auswirkungen auf das APA haben.

Sofern die Gültigkeitsbedingungen in wesentlichen Punkten nicht erfüllt sind, ist dem APA nach Auffassung der deutschen Finanzverwaltung die Grundlage entzogen. Es kann daher ab dem Zeitpunkt, ab dem die Gültigkeitsbedingungen nicht mehr erfüllt sind, widerrufen werden.[1344] Ein Beispiel für eine wesentliche Abweichung stellt die erhebliche Funktionsänderung der beteiligten Unternehmen dar (z. B. die Änderung von einem Lohnfertiger zu einem Eigenfertiger). Handelt es sich nur um unwesentliche Abweichungen, kann das APA unter Umständen weiter

1342 Vgl. Tz. 1.36 ff. OECD-Verrechnungspreisrichtlinien; BMF v. 12.4.2005, BStBl. I 2005, S. 570, Tz. 3.4.12.7.

1343 Vgl. BMF v. 5.10.2006, BStBl. I 2006, S. 594, Tz. 3.7.

1344 Vgl. BMF v. 5.10.2006, BStBl. I 2006, S. 594, Tz. 6.5.2.

gelten oder – im Einvernehmen mit der ausländischen Finanzverwaltung – angepasst werden.[1345]

2.8.3.6 Zeitliche Geltung eines APA

APA sind grundsätzlich auf zukünftige Sachverhalte gerichtet (*advance*). Aus deutscher Sicht beginnt die Laufzeit des APA daher üblicherweise zu Anfang des Jahres, in dem der Antrag förmlich gestellt wurde.[1346] Ein früherer Beginn ist möglich, wenn zum Zeitpunkt der Stellung des Antrags für ein früheres Wirtschaftsjahr weder eine Steuererklärung abgegeben, noch die gesetzliche Frist zur Abgabe von Steuererklärungen abgelaufen war.[1347] Falls ein Steuerjahr während der Prüfung des APA-Antrags durch die Finanzverwaltung abläuft, sieht das BMF-Schreiben v. 5.10.2006 eine Soll-Ist-Prüfung dergestalt vor, dass die Ist-Ergebnisse (GuV-bezogen) der betroffenen Konzerngesellschaften in dem abgelaufenen Jahr mit den APA-Grundsätzen verglichen werden.[1348] Auf diese Weise wird die Finanzverwaltung in die Lage versetzt, aus eventuellen Abweichungen Schlussfolgerungen für die Erteilung des APA zu ziehen. Ausweislich einer Übersicht des JTPF betrug die durchschnittliche Bearbeitungsdauer eines APA unter Beteiligung der Bundesrepublik Deutschland im Jahr 2012 über vier Jahre (49 Monate). Mithin ist eine Soll-Ist-Prüfung in der Praxis eher die Ausnahme als die Regel.

Die Laufzeit von APA beträgt in der Praxis zwischen drei und fünf Jahren.[1349] In Abhängigkeit von der Interessenlage der Beteiligten und der Art der zugrunde liegenden Geschäftsbeziehung kann indessen auch eine längere Laufzeit vereinbart werden.[1350] Nach Ablauf der Grundlaufzeit besteht die Möglichkeit, eine Verlängerung des APA zu beantragen. Dies setzt voraus, dass der zukünftig verwirklichte Sachverhalt mit dem Sachverhalt übereinstimmt, der dem APA zugrunde lag.[1351] Der Antrag ist rechtzeitig vor Ablauf der Laufzeit des APA zu stellen.[1352] Die Verlängerung steht unter dem Vorbehalt, dass sie auch in dem anderen beteiligten Staat zulässig ist.[1353] Sofern dies nicht der Fall ist, ist ein neuer APA-Antrag zu stellen. Hierbei handelt es sich um einen Erstantrag, im Rahmen dessen (erneut) umfangreiche Unterlagen beizubringen sind.

1345 Vgl. BMF v. 5.10.2006, BStBl. I 2006, S. 594, Tz. 6.5.2.

1346 Vgl. BMF v. 5.10.2006, BStBl. I 2006, S. 594, Tz. 3.8.

1347 Vgl. BMF v. 5.10.2006, BStBl. I 2006, S. 594, Tz. 3.8.

1348 Vgl. BMF v. 5.10.2006, BStBl. I 2006, S. 594, Tz. 3.5.

1349 Vgl. *Lehner*, in: Vogel/Lehner, DBA, Art. 25 OECD-MA, Rz. 339; *Liebchen*, in: Mössner, Steuerrecht international tätiger Unternehmen, 2011, Rz. 12.73; BMF v. 5.10.2006, BStBl. I 2006, S. 594, Tz. 3.8.

1350 Vgl. *Lehner*, in: Vogel/Lehner, DBA, Art. 25 OECD-MA, Rz. 339; *Liebchen*, in: Mössner, Steuerrecht international tätiger Unternehmen, 2011, Rz. 12.73.

1351 Vgl. BMF v. 5.10.2006, BStBl. I 2006, S. 594, Tz. 7.4.

1352 Vgl. *Liebchen*, in: Mössner, Steuerrecht international tätiger Unternehmen, 2011, Rz. 12.76.

1353 Vgl. die Übersicht bei *Rasch/Mank*, in: Kroppen, Handbuch Internationale Verrechnungspreise, OECD-Kap. IV, Rz. 433.

Schließlich ist zu beachten, dass unter bestimmten Voraussetzungen die Möglichkeit besteht, die Grundsätze des APA auf Zeiträume vor dem Beginn der vereinbarten Laufzeit des APA zurückzubeziehen (sog. *roll back*).[1354] Dies setzt ebenfalls voraus, dass der andere Staat der Rückbeziehung zustimmt. Weiterhin ist es erforderlich, dass die Veranlagung der betroffenen Jahre noch offen ist. Sollte die Veranlagung der betroffenen Jahre dagegen nicht mehr offen und bereits Gegenstand einer Betriebsprüfung sein, ist ein Schiedsverfahren zu beantragen.

Die vorstehend dargestellten zeitlichen Zusammenhänge bezüglich der Geltung von APA lassen sich wie folgt vereinfachend darstellen:[1355]

Abbildung 23: APA in zeitlicher Hinsicht.

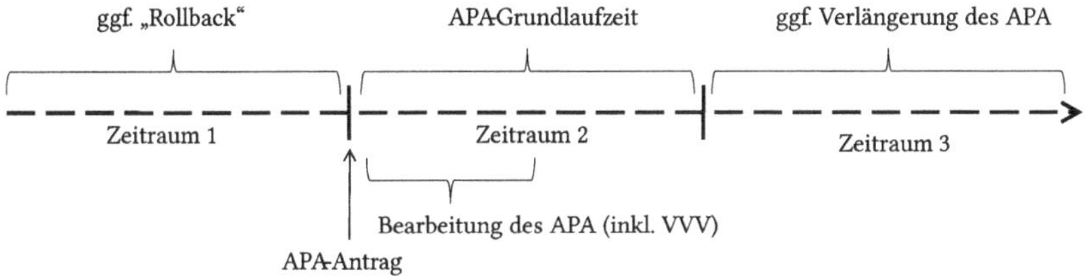

Die Bearbeitungsphase des APA soll nach der Vorstellung des JTPF dabei wie folgt ablaufen:[1356]

Abbildung 24: Bearbeitungsphasen von APA nach JTPF.

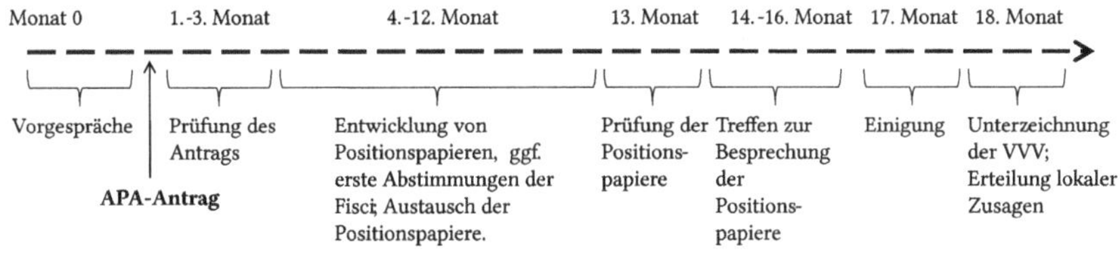

2.8.3.7 Gebühren nach § 178a AO

Im Zuge des Jahressteuergesetzes 2007 wurde eine Gebührenpflicht für die Bearbeitung von Anträgen auf Durchführung von Vorabverständigungsverfahren in § 178a AO verankert.[1357] Die Gebühr[1358] beträgt gem. § 178a Abs. 2 Satz 1 AO 20.000 Euro

1354 Vgl. *Rasch/Mank*, in: Kroppen, Handbuch Internationale Verrechnungspreise, OECD-Kap. IV, Rz. 435.

1355 Angelehnt an: *Peters/Baltzer/Zhang*, Transfer Pricing International Journal 2011, Vol 19.

1356 COM(2007)71, S. Appendix C.

1357 Jahressteuergesetz 2007, BGBl. I 2006, S. 2878, Art. 10.

1358 Bei der Gebühr handelt es sich um eine steuerliche Nebenleistung gem. § 3 Abs. 4 AO.

für jeden Antrag des Steuerpflichtigen auf Erteilung eines APA (sog. Grundgebühr). Beantragt der Steuerpflichtige eine Verlängerung eines bereits erteilten APA, so beträgt die Verlängerungsgebühr gem. § 178a Abs. 2 Satz 2 AO 15.000 Euro. Bei einer Änderung eines bestehenden APA auf Betreiben des Steuerpflichtigen hin, fallen gem. § 178a Abs. 2 Satz 3 AO Gebühren i.H.v. 10.000 Euro an (sog. Änderungsgebühr). Eine Änderung kann entweder vor der Entscheidung über den Antrag des Steuerpflichtigen oder in Bezug auf ein bereits erteiltes APA beantragt werden. Bei multilateralen APA fällt die Gebühr gem. § 178a Abs. 1 Satz 3 AO für jedes betroffene Land an. Die Gebühren entstehen, sobald der Antrag auf Erteilung eines APA bei dem BZSt eingeht oder – im Fall der Antragstellung bei einer ausländischen Finanzbehörde – sobald diese das BZSt kontaktiert.[1359] Es ist zu beachten, dass die Gebühr nicht erstattet wird, wenn der Steuerpflichtige seinen Antrag zurückzieht, der Antrag nicht erteilt wird oder das Vorabverständigungsverfahren scheitert (§ 178a Abs. 5 AO). *Seer* weist in diesem Zusammenhang darauf hin, dass eine Reduzierung der Gebühr vor allem dann angezeigt sein sollte, wenn es nicht zu einer Eröffnung des APA-Verfahrens kommt und der angefallene Aufwand der Finanzverwaltung in einem groben Missverhältnis zu der Antragsgebühr steht.[1360] Dies begründet er mit einem Verstoß gegen das Übermaßverbot und das Äquivalenzprinzip.

Eine Abstufung der Gebühr in Abhängigkeit eines „Gegenstandswerts", wie dies bei der Beantragung einer verbindlichen Auskunft der Fall ist, erfolgt nicht. Indessen sieht § 178a Abs. 3 AO eine Senkung der o.g. Gebühren für den Fall vor, dass die Summe der von der Vorabverständigung erfassten Geschäftsvorfälle die in § 6 Abs. 2 GAufzV im Zusammenhang mit der Aufzeichnungspflicht normierten Grenzen voraussichtlich nicht überschreitet. In diesem Fall beträgt die Grundgebühr 10.000 Euro, die Verlängerungsgebühr 7.500 Euro und die Änderungsgebühr 5.000 Euro. Sofern die Entrichtung der Gebühren eine *„unbillige Härte"* für den Steuerpflichtigen darstellt und ein *„besonderes Interesse"* der Finanzbehörden an der Durchführung des Vorabverständigungsverfahrens besteht, kann das BZSt die Gebühr gem. § 178a Abs. 4 AO auf Antrag herabsetzen.

2.8.4 Bewertung des Instruments

APA eröffnen die Möglichkeit, sich im Vorfeld mit den beteiligten Finanzverwaltungen in verbindlicher Weise über die Verrechnungspreisgestaltung für eine oder mehrere Geschäftsbeziehungen zu einigen. Auf diese Weise können Steuerpflichtige Rechts- und Planungssicherheit in Bezug auf zukünftige Transaktionen erlangen.[1361] Folglich können APA als Instrumente des steuerlichen

---

1359 Vgl. BT-Drs. 16/2712, S. 80.

1360 Vgl. *Seer*, in: Tipke/Kruse, AO, § 178a Rz. 27. In diesem Zusammenhang fällt auf, dass § 89 Abs. 7 Satz 2 AO – jedenfalls für den Fall einer Rücknahme eines Antrags auf Erteilung einer verbindlichen Auskunft – im Gegensatz zu § 178a AO explizit eine Gebührenermäßigung vorsieht.

1361 Vgl. auch *Baumhoff/Puls*, IStR 2010, S. 804.

Verrechnungspreisrisikomanagements eingesetzt werden.[1362] Durch den Einsatz des Instruments lassen sich steuerliche Verrechnungspreisrisiken in der Ausprägung der Rechtsbeurteilungsrisiken (Risiken einer abweichenden Beurteilung durch die Finanzverwaltung) vermindern. Eine vollständige Vermeidung der Risiken ist durch den Einsatz des Instruments nicht möglich, da die Gültigkeit des APA von der Einhaltung bestimmter *critical assumptions* abhängig gemacht wird, die teilweise nicht im Einflussbereich des Steuerpflichtigen liegen.[1363]

Der Einsatz von APA als Instrumente des verrechnungspreisbezogenen Risikomanagements weist zahlreiche Vorteile auf. Allgemein ist festzustellen, dass das APA-Verfahren – im Gegensatz zu nachgelagerten Betriebsprüfungen, welche häufig durch eine konfrontative Atmosphäre geprägt sind – in einem von Kooperation und Offenheit geprägten Umfeld stattfindet.[1364] So werden in der Praxis im Rahmen von APA mitunter „kreative" Ansätze zur Lösung komplexer Verrechnungspreisprobleme entwickelt, die auf einer Kombination der Verrechnungspreispraxis und -grundsätze der beteiligten Staaten basieren (z. B. Kombinationen gewinnorientierter Methoden). Würde der Steuerpflichtige einen solchen Ansatz zur Bepreisung komplexer Transaktionen selbst entwickeln, wäre keineswegs sichergestellt, dass dieser in einer späteren Betriebsprüfung durch die beteiligten Fisci akzeptiert würde.

Weiterhin bietet die verbindliche Einigung mit den beteiligten Finanzverwaltungen den erheblichen Vorteil, dass es nach der Abwicklung der betroffenen Transaktionen nicht mehr zu Einkünftekorrekturen und Zinsfestsetzungen durch die beteiligten Finanzverwaltungen im Rahmen von Betriebsprüfungen kommen kann. Entsprechendes gilt für Strafzahlungen und Penalties, soweit diese in den betroffenen Ländern – wie z. B. in den USA[1365] – an die Unangemessenheit der Verrechnungspreise geknüpft sind.[1366] Darauf aufbauend ergibt sich der Vorteil, dass der Steuerpflichtige nicht darauf angewiesen ist, im Anschluss an die Betriebsprüfung Ressourcen für die Einlegung von Rechtsmitteln gegen die Maßnahmen der Finanzverwaltung aufzuwenden. Hierbei handelt es sich auf der Ebene des innerstaatlichen Rechts um Einspruchs- und Finanzgerichtsverfahren, welche sich mitunter über Jahre erstrecken können. Entsprechendes gilt für die zwischenstaatlichen Streitbeilegungsverfahren (Verständigungs- bzw. Schiedsverfahren), die ebenfalls langwierig und ressourcenintensiv sein können und – im Fall des Verständigungsverfahrens – nicht zwingend zu einer Einigung der Fisci über die zugrunde liegende Verrechnungspreisfrage führen müssen.[1367]

Ein weiterer Vorzug von APA ist darin zu erblicken, dass das zugrunde liegende Verrechnungspreisproblem – im Unterschied zu den unilateralen

---

1362 So auch *Schnorberger*, ITPJ 2007, S. 115.

1363 Vgl. *Liebchen*, in: Mössner, Steuerrecht international tätiger Unternehmen, 2011, Rz. 12.101.

1364 Vgl. auch Tz. 4.143 OECD-Verrechnungspreisrichtlinien.

1365 Siehe § 6662(a), (e) und (h) US Internal Revenue Code.

1366 Vgl. *Herzig*, in: Herzig, Advance Pricing Agreements, 1996, S. 90.

1367 Vgl. dazu Abschnitt E.V.3.2.2.4.

Verständigungsmöglichkeiten (verbindliche Auskunft, verbindliche Zusage und tatsächliche Verständigung) – nicht nur von einer, sondern von sämtlichen beteiligten Finanzverwaltungen in zeitlich abgestimmter Weise beurteilt wird. So erstellen die Finanzverwaltungen zunächst jeweils ein Positionspapier und entwickeln hierauf aufbauend im Verhandlungswege eine gemeinsame Lösung, der einer Vorabverständigung zugrunde gelegt wird. Dieser Umstand hat zur Folge, dass durch den Abschluss eines APA eine spätere Doppelbesteuerung, welche sich daraus ergibt, dass ein Staat eine einseitige Korrektur vornimmt, die durch den anderen Staat nicht nachvollzogen wird, von Vornherein vermieden werden kann.[1368]

Die dargestellten Vorteile hinsichtlich der Erlangung von Rechts- und Planungssicherheit bestehen insbesondere bei komplexen Transaktionen. Zu nennen sind insoweit die gemeinsame Entwicklung hochwertiger immaterieller Wirtschaftsgüter (Global Development), das Global Trading, sowie Transaktionen unter Beteiligung mehrerer Entrepreneurgesellschaften. Hierbei handelt es sich um Transaktionen, auf die in der Praxis überwiegend die geschäftsvorfallbezogene Gewinnteilungsmethode (Profit Split Method) Anwendung findet, da sich für diese Transaktionen nicht ohne weiteres Fremdpreise bzw. Referenztransaktionen ermitteln lassen, welche einer der Standardmethoden oder der geschäftsvorfallbezogenen Nettomargenmethode (TNMM) zugrunde gelegt werden könnten. Da die Profit Split Methode in den einzelnen Staaten teilweise unterschiedlich ausgelegt wird und – wie in Abschnitt E.III.2.2.4.4 herausgearbeitet wurde – aufgrund ihres komplizierten „Handlings" eine Quelle bedeutender Verrechnungspreisrisiken darstellt, empfiehlt es sich bei den o.g. Transaktionen, den Abschluss eines APA anzustreben. Auf diese Weise kann die mitunter komplexe Verrechnungspreismethodik in verbindlicher Weise mit den beteiligten Fisci abgestimmt werden.

Bei Standardtransaktionen, zu denen z. B. die konzerninterne Dienstleistungserbringung oder die Lieferung an eine als Eigenhändler agierende Vertriebsgesellschaft zählt, ist dagegen davon auszugehen, dass die Verrechnungspreisermittlung in hinreichend sicherem Maße aus den bestehenden nationalen und internationalen Verrechnungspreisvorschriften und -richtlinien bzw. der ständigen Verrechnungspreispraxis der Finanzverwaltung abgeleitet werden kann. Mithin steht in diesen Fällen der mit dem APA verbundene Aufwand regelmäßig in keinem angemessenen Verhältnis zu dem gewünschten Ergebnis, nämlich der Erlangung von Rechtssicherheit in Bezug auf die geplante Transaktion.[1369] Dies bedeutet jedoch nicht, dass keine APA in Bezug auf Standardtransaktionen abgeschlossen werden sollten. Denn es sind Fälle denkbar, in denen der Abschluss eines APA sinnvoll ist, da die

---

1368 Vgl. *Herzig*, in: Herzig, Advance Pricing Agreements, 1996, S. 91.

1369 In diesem Zusammenhang sieht auch das BMF-Schreiben v. 5.10.2006 vor, dass bei der Interessenabwägung im Zusammenhang mit der Prüfung von APA-Anträgen die *„inhaltliche Übereinstimmung des Antrages mit den deutschen Verrechnungspreisgrundsätzen, internationale Durchsetzbarkeit, APA-Praxis des anderen Staates"* zu berücksichtigen ist, vgl. BMF v. 5.10.2006, BStBl. I 2006, S. 594, Tz. 3.9.

Anwendung der Standardmethoden in den beteiligten Staaten umstritten ist oder da eine Verrechnungspreiskorrektur aufgrund des Transaktionsvolumens erhebliche finanzielle Auswirkungen hätte. Der Abschluss eines APA sollte schließlich auch dann sorgfältig überdacht werden, wenn die Möglichkeit besteht, ein Schiedsverfahren oder DBA-Verständigungsverfahren (z. B. nach Art. 25 DBA USA) zu führen, das zu einer verbindlichen Einigung der Fisci führt.[1370] Dies betrifft Fälle, in denen die EU-Schiedsverfahrenskonvention oder ein DBA mit Schiedsklausel in Anspruch genommen werden kann. Umgekehrt kommt ein APA insbesondere dann in Betracht, wenn kein (EU-)Schiedsverfahren geführt kann, das durch einen Einigungszwang gekennzeichnet ist.

Den Vorteilen von APA stehen – mitunter gewichtige – Nachteile gegenüber, die bei der Entscheidung über einen Antrag auf Erteilung eines APA zu berücksichtigen sind. Ein wesentlicher Nachteil eines APA besteht in der freiwilligen Zurverfügungstellung von Unterlagen. Der Steuerpflichtige „erkauft" sich gleichsam Rechtssicherheit in Bezug auf die geplanten Transaktionen durch eine weitgehende Informationspreisgabe. Während in einigen Ländern die im Rahmen des APA-Prozesses gewonnenen Informationen nicht verwertet werden dürfen, ist die Rechtslage in Deutschland dadurch gekennzeichnet, dass kein Verwertungsverbot der entsprechenden Informationen besteht. Vielmehr ist die deutsche Finanzverwaltung aufgrund des in § 88 AO normierten Amtsermittlungsgrundsatzes sogar angehalten, die bekannt gewordenen Informationen (zu Gunsten sowie zu Ungunsten des Steuerpflichtigen) zu verwerten.[1371] Kommt es zu einem Scheitern des APA[1372], kann die Finanzverwaltung die vorgelegten Unterlagen verwerten. In diesem Zusammenhang ist auch zu beachten, dass es der Finanzverwaltung unbenommen bleibt, Geschäftsbeziehungen, die nicht Gegenstand des APA sind, einer Betriebsprüfung zu unterziehen. Handelt es sich hierbei um Geschäftsbeziehungen, die in einem engen Zusammenhang zu den Transaktionen stehen, über die die Finanzverwaltung im Rahmen des APA umfangreiche Informationen erlangt hat (z. B. eine zugrunde liegende F&E-Tätigkeit oder die Überlassung von Marken), kann sie diese Transaktionen auf Basis der gewonnenen Erkenntnisse zu einem Prüfungsschwerpunkt erklären.[1373]

Hinsichtlich der die dem APA zugrunde gelegten *critical assumptions* ist zu bedenken, dass diese zu einer erheblichen Einschränkung der unternehmerischen Flexibilität führen können. Bindet sich der Steuerpflichtige z. B. für 5 Jahre an ein APA, kann eine Vielzahl an „eng" formulierten *critical assumptions* dazu führen, dass betriebswirtschaftlich sinnvolle Umgestaltungen von Transaktionen unterlassen werden, da der Steuerpflichtige unerwünschte steuerliche Folgen für den Fall

1370 Indessen ist die Zinsbelastung zu beachten, vgl. *Engler/Elbert*, in: Vögele/Borstell/Engler, Verrechnungspreise, 2011, Kapitel F, Rz. 425.

1371 Vgl. BMF v. 5.10.2006, BStBl. I 2006, S. 594, Tz. 1.3; *Baumhoff/Puls*, IStR 2010, S. 804.

1372 Zu den vielfältigen Gründen für ein Scheitern eines APA vgl. Abschnitt E.V.2.8.3.4.

1373 Vgl. *Herzig*, in: Herzig, Advance Pricing Agreements, 1996, S. 91.

befürchtet, dass das APA widerrufen wird und die preisgegebenen Informationen in einer späteren Betriebsprüfung verwertet werden können. In Bezug auf die *critical assumptions* ist weiterhin zu beachten, dass der Steuerpflichtige teilweise keinen Einfluss auf sie hat. Dies betrifft z. B. die Marktbedingungen, den Marktanteil, die Konjunkturentwicklung sowie die Währungs- und Zinsentwicklung. Kommt es zu einem Widerruf des APA aufgrund einer Nichterfüllung der o.g. externen Bedingungen, ist der Steuerpflichtige grundsätzlich in den Stand der vor dem Abschluss des APA zurückversetzt. Zudem hat die Finanzverwaltung die Möglichkeit, die im APA-Verfahren gewonnenen Informationen zu verwerten.

Ein weiterer häufig angeführter Nachteil eines APA-Verfahrens betrifft die lange Bearbeitungsdauer.[1374] So geht aus einer Übersicht des JTPF hervor, dass die durchschnittliche Bearbeitungsdauer von bi- und unilateralen APA im Jahr 2012 über vier Jahre (49 Monate) betragen hat. Dies steht im Widerspruch zu der Zeitspanne von 18 Monaten, welche das JTPF für die Bearbeitungsdauer von APA vorschlägt.[1375] In der Praxis sind sogar Fälle bekannt, in denen innerhalb von fünf Jahren nach Antragstellung noch keine Vorabzusage erteilt wurde.[1376] Dies ist insoweit problematisch, als Steuerpflichtige in der heutigen schnelllebigen Wirtschaftswelt unternehmerische Dispositionen nicht über einen derart langen Zeitraum hinauszögern können bzw. – falls ein Aufschub einer geplanten Transaktion nicht in Frage kommt – die APA-Grundsätze bereits umsetzen müssen, bevor sie Rechtssicherheit erlangt haben.[1377] Hinsichtlich des hohen Bearbeitungsaufwands wird in der Gesetzesbegründung zu § 178a AO darauf hingewiesen, dass der Prüfungsaufwand für die Erteilung eines APA in etwa gleich hoch ist wie der entsprechende Aufwand für eine Außenprüfung zu dem betreffenden Prüfungsfeld.[1378] Hierzu ist festzustellen, dass Betriebsprüfungen sich nur in Einzelfällen über einen Zeitraum von über vier Jahren ziehen. Bezieht man indessen die Zeitspanne ein, welche die an die Betriebsprüfung anschließende Streitbeilegung (Einspruch, finanzgerichtliches Verfahren und ggf. Verständigungs- oder Schiedsverfahren) üblicherweise in Anspruch nimmt, relativiert sich der Einwand der langen Bearbeitungsdauer von APA teilweise. Denn bis eine Einigung in einer Betriebsprüfung sowie einem anschließenden Verständigungs- oder Schiedsverfahren erzielt ist, können in der Praxis ebenfalls mehrere Jahre vergehen.

Schließlich ist der Nachteil anzuführen, der aus der Kostenbelastung resultiert, die mit APA einhergeht.[1379] Dies betrifft zum einen die Kosten, die im Zusammenhang

---

1374 Vgl. *Herzig*, in: Herzig, Advance Pricing Agreements, 1996, S. 92; *Baumhoff/Puls*, IStR 2010, S. 804.

1375 SEC(2007)246.

1376 Vgl. *Liebchen*, in: Mössner, Steuerrecht international tätiger Unternehmen, 2011, Rz. 12.79.

1377 Zu der Eignung einer langen Verfahrensdauer als Dispositionshindernis vgl. auch Lehner, in: Vogel/Lehner, DBA, Art. 25 OECD-MA, Rz. 33.

1378 Vgl. BT-Drs. 16/2712, S. 80.

1379 So auch *Baumhoff/Puls*, IStR 2010, S. 804; *Lehner*, in: Vogel/Lehner, DBA, Art. 25 OECD-MA, Rz. 330.

mit der Zurverfügungstellung der Informationen und der Beibringung von Unterlagen im Rahmen des APA-Antrags entstehen. Insoweit bestehen nur teilweise Überschneidungen zu der (unabhängig zu erstellenden) Verrechnungspreisdokumentation, aus der gewisse Informationen übernommen werden können. Denn im Rahmen des APA-Antrags sind beispielsweise auch Vorschläge für *critical assumptions* zu unterbreiten, an deren Einhaltung die Gültigkeit des APA geknüpft wird. Weiterhin werden Ressourcen des Steuerpflichtigen in der Abstimmungsphase des APA gebunden. Dies betrifft Treffen mit den lokalen Finanzverwaltungen, in denen die geplanten Transaktionen erläutert werden, und die Beibringung weiterer Unterlagen, welche die Finanzverwaltung anfordert. Während der Laufzeit des APA entstehen Kosten im Zusammenhang mit der Erstellung des jährlichen *compliance reports*, in dem der Steuerpflichtige die Einhaltung der critical assumptions und die Verwirklichung des APA-Sachverhalts zu dokumentieren hat. Die vorstehenden Tätigkeiten werden in der Regel durch Mitarbeiter der Steuerabteilung in Zusammenarbeit mit externen Beratern ausgeübt. Neben die Ressourcen, die durch die unternehmensinterne Bearbeitung des APA-Antrags und die Erstellung jährlicher *compliance reports* entstehen, treten die Gebühren nach §178a AO, die bei einem Erstabschluss und bei einer Verlängerung fällig werden, und zwar auch dann, wenn der Antrag scheitert.

Hinsichtlich der Eignung von APA als Instrumente des steuerlichen Verrechnungspreisrisikomanagements lässt sich zusammenfassend Folgendes festhalten:

- APA eignen sich insbesondere für komplexe Transaktionen, zu deren Bewertung die gewinnorientierten Methoden herangezogen werden. Bei konzerninternen Standardtransaktionen (z. B. der konzerninternen Dienstleistungserbringung, die nach der Kostenaufschlagsmethode abgerechnet wird), lohnt sich der mit einem APA verbundene Aufwand dagegen regelmäßig nicht.
- Steuerpflichtige sollten die Beantragung eines APA sorgsam abwägen, da im Fall des Zurückziehens des Antrags oder des Scheiterns des APA-Verfahrens sensible Informationen in späteren Betriebsprüfungen gegen den Steuerpflichtigen verwendet werden können.
- Die Gültigkeitsbedingungen sollten nicht zu eng gesetzt werden, um eine gewisse Flexibilität bei der Durchführung des APA zu gewährleisten.[1380]
- Falls die Konzerngesellschaften in Ländern ansässig sind, zwischen denen ein (EU-) Schiedsverfahren geführt werden kann, ist – je nach Komplexität des Verrechnungspreisfalls – zu erwägen, kein APA zu beantragen, sondern im Fall einer Beanstandung der Verrechnungspreise ein Schiedsverfahren zu führen. Dieses weist den Vorteil auf, dass keine Gebühr zu entrichten ist und die beteiligten Staaten eine Einigung erzielen müssen.[1381]

1380 So *Liebchen*, in: Mössner, Steuerrecht international tätiger Unternehmen, Rz. 12.72.

1381 Indessen ist die Zinsbelastung zu beachten, vgl. *Engler/Elbert*, in: Vögele/Borstell/Engler, Verrechnungspreise, 2011, Kapitel F, Rz. 425.

- Umgekehrt ist die Beantragung eines APA dann zu erwägen, wenn kein (EU-) Schiedsverfahren geführt kann, das durch einen Einigungszwang gekennzeichnet ist.

2.9 Schaffung von internen Verantwortlichkeiten und Strukturen

Die in den vorangehenden Abschnitten dargestellten ursachenbezogenen Instrumente setzen überwiegend bei den „externen" Verrechnungspreisrisiken, d.h. denjenigen rechtlichen Risiken an, die auf eine abweichende Beurteilung eines Sachverhalts durch die Finanzverwaltung oder Rechtsprechung zurückzuführen sind. Bedeutende Verrechnungspreisrisiken können jedoch auch auf steuerbezogene konzerninterne Abläufe und Prozesse zurückzuführen sein (sog. interne Verrechnungspreisrisiken). Es handelt sich im Einzelnen um organisatorische Risiken, Rechtsanwendungsrisiken und personalbezogene Risiken.[1382]

Um den internen steuerlichen Risiken zu begegnen, ist es erforderlich, Verantwortlichkeiten und Strukturen im Konzern zu schaffen, damit diese Risiken nicht auftreten bzw. gemindert werden können. Die in diesem Zusammenhang erforderlichen Maßnahmen sind unter Berücksichtigung der Umstände des Einzelfalls in Abhängigkeit von Kriterien wie der Art und dem Umfang der konzerninternen Transaktionen, der involvierten Jurisdiktionen und der Risikostrategie des Konzerns auszuwählen. Im Kern lassen sich die folgenden Maßnahmen zur Begegnung der internen Verrechnungspreisrisiken ableiten, wobei hinsichtlich der Ausgestaltung der einzelnen Maßnahmen verschiedene Abstufungen möglich sind:

- **Personalausstattung der Steuerabteilung**: Zunächst ist es erforderlich, dass die Steuerabteilung der Obergesellschaft in Bezug auf ihre personelle Ausstattung in die Lage versetzt wird, laufende Deklarationsaufgaben, Betriebsprüfungen und aperiodische Projekte (z.B. Umstrukturierungen) in angemessener Zeit auszuführen bzw. zu begleiten. Personelle Engpässe bergen das Risiko, dass die genannten Themen verspätet oder gar nicht adressiert werden, so dass es zu steuerlich nachteiligen Folgen kommt (beispielsweise Festsetzung von Strafzahlungen gem. § 162 AO bei der verspäteten Erstellung von Aufzeichnungen zu außergewöhnlichen Geschäftsvorfällen).
- **Regelmäßige Fortbildungen**: Aufgrund der sich schnell wandelnden (Steuer-) Rechtsmaterie ist es erforderlich, dass die Mitarbeiter der Steuerabteilung fachlich in der Lage sind, steuerliche Fragestellungen zeitnah zu beantworten. Dies trifft insbesondere auf das Gebiet der Verrechnungspreisermittlung- und dokumentation zu, welches wie kaum ein anderes Rechtsgebiet durch einen schnellen und steten Wandel geprägt ist. Diese Tatsache wird durch die aktuelle BEPS-Diskussion[1383] belegt, welche wesentliche Neuerungen – insbesondere im Bereich der Vergütung für die Übertragung und Nutzung von immateriellen

1382 Vgl. dazu Abschnitt D.I.3.
1383 Vgl. OECD, Action Plan on Base Erosion and Profit Shifting, 2013.

Wirtschaftsgütern – erwarten lässt. Der erforderliche Ausbildungsstand der Mitarbeiter kann erreicht werden, indem diese regelmäßig externe Fortbildungen besuchen oder dass interne Weiterbildungen angeboten werden. Weiterhin empfiehlt sich ein Austausch mit Steuerabteilungsmitarbeitern anderer Konzerne (z. B. im Rahmen von Arbeitskreisen) zur Besprechung aktueller steuerlicher Entwicklungen und Probleme.

- **Aufbau lokaler Steuerkapazitäten**: In bestimmten Fällen ist es nicht sinnvoll, wenn lediglich die Steuerabteilung der Obergesellschaft Ansprechpartner für steuerliche Spezialfragen im Bereich der Verrechnungspreisermittlung und -dokumentation ist. Dies ist insbesondere dann der Fall, wenn Konzerngesellschaften in Staaten ansässig sind, deren verrechnungspreisrelevante Vorschriften sich von denen des Ansässigkeitsstaates der Obergesellschaft unterscheiden. Hierbei handelt es sich vorrangig um Entwicklungs- und Schwellenländer.[1384] In diesen Fällen muss nicht zwingend neue Personalkapazität für die steuerlichen Themen eingestellt werden. So ist es auch denkbar, dass ein Mitarbeiter, z. B. aus dem Rechnungswesen, als Transfer Pricing Officer ernannt wird und ein entsprechendes Fachwissen aufbaut.
- **Einschaltung externer Berater**: In Bezug auf bestimmte steuerliche Sachverhalte empfiehlt es sich, externen Expertenrat einzuholen. Hierbei handelt es sich um Sachverhalte, welche unregelmäßig auftreten, so dass in Bezug auf die Sachverhalte nicht ausreichendes Fachwissen in der Steuerabteilung vorhanden ist. Dies betrifft beispielsweise Funktionsverlagerungen i.S.v. § 1 Abs. 3 Satz 9 ff. AStG, welche zum einen eine Würdigung auf einer rechtlichen Ebene (Vorliegen einer Funktion, Anwendung der Escape-Klauseln) als auch auf einer Bewertungsebene erfordern. Insoweit empfiehlt sich die Hinzuziehung eines steuerlichen Beraters, der diese Fälle in der Vergangenheit begleitet hat und insoweit eine Expertise aufgebaut hat.
- **Forcieren der abteilungsübergreifenden Zusammenarbeit und Kommunikation**: Verrechnungspreisfragestellungen betreffen die Aufgabenfelder mehrerer konzerninterner Abteilungen bzw. Funktionen. Hierbei handelt es sich um die Steuerabteilung (Ermittlung und Dokumentation der Verrechnungspreise), die operativen Abteilungen (konkrete Preisfestsetzung), das Rechnungswesen (bilanzielle und außerbilanzielle Abbildung der Verrechnungspreise) und das Controlling (Überwachung und Vergleich). Die Zusammenarbeit der genannten Abteilungen ist unerlässlich, damit Verrechnungspreisrisiken, die auf eine fehlende Abstimmung der Abteilungen zurückzuführen sind, vermieden werden. Um die abteilungsübergreifende Zusammenarbeit zu forcieren, sind regelmäßig Workshops, Jour-fixes oder zumindest informelle Abstimmungen abzuhalten, damit sichergestellt wird, dass ein einheitliches Verständnis besteht. *Schönebom* weist in diesem Zusammenhang darauf hin, dass hinsichtlich bestimmter

1384 Zu der Diskussion um das UN Transfer Pricing Manual for Developing Countries vgl. etwa *Eigelshoven/Ebering*, IStR 2014, S. 16 ff.

verrechnungspreisbezogener Begriffe (Funktion, Transferpreis, Transaktion, Benchmarking, Marge, Cost Plus) oftmals von Abteilung zu Abteilung ein unterschiedliches Verständnis herrscht.[1385] Ziel der Workshops und Abstimmungen sollte es daher auch sein, ein einheitliches Begriffsverständnis zu entwickeln, damit Missverständnisse vermieden werden indem eine Sprache gesprochen wird.[1386]

- **Unterstützung der Prozesse durch konzernweite IT-Systeme**: Sofern ein konzernweites ERP-System vorhanden ist, sollte dieses für Zwecke des Verrechnungspreisrisikomanagements genutzt werden. Dies kann in der Weise erfolgen, dass das ERP-System eingesetzt wird, um Margen zu überwachen, interne Fremdvergleiche durchzuführen oder neue bislang steuerliche nicht geprüfte Transaktionen zu identifizieren. Probleme ergeben sich dann, wenn das vorhandene ERP-System die entsprechenden Auswertungen nicht ermöglicht.[1387] In diesem Fall ist zu prüfen, ob eine Anpassung der Systeme dahingehend erfolgen soll, dass die entsprechenden steuerlichen Auswertungen zeitnah vorgenommen werden können. Die Entscheidung hierüber erfordert eine Abwägung der – oftmals erheblichen – Investitionen zur Anpassung des Systems (Beratungsaufwand, Programmieraufwand, Implementation) sowie der Vorteile, die sich aus Sicht des Verrechnungspreisrisikomanagements ergeben.[1388]

Ergänzend zu den vorgenannten Maßnahmen sind die **Verankerung von Meldepflichten** sowie die **Vorgabe von Regeln zur Verrechnungspreisermittlung** zu nennen. Diese Maßnahmen wurden bereits im Rahmen der Erläuterung des Instruments der Verrechnungspreisrichtlinie eingehend erläutert.[1389]

Bei den vorgenannten Maßnahmen zur Begegnung der internen Verrechnungspreisrisiken handelt es sich um ursachenbezogene Instrumente des Verrechnungspreisrisikomanagements. Die Maßnahmen sind unter Berücksichtigung der Umstände des Einzelfalls auf der Grundlage einer Kosten-/Nutzenabwägung auszuwählen. Dabei ist davon auszugehen, dass jedenfalls die Maßnahmen angemessene personelle Ausstattung der Steuerabteilung, regelmäßige Fortbildungen, Aufbau lokaler Steuerkapazitäten, Einschaltung externer Berater und Forcieren der abteilungsübergreifenden Zusammenarbeit und Kommunikation, die durch die internen Verrechnungspreisrisiken ausgelösten Nachteile deutlich übersteigen dürften. Insoweit handelt es sich um einen unabdingbaren Bestandteil des verrechnungspreisbezogenen Risikomanagementsystems.

1385 Vgl. *Schöneborn*, DB 2013, S. 2871.
1386 Vgl. *Schöneborn*, DB 2013, S. 2871.
1387 Vgl. *Schöneborn*, DB 2013, S. 2871.
1388 Vgl. *Schöneborn*, DB 2013, S. 2871, der auf den dauerhaften Nutzen hinweist.
1389 Abschnitt E.V.2.7.2.

2.10 Zwischenergebnis zu den ursachenbezogenen Instrumenten: Anwendungsbereiche und Eignung

Die ursachenbezogenen Instrumente, welche präventiv, d.h. vor dem Zeitpunkt der Verrechnungspreisermittlung angewandt werden können, sind vielfältig und reichen von grundlegenden Strukturentscheidungen (Wahl der Konzernstruktur) bis zu konkreten Handlungen in Bezug auf einzelne Geschäftsbeziehungen (z.B. Beantragung einer verbindlichen Auskunft). Der Einsatz der ursachenbezogenen Instrumente ist umso wichtiger, je geringer der Umfang des Schutzes durch die wirkungsbezogenen Instrumente ausgeprägt ist (z.B. da kein DBA-Schutz in Gestalt eines Verständigungs- oder Schiedsverfahrens in Anspruch genommen werden kann).

Sämtliche dargestellten ursachenbezogenen Instrumente eignen sich zur Verminderung bzw. Vermeidung von steuerlichen Verrechnungspreisrisiken. Jedoch weisen die Instrumente sehr unterschiedliche Anwendungsbereiche auf und sind durch einen unterschiedlichen hohen Ressourcenbedarf gekennzeichnet. Nachfolgend werden die Instrumente und ihre Eignung zur Verminderung bzw. Vermeidung von Verrechnungspreisrisiken zusammenfassend dargestellt und darauf aufbauend konkrete Handlungsempfehlungen abgeleitet.

Mit der in Abschnitt E.V.2.1 dargestellten Wahl einer risikoaversen Konzernstruktur lassen sich Verrechnungspreisrisiken von vornherein vermeiden, indem z.B. bestimmte Transaktionen innerhalb einer Legaleinheit internalisiert oder aber gänzlich unterlassen werden. In Bezug auf die Eignung des Instruments ist zu konstatieren, dass es sich bei der Umgestaltung der Konzernstruktur aus Gründen des Verrechnungspreisrisikomanagements aufgrund der Eingriffstiefe und -intensität in die Strukturen und Abläufe im Konzern um ein Instrument handelt, das nur in seltenen Einzelfällen und nur nach sorgfältiger Vorbereitung eingesetzt werden sollte. Die Wahl einer steuerlich risikoaversen Konzernstruktur ist nach der hier vertretenen Auffassung insbesondere dann sinnvoll, wenn ohnehin aus betriebswirtschaftlicher Sicht eine Umstrukturierung des Konzerns bzw. von Teilen des Konzerns beabsichtigt wird oder eine Erweiterung durch organisches Wachstum oder eine Akquisition geplant ist. Eine Umstrukturierung allein aus Gründen der Vermeidung oder Verminderung von steuerlichen Verrechnungspreisrisiken wird sich regelmäßig verbieten, da der steuerliche „Nutzen" den mitunter erheblichen Aufwand der Umstrukturierung in den meisten Fällen übersteigen dürfte.

Mit der in Abschnitt E.V.2.2 dargestellten risikoaversen Vertragsgestaltung lassen sich Risiken vermindern, die aus einem fehlenden bzw. nicht abgestimmten konzerninternen Vertragswerk resultieren. Dies kann zum einen dadurch erreicht werden, dass eine konsequente Beachtung des Schriftformgebots bei dem Abschluss konzerninterner Verträge erfolgt. Die Schriftform dient der Beweissicherung und der Unterstützung der Dokumentation der zugrunde liegenden Geschäftsbeziehungen. Zum anderen sollte darauf geachtet werden, dass die konzerninternen Verträge mit dem tatsächlichen Funktions- und Risikoprofil der beteiligten Konzerngesellschaften abgestimmt werden. Damit können solche Risiken vermieden werden, die sich aus einem Auseinanderfallen des vertraglichen Regelungsgegenstands und der wirtschaftlichen Realität ergeben. Das Instrument zeichnet sich dadurch aus, dass es keinen hohen Ressourceneinsatz erfordert.

Ein weiteres zentrales Instrument des Verrechnungspreisrisikomanagements stellt die Wahl einer sachgerechten Verrechnungspreismethode dar, welche auf das Funktions- und Risikoprofil der an den Transaktionen beteiligten Konzerngesellschaften abgestimmt ist (Abschnitt E.V.2.2.3). Der Ansatzpunkt des Instruments beruht auf der Erkenntnis, dass ein direkter Zusammenhang zwischen dem Umfang der Funktions- und Risikoausübung der einzelnen Konzerngesellschaften sowie der Vergütung besteht, die ihnen unter Fremdvergleichsgesichtspunkten zuzuordnen ist. Diskrepanzen zwischen dem Funktions- und Risikoprofil einerseits und den gewählten Verrechnungspreismethoden andererseits stellen daher eine bedeutende Quelle steuerlicher Verrechnungspreisrisiken dar. Diese Risiken gilt es durch den Einsatz des Instruments zu vermindern. Die Verwendung des Instruments erfordert keinen hohen Ressourceneinsatz. Dieser beschränkt sich auf eine sorgfältige Funktions- und Risikoanalyse der Konzerngesellschaften und die daraus abgeleitete Methodenwahl.

Das in Abschnitt E.V.2.4 erläuterte Instrument der Vermeidung der aggressiven Ausnutzung von Bandbreiten knüpft unmittelbar an die Wahl einer sachgerechten Verrechnungspreismethode an. Die Umsetzung des Instruments erfolgt in der Weise, dass bei der Festlegung von Verrechnungspreisen eine konsequente Orientierung an dem Mittelwert der zugrunde liegenden Bandbreiten erfolgt. Auf diese Weise wird Verrechnungspreiskorrekturen entgegengewirkt, indem gegenüber den beteiligten Fisci signalisiert wird, dass der Steuerpflichtige keine Verlagerung von Steuersubstrat anstrebt. Damit kann das Konflikt- und Provokationspotenzial gegenüber den beteiligten Finanzverwaltungen deutlich reduziert werden. Die Anwendung des Instruments geht ebenfalls mit einem geringen Ressourcenaufwand einher. Dies liegt darin begründet, dass die Bandbreiten im Rahmen der Verrechnungspreisermittlung ohnehin zu ermitteln sind.

Ein weiteres präventives Instrument des Verrechnungspreisrisikomanagements ist die Erstellung einer international abgestimmten Verrechnungspreisdokumentation und -richtlinie (Abschnitte E.V.2.6 und E.V.2.7). Eine international abgestimmte Verrechnungspreisdokumentation dient der Verminderung der dokumentationsbezogenen Risiken, die sich in der Form der Festsetzung von Strafzuschlägen und Penalties aufgrund von Formalmängeln äußern. Zudem kann durch die Erstellung einer international abgestimmten Verrechnungspreisdokumentation den Risiken begegnet werden, die sich aus einer fehlenden Abstimmung der Verrechnungspreisdokumentationen der einzelnen Landesgesellschaften ergeben. Der Nutzen einer Verrechnungspreisrichtlinie besteht darin, einen Beitrag zur Risikominimierung im Bereich der internationalen Verrechnungspreise im Wege der Vorgabe von klaren Anweisungen zur Verrechnungspreisbildung, der Verankerung von Meldepflichten und der Hilfestellungen zur Dokumentationserstellung zu leisten. Sowohl die Erstellung einer international abgestimmten Verrechnungspreisdokumentation als auch einer Verrechnungspreisrichtlinie geht mit einem relativ hohen Ressourceneinsatz einher. So erfordert die Erstellung einer international abgestimmten Verrechnungspreisdokumentation ein hohes Maß an Abstimmung und Koordination zwischen den einzelnen Landesgesellschaften. Entsprechendes gilt für Verrechnungspreisrichtlinien, die zugleich allgemeingültige Vorgaben, als auch Spezifika für einzelne Landesgesellschaften regeln.

Dem in Abschnitt E.V.2.5 dargestellten Instrument der Inanspruchnahme von Safe Harbour-Regelungen ist zu bescheinigen, dass es sich nur eingeschränkt zur Verminderung von Verrechnungspreisrisiken eignet. Dies betrifft insbesondere unilaterale Safe Harbour-Regelungen, die dazu geeignet sind, Doppelbesteuerungskonflikte erst zu provozieren. Einen sinnvollen Beitrag zu der Verminderung von Verrechnungspreisrisiken können Safe Harbour-Regelungen nach der hier vertretenen Auffassung erst dann leisten, wenn ein abgestimmtes internationales Netz von bilateralen Safe Harbour-Regelungen besteht, das von den Steuerpflichtigen in Anspruch genommen werden kann. Dies ist gegenwärtig (noch) nicht der Fall.

Weiterhin steht den Konzernen ein Instrumentarium zur Verfügung, welches Verrechnungspreisrisiken dadurch begegnet, dass die steuerliche Behandlung des zugrunde liegenden Verrechnungspreisproblems im Vorfeld mit der Finanzverwaltung in verbindlicher Weise abgestimmt wird. Hierbei handelt es sich zum einen um unilaterale Verständigungen (Abschnitt E.V.2.8.2). Diese sind insbesondere dann in Betracht zu ziehen, wenn kein DBA zwischen den beteiligten Staaten besteht, wenn der mit einem APA verbundene Aufwand gemessen an den steuerlichen Auswirkungen des betreffenden Falls nicht verhältnismäßig wäre oder wenn eine Rechtsfrage nur in einem Staat der Klärung bedarf. Bi- oder multilaterale Verständigungen zwischen zwei oder mehrerer Finanzverwaltungen und dem Steuerpflichtigen in Gestalt von APA (Abschnitt E.V.2.8.3) eignen sich insbesondere bei komplexen Transaktionen, die im Vorfeld rechtssicher mit den beteiligten Fisci abgeklärt werden sollen. Insbesondere die bi- oder multilateralen Verständigungen (APA) gehen mit einem nicht unerheblichen Ressourcenaufwand einher. Dies betrifft zum einen die Kosten, die im Zusammenhang mit der Zurverfügungstellung der Informationen und der Beibringung von Unterlagen im Rahmen des APA-Antrags entstehen. Weiterhin werden Ressourcen des Steuerpflichtigen in der Abstimmungsphase des APA gebunden. Während der Laufzeit des APA entstehen Kosten im Zusammenhang mit der Erstellung des jährlichen *compliance reports*, in dem der Steuerpflichtige die Einhaltung der critical assumptions und die Verwirklichung des APA-Sachverhalts zu dokumentieren hat.

Zu den ursachenbezogenen Instrumenten zählen schließlich diejenigen Instrumente, die auf eine Vermeidung bzw. Reduzierung der „internen" Verrechnungspreisrisiken abzielen. Es handelt sich hierbei um eine angemessene personelle Ausstattung der Steuerabteilung, regelmäßige Fortbildungen, den Aufbau lokaler Steuerkapazitäten, die Einschaltung externer Berater, das Forcieren der abteilungsübergreifenden Zusammenarbeit und Kommunikation, die Nutzung konzernweiter IT-Systeme, die Verankerung von Meldepflichten sowie die Vorgabe von Regeln zur Verrechnungspreisermittlung.

Auf Basis der Darstellung und Bewertung der ursachenbezogenen Instrumente in den vorangehenden Abschnitten lassen sich folgende Handlungsempfehlungen ableiten:

Die ursachenbezogenen Instrumente können in solche Instrumente eingeteilt werden, deren Einsatz international tätigen Konzernen zwingend empfohlen wird und solchen Instrumenten, welche nur unter bestimmten Bedingungen herangezogen werden sollten. Bei den Instrumenten, deren Einsatz zwingend empfohlen wird, handelt es sich um

- die risikoaverse Gestaltung des **konzerninternen Vertragswerks**,
- die Wahl **sachgerechter Verrechnungspreismethoden**,
- die Vermeidung der **Ausnutzung von Bandbreiten**,
- die Erstellung einer international abgestimmten **Verrechnungspreisdokumentation und -richtlinie**.
- Die Schaffung von internen **Verantwortlichkeiten** und **Strukturen** in Bezug auf steuerliche Verrechnungspreissachverhalte zur Begenung „interner" Risiken.

Die o.g. Instrumente sind dadurch gekennzeichnet, dass sie einen hohen Beitrag zu der Minimierung bzw. Vermeidung verrechnungspreisbezogener Risiken leisten und zugleich nur vergleichsweise geringe Ressourcen in Anspruch nehmen. Die Instrumente lassen sich außerdem unabhängig von der Art und Komplexität der zugrunde liegenden konzerninternen Transaktionen einsetzen. Konzerne, welche die o.g. Instrumente nicht in Anspruch nehmen, setzen sich nach der hier vertretenen Auffassung in unnötiger Weise Verrechnungspreisrisiken aus, die ohne Weiteres vermindert bzw. vermieden werden können.

Weiterhin sind Instrumente zu unterscheiden, die aufgrund des mit Ihnen verbundenen Ressourcenaufwandes bzw. der Eingriffstiefe in die Abläufe und Strukturen des Konzerns nur dann angewandt werden sollten, wenn die potentiellen Auswirkungen des zugrunde liegenden Verrechnungspreisproblems in einem angemessenen Verhältnis zu dem erforderlichen Ressourceneinsatz steht. Bei den Instrumenten handelt es sich um

- **unilaterale Verständigungen** mit der Finanzverwaltung,
- den Abschluss eines **APA**,
- die Wahl einer **risikoaversen Konzernstruktur**.

Der Einsatz der o.g. Instrumente erfordert mithin eine sorgfältige Abwägung des Steuerpflichtigen. Im Rahmen des Abwägungsprozesses sollte auf die Erkenntnisse des Prozessschritts der Risikobewertung zurückgegriffen werden, bei dem die Auswirkungen der Verrechnungspreisrisiken ermittelt werden.[1390] Diese sind dem Aufwand, der mit dem Einsatz der Instrumente verbunden ist, gegenüberzustellen. Ergibt die Abwägung, dass sich der Einsatz der Instrumente lohnt, können

1390 Zu der Ermittlung der Auswirungen von Verrechnungspreisriken vgl. Abschnitt E.IV (Prozessschritt der Risikobewertung).

diese einen hohen Beitrag zur Risikominimierung leisten. Mit einer risikoaversen Gestaltung der Konzernstruktur kann sogar eine weitgehende Vermeidung von Verrechnungspreisrisiken erreicht werden.

Schließlich ist ein Instrument zu unterscheiden, das (gegenwärtig) nur in Ausnahmefällen anzuwenden ist. Es handelt sich hierbei um die Inanspruchnahme von **Safe Harbour-Regelungen**. Hierzu ist zum einen festzustellen, dass das deutsche Steuerrecht derzeit keine Safe Harbour-Regelungen kennt. Zum anderen erscheint die Inanspruchnahme der Regelungen nach der hier vertretenen Auffassung nur dann sinnvoll, wenn es gelingt, ein weitreichendes Netzwerk an Memoranda of Understanding zu schaffen, das bilaterale abgestimmte Safe-Harbours im Verhältnis der teilnehmenden Staaten begründet. Sobald dies der Fall ist, stellt die Inanspruchnahme von Safe Harbour-Regelungen ein sinnvolles Instrument dar, das in vielen Fällen einen geringeren Ressourceneinsatz als die Inanspruchnahme von unilateralen Verständigungen und APA erfordert und daher vorzuziehen sein wird.

Die Ableitung der Handlungsempfehlungen soll anhand des folgenden Schaubilds verdeutlicht werden, in dem die ursachenbezogenen Instrumente in Abhängigkeit von dem Ressourcenaufwand, den sie verursachen, und ihrem Beitrag zur Risikominimierung in Gruppen eingeteilt werden:

Abbildung 25: Ableitung von Handlungsempfehlungen für ursachenbezogene Instrumente.

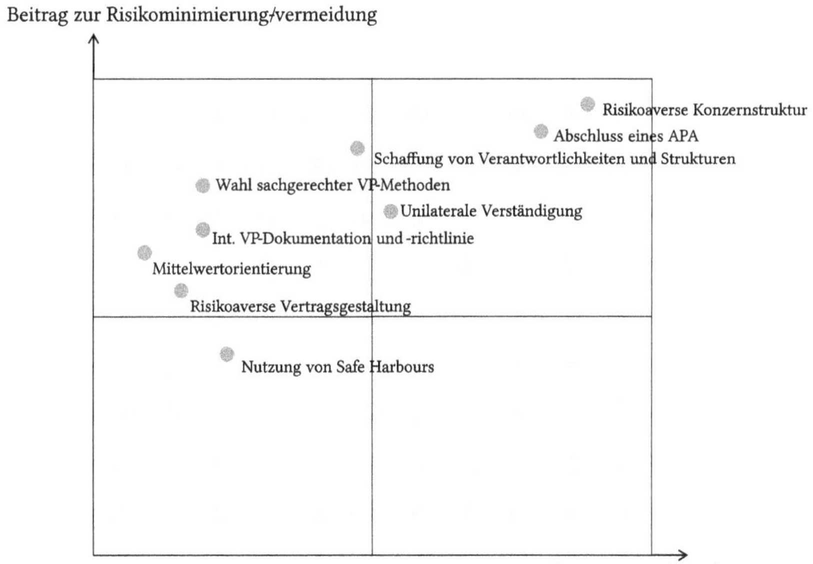

Bei den im oberen linken Quadranten dargestellten Instrumenten handelt es sich um diejenigen Maßnahmen, deren Anwendung international tätigen Konzernen zwingend empfohlen wird. Sie zeichnen sich durch einen geringen Ressourcenaufwand und einen relativ hohen Beitrag zur Risikominimierung aus. Die im rechten oberen Quadranten dargestellten Instrumente sind wie dargestellt nur dann anzuwenden, wenn die potentiellen Auswirkungen des zugrunde liegenden Verrechnungspreisproblems in einem angemessenen Verhältnis zu dem erforderlichen Ressourceneinsatz stehen. Ihnen ist indessen zu bescheinigen, dass sie einen hohen Beitrag zur Risikominimierung bzw. – im Fall der Wahl einer risikoaversen Konzernstruktur – zur Risikovermeidung leisten können. Die im unteren linken Quadranten dargestellte Nutzung von Safe Harbour-Regelungen wird aufgrund des geringen Beitrags zur Risikominimierung dagegen gegenwärtig nicht empfohlen.

3. Wirkungsbezogene Instrumente

3.1 Instrumente des innerstaatlichen Rechts

3.1.1 Herbeiführung einer Einigung mit der Betriebsprüfung

Die wirkungsbezogenen Instrumente werden – wie dargestellt[1391] – in Fällen eingesetzt, in denen die steuerlichen Risiken bereits eingetreten sind, d. h. es handelt sich um reaktive Instrumente des steuerlichen Risikomanagements. Im Bereich der internationalen Verrechnungspreise sind steuerliche Risiken dann eingetreten, wenn es zu einer Handlung einer der beteiligten Finanzverwaltungen gekommen ist, die von einem seitens des Steuerpflichtigen erwarteten Ergebnis abweicht.[1392] Die Handlung muss nicht zwingend in einem Verwaltungsakt bestehen, sondern kann sich bereits im Rahmen einer laufenden Betriebsprüfung in einer Stellungnahme der Finanzverwaltung zu einem Verrechnungspreissachverhalt äußern, etwa in Form einer Prüferfeststellung, die von der seitens des Steuerpflichtigen vertretenen Rechtsauffassung abweicht.

In diesem Fall ist dem Steuerpflichtigen, der sich aufgrund der Äußerungen der Finanzverwaltung mit einer drohenden Einkünftekorrektur konfrontiert sieht, zu empfehlen, zunächst sämtliche Möglichkeiten einer Einigung mit den Betriebsprüfern auszuschöpfen. M.a.W. sollte versucht werden, die Einkünftekorrektur bereits in einem möglichst frühen Stadium des Besteuerungsverfahrens zu vermeiden. Auf diese Weise kann die Anwendung der in den nachfolgenden Abschnitten dargestellten wirkungsbezogenen Instrumente[1393], welche erst später im Besteuerungsverfahren

1391 Vgl. Abschnitt E.II.

1392 Vgl. Abschnitt C.I.1, wo „Risiko" allgemein als Abweichung eines tatsächlichen von einem erwarteten Ergebnis definiert wurde.

1393 Es handelt sich um das außergerlichtliche und gerichtliche Rechtsbehelfsverfahren (Abschnitt E.V.3.1.2), das DBA-Verständigungsverfahren (Abschnitt E.V.3.2.2), das DBA-Schiedsverfahren (Abschnitt E.V.3.2.3) sowie das EU-Schiedsverfahren (Abschnitt E.V.3.3).

ansetzen und sich in der Regel über mehrere Jahre hinziehen, bereits frühzeitig abgewendet werden.

Bei der Herbeiführung einer Einigung mit der Betriebsprüfung handelt es sich nicht um eine verbotene Vereinbarung steuerlicher Rechtsfolgen.[1394] Vielmehr zielt die Einigung auf eine gemeinsame Aufklärung der relevanten Umstände des Sachverhalts und die Ableitung zutreffender Rechtsfolgen hieraus ab.[1395] Verrechnungspreisfragen eignen sich besonders für entsprechende Einigungen, da sie in der Regel durch komplexe und schwierig zu analysierende Sachverhaltselemente und Auslegungsfragen[1396] geprägt sind, so dass regelmäßig ein Spielraum für die gemeinsame Aufarbeitung des Sachverhalts und die Ableitung von Rechtsfolgen besteht. Die Ergebnisse der Aufarbeitung des Sachverhalts können zum Gegenstand einer tatsächlichen Verständigung gemacht werden und damit – wie in Abschnitt E.V.2.8.2.3 dargestellt wurde – unter gewissen Voraussetzungen auch Wirkung für die Zukunft erlangen.

Im Hinblick auf die Möglichkeit einer Einigung mit der Betriebsprüfung ist überdies zu beachten, dass laufende Außenprüfungen in der Regel einen geeigneteren Rahmen für einvernehmliche Einigungen darstellen als anschließende formalisierte Einspruchs- oder Gerichtsverfahren, in denen andere Personen (Mitarbeiter der Rechtsbehelfsstelle oder Finanzrichter) involviert sind. Insoweit ist darauf hinzuweisen, dass Betriebsprüfungen längst nicht in allen Fällen durch eine konfrontative Atmosphäre gekennzeichnet sind.[1397] Zudem ist den Betriebsprüfern aufgrund ihrer Fachkenntnisse und der vorangehenden Prüfungshandlungen in der Regel das gesamte Verrechnungspreissystem und damit auch mögliche Interdependenzen und Wechselwirkungen besser bekannt, während im Rahmen eines Einspruchs- oder Finanzgerichtsverfahrens „nur" die streitige Geschäftsbeziehung Gegenstand der Würdigung ist. Da es sich bei der Herbeiführung einer Einigung mit der Finanzverwaltung um ein informelles Verfahren handelt, ist der Ressourcenaufwand in der Regel wesentlich geringer als der mit einem Rechtsbehelfs- bzw. Verständigungs- oder Schiedsverfahren verbundene Aufwand.

Im Ergebnis ist daher festzuhalten, dass Steuerpflichtige Betriebsprüfungen aktiv begleiten sollten und Möglichkeiten der Diskussion von strittigen Sachverhalten nicht ungenutzt verstreichen lassen sollten. Auf diese Weise ist es oftmals möglich, Einkünftekorrekturen bereits frühzeitig zu vermeiden. Der wesentliche Vorteil dieser Vorgehensweise liegt in einer Kosten- und Zeitersparnis.

1394 So auch *Baumhoff/Puls*, IStR 2010, S. 805 für die Mediation bei Verrechnungspreiskonflikten.

1395 So auch *Baumhoff/Puls*, IStR 2010, S. 805 für die Mediation bei Verrechnungspreiskonflikten.

1396 So *Baumhoff/Puls*, IStR 2010, S. 802.

1397 Zu den Vorteilen einer Zusammenarbeit vgl. auch *Greil/Kiesow*, DStZ 2013, S. 395 ff.

3.1.2 Führen eines Einspruchs- und eines finanzgerichtlichen Verfahrens

3.1.2.1 Beschreibung des Instruments

Sofern keine einvernehmliche Einigung im Rahmen der Betriebsprüfung herbeigeführt werden kann, materialisieren sich die Handlungen der Finanzverwaltung regelmäßig in Form eines Verwaltungsaktes i.S.v. § 118 Satz 1 AO, etwa in Form eines nach § 164 Abs. 2 AO geänderten Steuerbescheids, welcher die Einkünftekorrektur umsetzt. Hiergegen steht dem Steuerpflichtigen ein außergerichtlicher Rechtsbehelf in der Form eines Einspruchs zur Verfügung.[1398] Das Einspruchsverfahren dient der Überprüfung des ergangenen Verwaltungsaktes durch die Finanzverwaltung (Selbstkontrolle) sowie der Entlastung der Finanzgerichte.[1399]

§ 357 Abs. 3 Satz 3 AO regelt, dass der Steuerpflichtige seinen Einspruch begründen soll. Zwar besteht kein Zwang zur Begründung, so dass auch unbegründete Einsprüche grundsätzlich zulässig sind (soll). Gleichwohl ist zu beachten, dass eine fehlende Begründung zu einer Minderung der Prüfungspflicht der Finanzverwaltung führt.[1400] So ist die Finanzverwaltung bei einem nicht begründeten Einspruch lediglich dazu verpflichtet, die Sache in tatsächlicher und rechtlicher Hinsicht anhand der Aktenlage zu prüfen.[1401] Daraus folgt, dass Einsprüche des Steuerpflichtigen sorgfältig begründet werden sollten. Dies gilt insbesondere für Einsprüche, welche sich auf strittige Verrechnungspreissachverhalte beziehen. Denn die entsprechenden Fragestellungen sind in der Regel von einer Vielzahl von komplexen und schwierig zu analysierenden Sachverhaltselementen geprägt.[1402] Diese gilt es – nicht zuletzt wenn im Anschluss ein Gerichtsverfahren geführt wird – gründlich aufzubereiten.

Legt der Steuerpflichtige Einspruch ein, hat die Finanzverwaltung die Sache gem. § 367 Abs. 2 Satz 1 AO in vollem Umfang zu prüfen. Dies bedeutet, dass die Finanzverwaltung den angefochtenen Bescheid nicht nur mit Blick auf das Einspruchsbegehren oder die Anträge des Einspruchsführers, sondern in Gänze prüft.[1403] Die in § 88 AO normierte Amtsermittlungspflicht gilt dabei fort.[1404] M.a.W. obliegt es der Finanzverwaltung, nach den Umständen des Einzelfalls über Art und Umfang der Ermittlungen sowie die erforderlichen Nachweise zur Beurteilung des steuerlich relevanten Sachverhalts zu entscheiden. In diesem Zusammenhang ist sie verpflichtet, den zugrunde liegenden Sachverhalt im Hinblick auf seine tatsächlichen Verhältnisse aufzuklären. Der Steuerpflichtige ist nicht zur Sachverhaltsaufklärung

---

1398 Die nichtförmlichen außergerichtlichen Rechtsbehelfe (Sachaufsichtsbeschwerde, Dienstaufsichtsbeschwerde) werden im Folgenden nicht weiter betrachtet.

1399 Vgl. *Streck/Mack/Kamps*, Der Steuerstreit, 2012, Rz. 411; *Pahlke*, in: Pahlke/Koenig, Abgabenordnung, Vor § 347, Rz. 4.

1400 Vgl. *Pahlke*, in: Pahlke/Koenig, Abgabenordnung, § 357 Rz. 31.

1401 Vgl. *Pahlke*, in: Pahlke/Koenig, Abgabenordnung, § 357 Rz. 31.

1402 So *Baumhoff/Puls*, IStR 2010, S. 802.

1403 Vgl. *Pahlke*, in: Pahlke/Koenig, Abgabenordnung, § 367 Rz. 9.

1404 Vgl. *Streck/Mack/Kamps*, Der Steuerstreit, 2012, Rz. 583; *Pahlke*, in: Pahlke/Koenig, Abgabenordnung, § 367 Rz. 12.

verpflichtet; er hat an dieser lediglich mitzuwirken.[1405] Für den Bereich der internationalen Verrechnungspreise folgt daraus insbesondere, dass der Steuerpflichtige nicht die objektive Beweislast für die Angemessenheit seiner Verrechnungspreise trägt.[1406] In Bezug auf die Pflicht zur Amtsermittlung ist zu berücksichtigen, dass die Prüfungspflicht der Finanzverwaltung in Abhängigkeit von dem Umfang der Mitwirkung des Einspruchsführers abgestuft wird.[1407]

Durch die Einlegung des Einspruchs wird die Vollziehung des angefochtenen Verwaltungsaktes grundsätzlich nicht gehemmt.[1408] M.a.W. ist die in dem Steuerbescheid festgesetzte Steuer ungeachtet der Anfechtung des Steuerbescheids zu entrichten.[1409] Dies kann insbesondere bei Verrechnungspreissachverhalten – aufgrund des mitunter beträchtlichen Transaktionsvolumens – erhebliche finanzielle Konsequenzen haben. Der Steuerpflichtige hat jedoch die Möglichkeit, eine Aussetzung der Vollziehung zu beantragen.[1410] Dies kommt in Betracht, wenn ernstliche Zweifel an der Rechtmäßigkeit des angefochtenen Steuerbescheids bestehen.[1411] Ernstliche Zweifel bestehen z. B. dann, wenn die Finanzbehörde bewusst oder unbewusst von einer für den Steuerpflichtigen günstigen Rechtsprechung des BFH abgewichen ist.[1412] Die Entscheidung über den Aussetzungsantrag des Steuerpflichtigen erfolgt in einem summarischen Verfahren, im Rahmen dessen die Finanzverwaltung prüft, ob neben den für die Rechtmäßigkeit sprechenden Gründen gewichtige Gründe gegen die Rechtmäßigkeit sprechen, die Unentschiedenheit oder Unsicherheit in der Beurteilung der Rechtsfragen oder Unklarheit in der Beurteilung der Tatfragen bewirken.[1413] Die Entscheidung in der Hauptsache wird damit nicht vorweggenommen.[1414]

Das Einspruchsverfahren wird durch Einspruchsentscheidung, Abhilfe oder Erledigung in der Hauptsache abgeschlossen. Eine Einspruchsentscheidung ergeht, wenn der Einspruch als unbegründet zurückgewiesen wird, eine Verböserung erfolgt oder dem Einspruch (teilweise) nicht abgeholfen wird (§ 40 FGO). Die Finanzverwaltung hilft dem Einspruch ab, wenn dem Einspruchsbegehren des Steuerpflichtigen stattgegeben wird. Dies kann durch eine Änderung des angefochtenen

1405 Vgl. *Söhn*, in: Hübschmann/Hepp/Spitaler, AO/FGO, § 88 AO Rz. 94.

1406 BMF v. 12.4.2005, BStBl. I 2005, S. 570, Tz. 2.1.

1407 Vgl. dazu auch *Pahlke*, in: Pahlke/Koenig, Abgabenordnung, § 367 Rz. 13.

1408 Vgl. 361 Abs. 1 Satz 1 AO.

1409 *Pahlke*, in: Pahlke/Koenig, Abgabenordnung, § 361 Rz. 13.

1410 Verliert der Steuerpflichtige einen dem Einspruchsverfahren folgenden Finanzgerichtsprozess, hat er im Fall der Gewährung der Aussetzung der Vollziehung gem. § 237 AO Nachzahlungszinsen zu leisten.

1411 § 362 Abs. 2 Satz 2 AO.

1412 Tz. 2.5.2 AEAO zu § 361 AO mit Verweis auf BFH v. 15.2.1967, BStBl. III 1967, S. 256.

1413 Vgl. nur BFH v. 10.2.1967, BStBl. III 1967, S. 182; Tz. 2.5 AEAO zu § 361 AO; *Brockmeyer*, in: Klein, Abgabenordnung, § 361 Rz. 13.

1414 Vgl. *Pahlke*, in: Pahlke/Koenig, Abgabenordnung, § 367 Rz. 46.

Verwaltungsaktes erfolgen.[1415] Wird dem Ansinnen des Steuerpflichtigen in vollem Umfang entsprochen, ist das Verfahren in der Hauptsache erledigt. Eine Hauptsacheerledigung liegt auch dann vor, wenn der Einspruchsführer die Sache nach einem Teilabhilfebescheid für erledigt erklärt.[1416] Anders als im Fall einer Klage erhält der Steuerpflichtige im Fall des „Obsiegens" im Einspruchsverfahren keinen Ersatz seiner Kosten (z. B. für die Unterstützung durch einen Steuerberater).[1417] Dies stellt das Spiegelbild der Kostenfreiheit des Einspruchsverfahrens dar.

Falls dem Einspruch nicht im Wege einer Änderung oder Aufhebung des angefochtenen Bescheides abgeholfen wird und die Finanzbehörde eine Einspruchsentscheidung erlässt, kann gem. § 44 Abs. 1 FGO Anfechtungsklage bei dem zuständigen Finanzgericht erhoben werden.[1418] Sofern auf das Vorverfahren verzichtet werden soll, besteht alternativ die Möglichkeit, direkt Sprungklage gem. § 45 FGO zu erheben. Dies setzt indes voraus, dass die Behörde, die über den Einspruch zu entscheiden hat, innerhalb eines Monats nach Zustellung der Klageschrift zustimmt. Es empfiehlt sich, die Einlegung einer Sprungklage vorab mit der Finanzverwaltung (z. B. im Rahmen der Schlussbesprechung) informell abzustimmen. Auf diese Weise kann auf die Einlegung der Sprungklage verzichtet werden, wenn die Finanzverwaltung signalisiert, dass sie ihre Zustimmung ohnehin verweigern wird.[1419]

Im Rahmen des finanzgerichtlichen Prozesses erforscht das Gericht den Sachverhalt von Amts wegen (§ 76 Abs. 1 FGO).[1420] Der Umfang der Erforschung des Sachverhalts wird dabei maßgeblich durch den Kläger bestimmt, welcher den Rahmen der Klage durch den Inhalt seines Begehrens festlegt (Dispositionsmaxime).[1421] Der Steuerpflichtige hat an der Sachaufklärung mitzuwirken.[1422] § 76 Abs. 1 Satz 4 FGO verweist insoweit auf diverse abgabenrechtliche Vorschriften, welche im finanzgerichtlichen Prozess sinngemäß gelten. Hinsichtlich des Bereichs der internationalen Verrechnungspreise ist hier insbesondere § 90 Abs. 2 AO hervorzuheben, der eine erweiterte Mitwirkung in Auslandsfällen normiert. Verletzt der Steuerpflichtige seine Mitwirkungspflicht, kommt es regelmäßig zu einer Minderung der finanzgerichtlichen Sachaufklärungspflicht.[1423]

§ 76 Abs. 4 FGO bestimmt, dass die finanzbehördliche Amtsermittlungspflicht durch das Gerichtsverfahren nicht berührt wird. Mithin sind die Finanzbehörden dazu verpflichtet, sich weiter um die Sache zu kümmern und hieraus ggf.

1415 Vgl. *Pahlke*, in: Pahlke/Koenig, Abgabenordnung, § 367 Rz. 44.
1416 Vgl. *Pahlke*, in: Pahlke/Koenig, Abgabenordnung, § 367 Rz. 50.
1417 *Brockmeyer*, in: Klein, AO, Vorbemerkungen zu §§ 347 ff. AO, Rz. 4.
1418 § 40 FGO.
1419 Vgl. *Streck/Mack/Kamps*, Der Steuerstreit, 2012, Rz. 865.
1420 Der BFH ist lediglich zur Erforschung verpflichtet, wenn er Tatsacheninstanz ist, vgl. insoweit *Stapperfend*, in: Gräber, FGO, § 76 Rz. 10.
1421 Vgl. *Stapperfend*, in: Gräber, FGO, § 76 Rz. 12.
1422 Vgl. *Stapperfend*, in: Gräber, FGO, § 76 Rz. 2.
1423 Vgl. *Stapperfend*, in: Gräber, FGO, § 76 Rz. 50.

Konsequenzen im Wege einer Abänderung oder Aufhebung des streitgegenständlichen Verwaltungsaktes zu ziehen.[1424] Im Rahmen des vorstehend beschriebenen Gefüges von Amtsermittlungspflicht des Gerichts und Mitwirkungspflicht der Parteien ist dem Steuerpflichtigen angeraten, sich aktiv in den Prozess einzubringen und seinen Standpunkt – über die gesetzliche Minimalanforderung hinaus – mit einem umfassenden Sachvortrag und mit geeigneten Beweismitteln zu untermauern.[1425]

§ 96 Abs. 1 Satz 1 FGO regelt, dass das Gericht nach seiner freien, aus dem Gesamtergebnis des Verfahrens gewonnenen Überzeugung handelt. Gem. § 96 Abs. 1 Satz 1 FGO gelten dabei die §§ 158, 160, 162 AO entsprechend. Aus dem Verweis auf § 162 AO folgt, dass das Finanzgericht in bestimmten Fällen zur Schätzung berechtigt ist, wenn der Steuerpflichtige seinen Mitwirkungspflichten nicht nachkommt.[1426] Ziel der Schätzung ist der Ansatz derjenigen Besteuerungsgrundlagen, die die größte Wahrscheinlichkeit der Richtigkeit für sich haben.[1427] Für den Bereich der internationalen Verrechnungspreise hat der BFH in seinem Urteil v. 17.10.2001 in diesem Zusammenhang die folgende Grundregel aufgestellt:

> *„Vorbehaltlich einer anderen Beweisrisikoverteilung muss sich eine Schätzung an dem für den Steuerpflichtigen günstigeren Ober- oder Unterwert der Bandbreite von Fremdvergleichspreisen orientieren. Dies entspricht der Überlegung, dass innerhalb der letztlich maßgebenden Bandbreite jeder Preis dem Fremdvergleich entspricht und eine Rechtsgrundlage für eine Gewinnkorrektur nur insoweit besteht, als eine Abweichung vom Fremdvergleichspreis festgestellt werden kann"*[1428].

Schätzungen von Besteuerungsgrundlagen gehören zu den tatsächlichen Feststellungen i.S.v. § 118 Abs. 2 FGO, d.h. sie obliegen grundsätzlich dem FG.[1429] Die revisionsrechtliche Kontrolle der Schätzung durch den BFH ist mithin auf die Frage der Plausibilität beschränkt.[1430]

Ein Rechtsstreit vor dem Finanzgericht wird durch Urteil entschieden (§ 95 FGO).[1431] Gegen ein Urteil des Finanzgerichts kann innerhalb einer Frist von einem

1424 Vgl. *Stapperfend*, in: Gräber, FGO, § 76 Rz. 83.

1425 Vgl. *Streck/Mack/Kamps*, Der Steuerstreit, 2012, Rz. 838; *Stapperfend*, in: Gräber, FGO, § 76 Rz. 24.

1426 Vgl. *Stapperfend*, in: Gräber, FGO, § 96 Rz. 18.

1427 So zuletzt das FG Hamburg v. 18.12.2012, 1 K 172/10.

1428 BFH v. 17.10.2001, BStBl. II 2004, S. 171. Durch die Änderungen in § 1 Abs. 3 AStG, die im Zuge des Unternehmensteuerreformgesetzes 2008 eingefügt wurden, ist die für den Steuerpflichtigen günstige Rechtssprechung eingeschränkt worden.

1429 Vgl. *Wassermeyer*, in: Schaumburg, Internationale Verrechnungspreise zwischen Kapitalgesellschaften, S. 135.

1430 Vgl. *Stapperfend*, in: Gräber, FGO, § 96 Rz. 20.

1431 Das Gericht kann auch ohne mündliche Verhandlung durch Gerichtsbescheid entscheiden, vgl. § 90a Abs. 1 FGO. Dies betrifft Fälle, in denen eine Entscheidung ohne mündliche Verhandlung ohne Beeinträchtigung des Rechtsschutzes

Monat beim BFH Revision eingelegt werden (vgl. § 120 Abs. 1 FGO). Dies setzt voraus, dass das Finanzgericht die Revision zugelassen hat (§ 115 FGO).[1432] Wurde keine Revision zugelassen, besteht die Möglichkeit, eine Nichtzulassungsbeschwerde beim BFH einzulegen (§ 115 Abs. 1 2. Alternative FGO). Wird keine Revision eingelegt (bzw. ist der Fall bereits bei dem BFH anhängig), sind hinsichtlich des angefochtenen Bescheids folgende Entscheidungstypen zu unterscheiden: Zum einen kann das Gericht den angefochtenen Bescheid gem. § 100 Abs. 1 FGO aufheben, soweit er rechtswidrig ist und der Kläger in seinen Rechten verletzt wird (Kassation).[1433] Alternativ kann das Gericht gem. § 100 Abs. 2 Satz 1 FGO einen in einem Bescheid festgesetzten Geldbetrag in anderer Höhe selbst festsetzen oder gem. § 100 Abs. 2 Satz 2 FGO die Finanzverwaltung mit der Berechnung beauftragen, wenn die Ermittlung des festzusetzenden Betrags einen nicht unerheblichen Aufwand erfordert (abändernde Betragsfestsetzung).[1434] Als praktisches Beispiel hierfür kann das zu einer Verrechnungspreisfrage ergangene Urteil des FG Münster v. 13.6.2006 angeführt werden.[1435] Schließlich kann nach § 100 Abs. 3 FGO eine Kassation ohne Sachentscheidung erfolgen.[1436]

Eine weitere Möglichkeit der Beendigung eines FG-Verfahrens stellt eine Hauptsacheerledigung i.S.v. § 138 FGO dar. Eine Hauptsacheerledigung tritt z. B. dann ein, wenn die Finanzbehörde den streitgegenständlichen Bescheid nach Rechtshängigkeit aufhebt oder einen Änderungsbescheid erlässt. Dies ist der Fall, wenn während des Verfahrens eine Einigung mit der Finanzbehörde erzielt werden kann. In diesem Fall entfällt das Rechtsschutzinteresse des Klägers an einer Sachentscheidung des Gerichts über sein Begehren in der Hauptsache.[1437] Schließlich besteht die Möglichkeit der Klagerücknahme (§ 72 FGO). Sie führt zu einer Beendigung des Verfahrens

---

der Beteiligten möglich ist, vgl. *Koch*, in: Gräber, FGO, § 90a Rz. 5. Die Beteiligten haben nach dem Ergehen eines Gerichtsbescheids gem. § 90a Abs. 2 Satz FGO innerhalb eines Monats nach Zustellung des Gerichtsbescheides die Möglichkeit, eine mündliche Verhandlung zu beantragen.

1432 Demnach ist die Revision zuzulassen, wenn die Rechtssache grundsätzliche Bedeutung hat, die Fortbildung des Rechts oder die Sicherung einer einheitlichen Rechtsprechung eine Entscheidung des BFH erfordert oder ein Verfahrensmangel geltend gemacht wird und vorliegt, auf dem die Entscheidung beruhen kann.

1433 Zu Einzelheiten wird auf *von Groll*, in: Gräber, FGO, § 100 Rz. 17 ff. verwiesen.

1434 Zu Einzelheiten wird auf *von Groll*, in: Gräber, FGO, § 100 Rz. 24 ff. verwiesen.

1435 FG Münster v. 13.6.2006, EFG 2006, S. 1562. Vgl. dazu *Baumhoff/Greinert*, IStR 2006, S. 789 ff. Das (rechtskräftige) Urteil betraf die Aufteilung von Standortvorteilen im Rahmen von Lohnfertigungsverhältnissen. In dem Urteil hat das FG Münster unter Bezugnahme auf § 100 Abs. 2 Satz 2 FGO entschieden, dass die Finanzverwaltung die Steuerbeträge zu berechnen hat. Nach der Entscheidung des Gerichts war eine Saldierung nach § 177 AO vorzunehmen.

1436 Zu Einzelheiten wird auf *von Groll*, in: Gräber, FGO, § 100 Rz. 43 ff. verwiesen.

1437 Vgl. *Ratschow*, in: Gräber, FGO, § 138 Rz. 75, mit Verweis auf die Rechtsprechung des BFH.

ohne rechtskräftige Entscheidung.[1438] In diesem Fall trägt der Kläger die Kosten des Verfahrens (§ 136 Abs. 2 FGO).

In den Fällen, in denen der Steuerpflichtige obsiegt – dies ist z. B. bei einer ersatzlosen Aufhebung des streitgegenständlichen Steuerbescheids nach § 100 Abs. 1 FGO der Fall – steht ihm nach § 135 FGO ein Kostenerstattungsanspruch zu. Dieser erstreckt sich auf die Gerichtskosten und die außergerichtlichen Kosten (auch des Vorverfahrens).[1439]

3.1.2.2 Bewertung des Instruments

Das außergerichtliche Rechtsbehelfsverfahren sowie das anschließende finanzgerichtliche Verfahren stellen wirkungsbezogene Instrumente des Verrechnungspreisrisikomanagements dar. Die Instrumente werden nach dem Erlass bzw. der Änderung von Steuerbescheiden im Anschluss an eine Betriebsprüfung eingesetzt. Es handelt sich um unilaterale Instrumente, die im innerstaatlichen Steuerrecht wurzeln, d. h. sie entfalten keine Wirkung für die an der zugrundeliegenden Transaktion beteiligten ausländischen Konzerngesellschaften.

Das außergerichtliche Rechtsbehelfsverfahren stellt das einzige wirkungsbezogene Instrument dar, welches eine Aussetzung der Vollziehung ermöglicht. Dies ist insbesondere bei Verrechnungspreissachverhalten von Bedeutung, die nicht selten zu beträchtlichen Einkünftekorrekturen führen können. Da sich ein Rechtsbehelfsverfahren und ein Verständigungs- oder Schiedsverfahren nicht gegenseitig ausschließen, kann so flankierend bei der – beabsichtigten oder bereits erfolgten – Beantragung eines Verständigungs- oder Schiedsverfahrens eine Aussetzung und ein Ruhen des Verfahrens erreicht werden.

Die Verrechnungspreispraxis zeigt, dass außergerichtliche Rechtsbehelfsverfahren bzw. finanzgerichtliche Verfahren nur selten eigenständig, d. h. bei nicht gleichzeitiger Beantragung eines Verständigungs- oder Schiedsverfahrens, zur Lösung von Verrechnungspreiskonflikten herangezogen werden. Dies ist auf mehrere Umstände zurückzuführen. Zum einen ist zu beachten, dass sich der Ausgang eines Rechtsbehelfs- bzw. Gerichtsverfahrens nicht mit Sicherheit vorhersagen lässt. Zwar existieren Gesetzesvorschriften, Verwaltungsanweisungen sowie Richtlinien, aus denen sich eine hinreichend sichere Rechtsposition des Steuerpflichtigen im Rechtsbehelfsverfahren hinsichtlich seiner Verrechnungspreise ableiten lässt. Ungeachtet dieser Vorgaben unterliegt die Frage, was als fremdüblich anzusehen ist, jedoch einem weiten Einschätzungs- und Auslegungsspielraum, so dass abweichende Entscheidungen der Finanzverwaltung und der Gerichte durchaus möglich – und in der Praxis nicht selten – sind.[1440] Allenfalls sollte bei einer klaren Rechtslage (etwa bei einem offensichtlichen Verstoß eines

1438 Vgl. *Koch*, in: Gräber, FGO, § 72 Rz. 29.

1439 Vgl. *Ratschow*, in: Gräber, FGO, Vor § 135 Rz. 1 ff.

1440 Ursächlich hierfür ist die Unbestimmtheit des Fremdvergleichsgrundsatzes, s. dazu Abschnitt E.I.2.2.1.

Verwaltungsakts gegen ständige höchstrichterliche Rechtsprechung) ein Einspruchs- und ggf. Klageverfahren aktiv betrieben werden, um die Korrektur des angefochtenen Verwaltungsakts herbeizuführen.

Ein weiterer Umstand, der Steuerpflichtige in der Praxis davon abhält, einen Rechtsbehelf einzulegen und den Weg zum Finanzgericht zu beschreiten, ist darin zu erblicken, dass die Verfahren sich über einen sehr langen Zeitraum erstrecken können. So liegen zwischen dem Zeitpunkt der Einlegung eines Rechtsbehelfs und dem Ergehen eines Urteils des Finanzgerichts regelmäßig mehrere Jahre. Sofern Revision eingelegt wird, wird diese Zeitspanne deutlich verlängert. Dem zu einem Verrechnungspreissachverhalt ergangenen Urteil des BFH v. 17.10.2001[1441] lagen beispielsweise die Streitjahre 1986 bis 1990 zugrunde. Die lange Verfahrensdauer ist insofern problematisch, als der Steuerpflichtige erst nach Abschluss des Verfahrens Gewissheit darüber erlangt, ob seine Rechtsauffassung Bestand hat. Im Fall eines Unterliegens steht der Steuerpflichtige vor dem Problem, dass die Jahre, die an die Streitjahre anschließen, bereits abgelaufen sind. Dispositionen können mithin nur noch für die Zukunft vorgenommen werden. Dabei ist einschränkend zu beachten, dass ein FG-Urteil sich nur auf den entschiedenen (vergangenen) Sachverhalt bezieht und grundsätzlich keine Bindung für zukünftig verwirklichte Sachverhalte entfaltet.[1442] Mithin ist nicht ausgeschlossen, dass es in Folgejahren zu einer abweichenden Würdigung des Sachverhalts durch die Finanzverwaltung oder auch die Rechtsprechung kommt (Prinzip der Abschnittsbesteuerung). Schließlich hat die lange Verfahrensdauer den Nachteil, dass der Steuerpflichtige erhebliche Zinsnachteile erleiden kann. Denn im Fall eines Unterliegens vor dem Finanzgericht, muss er ungeachtet einer ggf. gewährten Aussetzung der Vollziehung Zinsnachzahlungen leisten (§ 237 Abs. 1 AO).

Des Weiteren ist darauf hinzuweisen, dass die Einlegung eines Rechtsbehelfs mit einem hohen Ressourcenaufwand einhergeht. Dies betrifft zunächst die Vorbereitungsphase des Einspruchs. Hier empfiehlt es sich – wie dargestellt – eine ausführliche Einspruchsbegründung zu fertigen, damit der mitunter komplexe Sachverhalt der Entscheidungsfindung zugrunde gelegt werden kann. Kommt es zu einem Verfahren vor dem Finanzgericht, sollte der Steuerpflichtige sich aktiv in den Prozess einbringen und seinen Standpunkt mit einem umfassenden Sachvortrag und mit geeigneten Beweismitteln untermauern. Sofern ein Erörterungstermin oder eine mündliche Verhandlung angesetzt werden, sind auch diese sorgfältig vorzubereiten.[1443] Die entsprechenden Aktivitäten, welche ggf.

1441 Vgl. BFH v. 17.10.2001, BStBl. II 2004, S. 171.

1442 *Streck/Mack/Kamps* (Der Steuerstreit, 2012, Rz. 843) stellen die lange Verfahrensdauer als Vorteil dar, da im Zeitablauf eine „Beruhigung" eintreten und auf diese Weise die Einigungsbereitschaft der Parteien erhöht werden soll. Dieser Vorteil gilt m.E. nicht bei Verrechnungspreissachverhalten, bei denen der Kläger eine schnelle Entscheidung anstrebt, um Gewissheit hinsichtlich seines Verrechnungspreissystems zu erlangen.

1443 Vgl. dazu *Streck/Mack/*Kamps, Der Steuerstreit, 2012, Rz. 1039.

in Abstimmung mit einem externen Berater erfolgen, binden nennenswerte finanzielle und zeitliche Ressourcen. Vor dem Hintergrund, dass der Ausgang des Rechtsbehelfsverfahrens nicht sicher ist, muss der Steuerpflichtige sich auch der Tatsache bewusst sein, dass er im Fall des Unterliegens vor dem Gericht die Gerichtskosten sowie seine Beraterkosten zu tragen hat (§ 136 FGO). Wie bereits erwähnt wurde, kann es in diesem Fall überdies zu einer empfindlichen Zinsnachzahlung kommen (§ 237 Abs. 1 FGO). Obsiegt der Steuerpflichtige dagegen, steht ihm ein Kostenerstattungsanspruch zu, der sich auch auf die Kosten des Vorverfahrens erstreckt. Darin ist einen Vorteil gegenüber den Instrumenten des Schieds- und Verständigungsverfahrens zu erblicken.

In Bezug auf die Streitbeilegung im Wege eines (an ein Einspruchsverfahren anschließenden) finanzgerichtlichen Prozesses ist schließlich zu beachten, dass Verrechnungspreisfragen sich nach der hier vertretenen Auffassung nur eingeschränkt für eine richterliche Überprüfung eignen. Dies äußert sich bereits darin, dass finanzgerichtliche Urteile, in deren Kern Fragen der konkreten Verrechnungspreisermittlung stehen – ungeachtet der sehr hohen Aufgriffsquote von Verrechnungspreissachverhalten im Rahmen von Betriebsprüfungen international tätiger Unternehmen – nur selten ergehen.[1444] Eine der wenigen Ausnahmen bildet das Urteil des BFH v. 17.10.2001, in dem der BFH konkret zu Fragen der Methodenwahl und der Verrechnungspreisermittlung der Höhe nach Stellung genommen hat. Bei weiteren Urteilen zu Verrechnungspreisthemen stehen dagegen eher materiell-rechtliche Fragen im Vordergrund, wie etwa die Frage des Verhältnisses von Art. 9 OECD-MA zu dem Rechtsinstitut der vGA[1445] oder die Europarechtswidrigkeit der in § 90 Abs. 3 AO normierten Dokumentationspflichten[1446].

Ursächlich für den Umstand, dass konkrete Fragen der Verrechnungspreisermittlung nur selten Gegenstand finanzgerichtlicher Verfahren sind, ist die Tatsache, dass

---

1444 Über diese Tatsache können umfangreiche Sammlungen von verrechnungspreisbezogenen Gerichtsentscheidungen nicht hinwegtäuschen. So enthält beispielsweise die Sammlung von *Schreiber/Nientimp* (Verrechnungspreise, 3. Auflage 2013) zahlreiche Entscheidungen zu Verrechnungspreisthemen. Die Mehrzahl dieser Entscheidungen hängt jedoch nur im weiteren Sinne mit der konkreten Verrechnungspreisermittlung bei grenzüberschreitenden Geschäftsbeziehungen zusammen. Viele der Entscheidungen betreffen beispielsweise verdeckte Gewinnausschüttungen, die zu rein nationalen Sachverhalten ergangen sind oder materiell-rechtliche Fragestellungen, etwa zu der Mitwirkungspflicht des Steuerpflichtigen.

1445 Vgl. BFH v. 11.10.2012, BStBl. II 2013, S. 1046. Es ist allerdings anzumerken, dass der BFH mit seinem Urteil die Entscheidung der Vorinstanz (FG Hamburg v. 31.10.2011, IStR 2012, S. 190) bestätigt hat, dem sich die Aussage entnehmen lässt, dass Gewinnaufschläge i.H.v. 2 bis 5 % auf die Kosten „*- sowohl prozentual als auch absolut betrachtet – jedenfalls innerhalb der Bandbreite von zulässigen Werten liegen, die für die streitigen Dienstleistungen auch zwischen fremden Dritten vereinbart worden wären*“.

1446 Vgl. BFH v. 10.4.2013, IStR 2013, S. 710. Vgl. dazu auch *Puls*, IStR 2013, S. 704.

es sich bei der Auswahl einer sachgerechten Verrechnungspreismethode und der darauf basierenden Verrechnungspreisermittlung der Höhe nach um ein Themengebiet handelt, dass die Anwendung betriebswirtschaftlicher Methoden und Konzepte erfordert. Hierzu zählen insbesondere die Analyse von Preisbildungsprozessen, die Kosten- und Leistungsrechnung sowie die Kennzahlenanalyse. Die entsprechenden Methoden und Konzepte sind nicht gesetzlich geregelt und aufgrund fortschreitender Erkenntnisgewinne der Betriebswirtschaftslehre einem stetigen Wandel unterworfen und aus diesem Grund nur eingeschränkt justiziabel.[1447]

Die vorgenannten Gründe haben in der Praxis zur Folge, dass regelmäßig versucht wird, eine Einigung in der Betriebsprüfung über den strittigen Verrechnungspreissachverhalt herbeizuführen. An dieser Vorgehensweise hat in der Regel auch die Finanzverwaltung ein Interesse, da sie unmittelbar im Anschluss an die Betriebsprüfung ein Ergebnis vorweisen und den Fall abschließen kann. Eine Einigung im Rahmen der Betriebsprüfung ist schließlich auch vor dem Hintergrund sinnvoll, dass die ggf. hinzugezogenen Auslandsfachprüfer des BZSt über einschlägige Fachkenntnisse und Erfahrungen aus weiteren Betriebsprüfungen verfügen und mögliche Einigungspotenziale besser einschätzen können, als dies in einem formalisierten finanzgerichtlichen Verfahren der Fall wäre.

Zusammenfassend lässt sich damit festhalten, dass Einspruchs- oder Klageverfahren sich nur eingeschränkt als Instrumente des steuerlichen Verrechnungspreisrisikomanagements eignen. Dementsprechend zeigt auch die Verrechnungspreispraxis, dass die entsprechenden Verfahren in Verrechnungspreisfällen nur sehr selten als eigenständiges Instrument (d. h. ohne Kombination mit anderen Instrumenten) in Anspruch genommen werden. Hierfür ist insbesondere ausschlaggebend, dass der Ausgang eines Einspruchs- bzw. des Klageverfahrens ungewiss ist. Zudem bieten die Verfahren keine Rechtssicherheit für die Zukunft, nehmen nicht unerhebliche Ressourcen in Anspruch und können nur zu einer unilateralen Lösung führen. Im Ergebnis ist Steuerpflichtigen daher anzuraten, entweder eine Einigung in der Betriebsprüfung herbeizuführen (welche überdies die Möglichkeit bietet, eine tatsächliche Verständigung abzustimmen[1448]), oder ein Verständigungs- oder Schiedsverfahren anzustreben. In diesem Fall ist ein Einspruchsverfahren, verbunden mit einem Antrag auf Aussetzung der Vollziehung und Ruhen des Verfahrens, sinnvoll.

1447 Vgl. insoweit auch *Wassermeyer*, in: Schaumburg, Internationale Verrechnungspreise zwischen Kapitalgesellschaften, S. 124, welcher ausführt: „*Der Richter ist immer Jurist. In der Regel ist er allerdings auch nur Jurist, d. h., er hat weder eine kaufmänische Lehre noch ein betriebs- oder volkswirtschaftliches Studium absolviert. In der Regel verfügt er auch sonst über keine besonderen betriebswirtschaftlichen oder kaufmännischen Kenntnisse. Wahrscheinlich hat er in seinem Leben nie einen Preis kalkulieren müssen*“.

1448 Die tatsächliche Verständigung kann – in gewissen Grenzen – auch Rechtssicherheit für die Zukunft bieten, vgl. Abschnitt E.V.2.8.2.3.

Ungeachtet der nur eingeschränkten Eignung finanzgerichtlicher Verfahren als Instrumente des steuerlichen Risikomanagements darf nicht verkannt werden, dass die Rechtsprechung des BFH eine wichtige Bedeutung für die Rechtsfortbildung im internationalen Steuerrecht hat. Im Bereich der internationalen Verrechnungspreise ist dabei insbesondere auf das bereits erwähnte Urteil des BFH v. 17.10.2001[1449] hinzuweisen, in dem der BFH zentrale Aussagen zu wesentlichen Themenkomplexen der Verrechnungspreisermittlung und -dokumentation getroffen hat, die die Praxis beeinflusst haben. Hierzu zählen die Behandlung von Anlaufverlusten, die Zulässigkeit der Heranziehung von *secret comparables*, der Umfang der Mitwirkungspflichten des Steuerpflichtigen, die Auswahl eines Wertes aus einer Bandbreite sowie die Anwendung der Wiederverkaufspreismethode als Regelmethode bei als Eigenhändlern tätigen Vertriebsgesellschaften. Das Urteil hat den Gesetzgeber schließlich dazu veranlasst, Dokumentationsvorschriften in § 90 Abs. 3 AO zu verankern, die erstmals für Wirtschaftsjahre anwendbar waren, die nach dem 31.12.2002 enden (§ 22 EGAO).

3.2 Instrumente des Abkommensrechts

3.2.1 Vorbemerkung

Die Festsetzung von Mehrsteuern infolge einer Verrechnungspreiskorrektur durch eine Finanzverwaltung resultiert regelmäßig (zunächst) in einer wirtschaftlichen Doppelbesteuerung, da es nicht zwangsläufig zu einer korrespondierenden Korrektur der ausländischen Finanzverwaltung kommt. Unter einer wirtschaftlichen Doppelbesteuerung wird die mehrfache[1450] Besteuerung derselben „*Einkommens- und Vermögensteile im gleichen Besteuerungszeitraum bei verschiedenen Steuersubjekten*“[1451] verstanden. Sofern keine Gegenberichtigung im Billigkeitswege oder auf der Grundlage von Art. 9 Abs. 2 OECD-MA erfolgt, stellt sich die Frage, wie die Doppelbesteuerung beseitigt werden kann. Dem Steuerpflichtigen stehen insoweit die folgenden bilateralen Maßnahmen zur Verfügung:

- Abkommensrechtliches **Verständigungsverfahren**;
- Abkommensrechtliches **Schiedsverfahren**,
- **EU-Schiedsverfahren** nach Art. 6 der EU-Schiedsverfahrenskonvention.

Die vorgenannten Maßnahmen werden nachfolgend erläutert und auf ihre Eignung als Instrumente des steuerlichen Verrechnungspreisrisikomanagements untersucht.

1449 Vgl. BFH v. 17.10.2001, BStBl. I 2004, S. 171.
1450 Es muss sich nicht zwangsläufig im Wortsinne um eine „doppelte“ Besteuerung handeln. Es kann sich auch um eine mehrfache Besteuerung handeln.
1451 *Jacobs/Endres/Spengler*, in: Jacobs, Internationale Unternehmensbesteuerung, S. 3.

3.2.2 Abkommensrechtliches Verständigungsverfahren

3.2.2.1 Überblick

Bei einem Verständigungsverfahren (Mutual Agreement Procedure) handelt es sich um ein bilaterales[1452] Verfahren zur Lösung von Konflikten bei der Anwendung der DBA, das seine Grundlage in den Art. 25 Abs. 1 und 2 OECD-MA nachgebildeten Abkommensartikeln der DBA[1453] hat (sog. Verständigungsverfahren i.e.S.). Eine abkommensberechtigte Person kann den Antrag auf Einleitung eines Verständigungsverfahrens stellen, wenn sie der Auffassung ist, dass Maßnahmen eines Vertragsstaates oder beider Vertragsstaaten für sie zu einer dem Abkommen nicht entsprechenden Besteuerung führen oder führen werden. Konkret kann ein Verständigungsverfahren sowohl über eine (rechtliche oder wirtschaftliche) Doppelbesteuerung als auch über eine sonstige abkommenswidrige Besteuerung (z. B. Fragen der Begründung einer Betriebsstätte in einem Vertragsstaat) geführt werden.[1454]

Das Verständigungsverfahren ist dadurch gekennzeichnet, dass es nicht in jedem Fall zu einer Einigung der zuständigen Behörden kommen muss.[1455] Vielmehr müssen sich die Behörden gem. Art. 25 Abs. 2 Satz 1 OECD-MA bemühen, eine Verständigung zu erzielen. Ferner ist zu beachten, dass das Verständigungsverfahren nach den Art. 25 Abs. 1 und 2 OECD-MA neben dem innerstaatlichen Rechtsbehelfsverfahren steht (d. h. es erfolgt keine Anwendung der völkerrechtlichen *local remedies rule*, wonach zunächst der nationale Rechtsweg auszuschöpfen ist[1456]).[1457] Für die Durchführung eines Verständigungsverfahrens werden – im Gegensatz zu APA – keine Gebühren erhoben.[1458]

1452 Multilaterale Verständigungsverfahren sind nicht möglich, vgl. *Flüchter*, in: Schönfeld/Ditz, DBA, Art. 25 Rz. 189. Wird z. B. bei einer Konzerngesellschaft, die Dienstleistungen an mehrere ausländische verbundene Konzerngesellschaften erbringt, in einer Betriebsprüfung die Kostenbasis erhöht, so dass alle ausländischen Gesellschaften „betroffen“ sind, kann kein multilaterales Verständigungsverfahren geführt werden. Vielmehr sind einzelne bilaterale Verständigungsverfahren zu führen. Es ist jedoch sinnvoll, dass mehrere Verständigungsverfahren koordiniert werden, vgl. dazu *Flüchter*, in: Schönfeld/Ditz, DBA, Art. 25 Rz. 190.

1453 Die deutsche Finanzverwaltung kann auch dann Verständigungsverfahren durchführen, wenn ein bestehendes DBA ein Verständigungsverfahren nach Maßgabe der Verständigungsklauseln des OECD-MA nicht vorsieht (so BMF v. 13.7.2006, BStBL. I 2006, S. 461, Tz. 1.2.1) oder wenn kein DBA besteht (so BMF v. 23.2.1983, BStBl. I 1983, S. 218, Tz. 1.2.4. in Bezug auf Fälle der Einkunftsabgrenzung).

1454 Vgl. *Flüchter*, in: Schönfeld/Ditz, DBA, Art. 25 Rz. 1.

1455 Vgl. BMF v. 13.7.2006, BStBl. I 2006, S. 461, Tz. 1.2.1.

1456 Vgl. Schaumburg, Internationales Steuerrecht, 2011, Rz. 16.102.

1457 Vgl. *Flüchter*, in: Schönfeld/Ditz, DBA, Art. 25 Rz. 68.

1458 Vgl. BMF v. 13.7.2006, BStBl. I 2006, S. 461, Tz. 9.

Der im Rahmen der vorliegenden Arbeit interessierende (und zugleich bedeutendste[1459]) Anlass für eine Anwendung von Art. 25 Abs. 1 und 2 OECD-MA stellt die Korrektur von Verrechnungspreisen durch einen Vertragsstaat bei einer in diesem Vertragsstaat ansässigen Person dar. Die abkommenswidrige Besteuerung besteht insoweit darin, dass dieser Verrechnungspreiskorrektur (Erstberichtigung i.S.v. Art. 9 Abs. 1 OECD-MA) in der Regel nicht unmittelbar eine korrespondierende Korrektur des anderen Vertragsstaates folgt, so dass es (zunächst) zu einer wirtschaftlichen Doppelbesteuerung kommt.[1460] Die Grundlage für eine mögliche korrespondierende Korrektur des anderen Vertragsstaates bildet Art. 9 Abs. 2 OECD-MA (sog. Gegenberichtigsklausel).[1461] Die Anwendung von Art. 9 Abs. 2 OECD-MA setzt voraus, dass die Korrektur des ersten Vertragsstaats im Einklang mit dem Fremdvergleichsgrundsatz erfolgt ist und das hierüber Einverständnis zwischen den Vertragsstaaten besteht.[1462] Aufgrund des natürlichen Interessengegensatzes der Fisci in Bezug auf das ihnen zustehende Steuersubstrat sowie der Tatsache, dass ein weiter Spielraum hinsichtlich dessen besteht, was als fremdüblich anzusehen ist, ist in diesem Zusammenhang zu beachten, dass Erstberichtigungen in der Regel nicht zwangsläufig zu einer „automatischen" Gegenberichtigung des anderen Vertragsstaates führen.

In der überwiegenden Zahl der Fälle ist es daher erforderlich, dass die Vertragsstaaten sich über den Umfang der Verrechnungspreiskorrekturen dem Grunde und der Höhe nach austauschen und ggf. eine Kompromisslösung herbeiführen, die von den seitens der Fisci ursprünglich vertretenen Position abweicht. Den Rahmen hierfür bildet das Verständigungsverfahren i.S.v. Art. 25 Abs. 1 und 2 OECD-MA.[1463]

1459 So *Keerl*, Internationale Verrechnungspreise in der globalisierten Wirtschaft 2008, S. 192; *Stiewe*, Die verfahrensrechtliche Umsetzung internationaler Verständigungsvereinbarungen, 2010, S. 54.

1460 Vgl. *Schaumburg*, Internationales Steuerrecht, 2011, Rz. 16.95.

1461 Vgl. *Engler/Elbert*, in: Vögele/Borstell/Engler, Verrechnungspreise, 2011, Kapitel F, Rz. 235.

1462 Vgl. *Ditz*, in: Schönfeld/Ditz, DBA, Art. 9 Rz. 124 f.; *Stiewe*, Die verfahrensrechtliche Umsetzung internationaler Verständigungsvereinbarungen, 2010, S. 179.

1463 Das Verhältnis des in Art. 9 Abs. 2 Satz 2 OECD-MA geregelten Konsultationsverfahrens zu Art. 25 OECD-MA ist nicht abschließend geklärt. *Flüchter* geht davon aus, dass Art. 9 Abs. 2 Satz 2 einen schlichten Verweis auf das Verständigungsverfahren nach Art. 25 Abs. 1 und 2 OECD-MA verkörpere (*Flüchter*, in: Schönfeld/Ditz, DBA, Art. 25 Rz. 18). Auch *Ditz* vertritt die Auffassung, dass es sich bei dem in Art. 9 Abs. 2 Satz 2 OECD-M verankerten Verfahren um ein Verständigungsverfahren i.S.v. Art. 25 OECD-MA handele (*Ditz*, in: Schönfeld/Ditz, DBA, Art. 9 Rz. 132). Gl.A. *Stiewe*, Die verfahrensrechtliche Umsetzung internationaler Verständigungsvereinbarungen, 2010, S. 180. Dieser Auffassung wird hier gefolgt. *H. Becker* geht indessen von einem eigenständigen Verfahren aus, wobei die Regelungen für das Verständigungsverfahren ergänzend Anwendung finden sollen, vgl. *H. Becker*, in: Gosch/Kroppen/Grotherr, Art. 9 OECD-MA, Rz. 219, 253. Gl.A. *Schmitz*, in: Strunk/Kaminski/Köhler, AStG/DBA, Art. 25 OECDE-MA, Rz. 6 und

Nach der Auffassung der deutschen Finanzverwaltung sollen Verständigungsverfahren in Verrechnungspreisfällen auch dann möglich sein, wenn *„Sonderklauseln der DBA* [d.h. Art. 9 Abs. 2 OECD-MA entsprechende Klauseln] *fehlen*"[1464]. Dies entspricht auch der Auffassung der OECD.[1465] Die Vorgabe ist insofern von Bedeutung, als die von der Bundesrepublik Deutschland abgeschlossenen Doppelbesteuerungsabkommen bislang überwiegend keine Art. 9 Abs. 2 OECD-MA nachgebildete Gegenberichtigungsklausel enthalten.[1466] Dagegen lehnt Indien die Einleitung eines Verständigungsverfahrens in Verrechnungspreisfällen ab, wenn das zugrunde liegende DBA (wie z.B. das DBA Deutschland-Indien) keine Art. 9 Abs. 2 OECD-MA nachgebildete Gegenberichtigungsklausel enthält.[1467]

Bei dem in Art. 25 Abs. 1 und 2 OECD-MA verankerten Verständigungsverfahren handelt es sich um ein vielfach in Anspruch genommenes Verfahren zur Lösung von Konflikten bei der Anwendung der DBA. Ausweislich einer Übersicht der OECD hat

---

Albert IFSt-Schrift Nr. 457, S. 39. Die Frage des Verhältnisses von Art. 9 Abs. 2 Satz 2 OECD-MA zu Art. 25 OECD-MA ist u. a. vor dem Hintergrund der Möglichkeit der verfahrensrechtlichen Umsetzung von Gegenberichtigungen bedeutsam. So wurde für Verständigungsverfahren eigens eine Korrekturvorschrift in § 175a AO geschaffen, die nach ihrem Wortlaut eine „Verständigungsvereinbarung" oder einen „Schiedsspruch" voraussetzt. Nach der hier vertretenen Auffassung ist § 175a AO im Fall der Umsetzung eines Konsultationsergebnisses in Form einer Gegenberichtigung auf der Grundlage von Art. 9 Abs. 2 Satz 2 OECD-MA anwendbar, da es sich bei dem in Art. 9 Abs. 2 Satz 2 OECD-MA verankerten Verfahren um ein Verständigungsverfahren i.S.v. Art. 25 Abs. 1 und 2 OECD-MA handelt. *Stiewe* hat herausgearbeitet, dass eine verfahrensrechtliche Umsetzung der Gegenberichtigung aufgrund der „self executing"-Wirkung von Art. 9 Abs. 2 OECD-MA auch in Fällen, in denen ein Vertragsstaat der Erstkorrektur ohne förmliche Konsultationen zustimmt, möglich ist (Anwendung von § 172 Abs. 1 Satz 1 Nr. 2 Buchst. d) AO), vgl. *Stiewe*, Die verfahrensrechtliche Umsetzung internationaler Verständigungsvereinbarungen, 2010, S. 181 ff. Vgl. überdies zu der Anwendung von § 174 AO, vgl. *Stiewe*, Die verfahrensrechtliche Umsetzung internationaler Verständigungsvereinbarungen, 2010, S. 217 ff.

1464 Vgl. BMF v. 13.7.2006, BStBl. I 2006, S. 461, Tz. 2.3.2. Kritisch *Flüchter*, in: Schönfeld/Ditz, DBA, Art. 25 Rz. 42.

1465 Vgl. Tz. 4.33 OECD-Verrechnungspreisrichtlinien; Tz. 11 und 12 OECD-MK zu Art. 25 OECD-MA.

1466 Vgl. *Wassermeyer*, in: Wassermeyer, Doppelbesteuerung, Art. 9 OECD-MA. Im Rahmen des Neuabschlusses von DBA vereinbart die Bundesrepublik Deutschland jedoch nunmehr dem Art. 9 Abs. 2 OECD- MA nachgebildete Abkommensartikel, da sie ihren Vorbehalt gegenüber der Vorschrift zurückgenommen hat, vgl. *Eigelshoven*, in: Vogel/Lehner, DBA, 2008, Art. 9 Rz. 181.

1467 Income Tax Department, Taxpayer Information Services No. 43, Antwort auf Frage 19. Abrufbar unter http://www.google.de/url?sa=t&rct=j&q=&esrc=s&frm=1&source=web&cd=1&cad=rja&ved=0CCwQFjAA&url=http%3A%2F%2Fwww.itatonline.org%2Finfo%2F%3Fdl_id%3D1215&ei=nxLtUp7kLMKAhAfz0oDoBw&usg=AFQjCNEC80DXPNk5AYCU-fRRf9r4cC9a3w.

sich der Bestand an Verständigungsverfahren unter Beteiligung der Bundesrepublik Deutschland in den Jahren 2006 bis 2012 wie folgt entwickelt:[1468]

Abbildung 26: Bestand an Verständigungsverfahren

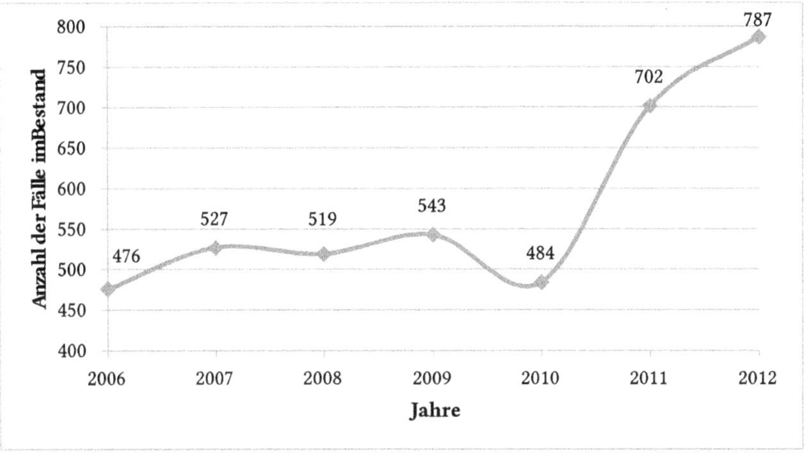

Von den 787 Verfahren im Bestand betrafen 355 Fälle Verrechnungspreissachverhalte bzw. Fragen der Gewinnabgrenzung zwischen Stammhaus und Betriebsstätte.

Die Entwicklung der Neuzugänge in der Bundesrepublik Deutschland in den Jahren 2006 bis 2012 ist nachfolgend dargestellt:[1469]

1468 OECD Mutual Agreement Procedure Statistics 2012, abrufbar unter http://www.oecd.org/ctp/dispute/mapstatistics2012.htm (zuletzt abgerufen am 24.4.2014). Es ist zu beachten, dass das BZSt im Jahr 2011 eine Änderung der Zählweise vorgenommen hat. Diese entspricht der für interne Zwecke des BZSt verwandten Zählweise und stimmt nicht vollständig mit der OECD-Zählweise überein, vgl. die „MAP Program Statistics for the 2012 Reporting Period" für Deutschland, abrufbar unter http://www.oecd.org/ctp/dispute/MAP%20PROGRAM%20STATISTICS%20FOR%202012%20GERMANY.pdf (zuletzt abgerufen am 1.2.1014).

1469 Vgl. OECD Mutual Agreement Procedure Statistics 2012, abrufbar unter http://www.oecd.org/ctp/dispute/mapstatistics2012.htm (zuletzt abgerufen am 24.4.2014). Es ist zu beachten, dass das BZSt im Jahr 2011 eine Änderung der Zählweise vorgenommen hat. Diese entspricht der für interne Zwecke des BZSt verwandten Zählweise und stimmt nicht vollständig mit der OECD-Zählweise überein, vgl. die „MAP Program Statistics for the 2012 Reporting Period" für Deutschland, abrufbar unter http://www.oecd.org/ctp/dispute/MAP%20PROGRAM%20STATISTICS%20FOR%202012%20GERMANY.pdf (zuletzt abgerufen am 1.2.1014).

Abbildung 27: Entwicklung der Neuzugänge in der Bundesrepublik Deutschland

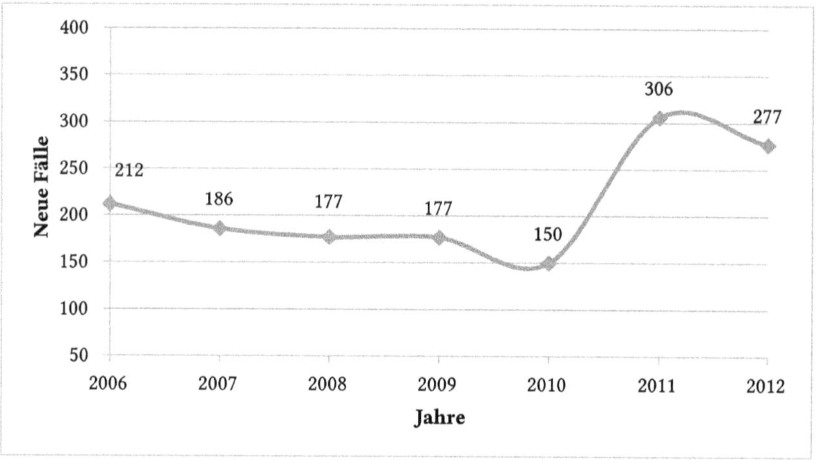

Von den 277 Neuzugängen betrafen 104 Fälle Verrechnungspreissachverhalte bzw. Fragen der Gewinnabgrenzung zwischen Stammhaus und Betriebsstätte.

3.2.2.2 Ablauf eines Verständigungsverfahrens

Das Verständigungsverfahren setzt einen Antrag des Steuerpflichtigen voraus.[1470] Bezieht sich das Verständigungsverfahren auf einen Verrechnungspreissachverhalt, so kann der Antrag von einer der beteiligten verbundenen Gesellschaften bei der zuständigen Behörde[1471] ihres Ansässigkeitsstaates gestellt werden.[1472] Die deutsche Finanzverwaltung schlägt vor, dass der Antrag zweckmäßigerweise bei der gesellschaftsrechtlich übergeordneten Gesellschaft gestellt wird.[1473] *Flüchter* weist in diesem Zusammenhang darauf hin, dass ggf. eine Antragstellung in beiden Staaten oder zumindest eine nachrichtliche Übermittlung des in einem Staat eingereichten Antrags bei der zuständigen Behörde des anderen Staates sinnvoll sein kann.[1474]

Gem. Art. 25 Abs. 1 Satz 2 OECD-MA ist der Fall innerhalb einer Frist von drei Jahren nach der ersten Mitteilung der Maßnahme zu unterbreiten, die zu einer dem Abkommen nicht entsprechenden Besteuerung führt. Die einzelnen von der Bundesrepublik Deutschland geschlossenen DBA weichen teilweise von dieser Frist ab.

1470 Zu dem Inhalt des Antrags aus deutscher Sicht vgl. BMF v. 13.7.2006, BStBl. I 2006, S. 461, Tz. 2.3.

1471 In Deutschland ist dies das BZSt.

1472 Vgl. *Flüchter*, in: Schönfeld/Ditz, DBA, Art. 25 Rz. 65.

1473 Vgl. BMF v. 13.7.2006, BStBl. I 2006, S. 461, Tz. 2.1.3. Kritisch *Engler/Elbert*, in: Vögele/Borstell/Engler, Verrechnungspreise, 2011, Kapitel F, Rz. 247.

1474 Vgl. *Flüchter*, in: Schönfeld/Ditz, DBA, Art. 25 Rz. 63.

Eine Übersicht besonderer Fristen ist in dem BMF-Schreiben v. 13.7.2006 (Anlage 2) enthalten. Sofern keine Antragsfrist in dem DBA enthalten ist (so z. B. Art. 25 Abs. 1 DBA Frankreich), stimmt die deutsche Finanzverwaltung der Einleitung des Verständigungsverfahrens nicht zu, *„wenn der Steuerpflichtige eine Zeit von mehr als vier Jahren zwischen der Bekanntgabe der maßgeblichen Besteuerungsmaßnahme und seinem Antrag hat verstreichen lassen und nicht besondere Umstände eine frühere Geltendmachung ausgeschlossen haben“*[1475].

Bei der Mitteilung einer Maßnahme i.S.v. Art. 25 Abs. 1 OECD-MA handelt es sich üblicherweise um die Bekanntgabe eines Steuerbescheids. In Verrechnungspreisfällen, welche stets zwei Konzerngesellschaften betreffen, soll es sich hierbei – in einer für den Steuerpflichtigen günstigen Auslegung – um den zeitlich später bekanntgegebenen Steuerbescheid handeln.[1476] Dies ist in der Regel der (Änderungs-) Bescheid, welcher nach der Betriebsprüfung ergeht, in der die Unangemessenheit der Verrechnungspreise „aufgedeckt“ wurde.[1477] Der Zeitpunkt, ab dem die Frist zur Beantragung eines Verständigungsverfahrens zu laufen beginnt, ist von dem Zeitpunkt zu unterscheiden, zu dem frühestens ein Verständigungsverfahren beantragt werden kann.[1478] So kann ein Steuerpflichtiger bereits dann einen Antrag stellen, wenn eine abkommenswidrige Besteuerung wahrscheinlich erscheint.[1479] In dem BMF-Schreiben v. 13.7.2006 wird insoweit darauf hingewiesen, dass ein Verständigungsverfahren bereits dann eingeleitet werden kann, wenn die Finanzverwaltung in einer Betriebsprüfung bestimmte Besteuerungsmaßnahmen angekündigt hat.[1480]

In prozessualer Hinsicht kann sich das Verständigungsverfahren in folgende Phasen eingeteilt werden:[1481]

- Vorprüfungs- und Abhilfeverfahren,
- zwischenstaatliches Verständigungsverfahren,
- Umsetzungsverfahren zur Umsetzung des Verständigungsergebnisses[1482].

Im Rahmen des Vorprüfungsverfahrens prüft die zuständige Behörde, ob die beantragende Person Zugang zu dem Verständigungsverfahren nach dem jeweiligen DBA hat und ob die Einwendungen des Steuerpflichtigen begründet sind (Art. 25

1475 BMF v. 13.7.2006, BStBl. I 2006, S. 461, Tz. 2.2.3.

1476 Vgl. Tz. 24 OECD-MK zu Art. 25 OECD-MA.

1477 Vgl. *Flüchter*, in: Schönfeld/Ditz, DBA, Art. 25 Rz. 88.

1478 Vgl. *Flüchter*, in: Schönfeld/Ditz, DBA, Art. 25 Rz. 51.

1479 Vor dem Hintergrund, dass eine wahrscheinliche abkommenswidrige Besteuerung in der Zukunft ausreicht, um einen Antrag stellen zu können, wirft *Flüchter* zurecht die Frage auf, wo die Grenze zwischen Verständigungsverfahren und APA zu ziehen ist, Vgl. *Flüchter*, in: Schönfeld/Ditz, DBA, Art. 25 Rz. 72.

1480 Vgl. BMF v. 13.7.2006, BStBl. I 2006, S. 461, Tz. 2.4.2.

1481 Vgl. *Schaumburg*, Internationales Steuerrecht, 2011, Rz. 16.99; *Lehner*, in: Vogel/Lehner, DBA, Art. 25 Rz. 71; *Flüchter*, IStR 2012, S. 694 f.; *Engler/Elbert*, in: Vögele/Borstell/Engler, Verrechnungspreise, 2011, Kapitel F, Rz. 253.

1482 Zur Umsetzung in innerstaatliches Recht vgl. den folgenden Abschnitt E.V.3.2.2.3.2.

Abs. 2 Satz 1 OECD-MA).[1483] Dazu prüft die Behörde, ob sie die Auffassung des Steuerpflichtigen hinsichtlich der – ggf. drohenden – Abkommenswidrigkeit einer Besteuerungsmaßnahme teilt. Das Vorprüfungsverfahren vollzieht sich nur zwischen dem Steuerpflichtigen und „seiner" zuständigen Behörde[1484]. Kommt die Behörde zu dem Schluss, dass der Antrag auf Einleitung eines Verständigungsverfahrens unbegründet ist, wird dieser abgelehnt. Der Steuerpflichtige kann hiergegen Einspruch einlegen.[1485] Hält die Behörde den Antrag des Steuerpflichtigen für begründet, prüft sie zunächst, ob ihr eine Möglichkeit der Abhilfe zur Verfügung steht. So regelt Tz. 2.4.1 des BMF-Schreibens v. 13.7.2006, dass vor Einleitung des Verständigungsverfahrens zu prüfen ist, *„ob dem Begehren des Abkommensberechtigten der Sache nach durch deutsche innerstaatliche Maßnahmen abgeholfen werden kann. Ggf. ergreifen die zuständigen deutschen Finanzbehörden von Amts wegen die notwendigen Maßnahmen"*[1486].

Das eigentliche zwischenstaatliche Verständigungsverfahren wird eingeleitet, wenn die angerufene Behörde den Antrag des Steuerpflichtigen für begründet hält und nicht in der Lage ist, dem Begehren des Steuerpflichtigen mit innerstaatlichen Mitteln abzuhelfen.[1487] Es beginnt formell mit dem Herantreten der angerufenen zuständigen Behörde an die zuständige Behörde des anderen Staates.[1488] In der Regel erstellt die Behörde, auf die die Erstberichtigung zurückgeht, zu Beginn des zwischenstaatlichen Verständigungsverfahrens ein Positionspapier, in dem sie ihr Sachverhaltsverständnis und ihre Rechtsauffassung darstellt.[1489] Die andere Behörde prüft dieses Positionspapier und erstellt ein Antwortschreiben, aus dem ihre Auffassung hervorgeht. In diesem kann sie weitere Sachverhaltsangaben anfordern, den Sachverhaltsvortrag ergänzen oder bereits konkrete Lösungsmöglichkeiten aufzeigen.[1490] Die weitere Kommunikation der Behörden kann per E-Mail, Fax, Brief oder telefonisch erfolgen. Ebenso kann es zu Treffen von Vertretern der zuständigen Behörden kommen. Die OECD empfiehlt diese *face-to-face meetings* ausdrücklich.[1491] Im Rahmen

---

1483 Vgl. *Lehner*, in: Vogel/Lehner, DBA, Art. 25 Rz. 76.

1484 In der Bundesrepublik Deutschland wird die Landesfinanzbehörde mit einbezogen, vgl. *Flüchter*, in: Schönfeld/Ditz, DBA, Art. 25 Rz. 122.

1485 Vgl. *Flüchter*, in: Schönfeld/Ditz, DBA, Art. 25 Rz. 130 f.

1486 BMF v. 13.7.2006, BStBl. I 2006, S. 461.

1487 So ausdrücklich BMF v. 13.7.2006, BStBl. I 2006, S. 461, Tz. 2.4.3. Zu dem Meinungsstreit, ob die Einleitung des Verfahrens bei einer Begründetheit des Antrags und einer fehlenden unilateralen Abhilfemöglichkeit im Ermessen der angerufenen Behörde steht (h.M.) oder ob – im Einklang mit dem Wortlaut von Art. 25 Abs. 2 Satz 1 OECD-MA – eine Pflicht zur Einleitung besteht, vgl. ausführlich *Flüchter*, in: Schönfeld/Ditz, DBA, Art. 25 Rz. 126 ff.

1488 Vgl. Tz. 36 OECD-MK zu Art. 25 OECD-MA.

1489 Vgl. Tz. 3.4.1. des OECD Manual on Effective Mutual Agreement Procedures.

1490 Vgl. Tz. 3.4.1. des OECD Manual on Effective Mutual Agreement Procedures.

1491 Vgl. Best Practice Nr. 15 des OECD Manual on Effective Mutual Agreement Procedures.

der Verhandlungen müssen die Behörden sich bemühen (*use their best endeavours*), eine Einigung zu erzielen, um die abkommenswidrige Besteuerung zu beseitigen[1492]. Eine Verpflichtung, eine Einigung zu erzielen, besteht dagegen i.d.R. nicht.[1493] Da es sich um ein zwischenstaatliches Verfahren handelt, hat der Steuerpflichtige grundsätzlich keine Einflussmöglichkeiten auf das Verständigungsverfahren. Er ist jedoch bei ergänzenden Rückfragen zum Sachverhalt, die nach Einreichung des Antrags gestellt werden, zur Mitwirkung verpflichtet und kann sich zu Tatsachen und zu Rechtsfragen äußern.[1494] Das BZSt unterrichtet den Steuerpflichtigen über den Fortgang des Verfahrens.[1495]

Liegt dem Verständigungsverfahren ein Verrechnungspreisfall zugrunde, kommt im Rahmen der Erstellung der Positionspapiere und der Verhandlungen der Vertragsstaaten insbesondere den OECD-Verrechnungspreisrichtlinien ein hohes Gewicht zu. Die OECD-Verrechnungspreisrichtlinien enthalten umfangreiche Vorgaben zu der Anwendung der einzelnen Verrechnungspreismethoden. Gleichwohl ist zu beachten, dass die Richtlinien aufgrund der Tatsache, dass es sich um einen Kompromiss der OECD-Staaten handelt, an vielen Stellen unscharf und allgemein gehalten sind. Dies kommt nicht zuletzt durch den häufigen Gebrauch von Formulierungen wie *should* oder *might* zum Ausdruck. Vor diesem Hintergrund sind divergierende Auffassungen der einzelnen Behörden zu dem zugrunde liegenden Verrechnungspreissachverhalt sehr wohl möglich und in der Praxis häufig.[1496] Das Ergebnis eines Verständigungsverfahrens kann in einer Bestätigung der Auffassung eines Staates oder in einer Kompromisslösung bestehen, die keiner der zuvor vertretenen Rechtsauffassungen der Behörden entspricht.[1497] Gerade im Bereich der Verrechnungspreisermittlung, der regelmäßig durch einen weiten Einschätzungsspielraum gekennzeichnet ist, sind Kompromisslösungen oftmals möglich. Die Kompromisslösung kann dabei u.U. von der nationalen Verwaltungspraxis abweichen.[1498]

Da die Sachverhalte, über die Verständigungslösungen getroffen werden, meist viele Jahre zurückliegen, stellt sich die Frage, ob Verständigungen auch über Fragen der Verzinsung getroffen werden können. Probleme ergeben sich insoweit

1492 Art. 25 Abs. 2 OECD-MA spricht dagegen von einer *avoidance*. Tatsächlich handelt es sich jedoch um eine Beseitigung der Doppelbesteuerung, vgl. auch *Lehner*, in: Vogel/Lehner, DBA, Art. 25 Rz. 86.

1493 Vgl. Tz. 37 OECD-MK zu Art. 25 OECD-MA.

1494 Vgl. BMF v. 13.7.2006, BStBl. I 2006, S. 461, Tz. 3.3.1.

1495 Vgl. BMF v. 13.7.2006, BStBl. I 2006, S. 461, Tz. 3.3.1.

1496 Vgl. *Flüchter*, in: Schönfeld/Ditz, DBA, Art. 25 Rz. 137.

1497 Vgl. *Flüchter*, in: Schönfeld/Ditz, DBA, Art. 25 Rz. 139 f.

1498 Vgl. *Flüchter*, in: Schönfeld/Ditz, DBA, Art. 25 Rz. 140. In dem OECD-MK wird darauf hingewiesen, dass, wenn ein Festhalten an den nationalen Steuervorschriften und den Abkommensregelungen nicht zum Ziel führt, Billigkeitsmaßnahmen in Betracht kommen, vgl. Tz. 38 OECD-MK zu Art. 25 OECD-MA. Vgl. auch *Engler/Elbert*, in: Vögele/Borstell/Engler, Verrechnungspreise, 2011, Kapitel F, Rz. 255. Kritisch *Lehner*, in: Vogel/Lehner, DBA, Art. 25 Rz. 72.

insbesondere dann, wenn aufgrund unterschiedlicher Steuersätze und Verzinsungsregelungen kein Gleichlauf von Erstattungs- und Nachzahlungszinsen erreicht werden kann. Dies kann, je nachdem, ob es sich um einen Erstattungs- oder Nachzahlungsüberhang handelt, vor- oder nachteilig für den Steuerpflichtigen sein. Die überwiegende Auffassung im Schrifttum spricht sich dafür aus, dass Fragen der Verzinsung Gegenstand von Verständigungsvereinbarungen sein können.[1499] Die OECD weist darauf hin, dass Regelungen zur Verzinsung schon deshalb geboten erscheinen, da der Steuerpflichtige keinen Einfluss auf den zwischenstaatlichen Verständigungsprozess hat, der mitunter länger dauern kann.[1500] In der Praxis wird zur Minderung der Zinslast mitunter auch so verfahren, dass (Gegen-)Berichtigungen in einem möglichst späten Veranlagungszeitraum vorgenommen werden.[1501] Ein mit der Zinsproblematik verwandtes Problem betrifft die Festsetzung von Penalties durch Vertragsstaaten. Beispielsweise können in den USA gem. § 6662(a), (e) und (h) US Internal Revenue Code Penalties festgesetzt werden, wenn die Finanzverwaltung der Auffassung ist, dass die Verrechnungspreise unangemessen sind. Die Frage der Behandlung dieser Penalties kann ebenso wie Fragen der Verzinsung Gegenstand einer Verständigungslösung sein.[1502]

Kommt es zu einer Verständigungslösung, wird diese dem Antragsteller[1503] zur Zustimmung vorgelegt.[1504] Zugleich werden schwebende Rechtsbehelfsverfahren erledigt.[1505] Überdies soll der Antragsteller darauf verzichten, Rechtsbehelfe gegen die die Verständigungsvereinbarung umsetzenden Bescheide einzulegen.[1506] Dies setzt voraus, dass die Bescheide die Verständigungslösung zutreffend umsetzen.[1507] Bei der Verständigung der beiden Vertragsstaaten handelt es sich um einen völkerrechtlichen Vertrag.[1508] Dieser bedarf der Umsetzung im nationalen Recht. Bei der Umsetzung bei in der Bundesrepublik Deutschland ansässigen Personen ist § 175a

1499 Vgl. *Schmitz*, in: Strunk/Kaminski/Köhler, Art. 25 Rz. 44; *Becker*, in: Haase, AStG/DBA, Art. 25 Rz. 32; *Flüchter*, in: Schönfeld/Ditz, DBA, Art. 25 Rz. 183 f., mit der Empfehlung, dass der Antrag des Steuerpflichtigen auch auf die Zinsen auf den als abkommenswidrig angesehenen Steuerbetrag Bezug nehmen sollte.

1500 Vgl. Tz. 4.5.2. Abs. 4 des OECD Manual on Effective Mutual Agreement Procedures.

1501 Vgl. Tz. 4.36 OECD-Verrechnungspreisrichtlinien.

1502 Vgl. Tz. 4.5.1 des OECD Manual on Effective Mutual Agreement Procedures.

1503 In Verrechnungspreisfällen sollte auch das verbundene ausländische Unternehmen zustimmen, vgl. *Flüchter*, in: Schönfeld/Ditz, DBA, Art. 25 Rz. 179 mit Verweis auf die Vorgehensweise bei Schiedsverfahren.

1504 Vgl. BMF v. 13.7.2006, BStBl. I 2006, S. 461, Tz. 3.4 Satz 2 und 4.2.

1505 Vgl. BMF v. 13.7.2006, BStBl. I 2006, S. 461, Tz. 3.4 Satz 2 und 4.2.

1506 In Verrechnungspreisfällen sollte auch das verbundene ausländische Unternehmen zustimmen, vgl. *Flüchter*, in: Schönfeld/Ditz, DBA, Art. 25 Rz. 179 mit Verweis auf die Vorgehensweise bei Schiedverfahren.

1507 In Verrechnungspreisfällen sollte auch das verbundene ausländische Unternehmen zustimmen, vgl. *Flüchter*, in: Schönfeld/Ditz, DBA, Art. 25 Rz. 179 mit Verweis auf die Vorgehensweise bei Schiedverfahren.

1508 Vgl. *Flüchter*, in: Schönfeld/Ditz, DBA, Art. 25 Rz. 156.

AO zu beachten.[1509] Scheitert die Verständigung, wird der Steuerpflichtige hierüber unterrichtet.[1510] In diesem Fall ist zu prüfen, ob eine Doppelbesteuerung unter den Voraussetzungen des § 163 AO unter dem Gesichtspunkt der sachlichen Unbilligkeit vermieden werden kann.[1511] Einige DBA sehen für den Fall des Scheiterns die Durchführung eines Schiedsverfahrens vor.[1512]

Nach der hier vertretenen Auffassung kann für den Fall eines infolge einer ausbleibenden Einigung der Vertragsstaaten eingetretenen Scheiterns eines Verständigungsverfahrens, das auf der Grundlage des einschlägigen DBA beantragt und eingeleitet wurde, eine „Überleitung" in ein EU-Schiedsverfahren erfolgen, sofern die Voraussetzungen hierfür vorliegen.[1513]

3.2.2.3 Verhältnis zum innerstaatlichen Recht und Umsetzung der Verständigungsregelung

3.2.2.3.1 Verhältnis zum innerstaatlichen Recht

Gem. Art. 25 Abs. 1 Satz 1 OECD-MA kann ein Verständigungsverfahren unbeschadet der nach dem innerstaatlichen Recht dieser Staaten vorgesehenen Rechtsmittel beantragt werden.[1514] In der Praxis wird vor diesem Hintergrund nicht selten in der Weise verfahren, dass nach der Änderung von Bescheiden im Anschluss an eine Betriebsprüfung sowohl ein Verständigungsverfahren beantragt, als auch ein Rechtsbehelf eingelegt und zugleich ein Ruhen des Verfahrens beantragt wird.[1515] Die zugrunde liegenden Steuerbescheide werden zudem in der Regel im Wege der Aussetzung der Vollziehung von dem innerstaatlichen Vollzug ausgenommen.[1516] Kommt es zu einer Einigung der Staaten im Rahmen des zwischenstaatlichen Verständigungsverfahrens, ist die Umsetzung der Verständigungsregelung wie

1509 Vgl. dazu den folgenden Abschnitt E.V.3.2.2.3.2.

1510 Vgl. BMF v. 13.7.2006, BStBl. I 2006, S. 461, Tz. 8.1.

1511 Vgl. BMF v. 13.7.2006, BStBl. I 2006, S. 461, Tz. 8.2. Die Gewährung von Billigkeitsmaßnahmen ist an gewisse in der genannten Tz. 8.2 aufgezählte Voraussetzungen geknüpft (u. a. Mitwirkung des Steuerpflichtigen).

1512 Das abkommensrechtliche Schiedsverfahren ist Gegenstand von Abschnitt E.V.3.2.3.

1513 Gl.A. *Engler/Elbert*, in: Vögele/Borstell/Engler, Verrechnungspreise, 2011, Kapitel F, Rz. 301.

1514 Vgl. auch Tz. 34 OECD-MK zu Art. 25 OECD-MA. In dem BMF-Schreiben v. 13.7.2006 ist entsprechend geregelt, dass einem Antrag auf Einleitung eines Verständigungsverfahrens *„nicht entgegensteht, dass nach deutschem Steuerrecht oder nach dem Recht des anderen Staates ein Rechtsbehelf anhängig ist oder der Rechtsweg noch nicht erschöpft ist"*, vgl. BMF v. 13.7.2006, BStBl. I 2006, S. 461, Tz. 2.1.5.

1515 Vgl. *Lehner*, in: Vogel/Lehner, DBA, Art. 25 Rz. 93; *Flüchter*, in: Schönfeld/Ditz, DBA, Art. 25 Rz. 72.

1516 Vgl. *Eilers*, in: Wassermeyer, DBA, Art. 25 OECD-MA, Rz. 35; *Schaumburg*, Internationales Steuerrecht, Rz. 16.102; *Flüchter*, in: Schönfeld/Ditz, DBA, Art. 25 Rz. 60.

dargestellt an die Voraussetzung geknüpft, dass schwebende Rechtsbehelfsverfahren ihre Beendigung finden.[1517] Lehnt der Antragsteller die Verständigungsregelung dagegen ab, kann das Rechtsbehelfsverfahren weiter betrieben werden.[1518]

Zur Sicherstellung einer maximalen Ausnutzung der Rechtsschutzmöglichkeiten des Antragstellers weist *Flüchter* in diesem Zusammenhang darauf hin, dass im Vorfeld mit der zuständigen Behörde abgestimmt werden kann, ob die Zustimmung zu der Verständigungsregelung der Staaten so lange hinausgezögert werden kann, bis eine Entscheidung im Rechtsbehelfsverfahren vorliegt.[1519] Auf diese Weise kann für den Fall einer nicht vollumfänglich den Vorstellungen des Steuerpflichtigen entsprechenden Verständigungsregelung eine ggf. günstigere Entscheidung im Rechtsbehelfsverfahren abgewartet werden, ohne dass die Möglichkeit der Umsetzung der Verständigungsregelung versperrt wird. Es besteht alternativ die Möglichkeit, dass der Antragsteller nicht das Ruhen des Rechtsbehelfs-, sondern des Verständigungsverfahrens beantragt und zunächst eine Entscheidung im Rechtsbehelfs- und ggf. Klageverfahren abwartet.[1520] In diesem Zusammenhang ist jedoch zu beachten, dass die Durchführung des zwischenstaatlichen Verständigungsverfahrens sich in der Praxis oftmals umso schwieriger erweist, je weiter die zugrunde liegenden Jahre in der Vergangenheit liegen.[1521]

3.2.2.3.2 Umsetzung der Verständigungsvereinbarung

Gem. Art. 25 Abs. 2 Satz 2 OECD-MA ist die Verständigungsregelung „*ungeachtet der Fristen des innerstaatlichen Rechts der Vertragsstaaten durchzuführen*“. Dem Wortlaut der Regelung kann entnommen werden, dass die Vertragsstaaten, die sich auf eine Art. 25 Abs. 2 Satz 2 OECD-MA entsprechende Klausel einigen, davon ausgehen, dass eine Durchführung (bzw. – im Einklang mit der englischen Formulierung *implementation* – besser: Umsetzung) der Verständigungsregelung im innerstaatlichen Recht notwendig ist.[1522] Aus Art. 25 Abs. 2 Satz 2 OECD-MA geht indessen nicht hervor, ob die Regelung auch eine Umsetzung im Wege der Aufhebung oder Änderung einer infolge eines Ablaufs der Rechtsmittelfrist bestandskräftigen innerstaatlichen Steuerfestsetzung erlaubt.[1523] So ist insbesondere nicht näher geregelt, was unter „Fristen“ zu verstehen ist (z. B. Rechtsbehelfs-, Rechtsmittel, Verjährungs- oder Ausschlussfristen). *Stiewe* hat herausgearbeitet, dass der

---

1517 Vgl. BMF v. 13.7.2006, BStBl. I 2006, S. 461, Tz. 3.4 Satz 2 und 4.2; Tz. 76 Nr. 2 Buchst. b) OECD-MK zu Art. 25 OECD-MA.

1518 Vgl. Tz. 76 Nr. 2 Buchst. b) OECD-MK zu Art. 25 OECD-MA.

1519 Vgl. *Flüchter*, in: Schönfeld/Ditz, DBA, Art. 25 Rz. 73.

1520 Vgl. BMF v. 13.7.2006, BStBl. I 2006, S. 461, Tz. 2.1.4.

1521 Vgl. *Flüchter*, in: Schönfeld/Ditz, DBA, Art. 25 Rz. 73.

1522 Vgl. *Stiewe*, Die verfahrensrechtliche Umsetzung internationaler Verständigungsvereinbarungen, 2010, S. 91 f.; *Flüchter*, in: Schönfeld/Ditz, DBA, Art. 25 Rz. 160.

1523 Vgl. *Stiewe*, Die verfahrensrechtliche Umsetzung internationaler Verständigungsvereinbarungen, 2010, S. 92.

Sinn und Zweck von Art. 25 Abs. 2 Satz 2 OECD-MA die Auslegung nicht zulässt, dass der in der Regelung verwendete Begriff der „Fristen" auch Rechtsbehelfs- und Rechtsmittelfristen umfasst.[1524] Sie kommt daher – ebenso wie *Lehner*[1525] – zu dem Schluss, dass Art. 25 Abs. 2 Satz 2 AO keine Rechtsgrundlage zur Umsetzung von Verständigungsregelungen in nationales Recht unter Durchbrechung der Bestandskraft von Steuerbescheiden darstellt.[1526] Aufgrund dessen sowie unter Berücksichtigung verfassungsrechtlicher Erwägungen[1527] bedarf es daher einer innerstaatlichen Rechtsgrundlage. Diese wurde im Zuge des Mißbrauchsbekämpfungs- und Steuerbereinigungsgesetzes v. 21.12.1993[1528] mit § 175a AO geschaffen.[1529] Die Vorschrift weist aus den vorgenannten Gründen einen selbständigen konstitutiven Regelungsgehalt auf und ist nicht bloß klarstellend.[1530] Gem. § 175a Satz 1 AO ist ein Steuerbescheid *„zu erlassen, aufzuheben oder zu ändern, soweit dies zur Umsetzung einer Verständigungsvereinbarung oder eines Schiedsspruchs nach einem Vertrag im Sinne des § 2 geboten ist"*. Neben § 175a AO kommen grundsätzlich noch weitere Änderungsvorschriften der Abgabenordnung in Betracht. Dies sind § 173 AO[1531], § 174 AO[1532] und Art. 9 OECD-MA i.V.m. § 172 Abs. 1 Satz 1 Nr. 2 Buchst. d) AO[1533], deren Anwendungsvoraussetzungen im Einzelfall zu prüfen sind.

Die Vorgabe des Art. 25 Abs. 2 Satz 2 AO, wonach Verständigungsregelungen *„ungeachtet der Fristen des innerstaatlichen Rechts der Vertragsstaaten durchzuführen"* sind, erlaubt es den Finanzverwaltungen der Vertragsstaaten, Verständigungsregelungen

1524 Vgl. auch *Schmitz*, in: Strunk/Kaminski/Köhler, Art. 25 Rz. 48; *Engler/Elbert*, Verrechnungspreise, Kapitel F Rz. 260. Offen lassend *Flüchter*, in: Schönfeld/Ditz, DBA, Art. 25 Rz. 171.

1525 Vgl. *Lehner*, in: Vogel/Lehner, DBA, Art. 25 Rz. 104.

1526 Vgl. *Stiewe*, Die verfahrensrechtliche Umsetzung internationaler Verständigungsvereinbarungen, 2010, S. 94.

1527 Vgl. *Stiewe*, Die verfahrensrechtliche Umsetzung internationaler Verständigungsvereinbarungen, 2010, S. 135 ff.

1528 Mißbrauchsbekämpfungs- und Steuerbereinigungsgesetz v. 21.12.1993, BGBl. I 1993, S. 2310.

1529 Eine Übersicht über die Umsetzung von Verständigungsvereinbarungen in ausgewählten Staaten gibt *Lehner*, in: Vogel/Lehner, DBA, Art. 25 Rz. 106 ff.

1530 Vgl. *Stiewe*, Die verfahrensrechtliche Umsetzung internationaler Verständigungsvereinbarungen, 2010, S. 347.

1531 Falls neue Tatsachen erst im Verständigungsverfahren bekannt werden, vgl. *Stiewe*, Die verfahrensrechtliche Umsetzung internationaler Verständigungsvereinbarungen, 2010, S. 191.

1532 Im Fall einer Einigung über Verrechnungspreise auf der Grundlage von Art. 9 Abs. 2 OECD-MA, vgl. *Stiewe*, Die verfahrensrechtliche Umsetzung internationaler Verständigungsvereinbarungen, 2010, S. 222 f.

1533 Vgl. *Stiewe*, Die verfahrensrechtliche Umsetzung internationaler Verständigungsvereinbarungen, 2010, S. 182 f. und Fn. 486.

ungeachtet der Festsetzungsfristen[1534] umzusetzen.[1535] Diese Abkommensregelung ist unmittelbar anwendbar; einer innerstaatlichen Rechtsgrundlage bedarf es nicht.[1536] In diesem Zusammenhang ist jedoch festzustellen, dass ein wesentlicher Teil der von der Bundesrepublik Deutschland abgeschlossenen DBA keine Art. 25 Abs. 2 Satz 2 OECD-MA entsprechende Klausel enthält.[1537] In diesen Fällen ist die Regelung des § 175a Satz 2 AO zu beachten, wonach die Festsetzungsfrist nicht vor Ablauf eines Jahres nach dem Wirksamwerden der Verständigungsvereinbarung oder des Schiedsspruchs endet. Die Vorschrift begründet folglich eine Ablaufhemmung.

Fraglich ist, ob die Umsetzung der Verständigungsregelung auf der Grundlage von § 175a AO auch dann erfolgen kann, wenn im Zeitpunkt der Einleitung des Verständigungsverfahrens bereits Festsetzungsverjährung eingetreten ist. Zum Teil wird vertreten, dass eine Umsetzung in diesen Fällen nicht mehr erfolgen kann.[1538] Dies wird u. a. damit begründet, dass ein einmal erloschener Steueranspruch nicht wieder aufleben könne. Andererseits wird vertreten, dass die Festsetzungsfrist wieder auflebe, wenn nach ihrem Ablauf ein Verständigungsverfahren eingeleitet werde.[1539] Der zuletzt genannten Auffassung wird gefolgt. So kommt es im Rahmen der Anwendung von § 175a Satz 2 AO ausschließlich darauf an, dass der Antrag auf Einleitung des Verständigungsverfahrens rechtzeitig innerhalb der

1534 Rechtsbehelfs- und Rechtsetzungsfristen sind – wie vorstehend dargestellt – nicht von Art. 25 Abs. 2 Satz 2 OECD-MA umfasst. Festsetzungsfristen dagegen schon.

1535 Gem. § 169 Abs. 1 Satz 1 AO sind eine Steuerfestsetzung sowie ihre Aufhebung oder Änderung nicht mehr zulässig, wenn die Festsetzungsfrist abgelaufen ist. Die Festsetzungsfrist beträgt in den hier interessierenden Fällen vier Jahren (§ 169 Abs. 2 Nr. 2 AO). Sie beginnt mit Ablauf des Kalenderjahres, in dem die Steuererklärung, die Steueranmeldung oder die Anzeige eingereicht wird, spätestens jedoch mit Ablauf des dritten Kalenderjahrs, das auf das Kalenderjahr folgt, in dem die Steuer entstanden ist (§ 170 Abs. 2 Nr. 1 AO).

1536 So *Stiewe*, Die verfahrensrechtliche Umsetzung internationaler Verständigungsvereinbarungen, 2010, S. 237; *Schaumburg*, Internationales Steuerrecht, 2011, Rz. 16.102.

1537 Nach *Stiewe* enthält nur etwa die Hälfte der von der Bundesrepublik Deutschland abgeschlossenen DBA eine derartige Klausel, vgl. *Stiewe*, Die verfahrensrechtliche Umsetzung internationaler Verständigungsvereinbarungen, 2010, S. 237.

1538 Vgl. *Balmes*, in: Kühn/von Wedelstädt, AO/FGO, § 175a AO Rz. 7; *Schaumburg*, Internationales Steuerrecht, 2011, Rz. 16.102; *Loose*, in: Tipke/Kruse, AO/FGO, § 175a AO Rz. 8; *von Groll*, in: Hübschmann/Hepp/Spitaler, AO, § 175a Rz. 102; *Koenig*, in: Pahlke/Koenig, AO, § 175a Rz. 10.

1539 Vgl. *Stiewe*, Die verfahrensrechtliche Umsetzung internationaler Verständigungsvereinbarungen, 2010, S. 255; *Flüchter*, in: Schönfeld/Ditz, DBA, Art. 25 Rz. 163; *Loh/Steinert*, BB 2008 S. 2385 f.; *Rüsken*, in: Klein, AO, § 175a Rz. 2 (auflösend bedingter Ablauf der Festsetzungsfrist); *Engler/Elbert*, Verrechnungspreise, Kapitel F Rz. 258 (Verständigungslösung soll auch dann umgesetzt werden können, wenn Antrag nach Ablauf der Festsetzungsfrist gestellt wird).

abkommensrechtlichen Fristen gestellt wird.[1540] Die Frage, ob die innerstaatliche Festsetzungsfrist im Zeitpunkt der Einleitung des Verfahrens bereits abgelaufen ist, ist insoweit ohne Bedeutung. Zu beachten ist in diesem Zusammenhang ferner, dass der Antrag auf Einleitung eines Verständigungsverfahrens auch als Antrag i.S.v. § 171 Abs. 3 AO gedeutet werden kann.[1541] Damit kann die Frist zur Steuerfestsetzung nach Antragstellung grundsätzlich auch gem. § 171 Abs. 3 AO gehemmt werden. Dies setzt indessen voraus, dass der Antrag hinreichend bestimmt ist, indem er parallel auf die Änderung des Steuerbescheides gerichtet ist.[1542]

Eine weitere Frage, die sich im Zusammenhang mit der Umsetzung von Verständigungsregelungen stellt, geht dahin, ob die Rechtskraft einer gerichtlichen Entscheidung durch eine Verständigungseinigung der Vertragsstaaten durchbrochen werden kann. Die deutsche Finanzverwaltung führt in diesem Kontext in dem BMF-Schreiben v. 13.7.2006 – indes nur in Bezug auf Schiedsverfahren – aus, dass *„gemäß § 175a AO auch Steuerbescheide, deren Rechtmäßigkeit rechtskräftig gerichtlich bestätigt worden ist, auf Grund der Entscheidung im Schiedsverfahren geändert werden können (§ 110 Abs. 2 FGO)“*[1543]. *Lehner* vertritt die Auffassung, dass die Rechtskraft gerichtlicher Urteile durch eine Verständigungsregelung nicht durchbrochen werden könne. Zwar widerspreche es dem Sinn von Verständigungsverfahren, dass divergierende Gerichtsurteile in den betroffenen Staaten nicht beseitigt werden könnten. Gleichwohl fehle es an einer gesetzgeberischen Klarstellung zu dieser Frage.[1544] Die von *Lehner* angesprochenen Fälle betreffen Konstellationen, in denen das Verständigungsverfahren eine Frage betrifft, über die bereits in einem Gerichtsverfahren entschieden wurde. In diesem Fall ist die in Rede stehende Frage durch die Entscheidung des Gerichts in Rechtskraft erwachsen. Das Verständigungsverfahren stellt in diesem Zusammenhang keine neue Tatsache dar, welche eine Änderung der gerichtlichen Entscheidung rechtfertige.[1545] Eine Abweichung von einem rechtskräftigen Urteil soll nur dann möglich sein, wenn die zugrunde liegende Frage nicht Gegenstand der Gerichtsentscheidung war.[1546] *Krabbe* sieht eine Verständigungsvereinbarung dagegen als rückwirkendes Ereignis, das es über § 110 Abs. 2 FGO i.V.m. § 175a AO erlaube, die Rechtskraft eines Urteils zu durchbrechen.[1547]

1540 Vgl. *Flüchter*, in: Schönfeld/Ditz, DBA, Art. 25 Rz. 163.

1541 Vgl. *Lehner*, in: Vogel/Lehner, DBA, Art. 25 Rz. 135.

1542 Vgl. *Stiewe*, Die verfahrensrechtliche Umsetzung internationaler Verständigungsvereinbarungen, 2010, S. 240.

1543 BMF v. 13.7.2006, BStBl. I 2006, S. 461, Tz. 13.1.4.

1544 Vgl. *Lehner*, in: Vogel/Lehner, DBA, Art. 25 Rz. 132.

1545 Vgl. *Engler/Elbert*, in: Vögele/Borstell/Engler, Verrechnungspreise, 2011, Kapitel F, Rz. 260; *Krabbe*, IStR 2002, S. 550.

1546 Vgl. *Lehner*, in: Vogel/Lehner, DBA, Art. 25 Rz. 133. Ähnlich *Stiewe*, Die verfahrensrechtliche Umsetzung internationaler Verständigungsvereinbarungen, 2010, S. 276.

1547 Vgl. *Krabbe*, IStR 2002, S. 550.

Nach der hier vertretenen Auffassung kann eine Verständigungslösung die Rechtskraft eines Urteils im Einklang mit der Auffassung *Lehners* nicht durchbrechen, sofern dem Urteil und der Verständigung dieselbe Rechtsfrage zugrunde lag. Vor diesem Hintergrund sollten Steuerpflichtige, die eine Verständigungslösung anstreben, die die steuerliche Frage aus der Sicht beider beteiligter Staaten lösen soll, darauf hinwirken, dass keine gerichtliche Entscheidung vor der Einigung der Vertragsstaaten im zwischenstaatlichen Verständigungsverfahren ergeht.[1548]

3.2.2.4 Bewertung des Instruments

Bei einem Verständigungsverfahren handelt es sich um ein wirkungsbezogenes Instrument des Verrechnungspreisrisikomanagements. Das Instrument wird im Anschluss an eine Betriebsprüfung eingesetzt, in der es zu einer Verrechnungspreiskorrektur durch die Finanzverwaltung gekommen ist, die sich in einer Änderung von Steuerbescheiden niedergeschlagen hat.

Verständigungsverfahren zeichnen sich dadurch aus, dass beide beteiligten Fisci sich bemühen, eine Lösung des zugrunde liegenden Verrechnungspreisproblems herbeizuführen. Gelingt es, eine einvernehmliche Lösung zu erzielen, kann die durch die Verrechnungspreiskorrektur ausgelöste Doppelbesteuerung im Wege der Umsetzung der Verständigungsvereinbarung in innerstaatliche Steuerbescheide beseitigt werden. Insoweit besteht ein wesentlicher Unterschied zu den Instrumenten des innerstaatlichen Rechts, welche nur eine einseitige Lösung ermöglichen. Wird beispielsweise in einer Betriebsprüfung einer Dienstleistungsgesellschaft der Gewinnaufschlag auf die Kosten für an andere Konzerngesellschaften erbrachte Leistungen von 5 % auf 15 % erhöht und entscheidet ein Gericht im Anschluss an ein erfolglos geführtes Rechtsbehelfsverfahren rechtskräftig, dass ein Gewinnaufschlag von 10 % angemessen sei, hat die Entscheidung keinerlei Auswirkung auf die ausländische Konzerngesellschaft, welche die Leistungen empfangen hat. In einem Verständigungsverfahren könnte dagegen erreicht werden, dass beide Staaten sich auf einen Gewinnaufschlag einigen (z. B. einen Gewinnaufschlag i.H.v. 10 %), mit der Folge, dass es zu einer korrespondierenden Erhöhung der Betriebsausgaben der ausländischen Gesellschaft kommt.

1548 *Stiewe* vertritt die Auffassung, dass Verständigungsverfahren i.S.v. Art. 9 Abs. 2 OECD-MA über Verrechnungspreisfragen die Funktion eines – auch die Judikative bindenden – Auslegungsmaßstabs zukomme. Die Auffassung von *Stiewe* fußt im Wesentlichen auf der Erwägung, dass bei Verrechnungspreisfragen eine Bandbreite an Preisen exisitiere, welche sämtlich als „richtig“ anzusehen seien, vgl. *Stiewe*, Die verfahrensrechtliche Umsetzung internationaler Verständigungsvereinbarungen, 2010, S. 295, 301. Tatsächlich sind Verrechnungspreisfragen, die Verständigungsverfahren zugrunde liegen, jedoch oftmals komplexer bzw. nicht auf die bloße Auswahl eines Wertes aus einer Bandbreite beschränkt (z. B. Klärung der Frage, ob überhaupt eine Geschäftsbeziehung anzunehmen ist oder welche Verrechnungspreismethode angewandt werden soll). Daher dürfte die Auffassung von *Stiewe* nicht in allen Fällen zutreffen.

Ein weiterer Vorteil des Verständigungsverfahrens besteht darin, dass dieses parallel zu dem in Abschnitt E.V.3.1.2 dargestellten innerstaatlichen Rechtsbehelfsverfahren betrieben werden kann. Die Parallelität der Verfahren ermöglicht ein hohes Maß an Flexibilität. So haben Steuerpflichtige die Möglichkeit, im Anschluss an die Änderung von Bescheiden nach einer Betriebsprüfung einen Rechtsbehelf einzulegen und ein Ruhen des Verfahrens unter Aussetzung der Vollziehung zu beantragen, während gleichzeitig der Ausgang des Verständigungsverfahrens abgewartet wird. Kommt es zu einer Einigung, die den Vorstellungen des Steuerpflichtigen entspricht, wird das Rechtsbehelfsverfahren erledigt. Kommt es demgegenüber zu keiner Einigung der Vertragsstaaten, kann das Rechtsbehelfverfahren weiter betrieben und ggf. eine gerichtliche Klärung herbeigeführt werden. Der Steuerpflichtige hat damit stets den Anspruch auf eine finanzbehördliche bzw. gerichtliche Entscheidung. *Flüchter* spricht überdies die Möglichkeit an, mit den zuständigen Behörden abzustimmen, ob es möglich ist, die Zustimmung zu einer Verständigungslösung so lange hinauszuzögern, bis eine Entscheidung im Rechtsbehelfsverfahren vorliegt.[1549] Auf diese Weise wäre ein *cherry picking* dergestalt möglich, dass der Steuerpflichtige das für ihn günstigere Ergebnis abwartet.[1550]

Positiv hervorzuheben ist ferner, dass im Rahmen von Verständigungsvereinbarungen auch Fragen der Verzinsung und der Festsetzung von Penalties diskutiert werden. Auf diese Weise kann darauf hingearbeitet werden, dass möglichst ein Gleichlauf von Nachzahlungs- und Erstattungszinsen erfolgt. Schließlich ist zu beachten, dass ein Verständigungsverfahren – im Gegensatz zu APA-Verfahren, die ihrer Struktur nach ähnlich, jedoch zeitlich vorgelagert sind – gebührenfrei sind.

Folgt man der hier vertretenen Auffassung, dass Verständigungsverfahren auch dann durchgeführt werden können, wenn im Zeitpunkt ihrer Einleitung bereits Festsetzungsverjährung eingetreten ist, so können die Verfahren auch in Fällen zur Risikobeseitigung eingesetzt werden, in denen eine Verrechnungspreiskorrektur durch einen ausländischen Staat bei einer dortigen Konzerngesellschaft erfolgt, während in Deutschland bereits Festsetzungsverjährung eingetreten ist.[1551]

Ein Nachteil zwischenstaatlicher Verständigungsverfahren besteht darin, dass die DBA i.d.R. keinen Einigungszwang vorsehen, sondern lediglich eine Pflicht zur Verhandlung vorgeben. Mithin ist es möglich, dass Steuerpflichtige, die den Aufwand betrieben haben, ein Verständigungsverfahren zu beantragen, nach mehreren Jahren die Mitteilung erhalten, dass die Staaten keine einvernehmliche Lösung erzielen konnten. In diesem Fall kommen nach dem BMF-Schreiben v. 13.7.2006 Billigkeitsmaßnahmen in Betracht, welche jedoch an bestimmte Voraussetzungen

1549 Vgl. *Flüchter*, in: Schönfeld/Ditz, DBA, Art. 25 Rz. 73 mit Verweis auf Tz. 42 Satz 2 OECD-MK zu Art. 25 OECD-MA.

1550 Vgl. *Flüchter*, in: Schönfeld/Ditz, DBA, Art. 25 Rz. 73.

1551 Vgl. auch *Stiewe*, Die verfahrensrechtliche Umsetzung internationaler Verständigungsvereinbarungen, 2010, S. 241 und *Runge*, in, Schaumburg/Piltz, Betriebsprüfung internationaler Sachverhalte, S. 35 f.

geknüpft sind.[1552] Weiterhin kann ein Rechtsbehelfsverfahren weiter betrieben werden.[1553] Dieses kann jedoch wie dargestellt nur zu einer unilateralen Lösung führen, die ggf. nicht zufriedenstellend ist. Ein weiterer Nachteil besteht in der langen Dauer eines Verständigungsverfahrens. Diese kann durchaus fünf oder mehr Jahre betragen.[1554] Ein möglicher Grund hierfür könnte in der zunehmenden Komplexität der Fälle sowie in personellen Engpässen der Finanzverwaltung[1555] liegen. Die lange Bearbeitungszeit steht eindeutig im Widerspruch zu der zeitlichen Vorgabe in dem Manual on Effective Mutual Agreement Procedures, das von einer Dauer von zwei Jahren nach Annahme des Verfahrens ausgeht.[1556]

Nach allem ist festzuhalten, dass Verständigungsverfahren ein sinnvolles Instrument des Verrechnungspreisrisikomanagements darstellen, das zu der Beseitigung einer infolge einer Verrechnungspreiskorrektur eingetretenen Doppelbesteuerung eingesetzt werden kann. Der lokale Rechtsweg muss zuvor nicht ausgeschöpft werden und wird durch den Antrag auf Einleitung eines Verständigungsverfahrens nicht versperrt. Das Instrument geht mit einem nicht unerheblichen Ressourcenaufwand einher, der im Wesentlichen in der Aufbereitung von Unterlagen und der Erstellung des Antrags besteht, in dem das zugrunde liegende Problem eingehend zu schildern ist. Ggf. müssen Dokumente übersetzt werden. In der Praxis erfolgt die Aufbereitung des Sachverhalts häufig in Zusammenhang mit einem externen Berater.

Aufgrund des fehlenden Einigungszwangs bieten Verständigungsverfahren keine Sicherheit, dass die durch eine Verrechnungspreiskorrektur entstandene Doppelbesteuerung beseitigt werden kann. Das vorgenannte Problem besteht nicht, wenn sich im Fall des Scheiterns der Verhandlungen ein obligatorisches Schiedsverfahren an das Verständigungsverfahren i.S.v. Art. 25 Abs. 5 OECD-MA anschließt oder wenn eine „Überleitung" zu einem EU-Schiedsverfahren erfolgen kann. Die genannten Verfahren sind Gegenstand der folgenden Abschnitte.

3.2.3 Abkommensrechtliches Schiedsverfahren

3.2.3.1 Überblick

Art. 25 OECD-MA wurde im Jahr 2008 um Absatz 5 ergänzt. Dieser sieht die obligatorische Durchführung eines Schiedsverfahrens vor, wenn ein Verständigungsverfahren nach Art. 25 Abs. 1 und 2 OECD-MA innerhalb von zwei Jahren zu keiner Einigung geführt hat. Im Gegensatz zu dem im folgenden Abschnitt dargestellten EU-Schiedsverfahren kann das DBA-Verständigungsverfahren nicht nur in Bezug

1552 Vgl. BMF v. 13.7.2006, BStBl. I 2006, S. 461, Tz. 8.2.

1553 Es ist auch darauf hinzuweisen, dass einige DBA ein abkommensrechtliches Schiedsverfahren für den Fall vorsehen, dass es zu keiner Einigung im Verständigungsverfahren kommt. Diese sind Gegenstand des Abschnitts E.V.3.2.3.

1554 *Albert*, IFSt-Schrift Nr. 457, S. 41.

1555 Vgl. hierzu Müller-Gatermann, zitiert von *Haag/Jehle*, DStR-Beihefter zu Heft 41/2013, S. 80.

1556 Vgl. Annex 1 des OECD Manual on Effective Mutual Agreement Procedures.

auf Verrechnungspreisprobleme, sondern bei sämtlichen Fällen abkommenswidriger Besteuerung i.S.v. Art. 25 OECD-MA eingeleitet werden. Anders als im Fall von DBA-Verständigungsverfahren[1557] existiert kein BMF-Schreiben, das Einzelheiten der Anwendung des DBA-Schiedsverfahrens regelt. Dies ist darauf zurückzuführen, dass die praktische Durchführung des DBA-Schiedsverfahrens in bilateralen Verständigungsvereinbarungen geregelt werden soll, die jeweils auch als BMF-Schreiben veröffentlicht werden.[1558]

Die in der Vergangenheit von der Bundesrepublik Deutschland geschlossenen DBA enthalten sowohl fakultative (so die DBA Frankreich[1559] und DBA Kanada[1560]) als auch obligatorische Schiedsklauseln (so die DBA Österreich[1561], DBA USA[1562] und DBA Schweden[1563]). Seit der Ergänzung von Art. 25 OECD-MA um Abs. 5 geht die Bundesrepublik Deutschland dazu über, an das OECD-Muster angelehnte obligatorische Schiedsklauseln zu vereinbaren (so DBA Großbritannien[1564], DBA Liechtenstein[1565], DBA Luxemburg[1566], DBA Niederlande[1567] sowie DBA Schweiz[1568]).[1569] Art. 24 Abs. 5 der im Jahr 2013 veröffentlichten deutschen DBA-Verhandlungsgrundlage enthält eine Schiedsklausel, welche an Art. 25 Abs. 5 OECD-MA angelehnt ist.[1570]

3.2.3.2 Beschreibung des Instruments

Das DBA-Schiedsverfahren setzt zunächst voraus, dass ein DBA-Verständigungsverfahren eingeleitet wurde. Zu den Voraussetzungen sowie der Durchführung dieses Verfahrens kann auf die Ausführungen in den vorangehenden Abschnitten verwiesen werden. Weiterhin setzt die Durchführung eines DBA-Schiedsverfahrens voraus, dass die abkommenswidrige Besteuerung durch die Vertragsstaaten im Rahmen des DBA-Verständigungsverfahrens nicht (vollständig) beseitigt werden konnte. Dies betrifft Fälle, in denen noch mindestens eine Teilfrage ungelöst ist.[1571]

1557 Vgl. insoweit BMF v. 13.7.2006, BStBl. I 2006, S. 461.
1558 Die Verständigungsvereinbarung der Bundesrepublik Deutschland und Großbritanniens in Bezug auf das an Art. 25 Abs. 5 OECD-MA angelehnte Schiedsverfahren in Art. 26 Abs. 5 DBA Großbritannien ist z.B. in dem BMF-Schreiben v. 10.10.2011 (BStBl. I 2011, S. 956) veröffentlicht.
1559 Art. 25a DBA Frankreich.
1560 Art. 25 Abs. 6 DBA Kanada.
1561 Art. 25 Abs. 5 DBA Österreich.
1562 Art. 25 Abs. 5 DBA USA.
1563 Art. 40, 41 DBA Schweden.
1564 Art. 26 Abs. 5 DBA Großbritannien.
1565 Art. 25 Abs. 5 DBA Liechtenstein.
1566 Art. 24 Abs. 5 DBA Luxemburg.
1567 Art. 25 Abs. 5 DBA Niederlande.
1568 Art. 26 Abs. 5 DBA-Schweiz.
1569 Vgl. *Schönfeld/Ditz*, in: Schönfeld/Ditz, DBA, Anh. 4, Rz. 183.
1570 Vgl. *Schönfeld/Ditz*, in: Schönfeld/Ditz, DBA, Anh. 4, Rz. 183.
1571 Tz. 71 OECD-MK zu Art. 25 OECD-MA.

Im Umkehrschluss scheidet die Einleitung eines DBA-Schiedsverfahrens aus, wenn sich die beteiligten Behörden im Rahmen des Verständigungsverfahrens über alle offenen Fragen geeinigt haben.[1572] Die Auffassung der betroffenen Personen, dass die erzielte Verständigungslösung unzureichend sei, ist dabei unbeachtlich.[1573] Ferner setzt die Einleitung eines DBA-Schiedsverfahrens voraus, dass es sich um eine abkommenswidrige Besteuerung handelt, welche bereits eingetreten ist, indem eine Steuer festgesetzt oder gezahlt wurde.[1574] Eine bloß drohende abkommenswidrige Besteuerung – welche den Zugang zu einem Verständigungsverfahren ermöglicht – reicht insoweit nicht aus.[1575] Damit soll verhindert werden, dass ein DBA-Schiedsverfahren ins Blaue hinein eröffnet wird.[1576]

Die Einleitung eines DBA-Schiedsverfahrens ist antragsgebunden. Eine „automatische" Überleitung, wie dies im Rahmen des EU-Schiedsverfahrens der Fall ist – ist nicht vorgesehen.[1577] Der Antrag muss nicht zwingend schriftlich, sondern kann auch mündlich gestellt werden oder auch konkludent erfolgen.[1578] Er kann frühestmöglich nach Ablauf der in Art. 25 Abs. 5 OECD-MA geregelten Zweijahresfrist gestellt werden, innerhalb derer die Vertragsstaaten keine Einigung erzielt haben. Die Frist beginnt in dem Zeitpunkt, in dem die zuständige Behörde des anderen Vertragsstaates, entweder von der Behörde des einen Vertragsstaats, der der Antrag auf Einleitung eines Verständigungsverfahrens zugestellt wurde oder von der betroffenen Person selbst, informiert wurde. Sofern die abkommenswidrige Besteuerung später eingetreten ist, beginnt die Frist erst zu diesem Zeitpunkt.[1579] Die Mustervereinbarung in dem Anhang des OECD-MK zu Art. 25 OECD-MA sieht in diesem Zusammenhang vor, dass die Vertragsstaaten sich auf die Informationen einigen, die dem anderen Vertragsstaat mindestens vorliegen müssen, damit der Fristlauf beginnt.[1580] Einen Zeitpunkt, wann der Antrag spätestens zu stellen ist, sieht Art. 25 Abs. 5 OECD-MA und der OECD-MK nicht vor.[1581] Dies bietet Steuerpflichtigen die Möglichkeit, eine mögliche Einigung der Vertragsstaaten im DBA-Verständigungsverfahren über den Zweijahreszeitraum hinaus abzuwarten.[1582]

1572 Vgl. *Herlinghaus*, IStR 2010, S. 127.
1573 Vgl. *Eilers*, in: Wassermeyer, DBA, Art. 25 Rz. 75.
1574 Tz. 72 OECD-MK zu Art. 25 OECD-MA. Auch soll es ausreichen, wenn konkrete Maßnahmen einer Behörde sich bereits abzeichnen.
1575 Tz. 72 OECD-MK zu Art. 25 OECD-MA.
1576 Vgl. *Herlinghaus*, IStR 2010, S. 127.
1577 Vgl. *Nientimp/Tomson*, IStR 2009, S. 616.
1578 Vgl. *Herlinghaus*, IStR 2010, S. 128. Die Mustervereinbarung in dem Annex des OECD-MK zu Art. 25 OECD-MA sieht einen schriftlichen Antrag vor.
1579 Vgl. *Lehner*, in: Vogel/Lehner, DBA, Art. 25 Rz. 215; *Nientimp/Tomson*, IStR 2009, S. 616; *Herlinghaus*, IStR 2010, S. 127.
1580 Tz. 75 OECD-MK zu Art. 25 OECD-MA.
1581 Vgl. *Herlinghaus*, IStR 2010, S. 127 f.; Tz. 70 OECD-MK zu Art. 25 OECD-MA: *„at any time after the period of two years"*.
1582 Vgl. *Nientimp/Tomson*, IStR 2009, S. 616.

Die Vertragsstaaten sind auf den Antrag des Steuerpflichtigen hin verpflichtet, das DBA-Schiedsverfahren einzuleiten. Ihnen wird insoweit kein Ermessen eingeräumt („*werden [...] unterworfen*"). Die Einleitung des DBA-Schiedsverfahrens bedeutet nicht, dass der Steuerpflichtige auf innerstaatliche Rechtsmittel verzichten muss. Allerdings sieht Tz. 76 des OECD-MK zu Art. 25 OECD-MA vor, dass die innerstaatlichen Rechtsbehelfe ruhend zu stellen sind. Dem Steuerpflichtigen soll damit die Möglichkeit gegeben werden, eine erwartete Schiedslösung gem. Art. 25 Abs. 5 Satz 3 OECD-MA abzulehnen und die innerstaatlichen Rechtsbehelfe weiterzuführen.

Dem DBA-Schiedsverfahren werden die Teilfragen unterworfen, über die zwischen den Vertragsstaaten keine Einigung erzielt werden konnte, nicht jedoch die Fragen, über die Einigkeit erzielt werden konnte. In der Praxis werden sich die mitunter komplexen Sachverhalte sowie die ihnen folgenden Rechtsfragen indessen nicht immer „sauber" aufteilen lassen, so dass oftmals der gesamte Sachverhalt dem Schiedsverfahren unterworfen werden muss. Beteiligte des DBA-Schiedsverfahrens sind die zuständigen Behörden. Die betroffenen Personen haben dagegen keine Parteistellung inne und haben keinen Einfluss auf das Verfahren.[1583] Die in dem Annex des OECD-MK zu Art. 25 OECD-MA beigefügte Mustervereinbarung sieht indessen in Tz. 11 vor, dass der Steuerpflichtige von dem Schiedsgericht gehört werden kann.

Art. 25 Abs. 5 OECD-MA enthält keine Vorgaben zu dem Verfahrensablauf. Entsprechende Vorschläge werden in der in dem Annex des OECD-MK zu Art. 25 OECD-MA beigefügten Musterverständigungsvereinbarung unterbreitet.[1584] Im Einzelnen wird vorgeschlagen, dass sich die Vertragsstaaten innerhalb von drei Monaten, nachdem der Antrag auf Einleitung eines DBA-Schiedsverfahrens von beiden Vertragsstaaten erhalten wurde, auf die Fragen, die von dem Schiedsgericht geklärt werden sollen, in einem als *Terms of Reference* bezeichneten Dokument einigen und diese dem Antragsteller mitteilen sollen.[1585] Innerhalb einer Zeitspanne von weiteren drei Monaten, nachdem die *Terms of Reference* dem Antragsteller mitgeteilt wurden, sollen die Vertragsstaaten je einen Schiedsrichter vorschlagen. Diese beiden Schiedsrichter sollen sich im Anschluss auf einen Vorsitzenden des Schiedsgerichts einigen. Aus welchem Personenkreis (Qualifikation, Staatsangehörigkeit etc.) diese auszuwählen sind und welche Voraussetzungen an die Unabhängigkeit der Schiedsrichter zu stellen sind, bleibt dabei offen.[1586] Falls mindestens einer der Vertragsstaaten innerhalb der Dreimonatsfrist keinen Schiedsrichter ernennt, soll der Direktor des OECD Centre for Tax Policy and Adminstration die oder den fehlenden Schiedsrichter innerhalb einer Frist von zehn Tagen einsetzen.[1587] Den

1583 Vgl. *Nientimp/Tomson*, IStR 2009, S. 617.

1584 Diese enthält in Tz. 6 auch einen Vorschlag für ein beschleunigtes Verfahren, das im Folgenden nicht näher betrachtet wird.

1585 Vgl. Tz. 3 der Mustervereinbarung im Annex des OECD-MK zu Art. 25 OECD-MA.

1586 In Tz. 7 der Mustervereinbarung im Annex des OECD-MK zu Art. 25 OECD-MA werden lediglich allgemeine Voraussetzungen genannt.

1587 Vgl. Tz. 5 der Mustervereinbarung im Annex des OECD-MK zu Art. 25 OECD-MA.

Schiedsrichtern obliegt es, die Verfahrens- und Beweisregeln des Schiedsverfahrens zu bestimmen.[1588] Es besteht die Möglichkeit eines Rückgriffs auf die Regelungen der Internationalen Handelskammer ICC.[1589]

Was den Schiedsspruch anbelangt, so besteht zum einen die Möglichkeit, dass dem *independent opinion approach* gefolgt wird, wonach das Schiedsgericht eine unabhängige Rechtsauffassung bilden kann. Zum anderen kann dem *final offer-* oder *baseball approach* gefolgt werden, bei dem das Schiedsgericht zwischen den letzten Stellungnahmen der Vertragsstaaten entscheidet.[1590] Der Entscheidungsspielraum im Rahmen des *final offer-* oder *baseball approach* ist folglich beschränkt.[1591] Ziel des Ansatzes ist es, dass die zuständigen Behörden extreme Positionen vermeiden. Der Schiedsspruch muss innerhalb von sechs Monaten nach dem Zeitpunkt gefällt werden, zu dem der Vorsitzende des Schiedsgerichts schriftlich mitgeteilt hat, dass sämtliche Informationen vorliegen, die zur Einleitung des Schiedsgerichtsverfahrens notwendig sind.[1592] Er ergeht in einer Mehrheitsentscheidung.[1593] Falls der Schiedsspruch nicht innerhalb der genannten Frist ergeht und kommuniziert wird, kann die Frist von den Vertragsstaaten um maximal sechs Monate verlängert werden.[1594] Weiterhin soll der Schiedsspruch binnen einer Frist von sechs Monaten von den Vertragsstaaten in innerstaatliches Recht umgesetzt werden.[1595] Insoweit ist die bereits dargestellte Vorschrift des § 175a AO zu beachten. Die Musterverständigungsvereinbarung im Annex des OECD-MK zu Art. 25 OECD-MA sieht vor, dass der Schiedsspruch nur dann als endgültig anzusehen ist, wenn nicht ein von dem Steuerpflichtigen angerufenes nationales Gericht entscheidet, dass Verfahrensverstöße vorliegen.[1596] Das DBA-Schiedsverfahren endet auch dann, wenn die zuständigen Behörden dem Schiedsgericht vor dem Ergehen eines Schiedsspruchs mitteilen, dass sie eine Einigung hinsichtlich der ungelösten Fragen

1588 Vgl. Tz. 10 der Mustervereinbarung im Annex des OECD-MK zu Art. 25 OECD-MA.

1589 Vgl. Tz. 18 Annex des OECD-MK zu Art. 25 OECD-MA.

1590 Vgl. Tz. 2 und 3 Annex des OECD-MK zu Art. 25 OECD-MA.

1591 Vgl. *Herlinghaus*, IStR 2010, S. 129.

1592 Vgl. Tz. 16 der Mustervereinbarung im Annex des OECD-MK zu Art. 25 OECD-MA.

1593 Vgl. Tz. 15 der Mustervereinbarung im Annex des OECD-MK zu Art. 25 OECD-MA.

1594 Vgl. Tz. 17 der Mustervereinbarung im Annex des OECD-MK zu Art. 25 OECD-MA. Sollten die Vertragsstaaten keine Verlängerung innerhalb eines Monats nach dem Zeitpunkt, zu dem die Sechsmonatsfrist abläuft, vereinbaren, sollen neue Schiedsrichter bestellt werden und das Verfahren wiederholt werden.

1595 Vgl. Tz. 19 der Mustervereinbarung im Annex des OECD-MK zu Art. 25 OECD-MA.

1596 Vgl. Tz. 19 der Mustervereinbarung im Annex des OECD-MK zu Art. 25 OECD-MA. Es ist indes fraglich, auf welcher Grundlage die nationalen Gerichte entschieden sollen, vgl. entsprechend zu der Frage, ob Verfahrensverstöße gegen die EU-Schiedsverfahrenskonvention von einem nationalen Gericht verhandelt werden können, vgl. *Bödefeld/Kuntschik*, IStR 2009, S. 271.

im Verständigungswege erzielt haben. In diesem Fall wird das DBA-Schiedsverfahren beendet.[1597] Wie bereits erörtert wurde, hat der Antragsteller gem. Art. 25 Abs. 5 Satz 3 OECD-MA auch das Recht, den Schiedsspruch abzulehnen und die innerstaatlichen Rechtsmittel weiter zu verfolgen.

In Bezug auf sämtliche in der Musterverständigungsvereinbarung vorgesehenen o.g. Fristen ist festzustellen, dass diese optimistisch kurz erscheinen und davon auszugehen ist, dass diese – vor dem Hintergrund der derzeitigen tatsächlichen Bearbeitungsdauern von APA und Verständigungsverfahren – regelmäßig nicht eingehalten werden können. Bei dem Abschluss von entsprechenden bilateralen Vereinbarungen sollten Staaten daher – abweichend von dem Vorschlag im OECD-MK – realistischere Fristen vereinbaren, um keine falschen Erwartungshaltungen zu wecken. In der Verständigungsvereinbarung der Bundesrepublik Deutschland und Großbritanniens in Bezug auf das in Art. 26 Abs. 5 DBA Großbritannien geregelte Schiedsverfahren wurden dagegen sämtliche Fristen aus der Mustervereinbarung weitgehend[1598] übernommen.[1599]

Was das Verhältnis des in Art. 25 Abs. 5 OECD-MA geregelten Schiedsverfahrens zu dem EU-Schiedsverfahren anbelangt, vertritt die deutsche Finanzverwaltung die Auffassung, dass das EU-Schiedsverfahren dem DBA-Schiedsverfahren vorgehe. Dies geht jedenfalls aus dem Wortlaut von Art. 24 Abs. 5 Nr. 4 D-MA hervor. Die Regelung soll ein unabgestimmtes Nebeneinander verschiedener Verfahren verhindern.[1600] Die h.M. im Schrifttum geht indessen davon aus, dass die Verfahren gleichrangig nebeneinander stehen.[1601] Dazu ist festzustellen, dass Steuerpflichtige in der Praxis ohnehin im Vorfeld prüfen werden, welches Verfahren sie anwenden wollen, bevor sie einen entsprechenden Antrag stellen.[1602]

3.2.3.3 Bewertung des Instruments

Bei dem Schiedsverfahren auf der Grundlage von Art. 25 Abs. 5 OECD-MA handelt es sich um ein wirkungsbezogenes Instrument des Verrechnungspreisrisikomanagements. Das zentrale Merkmal des DBA-Schiedsverfahrens besteht darin, dass es zu einem bindenden Schiedsspruch kommt, wenn die Vertragsstaaten sich im Rahmen

---

1597 Vgl. Tz. 20 der Mustervereinbarung im Annex des OECD-MK zu Art. 25 OECD-MA.

1598 Lediglich die Zehn-Tages-Fristen (z.B. für die Einsetzung von nicht nominierten Schiedsrichtern) wurde durch Fünfzehn-Tages-Fristen ersetzt.

1599 Vgl. BMF v. 20.11.2011, BStBl. I 2011, S. 956.

1600 So *Lüdicke*, Anmerkungen zur deutschen Verhandlungsgrundlage für Doppelbesteuerungsabkommen, IStRBeihefter 2013, S. 41.

1601 Vgl. *Liebchen*, in: Schönfeld/Ditz, DBA, Art. 25 Rz. 240; *Jacobs/Endres/Spengel*, in: Jacobs, Internationale Unternehmensbesteuerung, 2011, S. 902.

1602 So fordert die Finanzverwaltung in dem BMF-Schreiben v. 13.7.2006 (BStBl. I 2006, S. 416, Tz. 11.1.1), dass der Steuerpflichtige in einem Antrag auf Einleitung eines EU-Schiedsverfahrens deutlich zu machen hat, dass er sich auf die EU-Schiedsverfahrenskonvention beruft.

des Vorverfahrens, des Abhilfeverfahrens oder des DBA-Verständigungsverfahrens nicht auf eine Lösung zur Beseitigung der Doppelbesteuerung einigen können. Insoweit besteht ein wesentlicher Unterschied zu dem DBA-Verständigungsverfahren ohne anschließendes DBA-Schiedsverfahren, das nicht zwingend eine Beseitigung der eingetretenen Doppelbesteuerung zur Folge hat.

Aufgrund seines obligatorischen Charakters kann das DBA-Schiedsverfahren einen wesentlichen Beitrag zu der Beseitigung von Doppelbesteuerungskonflikten leisten, die infolge von Verrechnungspreiskorrekturen auftreten. Der mit der Beantragung und Durchführung eines DBA-Schiedsverfahrens verbundene Ressourcenaufwand ist jedoch nicht unerheblich und bezieht sich insbesondere auf die Erstellung des Antrags sowie die schriftliche und ggf. mündliche Darlegung der Rechtsauffassung vor dem Schiedsgericht (persönlich oder über einen Bevollmächtigten). Insoweit dürften allerdings gewisse Überschneidungen zu den Arbeiten bestehen, die im Rahmen des (zwingend vorangehenden) DBA-Verständigungsverfahrens erforderlich sind.

Ein gewichtiger Nachteil, welcher den praktischen Nutzen des DBA-Schiedsverfahrens aus der Sicht von in Deutschland ansässigen Konzerngesellschaften bedeutend einschränkt, ist darin zu erblicken, dass die Bundesrepublik Deutschland bislang lediglich vier an Art. 25 Abs. 5 OECD-MA angelehnte obligatorische Schiedsklauseln vereinbart hat (so im DBA Großbritannien[1603], im DBA Liechtenstein[1604], im DBA Luxemburg[1605], im DBA Niederlande[1606] sowie im DBA Schweiz[1607]).[1608] Weitere drei DBA sehen obligatorische Schiedsverfahren vor, die jedoch nicht dem Muster des Art. 25 Abs. 5 OECD-MA entsprechen (so die DBA Österreich[1609], DBA USA[1610] und DBA Schweden[1611]). In Bezug auf DBA-Partner, die zugleich Unterzeichner der EU-Schiedsverfahrenskonvention sind, wiegt der Nachteil gering, da ein EU-Schiedsverfahren geführt werden kann. In Bezug auf wichtige Handelspartner außerhalb der EU kann dieses dagegen nicht in Anspruch genommen werden (z.B. China, Russische Föderation). Vor diesem Hintergrund bleibt zu hoffen, dass die Bundesrepublik Deutschland in zukünftigen (Neu-)Verhandlungen von DBA obligatorische Schiedsverfahren vereinbaren kann. Die deutsche Verhandlungsgrundlage sieht jedenfalls eine Art. 25 Abs. 5 OECD-MA nachgebildete Schiedsklausel vor.[1612] Sollte die Bundesrepublik Deutschland in der Lage sein, diese Schiedsklausel in ihren zukünftigen DBA (Neu-)Verhandlungen durchzusetzen, steht insbesondere

1603 Art. 26 Abs. 5 DBA Großbritannien.
1604 Art. 25 Abs. 5 DBA Liechtenstein.
1605 Art. 24 Abs. 5 DBA Luxemburg.
1606 Art. 25 Abs. 5 DBA Niederlande.
1607 Art. 26 Abs. 5 DBA-Schweiz.
1608 Vgl. *Schönfeld/Ditz*, in: Schönfeld/Ditz, DBA, Anh. 4, Rz. 183.
1609 Art. 25 Abs. 5 DBA Österreich.
1610 Art. 25 Abs. 5 DBA USA.
1611 Art. 40, 41 DBA Schweden.
1612 Vgl. Art. 24 Abs. 5 der deutschen DBA-Verhandlungsgrundlage.

solchen Steuerpflichtigen, die die EU-Schiedsverfahrenskonvention nicht in Anspruch nehmen können, ein wirksames Instrument zur Beseitigung von Doppelbesteuerungskonflikten zur Verfügung.

3.3 EU-Schiedsverfahren

3.3.1 Überblick

Mit dem EU-Schiedsverfahren wurde innerhalb der Europäischen Union ein Instrument geschaffen, das die Beseitigung der Doppelbesteuerung infolge von Verrechnungspreiskorrekturen bei verbundenen Unternehmen ermöglicht.[1613] Die rechtliche Grundlage des EU-Schiedsverfahrens bildet die EU-Schiedsverfahrenskonvention v. 23.7.1990.[1614] Bei der EU-Schiedsverfahrenskonvention handelt es sich um einen multilateralen völkerrechtlichen Vertrag, der auf der Grundlage von Art. 293 2. Spiegelstrich EG ergangen ist.[1615] Ursprünglich war vorgesehen, die Regelungen über das Schiedsverfahren in Form einer Richtlinie zu verabschieden.[1616] Die entsprechenden Pläne aus dem Jahr 1976 wurden jedoch zurückgezogen.[1617] Da es sich bei den Regelungen über das Schiedsverfahren mithin nicht um sekundäres EU-Recht handelt, unterliegt die EU-Schiedsverfahrenskonvention auch nicht der Rechtsprechung des EuGH.[1618]

Die EU-Schiedsverfahrenskonvention ist am 1.9.1995 in zwölf Mitgliedstaaten[1619] in Kraft getreten. Nach Art. 20 a.F. EU-Schiedsverfahrenskonvention wurde das Übereinkommen zunächst für eine Dauer von fünf Jahren geschlossen und wäre daher zum 31.12.1999 außer Kraft getreten. Art. 20 EU-Schiedsverfahrenskonvention wurde jedoch im Jahr 1999 dahingehend angepasst, dass die Konvention sich um 5 Jahre verlängert, sofern kein Mitgliedstaat Einwände erhebt.[1620] Da die Ratifikation

---

1613 Das EU-Schiedsverfahren kann auch auf Fragen der Gewinnabgrenzung zwischen Stammhaus und Betriebsstätte Anwendung finden. Die entsprechenden Fragen sind nicht Gegenstand dieser Arbeit, vgl. die in Abschnitt A.III vorgenommene Abgrenzung.

1614 Vgl. Übereinkommen über die Beseitigung der Doppelbesteuerung im Falle von Gewinnberichtigungen bei verbundenen Unternehmen v. 23.7.1990, 90/436/EWG, ABl. EG L 225 v. 20.8.1990, S. 10 ff.

1615 *Vgl. Kempf/Gelsdorf*, IStR 2012, 329.

1616 Vgl. den Vorschlag einer Richtlinie des Rates über Bestimmungen zur Vermeidung der Doppelbesteuerung für den Fall der Gewinnberichtigung zwischen verbundenen Unternehmen v. 21.12.1976, ABl. EG C 301/4 ff.

1617 ABl. EG C 2, S. 2 ff.

1618 Vgl. *Hinnekens*, EC Tax Review 2010, S. 115; *Schaumburg*, Internationales Steuerrecht, 2011, Rz. 3.78; *Liebchen*, in: Schönfeld/Ditz, DBA, Art. 25 Rz. 275.

1619 Es handelte sich um Belgien, Dänemark, Deutschland, Griechenland, Spanien, Frankreich, Irland, Italien, Luxemburg, Niederlande, Portugal, Vereinigtes Königreich.

1620 Vgl. ABl. EG C 202, S. 1 ff.

des Protokolls zur Verlängerung der Laufzeit der EU-Schiedsverfahrenskonvention durch den letzten der 15 Mitgliedstaaten erst im Jahr 2004 erfolgte, trat die EU-Schiedsverfahrenskonvention erst am 1.11.2004 rückwirkend zum 1.1.2000 wieder in Kraft.[1621] Die EU-Schiedsverfahrenskonvention gilt derzeit in allen Mitgliedsstaaten mit der Ausnahme Kroatiens.

Anwendungsfragen der EU-Schiedsverfahrenskonvention sind in einem Verhaltenskodex geregelt.[1622] Der Kodex geht auf die Fristenregelungen, die Behandlung von Dreiecksfällen und Unterkapitalisierungsregeln sowie allgemeine Verfahrensfragen ein. Bei dem Verhaltenskodex handelt es sich – ebenso wie bei dem Verhaltenskodex zur Verrechnungspreisdokumentation für verbundene Unternehmen in der Europäischen Union (EU TPD) – um *soft law*, d.h. von ihm geht – anders als von Verordnungen sowie in nationales Recht transformierten Richtlinien – keine Rechtskraft aus.[1623] Die deutsche Finanzverwaltung nimmt in einem BMF-Schreiben zu dem EU-Schiedsverfahren Stellung.[1624] Das BMF-Schreiben enthält u. a. Vorgaben zu dem notwendigen Inhalt des Antrags des Steuerpflichtigen, der Vorgehensweise des BZSt bei einer Antragstellung im In- bzw. Ausland sowie der Anwendung und Auslegung der einzelnen Artikel der EU-Schiedsverfahrenskonvention. Die Vorgaben sind an den Verhaltenskodex zu der EU-Schiedsverfahrenskonvention angelehnt.[1625]

In persönlicher Hinsicht setzt die Anwendung der EU-Schiedsverfahrenskonvention voraus, dass die beteiligten Gesellschaften Unternehmen eines Vertragsstaats sind.[1626] Da diese Begriffe – im Gegensatz zu dem Begriff der zuständigen Behörde[1627] – weder in der EU-Schiedsverfahrenskonvention noch in dem dazugehörigen Verhaltenskodex definiert sind, ist Art. 3 Abs. 2 EU-Schiedsverfahrenskonvention einschlägig, wonach jeder in der EU-Schiedsverfahrenskonvention nicht definierte Begriff die Bedeutung hat, die ihm nach dem DBA zwischen den beteiligten Staaten zukommt, wenn der Zusammenhang nichts anderes erfordert. Eine Definition

---

1621 Zu der Vorgehensweise in der „Übergangsphase“ vom 1.1.2000 bis zum 1.11.2004 vgl. den EU Joint Transfer Pricing Forum Report on the RE-Entry into Force of the Arbitration Convention v. 30.5.2005, JTPF/019/REV5/2004/EN.

1622 Vgl. ABl. EU C 322 v. 30.12.2009, S. 1 ff. Hierbei handelt es sich um eine überarbeitete Fassung. Die zuvor gültige Fassung datiert vom 28.7.2006, ABl. EU C 176, S. 1 ff.

1623 Vgl. *Liebchen*, in: Schönfeld/Ditz, DBA, Art. 35 Rz. 276.

1624 Vgl. BMF v. 13.7.2006, BStBl. I 2006, S. 461, Tz. 10 ff.

1625 Soweit die Regelungen des BMF-Schreibens mit dem Verhaltenskodex übereinstimmen, besteht eine Selbstbindung der Finanzverwaltung, diese umzusetzen. Dies relativiert den Charakter des Verhaltenskodex als *soft law*.

1626 Verständigungs- und Schiedsverfahren auf der Grundlage der DBA können dagegen von „Personen“ i.S.v. Art. 3 Abs. 1 Buchst. a) OECD-MA beantragt werden. Dies trägt der Tatsache Rechnung, dass auch natürliche Personen ein Verständigungsverfahren beantragen können.

1627 Vgl. Art. 3 Abs. 1 EU-Schiedsverfahrenskonvention.

des Begriffs des Unternehmens ist in Art. 3 Abs. 1 Buchst. c) OECD-MA enthalten. Demnach bezieht sich der Ausdruck Unternehmen auf die Ausübung einer Geschäftstätigkeit. Zur Auslegung dieser allgemeinen Definition kann nach der hier vertretenen Auffassung auf die Kommentierung derjenigen Artikel des DBA Bezug genommen werden, in denen der Begriff des Unternehmens in einem sachnahen Kontext verwendet wird. Aufgrund der sachlichen Nähe des Regelungsgegenstands kann hierbei insbesondere auf die Kommentierung zu Art. 9 Abs. 1 OECD-MA Bezug genommen werden.[1628] Mithin ist stets dann von einem Unternehmen auszugehen, wenn die zugrunde liegende Tätigkeit die Merkmale Gewinnerzielungsabsicht, Selbständigkeit, Nachhaltigkeit und Teilnahme am Wirtschaftsverkehr erfüllt.[1629] Damit besteht eine inhaltliche Parallele zu der Definition des Gewerbebetriebs in § 15 Abs. 2 EStG.[1630] Der Begriff des Unternehmens kann sich dabei auf jegliche Rechtsform beziehen.[1631] Damit werden insbesondere die in der vorliegenden Arbeit betrachteten Gesellschaften international tätiger Konzerne in der Rechtsform einer Kapitalgesellschaft von dem persönlichen Anwendungsbereich der EU-Schiedsverfahrenskonvention erfasst.

Unter Vertragsstaaten sind diejenigen Staaten zu verstehen, welche die EU-Schiedsverfahrenskonvention ratifiziert haben, d.h. gegenwärtig alle EU-Mitgliedstaaten mit der Ausnahme Kroatiens. Die EU-Schiedsverfahrenskonvention lässt offen, welche Bindung zwischen den Unternehmen einerseits und den Vertragsstaaten andererseits bestehen muss. Aufgrund des Verweises in Art. 3 Abs. 2 EU-Schiedsverfahrenskonvention auf die DBA ist davon auszugehen, dass die Unternehmen in einem der Vertragsstaaten im Sinne von Art. 4 OECD-MA ansässig sein müssen.[1632]

1628 Die sachliche Nähe des Regelungsgegenstands ergibt sich aus dem Umstand, dass sowohl die EU-Schiedsverfahrenskonvention als auch Art. 9 Abs. 1 OECD-MA die Gewinnabgrenzung zwischen verbundenen Unternehmen betreffen. Der Wortlaut von Art. 4 EU-Schiedsverfahrenskonvention und von Art. 9 OECD-MA stimmt dementsprechend weitgehend überein. Der Wortlaut differiert nur insoweit, als es sich bei den DBA um bilaterale Abkommen und bei der EU-Schiedsverfahrenskonvention um einen multilateralen Vertrag handelt. Daher wird in Art. 9 Abs. 1 OECD-MA die Formulierung „eines Unternehmens des anderen Vertragsstaats“ und in Art. 4 Nr. 1 EU-Schiedsverfahrenskonvention die Formulierung „eines Unternehmens eines anderen Vertragsstaats“ verwendet.

1629 Vgl. *Ditz*, in: Schönfeld/Ditz, DBA, Art. 9 Rz. 32, der sich wiederum auf den Unternehmensbegriff des Art. 7 OECD-MA bezieht.

1630 Vgl. *Ditz*, in: Schönfeld/Ditz, DBA, Art. 9 Rz. 32.

1631 Vgl. *Ditz*, in: Schönfeld/Ditz, DBA, Art. 9 Rz. 33; *Eigelshoven*, in: Vogel/Lehner, DBA, Art. 9 Rz. 34. Die Fragen, die mit der Gewinnabgrenzung unter Beteiligung von Personengesellschaften verbunden sind, sind nicht Gegenstand dieser Arbeit, vgl. die in Abschnitt A.III vorgenommene Abgrenzung.

1632 Vgl. *Bernath*, The Implications of the Arbitration Convention, Master Thesis, Jönköping International Business School, 2006, S. 41.

Sofern es sich um eine doppelt ansässige Gesellschaft handelt, kommt mithin die *tie-breaker-rule* des Art. 4 Abs. 3 OECD-MA zur Anwendung.[1633]

Nach Art. 4 Nr. 1 EU-Schiedsverfahrenskonvention ist der sachliche Anwendungsbereich der EU-Schiedsverfahrenskonvention eröffnet, wenn

- ein Unternehmen eines Vertragsstaates unmittelbar oder mittelbar an der Geschäftsleitung, der Kontrolle oder dem Kapital eines Unternehmens eines anderen Vertragsstaates beteiligt ist, oder
- dieselben Personen unmittelbar oder mittelbar an der Geschäftsleitung, der Kontrolle oder dem Kapital eines Unternehmens eines anderen Vertragsstaates und eines Unternehmens eines anderen Vertragsstaates beteiligt sind

und wenn diese Unternehmen in ihren kaufmännischen und finanziellen Beziehungen nicht fremdübliche Bedingungen vereinbart haben. Aufgrund der Regelung in Art. 4 Abs. 1 EU-Schiedsverfahrenskonvention werden Geschäftsbeziehungen zwischen ober- und untergeordneten Gesellschaften (z.B. zwischen einer Mutter- und Tochter- oder Enkelgesellschaft) sowie zwischen Schwestergesellschaften erfasst. Eine bestimmte Beteiligungshöhe ist dabei nicht vorgeschrieben. Soweit die Bundesrepublik Deutschland betroffen ist, entfaltet die EU-Schiedsverfahrenskonvention für die Einkommen-, die Körperschaft- sowie die Gewerbesteuer Wirkung.[1634] Schließlich ist zu beachten, dass für die Durchführung des EU-Schiedsverfahrens keine Gebühren erhoben werden.[1635]

3.3.2 Ablauf eines EU-Schiedsverfahrens

Der Ablauf eines EU-Schiedsverfahrens gliedert sich in die folgenden Verfahrensschritte:

- Vorverfahren,
- EU-Verständigungsverfahren,
- EU-Schiedsverfahren,
- Einigungsverfahren.

Gem. Art. 5 EU-Schiedsverfahrenskonvention hat der Staat, der eine Gewinnberichtigung i.S.v. Art. 4 EU-Schiedsverfahrenskonvention beabsichtigt, das Unternehmen, bei dem die Gewinnberichtigung vorgenommen werden soll, frühzeitig hierüber zu informieren (sog. Vorverfahren). Das Unternehmen hat damit die Gelegenheit, das betroffene ausländische Unternehmen zu informieren, welches wiederum seinen Vertragsstaat über die beabsichtige Gewinnberichtigung in Kenntnis setzen und die Möglichkeiten einer korrespondierenden Gewinnberichtigung erörtern kann. Stimmt der Vertragsstaat des betroffenen ausländischen Unternehmens der

1633 Vgl. *Bernath*, The Implications of the Arbitration Convention, Master Thesis, Jönköping International Business School, 2006, S. 41.
1634 Vgl. Art. 2 Abs. 2 EU-Schiedsverfahrenskonvention.
1635 Vgl. BMF v. 13.7.2006, BStBl. I 2006, S. 461, Tz. 14.1.

Gewinnberichtigung zu und erfolgt eine korrespondierende Berichtigung, kommt es nicht zu der Einleitung eines EU-Verständigungsverfahrens.[1636] Entgegen dem Wortlaut von Art. 5 EU-Schiedsverfahrenskonvention (Zustimmung zu *der Berichtigung*) kann es im Rahmen des Vorverfahrens nicht nur zu einer Akzeptanz der Gewinnberichtigung des einen Vertragsstaates in Form einer korrespondierenden Berichtigung des Vertragsstaats des betroffenen ausländischen Unternehmens kommen. Vielmehr ist auch eine vermittelnde Lösung denkbar, die eine teilweise Rücknahme der Erstberichtigung zur Folge hat.[1637]

Falls keine Einigung im Vorverfahren erzielt wird, kann ein Antrag auf Einleitung eines EU-Verständigungsverfahrens gestellt werden.[1638] Der Antrag kann entweder in dem Vertragsstaat gestellt werden, in dem die Erstkorrektur erfolgt ist oder in dem anderen Vertragsstaat. Die deutsche Finanzverwaltung schlägt vor, dass der Antrag zweckmäßigerweise bei der gesellschaftsrechtlich übergeordneten Gesellschaft gestellt wird.[1639] Der Antrag ist gem. Art. 6 Abs. 1 EU-Schiedsverfahrenskonvention innerhalb von drei Jahren nach der ersten Mitteilung der ersten Maßnahme zu unterbreiten, die eine Doppelbesteuerung herbeiführt oder herbeiführen könnte. Die deutsche Finanzverwaltung präzisiert diese Vorgabe dahingehend, dass die Frist mit der Bekanntgabe des ersten Bescheids (z. B. Änderungsbescheid) beginnt, der zu einer Doppelbesteuerung führt.[1640] Der Inhalt des Antrags ergibt sich aus Tz. 5 Buchst. a) des überarbeiteten Verhaltenskodex zu der EU-Schiedsverfahrenskonvention sowie (weitgehend übereinstimmend) Tz. 11.3.2 des BMF-Schreibens v. 13.7.2006[1641]. Das BZSt hat einen umfangreichen Fragebogen veröffentlicht, aus dem die Angaben hervorgehen, welche die deutsche Finanzverwaltung für erforderlich hält. Nach Eingang des Antrags bei der zuständigen Behörde wird diese umgehend den beteiligten Vertragsstaat informieren.[1642]

Der Verfahrensablauf des EU-Verständigungsverfahrens entspricht weitestgehend dem des in Art. 25 Abs. 2 OECD-MA geregelten DBA-Verständigungsverfahrens.[1643] Er unterteilt sich in die Verfahrensschritte des Vorprüfungs- und Abhilfeverfahrens, des zwischenstaatlichen Verständigungsverfahrens und der innerstaatlichen Umsetzung der Verständigungslösung.[1644] Im Rahmen des Vorprüfungsverfahrens wird die Zulässigkeit des Antrags durch die zuständige Behörde geprüft. Dies umfasst eine Prüfung der im Rahmen des Antrags übermittelten Angaben, der maßgeblichen

---

1636 Vgl. BMF v. 13.7.2006, BStBl. I 2006, S. 461, Tz. 10.2.

1637 Vgl. *Liebchen*, in: Schönfeld/Ditz, DBA, Art. 35 Rz. 279; *Krabbe*, in: Wassermeyer, DBA, Art. 5 EU-SchÜ Rz. 8.

1638 Vgl. BMF v. 13.7.2006, BStBl. I 2006, S. 461, Tz. 11.1.1.

1639 Vgl. BMF v. 13.7.2006, BStBl. I 2006, S. 461, Tz. 11.1.2.

1640 Vgl. BMF v. 13.7.2006, BStBl. I 2006, S. 461, Tz. 11.2.1.

1641 BMF-Schreiben v. 13.7.2006, BStBl. I 2006, S. 461.

1642 Vgl. Art. 6 Abs. 1 EU-Schiedsverfahrenskonvention; BMF v. 13.7.2006, BStBl. I 2006, S. 461, Tz. Tz. 11.4.1.

1643 Vgl. *Liebchen*, in: Schönfeld/Ditz, DBA, Art. 35 Rz. 289.

1644 Vgl. *Liebchen*, in: Schönfeld/Ditz, DBA, Art. 35 Rz. 289.

Fristen sowie des persönlichen und sachlichen Anwendungsbereichs der EU-Schiedsverfahrenskonvention. In diesem Zusammenhang ist zu beachten, dass die deutsche Finanzverwaltung die Zulässigkeit des Antrags davon abhängig macht, dass geltend gemacht wird, die in Art. 4 der EU-Schiedsverfahrenskonvention genannten Grundsätze seien nicht beachtet worden.[1645]

Bei der Prüfung der Zulässigkeit des Antrags ist die Regelung des Art. 8 EU-Schiedsverfahrenskonvention zu beachten. Nach Art. 8 EU-Schiedsverfahrenskonvention kann die Einleitung eines EU-Verständigungsverfahrens abgelehnt werden,

> *„wenn durch ein Gerichts- oder Verwaltungsverfahren endgültig festgestellt ist, dass eines der beteiligten Unternehmen durch Handlungen, die eine Gewinnberichtigung gemäß Artikel 4 zur Folge haben, einen empfindlich zu bestrafenden Verstoß gegen steuerliche Vorschriften begangen hat"*.

Der unbestimmte Rechtsbegriff des empfindlich zu bestrafenden Verstoßes wird in Erklärungen der Vertragsstaaten näher präzisiert. Die Bundesrepublik Deutschland fasst hierunter jeden *„Verstoß gegen die Steuergesetze, der mit Freiheitsstrafe, Geldstrafe oder Bußgeld geahndet wird"*. Dies ist z.B. dann der Fall, wenn die Gewinnberichtigung eines Vertragsstaates auf einem Sachverhalt beruht, der den Tatbestand der Steuerhinterziehung i.S.v. 370 AO erfüllt.[1646] Ist ein Gerichts- oder Verwaltungsverfahren anhängig, in dem darüber entschieden werden soll, ob eines der beteiligten Unternehmen durch Handlungen, die eine Gewinnberichtigung nach Art. 4 der Schiedskonvention zur Folge haben, einen *empfindlich zu bestrafenden Verstoß* gegen steuerliche Vorschriften begangen hat, kann das Verständigungs- oder Schiedsverfahren gem. Art. 8 Abs. 2 EU-Schiedsverfahrenskonvention bis zum Abschluss des Gerichts- oder Verwaltungsverfahrens ausgesetzt werden.

Im Rahmen des sog. Abhilfeverfahrens wird versucht, dem Begehren des Steuerpflichtigen mit innerstaatlichen Mitteln abzuhelfen. Wurde der Antrag in dem Staat gestellt, der die Erstberichtigung vorgenommen hat, bezieht sich das Abhilfeverfahren auf eine Überprüfung der Erstberichtigung.[1647] Im Fall einer Antragstellung in dem betroffenen anderen Vertragsstaat wird dagegen geprüft, ob eine korrespondierende Gegenberichtigung erfolgen kann.[1648]

Kann dem Begehren des Steuerpflichtigen nicht im Wege der unilateralen Abhilfe stattgegeben werden, ist[1649] gem. Art. 6 Abs. 3 EU-Schiedsverfahrenskonvention ein EU-Verständigungsverfahren einzuleiten. Die deutsche Finanzverwaltung hat sich in diesem Zusammenhang in dem BMF-Schreiben v. 13.7.2006 für den Fall einer

---

1645 Dies stützt die Finanzverwaltung auf Art. 6 Abs. 1 Satz 1 EU-Schiedsverfahrenskonvention, BMF v. 13.7.2006, BStBl. I 2006, S. 461, Tz. 11.3.1.

1646 Vgl. *Liebchen*, in: Schönfeld/Ditz, DBA, Art. 35 Rz. 285.

1647 Vgl. BMF v. 13.7.2006, BStBl. I 2006, S. 461, Tz. 11.4.3.

1648 Vgl. *Liebchen*, in: Schönfeld/Ditz, DBA, Art. 35 Rz. 290.

1649 Die Einleitung des EU-Verständigungsverfahrens steht nicht im Ermessen der beteiligten Finanzverwaltungen, vgl. *Liebchen*, in: Schönfeld/Ditz, DBA, Art. 25 Rz. 291.

Antragstellung im Inland sehr eng gesetzte zeitliche Grenzen auferlegt. So leitet sie das EU-Verständigungsverfahren spätestens vier Monate nach dem späteren der nachfolgenden Zeitpunkte ein:

- Datum des Steuerbescheids, mit dem die Entscheidung über die Gewinnberichtigung festgesetzt oder festgestellt worden ist, oder
- Datum, mit dem der Antrag des Unternehmens sowie die Informationen gemäß Tz. 11.3.2 (Inhalt des Antrags) und 11.4.2 Satz 1 (Übermittlung fehlender und weiterer Informationen auf Anforderung des BZSt innerhalb von zwei Monaten nach Eingang des Antrags) dem BZSt vorliegen.

Im Rahmen des Verständigungsverfahrens kommunizieren die Behörden per E-Mail, Fax, Brief oder telefonisch miteinander und tauschen Positionspapiere aus. Weiterhin kann es zu Treffen von Vertretern der zuständigen Behörden kommen, in denen mehrere bilaterale Fälle (Verständigungs- und Schiedsverfahren) besprochen werden.[1650] Der Antragsteller wird von der zuständigen Behörde über die wesentlichen Entwicklungen des Verfahrens informiert. Informationen über geäußerte oder erhaltene Rechtsauffassungen (z. B. aus Positionspapieren) werden demgegenüber grundsätzlich nicht erteilt.[1651]

Kann im Rahmen des EU-Verständigungsverfahrens eine Verständigungslösung erzielt werden, bedarf diese der Umsetzung in innerstaatliches Recht. Hinsichtlich dieses Verfahrensschrittes und der Vorgehensweise bei Bestandskraft oder Festsetzungsverjährung kann auf die Ausführungen zur Umsetzung von DBA-Verständigungslösungen in Abschnitt E.V.3.2.2.3.2 verwiesen werden. Wird dagegen im Rahmen des EU-Verständigungsverfahrens innerhalb einer Zeitspanne von zwei Jahren[1652] seit dem Zeitpunkt, in dem der Fall erstmals einer der zuständigen Behörden unterbreitet wurde, keine Lösung erzielt, sind die beteiligten Vertragsstaaten nach Art. 7 Abs. 1 EU-Schiedsverfahren dazu verpflichtet, einen „Beratenden Ausschuss" einzusetzen. Die Initiative zur Einsetzung des Beratenden Ausschusses und der Organisation von Sitzungen soll nach dem Verhaltenskodex zur EU-Schiedsverfahrenskonvention von dem Staat ausgehen, der die Erstberichtigung vorgenommen hat.[1653] Der Beratende Ausschuss hat die Aufgabe, eine Stellungnahme zu erarbeiten, wie die Doppelbesteuerung beseitigt werden kann.

1650 Vgl. dazu Tz. 6.4 Buchst. f) des Verhaltenskodex zur EU-Schiedsverfahrenskonvention, ABl. EU C 322 v. 30.12.2009, S. 1 ff.

1651 Vgl. BMF v. 13.7.2006, BStBl. I 2006, S. 461, Tz. 12.1.1.

1652 Die Zeitspanne kann von den zuständigen Behörden im Einvernehmen mit den betroffenen Unternehmen verlängert werden, vgl. BMF v. 13.7.2006, BStBl. I 2006, S. 461, Tz. 13.1.1. Zu dem Beginn des Fristenlaufs vgl. Tz. 5 Buchts. b) des Verhaltenskodex zur EU-Schiedsverfahrenskonvention, ABl. EU C 322 v. 30.12.2009, S. 1 ff. Vgl. ebenso BMF v. 13.7.2006, BStBl. I 2006, S. 461, Tz. 13.1.2.

1653 Vgl. Tz. 7.2 Buchts. a) des Verhaltenskodex zur EU-Schiedsverfahrenskonvention, ABl. EU C 322 v. 30.12.2009, S. 1 ff. Vgl. ebenso BMF v. 13.7.2006, BStBl. I 2006, S. 461, Tz. 13.2.1.

In personeller Hinsicht besteht der Beratende Ausschuss nach Art. 9 Abs. 1 EU-Schiedsverfahrenskonvention aus einem Vorsitzenden, zwei Vertretern der beteiligten zuständigen Behörden[1654] sowie einer geraden Anzahl – d.h. mindestens zwei – unabhängiger Personen, die von den zuständigen Behörden im Einvernehmen oder im Losverfahren ausgewählt werden. Art. 9 Abs. 4 EU-Schiedsverfahrenskonvention sieht in diesem Zusammenhang die Erstellung einer Liste unabhängiger Personen vor, die als Mitglieder des Beratenden Ausschusses in Frage kommen.[1655] Jeder Vertragsstaat hat zu diesem Zweck fünf unabhängige Personen zu benennen. Die Liste unabhängiger Personen umfasst derzeit 119 Personen.[1656] Deutschland hat gegenwärtig Vertreter aus Rechtsprechung, Beraterschaft, Hochschulen, Industrie sowie Finanzverwaltung nominiert.

Der einvernehmlichen Auswahl bzw. der Auswahl im Losverfahren liegt die gesamte Liste und nicht bloß die Personen zugrunde, die von einem Vertragsstaat benannt wurden. Erfolgt die Auswahl der unabhängigen Personen im Losverfahren, haben die zuständigen Behörden in bestimmten Fällen das Recht, eine oder mehrere Personen abzulehnen.[1657] Der Vorsitzende des Beratenden Ausschusses wird von den Mitgliedern des Beratenden Ausschusses per Wahl bestimmt. Es muss sich nach Art. 9 Abs. 5 Satz 2 EU-Schiedsverfahrenskonvention um eine Person mit der Befähigung zum Richteramt oder um einen Juristen von allgemein bekannter Kompetenz handeln. Die Auswahl der unabhängigen Mitglieder des Beratenden Ausschusses stellt in der Praxis einen Streitpunkt dar. Dies liegt darin begründet, dass die unabhängigen Mitglieder über oftmals nicht unerhebliche Besteuerungsansprüche zu entscheiden haben. Die Vertragsstaaten sind daher darauf bedacht, dass Mitglieder ausgewählt werden, die aufgrund von Erfahrungen in früheren Verfahren oder Literaturäußerungen eine Auffassung vertreten, die möglichst mit der eigenen in Einklang steht. Aufgrund des Rechts, Mitglieder zurückzuweisen, kann es dabei mitunter zu langwierigen Auswahlprozessen kommen. In diesem Zusammenhang besteht das Problem, dass das aktuelle Regelwerk keine Frist vorsieht, innerhalb derer

1654 Im Einvernehmen der Vertragsstaaten kann diese Zahl auf eine Person reduziert werden.

1655 Die Liste ist abrufbar unter http://www.consilium.europa.eu/ueDocs/cms_Data/docs/accords/tables/1990093.pdf (zuletzt abgerufen am 27.12.2013).

1656 Stand: 20.6.2013. Die Abweichung von der Soll-Anzahl von 135 unabhängigen Personen (27 Vertragsstaaten multipliziert mit je fünf unabhängigen Personen) ergibt sich daraus, dass einige Vertragsstaaten bislang keine unabhängigen Personen benannt haben (Lettland, Litauen, Zypern) und Slowenien vier statt fünf Personen ernannt hat.

1657 Art. 9 Abs. 3 EU-Schiedsverfahrenskonvention. Es handelt sich um Fälle einer fehlenden Unabhängigkeit bzw. Unbefangenheit (z. B. Angehörigkeit zu einer der beteiligten Finanzverwaltungen, Tätigkeit für eines der beteiligten Unternehmen). Weitere als die in Art. 9 Abs. 3 EU-Schiedsverfahrenskonvention aufgezählten Fälle können von den Vertragsstaaten vereinbart werden.

die Zusammenstellung des Beratenden Ausschusses feststehen muss.[1658] Dies hat in der Vergangenheit mehrfach zu Verzögerungen in EU-Schiedsverfahrensfällen geführt, da keine Einigung über die personelle Zusammensetzung des Beratenden Ausschusses erzielt werden konnte.[1659]

Der Beratende Ausschuss ist zur Aufklärung des Sachverhalts verpflichtet.[1660] Die zuständigen Behörden und die beteiligten Unternehmen können dem Beratenden Ausschuss in diesem Zusammenhang gem. Art. 10 Abs. 1 Satz 1 EU-Schiedsverfahrenskonvention Angaben, Beweismittel und Schriftstücke übermitteln, die sie für sachdienlich halten.[1661] Um die eigene Auffassung zu der Frage, wie die Doppelbesteuerung vermieden werden soll, zu stützen, empfiehlt es sich daher, dem Beratenden Ausschuss proaktiv umfassende Informationen und Erklärungen zukommen zu lassen. Der Beratende Ausschuss hat gem. Art. 10 Abs. 1 Satz 2 EU-Schiedsverfahrenskonvention überdies die Möglichkeit, Angaben, Beweismittel und Schriftstücke bei den Unternehmen und den zuständigen Behörden anzufordern. Zwar stehen dem Beratenden Ausschuss keine Zwangsmittel zur Verfügung. Er kann jedoch die Informationserteilung durch die jeweilige Finanzverwaltung durchsetzen lassen.[1662] Was die Rechte der beteiligten Unternehmen betrifft, so haben diese das Recht, von dem Beratenden Ausschuss angehört zu werden oder sich dort vertreten zu lassen.[1663]

Der Stellungnahme des Beratenden Ausschusses ist der in Art. 4 Abs. 1 EU-Schiedsverfahrenskonvention verankerte Fremdvergleichsgrundsatz zugrunde zu legen.[1664] Zur Auslegung dieses in Art. 4 Abs. 1 EU-Schiedsverfahrenskonvention nur abstrakt geregelten Grundsatzes sind die OECD-Verrechnungspreisrichtlinien heranzuziehen.[1665] Diese enthalten umfangreiche Vorgaben zu der Anwendung der einzelnen Verrechnungspreismethoden. Gleichwohl sind die Richtlinien – wie bereits erörtert wurde – an vielen Stellen unscharf und allgemein gehalten. Mithin

1658 Vgl. *Bödefeld/Kuntschik*, IStR 2009, S. 269. Das JTPF schlägt jedoch vor, dass der Beratende Ausschuss innerhalb von sechs Monaten nach dem Ablauf der in Art. 7 Abs. 1 geregelten Zweijahresfrist feststehen muss, vgl. JTPF/002/REV1/2008/EN, Tz. 2.4.

1659 Vgl. *Bödefeld/Kuntschik*, IStR 2009, S. 271.

1660 Vgl. *Liebchen*, in: Schönfeld/Ditz, DBA, Art. 25 Rz. 305; *Bödefeld/Kuntschik*, IStR 2009, S. 272.

1661 Vgl. BMF v. 13.7.2006, BStBl. I 2006, S. 461, Tz. 13.2.3 regelt, dass das BZSt alle sachdienlichen Unterlagen und Informationen, insbesondere sämtliche Dokumente, Berichte, Korrespondenzen und Schlussfolgerungen aus dem Verständigungsverfahren übersendet.

1662 Vgl. *Bödefeld/Kuntschik*, IStR 2009, S. 272, die zudem darauf hinweisen, dass die Frage einer unzureichenden Informationserteilung durch die zuständigen Behörden nicht geklärt ist.

1663 Vgl. Art. 10 Abs. 2 EU-Schiedsverfahrenskonvention.

1664 Vgl. Art. 11 Abs. 1 Satz 2 EU-Schiedsverfahrenskonvention.

1665 Vgl. *Liebchen*, in: Schönfeld/Ditz, DBA, Art. 25 Rz. 311.

lassen sich die zu entscheidenden Fälle oftmals nicht „eins-zu-eins" anhand der OECD-Verrechnungspreisrichtlinien lösen. Daher erfordert die Entscheidungsfindung des Beratenden Ausschusses regelmäßig längere Diskussionen über mögliche (ggf. auch rein gewinnorientierte) Ansätze zur Beseitigung der Doppelbesteuerung. Der Beratende Ausschuss gibt seine Stellungnahme gem. Art. 11 Abs. 1 EU-Schiedsverfahrenskonvention innerhalb einer Frist von sechs Monaten, nachdem er befasst worden ist, ab. Die Frist beginnt mit dem Tag der Bestätigung des Vorsitzenden, dass der Beratende Ausschuss sämtliche erforderlichen Unterlagen und Informationen erhalten hat.[1666] Die Stellungnahme des Beratenden Ausschusses ergeht mit einfacher Mehrheit seiner Mitglieder. Der notwendige Inhalt der Stellungnahme ergibt sich aus dem Verhaltenskodex zur EU-Schiedsverfahrenskonention.[1667] Er umfasst Angaben zu den beteiligten Personen (Mitglieder des Ausschusses, Unternehmen und zuständige Behörden), den zugrunde liegenden Sachverhalt, eine Zusammenfassung der Forderung des Antragstellers, der Argumente des Beratenden Ausschusses sowie seine Stellungnahme.

Art. 12 Abs. 1 EU-Schiedsverfahrenskonvention verpflichtet die Vertragsstaaten dazu, innerhalb einer Frist von sechs Monaten nach der Abgabe der Stellungnahme des Beratenden Ausschusses eine Entscheidung zu treffen, wie die Doppelbesteuerung beseitigt werden soll. Die Vertragsstaaten können sich dabei an der Stellungnahme des Beratenden Ausschusses orientieren, sind daran gem. Art. 12 Abs. 1 Satz 2 EU-Schiedsverfahrenskonvention jedoch nicht gebunden. Erfolgt innerhalb der genannten Frist keine Einigung, sind die Vertragsstaaten gem. Art. 12 Abs. 1 Satz 3 EU-Schiedsverfahrenskonvention verpflichtet, sich an die Stellungnahme des Beratenden Ausschusses zu halten. Erst in diesem Fall entfaltet die Stellungnahme Bindungswirkung und erlangt ihren Charakter als Schiedsspruch.[1668]

Der Schiedsspruch bzw. die Lösung der Vertragsstaaten bedarf der Umsetzung in innerstaatliches Recht. Die Umsetzung ist an die Voraussetzung geknüpft, dass schwebende Rechtsbehelfsverfahren erledigt werden.[1669] Überdies verzichtet der Antragsteller darauf, Rechtsbehelfe gegen die den Schiedsspruch bzw. die Lösung der Vertragsstaaten umsetzenden Bescheide einzulegen. Nach Art. 6 Abs. 2 Satz 2 EU-Schiedsverfahrenskonvention ist die Verständigungsregelung *„ungeachtet der Fristen des innerstaatlichen Rechts der beteiligten Vertragsstaaten durchzuführen"*. Die Regelung erlaubt – über ihre Umsetzung in innerstaatliches Recht in § 175a AO[1670] – dass Steuerfestsetzungen, die infolge des Ablaufs der Rechtsmittel bestandskräftig

1666 Vgl. BMF v. 13.7.2006, BStBl. I 2006, S. 461, Tz. 13.5.2.

1667 Vgl. Rz. 7.4 Verhaltenskodex zur EU-Schiedsverfahrenskonvention, ABl. EU C 322 v. 30.12.2009, S. 1 ff.

1668 Vgl. *Liebchen*, in: Schönfeld/Ditz, DBA, Art. 25 Rz. 314.

1669 Vgl. BMF v. 13.7.2006, BStBl. I 2006, S. 461, Tz. 13.6.4. i.V.m. Tz. 4.2.

1670 Art. 6 Abs. 2 Satz 2 stellt ebenso wie Art. 25 Abs. 2 Satz 2 AO keine Rechtsgrundlage zur Umsetzung von Verständigungsregelungen in nationales Recht unter Durchbrechung der Bestandskraft von Steuerbescheiden dar. Vielmehr bedarf es einer innerstaatlichen Rechtsgrundlage.

geworden sind, aufgehoben oder geändert werden können. Art. 6 Abs. 2 Satz 2 EU-Schiedsverfahrenskonvention ermöglicht es den Vertragsstaaten zudem, eine Verständigungsregelung auch dann umzusetzen, wenn bereits Festsetzungsverjährung eingetreten ist. Nach der hier vertretenen Auffassung kann die Umsetzung der Schiedslösung auch dann erfolgen, wenn im Zeitpunkt der Einleitung des Verfahrens bereits Festsetzungsverjährung eingetreten war. Es kommt insoweit ausschließlich darauf an, dass der Antrag auf Einleitung des Verständigungsverfahrens rechtzeitig innerhalb der abkommensrechtlichen Fristen gestellt wurde.

Ein EU-Schiedsspruch kann nach Auffassung der deutschen Finanzverwaltung auch nach § 175a AO in nationales Recht umgesetzt werden, wenn die Rechtmäßigkeit eines Steuerbescheids rechtskräftig durch ein Gericht bestätigt wurde.[1671] Nach der hier vertretenen Auffassung kann eine Schiedslösung – ebenso wie eine Verständigungslösung – die Rechtskraft eines Urteils dagegen dann nicht durchbrechen, sofern dem Urteil und der Verständigung dieselbe Rechtsfrage zugrunde lag. Ein Steuerbescheid kann nur insoweit geändert werden, als die zugrunde liegende Frage nicht Gegenstand der Gerichtsentscheidung war.[1672]

3.3.3 Bewertung des Instruments

Bei dem EU-Schiedsverfahren handelt es sich um ein wirkungsbezogenes Instrument des Verrechnungspreisrisikomanagements. Das zentrale Merkmal des EU-Schiedsverfahrens besteht darin, dass es zu einem bindenden Schiedsspruch kommt, wenn die Vertragsstaaten sich im Rahmen des Vorverfahrens, des Abhilfeverfahrens oder des EU-Verständigungsverfahrens nicht auf eine Lösung zur Beseitigung der Doppelbesteuerung einigen können. Insoweit besteht ein wesentlicher Unterschied zu dem DBA-Verständigungsverfahren ohne anschließendes DBA-Schiedsverfahren, das durch einen fehlenden Einigungszwang gekennzeichnet ist und die Unternehmen im Falle des Scheiterns auf den nationalen Rechtsbehelfsweg verweist.

Unternehmen, die in einem der Vertragsstaaten der EU-Schiedsverfahrenskonvention ansässig sind, haben mit dem EU-Schiedsverfahren Zugang zu einem wirksamen und bewährten Mechanismus zur Beseitigung einer infolge einer Verrechnungspreiskorrektur eingetretenen Doppelbesteuerung. Beantragen sie ein EU-Schiedsverfahren, ist ein – grundsätzlich – klarer zeitlicher Rahmen vorgegeben, innerhalb dessen eine Lösung erarbeitet werden muss. Scheitert die Verständigung und kommt es zu der Einberufung des Beratenden Ausschusses, befasst sich ein mit (von den jeweiligen Vertragsstaaten nominierten) Experten besetztes Gremium mit dem Verrechnungspreisproblem. Damit ist sichergestellt, dass das Problem auf einer fachlich hoch qualifizierten Ebene diskutiert und einer Lösung zugeführt wird, die die Doppelbesteuerung beseitigt. In der Praxis wird im Fall der Beantragung eines EU-Schiedsverfahrens jedoch bereits sehr häufig eine Einigung im

---

1671 Vgl. BMF v. 13.7.2006, BStBl. I 2006, S. 461, Tz. 13.1.4.
1672 Vgl. dazu Abschnitt E.V.3.2.2.3.2.

EU-Verständigungsverfahren erzielt. Aus Sicht der beteiligten Staaten besteht der Anreiz hierfür in der Vermeidung eines drohenden Schiedsverfahrens.

Im Hinblick auf die Anwendung des EU-Schiedsverfahrens in internationalen Konzernstrukturen ist zu beachten, dass der persönliche Anwendungsbereich der EU-Schiedsverfahrenskonvention auf EU-Fälle begrenzt ist. Konzerne, die nicht nur in Europa, sondern z.B. auch in Asien oder den USA operieren, können damit die Vorteile der EU-Schiedsverfahrenskonvention nicht in Anspruch nehmen, soweit Geschäftsbeziehungen betroffen sind, bei denen mindestens ein Unternehmen nicht in einem der Unterzeichnerstaaten der EU-Schiedsverfahrenskonvention ansässig ist. Lediglich in Einzelfällen (z.B. im Verhältnis Deutschland-USA), können in diesen Fällen die Schiedsklauseln der DBA in Anspruch genommen werden.

Bezüglich der praktischen Anwendung der EU-Schiedsverfahrenskonvention besteht das Problem, dass zahlreiche EU-Schiedsverfahren nicht in der vorgesehenen Zeitspanne gelöst werden. Dies ist auf mehrere Gründe zurückzuführen. Zum einen wird in der Praxis die Zweijahresfrist, nach der der Beratende Ausschuss einzusetzen ist, regelmäßig nicht eingehalten.[1673] Zwar sind Verlängerungen der Zweijahresfrist in der EU-Schiedskonvention grundsätzlich vorgesehen. So haben die Vertragsstaaten nach Art. 7 Abs. 4 EU-Schiedsverfahrenskonvention die Möglichkeit, die Frist im Einvernehmen mit den beteiligten Unternehmen zu verlängern. Die Praxis zeigt insoweit jedoch, dass die Vertragsstaaten die Frist in vielen Fällen im Alleingang ohne Abstimmung mit den Vertragsstaaten verlängern.[1674] Es ist davon auszugehen, dass die Unternehmen, denen an einer zügigen Klärung des Verrechnungspreisproblems gelegen ist, die Zustimmung nicht erteilt hätten. Zum anderen ist die lange Verfahrensdauer darauf zurückzuführen, dass keine Frist geregelt wurde, innerhalb derer der Beratende Ausschuss eingesetzt werden muss. Mithin ist die Zusammenstellung des Beratenden Ausschusses, in dessen Hand die Vertragsstaaten die Entscheidung über nicht unerhebliche Besteuerungsansprüche legen, oftmals von längeren Diskussionen und damit einhergehenden Verzögerungen geprägt.

Was die rechtlichen Grundlagen des EU-Schiedsverfahrens anbelangt, so ist festzustellen, dass es sich bei der EU-Schiedsverfahrenskonvention in ihrer gegenwärtigen Form um kein geschlossenes Regelwerk handelt. Vielmehr wird bei wichtigen Definitionsfragen (Unternehmen eines Vertragsstaats) auf die DBA verwiesen.[1675] Ferner ist die EU-Schiedsverfahrenskonvention sehr allgemein gehalten und lässt zentrale Verfahrensfragen offen. Dies betrifft u.a. die Frage, was als „empfindlich zu bestrafender Verstoß“ anzusehen ist, innerhalb welcher Frist der Beratende Ausschuss einzusetzen ist und welche Voraussetzungen an die Unabhängigkeit der Mitglieder des Beratenden Ausschusses zu stellen sind. Die entsprechenden Punkte

1673 Vgl. *Bödefeld/Kuntschik*, IStR 2009, S. 269.
1674 Vgl. *Bödefeld/Kuntschik*, IStR 2009, S. 269.
1675 Vgl. *Bödefeld/Kuntschik*, IStR 2009, S. 270.

werden teilweise in – unverbindlichen – Schreiben des JTPF adressiert.[1676] Der Verhaltenskodex, welcher der Auslegung der EU-Schiedsverfahrenskonvention dient, enthält nur bedingt Klarstellungen. Die vorstehenden Punkte haben zur Folge, dass zentrale Anwendungsfragen der EU-Schiedsverfahrenskonvention der Auslegung bedürfen und potentielle Streitpunkte darstellen. Dies führt zu zusätzlichen zeitlichen Verzögerungen.

Schließlich ist zu beachten, dass die EU-Schiedsverfahrenskonvention nicht der Rechtsprechung des EuGH unterliegt. Dies ist dem Umstand geschuldet, dass die Schiedsregelungen nicht in Form einer Richtlinie, sondern als multilateraler Vertrag verabschiedet wurden. Die fehlende Rechtsprechungskompetenz des EuGH hat zur Folge, dass die Unternehmen, welche die EU-Schiedsverfahrenskonvention in Anspruch nehmen, keine Möglichkeit haben, Verfahrensverstöße (z.B. eine Verletzung von Fristen oder eine unzureichende Würdigung von Sachverhaltsfragen) vor dem EuGH geltend zu machen.[1677] Auch einer Überprüfung von Verfahrensverstößen durch nationale Gerichte sind enge Grenzen gesetzt, da der Steuerpflichtige geltend machen muss, in seinen subjektiven Rechten verletzt zu sein. Dies ist zum Teil problematisch, da das Abkommen den Vertragsstaaten teilweise weite Spielräume lässt.[1678]

Ungeachtet der vorstehend beschriebenen Nachteile und Schwächen der EU-Schiedsverfahrenskonvention ist festzuhalten, dass es sich bei dem EU-Schiedsverfahren um das bedeutendste wirkungsbezogene Instrument des steuerlichen Verrechnungspreisrisikomanagements handelt. Es ermöglicht Unternehmen, die jeweils in Unterzeichnerstaaten der EU-Schiedsverfahrenskonvention ansässig sind, eine Lösung ihrer Doppelbesteuerungsprobleme herbeizuführen, die auf Verrechnungspreiskorrekturen eines der Vertragsstaaten beruhen. Positiv hervorzuheben ist, dass die zu Beginn dieses Kapitels dargestellten unilateralen wirkungsbezogenen Instrumente (Einspruchs- und Klageverfahren) durch das EU-Schiedsverfahren nicht verdrängt werden. Vielmehr hat der Steuerpflichtige die Möglichkeit, den EU-Schiedsspruch abzulehnen und die nationalen Rechtsbehelfsverfahren weiterzuführen.

Allgemein ist Steuerpflichtigen, die sich in einer Betriebsprüfung mit einer drohenden Verrechnungspreiskorrektur konfrontiert sehen, aufgrund der möglichen langen Verfahrensdauer eines EU-Schiedsverfahrens jedoch stets zu empfehlen, zunächst sämtliche Möglichkeiten einer Einigung in der Betriebsprüfung, d.h. zeitlich vor der Festsetzung der Mehrsteuern aufgrund der Verrechnungspreiskorrektur, auszuschöpfen. Auf diese Weise ist es in vielen Fällen möglich, die Korrektur bereits frühzeitig zu vermeiden.

1676 Vgl. JTPF/002/REV1/2008/EN; JTPF/015/BACK/2007/EN/FR; JTPF/005/BACK/2007/EN.

1677 Vgl. *Bödefeld/Kuntschik*, IStR 2009, S. 271.

1678 Vgl. *Bödefeld/Kuntschik*, IStR 2009, S. 271.

3.4 Zwischenergebnis zu den wirkungsbezogenen Instrumenten

3.4.1 Anwendungsbereiche und Eignung der untersuchten Instrumente

Die im vorangehenden Abschnitt beurteilten wirkungsbezogenen Instrumente, welche reaktiv, d. h. im Fall einer Beanstandung der Verrechnungspreise durch die Finanzverwaltung angewandt werden können, lassen sich in Instrumente des innerstaatlichen Rechts sowie des Abkommensrechts einteilen. Sämtliche Instrumente können zur Beseitigung von Verrechnungspreiskonflikten eingesetzt werden. Jedoch weisen die einzelnen Instrumente unterschiedliche Anwendungsbereiche auf und sind durch einen unterschiedlichen hohen Ressourcenbedarf gekennzeichnet. Dazu gilt im Einzelnen:

Die Herbeiführung einer Einigung über strittige Verrechnungspreissachverhalte im Rahmen der Betriebsprüfung (Abschnitt E.V.3.1.1) setzt zeitlich vor der Festsetzung von Mehrsteuern an. Aufgrund der Tatsache, dass Verrechnungspreissachverhalte in der Regel durch komplexe und schwierig zu analysierende Sachverhaltselemente[1679] sowie durch Auslegungsspielräume gekennzeichnet sind, sind die entsprechenden Sachverhalte besonders für Abstimmungen mit der Finanzverwaltung geeignet. Die Abstimmung bezieht sich dabei auf ein gemeinsames Sachverhaltsverständnis sowie die Ableitung entsprechender Rechtsfolgen. Das Instrument weist den Vorteil auf, dass es durch einen geringen Ressourcen- und Zeitaufwand gekennzeichnet ist und dass das gemeinsame Sachverhaltsverständnis über eine tatsächliche Verständigung unter bestimmten Voraussetzungen auch in die Zukunft wirken kann.

Sofern es nicht gelingt, sich über ein gemeinsames Sachverhaltsverständnis abzustimmen und entsprechende Rechtsfolgen abzuleiten, kann es zu der Festsetzung von Mehrsteuern kommen, welche sich in einem Verwaltungsakt materialisieren. Hiergegen stehen dem Steuerpflichtigen der außergerichtliche Rechtsbehelf sowie das Führen eines anschließenden finanzgerichtlichen Verfahrens zur Verfügung (Abschnitt E.V.3.1.2). Es handelt sich hierbei um einseitige Verfahren, die den ausländischen Staat nicht binden. Mithin kann es nur dann zu einer Beseitigung der Doppelbesteuerung kommen, wenn die Verrechnungspreiskorrektur im Rahmen des Einspruchsverfahrens zurückgenommen wird oder durch das Finanzgericht zurückgewiesen wird. Zudem nehmen die Verfahren einen nicht unerheblichen Ressourcenaufwand in Anspruch.

Bei den Instrumenten des Abkommensrechts handelt es sich zum einen um die Einleitung eines Verständigungsverfahrens nach Art. 25 OECD-MA (Abschnitt E.V.3.2.2). Ziel dieses Verfahrens ist es, dass die Staaten sich gemeinsam auf eine Beseitigung einigen. Aufgrund eines fehlenden Einigungszwangs ist dies jedoch nicht immer der Fall. Einige wenige deutsche DBA sehen daher ein anschließendes DBA-Schiedsverfahren (Abschnitt E.V.3.2.3) vor. Handelt es sich um

1679 Vgl. *Baumhoff/Puls*, IStR 2010, S. 802.

Konzerngesellschaften, die in einem Vertragsstaat der EU-Schiedsverfahrenskonvention ansässig sind, kann alternativ ein EU-Schiedsverfahren geführt werden (Abschnitt E.V.3.3). Dieses ist jedoch ausschließlich auf Verrechnungspreissachverhalte gerichtet.

Nachfolgend werden die Instrumente und ihre Eignung zur Verminderung bzw. Vermeidung von Verrechnungspreisrisiken zusammenfassend dargestellt und darauf aufbauend konkrete Handlungsempfehlungen abgeleitet.

3.4.2 Handlungsempfehlungen

Auf Basis der Darstellung und Bewertung der wirkungsbezogenen Instrumente in den vorangehenden Abschnitten lassen sich folgende Handlungsempfehlungen ableiten:

- Steuerpflichtige sollten stets versuchen, eine Einigung über strittige Sachverhalte in der laufenden Betriebsprüfung herbeizuführen. Zu diesem Zweck ist es unabdingbar, dass eine aktive Begleitung der Betriebsprüfung durch Mitarbeiter der Steuerabteilung erfolgt, so dass bei Rückfragen und Unklarheiten schnell Informationen geliefert und Kontakte zu Auskunftspersonen vermittelt werden können. Auf diese Weise lassen sich Beanstandungen durch die Finanzverwaltung – und damit der Einsatz der im Folgenden genannten Instrumente – vielfach von vornherein vermeiden.
- Sofern keine Einigung im Rahmen der Betriebsprüfung möglich ist, ist zu prüfen, ob ein innerstaatlicher Rechtsbehelf eingelegt werden soll. Die Entscheidung hängt – auf Basis der individuellen Risikoneigung[1680] und des Ausmaßes der beabsichtigten Korrektur[1681] – davon ab, ob die betroffenen Unternehmen die Doppelbesteuerung tragen wollen oder ob sie eine Einigung herbeiführen wollen. Hierbei ist zu beachten, dass die innerstaatlichen Rechtsbehelfe und die abkommensrechtlichen bzw. EU-Instrumente parallel geführt werden können. Daher sollte nicht zuletzt, um eine Aussetzung der Vollziehung zu erreichen, Einspruch eingelegt und ein Ruhen des Verfahrens beantragt werden.
- Ein außergerichtliches Rechtsbehelfs- und ein anschließendes Klageverfahren sollte nur dann eigenständig geführt werden, wenn ein Steuerbescheid evident gegen höchstrichterliche Rechtsprechung verstößt und daher erwartet wird, dass der Verwaltungsakt aufgehoben wird (so dass keine Doppelbesteuerung verbleibt).[1682] Ferner ist zu beachten, dass in Fällen, in denen kein DBA zwischen den beteiligten Staaten geschlossen wurde (und die EU-Schiedsverfahrenskonvention nicht

---

1680 Zu der Formulierung einer steuerlichen Risikostragie vgl. Abschnitt D.III.1.

1681 Dieses wurde idealerweise im Rahmen des Prozessschritts der Risikobewertung ermittelt, vgl. Abschnitt E.IV.

1682 Vgl. auch *Hendricks*, in: Wassermeyer/Baumhoff, Verrechnungspreise international verbundener Unternehmen, Rz. 10.71.

anwendbar ist[1683]) die innerstaatlichen Rechtsmittel die einzige Möglichkeit darstellen, um einer Doppelbesteuerung entgegenzutreten.

- Besteht dagegen ein DBA oder ist die EU-Schiedsverfahrenskonvention anwendbar, sollte der Steuerpflichtige diese Instrumente – parallel zu einem ruhend gestellten innerstaatlichen Rechtsbehelf – in Anspruch nehmen. Da die Bundesrepublik Deutschland die entsprechenden Verfahren mit Nachdruck verfolgt, bestehen insoweit gute Chancen, dass eine Lösung herbeigeführt werden kann. Kommt es im Fall eines Verständigungsverfahrens nicht zu einer Lösung bzw. entspricht die Schiedslösung nicht den Vorstellungen des Steuerpflichtigen, hat dieser die Möglichkeit, das innerstaatliche Rechtsbehelfsverfahren wieder aufzunehmen.

Die Ableitung der Handlungsempfehlungen soll anhand des folgenden Schaubilds verdeutlicht werden, in dem die wirkungsbezogenen Instrumente in Abhängigkeit von dem Ressourcenaufwand, den sie verursachen, und ihrem Beitrag zur Risikominimierung in Gruppen eingeteilt werden (es wird von einer eigenständigen Anwendung der Instrumente ausgegangen, d. h. die Vorteile, die sich aus der o. g. Kombination innerstaatlicher und abkommens- bzw. EU-rechtlicher Instrumente ergeben, sind nicht abgebildet):

Abbildung 28: Handlungsempfehlungen für wirkungsbezogene Instrumente.

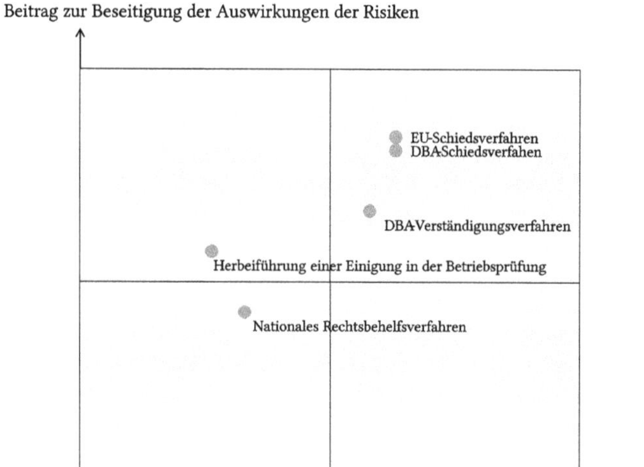

1683 Mit sämtlichen Vertragsstaaten der EU-Schiedsverfahrenskonvention hat die Bundesrepublik Deutschland DBA geschlossen.

4. Ausblick auf mögliche zukünftige Instrumente

4.1 Mediation bei Verrechnungspreiskonflikten

Angesichts der oftmals sehr streitig geführten Auseinandersetzungen in Betriebsprüfungen über Verrechnungspreissachverhalte wird diskutiert, ob ein dritter Weg der Streitbeilegung darin bestehen könnte, dass eine Einigung der Parteien im Wege der Mediation herbeigeführt wird.[1684] Die Mediation soll dabei über ein bloßes Moderieren der unterschiedlichen Interessen des Steuerpflichtigen und der Finanzverwaltung hinausgehen. Vielmehr soll eine Einigung in dem strittigen Verrechnungspreisfall durch einen unabhängigen Mediator erzielt werden, welcher als echter Schlichter auftritt und ein Schiedsgutachen erarbeitet.[1685] Das Schiedsgutachten soll die Basis für Einigungsgespräche zwischen der Finanzverwaltung und dem Steuerpflichtigen bilden. Kommt es zu einer Einigung, wird diese schriftlich fixiert und der Veranlagung des Steuerpflichtigen zugrunde gelegt. Das Ergebnis der Mediation soll darüber hinaus ggf. auch für an den Prüfungszeitraum anschließende Veranlagungszeiträume Wirkung entfalten.[1686]

Die Mediation wird nicht als eine verbotene Steuervereinbarung, sondern vergleichbar einer (in Verrechnungspreisfragen zulässigen[1687]) tatsächlichen Verständigung, als eine Abstimmung mit der Finanzverwaltung über tatsächliche Vorfragen angesehen.[1688] In steuerverfahrensrechtlicher Hinsicht soll die Mediation möglichst frühzeitig, d. h. vor Bekanntgabe der Steuerfestsetzung begonnen werden, damit der Weg der üblichen Streitbeilegungsinstrumente (Einspruchs- und Finanzgerichtsverfahren sowie Verständigungs- und Schiedsverfahren) nicht versperrt wird.[1689]

In der Mediation ist ein vielversprechender Ansatz zur Beilegung von Verrechnungspreiskonflikten zu erblicken. Es handelt sich um ein wirkungsbezogenes Instrument, das zwar zeitlich nach der Verrechnungspreisermittlung, jedoch deutlich früher ansetzt als die in den vorangehenden Abschnitten dargestellten wirkungsbezogenen Instrumente. Damit besteht auch bei einem Scheitern der Mediation noch die Möglichkeit, ein Verständigungs- oder Schiedsverfahren einzuleiten. Indessen ist zu konstatieren, dass derzeit noch nicht die Strukturen und Erfahrungen bestehen, um eine Streitbeilegung im Wege der Mediation wirksam durchführen zu können. Dies betrifft zum einen die Abstimmung mit dem nationalen Verfahrensrecht. So ist zu klären, wie sich das Mediationsverfahren in das in der Abgabenordnung geregelte Steuerverfahren einfügt. In diesem Zusammenhang ist u. a. sicherzustellen, dass die Festsetzungsfristen durch das Mediationsverfahren, welches sich in Einzelfällen sicherlich über mehrere Jahre erstrecken kann, gehemmt werden.

1684 Vgl. *Baumhoff/Puls*, IStR 2010, S. 805 ff.
1685 Vgl. *Baumhoff/Puls*, IStR 2010, S. 805.
1686 Vgl. *Baumhoff/Puls*, IStR 2010, S. 805.
1687 Vgl. dazu Abschnitt E.V.2.8.2.3.
1688 Vgl. *Baumhoff/Puls*, IStR 2010, S. 805.
1689 Vgl. *Baumhoff/Puls*, IStR 2010, S. 805.

Eine weitere Herausforderung stellt die Auswahl geeigneter Mediatoren dar, die zum einen über die notwendige Fachkenntnis im Bereich der Ermittlung und Festlegung von internationalen Verrechnungspreisen verfügen und zum anderen von beiden Seiten als unparteiisch akzeptiert werden (d.h. Persönlichkeiten, welche z.B. keine Beratungsaufträge oder Tätigkeiten als *„of-counsel“* wahrnehmen). Schließlich ist zu beachten, dass das Konzept der Mediation auf einer Abstimmung des Steuerpflichtigen mit seiner lokalen Finanzverwaltung beruht. Der ausländische Fiskus ist folglich nicht an das Ergebnis der Mediation gebunden. Daraus folgt, dass spätere Korrekturen des ausländischen Fiskus nicht ausgeschlossen sind oder – falls die Veranlagung im Ausland bereits geprüft wurde – es nicht zwangsläufig zu einer Gegenkorrektur kommt.[1690] Um erste Erfahrungen über die Erfolgsaussichten mediativer Streitbeilegung sammeln zu können, bietet es sich an, ein Pilotprojekt in einem Veranlagungsbezirk zu initiieren, um die Erfahrungen mit der Mediation bei Verrechnungspreiskonflikten zu erproben.

4.2 Simultanbetriebsprüfungen

Doppelbesteuerungsrisiken können u.a. daraus resultieren, dass die Verfahrensrechtsordnungen der einzelnen Staaten hinsichtlich der Verifikation der Steuerfestsetzungen durch die Finanzverwaltung nicht aufeinander abgestimmt sind. So tritt nicht selten der Fall auf, dass die Verrechnungspreisgestaltung durch einen Staat bereits abschließend geprüft ist, während die Veranlagung in dem anderen Staat noch offen ist und Gegenstand einer kommenden Betriebsprüfung ist. Kommt es zu einer Korrektur in der Betriebsprüfung, wird eine Doppelbesteuerung ausgelöst, die nicht automatisch zu einer Gegenkorrektur des anderen Staates führt.[1691]

Eine Lösung der o.g. Probleme könnte darin erblickt werden, dass eine international abgestimmte Simultanbetriebsprüfung (auch als multilaterale Betriebsprüfung[1692] oder *joint audit*[1693] bezeichnet) erfolgt. Die OECD-Verrechnungspreisrichtlinien enthalten in Kapitel IV.D. Ausführungen zu Simultanbetriebsprüfungen und empfiehlt diese ausdrücklich.[1694] Unter einer Simultanbetriebsprüfung wird die Vereinbarung zwischen zwei oder mehreren Staaten verstanden, jeweils auf eigenem Staatsgebiet die steuerlichen Angelegenheiten eines oder mehrerer Steuerpflichtiger zeitgleich, aber unabhängig voneinander zu überprüfen und alle erlangten Informationen auszutauschen.[1695] Die Rechtsgrundlagen der Simultanbetriebsprüfung bilden die

---

1690 Vgl. *Baumhoff/Puls*, IStR 2010, S. 804.

1691 Vgl. insoweit auch Salzberger, zitiert von *Haag/Jehle*, DStR-Beihefter zu Heft 41/2013, S. 80.

1692 Vgl. z.B. *Drüen*, DStR-Beihefter zu Heft 41/2013, S. 82 ff.

1693 Vgl. z.B. *Eisgruber*, DStR-Beihefter zu Heft 41/2013, S. 89 ff.

1694 Vgl. Tz. 4.92 OECD-Verrechnungspreisrichtlinien.

1695 Vgl. *Lehner*, in: Vogel/Lehner, DBA, Art. 25 Rz. 359 der jedoch abweichend nur von der Prüfung der Angelegenheiten „eines Steuerpflichtigen“ spricht; Tz. 4.78 OECD-Verrechnungspreisrichtlinien.

Amtshilferichtlinie[1696] sowie die Art. 26 OECD-MA nachgebildeten Abkommensklauseln zum Informationsaustausch der einzelnen DBA.

Die Vorteile von Simultanbetriebsprüfungen liegen auf der Hand: Die Prüfungen setzen bereits im steuerlichen Verifikationsverfahren an und können den Unternehmen daher früher als die – oftmals langwierigen – Verständigungs- und Schiedsverfahren Rechts- und Planungssicherheit vermitteln.[1697] Zudem führt die Zusammenarbeit der Finanzverwaltungen zu einem besseren Verständnis der oftmals komplexen Sachverhalte und kann damit zu einem schnelleren Abschluss der Prüfung beitragen. *Eisgruber* spricht insoweit von einem „*dreidimensionalen*" Sachverhaltsverständnis, das er wie folgt umschreibt: „*Man versteht den Gesamtkomplex, muss nicht mehr vermuten oder spekulieren*"[1698].

Gleichwohl ist festzuhalten, dass gegenwärtig diverse rechtliche Fragen der Simultanbetriebsprüfungen ungeklärt sind. Dies betrifft Anhörungsrechte des Steuerpflichtigen, den Steuerdatenschutz und die Koordination von Fristen.[1699] Weiterhin darf nicht unterschätzt werden, dass in der Praxis erhebliche Verständigungsprobleme auftreten können, wenn Länder betroffen sind, deren Sprache die Betriebsprüfer nicht beherrschen.[1700] Schließlich ist zu beachten, dass eine Simultanbetriebsprüfung nicht automatisch zur Folge haben muss, dass eine Einigung erzielt wird.[1701] Vielmehr ist es auch denkbar, dass anschließend der Rechtsweg beschritten bzw. ein Verständigungsverfahren eingeleitet werden muss.[1702] Einige vielversprechende Pilotprojekte[1703] zeigen indessen, dass sich die weitere Forcierung von Simultanbetriebsprüfungen – ungeachtet dieser Nachteile – lohnt.

1696 Richtlinie 2011/16/EU, Art. 12, umgesetzt durch das Amtshilferichtlinie-Umsetzungsgesetz v. 26.6.2013, BGBl. I 2013, S. 1809.
1697 Vgl. *Drüen*, DStR-Beihefter zu Heft 41/2013, S. 82.
1698 Vgl. *Eisgruber*, DStR-Beihefter zu Heft 41/2013, S. 91.
1699 Dazu im Einzelnen: *Drüen*, DStR-Beihefter zu Heft 41/2013, S. 86 ff.
1700 Vgl. *Eisgruber*, DStR-Beihefter zu Heft 41/2013, S. 91.
1701 Vgl. auch *Drüen*, DStR-Beihefter zu Heft 41/2013, S. 85.
1702 Vgl. dazu Tz. 4.89 OECD-Verrechnungspreisrichtlinien.
1703 Vgl. *Eisgruber*, DStR-Beihefter zu Heft 41/2013, S. 90.

F. Ergebnis und Ausblick

Der Gegenstand der vorliegenden Arbeit ist eine Auseinandersetzung mit den vielfältigen steuerlichen Verrechnungspreisrisiken, denen international tätige Konzerne im Rahmen der Entfaltung ihrer grenzüberschreitenden Aktivitäten ausgesetzt sind, sowie den Instrumenten, die zur Verfügung stehen, um diesen Risiken zu begegnen. Es wurde gezeigt, dass das steuerliche Verrechnungspreisrisikomanagement sich als Prozess vollzieht, der in den allgemeinen betrieblichen Risikomanagementprozess eingebettet ist und den Prozessschritten der Identifikation, Bewertung und Steuerung der Risiken folgt. Auch wenn das deutsche Aktien- und Handelsrecht gegenwärtig keine Verpflichtung zur Einrichtung eines umfassenden Risikomanagementsystems vorsieht, ist es für international tätige Konzerne angesichts des Umfangs und der Vielfalt der grenzüberschreitenden Austauschprozesse faktisch unerlässlich, ein betriebliches Risikomanagementsystem einzurichten, das neben den operativen Risiken auch die steuerlichen – und damit die verrechnungspreisbezogenen Risiken – zum Gegenstand hat.

Den Kern des steuerlichen Verrechnungspreisrisikomanagementprozesses bildet die Steuerung der Verrechnungspreisrisiken. Sie erfolgt durch den Einsatz von Instrumenten des Verrechnungspreisrisikomanagements. Es existiert ein ausgeprägtes Instrumentarium, das dazu geeignet ist, steuerlichen Verrechnungspreisrisiken zu begegnen. Das steuerliche Instrumentarium lässt sich in ursachenbezogene und wirkungsbezogene Instrumente einteilen. Ursachenbezogene Instrumente werden präventiv, d. h. vor dem Zeitpunkt der Verrechnungspreisermittlung angewandt. Wirkungsbezogene Instrumente werden in Fällen eingesetzt, in denen die Risiken sich bereits materialisiert haben, d. h. sie werden reaktiv eingesetzt.

Dabei sind nicht sämtliche Instrumente längst dazu geeignet, den vielfältigen steuerlichen Verrechnungspreisrisiken wirksam zu begegnen. Aus diesem Grund ist es erforderlich, die ursachen- und wirkungsbezogenen Instrumente sorgfältig auszuwählen. Zu diesem Zweck wurden die Instrumente in den vorangehenden Kapiteln in Bezug auf ihre Eignung zur Steuerung der Verrechnungspreisrisiken dargestellt und bewertet. Dies erfolgte unter Berücksichtigung des mit dem Einsatz der Instrumente verbundenen Zeit- sowie Ressourcenaufwandes sowie der Eignung der einzelnen Instrumente zur Vermeidung oder Verminderung von Verrechnungspreisrisiken – bzw. im Fall der wirkungsbezogenen Instrumente – der Verminderung oder Beseitigung der Folgen der Risiken. Aus der Bewertung wurden Handlungsempfehlungen abgeleitet, die in einem Schaubild zusammengefasst wurden, in dem die ursachenbezogenen Instrumente in Abhängigkeit von dem Ressourcenaufwand, den sie verursachen, und ihrem Beitrag zur Risikominimierung in Gruppen eingeteilt wurden.

In Bezug auf die in dieser Arbeit untersuchten Verrechnungspreisrisiken ist festzustellen, dass diese gleichsam die Symptome eines grundlegenderen Problems darstellen, das Gegenstand weitergehender Forschung auf dem Gebiet der

Betriebswirtschaftlichen Steuerlehre sein sollte. Bei dem Problem handelt es sich um die Mängel, durch die die Gewinnabgrenzung auf der Grundlage des Fremdvergleichsgrundsatzes gekennzeichnet ist. So erscheint es angezeigt, in grundsätzlicher Weise über die Eignung des Fremdvergleichsgrundsatzes als Maßstab der internationalen Gewinnabgrenzung nachzudenken. Im Kern muss dabei die Überlegung stehen, dass Konzerne eine wirtschaftliche Einheit bilden. Diese wird von dem Fremdvergleichsgrundsatz, welcher fingiert, dass unabhängige Unternehmen miteinander kontrahieren, vollständig ignoriert. Dabei stellen – wie *Coase* bereits 1937 herausgearbeitet hat[1704] – Transaktionskosten gerade den Grund dafür dar, Transaktionen zu internalisieren und nicht über den Markt, d. h. zwischen fremden Dritten, abzuwickeln. Mit dem Fremdvergleichsgrundsatz wird mithin ein Konzept für die Besteuerung international tätiger Konzerne angewandt, das deren wirtschaftlicher Realität zuwiderläuft, indem es die integrierten und unter Nutzung von Synergieeffekten abgewickelten innerkonzernlichen Aktivitäten fiktiv „zerlegt" und einer Einzelbepreisung zuführt.

Was die praktische Umsetzbarkeit der Forschungsarbeiten zu der Zukunft der internationalen Gewinnabgrenzung angeht, ist jedoch bedauerlicherweise festzustellen, dass die Staaten in Zeiten angespannter Haushalte auf absehbare Zeit nicht dazu bereit sein werden, einen Teil ihrer Souveränität zu Gunsten eines international abgestimmten Systems der steuerlichen Gewinnabgrenzung aufzugeben. Vielmehr ist davon auszugehen, dass die Verrechnungspreiskonflikte in den nächsten Jahren sogar noch an Schärfe gewinnen werden. An dieser Entwicklung werden sich auch vermehrt Schwellenländer beteiligen, die nicht zulassen werden, dass ihr Steueraufkommen durch eine Verrechnungspreisgestaltung zugunsten von Industriestaaten gemindert wird.

Erhebliche Auswirkungen auf das System der internationalen Gewinnabgrenzung gehen auch von dem aktuellen BEPS-Projekt der OECD aus.[1705] So beziehen sich zahlreiche der im Rahmen des BEPS-Projekts avisierten Maßnahmen auf verrechnungspreisrelevante Sachverhalte. Dies betrifft insbesondere Fragen der Vergütung für die Überlassung und Übertragung von immateriellen Wirtschaftsgütern (z. B. Marken, Patenten oder Know-how). Darüber zielt das BEPS-Projekt auf eine bessere Abstimmung zwischen vertraglichen Gestaltungen einerseits und der Fähigkeit zur Ausübung der vertraglich zugewiesenen Funktionen andererseits ab. Ferner soll die Anwendbarkeit der geschäftsvorfallbezogenen Gewinnaufteilungsmethode (Profit Split) im Kontext grenzüberschreitender Wertschöpfungsketten präzisiert werden.

In der Gesamtschau zeigt sich, dass die geplanten verrechnungspreisbezogenen Maßnahmen des BEPS-Projekts weniger von der klassischen transaktionsbasierten, sondern vielmehr von einer wertschöpfungsorientierten Betrachtungsweise ausgehen. Entsprechend werden die einzelnen o.g. Maßnahmen unter dem Oberziel

---

1704 Vgl. *Coase*, The Nature of the Firm, Economica 1937, S. 386 ff.
1705 Vgl. OECD, Action Plan on Base Erosion and Profit Shifting, 2013.

Assure that transfer pricing outcomes are in line with value creation[1706] zusammengefasst. Es bleibt abzuwarten, ob und wie die einzelnen Maßnahmen des BEPS-Projekts Eingang in die nationalen Steuerrechtsordnungen der OECD-Staaten finden werden und ob sie zu einer Lösung der vorgenannten Probleme der transaktionsbasieren Verrechnungspreisermittlung beitragen können. Sicher scheint indes, dass sich international tätige Konzerne angesichts der angespannten Staatshaushalte – auch bei einer Umsetzung der sämtlicher verrechnungspreisbezogener Maßnahmen des BEPS-Projekts – weiterhin mit Verrechnungspreisrisiken werden auseinandersetzen müssen. Insoweit sind die in dieser Arbeit behandelten Instrumente auch in den nächsten Jahren noch von erheblicher Bedeutung für international tätige Konzerne.

1706 OECD, Action Plan on Base Erosion and Profit Shifting, 2013, S. 20.

Literaturverzeichnis

Ablet, Lambert G., The UN Practical Manual on Transfer Pricing for Developing Countries: Should it Depart from the OECD Transfer Pricing Guidelines?, ITPJ 2012, S. 8–35.

Ainsworth, Richard Thompson/Shact, Andrew, Transfer Pricing: The CUP – Case Studies: Australia, US, UK, Norway and Canada, Boston University School of Law Working Paper 12–12.

Albert, Markus, DBA-Verständigungsverfahren – Probleme und Verbesserungsvorschläge, IFSt-Schrift Nr. 457, Bonn 2010.

Altmeppen, Holger, Die Auswirkungen des KonTraG auf die GmbH, ZGR 1999, S. 291–313.

Andresen, Ulf, Konzernverrechnungspreise für multinationale Unternehmen, Paradigmenwechsel bei der steuerlichen Einkünfteabgrenzung, Wiesbaden 1999.

Andresen, Ulf/Immenkötter, Christine/Frohn, Felix, Angemessenheit des Verrechnungspreises als entscheidendes Indiz des Fremdvergleichs (nicht nur) in DBA-Fällen, Zugleich Anm. zu BFH-Urteil vom 11.10.2012 – I R 75/11, DB 2013, S. 534–538.

Andresen, Ulf/Kerenyi, David, Arm's Length Nature of a Transfer Price as the Decisive Criterion for Compliance with the Arm' Length Principle (Not Only) in Treaty Cases, ITPJ 2013, S. 182–187.

Arbeitskreis Externe und Interne Überwachung der Schmalenbachgesellschaft, Aktuelle Herausforderungen im Risikomanagement – Innovationen und Leitlinien, DB 2010, S. 1245–1252.

Arbeitskreis Externe und Interne Überwachung der Schmalenbachgesellschaft, Überwachung der Wirksamkeit des internen Kontrollsystems und des Risikomanagementsystems durch den Prüfungsausschuss – Best Practices, DB 2011, S. 2101–2105.

Avi-Yonah, Reuven/Clausing, Kimberly A./Durst, Michael, Allocating Business Profits for Tax Purposes: A Proposal to Adopt a Formulary Profit Split, University of Michigan Law School (Hrsg.), Public Law and Legal Theory Working Paper Series, Working Paper Nr. 138.

Baetge, Jörg/Schulze, Dennis, Möglichkeiten der Objektivierung der Lageberichterstattung über „Risiken der zukünftigen Entwicklung", DB 1998, S. 937–948.

Balmes, Frank, Kommentierung von § 175a AO, in: Kühn, Rolf/von Wedelstädt, Alexander (Begr.), AO/FGO, 20. Auflage, Stuttgart 2011.

Bälz, Ulrich, in: Baur, Fritz/Esser, Josef/Kübler, Friedrich/Steindorff, Ernst, Funktionswandel der Privatrechtsinstitutionen, Festschrift für Ludwig Raiser zum 70. Geburtstag, Tübingen 1974, S. 287–338.

Bär, Ulrike, Verständigungen über Verrechnungspreise verbundener Unternehmen im deutschen Steuerrecht, Berlin 2009.

Baßler, Johannes, Steuerliche Gewinnabgrenzung im Europäischen Binnenmarkt, Baden-Baden 2011.

Bauer, Dan, Neuausrichtung der internationalen Einkunftsabgrenzung im Steuerrecht, Berlin 2004.

Baumhoff, Hubertus, Verrechnungspreise für Dienstleistungen: Die steuerliche Einkunftsabgrenzung bei international verbundenen Unternehmen auf der Grundlage des Fremdvergleichs, Köln 1986.

Baumhoff, Hubertus, Plädoyer für einen einheitlichen Fremdvergleichsmaßstab im deutschen Außensteuerrecht zur Beurteilung internationaler Verrechnungspreise, in: Klein, Franz/Stihl, Hans Peter/Wassermeyer, Franz/Piltz, Detlev J./Schaumburg, Harald (Hrsg.), Unternehmen Steuern, Festschrift für Hans Flick zum 70. Geburtstag, Köln 1997, S. 633–643.

Baumhoff, Hubertus, Die Bestimmung angemessener Verrechnungspreise bei der Existenz von Preisbandbreiten in: Gocke, Rudolf/Gosch, Dietmar/Lang, Michael, Festschrift für Franz Wassermeyer zum 65. Geburtstag, München 2005.

Baumhoff, Hubertus, Verlagerung von Vertrieb, Forschung und Entwicklung und Dienstleistungen, Arbeitsunterlage Düsseldorfer Forum der Internationalen Besteuerung, 2007.

Baumhoff, Hubertus, Der Einfluss der Finanzmarktkrise auf die Festlegung und Prüfung von internationalen Verrechnungspreisen, in: Baumhoff, Hubertus/Dücker, Reinhard/Köhler, Stefan (Hrsg.), Besteuerung, Rechnungslegung und Prüfung der Unternehmen, Festschrift für Professor Dr. Norbert Krawitz, Wiesbaden 2010, S. 21–46.

Baumhoff, Hubertus, Verrechnungspreispolitik bei Verlustgesellschaften, in: Baumhoff, Hubertus/Schönfeld, Jens (Hrsg.), Grenzüberschreitende Verlustverrechnung, Köln 2011, S. 133–152.

Baumhoff, Hubertus, Kapitel 3: Verrechnungspreise zwischen international verbundenen Unternehmen, in: Mössner, Jörg Manfred (Hrsg.), Steuerrecht international tätiger Unternehmen, Handbuch der Besteuerung von Auslandsaktivitäten inländischer Unternehmen und von Inlandsaktivitäten ausländischer Unternehmen, 4. Auflage, Köln 2012, S. 378–675.

Baumhoff, Hubertus, Kommentierung von § 1 AStG, in: Flick, Hans/Wassermeyer, Franz/Baumhoff, Hubertus/Schönfeld, Jens (Hrsg.), Außensteuerrecht, Außensteuerrechtliche Vorschriften des Einkommensteuergesetzes und des Körperschaftsteuergesetzes, Kommentar, Köln.

Baumhoff, Hubertus/Bodenmüller, Ralph, Die Besteuerung grenzüberschreitender Funktionsverlagerungen, in: Grotherr, Handbuch der internationalen Steuerplanung, Herne 2011, S. 541–592.

Baumhoff, Hubertus/Ditz, Xaver/Greinert, Markus, Grundsätze der Dokumentation internationaler Verrechnungspreise nach der Gewinnabgrenzungsaufzeichnungsverordnung, DStR 2004, S. 157–164.

Baumhoff, Hubertus/Ditz, Xaver/Greinert, Markus, Die Dokumentation internationaler Verrechnungspreise nach den „Verwaltungsgrundsätze-Verfahren“, DStR 2005, S. 1549–1556.

Baumhoff, Hubertus/Greinert, Markus, Aufteilung von Standortvorteilen bei der Verrechnungspreisermittlung gegenüber Lohnfertigern – Anmerkungen zum Urteil des FG Münster vom 16.3.2006, IStR 2006, S. 789–793.

Baumhoff, Hubertus/Ditz, Xaver/Greinert, Markus, Auswirkungen des Unternehmensteuerreformgesetzes auf die Besteuerung grenzüberschreitender Funktionsverlagerungen, DStR 2007, S. 1649–1655.

Baumhoff, Hubertus/Ditz, Xaver/Greinert, Markus, Die Besteuerung von Funktionsverlagerungen nach den Verwaltungsgrundsätzen Funktionsverlagerung vom 13.10.2010, Ubg 2011, S. 161–171.

Baumhoff, Hubertus/Greinert, Markus, Steuerliche Anerkennung internationaler Verrechnungspreise bei Nichteinhaltung formaler Anforderungen – Anmerkungen zum Urteil des FG Köln vom 22.8.2007, IStR 2008, S. 353–358.

Baumhoff, Hubertus/Puls, Michael, Mediation bei Verrechnungspreisen als alternativer Streitbeilegungsansatz?, IStR 2010, S. 802–806.

Baumhoff, Hubertus/Sieker, Klaus, Ausgewählte Verrechnungspreisprobleme im Lichte des neuen OECD-Berichts, IStR 1995, S. 517–522.

Becker, Helmut, Die OECD-Leitlinie zur Preisgestaltung zwischen verbundenen Unternehmen: eine kritische Stellungnahme, FR 1980, S. 478–482.

Becker, Helmut, Kommentierung von Art. 9 OECD-MA in: Gosch, Dietmar/Kroppen, Heinz-Klaus/Grotherr, Siegfried, DBA Kommentar, Herne.

Becker, Katharina, Kommentierung von Art. 9 OECD-MA, in: Haase, Florian (Hrsg.), Außensteuergesetz, Doppelbesteuerungsabkommen, Kommentar, 2. Auflage, Heidelberg 2012.

Becker, Katharina, Kommentierung von Art. 25 OECD-MA, in: Haase, Florian (Hrsg.), Außensteuergesetz, Doppelbesteuerungsabkommen, Kommentar, 2. Auflage, Heidelberg 2012.

Becker, Katharina/Sydow, Sabine, Das EuGH-Urteil in der belgischen Rechtssache C-311/08 SGI und seine Implikationen für die Frage der Europarechtsmäßigkeit des § 1 AStG, IStR 2010, S. 195–198.

Benzel, Ute/Linzbach, Meike, Neue Vorschriften für die Bilanzierung von Steuerrisikorückstellungen – Der Exposure Draft ED/2009/2 des IASB, KoR 2009, S. 400–408.

Benzel, Ute/Linzbach, Meike, Bilanzierung und Offenlegung von Ertragsteuerrisiken: Quo vadis? Unsichere Steuerpositionen in der Rechnungslegung nach IFRS, US-GAAP und HGB, IRZ 2010, S. 499–593.

Berle, Adolf/Means, Gardiner, The Modern Corporation and Private Property, New York 1932.

Bernath, Andreas, The Implications of the Arbitration Convention, Master Thesis, Jönköping International Business School, Jönköping 2006.

Bernhard, Lorenz/van der Ham, Susanne/Kluge, Sven, Das Verhältnis von § 1 AStG n.F. und verdeckter Einlage – Können Wirtschaftsgüter grenzüberschreitend noch immer ausschließlich verdeckt eingelegt werden?, IStR 2007, S. 717–720.

Beuchert, Tobias, Entwicklungen im Verrechnungspreissystem der USA am Beispiel der Verfahren DHL, Glaxo und Xilinx, Modell für Deutschland?, IStR 2003, S. 605–612.

Beudecker, Michiel/Janssen, Stijn, EU Transfer Pricing Documentation Requirements: A critical Analysis and Comparison, ITPJ 2006, S. 235–242.

Bitz, Horst, Abgrenzung des Risiko-Frühwarnsystems i.e.S. nach KonTraG zu einem umfassenden Risiko-Managementsystem im betriebswirtschaftlichen Sinn, BFuP 2000, S. 231–260.

Blumers, Wolfgang, Funktionsverlagerung per Transferpaket, BB 2007, S. 1757–1763.

Böcker, Hartmut, Steuerliche Prüfung und Behandlung von Lizenzzahlungen an verbundenen ausländische Unternehmen, StBp 1991, S. 73–83.

Böcker, Hartmut, Aktuelle Erfahrungen bei der Prüfung von Kostenumlageverträgen mit ausländischen verbundenen Unternehmen, StBp 2008, S. 8–12.

Bödefeld, Axel/Kuntschik, Nina, Verständigungs- und Schiedsverfahren nach dem EU-Schiedsübereinkommen – Theorie und Praxis, IStR 2009, 268–273.

Böhmer, Julian, Verdeckte Gewinnausschüttungen bei beherrschenden Gesellschaftern, Bonn 2011.

Borstell, Thomas, Kapitel B, in: Vögele, Alexander/Borstell, Thomas/Engler, Gerhard (Hrsg.), Verrechnungspreise, 3. Auflage, München 2011.

Borstell, Thomas, Verrechnungspreise bei konzerninternen Lieferbeziehungen, in: Grotherr, Handbuch der internationalen Steuerplanung, 3. Auflage, Herne 2011, S. 519–540.

Borstell, Thomas/Hülster, Thomas, Kapitel L, in: Vögele, Alexander/Borstell, Thomas/Engler, Gerhard (Hrsg.), Verrechnungspreise, 3. Auflage, München 2011.

Bourier, Günther, Beschreibende Statistik, 3. Auflage, Wiesbaden 2011.

Bouzas Fernández, Manuel Angel, New Regulations on Transfer Pricing, ITPJ 2009, S. 223–227.

Brans, Thijs/Feyerabend, Hans-Jürgen A., Steuerstrategien und Risk Management bei Kreditinstituten, Versicherern, und Finanzdienstleistern, BB 2004, S. 1994–1998.

Brauner, Yariv, Cost Sharing and the Acrobatics of Arm's Length Taxation, Intertax 2010, S. 554–567.

Brockmeyer, Hans Bernhard, Kommentierung von § 347 ff. AO, in: Klein, Franz (Begr.), Abgabenordnung, München.

Bruschke, Gerhard, Sanktionen bei einem Verstoß gegen die Dokumentationspflichten für Verrechnungspreise, DStZ 2006, S. 575–580.

Buchheim, Regine/Knorr, Liesel, Der Lagebericht nach DRS 15 und internationale Entwicklungen, WPg 2006, S. 413–425.

Buciek, Klaus D., Kommentierung von § 162 AO, in: Beermann, Albert/Gosch, Dietmar, Abgabenordnung, Finanzgerichtsordnung, Bonn.

Buciek, Klaus D., Bindende Erklärungen der Finanzverwaltung, DStZ 1999, S. 389–400.

Bühler, Stefan/Jaeger, Franz, Einführung in die Industrieökonomik, Berlin, Heidelberg, New York 2002.

Calderón, José, The OECD Transfer Pricing Guidelines as a Source of Tax Law: Is Globalization Reaching the Tax Law?, Intertax 2007, S. 4–29.

Campos Nave, Jose A., Einführung eines EU-Körperschaftsteuersystems in (ferner) Sicht, BB 2011, Beilage zu Heft 16, S. I.

Coase, Ronald H., The Nature of the Firm, Economica Vol. 4, Issue 16 1937, S. 386–405.

Corbett, Abigail/Keates, Harry A./Wright, Deloris L., Transfer Pricing in an Era of Recession, ITPJ 2009, S. 357–363.

Cordes, Martin, Steuerliche Aufzeichnungspflichten bei internationalen Verrechnungspreisen, Düsseldorf 2009.

Culp, Christopher L., The ART of risk management, New York 2002.

Dawid, Roman/Dworaczek, Michael, Erläuterung der OECD-Leitlinien, in: Kroppen, Heinz-Klaus (Hrsg.), Handbuch internationale Verrechnungspreise, Köln.

Dempfle, Urs, Charakterisierung, Analyse und Beeinflussung der Konzernsteuerquote, Wiesbaden 2006.

Dhawale, Haaresh/Manasuev, Alexey/Slimmen, Richard, Managing Transfer Pricing Risk, TPIJ 2009, Vol. 10.

Diederichs, Marc, Risikomanagement und Risikocontrolling, 3. Auflage, München 2012.

Diederichs, Marc/Fricke, Wolfgang/Macke, Sandra, Risikomanagement im DAX 30 – Untersuchung des State-of-the-Art, DB 2011, S. 1461–1465.

Diedrich, Ralf, Methoden der künstlichen Intelligenz zur Lösung des Prognoseproblems bei der Unternehmensbewertung, Berlin 1992.

Ditz, Xaver, Internationale Gewinnabgrenzung bei Betriebsstätten: Ableitung einer rechtsformneutralen Auslegung des Fremdvergleichsgrundsatzes im internationalen Steuerrecht, Berlin 2004.

Ditz, Xaver, Internationale Gewinnabgrenzung bei Betriebsstätten und nationale Gewinnermittlungsvorschriften im Lichte aktueller Entwicklungen bei der OECD, IStR 2005, S. 37–43.

Ditz, Xaver, Kommentierung von Art. 7 OECD-MA, in: Schönfeld, Jens/Ditz, Xaver (Hrsg.), DBA, Köln 2013.

Ditz, Xaver, Kommentierung von Art. 9 OECD-MA, in: Schönfeld, Jens/Ditz, Xaver (Hrsg.), DBA, Köln 2013.

Ditz, Xaver, Sperrwirkung von Art. 6 Abs. 1 DBA-Niederlande 1959 (Art. 9 Abs. 1 OECD-MA) gegenüber Sonderbedingungen bei beherrschenden Gesellschaftern, ISR 2013, S. 54–56.

Ditz, Xaver/Bärsch, Sven-Eric/Schneider, Markus, Internationale Rechtsprechung zur Begründung von Vertreterbetriebsstätten – Implikationen für Kommissionärsstrukturen in Deutschland?, Ubg 2013, S. 493–500.

Ditz, Xaver/Quilitzsch, Carsten, Die Änderungen im AStG durch das AmtshilfeRLUmsG – Quo vadis Außensteuergesetz?, DStR 2013, S. 1917–1923.

Ditz, Xaver/Schneider, Markus, Internationale Rechtsprechung zu Verrechnungspreisen, DB 2011, S. 779–785.

Ditz, Xaver/Schneider, Markus, Federal Tax Court Ruling on Relationship between Article 9(1) of the OECD Model Convention and National Income Adjustment Provision, ITPJ 2013, S. 182–187.

Franz, Klaus-Peter, in: Dörner, Dietrich/Horváth, Péter/Kagermann, Henning (Hrsg.), Praxis des Risikomanagements – Grundlagen, Kategorien, branchenspezifische und strukturelle Aspekte, Stuttgart 2000, S. 41–72.

Drüen, Klaus-Dieter, Modelle und Rechtsfrage zeitnaher Betriebsprüfungen, IFSt-Schrift 469, Berlin 2011.

Drüen, Klaus-Dieter, Rechtsrahmen und Rechtsfragen der multilateralen Betriebsprüfung, DStR-Beihefter zu Heft 41/2013, S. 82–88.

Drygala, Tim/Drygala, Anja, Wer braucht ein Frühwarnsystem?, ZIP 2000, S. 297–305.

Dutzi, Andreas, Der Aufsichtsrat als Instrument der Corporate Governance, Wiesbaden 2005.

Eigelshoven, Axel, Kommentierung von Art. 9, in: Vogel, Klaus/Lehner, Moris (Hrsg.), Doppelbesteuerungsabkommen der Bundesrepublik Deutschland auf dem Gebiet der Steuern vom Einkommen und Vermögen, Kommentar auf der Grundlage der Musterabkommen, 5. Auflage, München 2008.

Eigelshoven, Axel/Ebering, Alexander, Erläuterung der OECD-Leitlinien, in: Kroppen, Heinz-Klaus (Hrsg.), Handbuch Internationale Verrechnungspreise, Köln.

Eigelshoven, Axel/Ebering, Alexander, Das Fremdvergleichsprinzip neu interpretiert: Das „UN Practical Manual on Transfer Pricing for Developing Countries" der Vereinten Nationen, IStR 2014, S. 16–21.

Eilers, Stephan, Kommentierung von Art. 25 OECD-MA, in: Wassermeyer, Doppelbesteuerung – Kommentar zu allen deutschen Doppelbesteuerungsabkommen, München.

Eisele, Florian, Grenzüberschreitende Funktionsverlagerung: Recht und Besteuerung im Einheitsunternehmen und Konzern, Herne 2003.

Eisgruber, Thomas, Praxiserfahrungen zu Joint Audits, DStR-Beihefter zu Heft 41/2013, S. 89–92.

Endres, Dieter, Reduktion der Konzernsteuerquote durch internationale Steuerplanung, in: Oestreicher, Andreas (Hrsg.), Internationale Steuerplanung, Herne 2004, S. 163–190.

Engel, Benjamin/Hilbert, Lukas, Sperrwirkung des Art. 9 Abs. 1 OECD-MA bei verdeckten Gewinnausschüttungen – BFH-Urteil vom 11.10.2012 – I R 75/11 zu Sonderbedingungen bei beherrschenden Gesellschaftern, IWB 2013, S. 123–128.

Engler, Gerhard, Kapitel M, in: Vögele, Alexander/Borstell, Thomas/Engler, Gerhard (Hrsg.), Verrechnungspreise, 3. Auflage, München 2011.

Engler, Gerhard, Kapitel N, in: Vögele, Alexander/Borstell, Thomas/Engler, Gerhard (Hrsg.), Verrechnungspreise, 3. Auflage, München 2011.

Engler, Gerhard/Elbert, Dirk, Kapitel F, in: Vögele, Alexander/Borstell, Thomas/Engler, Gerhard (Hrsg.), Verrechnungspreise, 3. Auflage, München 2011.

Englisch, Joachim, Einige Schlussfolgerungen zur Grundrechtskompatibilität des § 1 AStG – zugleich Anmerkung zum Urteil des EuGH in der Rs. SGI, IStR 2010, S. 139–142.

Erle, Bernd, in: Tax Risk Management and Board Responsibility, in: Schön, Wolfgang (Hrsg.), Tax and Corporate Governance, Berlin, Heidelberg 2008, S. 205–220.

Erle, Bernd/Sauter, Thomas (Hrsg.), Körperschaftsteuergesetz, die Besteuerung der Kapitalgesellschaft und ihrer Anteilseigner, Kommentar, 3. Auflage, Heidelberg 2010.

Ernst & Young (Hrsg.), Global Transfer Pricing Survey, Addressing the Challenges of Globalization, 2010.

Esch, Franz-Rudolf, Strategie und Technik der Markenführung, 7. Auflage, München 2012.

Fama, Eugene F./Jensen, Michael C., Separation of Ownership and Control, Journal of Law and Economics 1983, Vol. 26, Nr. 2, S. 301–325.

Fiege, Stefanie, Risikomanagement- und Überwachungssystem nach KonTraG: Prozess, Instrumente, Träger, Wiesbaden 2006.

Fiehler, Kati, Vergütungsformen von funktions- und risikoarmen Vertriebsgesellschaften, IStR 2007, S. 464–471.

Filipiuk, Bogna, Transparenz der Risikoberichterstattung: Anforderungen und Umsetzung in der Unternehmenspraxis, Wiesbaden 2009.

Finkbeiner, Isabella, Verrechnungspreissysteme der Elektrowerkzeugbranche am Beispiel der Robert Bosch GmbH, in: Sinz/Kahle, Holger (Hrsg.), Verrechnungspreissysteme in ausgewählten Branchen, Herne 2013, S. 113–138.

Fischer, Lutz/Kleineidam, Hans-Jochen/Warnecke, Perygrin, Internationale Betriebswirtschaftslehre, Berlin 2005.

Fischer, Wolfgang Wilhelm/Looks, Christian/im Schlaa, Stefan, Dokumentationspflichten für Verrechnungspreise – Aktuelle Erfahrungen mit der Betriebsprüfung, BB 2010, S. 157–162.

Fischer, Wolfgang Wilhelm/Looks, Christian/Reese, Markus, Ermittlung von steuerlichen Verrechnungspreisen beim Global Development, IStR 2008, S. 254–258.

Fleischer, Holger, in: Spindler, Gerald/Stilz, Eberhard, Kommentar zum Aktiengesetz, Band 1, 2. Auflage, München 2010.

Fleischer, Holger, Konzernleitung und Leitungssorgfalt der Vorstandsmitglieder im Unternehmensverbund, DB 2005, S. 764–766.

Flick Gocke Schaumburg/BDI (Hrsg.), Der Umwandlungssteuererlass, Bonn 2011.

Flick, Hans, Deutsche Verwaltungsgrundsätze zu internationalen Verrechnungspreisen aus der Sicht der Unternehmen, JbFSt 1981/82, S. 133–142.

Flüchter, Karsten, Kommentierung von Art. 25, in: Schönfeld, Jens/Ditz, Xaver (Hrsg.), DBA, Köln 2013.

Flüchter, Karsten, Seminar C: Verständigungsverfahren und die Beilegung grenzüberschreitender Streitigkeiten, IStR 2012, S. 694–703.

Förschle, Gerhart/Almeling, Christopher, in: Beck'scher Bilanzkommentar, 9. Auflage, München 2014.

Forschungsgruppe Viadrina, Verdeckte Gewinnausschüttung – BFH-Definition und Ansätze zur Behandlung des Tigerfalls, BB 1996, S. 2436–2446.

Franz, Einiko B., Captives – Eine Standortbestimmung, BB 2011, S. 3037–3047.

Freidank, Carl-Christian/Mammen, Andreas, Reporting steuerlicher Risiken im Konzernlagebericht als Instrument der Corporate Governance, ZCG 2008, S. 285–292.

Frenkel, Michael/Hommel, Ulrich/Rudolf, Markus, Risk Management: Challenge and Opportunity, Berlin 2005.

Frese, Erich/Graumann, Matthias/Theuvsen, Ludwig, Grundlagen der Organisation, 10. Auflage, Wiesbaden 2012.

Freudenberg, Michael/Ludwig, Christoph, Business Risk and Loss Defense: A transfer pricing perspective, TPIJ 2012.

Frischmuth, Markus, UntStRefG 2008 und Verrechnungspreise nach § 1 AStG n.F., IStR 2007, S. 485–489.

Frotscher, Gerrit, Tendenzen im Recht der verdeckten Gewinnausschüttung, GmbHR 1998, S. 23–33.

Frotscher, Gerrit, Kommentierung von § 8 KStG, in: Frotscher, Gerrit/Maas, Ernst (Hrsg.), Kommentar zum Körperschaft-, Gewerbe- und Umwandlungssteuergesetz, Freiburg i.B.

Füser, Karsten/Gleißner, Werner/Meier, Günther, Risikomanagement (KonTraG) – Erfahrungen aus der Praxis, DB 1999, S. 753–758.

Gernoth, Jan P., Die Überwachungspflichten des Aufsichtsrats im Hinblick auf das Risiko-Management und die daraus resultierenden Haftungsfolgen für den Aufsichtsrat, DStR 2001, S. 299–309.

Gimbel Lewis, Patricia, Short Cuts for Small Fry: Why the IRS Should Reconsider Transfer Pricing Safe Harbors for Small Taxpayers, Transactions, Tax Management Transfer Pricing Report, Volume 19, Nr. 24, 2011.

Gimbel Lewis, Patricia, Safe at Last? Transfer Pricing Safe Harbors on the Horizon, Tax Management Transfer Pricing Report, Volume 21, Nr. 9, 2012.

Glahe, Moritz, Einkünftekorrektur zwischen verbundenen Unternehmen – Vereinbarkeit der deutschen Verrechnungspreisvorschriften und der Zinsschranke mit Europa- und Verfassungsrecht, Köln 2012.

Gosch, Dietmar (Hrsg.), Körperschaftsteuergesetz, Kommentar, 2. Auflage, München 2009.

Greil, Stefan/Kiesow, Sven, Tax Compliant Transfer Pricing, DStZ 2013, S. 389–397.

Greinert, Markus, Teil G: Verrechnungspreise und Funktionsverlagerungen, in: Schaumburg, Harald/Rödder, Thomas, Unternehmenssteuerreform 2008, München 2007, S. 541–582.

Greinert, Markus/Strohm, Joachim, Die Neufassung des Abschnitts zu Safe-Harbour-Regelungen in den OECD Verrechnungspreisrichtlinien, Ubg 2013, S. 567–578.

Greinert, Markus/Weigert, Katja, Vorliegen wirtschaftlicher Gründe als unionsrechtliche Rechtfertigung für ein Abweichen vom Fremdvergleichsgrundsatz, DB 2013, S. 2524–2528.

Grotherr, Siegfried, Advance Pricing Agreements – Verfahren zur Vermeidung von Verrechnungspreiskonflikten, BB 2005, S. 855–867.

Grotherr, Siegfried, Überlegungen zur Ausgestaltung von speziellen Verfahrensregelungen für Advance Pricing Agreements, IStR 2005, S. 350–360.

Grundmann, Stefan/Hofmann, Christian/Möslein, Florian, Finanzkrise und Wirtschaftsordnung, Berlin 2009.

Grützner, Thomas/Behr, Nicolai, Die Haftung von Compliance Officer, Vorstand und Aufsichtsrat bei Rechtsverstößen von Mitarbeitern, DB 2013, S. 561–567.

Gudmundsson, Karl Agust, Lost in Transfer Pricing: The Pitfalls of EU Transfer Pricing Documentation, ITPJ 2009, S. 2–28.

Guserl, Richard/Pernsteiner, Helmut (Hrsg.), Handbuch Finanzmanagement in der Praxis, Wiesbaden 2004.

Haag, Maximilian/Jehle, Dorothea, Bericht zum 11. Münchner Unternehmenssteuerforum: „Multilaterale Betriebsprüfung – Herausforderungen für die Finanzverwaltung und auch für die Unternehmen“, DStR-Beihefter zu Heft 41/2013, S. 79–82.

Haase, Florian, Einleitung zu Kapitel II, in: Haase, Florian (Hrsg.), Außensteuergesetz, Doppelbesteuerungsabkommen, Kommentar, 2. Auflage, Heidelberg 2012.

Haemakers, Hubert, Can the Free Negotiations of the Prices within Multinational Enterprises Serve as an Arm's Length Method?, ITPJ 1997, S. 2–4.

Haemakers, Hubert, Arm's Length – How Long?, ITPJ 2001, S. 30–40.

Hannemann, Susanne/Pfeffermann, Petra, IAS-Konzernsteuerquote: Begrenzte Aussagekraft für die steuerliche Performance eines Konzerns, BB 2003, S. 727–734.

Hardeck, Inga, Die Empfehlungen der OECD-Leitsätze für multinationale Unternehmen im Bereich der Besteuerung – Inhalt, Risiken und Implikationen für international tätige Unternehmen, IStR 2011, S. 933–939.

Hardeck, Inga/Langhein, Nils, Bedeutung und Management reputativer Steuerrisiken – Eine empirische Untersuchung basierend auf Interviews mit den Leitern der Steuerabteilung deutscher Unternehmen, WPg 2013, S. 859–870.

Hartmann, Conny, Das Verrechnungspreissystem des HUGO BOSS Konzerns, in: Sinz, Andreas/Kahle, Holger (Hrsg.), Verrechnungspreissysteme in ausgewählten Branchen, Herne 2013, S. 49–76.

Haugen, Lars P., In Tax Practice the Cost Plus Method is Often a TNMM in Disguise: What To Do about It? ITPJ 2005, S. 224–227.

Haunhorst, Sabine, Risikomanagement der Finanzverwaltung – ein Fall für die Finanzgerichte?, DStR 2010, S. 2105–2110.

Hauschka, Christoph E., Corporate Compliance, München 2010.

Hellerstein, Walter, The Case for Formulary Apportionment, ITPJ 2005, S. 103–111.

Hendricks, Michael, Internationale Informationshilfe im Steuerverfahren – Grundlagen, Systematik und Grenzen der informationellen zwischenstaatlichen Rechts- und Amtshilfe, Köln 2004.

Henehan, PJ/Walsh, Aidan, Global Tax Risk Management, Haywards Heath 2008.

Henselmann, Klaus/Rose, Anke, Management steuerlicher Risiken, in: Götze, Uwe/Henselmann, Klaus/Mikus, Barbara (Hrsg.), Risikomanagement, Heidelberg 2001, S. 185–210.

Herlinghaus, Andreas, Gedanken zum abkommensrechtlichen Schiedsverfahren nach Art. 25 Abs. 5 OECD-MA, IStR 2010, S. 125–130.

Herzig, Norbert, Resumee, in: Herzig, Norbert (Hrsg.), Advance Pricing Agreements (APAs): Ein neues Instrument zur Vermeidung von Verrechnungspreiskonflikten?, Köln 1996, S. 83–95.

Herzig, Norbert/Dempfle, Urs, Konzernsteuerquote, betriebliche Steuerpolitik und Steuerwettbewerb, DB 2002, S. 1–8.

Herzig, Norbert, Globalisierung und Besteuerung, WPg 1998, S. 280–296.

Herzig, Norbert, Gestaltung der Konzernsteuerquote: Eine neue Herausforderung für die Steuerberatung? WPg Sonderheft 2003, S. S80–S92.

Herzig, Norbert, Vorschlag einer GKKB-RL – ein ambitioniertes Zukunftsprojekt, DB 2011 (Beilage zu Heft 15), S. M1.

Herzig, Norbert, Perspektiven bei der Ermittlung, Abgrenzung und Übermittlung des steuerlichen Gewinns, DB 2012, S. 1–9.

Herzig, Norbert, Europäisierung und Internationalisierung der steuerlichen Gewinnermittlung, in: Spindler, Wolfgang/Tipke, Klaus/Rödder, Thomas (Hrsg.), Steuerzentrierte Rechtsberatung, Festschrift für Harald Schaumburg zum 65. Geburtstag, Köln 2009, S. 751–766.

Herzig, Norbert/Heimig, Michael/Vossel, Stephan, Risikoorientiertes Tax Accounting nach ED/2009/2, DB 2009, S. 2613–2620.

Herzig, Norbert/Teschke, Manuel/Joisten, Christian, Between Extremes: Merging the Advantages of Separate Accounting and Unitary Taxation, Intertax 2010, 334–349.

Heuningen-Huene von, Gerrik Kommentierung von § 84 HGB, in: Karsten Schmidt (Hrsg.), Münchener Kommentar zum HGB, 3. Auflage, München 2010.

Heurung, Rainer, Einführung KStG, in: Erle, Bernd/Sauter, Thomas (Hrsg.), Körperschaftsteuergesetz, Die Besteuerung der Kapitalgesellschaft und ihrer Anteilseigner, 3. Auflage, Heidelberg 2010.

Heurung, Rainer, Risikobereiche bei Organschaften, in: Kneip, Christoph/Jänisch, Christian (Hrsg.), Tax Due Diligence München 2005, S. 464–506.

Heurung, Rainer/Engel, Benjamin/Thiedemann, Bastian, Umwandlungen und Organschaft – Anmerkungen zum Umwandlungssteuererlass vom 11.11.2011, Der Konzern 2012, S. 16–27.

Heurung, Rainer/Engel, Benjamin/Schröder, Sebastian, Ausgewählte Zweifels- und Praxisfragen zur Spaltung nach dem UmwSt-Erlass 2011, GmbHR 2012, S. 273–280.

Hey, Johanna, Steuerplanungssicherheit als Rechtsproblem, Köln 2002.

Hinnekens, Luc, European Arbitration Convention: Thoughts on its Principles, Procedures and First Experience, EC Tax Review 2010, S. 109–116.

Hofacker, Matthias, Kommentierung von § 1 AStG, in: Haase (Hrsg.), Außensteuergesetz, Doppelbesteuerungsabkommen, 2. Auflage, Heidelberg 2012.

Hoffmann, Wolf-Dieter, Der wirtschaftliche Vorteil für die Kapitalgesellschaft als verdeckte Gewinnausschüttung – Anmerkungen zur neuen Definition der verdeckten Gewinnausschüttung durch den BFH, DStR 1996, S. 729–733.

Hoffmann, Wolf-Dieter, Die „Nur-Pensionszusage“ – Replik zu einer Urteilsanmerkung von Hubertus Gschwendtner, DStZ 1996, S. 236–237.

Hoffmann, Wolf-Dieter, Die vGA-Definition des BFH und die Nur-Gewinntantieme, GmbH-StB 2001, S. 333–334.

Hoffmann, Wolf-Dieter, Zusage einer Nur-Pension an den Gesellschafter-Geschäftsführer als verdeckte Gewinnausschüttung – Einbeziehung des Verhaltens des Vertragspartners in den Fremdvergleich, DStR 1995, S. 1750–1751.

Hommelhoff, Peter/Mattheus, Daniela, Risikomanagement im Konzern: Ein Problemaufriß, BFuP 2000, S. 217–230.

Hommelhoff, Peter/Mattheus, Daniela, Risikomanagementsystem im Entwurf des BilMoG als Funktionselement der Corporate Governance, BB 2007, S. 2787–2791.

Höppner, Horst-Dieter, Der Bericht des OECD-Steuerausschusses über „Verrechnungspreise und multinationale Unternehmen“: Entstehung, Inhalt und Bedeutung, StBp 1981, S. 56–61.

Horst, Julian, Die verbindliche Auskunft nach § 89 Abgabenordnung, Maastricht, Herzogenrath, 2010.

Hruschka, Franz, Kommentierung von Art. 5 OECD-MA, in: Schönfeld, Jens/Ditz, Xaver (Hrsg.), DBA, Köln 2013.

Hüffer, Uwe, Aktiengesetz, Kommentar, 10. Auflage, München 2012.

Hülshorst, Jörg/Rettinger, Frederik, Verrechnungspreise in der Versicherungswirtschaft, DB 2006, S. 2032–2037.

Hülsmann, Matthias, Die Steuerklausel im Unternehmenskaufvertrag, DStR 2008, 2404–2407.

Hummel, Katrin, Gestaltungsparameter und Einflussfaktoren vom Verrechnungspreissystemen, Baden-Baden 2010.

Intemann, Jens, Kommentierung von § 204 AO, in: Pahlke, Armin/Koenig, Ulrich (Hrsg.), Abgabenordnung, Köln.

Jacobs, Otto H./Endres, Dieter/Spengel, Christoph, in: Jacobs, Otto H. (Hrsg.), Internationale Unternehmensbesteuerung, Deutsche Investitionen im Ausland. Ausländische Investitionen im Inland, 7. Auflage, München 2011.

Jensen, Michael C./Meckling, William H., Theory of the Firm: Managerial Behaviour, Agency Costs and Ownership Structure, Journal of Financial Economics 1976, S. 305–360.

Jonas, Bernd, Das Ärgernis der Nachzahlungszinsen, Ubg 2011S. 960–962.

Jonas, Bernd, Die schleichende Erhöhung der Steuerquoten, BB 2013, S. 1111–1116.

Jonas, Bernd, Das Volumen von Steuersubstratverlagerungen in Outbound-Fällen, in: Spindler, Wolfgang/Tipke, Klaus/Rödder, Thomas (Hrsg.), Steuerzentrierte Rechtsberatung, Festschrift für Harald Schaumburg zum 65. Geburtstag, Köln 2009, S. 793–812.

Joseph, Anton, Transfer Pricing Comparability: Perspectives of OECD, Australia and United States, ITPJ 2007, S. 89–99.

Kahle, Holger/Schulz, Sebatian, Richtlinienentwurf für eine Gemeinsame konsolidierte Körperschaftsteuer-Bemessungsgrundlage in der europäischen Union – Regelungen zur Gewinnermittlung, StuB 2011, S. 296–303.

Kajüter, Peter/Esser, Simon, Risiko- und Chancenberichterstattung im Lagebericht, IRZ 2007, S. 381–390.

Kajüter, Peter/Winkler, Carsten, Praxis der Risikoberichterstattung deutscher Konzerne, WPg 2004, S. 249–261.

Kaminski, Bert, § 1 AStG, in: Strunk, Günther/Kaminski, Bert/Köhler, Stefan (Hrsg.), Außensteuergesetz, Doppelbesteuerungsabkommen, Kommentar, Bonn.

Kaminski, Bert, Funktionsverlagerungen auf Betriebsstätten nach dem Amtshilferichtlinie-Umsetzungsgesetz, in: Lüdicke, Jürgen/Mössner, Jörg Manfred/Hummel, Lars (Hrsg.), Das Steuerrecht der Unternehmen, Festschrift für Gerrit Frotscher zum 70. Geburtstag, Freiburg 2013, S. 302–317.

Kaminski, Bert, Kostenaufteilungspraktiken bei der internationalen Entwicklung immaterieller Wirtschaftsgüter, IStR 2001, S. 539–545.

Kaminski, Bert, Die Festlegung von Maßstäben zur internationalen Einkünftekorrektur durch § 1 Außensteuergesetz, StuW 2008, S. 337–347.

Kaminski, Bert, Kommentierung von Art. 9 OECD-MA, in: Strunk, Günther/Kaminski, Bert/Köhler, Stefan (Hrsg.), Außensteuergesetz, Doppelbesteuerungsabkommen, Kommentar, Bonn.

Kaminski, Bert, Kommentierung von § 1 AStG, in: Strunk, Günther/Kaminski, Bert/Köhler, Stefan (Hrsg.), Außensteuergesetz, Doppelbesteuerungsabkommen, Kommentar, Bonn.

Kamp, Andrea, Steuercontrolling im internationalen Konzern – Aufbau eines Steuerinformationssystems, Lohmar, Köln 2011.

Keerl, Markus, Internationale Verrechnungspreise in der globalisierten Wirtschaft – Die Bestimmung von Transferpreisen und das Verständigungsverfahren, Göttingen 2008.

Kempf, Andreas/Gelsdorf, Frederik, Die EU-Schiedsverfahrenskonvention im Konkurrenzverhältnis zu Doppelbesteuerungsabkommen, IStR 2012, S. 329–335.

Kessler, Wolfgang/Scholz-Görlach, Ulrich, ED/2009/2 Income Tax: Fortbestehende Unterschiede bei der Abbildung steuerrechtlicher Risiken zwischen US-GAAP und IFRS, PiR 2009, S. 285–290.

Kewitz, Frank, Strukturierung einer Tax Due Diligence aus Unternehmenssicht, in: Sinewe, Patrick (Hrsg.), Tax Due Diligence, Tax Audit beim Unternehmenskauf; Ablauf, Beratung, Muster, Wiesbaden 2010, S. 39–49.

Khvat, Lee/Ross, James/Nias, Peter, Current Trends in Transfer Pricing and Business Reorganizations, Tax Notes International 2008, S. 247–250.

Kiesel, Hanno/Theisen, Michaela, Steuerstrafrechtliche Risiken konzerninterner Verrechnungspreisgestaltungen, IStR 2006, S. 284–288.

Kiethe, Kurt, Die zivil- und strafrechtliche Haftung von Aufsichtsräten für Geschäftsrisiken, WM 2005, S. 2122–2130.

Kircher, Markus/Moll, Daniel, BFH bestätigt Sperrwirkung des abkommensrechtlichen Fremdvergleichsmaßstabs gegenüber nationalen Sonderbedingungen – Zugleich eine Analyse möglicher Auswirkungen für die Praxis, DStR 2013, S. 1111–1116.

Kleineidam, Hans-Jochen, Perspektiven der internationalen Einkunftsabgrenzung im Lichte globaler Unternehmensstrategien, in: Klein, Franz/Stihl, Hans Peter/ Wassermeyer, Franz/Piltz, Detlev J./Schaumburg, Harald (Hrsg.), Unternehmen Steuern, Festschrift für Hans Flick zum 70. Geburtstag, Köln 1997, S. 857–872.

Kluge, Sven, Verrechnungspreise in Ertragsteuern und Controlling: Gestaltungsempfehlungen zur Reduzierung von Zielkonflikten, Berlin 2013.

Koch, Hanns-Reimer, in: Gräber, Fritz (Begr.), Finanzgerichtsordnung, 7. Auflage, München 2010.

Kolb, Hans, Datenbankanalysen zu internationalen Verrechnungspreisen, IWB 2009, S. 2391–2402.

Kort, Michael, Kommentierung von § 91, in: Hopt, Klaus J./Wiedemann, Herbert (Hrsg.), Großkommentar zum Aktiengesetz, Band 3, 4. Auflage, Berlin 2006.

Kort, Michael, Risikomanagement nach dem Bilanzrechtsmodernisierungsgesetz, ZGR 2010, S. 440–471.

Krabbe, Helmut, Seminar C: Verständigungsverfahren, IStR 2002, S. 548–551.

Kraft, Gerhard, Kommentierung von § 1 AStG, in: Kraft, Gerhard (Hrsg.), Gerhard, Außensteuergesetz, München 2009.

Kramer, Jörg-Dietrich, APA – Vorabverständigungsverfahren und Vorabzusagen über Verrechnungspreise, IStR 2007, S. 174–177.

Kremer, Friedhelm, Verrechnungspreisproblematik aus Sicht der Revision, ZIR 2003, S. 56–63.

Krieger, Gerd/Sailer-Coceani, Viola, Kommentierung von § 91, in: Schmidt, Karsten/ Lutter, Marcus (Hrsg.), AktG, 2. Auflage, Köln 2010.

Kromschröder, Bernhard/Lück, Wolfgang, Grundsätze risikoorientierter Unternehmensüberwachung, DB 1998, S. 1573–1576.

Kroppen, Heinz-Klaus/Dawid, Roman/Schmidtke, Richard, Profit Split, the Future of Transfer Pricing? Arm's length Principle and Formulary Apportionment Revisited from a Theoretical and a Practical Perspective, in: Schön, Wolfgang/Konrad, Kai A. (Hrsg.), Fundamentals of International Transfer Pricing in Law and Economics, Berlin, Heidelberg 2012, S. 267–293.

Kroppen, Heinz-Klaus/Rasch, Stephan, Funktionsverlagerung – Der nächste Akt, IWB 2010, S. 316–324.

Kroppen, Heinz-Klaus/Rasch, Stephan, Zehn Jahre Aufzeichnungspflichten für Verrechnungspreise – Eine Bestandsaufnahme, Dokumentation von Verrechnungspreisen, IWB 2013, S. 830–845.

Kroppen, Heinz-Klaus/Rasch, Stephan/Eigelshoven, Axel, Die Behandlung von Funktionsverlagerungen im Rahmen der Unternehmensteuerreform 2008 und der zu erwartenden Verwaltungsgrundsätze-Funktionsverlagerung, IWB 2007, S. 2201–2230.

Krüger, Dirk/Kalbfleisch, Eberhard, Due Diligence bei Kauf und Verkauf von Unternehmen – Rechtliche und steuerliche Aspekte der Vorprüfung beim Unternehmenskauf -, DStR 1999, 174–180.

Kuckhoff, Harald/Schreiber, Rolf, Verrechnungspreise in der Betriebsprüfung, Der Fremdvergleich bei Lieferungen und Leistungen, München 1997.

Kuhn, Stephan/Röthlisberger, René/Niggli, Sarah, Management der effektiven Konzernsteuerbelastung, Der Schweizer Treuhänder 2003, S. 638–644.

Kurzewitz, Christina, Wahl der geeigneten Verrechnungspreismethode zur Verringerung von Doppelbesteuerungsproblemen, Hamburg 2009.

Kurzewitz, Christina/Endert, Volker, Möglichkeiten des Aufbaus und der Ausgestaltung eines Risikomanagementsystems für steuerliche Verrechnungspreise im internationalen Konzern, in: Grotherr, Handbuch der internationalen Steuerplanung, 3. Auflage, Herne 2011, S. 673–692.

Kußmaul, Heinz, Angemessene Verrechnungspreise im internationalen Konzernbereich, RIW 1987, S. 679–693.

Lagarden, Martin, Brand Valuation in Business Practice, Part 1, ITPJ 2012, S. 247–256.

Lang, Jörg/Klingebiel, Friedbert, Kommentierung § 8 Abs. 3 KStG Teil C, in: Dötsch, Ewald/Pung, Alexandra/Möhlenbrock, Rolf (Hrsg.), Die Körperschaftsteuer, Kommentar zum KStG und EStG, Stuttgart.

Lang, Michael/Pistone, Pasquale/Schuch, Josef/Staringer, Claus, Common Consolidated Corporate Tax Base, Wien 2008.

Lanz, Rainer/Miroudot, Sébastien, Intra-Firm Trade – Patterns, Determinants and Policy Implications, OECD Trade Policy Working Papers No. 114, 2011.

Laux, Helmut/Liermann, Felix, Grundlagen der Organisation, 6. Auflage, Berlin 2005.

Lehner, Moris, § 6: Rechtsquellen und Normenhierarchie im internationalen Kontext, in: Kessler, Wolfgang/Kröner, Michael/Köhler, Stefan (Hrsg.), Konzernsteuerrecht, 2. Auflage, München 2008, S. 535–562.

Lehner, Moris, Die Umsetzung von abkommensrechtlichen Konsultationsvereinbarungen zur Vermeidung von Doppelbesteuerung durch Rechtsverordnungen, IStR 2011, S. 733–739.

Lenz, Martin/Rautenstrauch, Gabriele, Der Richtlinienentwurf zur Gemeinsamen konsolidierten KSt-Bemessungsgrundlage, DB 2011, S. 726–731.

Lermer, David, Recent Developments in Transfer Pricing and Thin Capitalization, ITPJ 2010, 149–155.

Li, Jinyan, Soft Law, Hard Realities and Pragmatic Suggestions: Critiquing the OECD Transfer Pricing Guidelines, in: Schön, Wolfgang/Konrad, Kai A. (Hrsg.), Fundamentals of International Transfer Pricing in Law and Economics, Berlin, Heidelberg 2012, S. 71–89.

Liebchen, Daniel, Kapitel 12, Teil H: Advance Pricing Agreements (APA), in: Mössner, Jörg Manfred (Hrsg.), Steuerrecht international tätiger Unternehmen, Handbuch der Besteuerung von Auslandsaktivitäten inländischer Unternehmen und von Inlandsaktivitäten ausländischer Unternehmen, 4. Auflage, Köln 2012, S. 1318–1351.

Liebchen, Daniel, Kapitel 12, Teil I: Schiedsverfahren, in: Mössner, Jörg Manfred (Hrsg.), Steuerrecht international tätiger Unternehmen, Handbuch der Besteuerung von Auslandsaktivitäten inländischer Unternehmen und von Inlandsaktivitäten ausländischer Unternehmen, 4. Auflage, Köln 2012, S. 1352–1402.

Liebchen, Daniel, Kommentierung von Art. 25, in: Schönfeld, Jens/Ditz, Xaver (Hrsg.), DBA, Köln 2013.

Liekenbrock, Bernhard, Management und Bilanzierung von Zinsschrankenrisiken: Qualitative Rechts- und quantitative Steuerwirkungsanalyse, Wiesbaden 2011.

Loitz, Rüdiger, Wesentliche Änderungen des Tax Accounting durch die Einführung von ED/2009/2 für die Unternehmenspraxis, DB 2009, S. 1997–2005.

Loose, Thomas, Tax Management der kapitalmarktorientierten internationalen Unternehmung, Köln, Lohmar 2009.

Lorenz, Manuel, Einführung in die rechtlichen Grundlagen des Risikomanements, in: Romeike, Frank (Hrsg.), Rechtliche Grundlagen des Risikomanagements, Haftungs- und Strafvermeidung für Corporate Compliance, Berlin 2008, S. 3–30.

Loukota, Helmut, UFS-Entscheidung zu Grundsatzfragen der Verrechnungspreisgestaltung, SWI 2012, S. 520–527.

Ludenia, Sascha, Analyse entscheidungsrelevanter Risiken im Besteuerungsprozess, Ursachen und Erscheinungsformen steuerlicher Risiken und betriebswirtschaftliche Ansätze zu ihrer Verminderung, Hamburg 2006.

Lück, Wolfgang, Der Umgang mit unternehmerischen Risiken durch ein Risikomanagementsystem und durch ein Überwachungssystem, DB 1998, S. 1925–1930.

Lück, Wolfgang, Elemente eines Risiko-Managementsystems, DB 1998, S. 8–14.

Lüdicke, Jürgen, Anmerkungen zur deutschen Verhandlungsgrundlage für Doppelbesteuerungsabkommen, IStR-Beihefter 2013, S. 26–47.

Lühn, Andreas, Das Zielsystem der internationalen Konzernsteuerplanung, Der Konzern 2008, S. 93–106.

Lutter, Marcus/Krieger, Gerd, Rechte und Pflichten des Aufsichtsrats, 5. Auflage, Köln 2008.

Mammen, Andreas, Die Konzernsteuerquote als Lenkungsinstrument im Rahmen des Risikomanagementsystems börsennotierter Muttergesellschaften, Wiesbaden 2011.

Mank, Katharina/Dagnese, Napoleão, Verrechnungspreisentwicklungen im lateinamerikanischen Kontinent, IStR 2006, S. 713–720.

Markham, Michelle, Advance pricing agreements – Past, present and future, Alphen aan den Rijn 2012.

Maushake, Christina, Audit Committees – Prüfungsausschüsse im US-amerikanischen und deutschen Recht, Köln 2009.

Mayer, Stefan, Formulary Apportionment for the Internal Market, Amsterdam 2009.

Mertens, Hans-Joachim/Cahn, Andreas, in: Kölner Kommentar zum Aktiengesetz, Bd. 2, Köln 2010.

Metten, Michael, Corporate Governance – Eine aktienrechtliche und institutionenökonomische Analyse der Leitungsmaxime von Aktiengesellschaften, Wiesbaden 2010.

Meyer, Marco/Loitz, Rüdiger/Linder, Robert/Zerwas, Peter, Latente Steuern, Bewertung, Bilanzierung, Beratung, 2. Aufl, Wiesbaden 2010.

Mikus, Barbara, Risiken und Risikomanagement – Ein Überblick, in: Götze, Uwe/Henselmann, Klaus/Mikus, Barbara (Hrsg.), Risikomanagement, Heidelberg 2001, S. 3–28.

Mommen, Leila, Rückwirkung von Steuergesetzen, BB 2011, S. 2781–2787.

Montag, Heinrich, Entwicklungstendenzen der Steuerberatung im Konzern, in: Spindler, Wolfgang/Tipke, Klaus/Rödder, Thomas (Hrsg.), Steuerzentrierte Rechtsberatung, Festschrift für Harald Schaumburg zum 65. Geburtstag, Köln 2009, S. 65–86.

Spindler, Gerald, Von der Früherkennung von Risiken zum umfassende Risikomanagement – zum Wandel des § 91 Abs. 2 AktG unter europäischem Einfluss, in: Kindler, Peter/Koch, Jens/Ulmer, Peter/Winter, Martin, Festschrift für Uwe Hüffer zum 70. Geburtstag, München 2010, S. 985–998.

Mors, Matthias/Rautenstrauch, Gabriele, Die gemeinsame konsolidierte Körperschaftsteuer-Bemessungsgrundlage (GKKB) als harmonisiertes europäisches Körperschaftsteuerrecht der Zukunft?, UbG 2008, S. 97–104.

Müller, Rolf, Die Konzernsteuerquote – Modephänomen oder ernst zu nehmende neue Kennziffer?, DStR 2002, 1684–1688.

Münch, Lukas, Finanzbehördliches Risikomanagement im Rahmen der Einkommensteuerveranlagung, DStR 2013, S. 212–215.

Müßig, Anke, Bilanzielle Risikovorsorge und außerbilanzielle Risikoberichterstattung: Das Vermächtnis von Lagebericht und Management Commentary zum Jahresabschluss nach HGB und IFRS 2006, Wiesbaden 2006.

Nagel, Sibylle/Waza, Andreas, Risikomanagement beim Steuervollzug – ein Weg aus der Krise!, DStZ 2008, S. 321–326.

Naumann, Manfred, Seminar E: Gewinnaufteilungsmethoden und der Fremdvergleichsgrundsatz, IStR 2013, S. 616–619.

Nientimp, Axel, Kommentierung von § 1 AStG, in: Mössner, Jörg Manfred/Fuhrmann, Sven (Hrsg.), Außensteuergesetz, Kommentar, 2. Auflage, Herne 2011.

Nientimp, Axel, Europarechtskonforme Auslegung von § 1 Abs. 1 AStG, Anmerkung, ISR 2013, S. 122–123.

Nientimp, Axel/Roeder, Achim, Global Trading, ITPJ 2005, S. 306–310.

Nientimp, Axel/Tomson, Susanne, Das verbindliche Schiedsverfahren nach dem neuen OECD-MA, IStR 2009, S. 615–619.

Niess, Bernd, Internationale Verrechnungspreise: Überlegung zur Reduzierung der steuerlichen Risiken, in: Baumhoff, Hubertus/Dücker, Reinhard/Köhler, Stefan (Hrsg.), Besteuerung, Rechnungslegung und Prüfung der Unternehmen, Festschrift für Professor Dr. Norbert Krawitz, Wiesbaden 2010, S. 297–326.

Oestreicher, Andreas, Konzern-Gewinnabgrenzung: Gewinnabgrenzung – Gewinnermittlung Gewinnaufteilung, München 2000.

Oestreicher, Andreas, Die Bedeutung von Datenbankinformationen bei der Dokumentation von Verrechnungspreisen, StuW 2006, S. 243–254.

Oestreicher, Andreas/Duensing, Matthias, Eignung von Unternehmensdatenbanken zur Bestimmung der Verrechnungspreise an deutsche Vertriebsunternehmen, IStR 2005, S. 134–144.

Offerhaus, Klaus, Die tatsächliche Verständigung – Voraussetzung und Wirkungen, DStR 2001, 2093–2098.

Oosterhoff, Danny, Proposed Revision of OECD Transfer Pricing Guideline: The Importance of Facts and Circumstances, ITPJ 2010, S. 3–11.

Oosterhoff, Danny, Transfer Pricing Risk Management, ITPJ 2006, S. 46–53.

Oosterhoff, Danny/Wingerter, Bo, The Dutch View on the Common Consolidated Corporate Tax Base, ITPJ 2011, S. 352–357.

Owens, Jeffrey, Should the Arm's Length Principle Retire?, ITPJ 2005, S. 99–102.

Owens, Jeffrey, Transfer Pricing and Treaties in a Changing World, TNI 2010, Vol. 57, Nr. 6, S. 519–521.

Paetzmann, Karsten, Corporate Governance, Strategische Marktrisiken, Controlling, Überwachung, Berlin 2008.

Pahlke, Anne-Kathrin, Risikomanagement nach KonTraG – Überwachungspflichten und Haftungsrisiken für den Aufsichtsrat, NJW 2002, S. 1680–1688.

Pahne, Jens, Den Umsatzsteuerbetrug hinterlaufen!, UR 2011, S. 247–254.

Perridon, Louis/Steiner, Manfred, Finanzwirtschaft der Unternehmung, München 1999.

Peters, Holger M./Baltzer, Nadine/Zhang, Leonard, APAs: A chance for taxpayers – an overview of international trends comparing and contrasting the programmes in China and Germany, Transfer Pricing International Journal 2011, Vol 19.

Pezzer, Heinz-Jürgen, Zur Dogmatik der verdeckten Gewinnausschüttung – Anmerkung zum BFH-Urteil vom 6.12.1995, FR 1996, S. 379–380.

Picot, Arnold/Brandt, Werner (Hrsg.), Unternehmenserfolg im internationalen Wettbewerb, Strategie, Steuerung und Struktur, Kongress-Dokumentation, Stuttgart 2005.

Pinkernell, Reimar, Ein Musterfall zur internationalen Steuerminimierung durch US-Konzerne, StuW 2012, S. 369–374.

Plansky, Patrick, Die Gewinnzurechnung zu Betriebsstätten im Recht der Doppelbesteuerungsabkommen, Wien 2010.

Plesner Rossing, Christian, Tax strategy control: The case of transfer pricing tax risk management, Management Accouting Research 2013, Vol 24, Issue 2, S. 175–194.

Porter, Michael E., Competitive advantage, Creating and sustaining superior performance, New York, London 1985.

Powilleit, Simone, Compliance im Unternehmen: Rechtliches Risikomanagement als Wertschöpfungsfaktor, GWR 2010, S. 28–32.

Preußner, Joachim, Deutscher Corporate Governance Kodex und Risikomanagement, NZG 2004, S. 303–307.

Preußner, Joachim/Becker, Florian, Ausgestaltung von Risikomanagementsystemen durch die Geschäftsführung, NZG 2002, S. 846–851.

Puls, Michael, Aktuelle Entwicklungen in der finanzgerichtlichen Rechtsprechung zu steuerlichen Verrechnungspreisen, IStR 2013, S. 704–710.

Raber, Georg, Standardmethoden vs. Gewinnvergleich im Lichte der neuen Rechtsprechung, in: Piltz/Schaumburg (Hrsg.), Internationale Einkünfteabgrenzung, Köln 2003, S. 19–34.

Rasch, Stephan, Konzernverrechnungspreise im nationalen, bilateralen und europäischen Steuerrecht, München 2001.

Rasch, Stephan/Mank, Katharina, OECD-Kapitel IV, in: Kroppen, Heinz-Klaus (Hrsg.), Handbuch Internationale Verrechnungspreise, Köln.

Rasch, Stephan/Rettinger, Frederik, Aktuelle Fragen der Verrechnungspreisdokumentation: Unternehmenscharakterisierung und Methodenwahl in den Verwaltungsgrundsätze-Verfahren, BB 2007, S. 353–358.

Rasch, Stephan/Tillmann, Lisa, Base Erosion and Profit Shifting: Hat der Fremdvergleichsgrundsatz für die Bestimmung der Verrechnungspreise noch eine Zukunft?, ISR 2013, S. 139–143.

Rätke, Bernd, Kommentierung von § 146 AO, in: Klein, Franz (Begr.), Abgabenordnung, München.

Ratschow, Eckart, Kommentierung von § 135 FGO, in: Gräber, Fritz (Begr.), Finanzgerichtsordnung, 7. Auflage, München 2010.

Rehkugler, Heinz/Vögele, Alexander, Quantitative Verfahren der Prüfung von Verrechnungspreisen – Perspektiven und offene Fragen, BB 2002, S. 1937–1945.

Reichl, Alexander/von Bredow, Axel, Änderung der OECD-Verrechnungspreisrichtlinien zu Safe-Harbour-Rules – Eine Entlastung für den Mittelstand?, DB 2013, S. 1514–1520.

Ringleb, Henrik-Michael/Kremer, Thomas/Lutter, Marcus/v. Werder, Axel, Kommentar zum Deutschen Corporate Governance Kodex, München 2010.

Rischar, Andreas, Der Bundesfinanzhof und die Frage der Angemessenheit von GmbH-Geschäftsführervergütungen – Notwendigkeit einer Neuorientierung durch Rückbesinnung?, BB 1997, S. 2302–2307.

Risse, Robert, Steuercontrolling und Reporting: Konzernsteuerquote und deren Bedeutung für das Steuermanagement, Wiesbaden 2010.

Risse, Robert, Steuerliches Risikomanagement, Ubg 2012, S. 169–176.

Rödder, Thomas, Globalisierung und Unternehmenssteuerrecht: Wie ist das ertragsteuerliche Besteuerungssubstrat multinationaler Unternehmen sachgerecht auf die beteiligten Fisci aufzuteilen?, in: Tipke, Klaus/Seer, Roman/Hey, Johanna/Englisch, Joachim (Hrsg.), Festschrift für Joachim Lang zum 70. Geburtstag: Gestaltung der Steuerrechtsordnung, Köln 2011, S. 1147–1166.

Rodemer, Ingo, Advance Pricing Agreements im US-amerikanischen und im deutschen Steuerrecht, Köln 2001.

Romano, Carlos, Advance Tax Rulings and Principles of Law: Towards a European Tax Rulings System?, Amsterdam 2002.

Rose, Gerd, in: Elschen, Rainer/Siegel, Theodor/Wagner, Franz W. (Hrsg.), Unternehmenstheorie und Besteuerung, Festschrift zum 60. Geburtstag von Dieter Schneider, Wiesbaden 1995, S. 479–494.

Rose, Gerd, Verunsicherte Steuerpraxis, StBJb 1975/76, S. 41–86.

Röthlisberger, René/Zitter, Gernot, Tax Risk Management, Der Schweizer Treuhänder 2005, S. 295–301.

Ruberg, Lars, Aktuelle Entwicklungen im Bereich des Tax Accounting, Ubg 2009, S. 863–874.

Runge, Bernd, Quo vadis, internationaler Verrechnungspreis, cui bono, neuer OECD-Verrechnungspreisbericht?, IStR 1995, S. 505–511.

Runge, Bernd, Handhabung von APAs durch die deutsche Finanzverwaltung – Mitwirkung bei ausländischen APAs, verbindliche Auskunft im Inland, in: Herzig, Norbert (Hrsg.), Advance Pricing Agreements (APAs): Ein neues Instrument zur Vermeidung von Verrechnungspreiskonflikten?, Köln 1996, S. 43–50.

Runge, Bernd, Praktische Erfahrungen mit Verständigungsverfahren und Auskunftsverkehr über die Grenze, in: Schaumburg, Harald/Piltz, Detlev Jürgen (Hrsg.), Betriebsprüfung internationaler Sachverhalte, Köln 1998, S. 33–46.

Rupp, Thomas, IntGA, in: Dötsch, Ewald/Pung, Alexandra/Möhlenbrock, Rolf (Hrsg.), Die Körperschaftsteuer, Kommentar zum KStG und EStG, Stuttgart, Rz. 293.

Schallmoser, Ulrich, Kommentierung von § 204, in: Hübschmann, Walter/Hepp, Ernst/Spitaler, Armin (Hrsg.), Abgabenordnung – Finanzgerichtsordnung, Köln.

Schaumburg, Harald, Internationales Steuerrecht, Außensteuerrecht, Doppelbesteuerungsrecht, Köln 2011.

Schaumburg, Harald, Normative Defizite und internationale Verrechnungspreise, Der Konzern 2006, S. 495–502.

Scheffler, Wolfram, Grundzüge zur Besteuerung von inländischen Konzernen, DBW 1991, S. 701–717.

Scheipers, Thomas/Linn, Alexander, Einkünfteberichtigung nach § 1 Abs. 1 AStG bei Nutzungsüberlassungen im Konzern – Auswirkungen des EuGH-Urteils SGI, IStR 2010, S. 469–474.

Schmitz, Stephan, Kommentierung von Art. 25 OECD-MA, in: Strunk, Günther/Kaminski, Bert/Köhler, Stefan (Hrsg.), Außensteuergesetz, Doppelbesteuerungsabkommen, Kommentar, Bonn.

Schneider, Dieter, Wider Marktpreise als Verrechnungspreise bei der Besteuerung internationaler Konzerne, DB 2003, S. 53–58.

Schneider, Markus, Aktuelle Entwicklungen im Bereich Verrechnungspreise, FR 2008, S. 686–688.

Schneider, Markus, Recent Developments Concerning the Rules on the Transfer of Business Functions, ITPJ 2011, S. 114–119.

Schneider, Sven H./Schneider, Uwe H., Vorstandshaftung im Konzern, AG 2005, S. 57–66.

Schnorberger, Stephan, Same Procedure as Last Year? Competent Authority Procedures and Advance Pricing Agreements Revisited, ITPJ 2007, S. 109–115.

Schnorberger, Stephan/Becker, Christoph, Art. 6 Abs. 1 DBA NLD dient als abkommensrechtliche Gewinnabgrenzungsvorschrift und nicht der Gewinnkorrektur, IStR 2013, S. 112–113.

Scholz, Christian/Crüger, Arwed, Die Rolle von datenbankgestützten Margenanalysen bei der Bestimmung fremdüblicher Verrechnungpreise, RIW 2005, S. 34–38.

Schön, Wolfgang, Working Paper of the Max Planck Institute for Tax Law and Intellectual Property, Nr. 2011–5, München 2011.

Schön, Wolfgang, Der Fremdvergleich, der Europäische Gerichtshof und die "Theory of the Firm", IStR 2011, S. 777–782.

Schön, Wolfgang, Transfer Pricing – Business Incentives International Taxation and Corporate Law, in: Schön, Wolfgang/Konrad, Kai A. (Hrsg.), Fundamentals of International Transfer Pricing in Law and Economics, Berlin, Heidelberg 2012, S. 47–67.

Schöneborn, Frank, Operational Transfer Pricing, DB 2013, S. 2869–2873.

Schönfeld, Jens/Ditz, Xaver (Hrsg.), Doppelbesteuerungsabkommen, Kommentar, Köln 2013.

Schreiber, Rolf, Erläuterung der FVerlV, in: Kroppen, Heinz-Klaus (Hrsg.), Handbuch internationale Verrechnungspreise, Köln.

Schreiber, Rolf, Indizien zum Nachweis verdeckter Gewinnausschüttungen bei Dauergewinnlosigkeit der inländischen Konzernvertriebsgesellschaft, IStR 1994, S. 315–319.

Schreiber, Rolf/Nientimp, Axel, Verrechnungspreise, Herne 2013.

Schulz-Danso, Martin, § 25 Rz. 12, in: Beck'sches IFRS-Handbuch, 4. Auflage, München 2013.

Seer, Roman, Kommentierung von § 178a AO, in: Tipke, Klaus/Kruse, Heinrich Wilhelm (Hrsg.), Abgabenordnung – Finanzgerichtsordnung, Köln

Seer, Roman, Kommentierung von § 89 AO, in: Tipke, Klaus/Kruse, Heinrich Wilhelm (Hrsg.), Abgabenordnung – Finanzgerichtsordnung, Köln.

Seer, Roman, Die Rolle des Steuerberaters in der elektronischen Finanzverwaltung, DStR 2008, S. 1553–1560.

Seer, Roman, Verrechnungspreisdokumentation bei verbundenen Unternehmen, IWB 2012, S. 350–358.

Seibert, Ulrich, in: Westermann, Harm Peter/Mock, Klaus (Hrsg.), Festschrift für Gerold Bezzenberger zum 70. Geburtstag, Berlin, New York 2000.

Senger, Hans Günter/Schulz, Katrin, Das Rechtsinstitut der verdeckten Gewinnausschüttung – Notwendigkeit einer grundlegenden Reform, DStR 1997, S. 1830–1841.

Senger, Thomas/Brune, Jens W./Hoehne, Felix, ED/2009/2 – Income Tax (ED-IAS 12): Überblick und Würdigung der geplanten Neuregelungen, IRZ 2009, S. 289–295.

Sheppard, Lee, Is Transfer Pricing Worth Salvaging? TNI 2010, Vol. 67, Nr. 5, S. 384–393.

Sieker, Klaus, Kommentierung von Art. 9 OECD-MA, in: Wassermeyer, Franz (Hrsg.), Doppelbesteuerung – Kommentar zu allen deutschen Doppelbesteuerungsabkommen, München.

Sommer, Christoph, Separate Accounting or Unitary Apportionment?, Köln, Lohmar 2010.

Spengel, Christoph, Einflussfaktoren und Möglichkeiten zur Optimierung der Konzernsteuerquote – Ein internationaler Vergleich, in: Picot, Arnold/Brandt, Werner (Hrsg.), Unternehmenserfolg im internationalen Wettbewerb, 2005, S. 175–208.

Spengel, Christoph/Matenaer, Sebastian, Tax Risk Management – Strategische, prozessuale und organisationale Einflussfaktoren, Ubg 2011, 798–811.

Spengel, Christoph/Oestreicher, Andreas, Gemeinsame (konsolidierte) Körperschaftsteuerbemessungsgrundlage in der EU und Umsetzungsfragen, DStR 2009, S. 773–781.

Spengel, Christoph/Ortmann-Babel, Martina/Matenaer, Sebastian, Tax Risk Management der Finanzverwaltung: Hat Deutschland den Anschluss an die internationale Entwicklung verpasst?, Ubg 2012, S. 466–475.

Stapperfend, Thomas, Kommentierung von § 76 FGO, in: Gräber, Fritz (Begr.), Finanzgerichtsordnung, 7. Auflage, München 2010.

Stark, Arnulf, Tax Compliance, ZRFC 2011, 160–164.

Staubli, Andreas, Tax Strategy, International Tax Review, Supplement July 2006.

Stiewe, Susanne, Die verfahrensrechtliche Umsetzung internationaler Verständigungsvereinbarungen (§ 175a AO), Frankfurt am Main 2011.

Streck, Michael/Mack, Alexandra/Kamps, Heinz-Willi, Der Steuerstreit, 3. Auflage, Köln 2012.

Streck, Michael/Mack, Alexandra/Schwedhelm, Rolf, Tax Compliance, Köln 2009.

Strunk, Günther/Kaminski, Bert, Einführung OECD-MA, in: Strunk, Günther/Kaminski, Bert/Köhler, Stefan (Hrsg.), Außensteuergesetz, Doppelbesteuerungsabkommen, Kommentar, Bonn.

Sullivan, Martin A., Combining Arm's Length and Formulary Principles, TNI 2010, Vol. 57, Nr. 4, S. 314–316.

Tax Analysts (Hrsg.), Towards Tax Reform: Recommendations for Obama's Task Force, 2009.

Tcherveniachki, Vassil, Kapitalgesellschaften und Private Equity Fonds, Berlin 2007.

Teschke, Manuel, Konzeption einer Besteuerung des laufenden Ertrags von Netzwerken Nahestehender, Wiesbaden 2009.

Thiel, Jochen, Der fortschreitende Einfluss des EuGH auf die Ertragsbesteuerung der Unternehmen – Aktuelle Urteile und anhängige Verfahren, DB 2004, S. 2603–2609.

Thömmes, Ottmar, Gewinnberichtigungen bei verbundenen Unternehmen – EU-rechtlich zulässige Angemessenheitskontrolle oder Missbrauchsbekämpfung? in: JbFStR 2010/2011, S. 79–109.

van der Ham, Susanne/Voll, Steffen/Wingen, Norman, Keine Bindung der Finanzverwaltung durch Advance Pricing Agreements? IStR 2013, S. 861–865.

Verdoner, Louis, Global Trading: An Adventure in Financial Markets and Instruments, ITPJ 2005, S. 282–287.

Vetter, Eberhard, Der Prüfungsausschuss in der AG nach dem BilMoG, ZGR 2010, S. 770.

Vetter, Tobias, Zur rechtlichen Bedeutung der OECD-Verrechnungspreisgrundsätze, SWI 1997, S. 547–551.

Vogel, Klaus/Lehner, Moris (Hrsg.), Doppelbesteuerungsabkommen der Bundesrepublik Deutschland auf dem Gebiet der Steuern vom Einkommen und Vermögen, Kommentar auf der Grundlage der Musterabkommen, 5. Auflage, München 2008.

Vögele, Alexander/Crüger, Arwed/Witt, Wolf/Sedlmayr, Richard/Fügemann, Hendrik, Kapitel H, in: Vögele, Alexander/Borstell, Thomas/Engler, Gerhard (Hrsg.), Verrechnungspreise, 3. Auflage, München 2011.

Vögele, Alexander/Fischer, Wolfgang Wilhelm, Kapitel A, in: Vögele, Alexander/Borstell, Thomas/Engler, Gerhard (Hrsg.), Verrechnungspreise, 3. Auflage, München 2011.

Vögele, Alexander/Raab, Jürgen, Kapitel D, in: Vögele, Alexander/Borstell, Thomas/Engler, Gerhard (Hrsg.), Verrechnungspreise, 3. Auflage, München 2011.

Vögele, Alexander/Raab, Jürgen/Diessner, Claudia, Kapitel D, in: Vögele, Alexander/Borstell, Thomas/Engler, Gerhard (Hrsg.), Verrechnungspreise, 3. Auflage, München 2011.

Vogt, Gabriele, Die Due Diligence – ein zentrales Element bei der Durchführung von Mergers & Acquisitions, DStR 2001, S. 2027–2034.

Volkwein, Ellen, Die Umsetzung des Sarbanes Oxley Act 2002 in Deutschland, Bremen 2007.

von Eitzen, Bernd/Dahlke, Jürgen, Bilanzierung von Steuerpositionen nach IFRS, Latente Steuern im Einzel- und Konzernabschluss, Steuerrisiken, Zwischenberichterstattung, Stuttgart 2008.

von Groll, Rüdiger, Kommentierung von § 100 FGO, in: Gräber, Fritz (Begr.), Finanzgerichtsordnung, 7. Auflage, München 2010.

von Werder, Axel/Talaulicar, Till, Kodex Report 2009: Die Akzeptanz der Empfehlungen und Anregungen des Deutschen Corporate Governance Kodex, DB 2009, S. 689–696.

Wahl, Andreas/Preisser, Heiko, Möglichkeiten und Grenzen von Datenbankanalysen zur Bestimmung von Verrechnungspreisen, IStR 2008, S. 51–59.

Wassermeyer, Franz, Sind Verrechnungspreise justiziabel?, in: Schaumburg, Harald (Hrsg.), Verrechnungspreise zwischen Kapitalgesellschaften, Köln 1994, S. 123–134.

Wassermeyer, Franz, Einige Grundsatzüberlegungen zur verdeckten Gewinnausschüttung, GmbHR 1998, S. 157–163.

Wassermeyer, Franz, Einkünftekorrekturnormen im Steuersystem, IStR 2001, S. 633–638.

Wassermeyer, Franz, Aktuelle Rechtsprechung des 1. Senats des BFH – Inhalt und Auswirkungen, WPg 2002, S. 10–16.

Wassermeyer, Franz, Kommentierung von § 1 AStG, in: Flick, Hans/Wassermeyer, Franz/Baumhoff, Hubertus/Schönfeld, Jens (Hrsg.), Außensteuerrecht, Außensteuerrechtliche Vorschriften des Einkommensteuergesetzes und des Körperschaftsteuergesetzes, Kommentar, Köln.

Wassermeyer, Franz/Baumhoff, Hubertus, Verrechnungspreise international verbundener Unternehmen, Köln 2014.

Wassermeyer, Franz/Baumhoff, Hubertus/Greinert, Markus, Kommentierung der Änderungen durch das Unternehmensteuerreformgesetz 2008, in: Flick, Hans/Wassermeyer, Franz/Baumhoff, Hubertus/Schönfeld, Jens (Hrsg.), Außensteuerrecht, Außensteuerrechtliche Vorschriften des Einkommensteuergesetzes und des Körperschaftsteuergesetzes, Kommentar, Köln.

Wassermeyer, Franz/Richter, Stefan/Schnittker, Helder, Personengesellschaften im internationalen Steuerrecht, Köln 2010.

Weber, Jürgen/Weißenberger, Barbara/Liekweg, Arnim, Ausgestaltung eines unternehmerischen Chancen- und Risikomanagements nach dem KonTraG, DStR 1999, S. 1710–1716.

Wehnert, Oliver, Generalthema I: Verrechnungspreise und immaterielle Wirtschaftsgüter, IStR 2007, S. 558–561.

Weiner, Joann Martens, The European Union and Formula Apportionment: Caveat Emptor, European Taxation 2001, S. 380–388.

Werra, Matthias, Der 1995-OECD-Bericht zu den Verrechnungspreisen (Teil I), IStR 1995, S. 457–464.

Widmann, Tobias, Das Risikomanagement als Funktionselement der Corporate Governance der Aktiengesellschaft, Baden-Baden 2010.

Wiesner, Georg, in: Münchener Handbuch des Gesellschaftsrechts, Band 4, München 2007.

Wilkie, J. Scott, Reflecting on the „Arm's Length Principle“: What is the "Principle"? Where Next?, in: Schön, Wolfgang/Konrad, Kai A. (Hrsg.), Fundamentals of

International Transfer Pricing in Law and Economics, Berlin, Heidelberg 2012, S. 137–156.

Wittendorff, Jens, Marginal Markets and the Value of Networking, TNI 2010, Vol. 69, Nr. 10, S. 945–949.

Wittendorff, Jens, Consistency: Domestic vs. International Transfer Pricing Law, TNI 2012, Vol. 66, Nr. 12, S. 1127–1134.

Wittendorff, Jens, Transfer pricing and the arm's length principle in international tax law, Alphen aan den Rijn 2010.

Wochinger, Peter/Lang, Friedbert, § 8 Abs. 3 KStG Teil B, in: Dötsch, Ewald/Pung, Alexandra/Möhlenbrock, Rolf (Hrsg.), Die Körperschaftsteuer, Kommentar zum KStG und EStG, Stuttgart.

Wolf, Klaus, Potenziale derzeitiger Risikomanagementsysteme, DStR 2002, S. 1729.

Wright, Deloris R., Transfer Pricing When Losses Arrive, ITPJ 2002, S. 174–179.

Wünsch, Doris, Kommentierung von § 88, in: Pahlke, Armin/Koenig, Ulrich (Hrsg.), Abgabenordnung, Köln.

Wulf, Martin/Derlien, Ulrich, Verrechnungspreisrichtlinie – ein Ausweg aus den Dokumentationspflichten zum 1.1.2003? StB 2004, S. 140–147.

Zehnpfennig, Julia, Auslandsaktivitäten inländischer und Inlandsaktivitäten ausländischer AG/KGaA, in: Müller, Welf/Rödder, Thomas (Hrsg.), Beck'sches Handbuch der AG, München 2009.

Zieske, Volker/Zenkic, Albina, Neuausrichtung der Internen Revision und die Anforderungen des § 107 Abs. 3 AktG an die Wirksamkeitsüberwachungsaufgaben des Prüfungsausschusses, Der Konzern 2011, S. 163–171.

Zitzelsberger, Heribert, APAs in der Praxis eines deutschen Großunternehmens, in: Herzig, Norbert (Hrsg.), Advance Pricing Agreements (APAs): Ein neues Instrument zur Vermeidung von Verrechnungspreiskonflikten?, Köln 1996, S. 51–55.

Verzeichnis der Rechtsprechung

Bundesverfassungsgericht

BVerfG v. 3.9.2009, BFH/NV 2009, S. 2115.

Bundesfinanzhof (BFH)

BFH v. 1.2.1967, I 220/64, BStBl. III 1967, S. 495.
BFH v. 10.2.1967,III B 9/66, BStBl. III 1967, S. 182.
BFH v. 15.2.1967, VI S 2/66, BStBl. III 1967, S. 256.
BFH v. 19.2.1970, I R 24/67, BStBl. II 1970, S. 442.
BFH v. 12.3.1980, I R 186/76, BStBl. II 1980, S. 531.
BFH v. 23.5.1984, I R 294/81, BStBl. II 1984, S. 673.
BFH v. 14.8.1985, I R 149/81, BStBl. II 1986, S. 86.
BFH v. 20.8.1986, I R 152/82, BFH/NV 1987, S. 471.
BFH v. 11.2.1987, I R 177/83, BStBl. II 1987, S. 461.
BFH v. 2.3.1988, I R 103/86, BStBl. II 1988, S. 786.
BFH v. 27.7.1988, I R 104/84, BStBl. II 1989, S. 274.
BFH v. 7.12.1988, I R 25/82, BStBl. II 1989, S. 248.
BFH v. 26.10.1987, II R 128/85, BStBl. II 1989, S. 348.
BFH v. 17.2.1993, I R 3/92, BStBl. II 1993, S. 457.
BFH v. 19.1.1994, I R 93/93, BStBl. II 1994, S. 725.
BFH v. 17.5.1995, I R 147/93, BStBl. II 1996, S. 204.
BFH v. 6.12.1995, I R 88/94, BStBl. II 1996, S. 383.
BFH v. 19.3.1997, I R 75/96, BStBl. II 1997, S. 577.
BFH v. 13.8.1997, I R 12/97, BFH/NV 1998, S. 498.
BFH v. 15.10.1997, I R 80/96, BFH/NV 1998, S. 624.
BFH v. 17.12.1997, I R 70/97, BStBl. II 1998, S. 545.
BFH v. 9.8.2000, I R 12/99, BStBl. II 2001, S. 140.
BFH v. 12.12.2000, VIII R 62/93, BStBl. II 2001, S. 234.
BFH v. 27.3.2001, I R 27/99, BStBl. II 2002, S. 111.
BFH v. 10.5.2001, I S 3/01, BFH/NV 2001, S. 957.
BFH v. 17.10.2001, I R 103/00, BStBl. II 2004, S. 171.
BFH v. 18.3.2002, I B 156/01, BFH/NV 2002, S. 1178.
BFH v. 24.4.2002, I R 18/01, DStR 2002, S. 1614.
BFH v. 15.5.2002, I R 92/00, BFH/NV 2002, S. 1538.
BFH v. 28.1.2004, I R 87/02, DB 2004, S. 850.
BFH v. 20.10.2004, I R 4/04, BFH/NV 2005, S. 723.
BFH v. 23.5.2007, BStBl. II 2007, S. 874.
BFH v. 17.12.2007, GrS 2/2004, BStBl. II 2008, S. 608.
BFH v. 13.2.2008, I R 63/06, BStBl. II 2009, S. 414.

BFH v. 6.10.2009, I R 39/09, DStR 2010, S. 319.
BFH v. 1.2.2010, I B 118/09, BFH/NV, S. 1127.
BFH v. 28.4.2010, I R 78/08, BFH/NV 2010, S. 1709.
BFH v. 20.4.2011, I R 80/10, BFH/NV 2011, S. 1654.
BFH v. 11.10.2012, I R 75/11, BStBl. II 2013, S. 1046.
BFH v. 15.2.2012, I B 97/11, BStBl. II 2012, S. 697.
BFH v. 10.4.2013, I R 45/11, BStBl. II 2013, S. 771.
BFH v. 12.11.2013, VIII R 36/10, BStBl. II 2014, S. 168.

Finanzgerichte (FG)

FG Münster v. 13.12.1994, 15 K 3237/93 E, EFG 1995, S. 552.
FG Rheinland-Pfalz v. 14.2.1998, 5 K 2821/96, DStRE 1999, S. 597.
FG Münster v. 16.3.2006, 8 K 2348/02 E, EFG 2006, S. 1562.
FG München v. 28.11.2006, 6 K 578/06, Beck RS 2006, 26022354
FG Köln v. 22.8.2007, 13 K 647/03, EFG 2008, S. 161.
FG Hamburg v. 31.10.2011, 6 K 179/10, IStR 2012, S. 190.
FG Hessen v. 23.3.2011 – 4 K 419/10 rev. eingelegt (Aktenzeichen des BFH: I R 45/11).
FG Hamburg v. 18.12.2012, 1 K 172/10.

Europäischer Gerichtshof (EuGH)

EuGH v. 21.1.2010, C-311/08, „SGI";
EuGH v. 12.12.2002, C-324–00, „Lankhorst-Hohorst", EuGHE 2002, I-11799 ff.
EuGH v. 13.3.2007, C-524/04, „Test Claimants in the Thin Cap Group Litigation", EuGHE 2007, I-2107 ff.

Ausländische Gerichte

Full Federal Court of Australia v. 1.6.2011, [2011] FCAFC 74.

Verzeichnis der Doppelbesteuerungsabkommen

Abkommen vom 1. Juni 2006 zwischen der Bundesrepublik Deutschland und den Vereinigten Staaten von Amerika zur Vermeidung der Doppelbesteuerung und zur Verhinderung der Steuerverkürzung auf dem Gebiet der Steuern vom Einkommen und vom Vermögen und einiger anderer Steuern unter Berücksichtigung des Änderungsprotokolls (BGBl. II 2006, 1184, BStBl. I 2008, 766) in der Fassung der Neubekanntmachung vom 4.6.2008 (BGBl. II 2008, 611, BStBl. I 2008, 783).

Abkommen vom 21. Juli 1959 zwischen der Bundesrepublik Deutschland und der Französischen Republik zur Vermeidung der Doppelbesteuerungen und über gegenseitige Amts- und Rechtshilfe auf dem Gebiete der Steuern vom Einkommen und vom Vermögen sowie der Gewerbesteuern und der Grundsteuern, BGBl. II 1961, S. 397, BStBl. I 1961, S. 342, BGBl. II 1961, S. S. 1659, BStBl. I 1961, S. 712.

Abkommen vom 30. März 2010 zwischen der Bundesrepublik Deutschland und dem Vereinigten Königreich Großbritannien und Nordirland zur Vermeidung der Doppelbesteuerung und zur Verhinderung der Steuerverkürzung auf dem Gebiet der Steuern vom Einkommen und vom Vermögen, BGBl. II 2010, S. 1333, 1334, BGBl. II 2011, S. 536.

Abkommen vom 19. April 2001 zwischen der Bundesrepublik Deutschland und Kanada zur Vermeidung der Doppelbesteuerung auf dem Gebiet der Steuern vom Einkommen und bestimmter anderer Steuern, zur Verhinderung der Steuerverkürzung und zur Amtshilfe in Steuersachen, BGBl. II 2002, S. 670, BStBl. I 2002, S. 505.

Abkommen vom 17. November 2011 zwischen der Bundesrepublik Deutschland und dem Fürstentum Liechtenstein zur Vermeidung der Doppelbesteuerung und der Steuerverkürzung auf dem Gebiet der Steuern vom Einkommen und vom Vermögen, BGBl. II 2012, S. 1462, BStBl. I 2013, S. 488.

Abkommen vom 23. April 2012 zwischen zwischen der Bundesrepublik Deutschland und dem Großherzogtum Luxemburg zur Vermeidung der Doppelbesteuerung und Verhinderung der Steuerhinterziehung auf dem Gebiet der Steuern vom Einkommen und vom Vermögen, am 1.1.2014 in Kraft getreten.

Abkommen vom 12. April 2012 zwischen der Bundesrepublik Deutschland und dem Königreich der Niederlande zur Vermeidung der Doppelbesteuerung und zur Verhinderung der Steuerverkürzung auf dem Gebiet der Steuern vom Einkommen, noch nicht in Kraft getreten (Stand: 13.2.2014).

Abkommen zwischen der Bundesrepublik Deutschland und der Republik Österreich zur Vermeidung der Doppelbesteuerung auf dem Gebiete der Steuern vom

Einkommen und vom Vermögen vom 24. August 2000, BGBl. II 2002, S. 734, BGBl. II 2002, S. 2435, BSBl. I 2002, S. 584.

Abkommen vom 14. Juli 1992 zwischen der Bundesrepublik Deutschland und dem Königreich Schweden zur Vermeidung der Doppelbesteuerung bei den Steuern vom Einkommen und vom Vermögen sowie bei den Erbschaft- und Schenkungsteuern und zur Leistung gegenseitigen Beistands bei den Steuern, BGBl. II 1994, S. 686, BStBl. I 1994, S. 422, BGBl. II 1995, S. 29, BStBl. I 1995, S. 88.

Abkommen vom 11. August 1971 zwischen der Bundesrepublik Deutschland und der Schweizerischen Eidgenossenschaft zur Vermeidung der Doppelbesteuerung auf dem Gebiete der Steuern vom Einkommen und vom Vermögen, Bundesgesetzblatt 1972 Teil II S. 1021, Bundessteuerblatt 1972 Teil I S. 518, BGBl. II 1973, S. 74, BStBl. I 1972, S. 61.

Abkommen vom 3. Februar 2011 zwischen der Bundesrepublik Deutschland und dem Königreich Spanien zur Vermeidung der Doppelbesteuerung und zur Verhinderung der Steuerverkürzung auf dem Gebiet der Steuern vom Einkommen und vom Vermögen, BGBl. II 2012 S. 18, 19, BGBl. II 2013, S. 329, BStBl. I 2013, S. 349, 350, 363.

Abkommen vom 19. September 2011 zwischen der Bundesrepublik Deutschland und der Republik Türkei zur Vermeidung der Doppelbesteuerung und der Steuerverkürzung auf dem Gebiet der Steuern vom Einkommen, BGBl. II 2012, S. 526.

Verzeichnis der Europäischen Quellen, Verwaltungsanweisungen und sonstigen Quellen

Primäres Recht der Europäischen Union

Vertrag zur Gründung der Europäischen Gemeinschaft (EG-Vertrag), ersetzt durch Vertrag über die Arbeitsweise der Europäischen Union (AEUV).

Sekundäres Recht der Europäischen Union

Vierte Richtlinie 78/660/EWG, ABl. EU L 222 v. 14.8.1978, S. 11.

Richtlinie 2006/43/EG, ABl. EU L 157 v. 9.6.2006, S. 87.

EU-Verordnung Nr. 1606/2002 des Europäischen Parlamentes und des Rates v. 19.7.2002 betreffend die Anwendung internationaler Rechnungslegungsstandards (ABl. EG 2002 L 243 S. 1 ff.

Übereinkommen

Übereinkommen über die Beseitigung der Doppelbesteuerung im Falle von Gewinnberichtigungen zwischen verbundenen Unternehmen v. 23.7.1990, Nr. 90/436/EWG, ABl. EG L 225 v. 20.8.1990, S. 10 ff.

Rat der Europäischen Union

Entschließung des Rates der EU zu einem Verhaltenskodex zur Verrechnungspreisdokumentation für verbundene Unternehmen in der Europäischen Union (EU TPD) v. 27.06.2006, in: ABl. EU 2006/C 176, S. 1 ff.

Entschließung des Rates der EU zu einem Verhaltenskodex zur Verrechnungspreisdokumentation für verbundene Unternehmen in der Europäischen Union (EU TPD) v. 27.06.2006, ABl. EU 2006/C 176, S. 1.

Kommission der Europäischen Gemeinschaften (KOM)

Mitteilung der Kommission an den Rat, das Europäische Parlament und den Europäischen Wirtschafts- und Sozialausschuss, KOM(2007)71 endgültig v. 26.2.2007.

Arbeitsdokument der Kommissionsdienststellen, Bericht erstellt durch das Gemeinsame EU-Verrechnungspreisforum, SEC(2007)246 v. 26.2.2007.

Arbeitsdokument der Kommissionsdienststellen, Unternehmensbesteuerung im Binnenmarkt, SEC(2001)1681 v. 23.10.2001.

Communication from the Commission to the European Parliament, The Council and the European Ecenomic and Social Committee, Guidelines on Low Value Adding Intra-Group Services" v. 25.1.2011, COM(2011) 16 final v. 25.1.2011.

EU Joint Transfer Pricing Forum, Report on Cost Contribution Agreements on Services not creating Intangible Property (IP), JTPF/008/FINAL/2012/EN v. 7.6.2012.

EU Joint Transfer Pricing Forum, Dutch Contribution on the Question whether Persons of Standing to an Advisory Commission are Independent, JTPF/015/BACK/2007/EN/FR v. 18.9.2007.

EU Joint Transfer Pricing Forum, Discussion Paper on Draft JTPF Recommendations Related to the Interpretation of some Provisions of the Arbitration Convention, JTPF/002/REV1/2008/EN v. 13.5.2008.

EU Joint Transfer Pricing Forum, Statistics on APAs at the end of 2012, JTPF/013/2013/EN Ausgust 2013.

EU Joint Transfer Pricing Forum, 2007 Update of the Number of Open Cases under the Arbitration Covention, JTPF/005/BACK/2007/EN v. 28.6.2007.

Deutscher Bundesrat

BR-Drs. 583/03.

Deutscher Bundestag

BT Drs. 16/10067.

Bundesministerium der Finanzen (BMF)

BMF-Schreiben v. 23.2.1983 betreffend Grundsätze für die Prüfung der Einkunftsabgrenzung bei international verbundenen Unternehmen (Verwaltungsgrundsätze), IV C 5 – S 1341 –4/83, BStBl. I 1983, S. 218.

BMF-Schreiben v. 30.12.1999 betreffend Grundsätze für die Prüfung der Einkunftsabgrenzung durch Umlageverträge zwischen international verbundenen Unternehmen, IV B 4 –S 1341 –14/99, BStBl. I 1999, S. 1122.

BMF-Schreiben v. 16.7.2001 betr. Grundsätze zum Datenzugriff und zur Prüfbarkeit digitaler Unterlagen (GDPdU), IV D 2 – S 0316 – 136/01, BStBl. I 2001, 415, geändert durch BMF v. 14.9.2012, BStBl. I 2012, S. 930.

BMF-Schreiben v. 12.4.2005 betreffend Grundsätze für die Prüfung der Einkunftsabgrenzung zwischen nahe stehenden Personen mit grenzüberschreitenden

Geschäftsbeziehungen in Bezug auf Ermittlungs- und Mitwirkungspflichten, Berichtigungen sowie auf Verständigungs- und EU-Schiedsverfahren. (Verwaltungsgrundsätze-Verfahren), IV B 4 – S 1341 – 1/05, BStBl. I 2005, S. 570.

BMF-Schreiben v. 13.7.2006 betreffend Merkblatt zum internationalen Verständigungs- und Schiedsverfahren auf dem Gebiet der Steuern vom Einkommen und vom Vermögen, IV B 6 – S 1300 – 340/06, BStBl. I 2006, S. 461.

BMF-Schreiben v. 5.10.2006 betreffend Merkblatt für bilaterale oder multilaterale Vorabverständigungsverfahren auf der Grundlage der Doppelbesteuerungsabkommen zur Erteilung verbindlicher Vorabzusagen über Verrechnungspreise zwischen international verbundenen Unternehmen (sog. „Advance Pricing Agreements“ – „APAs“), IV B 4 – S 1341 – 38/06, BStBl. I 2006, S. 594.

BMF-Schreiben v. 30.7.2008 betreffend Tatsächliche Verständigung über den der Steuerfestsetzung zugrunde liegenden Sachverhalt, IV A 3-S 0223'/07/10002, BStBl. I 2008, S. 831

BMF-Schreiben v. 11.11.2011, betreffend Anwendung des Umwandlungssteuergesetzes i.d.F. des Gesetzes über steuerliche Begleitmaßnahmen zur Einführung der Europäischen Gesellschaft und zur Änderung weiterer steuerrechtlicher Vorschriften (SEStEG), IV C 2-S 1978-b/08/10001, BStBl. I 2011, S. 1314.

BMF-Schreiben v. 13.10.2010 betreffend Grundsätze der Verwaltung für die Prüfung der Einkunftsabgrenzung zwischen nahe stehenden Personen in Fällen von grenzüberschreitenden Funktionsverlagerungen (Verwaltungsgrundsätze – Funktionsverlagerung), IV B 5 –S 1341/08/10003, BStBl. I 2010, S. 774.

OECD

OECD, Comparability: Public Invitation to Comment On A Series Of Draft Issues Notes, 2006.

OECD, Kommentar des OECD-Fiskalausschusses zum OECD-Musterabkommen in der Fassung vom 22.7.2010, abgedruckt in OECD, Model Tax Convention on Income and on Capital, condensed version, 2010.

OECD-Verrechnungspreisrichtlinien für multinationale Unternehmen und Steuerverwaltungen, 2010.

OECD Leitsätze für multinationale Unternehmen, 2011.

OECD Mutual Agreement Procedure Statistics, 2012.

OECD Forum on Tax Administration, Dealing Effectively with the Challenges of Transfer Pricing, 2012.

OECD Draft Handbook on Transfer Pricing Risk Assessment, 2013.

OECD White Paper on Transfer Pricing Documentation, 2013.

OECD Revised Discussion Draft on Transfer Pricing Aspects of Intangibles, 2013.

OECD Action Plan on Base Erosion and Profit Shifting, 2013.

OECD Manual on Effective Mutual Agreement Procedures (MEMAP).

Vereinte Nationen

Vereinte Nationen, Transfer pricing: Practical Manual for Developing Countries.

Sonstige Quellen

Deutscher Rechnungslegungs Standard Nr. 20 – Konzernlagebericht – des deutschen Rechnungslegungs Standard Committees e.V., Berlin, nach § 342 Absatz 2 des Handelsgesetzbuchs v. 25.11.2012, Bundesanzeiger AT v. 4.12.2012 B1, S. 1–28.

IDW PS 340, Die Prüfung des Risikofrüherkennungssystems nach § 317 Abs. 4 HGB, WPg 1999, S. 658, IDW-FN 1999, S. 350.

Financial Accounting Stadards Board, Interpretation No. 48 (FIN 48), 2006, ASC 740–10.

International Accounting Standards Board, ED/2009/2, Ertragsteuern, 2009.

SEC Release 33/8879, Acceptance of Foreign Private Issuers of Financial Statements Prepared in Accordance With International Financial Reporting Standards Without Reconciliation to U.S. GAAP v. 4.3.2008.

Committee of Sponsoring Organizations of the Treadway Commission, Enterprise Risk Management – Integrated Framework, 2004.

Deutsches Institut für Interne Revision e.V., IIR Revisionsstandard Nr. 1.

Deutsches Institut für Interne Revision e.V., IIR Revisionsstandard Nr. 2.

Australian Tax Office, Taxation Ruling Income Tax: international transfer pricing for intra-group services, TR 1999/1.

Bundesministerium der Finanzen, Pressemitteilung v. 13.7.1995, DStR 1995, S. 1501.

Mitteilung des IRS v. 4.10.2010 (IR-2010–88).

Mana Survey of Sales Commissions, 2003.

FAZ v. 13.10.2009, o.V., S. 14: „Finanzkrise macht Steuerprüfer strenger".

Süddeutsche Zeitung v. 12.8.2010: „Billig abkassiert".

FAZ v. 6.12.2012: „EU warnt vor Steuerausfall von 1 Billion Euro".

Internationale Steuerlehre, Steuerrecht und Wirtschaftsprüfung

Herausgegeben von Rainer Heurung, Gerd Morgenthaler und Andreas Dutzi

Band 1 Markus Gsödl: Entstrickungstatbestände des Einkommen- und Körperschaftsteuergesetzes. Eine Analyse unter dem Aspekt der Gerechtigkeit. 2010.

Band 2 Philipp Seidel: Ertragsbesteuerung periodischer Auslandseinkünfte aus Direktinvestitionen. 2011.

Band 3 Hans-Jürgen Lappat: Die in- und ausländische Besteuerung schweizerischer Betriebsstätten deutscher Personenhandelsgesellschaften. 2011.

Band 4 Jens Kalbitzer: Wegzugsbesteuerung nach § 6 AStG. Betriebswirtschaftliche Analyse und Gestaltungsempfehlungen. 2012.

Band 5 Bastian Thiedemann: Die Entwicklung einer modernen, europarechtskonformen und zukunftsweisenden Gruppenbesteuerung für Deutschland. Eine Untersuchung insbesondere unter gemeinschaftsrechtlichen und steuersystematischen Gesichtspunkten. 2013.

Band 6 Michael Fritz: Ermittlung von Umtauschverhältnissen im Rahmen von grenzüberschreitenden Verschmelzungstatbeständen. 2015.

Band 7 Markus Schneider: Steuerliches Verrechnungspreis-Risikomanagement im internationalen Konzern. Analyse und Bewertung von Instrumenten zur Begegnung steuerlicher Verrechnungspreisrisiken. 2016.

www.peterlang.com

www.ingramcontent.com/pod-product-compliance
Ingram Content Group UK Ltd.
Pitfield, Milton Keynes, MK11 3LW, UK
UKHW021828290926
8980IPUK00004B/318

9 783631 670279